आधुनिक भारतीय चित्रकला की रचनात्मक अनन्यता

आधुनिक भारतीय चित्रकला की रचनात्मक अनन्यता

डॉ. रणजीत साहा

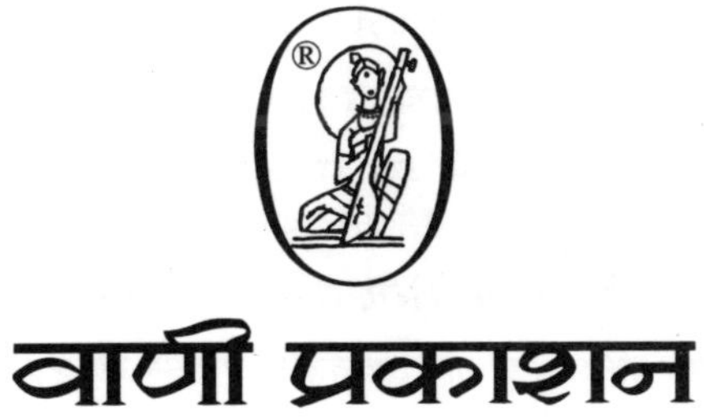

वाणी प्रकाशन

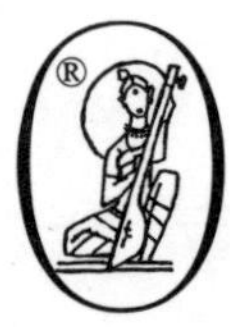

वाणी प्रकाशन

4695, 21-ए, दरियागंज, नयी दिल्ली 110 002

फ़ोन : +91 11 23273167 फ़ैक्स : +91 11 23275710

शाखाएँ

अशोक राजपथ, पटना 800 004, बिहार

कॉफ़ी हाउस कैम्पस, महात्मा गांधी मार्ग, इलाहाबाद 211 001, उत्तर प्रदेश

महात्मा गांधी अन्तरराष्ट्रीय हिन्दी विश्वविद्यालय, वर्धा 442 001, महाराष्ट्र

सुल्तानिया रोड, मोतिया पार्क, भोपाल 462 001, मध्य प्रदेश

www.vaniprakashan.com
marketing@vaniprakashan.in
sales@vaniprakashan.in

Aadhunik Bharatiya Chitrakala Ki Rachnatmak Ananyata
by Dr. Ranjit Saha

ISBN : 978-93-5518-256-2
Articles on Indian Art

प्रथम संस्करण 2022

मूल्य : ₹ 1100

आर. टेक ऑफ़सेट प्रिंटर्स, दिल्ली-110 032 में मुद्रित

वाणी प्रकाशन का लोगो मक़बूल फ़िदा हुसेन की कूची से

वरिष्ठ कवि और कलाविद

श्री अशोक वाजपेयी जी

को

सादर

आभार

वाणी प्रकाशन द्वारा प्रकाशित प्रस्तुत कृति *आधुनिक भारतीय चित्रकला की रचनात्मक अनन्यता* में, काल की कसौटी और कला के निकष पर खरे उतरे जो विशिष्ट हस्ताक्षर सम्मिलित हैं, उन्होंने अपने अदम्य संघर्ष और अनम्य संकल्प के बूते आधुनिक भारतीय कला को नया शिखर प्रदान किया है। अपनी अभिनव भूमिका द्वारा उन्होंने स्वयं अपना आविष्कार किया है और भारतीय चित्रकला को रचनात्मक अनन्यता प्रदान की है। इनमें से कई चित्रकार पिछले कुछ वर्षों में दिवंगत हो गये—जिन्हें कलाजगत कभी भुला नहीं सकेगा। अब एम. एफ़. हुसेन, मनजीत बावा, एस. एच. रज़ा, यूसुफ़ अरक्कल, रामकुमार, कृष्ण रेड्डी, के. जी. सुब्रमण्यन, सतीश गुजराल, जय झरोटिया आदि की कीर्ति, स्मृति और उनकी कलाकृतियाँ ही हमारे लिए बची रह गयी हैं।

इस पुस्तक में कुछ विशिष्ट और महत्त्वपूर्ण चित्रकार सम्मिलित होने से रह गये हैं। ऐसे भी कुछ चित्रकार हैं जो चित्रकला के अलावा अन्य कला विधाओं में कार्यरत हैं। पुस्तक के कलेवर को ध्यान में रखकर ही उन्हें शामिल नहीं किया जा सका। लेकिन प्रयास इस बात का किया गया है कि बीसवीं सदी के प्रमुख हस्ताक्षरों में से कोई छूटने न पाये।

यह पुस्तक मेरी एक योजना, जो लगभग दस वर्ष पहले शुरू हुई थी, की सुखद परिणति है। इस योजना के प्रारूप को श्री अशोक वाजपेयी, जो उन दिनों ललित कला अकादेमी के अध्यक्ष थे, की सराहना प्राप्त हुई थी। मैं उन्हें इस दिशा में हुई प्रगति से भी अवगत कराता रहा। वे वर्तमान समय में कला-साहित्य-संस्कृति के विभिन्न क्षेत्रों में अपनी सक्रिय भूमिका और विशिष्ट अवदान के लिए देश-विदेश में पर्याप्त समादृत हैं। मैंने सविनय यह कृति उन्हें समर्पित की है।

साथ ही, मैं अपने कई साहित्यिक मित्रों, कलाकारों का आभारी हूँ, जिनसे मुझे सहायता मिली और सलाह भी। मेरी इस योजना में सर्वश्री प्रयाग शुक्ल, विनोद भारद्वाज, सौमित्र मोहन, ज्योतिष जोशी, अवधेश मिश्र, विजय कौशिक, वेदप्रकाश भारद्वाज, विक्रम मेहरा, रंजन घोष, श्याम शर्मा, अवधेश अमन, जगतारजीत, कुमार अनूप, पीयूष दईया आदि ने रुचि ली थी। इन सबके प्रति आन्तरिक आभार।

हिन्दी भवन, शान्तिनिकेतन में (1967-1977) रहने के दौरान अपनी विभिन्न शोध योजनाओं के साथ कला सम्बन्धी रुचि के कारण मैंने नन्दलाल बसु के पुत्र विश्वरूप बसु, रामकिंकर बैज, धीरेन्द्रकृष्ण देव बर्मन, सुरेन कर, दिनकर कौशिक, बिनोद बिहारी मुखर्जी, सोमनाथ होर, सलीम मुंशी आदि का सान्निध्य एवं स्नेह प्राप्त किया था। इनके साथ ही, समय-समय पर कला भवन पधारे कई मूर्धन्य कलाकारों से मिलने का सौभाग्य मिलता रहा। उनमें से कई कला हस्ताक्षरों पर मैंने समय-समय पर लिखा भी है। साहित्य अकादेमी में बतौर उपसचिव कार्य करते हुए मेरा ललित कला अकादेमी से भी निरन्तर लेखकीय सम्पर्क बना रहा और आज भी है। यहाँ के समृद्ध पुस्तकालय के साथ दिल्ली स्थित कुछ विशेष कला संग्रहालयों एवं गैलरियों की चित्र प्रदर्शनियों एवं उनके प्रकाशनों से भी मुझे पर्याप्त सहायता मिली है। प्रस्तुत पुस्तक में सम्मिलित चित्रकारों में से कई चित्रकारों ने मुझे अपने चित्रों का उपयोग करने की अनुमति प्रदान की है। मुझे इस पुस्तक में संयोजित कुछेक चित्रों को पुनःप्रस्तुत करने की अनुमति देने के लिए मैं सम्बन्धित संस्थाओं और चित्र गैलरियों को हृदय से धन्यवाद देता हूँ।

यह सुखद संयोग है कि इस पुस्तक का प्रकाशन वाणी प्रकाशन द्वारा हो रहा है। वाणी प्रकाशन के स्वामी और माहेश्वरी परिवार के साथ मेरा आत्मीय सम्बन्ध पिछली शताब्दी से है। मेरे शोध प्रबन्ध *सहज सिद्ध : साधना एवं सर्जना* (1980) के साथ कई अनूदित कृतियाँ भी यहीं से प्रकाशित हुईं। मैं इस अवसर विशेष पर श्री अरुण माहेश्वरी के प्रति आभारी हूँ, जिन्होंने इस सुचित्रित कृति को सुरुचिपूर्ण ढंग से छापा है।

आशा है, कलाविदों और कलाप्रेमी पाठकों द्वारा यह कृति पसन्द की जायेगी और सराही जायेगी।

–रणजीत साहा

21 जुलाई, 2021
विकासपुरी, नयी दिल्ली

प्रसंगवश

भारतीय चित्रकला कला के बहुविध प्रकारों और प्रारूपों तथा सम्पूर्ण भारत में इनके निरन्तर बदलते रूपाकारों का आकलन कर पाना निश्चय ही असम्भव है एवं इनके मूक-मुखर रचाव, अनुरोध और अभिप्राय का युक्तियुक्त विश्लेषण तो और भी कठिन है। हर चित्र एक ही स्रष्टा की निर्मिति होने के बावजूद अपने अभिगम (Approach) और अवबोध (Perception) में अलग होता है। यदि किसी चित्रकार को ऐसा आभास होता है कि वह सन्तोषप्रद ढंग से ऐसा कुछ रच पाया है तो उसे अपनी सार्थकता का अहसास होता है। वह यह भी देखना चाहता है कि क्या इस चित्र को रचते हुए उसने स्वयं में कोई बदलाव या परिवर्तन महसूस किया है। एक ही विषयवस्तु (Theme/Subject) पर चित्र बनाते हुए चित्रकार विभिन्न रूपाकृतियों या संयोजनों से आख़िर क्या कहना चाहता है? यह भी देखा गया है कि वर्षों पहले किसी चित्र-वस्तु को रूपायित करने के बाद चित्रकार एक बार फिर उसी विषय पर लौटना चाहता है। आत्म-प्रतिकृति या शबीह (Portrait) के चित्रण के बारे में तो ऐसा कई-कई बार देखा गया है। निश्चय ही, यह इस तथ्य का द्योतक है कि चित्र प्रणयन के चाहे अन्य कई कारण और उद्देश्य हों, लेकिन उसका पहला उद्देश्य है—स्वयं की प्राप्ति या स्व का सन्धान। अन्ततः 'स्व' को पाना या पहचानना ही उसकी कला का लक्ष्य होता है, जिसे हम ललित कला-सौन्दर्य शास्त्र के सन्दर्भ में आत्म-सन्धान कहते हैं।

जहाँ तक चित्रकला की बात है, इसकी उपस्थिति लोक में ही नहीं, आदिकालीन मानवों की सभ्यता की पहचान के रूप में गुफ़ाओं में अंकित चित्रों से की जाती है। विश्व की प्राचीन सभ्यताओं के ये पुराकालीन या पाषाणकालीन अवशेष अब जहाँ कहीं भी उपलब्ध हैं, उनका संरक्षण एक अमूल्य धरोहर के तौर पर किया जा रहा है। मानव सभ्यता के अगले चरण में जब कलाएँ लोक जीवन का अनिवार्य अनुषंग बनीं, तब आम जीवन के विभिन्न साधनों—उपयोगी और सहयोगी—यहाँ तक कि पेड़, पशु-पक्षी समेत समस्त प्राकृतिक उपादानों के साथ, वे आकृष्ट हुए और अबूझ शक्तियाँ भी उनके संस्कार गीतों एवं चित्र निर्मितियों में शामिल हो गयीं। इन सबने उनको न केवल विश्वास और आस्था से जोड़ा बल्कि अन्धविश्वास और अन्धरूढ़ि से भी जोड़ दिया। लोक से सम्बद्ध रूपंकरों में लोक विश्वासों और लोक प्रतीकों के सैकड़ों साक्ष्य आज भी उपस्थित हैं और दृश्य माध्यमों में उनका रचनात्मक विनियोग किया जाता रहा है।

पुराकालीन शास्त्रों में भी चित्रकला विषयक विवरण एवं सम्बन्धित प्रकरण प्राप्त होते हैं। पाँचवीं शताब्दी (अनुमानतः) के ग्रन्थ *विष्णु धर्मोत्तर पुराण* के तृतीय खण्ड *चित्रसूत्रम्* के हवाले से चित्र निर्मिति के शास्त्रीय पक्ष को समझा जा सकता है। इसकी महत्ता को ध्यान में रखकर पश्चिम की कलाविदुषी स्टेला क्रैमरिश ने इसका

अंग्रेज़ी में अनुवाद किया।[1] इस ग्रन्थ के अन्त में चित्रकर्म को श्रेष्ठ बताया गया है। इसे धर्म, अर्थ, काम और मोक्षप्रदायक बताते हुए कहा गया है कि यह जिस घर में प्रतिष्ठित होता है, वह मंगलमय होता है। जिस प्रकार पक्षियों में गरुड़ प्रधान है और मनुष्यों में राजा श्रेष्ठ है, उसी प्रकार कलाओं में चित्रकला श्रेष्ठ है।[2]

उक्त ग्रन्थ में रेखा, रंग, प्रमाण, देहानुपात—नवरसानुसार रंग योजना, सामान्य, प्रधान, राजा एवं अवतारादि की चित्रण विधि आदि का विस्तार से विवेचन किया गया है। यद्यपि कालान्तर में, उन सूत्रों का अनुपालन न तो किया गया और न ऐसा कर पाना सम्भव था। इसी तरह मूर्ति निर्माण के क्षेत्र में प्रतीक, विधान एवं प्रतिमा लक्षण निर्धारित किये गये थे। लेकिन शास्त्रोक्त लक्षणों एवं उपादानादि का अनुयोग सम्भवतः उस काल में भी अंशतः ही किया गया। परवर्ती काल में इनकी आवश्यकता अतीत के गौरव गान तक सीमित रही। हर युग अपनी आवश्यकता एवं देश काल की अपेक्षा और आकांक्षा के अनुरूप अपना कार्य-दायित्व वहन करता है। इसलिए पुनर्जागरण या पुनरुत्थान काल में अतीत के गुणगान और उसके मान-मूल्यों को सम्मानित स्थान देने के बावजूद, बीसवीं सदी के आते-आते भारतीय कला का परिदृश्य तथा इसका स्वर और तेवर बदलने लगा था। भारत में चतुर्दिक्, जहाँ-जहाँ शिक्षा का प्रसार था, शहरी आबादी के अनुरूप कला शिक्षण की व्यवस्था थी, वहाँ इस तरह के परिवर्तन लक्ष्य किये जा सकते थे। बीसवीं सदी के दूसरे-तीसरे दशक तक पश्चिमागत आधुनिकता की धमक और कलाकारों की आत्मसजगता एवं अस्मिता ने उन्हें कुछ नया रचने को प्रेरित किया। वे कला के पश्चिमी प्रारूपों और प्रतिमानों के प्रति आकर्षित तो थे, लेकिन आश्वस्त नहीं थे। साधन, माध्यम और उपकरणों के प्रयोग के साथ उनकी कलात्मक प्रविधियों का उन्होंने अनुसरण तो किया लेकिन अनुकरण या अनुगमन नहीं किया।

सभ्यता के विकास क्रम में बदलते कलादर्शों और उनके नैरन्तर्य को हमारे आज से जुड़ने में, न जाने कितनी सदियाँ और पीढ़ियाँ बीत गयीं। इस दौरान तमाम सामाजिक, सांस्कृतिक और राजनीतिक उथल-पुथल और विभिन्न मानव समुदायों में हुए परस्पर आदान-प्रदान ने भारतीय कला पद्धतियों को कितना प्रभावित और अनुप्राणित किया—इसे भी विद्वानों एवं विशेषज्ञों ने सप्रमाण उपस्थापित किया है। उनकी स्थापनाओं में कई तरह की विचारधाराएँ और मानसिकताएँ भी हावी रही हैं। इनकी भी पड़ताल और पहचान, समय-समय पर चिह्नित की जाती रही हैं।

प्रस्तुत पुस्तक के आयतन को ध्यान में रखकर भारतीय पुनर्जागरण काल के उन नियामक तत्त्वों या कारकों को भी रेखांकित किया गया है, जिनमें साहित्यिक, सांस्कृतिक एवं सामाजिक सुधार और देशोत्थान पर विशेष ज़ोर था तथा जिनके द्वारा कला सृजन की व्यापक परिभूमि निर्मित की जा रही थी। इसके निर्माण में उन कलाकारों का विशेष योगदान था, जो अतीतकाल की धरोहर और परम्परागत साधनों एवं माध्यमों के साथ प्रचलित मान-मूल्यों के आलोक में कलासृजन में रत थे। लेकिन सृजन के अन्यान्य क्षेत्रों में परिवर्तन की छटपटाहट और परम्परागत जकड़बन्दी से मुक्ति की आकांक्षा की लहर कला के क्षेत्र में भी अपनी पैठ बना रही थी।

इस कथन में कोई अतिशयोक्ति नहीं कि बीसवीं सदी के आरम्भिक दो दशकों तक भारत में कला शिक्षण की कोई विधिवत् व्यवस्था नहीं थी। ऐसे में कला सम्बन्धी कोई औपचारिक पाठ्यक्रम की अपेक्षा करना भी बेमानी होता। तथाकथित महानगर कहे जाने वाले बड़े शहरों में, जो गिने-चुने सरकारी या निजी कला संस्थान थे, उनके द्वारा पश्चिमी कला पद्धति के साथ उन पश्चिमी चित्रकारों, जिन्हें आदर्श या प्रतिमान माना जाता था—उनके चित्रों का अनुकरण करना सिखाया जाता था। इसलिए आधुनिक भारतीय कला अधिकांशतः उन्हीं

पश्चिमी कलाविदों एवं अध्यापकों—जिन्हें ब्रिटिश सरकार आमन्त्रित करती थी, द्वारा निर्धारित कला शिक्षण एवं नियामक कला विधियों से संचालित करती रही। हालाँकि उनके निर्देशों का पालन कर भारत में भी ऐसे कई कलाकार तैयार हो गये, जो पाश्चात्य कला पद्धति के अनुरूप चित्र निर्माण में कुशल हो गये थे। इनमें से कई अपने बलबूते पर लन्दन, फ्रांस, इटली, स्पेन आदि विदेशों में जाकर वहाँ विभिन्न कला संस्थानों और प्रतिष्ठित कलाकारों के स्टूडियो में अद्यतन कला शिक्षा एवं प्रविधि (तकनीक) का प्रशिक्षण प्राप्त करते थे। कई विदेशी सरकारों द्वारा द्वितीय विश्व युद्ध के बाद, कलाकारों के लिए छात्रवृत्ति की व्यवस्था के अन्तर्गत भी कई भारतीय चित्रकारों को विदेश जाकर कलाध्ययन करने का अवसर प्राप्त हुआ। इनमें से कई तो विदेशों में ही बस गये और उन्होंने अपनी रचनात्मकता से वहाँ भरपूर यश एवं धन भी अर्जित किया।

भारत लौटकर आने वाले चित्रकारों ने देश के महानगरों में एवं अन्यत्र भी, कला संस्थानों से जुड़कर और स्वतन्त्र रूप से अपनी कलात्मक क्षमता का परिचय दिया। इस बीच भारत औपनिवेशिक दासता से मुक्त हो चुका था, इसलिए ये कलाकार किसी प्रकार की हीनग्रन्थि से ग्रस्त नहीं थे। उनके लिए अपनी राह अन्वेषित करने के लिए पर्याप्त अवकाश था। वे अब अपनी रचनात्मकता को वर्तमान समय और सन्दर्भ से जोड़ सकते थे। साथ ही, वे परम्परागत साधनों एवं आधुनिक उपादानों के प्रयोग में ही नहीं, अपनी कलात्मक निर्मितियों में स्व-अर्जित निजता को भी विन्यस्त करने के लिए स्वतन्त्र थे। और यह आधुनिकता केवल माध्यम, उपादान, पद्धति या प्रयोगपरकता के लिए ही नहीं बल्कि उनकी सोच, समझ और सरोकार के साथ नयी शैली गढ़ने की आज़ादी भी दे रही थी, जिसका भरपूर उपयोग भारतीय कलाकारों ने किया। और ऐसे ही कलाकार, जिन्होंने उस चुनौतीपूर्ण समय में अपनी चित्र निर्मितियों द्वारा अपनी उपस्थिति को सार्थकता और भारतीय कला को अनन्यता प्रदान की, उनके यशस्वी योगदान को केन्द्र में रखकर ही इस पुस्तक का प्रणयन किया गया है।

पुस्तक में इस बात का विशेष ध्यान रखा गया है कि आधुनिक भारतीय चित्रकला की पहचान को निर्धारित करने में कौन-कौन से आन्तरिक तत्त्व और बाह्य प्रभाव हावी रहे। साथ ही, किसी चित्रकार के निर्माण में उसके देशकाल और स्वयं उसकी निजता ने कितना सहयोग किया। इन सभी कलाकार के जीवन से गुज़रते हुए ऐसा प्रतीत हुआ कि पारिवारिक अभाव, सामाजिक अनदेखी, संस्थागत अवहेलना या अस्वीकृति के वावजूद, उसके संकल्प और आत्मसंघर्ष ने उसे आगे बढ़ने के लिए प्रेरित किया। जो चित्रकार सम्पन्न परिवारों से आये थे, उन पर भी अपनी निजी शैली और कला संसार में अपनी निरन्तर उपस्थिति बनाये रखने का दबाव बना रहा। कुछ कलाकार इस मामले में भाग्यशाली रहे कि उन्हें उसी कला संस्थान में नौकरी मिल गयी, जहाँ उन्होंने अध्ययन किया था या फिर किसी दूसरे संस्थान में। यह अपने आप में विचारणीय विषय है कि क्या इससे उनका कला व्यक्तित्व विकसित हुआ या कहीं जाकर ठहर गया। यह भी देखा गया कि जो निर्बन्ध ढंग से काम करते रहे, वे कला के क्षेत्र में अधिक प्रयोग-प्रवण और चुनौतीपूर्ण कार्य योजना को सफलतापूर्वक सम्पन्न कर पाये।

ऐसे ही विशिष्ट चित्रकारों पर विचार करते हुए उनकी व्यक्तिगत समस्याओं, कठिनाइयों और उपलब्धियों के साथ यहाँ उनकी विशिष्टता का आकलन एवं विश्लेषण किया गया है—एक ओर उनकी कृतियों एवं वक्तव्यों, तो दूसरी ओर विशेषज्ञों एवं कलाविदों की अभ्युक्तियों के आलोक में। पुस्तक में संयोजित और सम्बन्धित चित्रकारों के व्यक्तित्व और कृतित्व के विवेचन में उनके द्वारा निर्मित चित्रों (प्रतिनिधि कृतियों) के विश्लेषण पर विशेष ज़ोर दिया गया है। कई कला समालोचकों ने चित्रकार या चित्र विशेष को आधुनिक बताते हुए, उन्हें पश्चिमी कलान्दोलनों के अन्तर्गत विभिन्न वादों की रोशनी में देखने और रखने की कोशिश की है।

लेकिन ये भारतीय कलाकार जब तक स्वयं इस बात को स्वीकार न करें कि मैंने अमुक 'वाद' से प्रेरित होकर इस चित्र का निर्माण किया है, तब तक सम्बद्ध मन्तव्य को पूरी तरह स्वीकार नहीं किया जा सकता। यहाँ कार्लटन और रॉबर्ट मिलार्ड द्वारा सम्पादित *ए डिक्शनरी ऑफ़ मॉडर्न पेंटिंग* के हवाले से बीसवीं सदी में ऐसे कुछ वादों का उल्लेख किया गया है, जो पश्चिमी कलान्दोलनों पर हावी रहे और कमोबेश उनकी छाया में इन भारतीय कलाकारों के चित्रों के बारे में टिप्पणी की जा सकती है, जो प्रत्यक्ष या परोक्ष तौर पर पश्चिमी कलाशैलियों के सम्पर्क में रहे। जहाँ कहीं भी ऐसे उल्लेख मिले हैं, उनकी सोदाहरण व्याख्या की गयी है। इसके विपरीत कई चित्रकारों ने भारतीय तन्त्र शास्त्र से अनुप्रेरित 'तन्त्रकला' नाम से एक नयी कलाशैली विकसित की, जिस पर कलाविदों ने विचार किया।

आधुनिक भारतीय चित्रकला के अध्ययन से सम्बन्धित सामग्री का अभी भी बहुत अभाव है। हिन्दी में तो इसका अत्यन्त अभाव है। हम सबने साठ-सत्तर के दशक तक जिन लेखकों की रचनाएँ या फुटकर निबन्ध पढ़े थे, उनमें से प्रमुख थे—रायकृष्ण दास, वासुदेवशरण अग्रवाल, डॉ. मोतीचन्द्र, गौरीचन्द हीराचन्द ओझा, परमेश्वरीलाल गुप्त आदि, जो भारतीय सभ्यता और संस्कृति के आलोक में अपने कला सम्बन्धी विचार प्रकट करते रहे। लेकिन आधुनिक भारतीय कला पर शचीरानी गुर्टू ने *भारतीय कला की रूपरेखा* और *कला के प्रणेता* शीर्षक से दो पुस्तकें लिखकर इस अभाव की जहाँ पूर्ति की, वहाँ ललित कला अकादेमी ने अपनी स्थापना के बाद ललित कला 'एन्सिऐंट' (Ancient Journal) और 'कंटेंपरेरी', (Contemporary) के साथ विशिष्ट कलाकारों पर अंग्रेज़ी में विनिबन्ध (Monograph) का प्रकाशन आरम्भ किया। 'रूपम' और 'मार्ग'-जैसे कला जर्नल जहाँ भारतीय कला के उन्नयन में सहायक बने, वहाँ कलाकारों और उनके प्रशंसकों तथा कला में रुचि रखने वाले पाठकों की समझ में भी वृद्धि हुई। ललित कला अकादेमी ने देश-विदेश में चित्र प्रदर्शनी के आयोजन और कलाकारों को सम्मानित कर एक महत्त्वपूर्ण सामाजिक एवं सांस्कृतिक दायित्व का पालन किया। भारत के बड़े-बड़े शहरों में भी कलाकारों ने व्यक्तिगत तौर पर और समूहों में—एकल एवं सामूहिक चित्रकला प्रदर्शनी तथा कला शिविर आयोजित कर चित्रकला के प्रति लोगों को जागरूक किया।

आज संस्थागत एवं व्यक्तिगत प्रयासों के साथ विभिन्न चित्र गैलरियों के उद्यम से कला के क्षेत्र में ज्वार-सा आया हुआ है। ज्वार जब आता है तो बहुत-सी अवांछित और अनुपयुक्त सामग्री भी साथ ले आता है। आज प्रयोगों, मिश्रित माध्यमों, ग्राफ़िक्स के घाल-मेल, संस्थापन, ग्रैफ़िटी, फ़्यूज़न-जैसे उपक्रमों द्वारा हमारे कलाकार स्वयं को अभिव्यक्त कर रहे हैं। नवीन न तो सर्वथा त्याज्य होता है और न सर्वथा ग्राह्य। समय का प्रवाह किसी भी ज्वार से प्रबल होता है और आगामी समय ही आज की कला-निर्मितियों की सफलता एवं सार्थकता का निर्णायक और साक्षी होगा।

सन्दर्भ

1. सम्पादन एवं अनुवाद : स्टेला क्रैमरिश, कलकत्ता विश्वविद्यालय प्रेस, 1928
2. कलानां प्रवरं चित्रम धर्मार्थ काम मोक्षादम्।
   मांगल्य प्रथम् दोतद् गृहे यत्र प्रतिष्ठितम्॥
   यथा सुमेरुः प्रवरो नगानां यथाऽण्डलानां गरुड प्रधानः।
   यथा जनानां प्रवरः क्षितीशस्तथा कलानामिह चित्रकल्पः॥

अनुक्रम

आरम्भिक प्रस्थान

राजा रवि वर्मा के समय (1848-1906 ई.) से लेकर आज तक, इस देश में भारतीयता और पाश्चात्य कला की विभिन्न शैलियों को लेकर आवश्यक और कभी-कभी अनावश्यक खींचतान-सी होती रही है। देशीय स्वातन्त्र्य या राष्ट्रीय अस्मिता-जैसे विषयों को लेकर अलग-अलग अनुशासनों में विचार-विमर्श भी होता रहा है। अवनीन्द्रनाथ ठाकुर, जामिनी राय या अमृता शेरगिल के चित्रों में भी यह भावना प्रतिष्ठित एवं प्रतिबिम्बित हुई है। आधुनिक भारतीय कलाकारों को अपने देशकाल के साथ ऐसे विचारों और सवालों से बहुधा टकराना पड़ता है। आवश्यक नहीं कि कोई सटीक और अन्तिम उत्तर प्राप्त हो ही जाये। एक आधुनिक भारतीय कलाकार अपने सृजन के माध्यम से ही न केवल सुदूर परम्परा से बल्कि देशज या स्थानीय पहचान से भी जुड़ता है। किसी कलाकार द्वारा सृजन की ऐतिहासिक एवं सार्थक निरन्तरता में ही इस प्रश्न का उत्तर छिपा हुआ है।

बहिरागत का स्वागत

ऐतिहासिक साक्ष्य की दृष्टि से जॉर्ज लेम्बर्ट और सैमुअल स्कॉट द्वारा 1730 ई. में अंकित (अनुमानतः) हुगली नदी के तट पर नौवहन नौकाओं की पृष्ठभूमि में, पुराने फ़ोर्ट विलियम से सम्बन्धित चित्र (तैलरंग) तैयार किये गये थे। वे चित्र न केवल कलात्मक दृष्टि से उत्कृष्ट हैं बल्कि अभिलेख के नाते भी महत्त्वपूर्ण हैं। लेकिन जहाँ तक चित्रकला की बात है, इसकी चर्चा अठारहवीं सदी के अन्त तक ही हो पायी, क्योंकि तब तक एक शातिर तिजारती के नाते ईस्ट इंडिया कम्पनी के पाँव उत्तरी भारत में पूरी तरह जम चुके थे। कम्पनी के मातहत काम करनेवाले अधिकारियों और कर्मचारियों के साथ सम्बद्ध रईसों और रजवाड़ों के ठाठ-बाट और व्यसन-विलासादि की ख़बर जब इन कमाऊ चित्रकारों द्वारा इंग्लैंड पहुँची तो वहाँ स्वभावतः हलचल-सी मच गयी। ऐसे ही चित्रकारों में टिलि केटल का उल्लेख मिलता है, जो मद्रास का चक्कर काटकर, 1771 ई. में कलकत्ता पहुँचा और उसने यहाँ भारी कमाई की। इसके बाद विदेशी चित्रकारों के लिए तो कलकत्ता मानो कारोबारी मक्का हो गया। परवर्ती वर्षों में साठ से भी अधिक चित्रकार कलकत्ता ही नहीं, अन्य केन्द्रीय स्थानों पर आये। उनमें से कुछ तो पेशेवर थे, जो भारत के वैविध्यपूर्ण सांस्कृतिक वैभव, हाट, मेले, उत्सव, परिधान और अलग-अलग पेशे में लगे लोगों के चित्र बनाते थे। यहाँ का लोक जीवन और जनजातियों का रहन-सहन उन्हें न केवल रोचक लगता था, बल्कि उन्हें बेहद चमत्कृत भी करता था। इनमें से कुछ चित्रकार रॉयल अकादेमी, लन्दन द्वारा मान्यता प्राप्त थे—जिनमें से टिली केटल, विलियम हजेस, जॉन जोफ़ानी, आर्थर डेविस, टॉमस विलियम और विलियम डेनियल विशेष उल्लेखनीय हैं।

ये कलाकार अधिकांशतः कैनवस पर तैलरंग का व्यवहार कर लोगों की प्रतिकृति बनाया करते थे। समृद्ध व्यक्ति इन्हें अनुबन्धित कर आवक्ष या आदमक़द व्यक्तिचित्र बनवाया करते थे। इसके अलावा, हाथी दाँत पर जलरंगों से चित्र बनाकर उस पर रोग़न आदि द्वारा उसे पक्का किया जाता था। साथ ही, ब्रिटिश विधि द्वारा काग़ज़ के ऊपर जलरंगों से चित्र बनाने की सामान्य प्रविधि तो प्रचलित थी ही। उपर्युक्त चित्रकारों के अलावा जिन अन्य विदेशी चित्रकारों ने जलरंग विधि द्वारा धन और यश उपार्जित किया, उनमें आर्थर डेविस, टॉमस हिकी, फ्रॉन्सेस्को रेनाल्डि, रॉबर्ट होम, विलियम विचि, मार्शल क्लैक्सटन, विलियम आर्थर आदि प्रमुख थे। विक्टोरिया मेमोरियल, कलकत्ता में ऐतिहासिक प्रसंगों से जुड़े ऐसे कई चित्र प्रदर्शित हैं, जो इन चित्रकारों की पेशेवर दक्षता के सूचक हैं। इनमें सबसे प्रसिद्ध हुए जॉन जोफ़ानी, जिन्हें वॉरेन हेस्टिंग्स और क्लॉद मार्टिन-जैसे संरक्षकों का संरक्षण मिला था; उन्होंने हैदरबेग के दूतकर्मी, लार्ड कार्नवालिस द्वारा टीपू सुलतान के बेटे का दत्तक ग्रहण के अलावा 'क्लॉद मार्टिन और उनके मित्रगण'-जैसे विषय पर चित्र उकेरे थे; उनके द्वारा चित्रित 'ईसामसीह का अन्तिम भोज', जो सेंट जॉर्ज चर्च में सुरक्षित है, एक अतिविशिष्ट कलाकृति है। टॉमस हिकी भी एक विख्यात चित्रकार थे, जिन्होंने जॉर्ज कार्नवालिस की बहुप्रशंसित प्रतिकृति बनायी थी। वे कलकत्ता की एशियाटिक सोसाइटी (1784 ई. में स्थापित) से भी सम्बद्ध थे, इसलिए उन्होंने अनेक छवियाँ इसी सोसाइटी को दान कर दी थीं।

कला और शिल्प का अनोखा उदाहरण था—हाथी दाँत पर चित्रांकन। यह एक नया शौक़ था, जो रईस ग्राहकों की प्रतिकृति तक ही सीमित नहीं था। इससे आभूषण बनाये जाने के साथ इस पर चित्र समेत सजावटी अलंकरण भी किये जाते थे। ओजिस हम्फ्री-जैसे कई चित्रकार इस कला में निष्णात थे। हम्फ्री ने तो भारत में लम्बे समय (1802-1825) तक रहकर पर्याप्त यश और धन अर्जित किया।

अठारहवीं सदी के अन्तिम तीन दशकों में बहुत से ब्रिटिश चित्रकारों ने हिन्दुस्तान आकर अपने नज़रिये से अनेक कलाकृतियाँ तैयार की थीं। इनमें शबीहों (पोर्ट्रेट), प्राकृतिक दृश्यों, इमारतों, पशु-पक्षियों और वनस्पतियों के अतिरिक्त हिन्दुस्तानी और युरोपीय व्यक्तियों के दैनन्दिन जीवन की झाँकियाँ प्रमुख थीं। उन्होंने अन्य सांस्कृतिक विरासतों को भी चित्रित किया। ये चित्रकार अपनी कलाकृतियाँ तैल अथवा जलीय रंगों द्वारा कैनवस या काग़ज़ पर तैयार करते थे। इनकी दृष्टि कैमरे की आँख की तरह दृश्यगत या चाक्षुष यथार्थ को उसके अनेक रूप-विन्यास के साथ सूक्ष्मता से आँकती थी। उनकी तूलिका से तैयार चित्र यथार्थ और जीवन्त लगते थे। वे प्रकृति को किसी चित्रकार या सौन्दर्य-चिन्तक की दृष्टि से नहीं बल्कि एक तटस्थ वैज्ञानिक की दृष्टि से देखते और ईमानदारी से उसकी छवि प्रस्तुत करते थे।

उन्नीसवीं सदी के अन्त तक इंग्लैंड में उग्रहन (एन्ग्रेविंग), जलरंगी (अक्वाटिंट) और लिथोग्राफ़ी तकनीक से छपाई की कला अपने उत्कर्ष पर थी। इस तकनीक से चित्रकार अपनी कलाकृतियों के प्रिंट तैयार करते थे। अधिकांश ब्रिटिश चितेरे इनमें कुशल थे और सम्बन्धित तैयारियों और साधनों से लैस होकर ये चित्रकार हिन्दुस्तान आये थे। सर विलियम फ़ोस्टर ने अपने एक लेख में वर्ष 1760 से 1815 तक हिन्दुस्तान आये ऐसे 64 ब्रिटिश चित्रकारों की सूची प्रस्तुत की थी। कला इतिहासकार मिसेज़ मिल्ड्रेड आर्चर द्वारा हिन्दुस्तान में उन्नीसवीं शती तक आये ऐसे अनगिनत ब्रिटिश चित्रकारों में सबसे पहले टिली कैटल 1769 में भारत आया और सत्रह वर्षों तक कलकत्ता, मद्रास, लखनऊ एवं अन्य स्थानों पर घूमता-फिरता चित्रण करता रहा। वह अधिकांशतः रजवाड़ों के राजाओं और अन्य समृद्ध व्यक्तियों के शबीह तैयार करता रहा। उसने फ़ैज़ाबाद (अवध) में रहकर

वहाँ के नवाब शुजाउद्दौला के छह शानदार पोर्ट्रेट बनाये थे। साथ ही, वह हिन्दुस्तान की ऐतिहासिक इमारतों, राजसी और सामन्ती जीवन के ठाठ-बाट के साथ विविध स्थलों का भी चित्रण करता रहा।

जैसा कि पहले बताया गया, वर्ष 1783 में जॉन जोफ़ानी नामक चित्रकार पहले मद्रास आया। वहाँ से कलकत्ता पहुँचकर उसने युरोपीय साहबों के दैनिक जीवन, और उनके साहबी रोब-दाब तथा तामझाम को दर्शाते हुए अत्यन्त यथार्थपरक चित्र बनाये। जोफ़ानी, कलकत्ते के बाद कई स्थलों पर रुकता, उनका चित्रण करता लखनऊ पहुँचा। वहाँ उसने नवाब आसफ़उद्दौला के नवाबी रहन-सहन, दरबारी ठाठ-बाट और लखनवी शानो-शौकत और आम लोगों के जीवन के बहुत-से जीवन्त चित्र बनाये। वहाँ उसे नवाब के सैन्य अधिकारी क्लॉद मार्टिन का भरपूर सहयोग मिला। उसका एक चित्र 'कॉक फ़ाइट इन लखनऊ' विक्टोरिया मेमोरियल, कलकत्ता के दर्शनीय चित्रों में से एक है।

इंग्लैंड के विख्यात चित्रकार रिचार्ड विल्सन का शिष्य विलियम हॉग्स यहाँ 1780 से चार वर्षों तक चित्रण करता रहा। उसे हिन्दुस्तान के गवर्नर जनरल वारेन हेस्टिंग्स का आश्रय मिला हुआ था। यहाँ उसके बनाये 35 बड़े आकार के दृश्य चित्र हेस्टिंग्स के व्यक्तिगत स्वामित्व में थे। इनमें से कई चित्र आज भी इंग्लैंड में हेस्टिंग्स के डेलैसफ़ोर्ड स्थित आवासीय भवन की शोभा बढ़ा रहे हैं। हॉग्स ने कलकत्ते से इलाहाबाद तक गंगा नदी में नीचे से ऊपर की ओर साधारण नौका द्वारा जोख़िमभरी यात्रा की थी। कई दुर्लभ स्थानों के चित्र सबसे पहले उसने ही बनाये थे। इनमें उसकी कला प्रवीणता और दृश्यात्मक यथार्थ का विलक्षण तालमेल देखा जा सकता है। ईस्ट इंडिया कम्पनी के अधीन कार्यरत भागलपुर के तत्कालीन कलेक्टर ऑगस्टस क्लीवलैंड ने भी उसे भरपूर सहयोग दिया था। मृत्यु के बाद उनकी घरेलू सम्पत्ति की बिक्री में हॉग्स की इक्कीस चुनिन्दा कलाकृतियाँ भी शामिल थीं। उसने ताजमहल, वाराणसी के घाट से आगे मुंगेर, चुनार, इलाहाबाद, सिकन्दरा, फ़तेहपुर सीकरी, ग्वालियर, लखनऊ, दिल्ली तथा अन्य स्थानों पर बने राजाओं के महल, क़िले और अन्य ऐतिहासिक महत्त्व के पुराने स्मारकीय भवनों के भौगोलिक (टोपोग्राफ़िक) दृश्य-चित्र तैयार किये थे। 1783 में हिन्दुस्तान से वापिस लौटने के बाद उसने अपने चि़त्रों के जलरंगी (अक्वाटिंट) प्रिंट्स की सीरीज़ 'सेलेक्ट व्यूज़ इन इंडिया' और 'ट्रेवेल्स इन इंडिया' में छपवाईं। इन चित्रों की सराहना से उसे इंग्लैंड के कला जगत में विशेष ख्याति प्राप्त हुई।

1786 में थॉमस डेनियल और उसके भतीजे विलियम डेनियल कलकत्ता आकर अपनी कला-यात्रा में व्यस्त रहे। ये दोनों सात वर्षों तक कलकत्ते में और फिर पूरे भारत में घूम-घूम कर दृश्य-चित्र तैयार करते रहे। उनके चित्रों के अक्वाटिंट प्रिंट्स की सीरीज़ 'व्यूज़ ऑफ़ कलकत्ता' में प्रकाशित हुई। उनकी जोख़िमभरी रोमांचक यात्रा उत्तरी भारत के गंगा और यमुना के तटवर्ती स्थानों—पटना, राजमहल, वाराणसी, इलाहाबाद, कानपुर, आगरा, दिल्ली होती हुई हरिद्वार और श्रीनगर (गढ़वाल) से गुज़रती हुई हिमालय तक जा पहुँची थी। उन्होंने हिमालय के वैभवपूर्ण और उन्नत शिखरों को सैकड़ों रेखाचित्रों को तैल और जलरंगों द्वारा चित्रित किया और उन्हें इंग्लैंड से 'ओरियंटल सीनरी' पुस्तक में प्रकाशित करवाया। इनमें से एक चित्र 'रोप ब्रिज़' विक्टोरिया मेमोरियल, कलकत्ता में सुरक्षित है।

दोनों डेनियल्स विभिन्न ऐतिहासिक स्थलों के साथ चुनार, गया और पटना से गुज़रते हुए भागलपुर पहुँचे, जहाँ एक वर्ष तक रहकर दृश्य चित्रण करते रहे। वहाँ उन्हें एक अन्य चित्रकार सैमुअल डेविस का भी साथ मिला, जिसके भूटान में बनाये गये दृश्यांकनों को बड़ी सराहना मिली थी। तीनों चितेरों ने बाद में बम्बई के

चतुर्दिक् स्थित एलिफेंटा गुफ़ाओं, सालसित्ते और अन्य कई महत्त्वपूर्ण लेकिन अनजाने स्थानों पर आकर चित्रण किया। अपनी दक्षिण भारत की यात्रा के बाद 1793 में वापस इंग्लैंड जाने के लिए मद्रास से समुद्र के रास्ते दोनों डेनियल्स साधारण देसी नौका से बम्बई पहुँचे। इंग्लैंड पहुँचकर उन्होंने अपने चित्र-संग्रह में से चुनिन्दा 144 दृश्य-चित्रों के बड़े आकार वाले प्रिंट्स के अलबम (छह भागों में) 'ओरियंटल सीनरी' में छपवाकर बेचे।

डेनियल्स का समकालीन अन्य चितेरा था जेम्स वेल्स, जो एक शबीह चित्रकार था, लेकिन उसने पश्चिमी घाट के कई प्राचीन और पुरातात्त्विक स्थानों के दृश्यांकन बनाये। उसके कई चुनिन्दा दृश्य-चित्र 'हिन्दू एक्सकेवेशन इन द माउंटेंस ऑफ़ ऐलोरा नियर औरंगाबाद इन द डैक्कन' में प्रकाशित हुए। मृत्युपरान्त उसके कई चित्र इंग्लैंड में प्रकाशित 'ट्रैवेल्स व्यूज़ ऑफ़ द आइलैंड ऑफ़ बॉम्बे एंड इट्स विसिनिटी टेकन इन द ईयर्स 1791 एंड 1792' में छापे गये।

इसी क्रम में कैप्टेन कुक के साथ विलियम वेटस्टाल नामक एक चित्रकार ब्रिटेन से ऑस्ट्रेलिया जानेवाले एक खोजी अभियान दल में ब्रिटिश सरकार द्वारा अधिकृत दृश्य-चित्रकार की हैसियत से 1804 में बम्बई में आया था। उसने बम्बई तथा पश्चिमी घाट क्षेत्र के प्राचीन एवं ऐतिहासिक स्थानों के अत्यन्त प्रभावी दृश्य चित्र उकेरे, जो 1828 में इंग्लैंड से प्रकाशित पुस्तक *सीनरि, कॉस्ट्यूम एंड आर्किटेक्चर, चीफ़ली ऑन द वेस्टर्न साइड ऑफ़ इंडिया* में संकलित हुए थे।

इसी दौरान चित्रकार हैनरी साल्ट, ब्रिटेन के एक उच्च अधिकारी लॉर्ड वेलेंशिया के साथ, उसके सचिव तथा ड्राफ़्ट्समैन की हैसियत से 1803 में कलकत्ता पहुँचा। भारत-भ्रमण करते हुए उसने अनेक ऐतिहासिक, धार्मिक और प्राचीन भवनों के प्राचीन चित्र बनाये। उसकी बहुत-सी कलाकृतियाँ 1809 में प्रकाशित लॉर्ड वेलेंशिया की हिन्दुस्तान यात्रा का वृत्तान्त तीन भारी-भरकम ग्रन्थों में सम्मिलित किया गया था। एक अन्य विदेशी चित्रकार रॉबर्ट होम 1790 में ही मद्रास आया था, जो मैसूर शासक टीपू सुल्तान के विरुद्ध हुई लड़ाई में लॉर्ड कॉर्नवालिस की अंग्रेज़ सेना के साथ अधिकृत चित्रकार की हैसियत से सम्मिलित था। उसने विविध विषयों पर बेहतरीन चित्र बनाये, जो 1794 में इंग्लैंड में छपी अलबम 'सेलेक्ट व्यूज़ ऑफ़ मैसोर' में सम्मिलित किये गये। उसने कलकत्ते में गवर्नर जरनल वेलेस्ली और फ़ैज़ाबाद में नवाब अवध से सम्बद्ध कई ऐतिहासिक चित्र बनाये थे। वह कलकत्ते की रॉयल एशियाटिक सोसाइटी में सचिव पद (1802-1814) पर भी कार्य करता रहा। उसके साथ के अन्य कई सैन्य अधिकारी चित्रकार—कर्नल एफ़. एस. वार्ड, लेफ़्टिनेंट कॉलब्रुक, कैप्टेन एलेन, कैप्टेन रॉबर्ट ग्रिंडले, लेफ़्टि. कर्नल चार्ल्स रेमस फ़ोरेस्ट आदि अपने सैन्य दायित्वों का निर्वाह करते हुए विविध स्थानों के चित्र तैयार करते रहे।

उन्नीसवीं सदी के चौथे दशक में दो साहसी महिला चित्रकार—मिसेज़ एस. सी. बैलनोज़ और एमिलि इडेन ने भी प्रशंसनीय चित्र बनाये। इडेन तत्कालीन हिन्दुस्तान के गवर्नर जनरल जॉर्ज ऑकलैंड की बहन थीं। उनकी लोकप्रिय कलाकृतियाँ बड़े आकार की अलबम 'पोर्ट्रेट ऑफ़ द पीपल्स एंड प्रिंसेज़ ऑफ़ इंडिया' 1844 में छपी थीं। बैलनोज़ द्वारा बनाये 24 उत्कृष्ट चित्र इंग्लैंड से प्रकाशित एक सचित्र पुस्तक 'युरोपियन एंड हिन्दू मैनर्स इन बेंगॉल' में छपे। भारत के विभिन्न अंचलों और छोटे-बड़े रजवाड़ों और सामन्तों के यहाँ अनुबन्धित चित्रकारों की संख्या भी कम नहीं थी। अन्य उल्लेखनीय प्रतिभावान चित्रकारों में जॉर्ज चिनेरि, जेम्स फ़ोर्ब्स, विल कारपेंटर, जेम्स बैली फ़्रेज़र, विलियम सिम्पसन, जॉन स्मार्ट, ओज़िया हम्फ़्रे, एडवर्ड लीयर-जैसे कई चित्रकार यहाँ के विलक्षण दृश्यों को चित्रों में उतार रहे थे।

1845 में हिन्दुस्तान में फ़ोटोग्राफ़िक कैमरे के आने से विदेशी चित्रकारों की अहमियत पहले जैसी नहीं रह गयी। इसलिए उनका यहाँ आना बहुत कम हो गया। हिन्दुस्तान आये इन ब्रिटिश चित्रकारों द्वारा बनायी अनेक कलाकृतियाँ इंडिया ऑफ़िस लाइब्रेरी एंड रिकॉर्ड्स, लन्दन; विक्टोरिया मेमोरियल म्यूज़ियम, कोलकाता; येल सेंटर ऑफ़ ब्रिटिश आर्ट, यू.एस. तथा देश-विदेश के विभिन्न कला संग्रहालयों में सुरक्षित हैं।

लेकिन कला की एक और प्रवृत्ति जो सर्वाधिक प्रचलित थी, वह थी जलरंगों से अंकित चित्र-प्रविधि। इस त्वरित अंकन प्रविधि से विपुल संख्या में चित्र बनाये जा सकते थे। दूसरे, इनग्रेविंग के द्वारा ब्लॉक बनाकर इन चित्रों की अनुकृतियाँ तैयार कर सामान्य ख़रीदारों को भी सुलभ मूल्य पर बेची जा सकती थीं। विलियम हजेस ऐसा ही एक चित्रकार था, जिसने इंग्लैंड जाकर भारत विषयक चित्रों की हज़ारों अनुप्रतियाँ छपवाईं और काफ़ी धन अर्जित किया। चाचा और भतीजे की जोड़ी थॉमस और विलियम डेनियल ने भी उसका अनुसरण करते हुए भारत-भ्रमण किया या और अपने चित्रों का संकलन 'व्यूज़ ऑफ़ कैलकटा' कलकत्ता से ही 1786-88 ई. में प्रकाशित कराया था। इसके बाद कलकत्ता ही क्या, भारत के विभिन्न स्थानों, स्मारकों, दर्शनीय स्थलों, गंगा नदी के घाट (विशेषकर वाराणसी), तीर्थ-स्थल, पर्वतीय अंचल, प्रसिद्ध इमारतें (मस्जिद, मीनार, ताजमहल, विभिन्न क़िले), व्यस्त इलाक़े (बाज़ार, मेले), पशु-पक्षी, कामगार आदि विषय इन जलरंगों में चित्रित हुए। इन्हें उकेरनेवाले चित्रकारों में प्रमुख थे—चार्ल्स डॉयलि, जेम्स वेयलि फ्रेज़र, विलियम प्रिंसेप, एमिलि इडेन, मादाम वेलनस आदि। इनमें एटकिंसन-जैसे कलाकार भी थे, जिन्होंने कलकत्ता के अंग्रेज़ साहबों की मौज-मस्ती और दास-दासियों से घिरे जीवन पर व्यंग्य करने में कोई गुरेज नहीं किया। ठीक वैसे ही, जैसे कि बाद में अंग्रेज़ साहबों की नक़ल में हिन्दुस्तानी काले साहबों और बंगाली बाबू और बीवियों की कारस्तानियों पर काली घाट के पटशिल्पियों ने बड़े तीखे और मज़ेदार व्यंग्य चित्र बनाये। यही नहीं, रचनाकारों ने कई ऐसे नव बाबुओं और नव बीवियों पर कई व्यंग्यात्मक रचनाएँ लिखीं, जिनका विस्तृत विवरण यहाँ प्रासंगिक नहीं होगा।[1]

आरोपित कलादर्श

यहाँ इस बात का उल्लेख आवश्यक होगा कि भारत में पश्चिमी देशों से पेशेवर चित्रकारों के यहाँ आने और बाद में अंग्रेज़ सरकार द्वारा स्थापित और नियन्त्रित कला संस्थानों के लिए निर्धारित कलादर्शों की रूपरेखा कैसे निर्मित हुई। अंग्रेज़ों के भारत आने के बाद कला की शिक्षा या आधारभूत शिक्षा के साथ कला को एक अनुषंग के तौर पर ग्रहण करने में भी कई साल निकल गये। कला शिक्षा के लिए अलग से कोई विद्यालय हो, यह तो स्वप्न में भी सम्भव नहीं था। गुरु-शिष्य परम्परा या घराने-जैसी पद्धति अवश्य थी, लेकिन वह भी राजाश्रय केन्द्रित स्थानीय शैली तक सीमित रही थी। इसके अन्तर्गत कई पीढ़ियों तक विभिन्न कलाशैलियों के चित्रकारों और दस्तकारों के घराने सक्रिय रहे और उन्होंने यथासम्भव अपनी-अपनी विशेषताओं को क़ायम रखा। हालाँकि राजाश्रय के अभाव में ये घराने धीरे-धीरे छीजते चले गये और सीमित अंचल तक ही सिमटकर रह गये।

यहाँ यह भी देखना होगा कि अंग्रेज़ों ने अपने कलादर्शों को लेकर कितनी गम्भीरता दिखायी थी। यह केवल उनके लिए ही नहीं, पूरे युरोप की कलाशैली पर पन्द्रहवीं शताब्दी के उत्तरार्द्ध से लेकर उन्नीसवीं सदी के मध्य तक, इटली के रेनेसां का ही ज़बर्दस्त प्रभाव रहा। वह केवल अवधारणा मात्र तक सीमित नहीं थी, उनकी कला पद्धति में भी सम्मिलित थी।

इंग्लैंड में 1768 ई. में रॉयल एकेडेमी ऑफ़ आर्ट की स्थापना हुई और वहाँ भी रेनेसां कला के ही आदेशों एवं आदर्शों को मान्यता मिली। इसके अध्यक्ष जोशुआ रेनॉल्ड्स एक सुप्रसिद्ध चित्रकार थे और क्लासिकल चित्र-प्रणाली के समर्थक थे। उनके नेतृत्व में ब्रिटिश एकेडेमी ने भी रेनेसां और इसके अनन्य प्रतिमान लियोनार्दो दा-विंची के चित्रांकन के आदर्शों को अपनाने पर ज़ोर दिया। लियोनार्दो का कहना था कि चित्रकार को वस्तु के दर्पण में प्रतिबन्धित रूप को यथातथ्य चित्रित करना होगा। इस वस्तुनिष्ठ रूपायन को कैसे सटीक और सार्थक बनाया जाये, इसके लिए आनुपातिक प्रमाण (Proportional anatomy), परिप्रेक्ष्य (perspective), छाया-प्रकाश (chiaroscuro), संरचना-संयोजन (composition) इत्यादि नियमों के अनुपालन पर विशेष ज़ोर था। चित्र-निर्माण की यही धारा लगभग दो सौ वर्षों तक अबाधित तौर पर प्रचलित रही। कहना न होगा, उसी धारा को कलकत्ता के शैक्षणिक पाठ्यक्रम में, अठारहवीं सदी के अन्त में, प्रतिष्ठित किया गया। इस प्रयास से जहाँ अंग्रेज़ अधिकारी और अधिवासी प्रसन्न थे, वहाँ अभिजात वर्ग और नया उभरता मध्य वर्ग भी उत्साहित था, क्योंकि मौलिक उद्भावना के विपरीत अनुसरण और अनुकरण हमेशा सुविधाजनक और हानिकारक होता है। आख़िरकार भारत तब एक ग़ुलाम देश था—इससे निकट और सुदूर बैठे स्वामी भी स्वभावतः प्रसन्न हुए। और इस प्रकार उन्नीसवीं सदी के अन्तिम दशकों में जन्मे नवजागरण में भी चौड़े सुनहरे फ्रेम में कैनवस पर तैलरंग से अंकित चित्रों के प्रति उत्साही चित्रकारों के साथ इसके चाहनेवाले तेज़ी से बढ़ चले अभिजात वर्ग में अंग्रेज़ चित्रकारों द्वारा अंकित चित्रों को फ्रेम करवाकर घर-परिवार में सजाने का प्रचलन बढ़ने लगा था। अंग्रेज़ी जाननेवाले मध्यवर्गी बाबू लोग भी अगर मौलिक चित्र नहीं तो एनग्रेविंग (ब्लॉक निर्मित रंगीन प्रिंट) वाले चित्र घरों में टाँगने लगे थे।

चूँकि उन दिनों ईस्ट इंडिया कम्पनी की तमाम गतिविधियों का केन्द्र कलकत्ता था, इसलिए यह स्वाभाविक ही था कि इसके अंग्रेज़ अधिकारी और इनसे जुड़े कारोबारी युरोपीय पद्धति के अनुरूप कार्य करते। इसलिए अपने अधीनस्थ युरो-इंडियन युवकों को शिक्षा और कारीगरी सिखाने के उद्देश्य से 1839 ई. में 'द मैकेनिकल इंस्टीट्यूशन' की स्थापना की गयी। इसे परवर्ती काल में विकसित कला एवं शिल्प विद्यालय की बुनियाद माना जा सकता है। इसमें एक ओर जहाँ अंग्रेज़ शिल्पी कालेस वर्दी का नाम लिया जाता है, वहीं 'यंग बेंगाल' के नेता ताराचाँद चक्रवर्ती का उल्लेख किया जाता है। वैसे उनके सक्रिय प्रयासों को कोई विशेष सफलता नहीं मिली और लगभग दस साल के बाद बेथुन सोसाइटी के प्रयास से युरोपीय और भारतीय बुद्धिजीवियों ने 1854 ई. में 'सोसाइटी फ़ॉर द प्रोमोशन ऑफ़ इंडस्ट्रियल आर्ट' की स्थापना की। इसी क्रम में 'द स्कूल ऑफ़ इंडस्ट्रियल आर्ट' अस्तित्व में आया, जिसे कलकत्ता का पहला चारु (ललितकला) और कारु (शिल्पकला) विद्यालय कहा जा सकता है। तमाम उठा-पटक के बाद, यथासमय मॉंशिये रिगो और मॉंशिये आगिये वहाँ मॉडलिंग (मूर्तिकला) और चित्रकला सिखाने के लिए नियुक्त हुए। अन्ततः दस वर्ष के बाद, 1864 ई. में उसे सरकार ने अधिगृहीत कर लिया। उसके संचालक बने लन्दन स्कूल ऑफ़ डिज़ाइन, केनिंग्सटन के शिल्पी हेनरी हॉनर लॉक, जिन्होंने 1864 से 1885 ई. तक पाश्चात्य पद्धति के अनुरूप, शिल्प शिक्षा की व्यवस्था की। उनके कार्यकाल के दौरान उक्त संस्था का नाम 'गवर्नमेंट स्कूल ऑफ़ आर्ट एंड क्राफ़्ट' हो गया, जहाँ तैलरंग से चित्रण विधि को विशेष महत्त्व देते हुए, इसमें प्राथमिक एवं उच्चतर पाठ्यक्रम निर्धारित किये गये। इनके साथ जो व्यावहारिक विषय जोड़े गये, उनमें मॉडलिंग, नक़्शानवीसी, लिथोग्राफ़ी, काष्ठखुदाई और फ़ोटोग्राफ़ी को स्थान मिला। बाद में यह संस्था कलकत्ता के चितपुर रोड से स्थानान्तरित होकर बहू बाज़ार के व्यस्त इलाक़े में आ गयी।

इन परिवर्तनों एवं सरकारी नियन्त्रणों से स्पष्ट था कि कला शिक्षण संस्थानों को सरकारी आवश्यकताओं और निर्धारित नियमों के अधीन काम करना होगा। इसमें किसी कलाकार की आकांक्षा और आज़ादी की कोई गुंजाइश नहीं थी। यह कला की साधनास्थली नहीं थी, कला प्रशिक्षण संस्था थी और निर्धारित पाठ्यक्रम पूरा होने पर ही छात्रों को योग्यता प्रमाण-पत्र प्रदान किये जाते थे। उन्नीसवीं सदी के अन्त तक कला शिक्षण की कमोबेश यही स्थिति बनी रही। लेकिन लॉक महोदय, एक उदार शिक्षक थे और उन्होंने पाश्चात्य कला पद्धति को वरीयता देते हुए भी, भारत की पारम्परिक एवं आलंकारिक कलाशैली को अपेक्षित महत्त्व दिया ताकि यह सर्वथा विलुप्त न हो जाये। बाद में उन्होंने अपने दो सुयोग्य छात्रों—श्यामाचरण श्रीमनी और अन्नदाप्रसाद बागची को छात्र-शिक्षक का सम्मान देते हुए आर्ट स्कूल में नियुक्त किया। इसी तरह एक और छात्र प्रियनाथ दास की कला-निर्मितियों की भी उन्होंने भरपूर सराहना की थी।

लॉक के प्रयास से ही कलकत्ता में 1876 ई. में पहली पब्लिक आर्ट गैलरी का शुभारम्भ हुआ। इसी तरह 1873 और 1879 ई. में दो बार अखिल भारतीय कला प्रदर्शनी आयोजित की गयी, जिसमें उन्होंने पहली बार प्राच्य कला पद्धति से उकेरे गये चित्रों का भी प्रदर्शन किया। अपनी बहुमुखी संचालन क्षमता और छात्र कल्याणकारी गतिविधियों के लिए वे अपने प्रशंसकों द्वारा 'महात्मा लॉक' की संज्ञा से पुकारे जाते थे।[2] उन जैसे उदार एवं उद्यमी शिक्षकों की अनुप्रेरणा से निश्चय ही पूर्व और पश्चिम की कलाशैलियों के बीच पहचान और संवाद की गति बनी रही और आनेवाली शताब्दी में परस्पर विवाद और विरोध के बावजूद, दोनों ही पक्ष सक्रिय और रचनाशील बने रहे।

अन्नदाप्रसाद बागची ने 1878 ई. में 'कैलकटा आर्ट स्टूडियो' की स्थापना की थी और देव-देवियों तथा पौराणिक आख्यानों के मार्मिक प्रसंगों को चित्रित कर लिथोग्राफ़ी द्वारा साधारणजन तक पहुँचाने का काम किया। उस समय जब स्वदेशी आन्दोलन अपने प्रारम्भिक दौर में ही था, जोड़ासाँको ठाकुरबाड़ी के संरक्षण में बंगीय कला संसद नामक एक संस्था का गठन किया गया था। इसके अध्यक्ष थे अन्नदाप्रसाद और संचालक थे अवनीन्द्रनाथ ठाकुर। अपने सहपाठी नवगोपाल मिश्र के सहयोग से अन्नदाप्रसाद ने प्रतिष्ठित 'हिन्दू मेला' आन्दोलन को गति दी थी। इस जातीय आकांक्षा को सुदृढ़ करने की दिशा में स्थानीय कलाकारों ने भी अपनी प्रतिबद्धता जतायी थी और यह क्रम आगे भी जारी रहा। इसी तरह श्यामाचरण ने पहली बार बांग्ला में *आर्यजातिर शिल्प-चातुरी* शीर्षक से एक पुस्तक भी लिखी थी, जो भारतीय भाषाओं में सम्भवतः पहली कला पुस्तक थी। 1874 ई. में लिखित इस कृति की प्रशंसा बंकिमचन्द्र चट्टोपाध्याय ने अपनी पत्रिका 'बंगदर्शन' में की थी और इस बात पर ज़ोर दिया कि श्यामाचरण ने पाश्चात्य कला पद्धति का अन्धानुकरण करनेवाले युवा कलाकारों को यथासमय सतर्क किया है। अवनीन्द्रनाथ जब आर्ट स्कूल के उपाध्यक्ष थे, तब वे भी श्यामाचरण के कलादर्शों की बात छात्रों को बताया करते थे। उनके सान्निध्य में जिन दो छात्रों का उल्लेख होता है वे हैं—नवकुमार विश्वास और बामाचरण बन्द्योपाध्याय। उन्होंने इन युवा छात्रों को अपनी कला स्टूडियो में प्रशिक्षित किया, जिन्होंने 1879 ई. में आयोजित कला प्रदर्शनी में सक्रिय सहभागिता की थी। बामाचरण अपने समय के एक ऐसे महत्त्वपूर्ण प्रतिकृति (पोर्ट्रेट) चित्रकार थे, जो तैलरंग से चित्र बनाने में अत्यन्त कुशल थे। उन्होंने बंकिमचन्द्र चटर्जी आदि के स्मरणीय चित्र बनाये। यही नहीं, उन्होंने केरल के रवि वर्मा से भी पहले कुछ पौराणिक चित्र उकेरे थे और उनकी कई अनुप्रतियाँ जर्मनी में मुद्रित कराई थीं। उनके द्वारा चित्रित 'अभिमन्यु और उत्तरा' (1900 ई.) की रंगीन प्रतिकृति (लिथोग्राफ़) तब काफ़ी लोकप्रिय हुई थी।

यहाँ उस ब्रिटिश चित्रकार रोडेरिक मेकेंज़ी (Roderick Machenzie) का उल्लेख आवश्यक है, जिसने 1903 में क्वीन विक्टोरिया के निधन (1901) के बाद एडवर्ड सप्तम को सम्राट घोषित करने की ख़ुशी में दिल्ली दरबार की भव्य झाँकी को चित्रित किया था। जामा मस्जिद की पृष्ठभूमि में निर्मित यह तैलचित्र (17×11 फ़ीट) कलकत्ता के विक्टोरिया मेमोरियल में संरक्षित है। इसमें वाइसराय लार्ड कर्ज़न को सुसज्जित हाथी पर सवारी करते और उनके पीछे अन्य कई हाथियों पर सवार तत्कालीन रजवाड़ों और फ़ौजी टुकड़ियों के साथ ऊपर भव्य गुम्बद और मीनारोंवाले जामा मस्जिद की बारादरी और नीचे सीढ़ियों तथा सड़क पर सैकड़ों लोगों को देखा जा सकता है। यह कहना अन्यथा न होगा कि बाद में एक से बढ़कर एक विहंगम दृश्यों वाले अतुलनीय चित्रों के अंकन की परम्परा पश्चिमी देशों में भी विलुप्त हो गयी।

मोटे तौर पर उन्नीसवीं सदी के उत्तरार्द्ध से ही भारत में संस्थागत और अनौपचारिक कला सम्बन्धी हलचलें आरम्भ हो गयी थीं एवं बीसवीं सदी के आगमन तक, अन्यान्य रचनात्मक अधिकायों और उपक्रमों को अधिक व्यवस्थित और सुविचारित ढंग से लागू करने की मंशा तीव्र होती दिखायी पड़ती है। ऐसे प्रयत्नों के चलते अलग-अलग शैक्षिक संस्थान और सामाजिक एवं सांस्कृतिक प्रतिष्ठान भी स्थापित होने लगे थे। व्यक्तिगत प्रयासों से लेकर ब्रिटिश सरकार की कार्य सूची भी इस दिशा में सक्रिय थी। विरोध और समर्थन के बीच अपने-अपने उद्देश्यों को क्रियान्वित किया जा रहा था। ईस्ट इंडिया कम्पनी और ब्रिटिश सरकार ने शिक्षा के क्षेत्र में, औपनिवेशिक अधिकार के अन्तर्गत, अंग्रेज़ी भाषा के पठन-पाठन पर ज़ोर दिया, जिसे वह शिक्षण संस्थाएँ स्थापित कर लोगों पर थोपना चाहती थी। यहाँ साहित्य की रचनात्मकता या गुणवत्ता पर ज़ोर कम था। लेकिन प्रान्तीय भाषाओं के साथ स्थानीय और क्षेत्रीय बोलियों पर ध्यान देने के लिए 'वर्नाकुलर' पर विशेष ध्यान व ज़ोर दिया गया ताकि अंग्रेज़ी जाननेवाले अधिकारी और बाबू (किरानी) लोग सरकारी काम को ठीक से अंजाम दे सकें, क्योंकि उन्हें तो भारत में दूर-दराज गाँवों तक जाकर काम करना था। भारतीयों द्वारा अंग्रेज़ी शासन व्यवस्था का भले ही तब विरोध हुआ हो, लेकिन वह बेहद चौकस और चाक चौबन्द थी और कुल मिलाकर आज भी, स्वतन्त्र भारत उसी प्रशासकीय व्यवस्था के अन्तर्गत कार्य कर रहा है।

पुनरान्वेषण की प्रक्रिया

चित्रकला विशेष के क्षेत्र में, भारतीय अस्मिता का सन्धान भी उसके अतीत के 'पुनरान्वेषण' या 'पुनरुत्थान' के अन्तर्गत आरम्भ हुआ। तब अलग-अलग स्थानों पर, अपनी क्षेत्रीय पहचान या स्थानीय विशेषताओं के साथ कई कलाकार कला सृजन के क्षेत्र में सक्रिय थे। चित्रकर्म ही उनकी जीविका का साधन या और इनके छोटे-बड़े ख़रीदार भी मौजूद थे। इसलिए पटना क़लम के चित्र हों या कालीघाट के पट या पटुआ चित्र, वे अपने ख़रीदार ढूँढ़ ही लेते थे, इसलिए उन्हें बाज़ार शैली के नाम से भी पुकारा जाता रहा।

ठीक-ठीक यह बता पाना तो सम्भव नहीं है कि भारत में कला चेतना को केन्द्र में रखते हुए किसी संघ या संगठन की औपचारिक शुरुआत कब हुई होगी। किसी बैठकी या जलसे में आपस में मिल-बैठकर कला-चर्चा तो होती ही रही होगी लेकिन ऐतिहासिक दृष्टि से, 1830 ई. में कलकत्ता में 'ब्रश क्लब' (Brush Club) नाम से एक गोष्ठी अस्तित्व में आयी, जहाँ कलाकारों ने सम्मिलित ढंग से कला-चर्चा शुरू की थी। यह भारतीय और ब्रिटिश कलाकारों और कलाविदों के प्रयास का सुफल था। कलकत्ता के कार एंड टैगोर कम्पनी (Carr & Tagore Company) के प्रमुख भागीदार विलियम कार इसके प्रथम सेक्रेटरी बने। इस कम्पनी के दूसरे प्रमुख भागीदार थे

प्रिंस द्वारकानाथ ठाकुर (1794-1846), जो रवीन्द्रनाथ के पितामह और राममोहन राय (1772-1833) के अभिन्न मित्र थे। 'ब्रश क्लब' के प्रयास से 1 फ़रवरी, 1831 ई. को कलकत्ता में पहली कला प्रदर्शनी आयोजित हुई—जिसमें युरोप के पेशेवर चित्रकारों के साथ उनके सहयोगी भारतीय चित्रकारों तथा कलकत्ता के शौक़िया चित्रकारों के चित्र प्रदर्शित किये गये थे। इसके बाद 1832 ई. में भी इसी क्लब के सौजन्य से दूसरी चित्र प्रदर्शनी का आयोजन किया गया, जिसमें हेनरी लुइस, हेनरी डिरोज़ियो, श्रीनाथ मल्लिक, रघुराय गोस्वामी और स्वयं द्वारकानाथ ठाकुर के साथ वर्धमान तथा पाइक पाड़ा राजवंशियों के निजी संग्रहों से जुटाये गये चित्र प्रदर्शित थे।[3] बहुत सम्भव है किसी रईस के निजी भवन में, किसी राजकीय अतिथि के आगमन या स्वागत हेतु ऐसी प्रदर्शनी आयोजित की गयी हो और 'ब्रश क्लब' एक ठप्पा मात्र हो, क्योंकि इसके बाद यह मंच या संघ हमेशा के लिए ओझल हो गया।

इसके कोई दस साल बाद, 1842 ई. में यह सूचना प्रकाशित हुई कि 'सोसाइटी फ़ॉर इम्प्रूवमेंट ऑफ़ ओरियंटल पेंटिंग एंड स्कल्पचर' नामक एक संस्था का गठन हुआ है। इसका उद्देश्य यह बताया गया कि यह भारतीय ओरियंटल शिल्पकला के उन्नयन के लिए कार्य करेगी। 'ओरियंटल'-जैसे शब्द से स्पष्ट था कि यह जातीयतावादी (राष्ट्रवादी) आदर्शों की वकालत करेगी। इसके सदस्य, जो भारतीय थे, वे कौन थे और कैसे नामित हुए थे, इसकी कोई जानकारी नहीं है।[4] बहुत सम्भव है आर्थिक या राजनीतिक कारणों से यह सोसाइटी अकाल कालकवलित हो गयी हो।

राजे-रजवाड़े और सामन्तों के देश भारत की कलाकृतियों और दुर्लभ वस्तुओं को संगृहीत करने का शौक़ विदेशों में पहले से ही प्रचलित था। इसलिए जब जलमार्ग से आवागमन की सुविधा बढ़ गयी तो विदेशी सौदागरों, पर्यटकों और उन कलाकारों के भारत आने का आग्रह भी बढ़ गया, जो यहाँ कारोबार के लिए और काम पाने की आशा से आने लगे थे। हालाँकि अंग्रेज़ सरकार इन तमाम गतिविधियों पर अपना नियन्त्रण और वर्चस्व बनाये रखना चाहती थी तो भी फ्रांसीसी, डच और पुर्तगालियों के अधीन ऐसे कई क्षेत्र थे, जहाँ उनका शासन नहीं था। ऐसे भी कई राज्य थे, जो ईस्ट इंडिया कम्पनी से सन्धि करने के बाद अंग्रेज़ सरकार के अधीन अपनी शासन व्यवस्था सँभाल रहे थे।

स्थापत्य, मन्दिर निर्माण या मूर्ति निर्माण-जैसे व्ययसाध्य और पीढ़ियों तक चलते रहनेवाले श्रमसाध्य कार्य अब लगभग बन्द हो गये थे। लेकिन राजदरबार की मर्यादा और रईसी का दबदबा क़ायम रखने के लिए कई रजवाड़े देशी-विदेशी चित्रकारों को आमन्त्रित या अनुबन्धित कर कलाकृतियाँ तैयार करवाते थे। इनमें उन्हें आवक्ष और आदमक़द व्यक्तिचित्र (पोर्ट्रेट), प्राचीन पोथियों की अनुकृतियाँ एवं चित्रांकन, रंगशालाओं और रनिवासों में चित्र-निर्माण, पश्चिमी कलाकारों के चित्रों की नक़ल आदि कार्यों के लिए अनुबन्धित किया जाता था।

पश्चिमी देशों से आनेवाले कलाकारों के भारत आने का लाभ यह हुआ कि उन देशों की अलग-अलग अंकन प्रविधियों, विषयों और शैलियों से भी भारत के कलाकार परिचित हुए। कला सम्बन्धी माध्यम एवं उपकरण, (ब्रश, रंग, कैनवस, योजना) आदि से परिचित होने का सुयोग भी भारतीय कलाकारों को प्राप्त हुआ। कई कलाकारों ने उन प्रसिद्ध और पेशेवर कलाकारों के साथ बतौर सहयोगी कार्य भी किया। दूसरी ओर, पश्चिमी कलाकार भी भारतीय कलाकारों की अंकन विधि और भारतीय कलाशैलियों से प्रभावित हुए बिना नहीं रह सके। विषयवस्तु, परिवेश एवं प्रविधिगत पार्थक्य के बावजूद, संवेदना के स्तर पर इन कलाकारों में कोई अन्तर नहीं था। भारत के बहुवर्णी जीवन, उत्सव, विविध सांस्कृतिक अनुष्ठान, रहन-सहन, पहनावा, रीति-रिवाज़ के साथ सामाजिक वैविध्य और वैचित्र्य का उन पर भी प्रभाव पड़ा।

पश्चिमी देशों से भारत आनेवाले प्रमुख कलाकारों में डेनियल काका वायपो, हॉजेस्, चार्ल्स डॉयली, एटकिन्सन, जोहान जोफ़ानी आदि तो थे ही, ऐसे भी कई कलाकार थे, जो भारत के विभिन्न अंचलों में जाकर वहाँ के ग्रामीण, आदिवासी और जनजातीय लोगों की विशिष्ट जीवनशैली का अंकन करते रहे थे। लेकिन इससे भी महत्त्वपूर्ण तथ्य यह है कि पश्चिमी देशों के कई कलाविद और कलाप्रेमी भारत आये और उन्होंने भारतीय प्रायद्वीप की कला सम्पदा पर विस्तार से विचार किया और पुस्तकें लिखीं। इतना ही नहीं, उन्होंने भारत में कला प्रशिक्षण की दिशा में भी अंग्रेज़ सरकार को औपचारिक एवं अकादमिक ढंग से पहल करने का सुझाव भी दिया।

ईस्ट इंडिया कम्पनी के लगातार बढ़ते व्यापारिक प्रभाव और बाद में अंग्रेज़ सरकार के राजनीतिक प्रभुत्व के फलस्वरूप पूरे भारत में फैले कलाकारों का समुदाय अब उन शहरों और कारोबारी स्थानों की ओर बढ़ चला, जहाँ उसे वांछित काम और संरक्षण मिल सकता था। पश्चिमी कलाकार के बड़े-बड़े और अनुबन्धित कार्य के मुक़ाबिले भारतीय कलाकार देशी ग्राहकों के साथ उन विदेशी अधिकारियों के लिए भी चित्र तैयार करने लगे थे, जो भारत से विदा होते हुए कोई स्मृति-चिह्न के बतौर अपने देश ले जाना चाहते थे। ऐसे युरोपीय ग्राहकों की ज़रूरतों और स्थानीय बाज़ार की माँग को पूरा करने के लिए कलाकारों का दल कलकत्ता, पटना, लखनऊ, कालिकट, मद्रास, मुर्शिदाबाद आदि प्रमुख केन्द्रों की ओर जमा होने लगा। बढ़ते आवागमन, बाज़ार और ख़रीदारों की माँग ने देशी और विदेशी दोनों ही कलाकारों की कार्य पद्धति पर प्रभाव डाला। यही कारण है कि परस्पर प्रभाव से परम्परागत चित्रशैलियों की विषयवस्तु और अंकन पद्धति अब बाज़ार की माँग के अनुरूप अधिक तेज़ी से बदलने लगी और साथ ही कलाकारों की मानसिकता भी। इस परिवर्तन एवं बृहत्तर कला परिवेश के बदलाव को कई कला समीक्षकों एवं कलाविदों ने विभिन्न चरणों में रखने और देखने का प्रयास किया है। लेकिन भारतीय कला के आरम्भिक काल को चाहे जितने खण्डों या पर्वों में विभाजित किया जाये, इसकी अबाधित और कालोत्तीर्ण निरन्तरता को बाँधना असम्भव है।

इस अनवरत कला यात्रा का एक महत्त्वपूर्ण प्रस्थान बिन्दु था, 1851 ई. में इंडस्ट्रियल आर्ट सोसाइटी की स्थापना। ईस्ट इंडिया कम्पनी के संरक्षण में स्थानीय कलाशैलियों के मिश्रण से एक नया रूपाकार लिए यह अस्तित्व में आयी थी, जो कम्पनी कलाशैली के नाम से विकसित हुई। अंग्रेज़ सरकार, जो पहले से ही शिक्षा, कला एवं संस्कृति को अपने अधिकार क्षेत्र में लाना चाहती थी, उसने तीन वर्ष बाद, इसी सोसाइटी के अधीन 1854 ई. में कलकत्ता में आर्ट स्कूल स्थापित किया। छात्रों को कला की शिक्षा प्रदान करने वालों में अधिकांशतः वही पेशेवर अंग्रेज़ कलाकार थे, जो घूम-घूमकर अनुबन्धित तौर पर चित्रांकन कर रहे थे। लेकिन 1855 ई. में सरकारी अनुदान प्राप्त उक्त सोसाइटी के अधीन आर्ट स्कूल में पहली कला प्रदर्शनी आयोजित हुई। धीरे-धीरे ही सही, 1865 ई. में पूरी तरह सरकारी नियन्त्रण में ले जाने के बाद, इस कला विद्यालय का अकादमिक पाठ्यक्रम निर्धारित हुआ। यहाँ साउथ किंग्सटन आर्ट कॉलेज, लन्दन से प्रशिक्षित चित्रकार बहाल किये गये और उन पर इंग्लैंड की विक्टोरियाई एजुकेशन व्यवस्था को लागू करने की ज़िम्मेदारी सौंपी गयी। यहाँ एक बात का ध्यान रखना आवश्यक है कि आनेवाले वर्षों में भारत के कई बड़े-बड़े शहरों—मद्रास (चेन्नई), बम्बई (मुम्बई), लाहौर में आर्ट्स स्कूल खोले गये और इन कला संस्थानों में, ब्रिटिश सरकार की शिक्षा पद्धति के अनुरूप ही कला शिक्षा प्रदान किये जाने का प्रावधान था। एक तथ्य यह भी है कि इन संस्थानों के दो प्रकार के अध्यापक थे—एक, जो कला की शिक्षा निर्धारित पाठ्यक्रम के अनुरूप दिया करते थे और दूसरे ऐसे स्थापित या पेशेवर

चित्रकार थे, जो थोड़े समय के लिए अनुबन्धित किये जाते थे। इन स्कूलों का पाठ्यक्रम प्राथमिक स्तर के प्रमाण-पत्र से सम्बद्ध होता था। इसमें उन्हीं छात्रों को प्रवेश मिलता था, जो रेखांकन आदि करने में सक्षम होते थे। उन्हें प्रतिरूप रेखानुकरण (मॉडेल ड्रॉइंग), दृश्य परिप्रेक्ष्य (पर्सपेक्टिव), तत्क्षण (एनग्रेविंग) शिला-मुद्रण (लिथोग्राफ़ी), मूर्तिकला (क्ले मॉडलिंग), स्थिर चित्रण (स्टिल लाइफ) आदि विषयों का प्रशिक्षण दिया जाता था। इसमें समय-समय पर संशोधन भी किये गये, लेकिन कुल मिलाकर यह पश्चिमी कला पद्धति का ही अनुकरण था और भारतीय कलाकारों की पहली युवा पीढ़ी इसी तरह प्रशिक्षित हुई।

इन बातों का उल्लेख यहाँ इसलिए आवश्यक है कि पश्चिमी प्रभाव के अधीन न केवल पहली पीढ़ी बल्कि ऐसे कलाकारों की दूसरी पीढ़ी को भी, जिनका जन्म 1870 से 1875 ई. के बीच हुआ था, कहीं अधिक व्यवस्थित ढंग से कला शिक्षा प्राप्त करने का अवसर प्राप्त हुआ। 1880-81 ई. तक मद्रास में स्कूल ऑफ़ इंडस्ट्रियल आर्ट्स, बम्बई में स्कूल ऑफ़ आर्ट्स और लाहौर में मेयो कॉलेज ऑफ़ आर्ट्स की स्थापना हो चुकी थी। कलकत्ता के इंडस्ट्रियल आर्ट सोसाइटी के कला विद्यालय के प्रिंसिपल लॉक के कार्यकाल में पहली पीढ़ी के छात्र कलाकार बामाचरण बन्धोपाध्याय (1851-1932 ई.) ने उल्लेखनीय सफलता प्राप्त की। उन्होंने कलकत्ता में कार्यरत एक युरोपीय कलाकार से भी कला सम्बन्धी कुछ गुर सीखे और पश्चिमी कला पद्धति का अनुसरण करते हुए कुछ नये प्रयोग भी किये। उन्होंने 1879 ई. में अपने चित्रों की प्रदर्शनी लगायी और कलकत्ता ही नहीं, पूरे देश का ध्यान अपने चित्रों की ओर आकर्षित किया। इस अवसर पर ईश्वरचन्द्र विद्यासागर ने बामाचरण को कश्मीरी शॉल ओढ़ाकर सम्मानित किया था।[5]

इसी तरह कलकत्ता आर्ट स्कूल के प्रथम सत्र के प्रशिक्षित छात्र अन्नदाचरण बागची (1849-1905 ई.) ने अपनी प्रतिभा के बल पर कला के क्षेत्र में कई नवाचारों को आरम्भ किया। पौराणिक विषयों के प्रति उनका विशेष आग्रह था और उन्हें ग्राफ़िक चित्रों में विन्यस्त करने और शिला-मुद्रण एवं लिथोग्राफ़ी द्वारा रेखांकित करने के लिए सराहा गया। उन्होंने 1878 ई. में पहला निजी कला विद्यालय स्थापित किया और स्त्रियों को शिल्प कला में प्रशिक्षित करने का प्रयास किया। उन्होंने 'शिल्प-पुष्पांजलि' नामक पहली कला पत्रिका का प्रकाशन भी किया। हालाँकि उनका यह प्रयास आसपास के शिक्षित वर्ग और कुछेक वर्गों तक ही सीमित रहा।

कलकत्ता में 1854 ई. में स्थापित शासकीय कला विद्यालय (Govt. School of Art) के प्राचार्य ई. बी. हैवेल ने इस तथ्य को बड़ी गम्भीरता से लिया था कि इस विद्यालय में दी जा रही कला शिक्षा यहाँ के छात्रों के लिए अपरिचित तो है ही, आरोपित भी है। वे इस बात को अच्छी तरह समझते थे कि ब्रिटेन से आयातित कला शिक्षा की बेल इस ज़मीन पर नहीं उगाई जा सकती, क्योंकि वह युरोप के विभिन्न देशों की सदियों पुरानी प्रविधियों और कला आन्दोलनों की उपज है। इसकी भी अलग-अलग शैलियाँ, पद्धतियाँ और पहचान है— शाखा-प्रशाखाएँ और 'स्कूल' हैं। भारत में भी कई सदियों से कला की विभिन्न शैलियाँ, परम्पराएँ और कला पद्धतियाँ विकसित होती रही हैं। अजन्ता, एलोरा, बाघ-जैसी प्राचीन कलाशैलियाँ और मध्यकाल की कला परम्परा—जो अपभ्रंश काल से विकसित होती हुई, राजपूत, मुग़ल और पहाड़ी शैली-जैसी कई धाराओं-उपधाराओं में बँट गयी थीं। ऐसी स्थिति में कला एवं मानविकी से जुड़े पश्चिमी विद्वानों का मानना था कि भारत की कलात्मक विरासत के साथ विभिन्न कला स्कूलों या घरानों की विशिष्टताओं एवं अंकन पद्धतियों से भी कला के छात्रों को अनिवार्य तौर पर परिचित कराया जाना चाहिए। प्राच्य कला धारा की इतनी बड़ी विरासत

को जाने बिना कोई छात्र कैसे एक समर्थ और सुयोग्य कलाकार बन सकता है! हालाँकि वैचारिक तौर पर कई विद्वान अपने महान एवं विशिष्ट अतीत का गायन-रुदन करते रहे थे लेकिन व्यावहारिक स्तर पर ई. बी. हैवेल महोदय के प्रयास से ही, कला शिक्षण में प्राच्य कला के अध्ययन को पाठ्यक्रम में सम्मिलित किया जा सका।

इसी दौर में कुछ राष्ट्रभक्त नायकों द्वारा 'राष्ट्र' और 'स्वदेशी' की अवधारणाओं के आलोक में हर रचना कर्म एवं कला कर्म को सम्पन्न किये जाने का अनुरोध किया जाने लगा। इनमें हस्त शिल्पकार या दस्तकार भी सम्मिलित थे, लेकिन उनकी निजता के साथ, 'भारतीयता' से सम्बद्ध करने का आहूवान केवल देशी प्रेरणा से ही सम्भव नहीं हुआ। इसमें लेडी हेरिंगम, ई. बी. हैवेल, सिस्टर निवेदिता और आनन्द कुमारस्वामी की प्रेरणाएँ भी कार्य कर रही थीं ताकि रचनात्मक कला (Creative Art) में भारतीय तत्त्वों या कारकों का यथासम्भव अनुयोग हो सके और वह पश्चिमी कला का पिछलग्गू न लगे। इसके लिए आवश्यक था कि भारतीय वाङ्मय और लोक स्मृति में सुरक्षित आख्यानों एवं गाथाओं को चित्रित एवं प्रतीकित किया जाये। इसे जातीय पहचान से जोड़ा जाये और पश्चिमी या विजातीय कृतियों का अनुकरण एवं कला पद्धतियों का अनुसरण न कर, देशज साधनों एवं विधियों का साग्रह अनुपालन किया जाये।

'द इंडियन सोसाइटी ऑफ़ ओरियंटल आर्ट' की स्थापना (1903 ई.) से एक तरफ़ ऐसी आशा बँधी थी कि एशिया के पूर्वी देशों के चित्रों के प्रति कला प्रशंसकों का ध्यान जायेगा। दूसरी तरफ़ वार्षिक या सामयिक चित्र-प्रदर्शनियों द्वारा श्रेष्ठ और वरिष्ठ चित्रकारों के चित्रों पर कला चर्चा और उनकी अनुकृति द्वारा चित्रों के प्रति लोगों का रुझान बढ़ेगा। पहले तो इस सोसाइटी के नियामकों में शौक़िया या पेशेवर चित्रकार ही थे लेकिन बाद में इसके प्रभावी सदस्यों एवं सलाहकारों में उच्चपदस्थ पदाधिकारी और प्रतिष्ठित नागरिक एवं कलाप्रेमी रईस भी शामिल हो गये। सोसाइटी के आरम्भिक कार्यों में कला प्रचार, कला प्रदर्शनी तथा पुस्तक प्रकाशन पर विशेष ज़ोर था। सोसाइटी के गठन के बाद प्रसिद्ध कला समीक्षक अर्धेन्दु कुमार गांगुली के सम्पादन में 'रूपम' (1920 ई.) पत्रिका का प्रकाशन आरम्भ हुआ, जिसमें भारत के प्राचीन, मध्यकालीन एवं समकालीन कलाओं और सम्बन्धित सूचनाओं की सचित्र जानकारी छपती रहती थी। यह सारी सामग्री अपनी प्रस्तुति में इतनी प्रभावी थी कि ललित कला, पुरातत्त्व एवं स्थापत्य से जुड़े विद्वानों एवं शोधकर्ताओं के लिए यह अनिवार्य ही नहीं, अपरिहार्य हो गयी। इस बीच रवीन्द्रनाथ ठाकुर एवं उनके साथियों द्वारा प्रवर्तित कलकत्ता के प्रसिद्ध 'विचित्रा' स्टूडियो के बन्द हो जाने से अवनीन्द्रनाथ ठाकुर इस बात को बड़ी गम्भीरता से महसूस करने लगे थे कि बंगाल शैली के प्रतिभाशाली चित्रकारों का कार्य अधिकाधिक लोगों तक कैसे पहुँचाया जाये! सुप्रसिद्ध पत्रकार एवं समाजसेवी रामानन्द चट्टोपाध्याय ने अपनी पत्रिकाओं 'प्रवासी' तथा 'मॉडर्न रिव्यू' के माध्यम से अपने पाठकों एवं कलापारखी जनों के मन में एक नयी जिज्ञासा और अपेक्षा का भाव पैदा कर दिया था। इनमें देशी-विदेशी कलाकारों के चित्र नियमित रूप से परिचय समेत छप रहे थे।

इस सन्दर्भ में उल्लेखनीय तथ्य यह भी है कि भारतीय चित्रकला की राजपूत, मुग़ल शैली एवं पहाड़ी, काँगड़ा क़लम आदि से जो कलाकार या कलाविद परिचित थे या हुए, उनके आग्रह से भी अपेक्षित कला सन्दर्भों और यथार्थपरक दृष्टिकोण का प्रभाव इन आधुनिक कलाकारों पर पड़ा। इससे कला चेतना में एक नया आयाम जुड़ा और यह भारतीय कला परिदृश्य आधुनिक जीवन तथा कला के व्यापक मूल्यों के साथ राष्ट्रीय स्वर एवं अन्तर्राष्ट्रीय स्वरूप को समझने-समझाने में भी सहायक बना। फलस्वरूप तत्कालीन कलाकारों ने उस संकीर्ण देशी आग्रह को छोड़ दिया ताकि वे अधिक स्वतन्त्र और निर्बन्ध होकर समर्पित भाव से काम कर सकें।

यहाँ अवनीन्द्रनाथ द्वारा चित्रित 'भारतमाता' (1905 ई.) चित्र का सन्दर्भ इस अर्थ में उल्लेखनीय है कि जिस हताशा, अवसाद, असमंजस और क्षोभ का चित्रण कभी तत्कालीन भारतीय चित्रकारों ने किया था—उस भावभूमि का प्रतीकन स्पष्टतर हो सके।

वैसे कोई भी सर्जक या कला सर्जक पूरी तरह स्वायत्त नहीं हो सकता। वह जहाँ अपने देशकाल से सम्बद्ध होता है, वहाँ अपने माध्यम और उपकरण से भी अनुबद्ध होता है। इसलिए जब आधुनिक भारतीय कलाकारों और पश्चिमी कलाकारों द्वारा चित्रित कलाकृतियों की सम्बद्धता या पूर्वापर प्रभाव की बात होती है तो निश्चित तौर पर पश्चिम का पलड़ा भारी पड़ता है। कई भारतीय कलाकारों पर पश्चिमी कलाकारों की नक़ल करने का दोषारोपण बहुत पुरानी बात है। अनुकरण या अनुसरण करते हुए भी, एक समर्थ और सुयोग्य चित्रकार अपने देशकाल और कला दृष्टि के बावजूद अपने माध्यम के आग्रह या बाध्यता को झुठला नहीं सकता। अगर नक़ल ही उसका ध्येय हो तो यह अनुचित होगा और असंगत भी। लेकिन एक सामाजिक के नाते कोई भी समर्पित कलाकार बाह्य जीवन-जगत से निरपेक्ष या अछूता नहीं रह सकता। समय और समाज से वह तटस्थ, उदासीन या असम्बद्ध रह भी नहीं सकता। अपने माध्यम या उपकरण के प्रयोग में वह स्वायत्त या निर्बन्ध रह सकता है लेकिन कला के व्यापक परिसर और परिदृश्य में उसे अपने-अपने समाज या समुदाय के सम्मुख अपने विचार और कला विवेक का परिचय देना ही पड़ता है। भले ही वह शब्दों में स्वयं को प्रकट नहीं करे, लेकिन उसकी कृतियाँ उसके मन्तव्य को उजागर कर ही देती हैं। वस्तुतः उसके इर्द-गिर्द फैले कला-परिसर में जो रचित हो रहा है या घटित हो रहा है—उससे वह न केवल प्रभावित या अनुप्राणित होता है बल्कि कभी-कभी विचलित भी होता है। इसका एक दूसरा विशिष्ट पक्ष यह है कि वह भी अपने कला-परिदृश्य को कहीं-न-कहीं अवश्य प्रभावित कर रहा होता है। वस्तुतः कलाकार का व्यक्तित्व उसकी कला या निर्मिति में ही स्पष्ट हो पाता है। उसका कलाकार व्यक्तित्व देशकाल, परम्परा, परिवेश, रचनादर्श, कला मूल्य और उसके द्वारा अर्जित अनुभव का परिणाम होता है। वह चाहकर भी इनसे अपने आपको अलग नहीं कर सकता।

भारतीय कला में नवोन्मेष

भारतीय पुनर्जागरण (Indian Renaissance) के वैचारिक आशय को समझने के लिए 'पुनर्जागरण' पद की ऐतिहासिक यात्रा को समझना बहुत आवश्यक है। 'पुनरुत्थान', 'नवोन्मेष', और 'पुनर्जीवन'-जैसे विकल्प पदों के सहारे जब एक बार फिर से प्राचीन भारतीय सांस्कृतिक एवं साहित्यिक मूल्यों एवं मानदण्डों को खँगालने की कोशिश हुई तो पता चला इसका श्रेष्ठांश एवं अधिकांश तो काल के गाल में समा चुका है।

वस्तुतः 'रेनेसां' (Renaissance) अपनी अर्थ-व्याप्ति में कई अवधारणाएँ समेटे हुए है। यह लैटिन मूल से व्युत्पन्न 'रिनांससेंज़ा' (rinascenza, इतालवी) या 'रिनासिमेंटो'—जिसका अर्थ पुनर्जन्म (rebirth)-जैसे आशय से जुड़ा है। अपनी ऐतिहासिक एवं सांस्कृतिक यात्रा के दौरान फ्रांसीसी, जर्मन और इतालवी भाषाओं में इसके अलग-अलग अर्थ-सन्दर्भ उद्घाटित हुए। कुल मिलाकर इसका तात्पर्य है—ग्रीक (यूनानी) और लैटिन साहित्य के क्लासिकल प्रत्यादर्शों या प्रतिमानों (मॉडेल) के प्रभावाधीन सृजित कला और साहित्य। मध्यकाल में, विशेषकर इटली की रोमन क्लासिकल कला में, इसी अर्थ में 'रेनेसां' की पुनःप्रतिष्ठा हुई और साहित्य एवं कला संस्कृति, विशेषकर स्थापत्य के क्षेत्र में, पुरा प्रत्यादर्शों की स्थापना बलवती हुई। इस तरह एक बार फिर रोमन साम्राज्य के आदर्शों को अपनाने पर ज़ोर दिया जाने लगा और तत्कालीन कैथोलिक धर्मगुरु, वेटिकन से चौदहवीं से

सोलहवीं सदी तक लगातार, अपने निर्देश जारी करते रहे। युरोप में परवर्ती सदियों पर भी 'रेनेसां' का प्रभाव बना रहा। एक लम्बी यात्रा के बाद यह एक आन्दोलन से कहीं अधिक 'नवजागरण' के तौर पर मान्य हुआ, जिसमें 'प्रबोधन' (enlightenment) के दार्शनिक तत्त्व भी समाहित हो गये। हालाँकि ये सारे पारिभाषिक पद के निहितार्थ साहित्य, कला, दर्शन, इतिहास एवं संस्कृति के क्षेत्र में अलग-अलग थे। अठारहवीं सदी के अन्त में जब यह 'रेनेसां' भारत पहुँचा, तब तक इसमें कई तत्त्व घुल-मिल चुके थे, लेकिन इसका मूल आशय था—प्राचीन मूल्यों का पुनःसन्धान एवं पुनरुद्धार।

इस पुनःसन्धान ने स्पष्ट कर दिया कि सदियों की विरासत से जितना कुछ सँजोया जा सकता है, उसी से सन्तोष करना पड़ेगा। चित्रकला के क्षेत्र में मुग़ल और राजपूत शैलियाँ और कुछ स्थानीय शैलियाँ समाप्त हो चुकी थीं लेकिन उनकी परम्पराएँ अभी भी मौजूद थीं। इधर, उन्नीसवीं सदी के मध्य से ही, अंग्रेज़ी हुकूमत के अधीन जो अंग्रेज़ी शिक्षा दी जाने लगी थी, उसके प्रभाव में नया बाबू वर्ग विक्टोरियन विचारों के प्रति न केवल नतमस्तक था बल्कि समर्पित भाव से परिचालित था। इस आरोपित लेकिन पवित्र भावना के प्रति नतमस्तक अभिजात वर्ग या 'भद्रजन' पश्चिम की हर चीज़ को पाने के लिए उत्सुक और आतुर हो उठा। ऐसी प्रतिकूल मनःस्थिति के बीच भी, कुछेक भारतीय कलाकारों के मन में देशी और स्थानीय कलादर्शों के प्रति अपेक्षा की भावना पैदा हुई, लेकिन इन मुट्ठीभर कलाकारों के विपरीत अधिकांश कलाकारों की रचनाधर्मिता और मानसिकता कुछ अलग और अनोखी थी। प्रत्येक पश्चिमी चीज़ के प्रति बढ़ती ललक ने उन्हें विदेशी कलाकारों द्वारा निर्मित चित्रों और चित्रविधियों की ओर आकृष्ट किया। इसके फलस्वरूप कभी कई कलाशैलियों को जन्म देनेवाली भारतीय कला परम्परा से निकले अधिकांश कलाकार भी अब ऐसे चित्र बनाने में व्यस्त हो गये, जो सस्ती युरोपियन कला के अनुकरण ही कहे जा सकते थे। इनमें कहीं कोई जीवन या स्पन्दन नहीं था। ये मात्र राजघरानों और रजवाड़ों के सज्जागार या शयनागार की शोभा बढ़ाने के योग्य थे।

विडम्बना यह थी और है कि अभी हाल तक कला विद्यालयों में जो पढ़ाया या सिखाया जाता रहा था, उसमें कला (आधुनिक ही नहीं) का मतलब ही पश्चिमी कला है, जिसमें कला से सम्बन्धित सारा-का-सारा प्रशिक्षण पश्चिमी दृष्टिकोण से होता रहा। माइकेल एंजेलो, ड्यूरर, लियोनार्दो दा विंची, रेम्ब्रां, पिकासो, वानगॉग आदि से शुरू और अन्त—यानी आधुनिक कला आन्दोलनों तक पश्चिमी कला की जो कलापरक उपलब्धियाँ रहीं, उन्हीं को भारतीय कला विद्यालयों में आदर्श माना जाता रहा। पश्चिमवाले ही माई-बाप नज़र आते रहे। कोई भारत का पिकासो कहलवाकर सन्तुष्ट था तो कोई सेज़ां। पिछली सदी के साठ के दशक तक यह हालत थी कि पश्चिम से भारत आनेवाला कोई भी भारतीय कलाकार मात्र टेकनीक लेकर आता था—कला उनके पास नहीं होती थी। इसी तरह पिछली पीढ़ी के कई भारतीय कलाकार पश्चिम में जाकर बिन्दु, तन्त्र, शिव-शक्ति आदि की बात करते रहे और यहाँ आकर पश्चिमी धारणाओं और स्थापनाओं का बखान कर अपनी धाक जमाते रहे।

कला क्षेत्र में आम तौर पर दो स्तरों पर पश्चिमी प्रभाव को विश्लेषित किया जाता रहा है। बीसवीं सदी के आरम्भिक दशकों में और इसके पहले भी आधुनिक भारतीय कला के उद्भव काल में इसे कमोबेश पश्चिमी देशों का 'अनुकरण' बताया गया। राजा रवि वर्मा भी इसी फ़तवे के शिकार हुए। पश्चिमी कला दृष्टि लम्बे समय तक भारतीय कला को अवज्ञा की दृष्टि से देखती रही और अगर सराहती भी थी तो अपने निकष पर। और इस मामले में भी एक बार फिर रवि वर्मा का ही नाम लेना पड़ेगा, जिन्हें पश्चिमी देशों में व्यापक सराहना मिली। वियेना में आयोजित अन्तर्राष्ट्रीय कला प्रदर्शनी में ससम्मान उनका नामोल्लेख किया गया और उनके

कई चित्र ऊँची क़ीमत पर ख़रीदे भी गये। यही नहीं, तब उनके भव्य चित्र-संयोजन एवं रंग कौशल के लिए उन्हें रेम्ब्रां, गोया और टिशियन के समकक्ष माना गया।

भारतीय कला का आधुनिक दौर भी पश्चिमी अवज्ञा का शिकार बना। इस संक्रमण काल में अपने विचारों, प्रयोगों, माध्यमों और संसाधनों में जूझ रहे कलाकार निजी साख बढ़ाने और सुविधा प्राप्त करने के लिए पश्चिम की ओर देख रहे थे, जहाँ कला की कई निर्माण पद्धतियाँ और विचार सरणियाँ मौजूद थीं। वहाँ उनमें लगातार हो रहे प्रयोगों एवं अनुप्रयोगों की भी भरपूर गुंजाइश थी। चूँकि वहाँ कला के प्रशंसक मात्र ही नहीं थे, वहाँ के कला बाज़ार और ख़रीदार भी उनका स्वागत करने को तैयार बैठे रहते थे।

भारतीय कलाकारों के लिए सबसे पहली चुनौती तो अपने चित्रों के निर्माण और इसकी पहचान को लेकर थी। इनकी विषयवस्तु, चित्रण प्रविधि और सम्बन्धित उपस्कर आदि भी परम्परागत और अपर्याप्त थे। इसकी प्रशंसा, स्वीकार्यता और संवर्धना का प्रश्न तो बहुत दूर था। निजी तौर पर कार्यरत या 'स्वान्तःसुखाय' सृजन कर्म में निमग्न असंख्य कलाकारों के बारे में आज भी हमारा परम्पराबिद्ध देश कुछ नहीं जानना चाहता। कई अज्ञात कुलशील कलाकारों के बारे में, जिनकी इक्का-दुक्का कृतियाँ किसी निजी संग्रह में मिल भी जाती हैं तो उनकी सुध लेनेवाला भी वही होता है, जो उसे चोरी-छिपे बेच सके।

रवि वर्मा के निकट समकालीन या उत्तरवर्त्ती कलाकारों को भी यह सवाल तंग करता रहा कि भारत की परम्परागत कला एवं उसकी विभिन्न कलाशैलियों के साथ तालमेल रखकर कला सृजन कैसे किया जाये? क्योंकि इसके पैमाने भी कमोबेश पश्चिमी ही थे। ई. बी. हैवेल, अवनीन्द्रनाथ ठाकुर या फिर आनन्द कुमारस्वामी द्वारा निर्धारित भारतीय आदर्शों या शास्त्राधारित मानदण्डों से तत्कालीन चित्रकार चमत्कृत तो होते थे लेकिन उनका अनुसरण कर पाना उनके लिए सम्भव नहीं था।

आनन्द कुमारस्वामी का मानना था कि पश्चिमी कलाकारों के प्रभाव से भारतीय कला दूषित हो रही है। उन्होंने विषयवस्तु की दृष्टि से बंगाल की कला को उत्कृष्ट बताया लेकिन शैली की दृष्टि से कमज़ोर। वे जापानी कला की परिपक्वता के घोर प्रशंसक थे। उन्होंने अपने लेखन में इस बात की आशंका व्यक्त की थी कि पाश्चात्य शैलियों के प्रभाव से भारतीय कला बुरी तरह पिछड़ती जा रही है।

बीसवीं सदी के आरम्भ में भारतीय चित्रकला जहाँ व्यक्तिगत प्रयासों से अपनी स्थिति सुदृढ़ कर रही थी वहीं वर्ष 1903 में कोलकाता में गवर्नमेंट स्कूल ऑफ़ आर्ट की स्थापना से एक नये पर्व का समारम्भ हुआ। आरम्भिक कठिनाइयों को पार करते हुए अवनीन्द्रनाथ ठाकुर और उनके शिष्य नन्दलाल बसु, असित कुमार हालदार, क्षितीन्द्रनाथ मजुमदार आदि ने लम्बे संघर्ष के बाद कला जगत में अपनी पहचान बनायी थी। उनकी क्षमता को ध्यान में रखकर ही लेडी हेरिंगम ने अपनी भारत यात्रा के दौरान उन्हें अजन्ता के भित्तिचित्रों की अनुकृति करने का दायित्व 1910 में सौंपा। कई वर्षों तक और कई चरणों में चलता रहा यह कार्य भारतीय कला के स्वर्णिम अतीत को भविष्योन्मुख कला से जोड़ने का अनोखा उपक्रम बना। इस बीच कला को समर्पित गुरु और शिष्यों की अटूट शृंखला भी तैयार हो गयी थी।

लेकिन उस दौर में भी ई. बी. हैवेल के मन्तव्य से सभी सहमत एवं प्रसन्न हों, ऐसा भी नहीं था। स्वयं कलकत्ता स्थित जुबिली आर्ट स्कूल के छात्र उनके 'रहस्यवादी' विचार से सहमत नहीं थे और उनके द्वारा पुनर्गठित पाठ्यक्रम का विरोध करते हुए 1897 ई. में हड़ताल भी की थी। जुबिली आर्ट एकेडमी के एक सीनियर छात्र रणदा प्रसाद को इसके लिए एकेडमी से निकाला भी गया था। स्थिति तब जाकर सुधरी जब 1905 ई. में अवनीन्द्रनाथ

ठाकुर को इसका वाइस-प्रिंसिपल बनाया गया। लेकिन चार साल बाद जब पर्सी ब्राउन ने हैवेल का स्थान ग्रहण किया तो उनके पश्चिमी रुझान से परेशान अवनीन्द्रनाथ ने एकेडमी से किनारा कर लिया।

मोटे तौर पर आधुनिकता को अपनानेवालों में उन कलाकारों की संख्या बहुत अधिक नहीं थी, जिन्होंने अजन्ता की चित्र शैली, मध्यकाल की लघुचित्र शैली एवं विभिन्न लोक कलाशैलियों द्वारा भारतीयता को सहेजने का प्रयास किया। उन्होंने अपनी कृतियों एवं निर्मितियों से उन्हें संयोजित किया। यह उपक्रम कमोबेश आज भी जारी है और तीनों शैलियाँ एक-दूसरे को आज भी प्रभावित कर रही हैं। लेकिन यह देखना भी रोचक होगा कि उन चित्रों की अन्तर्वस्तु, पद्धति, शैली एवं चित्रण प्रविधि में भारतीयता के तत्त्व किन रूपाकारों में और कितनी दूर तक उपस्थित हैं।

इसी दिशा में 1857 में स्थापित जे.जे. स्कूल ऑफ़ आर्ट, बम्बई के परवर्ती प्रिंसिपल ग्लैडस्टन सोलोमन (1920-1936) ने भारतीय पुनर्जागरण के प्रति सहानुभूति रखते हुए इस अभियान को अपना समर्थन दिया।[6] उन्होंने यथार्थपरक रेखांकन के अन्तर्गत भारतीय कलाशैलियों में विन्यस्त अलंकरण की प्रवृत्ति को सम्मिलित करने का उद्यम किया और यथार्थवादी त्रिआयामी चित्रण के स्थान पर द्विआयामी चित्रण को भी प्रोत्साहित किया।

यहाँ यह भी ध्यान रखने की ज़रूरत है कि ईस्ट इंडिया कम्पनी के शासन काल में कई युरोपीय कलाकार भारत आये थे, जिनमें से अधिकांश पेशेवर थे। केवल ब्रिटेन से ही अठारहवीं सदी के अन्तिम तीस वर्षों और उन्नीसवीं सदी के बीस-पच्चीस वर्षों—यानी पचास सालों में कोई पचास-साठ पेंटर भारत आ चुके थे और उनका प्रभाव यहाँ की भारतीय लघु कलाशैलियों के कलाकारों पर पड़ा और इसके साथ ही, विलायती रंग पद्धति और तैल चित्रांकन के साथ कैनवस-नाइफ़ आदि के प्रचलन ने भी ज़ोर पकड़ा। इस बदलाव के लिए हमारे कलाकार तत्पर थे और उन्होंने इस अवसर को अपने हाथ से जाने न दिया।

अंग्रेज़ों की शासन व्यवस्था के अन्तर्गत कला विद्यालय की स्थापना और उनमें अंग्रेज़ चित्रकारों की बहाली का उद्देश्य था, भारतीय चित्रकला पद्धति एवं विषयवस्तु को हाशिये पर रखकर, युरोपीय कला प्रवृत्तियों की प्रतिष्ठा करना। इसमें जहाँ अंग्रेज़ों की सोची-समझी राजनीतिक चाल थी, वहाँ भारतीय कला को कलात्मक दायरे से बाहर निकाल, उसे हाट बाज़ार की चीज़ बना देने की कुटिल तैयारी भी थी। अंग्रेज़ों के शासन काल में पाश्चात्य पुनर्जागरण से उत्पन्न यथार्थवादी कला को ही आधार मान लिया गया। यह एक सच्चाई है, जिससे आँख चुराना मुश्किल है। सन् 1857 के सैन्य विद्रोह वर्ष में बम्बई में सर जे.जे. स्कूल ऑफ़ आर्ट की स्थापना हुई थी। इसके दो साल पहले मद्रास (चेन्नई) और कलकत्ता में कला संस्थाएँ स्थापित हो चुकी थीं। उन सबने पश्चिमी कलादर्शों को ही निष्ठापूर्वक स्वीकारा। इसी समय एक विदेशी सैन्य अधिकारी जेम्स ने अजन्ता की गुफ़ाओं की खोज की। जे.जे. स्कूल ऑफ़ आर्ट के तत्कालीन विभागाध्यक्ष ने अपने विद्यार्थियों से अजन्ता के भित्तिचित्रों की अनुकृतियाँ तैयार करायीं। बाद में प्राच्य शैली के प्रतिमान के रूप में प्रतिष्ठित अजन्ता शैली को बौद्ध शैली के नाते भी प्रचारित किया गया कि भारतीय चेतना और इसके कलात्मक प्रतिमानों को ही आदर्श बनाया जाये। कलकत्ता आर्ट सोसाइटी के प्रभारी ई. बी. हैवेल ने इस तथ्य पर विशेष ज़ोर दिया। इस प्रकार एक नया कला परिदृश्य सामने आया, जिसने भारतीय कला के अतीत के पुनराविष्कार का मार्ग प्रशस्त किया।

शिल्पशास्त्र के हवाले से किसी भारतीय कलाकृति को दैवी प्रेरणा से जोड़नेवाली आध्यात्मिक अवधारणा के प्रशंसकों की कभी कोई कमी नहीं रही और ई. बी. हैवेल के मन्तव्य से इस अनुरोध को और बल मिला। साथ ही, प्राच्य-पुनरुत्थानवादियों को एक पश्चिमी शुभचिन्तक प्राप्त हुआ। लेकिन जैसा कि बताया गया,

कलकत्ता स्कूल ऑफ़ आर्ट, जिसके प्रिंसिपल ग्लैडस्टन सोलोमन थे, ने विपरीत मुद्रा धारण करते हुए इस पुनरुत्थान-प्रकल्प का प्रखर विरोध किया। उन्होंने हैवेल के कार्य संचालन एवं मन्तव्य का खण्डन करने के साथ ही पश्चिमी चिन्तकों द्वारा भारतीय सौन्दर्य बोध के अन्यथा गुणगान पर गहरा व्यंग्य करते हुए कहा था कि इससे कलकत्ता स्कूल शायद ही कोई सच्चा और गुणी कलाकार पैदा कर पायेगा। उन्होंने अजन्ता के भित्तिचित्रों की रहस्यवादी व्याख्या करनेवाले लारेन्स विन्यान की भी खिल्ली उड़ाई, जो कभी अजन्ता गये ही नहीं। और साथ ही हैवेल की भी, जिन्होंने बम्बई के कलाकारों की बेहतर कृतियों को देखे बिना, उन्हें ख़ारिज कर दिया था।[7]

गगनेन्द्रनाथ ठाकुर ने अपने अनुज अवनीन्द्रनाथ के सहयोग से 1907 में, कलकत्ता आर्ट सोसाइटी नामक एक कला संस्था की स्थापना की थी, जिससे बंगाल में एक नया कला परिदृश्य निर्मित हुआ। इस कला संस्था की महत्त्वपूर्ण बात यह थी कि यहाँ विलायती फ़ैशन की शिक्षा नहीं दी जाती थी। भारतीय कला के पुनरुद्धार का प्रयास एवं उसे जगाये-जुगाये रखने का उपक्रम ही इसका संकल्प था। जिस प्रकार तत्कालीन राजनीतिक परिदृश्य को महात्मा गाँधी ने नेतृत्व दिया था, ठीक उसी प्रकार भारतीय कला के पुनर्जागरण का पौरोहित्य अवनीन्द्रनाथ ने किया था। उनकी आर्ट सोसाइटी कला प्रदर्शनियों का भी आयोजन किया करती थी, जिसमें ग़रीब और साधनहीन छात्रों और युवा चित्रकारों के बनाये चित्र भी बिकते रहे, जिनसे उनको आर्थिक सहयोग मिला। अवनीन्द्रनाथ के संरक्षण में अजन्ता, राजपूत, मुग़ल, राजस्थानी एवं स्थानीय कम्पनी शैली और पटना क़लम आदि कलाशैलियों की पहचान ने अवसादग्रस्त भारतीय कला को सहारा दिया और भारतीय कला में नवजागरण का दौर शुरू हुआ। रंगों की सुकुमारता, रेखाओं की मृदुलता और लयकारिता, विशिष्ट भारतीयता से आच्छादित परिवेश, भारतीय अस्मिता से सम्बन्धित विषयों का चयन और अपने जातीय गौरव की खोज करनेवाली यह कला पराधीन भारत में कला का नवोन्मेष ही था, जिसके प्रवर्तक ही नहीं, बल्कि आदर्श भी अवनीन्द्रनाथ ही थे।[8]

वर्ष 1905 में बंग भंग आन्दोलन ने केवल बृहत्तर बंगाल की मानसिकता को ही नहीं झझकोरा था, बल्कि उसके वेग से राष्ट्रीयता की आग धधक उठी थी। साहित्य, संस्कृति और कला से सम्बद्ध तमाम सचेतक ब्रिटिश सरकार के इस फ़ैसले के विरुद्ध उठ खड़े हुए। उनकी रचनात्मक गतिविधियाँ भले ही अलग-अलग हों लेकिन निजी अस्मिता छोड़कर वे सामूहिक सचेतनता में शामिल हो गये थे। इससे अनायास ही राष्ट्रीयता की भावना प्रखर हुई और साहित्यिक-सांस्कृतिक स्तर पर उठनेवाले राष्ट्रीय स्वर के साथ कला के क्षेत्र में भी राष्ट्रीय भावना की अभिव्यक्ति मुखर होने लगी।

यह देखना दिलचस्प होगा कि पश्चिमी शिक्षा और अंग्रेज़ी लादनेवाली ब्रिटिश सरकार में भी कुछ ऐसे प्रबुद्ध और विवेकी विद्वान थे, जो पश्चिमी मूल्यों के समर्थक होते हुए भी प्राच्य विद्या और आदर्शों का सम्मान करते थे। भारत में राजनीतिक स्तर पर छेड़े जानेवाले आन्दोलन की सच्चाई से भी वे परिचित थे लेकिन उनके लिए इस बात का अधिक महत्त्व था कि सामयिक या तात्कालिक घटनाओं से कहीं अधिक मूल्यवान वस्तु होती है किसी देश या जन समुदाय की बौद्धिक विरासत और सदियों की यात्रा से संचित उसकी मनीषा। यह भारत के लिए निस्सन्देह एक नैतिक बल और सांस्कृतिक संबल था।

कलकत्ते में 1896 ई. में स्थापित शासकीय कला विद्यालय (Govt. School of Art and Craft) में प्राचार्य अर्नेस्ट बिनफ़ील्ड हैवेल ने इस तथ्य को बड़ी गम्भीरता से लिया था कि इस विद्यालय में कला की दी जा रही शिक्षा यहाँ के छात्रों के लिए अपरिचित तो थी ही, आरोपित भी थी। इसके पूर्व वे मद्रास गवर्नमेंट कॉलेज ऑफ़ आर्ट स्कूल के अध्यक्ष थे। वे इस बात को अच्छी तरह समझते थे कि ब्रिटेन से आयातित कला शिक्षा की बेल इस

ज़मीन पर नहीं उगायी जा सकती, क्योंकि वह युरोप के विभिन्न देशों की सदियों पुरानी प्रविधियों और कला आन्दोलनों की उपज है। उसकी भी अलग-अलग शैलियाँ, पद्धतियाँ और पहचान है—शाखा-प्रशाखा हैं और 'स्कूल' हैं। भारत में भी कई सदियों से कला की विभिन्न शैलियाँ, परम्पराएँ और कला पद्धतियाँ विकसित होती रही हैं। अजन्ता, एलोरा, बाघ-जैसी प्राचीन कलाशैलियाँ और मध्यकाल की कला परम्परा, अपभ्रंश काल से विकसित होती हुई, राजपूत, मुग़ल और पहाड़ी शैली-जैसी कई धाराओं-उपधाराओं में बँट गयी थी। भारतीय कला की विभिन्न शैलियों के कई संस्करण उत्तर भारत, विशेषकर राजस्थान में मिलते हैं, जिन्हें रजवाड़ों का संरक्षण प्राप्त था। इनमें आख्यानमूलक एवं गीतिपरक—दोनों प्रकार का चित्रण होता रहा लेकिन रागमाला, नायिका-भेद, कृष्ण लीला, बारहमासा या षट्ऋतु वर्णन का आधिक्य रहा। हालाँकि बीसवीं सदी के आगमन के साथ इनका भी ह्रास होता चला गया।

कलकत्ते का जोड़ासाँको स्थित ठाकुरबाड़ी भारतीय साहित्य और कला संस्कृति का एक सम्मानित और विश्वस्त केन्द्र था। उस समय रवीन्द्रनाथ के पितामह द्वारकानाथ ठाकुर (प्रिंस उपनाम से ख्यात) ने अपने बागानबाड़ी 'बेलगछिया विला' में, युरोपीय चित्रकारों को अनुबन्धित कर तैलरंग में कई पारिवारिक चित्र, विशेषकर व्यक्ति चित्र बनवाये थे। उनके पुत्र देवेन्द्रनाथ ठाकुर ने भी उस परम्परा को क़ायम रखा। लेकिन इसे और भी गति मिली जब उनके पुत्र ज्योतिरिन्द्रनाथ और गुणेन्द्रनाथ ने उक्त आर्ट स्कूल में कुछ समय तक कला की शिक्षा प्राप्त की। इसी क्रम में गुणेन्द्रनाथ के पुत्र अवनीन्द्रनाथ ने इतालवी चित्रकार ओलिंता गिलार्डी और अंग्रेज़ चित्रकार चार्ल्स पामर से पेस्टल, जलरंग और तैलरंग में चित्रांकन की औपचारिक शिक्षा प्राप्त की। यहाँ इस तथ्य का उल्लेख आवश्यक है कि युरोपीय चित्रांकन पद्धति की पर्याप्त शिक्षा प्राप्त करने के बावजूद, अवनीन्द्रनाथ कला शिक्षण के क्षेत्र में भारतीय कलाशैलियों के उन्नयन और पुनरान्वेषण में व्यस्त हो गये। यह एक तरह से उस युग में स्वदेशी कला आन्दोलन के आह्वान की ही परिणति थी।

भारतीय कलाविदों का मानना था कि पश्चिमी कलाशैलियों के साथ भारतीय कला पद्धतियों से भी कला के छात्रों को अनिवार्य तौर पर परिचित कराया जाना चाहिए। कोई ज़रूरी नहीं कि भारतीय कलाकार युरोपीय देशों के दरवाज़े पर हाथ फैलाये खड़ा रहे। प्राच्य कला धारा की इतनी बड़ी विरासत को जाने बिना कोई छात्र कैसे एक समर्थ और सुयोग्य कलाकार बन सकता है! हालाँकि वैचारिक तौर पर कई विद्वान अपने महान एवं विशिष्ट अतीत का गायन-रुदन कर रहे थे, लेकिन व्यावहारिक स्तर पर ई. बी. हैवेल महोदय के प्रयास से ही, लगभग चालीस साल पुराने पश्चिमी कला के पाठ्यक्रम को बदलकर कला शिक्षण में प्राच्य कला के अध्ययन को पाठ्यक्रम में सम्मिलित किया गया। यही नहीं, उन्होंने आर्ट स्कूल के संग्रहालय में संरक्षित युरोपीय मूर्तियों और चित्रों की अनुकृतियों को बेचकर मुग़ल, राजपूत और पहाड़ी शैलियों के लघुचित्रों का संग्रह करवाया। इस कार्य में उनके विशिष्ट सहयोगी बने, रवीन्द्रनाथ ठाकुर के भतीजे और प्रतिभाशाली युवा चित्रकार—अवनीन्द्रनाथ ठाकुर।

इस नयी सदी के पुनर्जागरण काल में एक साथ कई बुद्धिदीप्त साहित्यकार, सजग पत्रकार, समर्पित कलाकार और संस्कृतिकर्मी तथा राजनीति से जुड़े लोग राष्ट्रीय चेतना के निर्माण में निःस्वार्थ भाव से जुट गये थे। बंकिमचन्द्र ने 1905 में 'वन्दे मातरम्' और रवीन्द्रनाथ ने 1910 में 'भारत तीर्थ'-जैसी प्रेरक कविताएँ लिखीं। अवनीन्द्रनाथ ने 1905 में 'भारतमाता' का ऐसा अनुपम चित्र उकेरा, जो एक हाथ में धान की बाली (शस्य), दूसरे में वस्त्र, तीसरे में रुद्राक्ष माला और चौथे हाथ में श्वेत कमल धारण किये हुई हैं।

इसी दौरान वर्ष 1919 का जलियांवाला बाग़वाले नृशंस हत्याकाण्ड के चलते ब्रिटिश राजशाही के दमनचक्र के ख़िलाफ़ आन्दोलनकारियों ने खुली बग़ावत शुरू कर दी। ब्रिटिश हुकूमत के ख़िलाफ़ रवीन्द्रनाथ ने सरकारी 'सर' की उपाधि लौटा दी और इस बर्बरता के विरुद्ध अपना वक्तव्य ज़ारी किया। महात्मा गाँधी और उनके तमाम सहयोगी देश की आज़ादी के लिए एकजुट होकर अंग्रेज़ों को भारत छोड़ने के लिए असहयोग की पृष्ठभूमि तैयार करने लगे। सन् 1920 में लार्ड रोनाल्ड्स शान्तिनिकेतन परिदर्शन के लिए पधारे और उन्होंने कला सम्बन्धी गतिविधियों को बढ़ाने के लिए अब सरकारी अनुदान की पेशकश की तब रवीन्द्रनाथ उनके अनुरोध को स्वीकार नहीं कर पाये। लेकिन दूसरी ओर कलकत्ता स्थित अन्य शिक्षा एवं कला संस्थान सरकारी अनुदान का विरोध करने का साहस नहीं जुटा पाये थे।

कलकत्ता स्थित सोसाइटी ऑफ़ ओरियंटल आर्ट को सरकारी अनुदान के पीछे तत्कालीन राजसत्ता की कोशिश यह थी कि जातीय आस्थाओं एवं आकांक्षाओं को चित्रित एवं अंकित करनेवाली बंगाल शैली के कलाकारों पर एक सीमा तक नियन्त्रण रखा जा सके। इसलिए पाठ निर्धारण, प्रदर्शन, अनुदान एवं संरक्षण के पीछे सरकारी उद्देश्य या मनोभाव क्या थे—इसे समझना बहुत कठिन न था। कुछ कलाकार जान-बूझकर इन तथ्यों की अनदेखी कर रहे थे। दूसरी तरफ़, ऐसे भी कुछ चित्रकार और कला-समीक्षक थे, जो बंगाल शैली की विषयवस्तु और आंगिक संरचना दोनों ही दृष्टि से, इसे अपनी जातीय पहचान से जोड़ रहे थे। किसी निश्चित एवं निर्धारित कला परम्परा के अभाव में भी, भारतीय लोकदृष्टि और आत्मसाक्ष्य का बल ही उनके कृती संकल्प में अभिनव रंग भरता चला गया।

हमें याद रखना चाहिए कि भारतीय चित्रकला की शास्त्रीय शैलियों पर युरोपीय एवं अन्य प्राच्य (जापानी एवं चीनी) प्रभावों के कारण पुनरुत्थानवादी चेतना का जन्म हुआ। बंगाल स्कूल इसमें सर्वाधिक सक्रिय रहा। अवनीन्द्रनाथ ठाकुर और उनके साथ कार्यरत कई चित्रकारों द्वारा वाश एवं टेम्परा विधियों के साथ, इसी दौर में ग्राफ़िक कला और आधुनिक तकनीकों को मज़बूत आधार मिला। दूसरी तरफ़ स्वदेशी आन्दोलन ने कला में भारतीयता के आग्रह पर विशेष बल दिया, लेकिन भारतीय कला पाश्चात्य प्रभावों से मुक्त नहीं हो सकी। बंगाल के भीषण दुर्भिक्ष (1942-43 ई.) के रेखांकन, चित्रांकन एवं ग्राफ़िक चित्रण का सुदूरव्यापी प्रभाव पड़ा। युरोपीय छापों के प्रचार-प्रसार, ग्राफ़िक तथा मुद्रण की नवीन तकनीकें और फ़ोटोग्राफ़ी के बढ़ते प्रभाव ने भारतीय कला आन्दोलन को तीव्रता प्रदान की। आधुनिक युरोपीय कलाकारों—जिनमें माने, पाल क्ली, गोगां, मातिस, पिकासो, ब्राक आदि प्रमुख थे, ने भारतीय कलाकारों में नयी अनुप्रेरणाएँ जगायीं। गोगां आदि पश्चिमी चित्रकारों का सीधा प्रभाव अमृता शेरगिल-जैसे कलाकारों पर पड़ा।

इस पश्चिमी प्रभाव का ही परिणाम था कि बंगाल की वाश एवं टेम्परा पद्धति की कमनीयता, वर्तुलता और भावनात्मक उदात्तता धीरे-धीरे क्षीण पड़ गयी। वाश विधि का झीनापन या उसकी रहस्यमयता छिन गयी। इसका स्थान विभिन्न प्रकार के ब्रशों या तूलिकाओं के आघात, रंगों की मिली-जुली रंगतों से छाया और प्रकाश के संयोजन और कैनवस पर आड़ी-तिरछी-मोटी-पतली रेखाओं के संचालन ने ले लिया।

आधुनिकता की आहटें

परिवर्तन और प्रयोगों के इस दौर में रवीन्द्रनाथ ठाकुर (1861-1941) ने किसी कला आन्दोलन या वाद में शामिल हुए बिना कला के क्षेत्र में विशेष योगदान किया। उनकी निर्मितियों में आकारों का अमूर्तन और अतियथार्थवादी चित्रण भारतीय कला को तेज़ी से आधुनिकता की ओर ले चला और इसे विदेशों में स्वीकृति भी मिली।

पिछले सौ सालों में भारतीय कला, विशेषकर आधुनिक चित्रकला की यात्रा में कई महत्त्वपूर्ण पड़ाव और प्रस्थान बिन्दु आये, जिन्हें पश्चिमी और पूर्वी दृष्टिकोणों से देखा गया है। यदि सुविधा के लिए पिछली शताब्दी के आरम्भ से यानी बीसवीं सदी के आगमन से, इस कला यात्रा के विभिन्न पर्वों या चरणों की बात की जाय तो विभिन्न कला आन्दोलनों, शैलियों और प्रयोगों के बावजूद इसकी निरन्तरता अबाधित रही। यह सच है कि चालीस और पचास के दशकों में, युवा भारतीय चित्रकारों ने युरोप से आधुनिकता की सीख प्राप्त की। इस बीच दो-दो विश्वयुद्धों ने युरोप को ही नहीं, अमेरिका को भी हिलाकर रख दिया था। मित्र देशों के एक सहयोगी के नाते और ब्रिटेन की ग़ुलामी झेल रहे भारत के लिए भी ये स्थितियाँ नकारात्मक रहीं। लेकिन कलाकारों की कला यात्रा, बाधित रहने के बावजूद, कभी रुकी नहीं। इनमें से कई चित्रकार युरोपीय देशों में स्थित कला संस्थानों और सुप्रसिद्ध कलाकारों द्वारा प्रस्थापित स्टूडियो या कार्यशालाओं में कला शिक्षा प्राप्त करने लगे थे। इस बीच आधुनिक चित्रकला का प्रभावी केन्द्र युरोप नहीं रह गया था बल्कि न्यूयॉर्क हो गया था। पश्चिमी देशों के कलाकार भी अब अमेरिका का रुख़ करने लगे थे। तो भी चालीस और पचास के दशक में भारतीय चित्रकार, युरोप में पले-बढ़े कला आन्दोलनों और कलात्मक अवधारणाओं की रोशनी में ही अपनी पहचान बनाने में जुटे हुए थे। चूँकि पाश्चात्य और विशेष तौर पर अंग्रेज़ी शासन के अधीन पश्चिमी विचारधारा सर्वप्रथम बंगाल में आयी, इसलिए वहाँ के जनमानस पर इसका आरम्भिक लेकिन स्पष्ट प्रभाव पड़ा। 1854 में स्थापित 'इंडस्ट्रियल आर्ट सोसाइटी' के संरक्षण में 'कलकत्ता आर्ट स्कूल' की स्थापना हुई थी। कला में रुचि रखनेवाला बुद्धिजीवी वर्ग सबसे पहले इससे जुड़ा और धीरे-धीरे कार्यक्षेत्र में विस्तार के साथ इसके प्रभाव में भी वृद्धि हुई।

इस सम्बन्ध में रवीन्द्रनाथ ठाकुर द्वारा 1939 ई. में लिखित एक कहानी 'रविवार' का उल्लेख विषयान्तर करना नहीं, बल्कि कहानी के नायक बंगाल के एक युवा भारतीय चित्रकार अभीक की उस आकांक्षा को रेखांकित करना है, जो किसी भी क़ीमत पर विदेश में उच्च्य प्रशिक्षण प्राप्त कर, एक आधुनिक चित्रकार के नाते अपनी अलग पहचान बनाना चाहता है। यहाँ रवीन्द्रनाथ ने अपने जीवन के अन्तिम पर्व में, भारतीय चित्रकला के प्रयोगात्मक एवं सर्जनात्मक उपक्रम को पहली बार वैश्विक सन्दर्भ प्रदान किया है। दूसरे, उनके सामने ही शान्तिनिकेतन का कला भवन, जो परम्परागत भारतीय कला का विशिष्ट केन्द्र था, एक नये बदलाव के लिए हाथ-पाँव मार रहा था। स्वयं गगनेन्द्रनाथ ठाकुर और कलाचार्य नन्दलाल बसु (कला भवन के अध्यक्ष) के शिष्य नये विषय, नये माध्यम और नयी प्रविधि के लिए निर्बन्ध ढंग से काम करना चाहते थे। नन्दलाल बसु ने भी उन्हें रोका नहीं। इधर पश्चिमी जगत के कला आन्दोलनों और कला निर्मितियों को बहुत नज़दीक से देख चुके रवीन्द्रनाथ के सामने ही कला भवन में केन्द्रित बंगाली चित्र शैली (बंगाल स्कूल) और प्राच्य शैली का मुखर विरोध होने लगा था। इसी विरोध को अभीक ने केवल अपनी चित्रकला में ही नहीं, अपनी जीवन चर्या में भी ढाल लिया था। मज़ाक़ में ही सही, अभीक कुमार को आधुनिक भारत के सर्वश्रेष्ठ आर्टिस्ट के नाते 'बंगाली टिशियन' का अख़बारी ख़िताब भी मिल गया था। अपनी प्रेमिका विभा को उसने पत्र लिखकर बताया कि वह पानी के जहाज़ में एक स्टॉकर (कोयला झोंकनेवाला) बनकर विलायत जा रहा है ताकि वह अपनी कलाक्षमता को विदेशियों की दृष्टि में सफलतापूर्वक साबित कर सके।[9]

यहाँ रामानन्द चट्टोपाध्याय और रवीन्द्रनाथ ठाकुर के बीच हुए पत्राचार का हवाला देना उचित होगा, जो अमिय चक्रवर्ती (रवीन्द्रनाथ के सचिव) द्वारा प्रेषित (निम्नोद्धृत) पत्र के बाद ही लिखा गया था। वस्तुतः दिसम्बर 1934 ई. में न्यू बर्लिंगटन आर्ट गैलरी में इंडिया सोसाइटी के प्रयास से भारतीय कला की एक प्रदर्शनी

आयोजित की गयी थी, जिसकी सराहना इस देश के कला समीक्षकों ने 'मैनचेस्टर गार्डियन', 'बर्लिंगटन मैगज़ीन', 'संडे टाइम्स', 'मॉर्निंग पोस्ट' आदि पत्रों में भी की। लेकिन इस प्रदर्शनी को देखकर अमिय चक्रवर्ती को ऐसा जान पड़ा कि इसमें प्रदर्शित चित्रों की गुणवत्ता (मान) किसी भी दृष्टि से प्रशंसा योग्य नहीं क्योंकि ये भारतवर्ष की जीवनशैली को यथार्थ ढंग से निरूपित नहीं करते। इस बारे में 12 दिसम्बर, 1934 में उन्होंने रवीन्द्रनाथ को लिखा था—"हम विदेशी समाचार-पत्रों में दो-चार अनुशंसा या कि चित्रों के विक्रय मात्र से मूल तथ्य न भूलें। जो श्रद्धावनत होकर चुप बैठे रहते हैं अथवा 'हताशा' (Disappointment) व्यक्त करते हैं—वस्तुतः वे ही इस देश के मित्र हैं। क्योंकि भारतीयता की प्रशंसा करनेवाले या हमारी किसी अत्यन्त उच्च मानवीय कला प्रतिमा को चिह्नित करनेवालों से अगर यह पूछा जाये कि इन तमाम विशेषणों के बाद क्या वे अपने किसी ऊँचे स्तर की कलासृष्टि (सृजन) के साथ हमारी इस जातीय (राष्ट्रीय) कला को समासन पर बिठाने को तैयार हैं? तो उनका मुखौटा उतर जाता है। क्या इस तरह की दुराशाभरी उन्मुक्तता को प्रलाप कहकर स्तुतिवादकों का यह दल ग्रहण करेगा! लेकिन संरक्षक (Patron) बनकर 'भारतीय' कला को सम्मान जताने के लिए कई लोग तैयार हैं। कला के जो मर्मग्राही हैं, उन्हें इतने तामझाम के साथ इस सजावटी प्रदर्शनी से इस बात का रत्तीभर परिचय नहीं मिला कि भारतवर्ष आज भी जीवित है।"[10]

लेकिन बंगाल शैली के अपकर्ष के लिए कुछेक कलाकार ही ज़िम्मेदार थे, जो सामान्य मति-गति के थे और अपने पूर्ववर्ती कलाकारों की नक़ल मात्र कर रहे थे। ऐसे अतीतजीवियों से कोई आशा भी नहीं की जा सकती थी। उनकी भारतीयता छद्म भारतीयता तक सीमित थी। यहाँ तक कहा गया कि अगर ओलम्पिक में पतन या अपकर्ष का कोई खेल हो तो बंगाल स्कूल को निश्चय ही स्वर्ण पदक प्राप्त होगा।

बाद के दशकों में, विशेषकर साठ के दशक के चित्रकारों ने अपनी हीनता ग्रन्थि को उतार फेंका और कइयों ने तो विदेश जाने से भी इनकार कर दिया। उन्होंने समझ लिया था कि आरोपित आधुनिकता से प्रभावित कोई रचना बड़ी नहीं हो सकती, सामयिक तौर पर भले ही चर्चित हो जाये। आख़िर युरोपीय आधुनिकता भी अपने-अपने देशों के सन्दर्भ-विशेष से ही पुष्ट हुई थी। पाब्लो पिकासो ने फ्रांस में रहते हुए भी अपनी स्पानी (हिस्पानिक) पहचान को बनाये रखा। रूस के मार्क शागाल भले ही सं. रा. अमेरिका में बस गये थे लेकिन अपने देशज संस्कार को भूल नहीं पाये और अपने कैनवसों पर अपने रूसी गाँव मितेव्स्क को चित्रित करते रहे। यहाँ ऑरि मातिस का उदाहरण भी उपयुक्त होगा, जो आजीवन फ्रांसीसी आकांक्षा को कैनवस पर अभिव्यक्त करते रहे।

इस बात में कोई अतिशयोक्ति नहीं कि पचास के दशक में भारतीय चित्रकारों ने सुव्यवस्थित एवं सुदृढ़ तौर पर अपने लिए मानदण्ड सुस्थिर करने शुरू कर दिये। देश के विभिन्न राज्यों से सम्बद्ध और कला संस्थानों से जुड़े ये प्रयोगधर्मी चित्रकार विभिन्न माध्यमों और प्रविधियों को अपनाते हुए अपने-अपने लिए नये पथ का सन्धान करने में भी जी-जान से जुट गये थे। हालाँकि इन्होंने पश्चिम का दरवाज़ा बन्द नहीं किया था। वे अब प्राच्य देशों—चीन, जापान, कोरिया आदि देशों की ओर भी देख रहे थे। सुदूर अमेरिका भी उनके लिए दूर नहीं था लेकिन तथाकथित आधुनिक होने के भ्रम से निकलकर उन्होंने उस मानसिक दासता को झटक दिया था, जो उन्हें परमुखापेक्षी बनाये रखना चाहती थी।

जब नन्दलाल बसु ने 1921 में शान्तिनिकेतन में कला भवन का भार ग्रहण किया तब विदेशी कला आन्दोलन चरम पर था। इधर सारे देश में राष्ट्रवाद की लहर उमड़ रही थी। नन्दलाल का मानना था कि कला

को राष्ट्रीय भावना के अनुरूप अपनी भूमिका निभानी चाहिए। इस सन्दर्भ में उनका कहना था—"बौद्धिक तौर पर अपनाई गयी भारतीयता कलात्मक तौर पर आविष्कृत आधुनिकता से कहीं बेहतर है।"[11]

एक ओर नन्दलाल बसु और रामकिंकर बैज ने सन्थाली जीवन की निर्बन्ध छवियाँ उकेरीं तो दूसरी ओर जामिनी राय ने मानवीय करुणा के प्रतीक ईसा मसीह के जीवन के कई प्रसंगों को चित्रित किया। बाद में एम. एफ़. हुसेन ने *रामायण* एवं *महाभारत* के पात्रों और प्रसंगों की चित्र-शृंखला तैयार की और इसके साथ भारतीय जीवन को चिह्नित करनेवाली एक-एक शक्ल को नयी पहचान दी। उक्त परम्परा का आरम्भ, इसके पूर्व नन्दलाल बसु, और बाद में सोमनाथ होर और गणेश पाइन के चित्रों में भी देखा जा सकता है।

भारतीय कला के 'आधुनिक' पक्ष को उनके परम्परागत कलेवर या केंचुल से बाहर निकालना कला समीक्षकों या कलाविदों के लिए तब बहुत आसान काम नहीं था। चित्रकला ही नहीं, साहित्य और संस्कृति के क्षेत्र में यह सब रातोंरात सम्भव भी नहीं था। अपनी परम्परा के श्रेष्ठ उपादानों को आधुनिकता के आग्रह के साथ सँजोते हुए आज विश्व परिदृश्य में भारतीय चित्रकारों ने अगर अपनी उपस्थिति सुदृढ़ की है तो उसमें ठाकुरत्रय—रवीन्द्रनाथ, गगनेन्द्रनाथ और अवनीन्द्रनाथ के साथ नन्दलाल बसु, जामिनी राय, असित कुमार हालदार, रामकिंकर, अमृता शेरगिल, बिनोद बिहारी मुखर्जी, के. के. हेब्बार, एम. एफ़. हुसेन, एस. एच. रज़ा, के. सुब्रमण्यन आदि ऐसे अन्यतम कला हस्ताक्षर हैं, जो अपनी विपुल कला निर्मितियों में निरन्तर कला प्रयोगों एवं प्रयुक्तियों के कारण परवर्ती कलाकारों के लिए प्रेरणा स्रोत बने रहे। वे आज कला के क्षेत्र के प्रतीक और प्रतिमान केवल इसलिए नहीं हैं कि उन्होंने आधुनिकता के साथ अपनी सर्जनात्मकता एवं प्रतिबद्धता को अभिव्यक्त किया बल्कि आत्मगत संवेगों और समाजगत आकांक्षाओं को व्यंजित किया। इससे निस्सन्देह एक नया प्रेक्षक वर्ग सामने आया। इसलिए कोई अन्तर नहीं पड़ता कि इस सूची में किसका नाम छूट गया और कौन आगे-पीछे रह गया।

वर्ष 1947 में जब प्रोग्रेसिव आर्टिस्ट ग्रुप (PAG) की स्थापना हुई तो इसके केवल तीन सदस्य थे—एफ़.एन. सूज़ा, के. एच. आरा और सैयद हैदर रज़ा। सूज़ा के पास निश्चय ही एक क्रान्तिकारी सोच थी और वे जानते थे कि बंगाल स्कूल और रॉयल अकादमी ऑफ़ आर्ट के प्रशंसक लीक से हटकर काम करनेवाले कलाकारों का बहिष्कार करते रहे। लेकिन विरोधी तेवरवाले कलाकार यह चाहते थे कि उनके समर्थन में भी कुछ ऐसे प्रभावी लोग जुड़ें जो उनके संघर्ष को तीव्रतर बना सकें। इसलिए लाइडन और लैंगहैमर-जैसे विशेषज्ञ इस ग्रुप के साथ जुड़े, जो 'टाइम्स ऑफ़ इंडिया' में क्रमशः कला समीक्षक और कला निर्देशक पद पर कार्यरत थे। 1948 में जब इस ग्रुप का विस्तार हुआ तो सूज़ा ने मक़बूल फ़िदा हुसेन को, और रज़ा ने हरि अम्बादास गाडे को इसमें सम्मिलित कर लिया। आरा चित्रकार थे और गाडे मूर्तिकार। दोनों ग्रामीण पृष्ठभूमि से आये थे। इस ग्रुप के सदस्यों को यह अधिकार प्राप्त था कि वे किसी एक कलाकार मित्र को पीएजी (PAG) में शामिल कर सकते हैं। इसलिए बाद में हुसेन ने भी कृशन खन्ना को इसकी सदस्यता दिलवायी। हालाँकि यह ग्रुप बम्बई में कुछेक वर्षों तक ही सक्रिय रहा क्योंकि सूज़ा 1949 में लन्दन चले गये और रज़ा 1950 में पेरिस।

प्रोग्रेसिव आर्टिस्ट ग्रुप का आधुनिक भारतीय कला के क्षेत्र में अत्यन्त प्रभावी योगदान रहा। उसने यह बता-जता दिया कि कला निजी अभिव्यक्ति का माध्यम है, न कि किसी आरोपित अवधारणा या विचारधारा का वाहक। इस ग्रुप का उद्देश्य ही था, भारतीय कला को रूढ़ और किसी घराने में बन्द कलाशैलियों से मुक्त कर निर्बन्ध ढंग से काम करना होगा। इसके लिए ज़रूरी है, देश की आवश्यकता के अनुरूप आधुनिक कला के नये मुहावरों की खोज, अद्यतन माध्यमों का सन्धान और निजी पहचान को स्थापित करने का अदम्य संकल्प।

इसलिए एक स्वतन्त्रचेता कलाकार के लिए किसी परम्परागत धारा या बद्धमूल धारणा का अनुसरण करने की आवश्यकता नहीं। उसके लिए सारा विश्व खुला है और देश-विशेष या क्षेत्र विशेष से बँधे रहना आवश्यक नहीं। उसे इस बात की ज़रूरत नहीं कि वह अपने काम द्वारा अपनी भारतीयता सिद्ध करता फिरे। पीएजी ने 'आर्ट ट्रेंड्स' (Art TrendS) नामक एक बुलेटिन भी शुरू किया था। वैसे यह सच है कि इस गुट के सदस्यों का झुकाव वामपन्थ की ओर रहा और उन दिनों बम्बई की 'इप्टा' संस्था से सम्बद्ध अधिकांश लेखक, पत्रकार, कलाकार और रंगकर्मी वामपन्थी रुझान के थे। इनका उद्देश्य था, पुराने मूल्यों, आलंकारिक एवं शास्त्रीय अवधारणाओं और भारतीय सौन्दर्यशास्त्र की अनावश्यक ग्रन्थियों से छुटकारा दिलाना। लेखकों और संस्कृति-कर्मियों द्वारा प्रगतिशील लेखक संघ (प्रोग्रेसिव राइटर्स एसोसिएशन) और इंडियन पीपुल्स थियेटर एसोसिएशन (इप्टा) की स्थापना पहले ही हो चुकी थी। कई उतार-चढ़ाव और अवरोधों के बावजूद पीएजी (पैज) के मुक़ाबले ये दोनों लम्बे समय तक सक्रिय बने रहे और कई-कई बार टूट-फूट के बावजूद, आज भी किसी-न-किसी रूप में विद्यमान हैं।

यद्यपि दृश्य कलाओं—चित्रकला, संगीत, नाट्य आदि की भारतीय परम्परा निश्चय ही काफ़ी प्रभावी रही है। लेकिन उस परम्परा से ऐसा कोई रूप गढ़ा जा रहा हो, जो व्यावहारिक तौर पर दर्शकों एवं कलाविदों को आश्वस्त कर सके, ऐसा बहुत कम हो रहा था। व्यक्तिगत तौर पर तत्कालीन चित्रकार एक अनिश्चित आदर्श की कल्पना में डूबे थे और समकालीन यथार्थ का सामना करने के लिए संघर्ष कर रहे थे। उक्त स्थिति की विडम्बना को समझने में तैयब मेहता का कथन हमारी सहायता कर सकता है, जिन्हें उन-जैसे संघर्षशील कला छात्र के नाते किसी आकस्मिक परिवर्तन में झोंक दिया गया था—"जे.जे. स्कूल के छात्रों के रूप में एक तरफ़ हमें चित्रकला के बंगाल स्कूल को दिखलाया गया तो दूसरी तरफ़ पारम्परिक ब्रितानी चित्रांकन को। यहाँ या बाहर समकालीन रुझानों से हमारा कोई सम्पर्क नहीं था...शून्य-सी स्थिति थी...पश्चिम में समकालीन कला एक स्थायी विकास का उत्पाद रही है। सेज़ां के प्रभाव से पिकासो ने घनचित्र की सर्जना की और घनचित्र से प्रभावित होकर मोंद्रिया ने निओ-प्लास्टिसिज़्म का विकास किया, जिसका कि समकालीन कला परिदृश्य पर ज़बरदस्त प्रभाव था। इस तरह वहाँ एक निश्चित नैरन्तर्य बना हुआ है।"[12]

भारत में क्षेत्रीय एवं स्थानीय स्तरों पर परम्परागत एवं लोक कलाओं की अलग-अलग छवियाँ सदियों से विद्यमान थीं और रोचक होने के साथ लोक जीवन के लिए उपादेय भी। कला और शिल्प जहाँ अभिन्न थे, वहाँ परस्पर-पूरक भी। इन्हें अलग करने का उपक्रम अंग्रेज़ों के आने के बाद आरम्भ हुआ और कला संस्थाओं के अस्तित्व में आते ही ललित कला (चारु कला/फ़ाइन आर्ट) और हस्तशिल्प (कारुकला/क्राफ़्ट्स) के बीच पार्थक्य बढ़ता चला गया। पाश्चात्य मूल्य और कला बोध के साथ ललित कला की शिक्षा को पश्चिमी दुनिया में एक अनुशासन के नाते, बल्कि अकादमिक योग्यता के नाते पहले ही मान्यता दी गयी थी। पेरिस, लन्दन, जर्मनी, रूस, स्वीडेन आदि कई युरोपीय देशों के बाद, अमेरिका में ऐसी कला संस्थाएँ आज भी सक्रिय हैं, जो सदियों से अपनी विशेष पहचान और ऐतिहासिक उपस्थिति बनाये हुई हैं। ये संस्थान अलग-अलग कला विधाओं एवं माध्यमों में विशिष्ट शिक्षण प्रविधियाँ प्रदान करने के लिए प्रसिद्ध हैं। यही नहीं, इनके पास कला शिक्षण की प्रविधिगत और शैलीगत सरणियाँ भी निर्धारित हैं, जिनमें निरन्तर संयोजन और संशोधन की गुंजाइश बनी रहती है ताकि नवीनतम शोध और बोध को शामिल किया जा सके।

कहना न होगा, उपर्युक्त तथ्यों के आलोक में परम्परागत भारत में आधुनिक कला की वर्णमाला तैयार करना और इतने बड़े देश में—जो ग़ुलाम और अनपढ़ था, स्वीकृति दिलाना कितना कठिन कार्य था। और यह कार्य

भी कमोबेश अंग्रेज़ों द्वारा ही आरम्भ किया गया था। हालाँकि भारतीय सौन्दर्य शास्त्र में वर्णित भारतीय कला के तत्त्व उनकी समझ से बाहर थे। दूसरे, शासक होने का दम्भ न केवल उन अंग्रेज़ अधिकारियों में था बल्कि उन कला और साहित्य समीक्षकों में भी था, जो पश्चिमी अवधारणाओं को सर्वोपरि मानकर उन्हें लागू करने में माहिर थे। उन्नीसवीं शताब्दी के मध्य से लेकर अन्त तक ऐसे कई पश्चिमी समीक्षकों, जैसे जॉन रस्किन, रोज़र फ्राय, पी. वेस्टकॉट, मोलियर विलियम्स, जॉर्ज बर्डवुड, विन्सेंट स्मिथ आदि ने भारतीय कला का उपहास करते हुए वास्तववादी या यथार्थवादी कला के अपनाने पर ज़ोर दिया। वस्तुतः पुनर्जागरण काल से नैसर्गिक रूप-सादृश्य की ओर पश्चिमी कलाकारों का ध्यान विशेष तौर पर आकृष्ट हुआ था। इसी कारण उन्होंने वैज्ञानिक दृष्टिकोण अपनाते हुए वस्तु हो या दृश्य—उसका हू-ब-हू, यथारूप चित्रण आरम्भ किया था। लम्बे समय तक यह अनुकरणमूलक कला पद्धति उन्नीसवीं सदी तक न केवल ज़ारी रही बल्कि पश्चिम में काफ़ी लोकप्रिय भी रही।

ऐसा भी नहीं था कि भारतीय कलाकारों में नये कलाबोध या नयी कलाशैलियों के लिए कोई आग्रह नहीं था। ऐसे भी कई भारतीय थे, जो पश्चिमी देशों की यात्राओं के दौरान वहाँ की कला-वीथियों और कला संग्रहालयों का परिदर्शन किया करते थे। वे अपने साथ वहाँ से मास्टर चित्रकारों के चित्रों के अनुमुद्रण एवं अलबम भी साथ लाया करते थे। भारत के ऐसे कई रजवाड़े भी विदेशी चित्रों और कलाकृतियों के संग्रह के शौक़ीन थे। इनसे पर्याप्त सम्मान और मानदेय पाकर कई विदेशी चित्रकार और पेशेवर पेंटर अठारहवीं सदी में और उन्नीसवीं सदी के अन्त तक भारत आते रहे। उनकी सूची बड़ी लम्बी है और जिन पर पिछले पृष्ठों में चर्चा भी की गयी है।

जैसा कि उल्लेख किया गया, लन्दन में 1851 में आयोजित एक अन्तर्राष्ट्रीय चित्र प्रदर्शनी के दौरान बम्बई के एक सुप्रसिद्ध उद्यमी और कला-रसिक जमशेदजी जीजी भाई को ऐसा जान पड़ा कि आख़िर हम अपने देशी लोगों को चित्रकला की ओर प्रेरित क्यों नहीं कर सकते! यही सोचकर उन्होंने कम्पनी सरकार को एक लाख रुपये का दान देकर 1857 में, बम्बई में सर जे.जे. स्कूल ऑफ़ आर्ट की स्थापना की। यह भारत में आधुनिक कला के इतिहास में पहली घटना थी, जिसने परवर्ती वर्षों में भारतीय कला के सम्पूर्ण परिदृश्य को बदल दिया। हालाँकि आरम्भ में यहाँ कला और शिल्प दोनों ही प्रकार के शिक्षण की व्यवस्था थी और इसके प्रशिक्षक भी इंग्लैंड से ही बुलाये जाते रहे। यहाँ चित्रकला के साथ धातु तक्षण (नक़्क़ाशी) और अलग-अलग पेशे से जुड़े कारीगरों (यथा, लुहार, तँबेरा, कसेरा, सुनार, कुम्हार, बढ़ई आदि) को व्यावसायिक प्रशिक्षण दिया जाता था। तब महानगर का रूप ले रहे बम्बई में इनके कार्यों की जहाँ अत्यन्त आवश्यकता थी, वहाँ इन्हें पर्याप्त सराहना के साथ जीविका भी मिली।

जे.जे. स्कूल ऑफ़ आर्ट का नाम कला के क्षेत्र में तब और अधिक रोशन हुआ जब जॉन ग्रिफ़िथ्स के कार्यकाल (1868-1885) में यहाँ के छात्रों और शिक्षकों ने अजन्ता के गुफ़ा चित्रों का अनुकरण करते हुए उनकी अनुप्रतियाँ (Facsimile copies) तैयार कीं। जॉन ग्रिफ़िथ्स ने अजन्ता पर पहला ग्रन्थ लिखकर पूरे विश्व का ध्यान भारत की इस अनुपम कला सम्पदा की ओर आकृष्ट किया था।

इस स्कूल की प्रतिष्ठा को निरन्तर आगे बढ़ाने में प्रशिक्षण प्राप्त कलाकारों का विशेष योगदान रहा, जो कारीगर परिवार से आये थे। इनमें गणपत केदारी, आबालाल रहिमान, जगन्नाथ अनन्त, बापू जी दीनानाथ मन्त्री, कृष्णाराव भाई, पावनजी गोपालकृष्ण और चिरंजी लाल आदि प्रमुख थे। इन सबके बीच पोस्तान बोमनजी एक ऐसे विशिष्ट चित्रकार थे, जो न केवल अजन्ता के भित्तिचित्रों की नक़ल उतारने में सिद्धहस्त थे बल्कि स्वतन्त्र रूप से तैल रंग चित्र बनाने में भी माहिर थे।

जे.जे. स्कूल ऑफ़ आर्ट की प्रसिद्धि तब और बढ़ी जब ग्लैडसन सोलोमन इसके प्रिंसिपल (1919-1935) बने। उनके समय में लागू अन्य पाठ्यक्रमों के अलावा 1920 में ही भित्तिचित्रण कला को भी शामिल किया गया। इस परम्परागत एवं कलापरक पाठ्यक्रम की व्यावहारिकता का सुखद परिणाम जल्दी ही सामने आ गया जब स्कूल के शिक्षकों और छात्रों को 1928 में दिल्ली के इम्पीरियल सेक्रेटेरिएट में भित्ति चित्रांकन के लिए अनुबन्धित किया गया, जिसका कुल क्षेत्रफल 1500 चौरस फ़ीट था। इस कार्य से मिली प्रतिष्ठा का सुफल आगे भी स्कूल को मिलता रहा और नये अनुबन्धों से छात्रों और शिक्षकों के मनोबल में भी वृद्धि हुई। सोलोमन के बाद चार्ल्स जेरार्ड नामक कलाविद की नियुक्ति हुई और पश्चिमी कला पद्धतियों के जानकार होने के नाते उनके निर्देशानुसार जे.जे. स्कूल ऑफ़ आर्ट में अब कमर्शियल आर्ट के साथ कला की नवीन प्रविधियों को भी सम्मिलित किया गया। इसका परिणाम इस अर्थ में भी उपयोगी रहा कि भारतीय कला अब आधुनिक कला के दौर में तेज़ी से प्रवेश कर सकी और आगामी कुछ ही वर्षों में इसने इस क्षेत्र में महत्त्वपूर्ण उपस्थिति दर्ज की। 1937-38 के दौरान 'यंग टर्क्स' नामक चित्रकारों के एक समूह ने पश्चिम के उत्तर-प्रभाववाद (Post-Impressionism) और अभिव्यक्तिवाद (Expressionism) से प्रभावित होकर चित्र बनाना आरम्भ कर दिया। स्पष्ट है, भारतीय चित्रकारों में अब पश्चिमी देशों के कला आन्दोलनों के सन्दर्भ में अपनी-अपनी कला-सत्ता को प्रतिष्ठित करने की आकांक्षा जग गयी थी। इसमें कोई सन्देह नहीं कि यहाँ से प्रशिक्षित छात्रों ने न केवल इस दायित्व को ग्रहण किया बल्कि आगे चलकर इसे नेतृत्व भी प्रदान किया।

पिछली सदी के चौथे और पाँचवें दशक में, मोटे तौर पर भारत की आज़ादी तक—भारतीय चित्रकारों का विभिन्न दिशाओं में भटकाव ज़ारी था—लेकिन यही भटकाव उनके रचनात्मक प्रस्थान से जुड़ गया। ये चित्रकार कहीं परम्परागत भारतीय कला की अंकन पद्धति से परिचित हुए तो कहीं पश्चिमी कलाशैलियों के अध्ययन और अभ्यास से जुड़े। कुछ कलाकार मुग़ल, राजपूत या राजस्थानी कलाशैलियों से प्रभावित होते हुए भी, उनकी रूढ़ियों से मुक्त होने की कोशिश में लगे थे।

यह देखना दिलचस्प होगा कि बंगाल स्कूल एवं शान्तिनिकेतन स्कूल की विशिष्ट शैलियों एवं विविध प्रविधियों के साथ भारतीय कला परम्परा के जनक अवनीन्द्रनाथ ठाकुर (1871-1951) और कलागुरु नन्दलाल बसु (1882-1966) के विपरीत अवनीन्द्रनाथ के बड़े भाई गगनेन्द्रनाथ ठाकुर (1867-1938) पश्चिमी कला आन्दोलन के कितने निकट थे। अपनी परिपक्व आयु में रवीन्द्रनाथ (1861-1941) ने चित्रकला के क्षेत्र में धूमकेतु की तरह प्रवेश कर भारत की आधुनिक कला को शीर्ष नेतृत्व प्रदान किया था। यह वही समय था जब एक उत्तर-प्रभाववादी (Post-Impressionism) युवा भारतीय चित्रकार के तौर पर अमृता शेरगिल (1913-1941) अपनी कलाकृतियों से भारतीय कला परिदृश्य को आन्दोलित कर रही थीं, हालाँकि उनके इस प्रयास में विदेशी कला शिक्षा की महती भूमिका थी।

हमें याद रखना होगा कि उक्त कलाकारों के अलावा भारत के विभिन्न क्षेत्रों में सक्रिय कला केन्द्रों से जुड़े और स्वतन्त्र रूप से कार्यरत कलाकारों ने अपने-अपने कलात्मक उद्यम द्वारा कला-जगत और कला प्रतिष्ठानों को भी प्रभावित किया था। साथ ही, युवा पीढ़ी के कलाकारों को भी वे इस क्षेत्र में आने को प्रेरित कर रहे थे। इनमें से अधिसंख्य ऐसे थे, जो जानते थे कि भारत जल्द ही स्वतन्त्र होनेवाला है और तब निश्चय ही भारतीय कला परिसर का विस्तार होगा। और वह समय भी आया जब 1947 में भारत ब्रिटिश सरकार की ग़ुलामी से आज़ाद हुआ। अगर इस वर्ष को आधार वर्ष मानकर स्वातन्त्र्योत्तर भारत में आधुनिक कलात्मक

गतिविधियों का आकलन किया जाये, जैसा कि किया भी जाता है, तो इसमें कोई असुविधा की बात नहीं है। लेकिन कोई भी काल-विभाजन भले ही सुविधाजनक हो, हमें यह याद रखना होगा कि कला, साहित्य या संस्कृति की अवधारणाएँ लोक मानस में संचित सदियों से सुरक्षित स्मृतियों से परिचालित एवं परिभाषित होती हैं। किसी निश्चित कालखण्ड में अगर उन्हें रूपायित भी किया जाता है तब भी, कोई ज्ञात या अज्ञात समाज या समूह किसी आन्दोलन का रूप देकर उसे कोई नाम दे देता है। उदाहरण के तौर पर, 'प्रोग्रेसिव आर्टिस्ट्स ग्रुप' (पीएजी) के निर्माताओं (सूज़ा, आरा, मक़बूल फ़िदा हुसेन, सदानन्द बाकरे, अम्बादास गाडे, सैयद हैदर रज़ा आदि), जो कला के विभिन्न क्षेत्रों और अलग-अलग शैलियों में कार्यरत थे, उन्होंने कुछ नया करने के लिए इसका गठन किया था। इनका प्रमुख उद्देश्य था—कला के सनातन (शाश्वत) सौन्दर्यबोधक प्रतिमानों का नकार। भारतीय सन्दर्भ में यह अवश्य ही एक चौंकानेवाली परिघटना थी लेकिन पश्चिम में इस तरह के कई कला आन्दोलन अठारहवीं सदी के उत्तरार्द्ध में आरम्भ हुए थे और कुछ समय तक सक्रिय रहने के बाद विलुप्त हो गये थे। इसलिए आधुनिकता के दबाव से वर्ष 1947 में स्थापित पीएजी भी मात्र चार वर्ष तक सक्रिय रहकर 1950 में बिखर गया। लेकिन यह भी सच है कि ये सभी कलाकार आगे भी अत्यन्त सक्रिय और समर्पित भाव से अपनी-अपनी कलाशैलियों के साथ लम्बे समय तक कला-साधना करते रहे।

यहाँ इस तथ्य का उल्लेख आवश्यक है कि आधुनिक भारतीय कला के प्रारम्भिक चरण में राजा रवि वर्मा के कला उद्यम को न केवल भारत में बल्कि पश्चिमी जगत में पर्याप्त सराहना मिली थी। हालाँकि उनकी रूपाकृतियों के साथ उनकी कला-पद्धतियों पर भी पश्चिम के अनुकरण का दोष मढ़ा गया। लेकिन कला जगत में मिली व्यापक स्वीकृति और लगभग सम्पूर्ण भारत की उनकी निर्मितियों की व्याप्ति में उनका दोष ढँक गया। यहाँ तक कि उनकी कृतियों के अनुकरण भी हुए और आज भी व्यापारिक स्तर पर उनकी अनुकृतियाँ हो रही हैं।

भारतीय कला के परम्परागत स्वरूप को जुगाये रखने के साथ, अनुकरण करने की प्रवृत्ति से बचने-बचाने का एक उपक्रम ई. बी. हैवेल, सिस्टर निवेदिता और रवीन्द्रनाथ ठाकुर ने किया था। एक तरफ़ अजन्ता-एलोरा की कलात्मकता की ओर देखने की आवश्यकता पर ज़ोर दिया गया तो दूसरी तरफ़ उन भारतीय कलाशैलियों को, जो लम्बे समय से भारतीय लोकमानस की अंग थीं, उन्हें अपनाने को कहा गया। इस प्रयास को उस स्वदेशी आन्दोलन से जोड़कर देखा गया, जिसकी शुरुआत बंगाल से हुई थी।[13]

जैसा कि पहले कहा गया, अपने प्रारम्भ में कोई भी आन्दोलन—जो व्यक्तिकेन्द्रित और समसामयिक होता है, वह तात्कालिक उद्देश्य प्राप्त करने के बाद शिथिल पड़ जाता है। स्वयं अवनीन्द्रनाथ के अग्रज और आधुनिक कलाबोध से सम्पन्न गगनेन्द्रनाथ ने स्वदेशी आन्दोलन के समानान्तर 'घनवाद' (क्यूबिज़्म) को एक नये प्रारूप में प्रस्तुत किया था और उसमें कई प्रयोगधर्मी चित्र बनाये। वे वहीं नहीं रुके, उन्होंने 'प्रभाववादी' (इम्प्रेशनिस्टिक) चित्र भी बनाये। लेकिन वे इसे कोई आन्दोलन का रूप नहीं दे पाये।

इस सम्बन्ध में एक रोचक प्रसंग का उल्लेख आवश्यक है। एक बार रवीन्द्रनाथ ने अवनीन्द्रनाथ से पूछा—"अच्छा अवन, यह जो 'क्यूबिज़्म' आया है, मैं कुछ समझ नहीं पाता। तुम समझाओ तो ज़रा!" तो अवनीन्द्र का जवाब था, "मैं क्या बताऊँ रविका, राधा का प्रेम भी प्रेम और कुब्जा का प्रेम भी प्रेम। 'क्यूबिज़्म' न सही, 'कुब्जाइज़्म' तो कर ही सकते हो।" यह सुनकर रवीन्द्रनाथ बहुत खुश हुए और कहा—"अवन, तुमने तो बड़ी मज़ेदार बात बतायी।"[14]

कहने का आशय यह कि कलाकारों ने अपनी कलाचेतना के साथ अपनी कृतियों को विभिन्न शैलियों में प्रस्तुत किया, जो प्रचलित और परम्परागत शैलियों से अलग थीं। अगर कुछ और आगे की बात करें तो रवीन्द्रनाथ के चित्रों की आलोचना करते हुए, उन पर भी कई चित्रकारों से प्रभावित होने की बात की गयी और मोटे तौर पर उन्हें 'अति-यथार्थवादी' (सर-रियलिस्टिक) ठहराया गया।

चालीस के दशक में ही, आधुनिक कला के केन्द्र कलकत्ता में ही ऐसे कई चित्रकार आन्दोलन-मुखर हो गये थे, जो पुरातन कलाबोध और परम्परागत आख्यानमूलक विषयवस्तु के हटकर यथार्थपरक और जीवनधर्मी चित्रों का प्रणयन करना चाहते थे। इन्होंने 1933 ई. में 'यंग आर्टिस्ट एसोसिएशन' और बाद में 'आर्ट रेबेल सेंटर' नाम से एक नव्यपन्थी (आवां-गार्दे) कलाकारों के समूह का गठन किया। इस समूह में गोवर्धन आश, अवनी सेन, अन्नदा दे के साथ वरिष्ठ चित्रकार भोला बन्द्योपाध्याय भी सम्मिलित थे। इन्हें पर्सी ब्राउन (सुप्रसिद्ध कला समीक्षक) और जामिनी प्रकाश गांगुली का भी प्रोत्साहन प्राप्त हुआ। इन विद्रोही युवा चितेरों का प्रयास जनसामान्य के निकट जाकर उनकी पीड़ाओं और परेशानियों, अभावों एवं अवसादों को चित्रित करना था। वे चाहते थे कि देशी कलाकारों की कलाशैलियों को बल मिले।[15]

उनका ज़ोर इस बात पर भी था कि अकादमिक ढंग की कला शिक्षा से मुक्त रहकर निजी कलाशैली कैसे विकसित की जाय! इसलिए पश्चिम के कला आन्दोलन उत्तर-प्रभाववाद (पोस्ट-इम्प्रेशनिज़्म) के प्रतिनिधि चित्रकार पॉल गोगां और वानगॉग को उन्होंने अपना आदर्श माना, क्योंकि वे आम जन-जीवन को चित्रित करते रहे। यही नहीं, पश्चिमी कला प्रविधियों को आवश्यकतानुसार अपनाते हुए, इन चित्रकारों ने अलग-अलग माध्यमों (पेंट, प्रिंट, ग्राफ़िक्स आदि) में प्रयोग करने के साथ देशी माध्यमों एवं संसाधनों का भी उपयोग किया।

भारत में स्वदेशी आन्दोलन, असहयोग आन्दोलन और अन्त में 1941 में भारत छोड़ो आन्दोलन की पृष्ठभूमि में न केवल राजनीति दल के नेता और कार्यकर्ता बल्कि साहित्यकार, संस्कृतिकर्मी और कलाकार अपनी सकारात्मक भूमिका के साथ देश की आज़ादी के लिए सहयोग कर रहे थे। इस बीच वैश्विक आर्थिक मन्दी एवं द्वितीय विश्व युद्ध का प्रभाव बड़ी तेज़ी से भारत पर पड़ा। जर्मनी, जापान और इटली की फ़ासीवाद ताक़तें और रूस के नेतृत्व में साम्यवादी शक्तियों द्वारा उनका प्रतिरोध गम्भीर राजनीतिक अशान्ति और अस्थिरता पैदा कर रहा था। ब्रिटिश सरकार का उपनिवेश होने के कारण भारत को इसकी बड़ी भारी क़ीमत चुकानी पड़ रही थी। भारत के संसाधनों के दोहन के साथ लम्बे समय तक चलनेवाले इस विश्वयुद्ध ने भारत के अन्न भण्डार को पूरी तरह ख़ाली कर दिया। और जो अनाज आढ़तियों के गोदाम में बन्द था, उसे कई गुना मूल्य पर बेचा जा रहा था। इसका नतीजा यह हुआ कि भारत में भयंकर अकाल के चलते लाखों लोग अन्न के लिए तरसते हुए दम तोड़ गये। इसका सबसे भयानक प्रभाव बंगाल पर पड़ा और आस-पास के अंचलों से दुर्भिक्ष से प्रभावित लोग कलकत्ता की सड़कों पर मुट्ठी भर दाने के लिए भटकते रहे और पूरा शहर ऐसे भूखे और अधनंगे शवों से पट गया था। कुछेक सामाजिक संस्थाएँ इस दिशा में सक्रिय भी रहीं कि लोगों की यथासम्भव सहायता की जाय लेकिन यह घटना इतिहास की क्रूरतम त्रासदियों में एक थी, जिसने लाखों घरों को उजाड़ फेंका।

वर्ष 1943-44 का यह महाकाल भारत के लिए अभिशाप बनकर ही आया था लेकिन मानवीय संवेदना से अनुप्राणित कलाकारों ने इस अमानवीय त्रासदी के रेखांकन, चित्र, छाया चित्र, मूर्ति आदि बनाये और रचनाकारों, पत्रकारों तथा कवियों ने अपनी लेखनी द्वारा इस त्रासदी को उजागर किया ताकि समर्थ, शक्तिसम्पन्न और समर्पित संस्थाएँ पीड़ित लोगों की सहायता के लिए आगे बढ़ें। मरणासन्न स्त्री-पुरुष और बच्चों के दुःख

कलाकारों के लिए इतने भयावह थे कि वे अपने पर संयम एवं क़लम-तूलि-पेंसिल-पेस्टल या फिर कैमरे पर नियन्त्रण नहीं रख पाते थे। उनके सामने उन नरकंकालों का जाल-सा फैला था, जो अन्तिम साँसें ले रहा था। देवीप्रसाद रायचौधुरी, अतुल बसु, गोवर्धन आश, गोपाल घोष आदि ने इस त्रासदी को विभिन्न माध्यमों में उतारा। नन्दलाल बसु ने 'अन्नपूर्णा' चित्र में इसे प्रतिकृत किया। जामिनी राय भी आगे बढ़ आये। बेबस, भूख से बिलबिलाते और दम तोड़ते उन लोगों को सबसे अधिक जिन कलाकारों ने चित्रित एवं रेखांकित किया, उनमें गवर्नमेंट आर्ट स्कूल के युवा शिक्षक जयनुल आबेदीन और कम्युनिस्ट पार्टी से सम्बद्ध कर्मी चित्तप्रसाद भट्टाचार्य प्रमुख थे। सोमनाथ होर ने भी ऐसे रेखांकन किये, जिन्हें बाद में कांस्यकृति में परिवर्तित किया। कलाकारों के इस सामाजिक दायित्व एवं मानवीय प्रतिबद्धता का परिचय सम्बद्ध कलाकारों के प्रसंग में वर्णित है।

भारतीय कला के इस संक्रमणकालीन दौर में पूर्व के साथ पश्चिमी कला की प्रचलित शैलियों को अधिगत करने के बावजूद, अपनी पहचान बनाने के लिए कई कलाकारों ने नयी अथवा निजी कलाशैली का प्रणयन किया। उन कलाकारों में अब्दुर्रहमान चुग़ताई, अमृता शेरगिल, ललितमोहन सेन, बिनोद बिहारी मुखर्जी, राधामोहन, एन. एस. बेन्द्रे, कँवल कृष्ण, के.सी.एस. पणिकर, के. के. हेब्बार, के. एच. आरा, एफ़. एन. सूज़ा, मक़बूल फ़िदा हुसेन, के. एस. कुलकर्णी, परितोष सेन, सोमनाथ होर, एस.एच. रज़ा, रामकुमार, वी.एस. गायतोंडे, तैयब मेहता, सतीश गुजराल, कृशन खन्ना, जे. स्वामीनाथन, ए. रामचन्द्रन आदि अत्यन्त महत्त्वपूर्ण हस्ताक्षर हैं। इसी तरह के. जी. सुब्रमण्यन, एन. एस. बेन्द्रे, कँवल कृष्ण, पणिकर, के. के. हेब्बार, अंजलि इला मेनन आदि कलाकारों ने अलग-अलग समय में, विशेषकर भारत की आज़ादी के बाद, पश्चिमी कला के वर्चस्व को कहीं चुनौती देते हुए, कहीं उसे नकारते हुए, और कहीं उसके समानान्तर कला क्षेत्र में निरन्तर नवीन प्रयोग भी किये।

आज़ादी के पहले और बाद के कुछ वर्षों तक, भारत की राजधानी दिल्ली का कला परिदृश्य कलकत्ता या बम्बई के मुक़ाबले काफ़ी कमज़ोर था। वर्ष 1911 में अंग्रेज़ों की राजधानी बन जाने के बावजूद कला और संस्कृति सम्बन्धी गतिविधियों में कोई विशेष प्रगति नहीं हो पायी थी। ले-देकर यहाँ शारदाचरण उकील कला विद्यालय और अखिल भारतीय कला और शिल्प समाज (आल इंडिया फ़ाइन आर्ट्स एंड क्राफ़्ट्स सोसाइटी—आईफ़ैक्स) ही कलात्मक गतिविधियों में सक्रिय थे। शारदा उकील कला विद्यालय फ़ाइन आर्ट्स में कलाशिक्षण प्रदान करता था और मुख्यतः जलरंग एवं तैलरंग में छात्रों को चित्र बनाने के पाठ्यक्रम तक सीमित था। शारदाचरण उकील 1946 में स्थापित इस संस्था के महासचिव थे, और अध्यक्ष थे डॉ. एम. एस. रंधावा, सुप्रसिद्ध कलाविद एवं लेखक। इस तरह राजधानी दिल्ली और आसपास रहनेवाले, ऐसे भी कलाकार, जो आज़ादी के बाद विस्थापित होकर दिल्ली आ गये थे, विशेषकर लाहौर से, वे आईफ़ैक्स से जुड़े। इनमें एक महत्त्वपूर्ण एवं प्रमुख नाम भवेशचन्द सान्याल का भी था। अन्य कलाकारों में के. एस. कुलकर्णी (बम्बई से आकर दिल्ली में बसे), कँवल कृष्ण, धनराज भगत और पी.एन. मागो थे। आरम्भिक वर्षों में यह कलाकार समाज पूरे भारत में कलात्मक गतिविधियों को मार्गदर्शन देने के साथ उनके संरक्षण के लिए कार्यरत था। कला पत्रिका 'रूपम' के प्रकाशन के साथ इसका एक प्रमुख कार्य चित्र प्रदर्शनी आयोजित कर चित्रकारों की सहायता के साथ उन्हें पुरस्कृत करना भी था। इसके प्रभारी सदस्य बारी-बारी से कार्यभार सँभालते रहे। पिछले सत्तर वर्षों से सक्रिय यह संस्था आज भी नयी दिल्ली में केन्द्रीय सचिवालय चौक स्थित अपने भवन में कार्यरत है। लेकिन इसकी गतिविधि चित्र प्रदर्शनी तक सीमित रह गयी है।

जहाँ तक दिल्ली शिल्पी-चक्र की बात है, इसकी स्थापना भवेश चन्द्र सान्याल और धनराज भगत ने 25 मार्च, 1947 को इस उद्देश्य को सामने रखकर की थी कि स्थानीय कलाकार अपनी कला-साधना के साथ अपने व्यावसायिक हितों को भी ध्यान में रखें। इससे जुड़े कलाकारों—रामकुमार, सतीश गुजराल, देवयानी कृष्ण, जे. स्वामीनाथन, रामेश्वर ब्रूटा, अनुपम सूद, परमजीत सिंह, अर्पिता सिंह, जगमोहन चोपड़ा आदि ने परवर्ती वर्षों में इसके विस्तार में महत्त्वपूर्ण योगदान किया। दिल्ली शिल्पी-चक्र अपने निर्धारित उद्देश्यों के साथ सक्रिय रहा लेकिन उसके कार्यस्थलों में परिवर्तन होता रहा। वह इस दिशा में भी सक्रिय रहा था कि कलाकारों की कला निर्मिति को केन्द्र में रखकर कला का विश्लेषण और मूल्यांकन हो। इससे कलाबोध के साथ कला समीक्षा की भी व्यवस्थित शुरुआत हुई, जिसमें 'स्टेट्समैन' के कला आलोचक डॉ. चार्ल्स फ़ाबरी ने महत्त्वपूर्ण योगदान किया था। इससे कलाकारों को स्वयं अपनी कृतियों को समझने और उनकी गुणवत्ता में सुधार करने की प्रेरणा भी जगी। हालाँकि कलाकारों के लिए यह आवश्यक नहीं था कि वे अपनी कृतियों की सकारात्मक या नकारात्मक परख किसी कलाविद द्वारा किये जाने को कितनी गम्भीरता से लेंगे। लेकिन इस पहल से इन कलाविदों और बाद में कई कलाकारों ने पाश्चात्य एवं भारतीय कलान्दोलनों के सन्दर्भ में, अपनी उपस्थिति और पहचान को ही नहीं, बल्कि दर्शकों की प्रतिक्रियाओं को भी महत्त्व देना शुरू किया, जो समय के साथ क्रमशः परिपक्व होते जा रहे थे। फलतः कई पत्र-पत्रिकाओं ने भी कला सम्बन्धी स्तम्भ आरम्भ किये।

दिल्ली शिल्पी-चक्र द्वारा आयोजित वार्षिक चित्र प्रदर्शनी में विशिष्ट अतिथि चित्रकारों की निर्मितियों को भी आमन्त्रित किया जाता था। इस प्रदर्शनी के द्वारा जहाँ कलाकारों की प्रतिभा को नयी पहचान मिलती रही, वहाँ उनके चित्रों को बेचकर सम्बन्धित कलाकार की आर्थिक मदद के साथ यह संस्था अपने लिए भी थोड़ी राशि बचा लेती थी। इस कार्य के व्यवस्थित परिचालन करने के लिए दिल्ली के धूमीमल गैलरी के श्री रामबाबू आगे आये। उसी वर्ष यानी 7 अक्टूबर, 1949 को कनॉट प्लेस स्थित उक्त गैलरी के अहाते में चित्र प्रदर्शनी के साथ कला दीर्घा का उद्घाटन किया गया। एक व्यावसायिक प्रतिष्ठान होते हुए भी धूमीमल गैलरी ने परवर्ती वर्षों में भारतीय कला को एक नयी पहचान दी और कलाकारों के संरक्षण और प्रोत्साहन में उल्लेखनीय भूमिका निबाही। आज भी यह गैलरी कलाकारों के लिए पहली पसन्द है, जहाँ वे अपने चित्रों को प्रदर्शित करना चाहते हैं।

आधुनिक भारतीय कला को बृहत् पटल पर रखने और व्यापक पृष्ठभूमि प्रदान करने की दिशा में उक्त संस्थाओं का निश्चय ही सराहनीय योगदान रहा है। दिल्ली शिल्पी-चक्र की सक्रिय कालावधि कोई पच्चीस-तीस साल रही और 1985 ई. तक इसका अवसान हो गया।

सन्दर्भ

1. *आलालेर घरे दुलाल* (प्यारीचाँद मित्र, 1857 ई.) में उन्नीसवीं सदी में हुगली तट के निकटवर्ती नगरों में मध्यवर्गीय परिवारों में आये तौर-तरीक़ों का वर्णन है। जबकि *नवबाबू विलास* और *नवबीवी विलास* (भवानीचरण बन्धोपाध्याय) में ईस्ट इंडिया कम्पनी के अधीन कार्यरत बंगाली बाबुओं और उनकी बीवियों द्वारा अंग्रेज़ साहबों और मेमों की भोंडी नक़ल का रोचक आख्यान है।
2. द्रष्टव्य : अशोक भट्टाचार्य लिखित *कोलकातार चित्रकला,* तथ्य ओ संस्कृति विभाग, पश्चिम बंग सरकार, 1991, पृ. 31
3. इसमें कैराभाज्यो और कैनालेत्तो (इतालवी), रेम्ब्रां (डच) और जोशुआ रेनल्ड्स एवं टर्नर लॉरेंस जैसे प्रख्यात ब्रिटिश चित्रकारों के चित्र प्रदर्शित थे।

4. 'द फ्रेंड ऑफ़ इंडियन', अख़बार में 'दि इंग्लिश मैन' के हवाले से, 24 मार्च, 1842 ई.।
5. बामाचरण बन्द्योपाध्याय के दो चित्र 'प्रसाधन' और 'मोहिनी' राष्ट्रीय आधुनिक कला संग्रहालय (NGMA), नयी दिल्ली में संरक्षित हैं।
6. सोलोमन के कार्यकाल में ही जे.जे. आर्ट स्कूल की काफ़ी चर्चा हुई, जब 1922 में बम्बई गवर्नमेंट हाउस में, कुल बीस पैनलों को सुचित्रित करने का कार्य सौंपा गया। यहाँ के अध्यापकों एवं छात्रों की कार्यकुशलता से प्रभावित होकर उन्हें दिल्ली के इम्पीरियल सेक्रेटेरियट में भित्ति चित्रण का कार्यभार सौंपा गया, जो ब्रिटिश भारत में किसी भारतीय कला संस्थान की बहुत बड़ी उपलब्धि थी। इसी समय अस्तित्व में आये 'बॉम्बे रिवायवलिस्ट स्कूल' ने अपनी कलात्मक गतिविधियों से बंगाल स्कूल को पीछे छोड़ दिया।
7. द्रष्टव्य : *ए हिस्ट्री ऑफ़ इंडियन पेंटिंग्स,* कृष्ण चैतन्य, पृ. 139
8. "'उस समय अवनीन्द्रनाथ की शैली को आदर्श रूप में ग्रहण करने के सिवाय छात्रों के निकट और कोई रास्ता न था। कारण नवीन आदर्श का रूप चाहे जो हो, उनका समुचित प्रकाश एकमात्र अवनीन्द्रनाथ का आदर्श अभिन्न भाव से एक था। इसी से उन्हें ही तत्कालीन आदर्श के प्रतीक के रूप में देखना स्वाभाविक है।"–बिनोद बिहारी मुखर्जी, विश्वभारती पत्रिका, अंक 1, खण्ड 3, 1942
9. आनन्द बाज़ार पत्रिका (शारदीया संख्या, 1939) में प्रकाशित; *गल्पगुच्छ* में संकलित।
10. *काल पत्र,* पत्र संख्या 123; रवीन्द्र भवन में सुरक्षित (रामानन्द चटर्जी को लिखित कवि रवीन्द्रनाथ ठाकुर का पत्र, 'प्रवासी' पत्र में प्रकाशित)।
11. विस्तार के लिए द्रष्टव्य : *रवीन्द्र मनीषा,* रणजीत साहा, साहित्य अकादेमी, 2015, पृ. 293, 498
12. *कला भारती,* खण्ड एक, पृ. 471
13. "'यदि हम स्वतन्त्रता के बाद की कला' पर बहस करना चाहते हैं तो यह बेहतर होगा कि हम स्वदेशी आन्दोलन के साथ भारतीय कला का जो पुनरुत्थान हुआ है, वहाँ से आरम्भ करें न कि कलाकारों की इस प्रगति पर प्रकाश डालें, जो पिछले कुछ वर्षों में हुई है।" 'आजकल', जनवरी, 1956
14. द्रष्टव्य : 'रविका (काका) की छवि' (लेख), अवनीन्द्रनाथ ठाकुर।
15. द्रष्टव्य : *कोलकातार चित्रकला* : अशोक भट्टाचार्य, पृ. 76

राजा रवि वर्मा
(1848–1906)

नवजागरण के परिप्रेक्ष्य में उन्नीसवीं सदी के उत्तरार्द्ध से आरम्भ हुए प्रयत्नों को अगर कला के क्षेत्र में देखें तो स्पष्ट होगा कि सुदूर दक्षिण में रवि वर्मा (1848-1906) उसके केन्द्र में रहे। उनकी कलाकृतियों में सांस्कृतिक स्रोतों के अवगाहन और दोहन के साथ, इतिहास और मिथक की सीमाओं को पाटने की तैयारी थी। उपनिवेशवादी ताक़तों ने भारतीय मनीषा को नकार कर इसे यहाँ की अन्धरूढ़ियों में तब्दील करने का जो षड्यन्त्र रचा, उससे रचनाकारों और कलासर्जकों के लिए अपनी दिशा चुनने या उसके निर्धारण की समस्या खड़ी हो गयी थी। देशीकरण की यह प्रक्रिया वैसे भी आसान नहीं थी। उसका स्वर और स्वरूप कैसा हो—इसके लिए संस्थागत तैयारियाँ अधूरी और प्रविधियाँ इतनी अपर्याप्त थीं कि उनकी स्वीकार्यता की बात करना ही बेमानी था।

आधुनिक भारतीय कला के इतिहास में राजा रवि वर्मा ने उस संक्रमण काल का प्रतिनिधित्व किया, जब भारतीय कला का सम्पर्क पाश्चात्य कला से हुआ। रवि वर्मा के आविर्भाव का समय भारतीय इतिहास में कई दृष्टियों से महत्त्वपूर्ण है क्योंकि ऐतिहासिक पृष्ठभूमि के कई कारकों ने उस पर निर्णायक प्रभाव डाला है। एक राजपरिवार का सदस्य होने के बावजूद उन्होंने चित्रकला को अपनी जीविका बनाया, जो कि तब के ज़माने में एक हीन कर्म माना जाता था। एक मोटे हिसाब के अनुसार, रवि वर्मा ने चार दशकों के अपने सक्रिय कार्यजीवन में लगभग दो हज़ार छोटे-बड़े चित्रों का निर्माण किया।

उन्नीसवीं सदी के पूर्वार्द्ध से ही जब भारत में ब्रिटिश हुकूमत लगभग स्थिर हो गयी, भारतीय रियासतों के राजा-रजवाड़े, पढ़े-लिखे शहरी अभिजात वर्गों तथा कुलीन ज़मींदारों की रुचि भारतीय कला-साहित्य के साथ पाश्चात्य कला साहित्य की ओर भी उन्मुख हुई। उस काल के एक विशिष्ट और प्रतिनिधि कलाकार राजा रवि वर्मा की कला निर्मितियों में हम उन प्रेरक तत्त्वों की सघन उपस्थिति लक्ष्य कर सकते हैं। पाश्चात्य अंकन शैली का प्रभाव और साथ ही, भारतीय कला की परम्परागत प्रविधि का अनुयोग उनके चित्रण का प्रमुख वैशिष्ट्य कहा जा सकता है। यही नहीं, पुनर्जागरण से बँधी धार्मिक विषयवस्तु की रोमांटिक प्रस्तुति उनकी कला की पहचान बन गयी।

राजा रवि वर्मा जैसा एक सक्रिय एवं संवेदनशील कलाकार अगर कल्पनाशील हो तभी वह विपुल संख्या में चित्रों का निर्माण कर सकता है। हर दिन जीवन के विभिन्न क्षेत्रों से प्रेरणा प्राप्त कर ही युवा रवि वर्मा ने अपनी कला यात्रा को बाद में यश एवं समृद्धि के शिखर तक पहुँचाया। उनकी आरम्भिक प्रेरणा का केन्द्र तो उनका सम्पन्न घर-परिवार और त्रावणकोर का राजदरबार ही था, जहाँ उनके मामा महाराज आयिलम तिरुनाल

के दरबारी चित्रकार थे। उन्होंने एक स्थानीय चित्रकार अलागिरि नायडू से कला की शिक्षा प्राप्त की थी और तैल चित्रण प्रविधि द्वारा चित्रांकन में अपनी पैठ बनायी थी। उन दिनों तंजौर एवं मदुरै आदि स्थानों पर जहाँ क्रिश्चियन मिशनरियाँ धीरे-धीरे सक्रिय हो रही थीं, वहाँ स्थापित चर्चों तथा मोनास्टरिज़ में बाइबिल गाथाओं के अंकन के साथ अलंकरण का कार्य भी हो रहा था। उन्हें भी स्थानीय कलाकार बड़े आग्रह से देख-समझ रहे थे। इस प्रकार के कार्यों के लिए सम्बद्ध देशों के विदेशी चित्रकार एवं शिल्पी (दस्तकार) अनुबन्धित कार्यों के लिए बहाल किये जाते थे। दीवार, काष्ठ, धातु एवं शीशे आदि पर रंग-चित्रण की विविध प्रविधियों को स्थानीय चित्रकार साग्रह और साश्चर्य देखते और सराहते थे। दूसरी ओर विभिन्न राजदरबारों में, अलग-अलग रुचि से सम्बद्ध चित्रों के अंकन के लिए विदेशों से पेशेवर चित्रकार भारत आते ही रहते थे। धीरे-धीरे भारत ऐसे ही यायावर और पेशेवर पश्चिमी कलाकारों के माध्यम से पश्चिमी कला के सम्पर्क में आया।

रवि वर्मा इस मामले में अवश्य ही भाग्यशाली थे कि उनका परिवार सुसंस्कृत और अभिजात वर्ग से सम्बन्धित था। कला एवं साहित्य के क्षेत्र में भी काफ़ी आगे था। उनकी माँ अम्बाबाई स्वयं कथकली कवयित्री थीं। उन्होंने *मणिप्रवालम्* कृति की रचना की थी। रवि वर्मा की सबसे छोटी बहन मंगलाबाई तम्पुरत्ति जहाँ नृत्यादि से सम्बद्ध संगीत में प्रशिक्षित थी, वहाँ उसने कालिदास की कृतियों के आधार पर अनुकृतियाँ भी तैयार की थीं।[1] राजा राज वर्मा की तरह रवि वर्मा ने भी आरम्भ में अनुकृतियों से ही अपनी कलायात्रा शुरू की थी।

रवि वर्मा ने अप्रत्यक्ष तौर पर सही, ब्रिटिश शासकों की उस कला प्रशिक्षण नीति से भी प्रेरणा प्राप्त की थी, जो भारत के आगामी कला संस्थानों में कार्य सूची के नाते परिणत हुई। इस सम्बन्ध में उस वक्तव्य का उल्लेख किया जा सकता है, जो मद्रास के तत्कालीन गवर्नर नेपियर ने 1871 ई. में नेटिव क्रिश्चियन लिटररी सोसाइटी के आयोजन में दिया था। चित्रकला विषयक यह वक्तव्य निश्चय ही परवर्ती काल में कला विषयक नीति निर्धारक आधार बना। नेपियर के अनुसार, "चित्रकला की सभी शैलियों में आदर्श एवं कल्पनात्मक चित्रण करने की एक विशिष्ट शैली होती है। इस विधा में गुणों, आध्यात्मिक अवदानों, विज्ञान, कला, प्राकृतिक एवं आध्यात्मिक शक्तियों तथा अन्य सूक्ष्म भावों का मानवीकरण किया जाता है। युरोपीय चित्रकारों ने इस प्रकार के चित्रण में ग्रीक पौराणिक देवताओं, आख्यानों एवं प्रतीकों का उपयोग किया है। लेकिन भारतीय चित्रकारों को ग्रीक पौराणिक आख्यान क्योंकर प्रभावित कर सकते हैं? भारतीय चित्रकार तो अपने आदर्शों एवं प्रतीकों के लिए पौराणिक साहित्य के अलावा अन्य दो महाकाव्यों *(महाभारत* एवं *रामायण)* से ही प्रेरणा ग्रहण कर सकता है।"[2]

नेपियर ने अपने वक्तव्य में चित्रकारों को चित्रों के विषय चयन के बारे में अपने सुझाव भी रखे थे। उदाहरणार्थ, पिक्चर पोस्टकार्ड, ग्रामीण जीवन की छवियाँ, किसान और उनके गाय-बैल, पनघट, सरोवर, मछुआरे, धार्मिक उत्सव और शोभायात्रा-जैसे विषयों पर चित्र उकेरने का अभ्यास। उनका ज़ोर व्यक्तिचित्र (शबीह) अंकन पर भी था—जो तब राजा-रजवाड़ों तक ही सीमित था।

राजा राज वर्मा ने ही रवि वर्मा को त्रावणकोर के प्रतिष्ठित राजदरबार से परिचित कराया था। इसके पहले अलागिरि नायडू और रामास्वामी नायकर, जो तंजौर से सम्बन्धित थे—राजदरबार में बतौर चित्रकार बहाल थे। उन दिनों तैलचित्र अंकन में माहिर युरोप के ऐसे चित्रकार, जो रॉयल परिवार या शासकों के दरबार से परिचित थे, भारत आने पर यहाँ के राजघरानों में भी बुलाये जाते थे। यहाँ अपने सम्पर्क में आनेवाले सहयोगी छात्रों को

वे कृपापूर्वक अपनी चित्रकला से सम्बन्धित कुछ गुर सिखा दिया करते थे। लेकिन ऐसा अवसर भला कितनों को और कितना मिला होगा!

रवि वर्मा को भी तंजौर और पद्मनाभपुरम् राजप्रासाद के भित्तिचित्रों के अंकन की परम्परागत विधियाँ दिखायी गयी थीं। राजा राज वर्मा ने अपने भानजे को इस दिशा में प्रवृत्त किया। उन दिनों देवी-देवताओं और धार्मिक पदों से सम्बन्धित प्रसंग मन्दिरों और राजमहलों की दीवारों पर चित्रांकित होते थे। कभी-कभी शीशे और हाथी दाँत पर भी। उन्हें वनस्पति और खनिज रंगों से रँगा जाता था। कलाकार फूल, पत्ते-छाल और बीज या फिर ज़मीनी (खनिज) रंगों में अण्डे की सफ़ेदी और जैतून का तेल मिलाकर वांछित रंग तैयार करते थे।

रवि वर्मा के चित्रों की पृष्ठभूमि और चित्रित पात्रों, जो विशेषकर पौराणिक आख्यानों या प्रसंगों से सम्बन्धित हैं, यह अनुमान लगाना कठिन नहीं है कि उन पर तत्कालीन पारसी थियेटरों का भी प्रभाव पड़ा था। उनके पात्रों के हाव-भाव और मुद्राओं पर निस्सन्देह नाटकीयता हावी रही है—जो दर्शकों को अपनी ओर आकर्षित करती थी। इस तथ्य को कलाविद आनन्द कुमारस्वामी और हरमन गोइत्ज़ ने लक्ष्य किया था।

उन दिनों बड़े-बड़े शहरों में पारसी थियेटर में 'राजा हरिश्चन्द्र', 'भक्त प्रह्लाद', 'रुक्मांगद', 'जटायु वध', 'शकुन्तला' और 'लव-कुश'-जैसे पौराणिक विषयों पर नाटक खेले जाते थे। ऐसे नाटक जनता में बड़े लोकप्रिय थे और उनके अदाकार, आजकल के फ़िल्मी सुपरस्टार की तरह ही नामचीन हुआ करते थे। यह भी देखा गया कि परवर्ती काल में पारसी थियेटर के सेट या उसकी मंच-सज्जा रवि वर्मा द्वारा अंकित चित्रों (लिथोग्राफ़) के अनुरूप की जाती थी। यहाँ यह याद रखना आवश्यक होगा कि राजा रवि वर्मा द्वारा पौराणिक कथानकों का आधार लेकर आरम्भ की गयी यह 'ओलियोग्राफ़िक' कला-यात्रा पारसी थियेटर के प्रभाव से आयी थी। कहा जाता है उनके ज़माने में पारसी रंगमच की दो अभिनेत्रियों—गौहर और जौहर की ख़ूबसूरत अदा और नाटकीय भंगिमाओं को राजा रवि वर्मा अपने स्त्री पात्रों में उकेरते रहे थे। उनकी तूली पर केरल की रंगमंचीय परम्परा कथकली का काफ़ी प्रभाव था। साथ ही, वे जर्मन, फ्रांसीसी और इतालवी चित्रकारों के महँगे अलबम मँगाकर ध्यान से देखते रहते थे, जो उन्हें सहज उपलब्ध थे। उनकी कला-निर्मितियों का सर्वाधिक प्रभाव भारतीय सिनेमा के आरम्भिक वर्षों में फ़िल्माई गयी पौराणिक कथाओं के पात्रों, फ़िल्म सेट्स, पोस्टर्स, बैनर्स, और वेशभूषा आदि पर पड़ा। विशेषकर भारतीय फ़िल्मों के जनक दादासाहब फालके की सोच पर, जो कभी रवि वर्मा के लिथोग्राफ़ी प्रेस के लिए बतौर सहयोगी काम करते थे।

रवि वर्मा ने अपनी चित्रांकन सम्बन्धी तैयारियों को यथासम्भव अद्यतन करने में कुछ भी उठा नहीं रखा। यह सचमुच हैरान करनेवाली बात है कि उन्होंने न तो कला-सम्बन्धी कोई शिक्षा पायी और न किसी कला संस्थान से ही सम्बद्ध रहे। उन्होंने चित्रकला सम्बन्धी सारा कौशल पेशेवर चित्रों को देख-देखकर और अनवरत अभ्यास के द्वारा प्राप्त किया। कला समीक्षकों का मानना है कि रवि वर्मा ने अपना कला सम्बन्धी अध्यवसाय 1870 ई. के आसपास किषेकप्पट्ट पलात मेनन की पारिवारिक प्रतिकृति से आरम्भ किया था। यह एक अभिनव उपक्रम था और इसी विधा की अगली कड़ी थी 'नायर महिला का शृंगार'। वर्ष 1873 में चित्रित इस चित्र को न केवल मद्रास की चित्र प्रदर्शनी में बल्कि वियेना में आयोजित अन्तर्राष्ट्रीय चित्र प्रदर्शनी में पर्याप्त सराहना प्राप्त हुई। यहीं नहीं, अपने चिर प्रतिद्वन्द्वी चित्रकार रामास्वामी नायकर पर भी उनकी विजय साबित हो गयी।

इस तरह रवि वर्मा धीरे-धीरे अपने सीमित दायरे से बाहर निकल आये और इसी क्रम में उनकी बड़ौदा यात्रा (1880-81) ने उन्हें व्यापक कला-मंच प्रदान किया।

बड़ौदा में पौराणिक और मिथकीय आख्यानों पर आधारित विभिन्न पात्रों एवं प्रसंगों पर स्वाध्याय और विमर्श करने के लिए पर्याप्त अवकाश था, जिसका उन्होंने रचनात्मक उपयोग किया। बाद के वर्षों में चित्रों के विषय के निरूपण में बड़ौदा राज्य स्थित राजदरबार पुस्तकालय के कला सम्बन्धी पुस्तकों के अध्ययन से जहाँ अपेक्षित सहायता मिली, वहाँ अपनी चित्रशैली के वैशिष्ट्य-निर्माण में 'मैगज़ीन ऑफ़ आर्ट' में प्रकाशित रॉयल एकेडेमी के चित्रों का भी योगदान बताया गया। रवि वर्मा इसके नियमित ग्राहक थे। इनसे उन्हें अपनी तकनीक, विशेषकर अश्ममुद्रण विधि से अंकन के लिए जर्मन कलाकारों की प्रविधि सम्बन्धी तैयारियों से बहुत लाभ मिला। इस आयातित पद्धति में स्थानीय प्रयोग का अनुयोग कर रवि वर्मा ने चूनाश्म पर चिकनाईवाली गोंद और पानी की सहायता से शिलामुद्रित (लिथोग्राफ़) चित्र उकेरे। आरम्भ में, भले ही इन चित्रों को सामान्य कोटि का बताया गया, लेकिन इनमें निरन्तर परिष्कार आता गया और अपने भारतीय ग्राहकों और प्रशंसकों के बीच चित्रों की माँग लगातार बढ़ती चली गयी।

यहाँ रवि वर्मा के उत्कर्ष में उनके छोटे भाई राज वर्मा का उल्लेख आवश्यक है, जो स्वयं एक सुयोग्य कलाकार थे। दृश्य चित्रण के क्षेत्र में उन्होंने काफ़ी काम किया लेकिन उनकी चर्चा भी मंगला बाई की तरह बड़े भाई के आभामण्डल के सामने फीकी पड़ गयी। राजा रवि वर्मा की कला यात्रा से सम्बन्धित प्रामाणिक विवरण उनके अनुज सी. राज वर्मा के द्वारा लिखित डायरी से प्राप्त होते हैं, जो वर्ष 1895 से 1905 ई. तक, यानी उनके मृत्युपर्यन्त लगभग नियमित रूप से लिखी गयी है। इससे उनकी अंकन प्रविधि, विशेषकर तैलचित्रण, अश्मचित्रण तथा प्रायोजित तौर पर बनाये गये चित्रों की क्रमबद्ध सूचना मिलती है। राजा वर्मा ने, *ए टूर ऑफ़ अपर इंडिया* (A Tour of Upper India) नामक पुस्तक में रवि वर्मा के निरन्तर प्रयासों, व्यक्तिगत अभिरुचियों, समकालीन चित्रकारों, मित्रों, आश्रयदाताओं का भी उल्लेख किया गया है। वर्ष 1894 में जब रवि वर्मा ने अपने चित्रों का अश्ममुद्रण बम्बई के निकट गिरगाँव में करने का निर्णय लिया और इसके लिए विधिवत् प्रेस स्थापित किया तब इसे पूरी योग्यता से चलाने में राज वर्मा ने भरपूर सहयोग किया। दोनों भाइयों ने अश्ममुद्रण प्रविधि को बतौर एक चुनौती स्वीकारते हुए विभिन्न चित्रों की अनुकृतियाँ तैयार कीं। इन चित्रों के अलावा देवी-देवताओं, ऐतिहासिक पात्रों, राष्ट्रीय नेताओं, अन्य उपयोगी मानचित्रों एवं चार्ट आदि का मुद्रण भी इस प्रेस में होता रहा।

वर्ष 1893 न केवल रवि वर्मा के जीवन का, बल्कि भारतीय चित्रकला के लिए एक उल्लेखनीय वर्ष था, जब वर्ल्ड कोलम्बियन एक्ज़िबिशन में अपने चित्रों के प्रदर्शन के नाते वह अन्तर्राष्ट्रीय स्तर के चित्रकार घोषित हुए। यहाँ उनके दस तैलचित्र प्रदर्शित किये गये थे और उन्हें दो-दो पुरस्कार प्राप्त हुए थे। प्रकृति चित्रण सम्बन्धी उनके चित्रों की यहाँ भरपूर सराहना हुई। लेकिन यहाँ एक बात अवश्य ही चौंकानेवाली है कि उस समय भारतीय कला को अन्तर्राष्ट्रीय स्तर पर ललित कला अधिकाय की मुख्यधारा से नहीं जोड़ा गया था। भारत में पर्याप्त प्रतिष्ठित रवि वर्मा के चित्रों को मानव जाति (Ethnographic) विभाग के अन्तर्गत प्रदर्शित किया गया था—हालाँकि यहाँ लाला दीनदयाल के फ़ोटोग्राफ़ों को भी प्रदर्शित किया गया था, जो अपनी विशेषता के नाते पश्चिमी जगत में पर्याप्त समादृत थे।[3]

रवि वर्मा द्वारा बनाये गये चित्रों की सराहना त्रावणकोर के राजभवन से शुरू हुई थी, जब इस प्रशिक्षित युवा चितेरे ने अपने देखे-सुने अनुभव के बल पर महल के राजा-रानी का चित्र बनाया था। यह उस बहिरागत और पेशेवर चित्रकार थिओडोर जान्सन के चित्र के मुक़ाबले कहीं बेहतर था। राज दम्पति की संवर्धना पाकर रवि वर्मा ने इसी कौशल के बल पर आगे बढ़ते हुए चित्रांकन को और अधिक गम्भीरता से लिया। वह इस बात को अच्छी तरह जानते थे कि भारत में उन्हें न तो चित्रकला का व्यावसायिक प्रशिक्षण मिल सकता है और न आवश्यक संसाधन। इसलिए उपलब्ध साधनों के साथ उन्होंने भारतीय एवं पश्चिमी रंग-पद्धति का समन्वय भी किया। जहाँ तक चित्र की अन्तर्वस्तु का और कल्पना विधान के साथ संयोजन का सवाल था—इस मामले में वे निश्चय ही स्वतन्त्र थे और इस दिशा में उन्होंने भरपूर प्रयोग किये।

वर्ष 1875-1876 में महाराजा त्रावणकोर ने प्रिंस ऑफ़ वेल्स को, रवि वर्मा के चित्रों की अनुशंसा करते हुए उन्हें दो चित्र उपहार में भिजवाये थे। इसके पूर्व कालिदास प्रणीत *शाकुन्तलम्* के आधार पर रवि वर्मा के दो चित्र ड्यूक ऑफ़ बकिंघम ने भी अपने व्यक्तिगत संग्रह के लिए प्राप्त किये थे। वर्मा ने अपने पहले चित्र 'शकुन्तलाज़ लव एपीसल टु दुष्यन्त' में केरल की ही एक किशोरी का चयन कर उसकी भावमुद्रा को चित्रित किया था। इसमें भूमि पर लेटी शकुन्तला दुष्यन्त को प्रेमपत्र लिख रही है, जो उसकी तरुण प्रेम भावना और प्रणय-याचना को मुखरित कर रहा होता है। इस उदाहरण से यह स्पष्ट है कि अपने चित्रों को विश्वसनीय बनाने के लिए वह एक ओर शास्त्रीय एवं प्रामाणिक आख्यानों का आश्रय लेते थे तो दूसरी ओर अपने आस-पास के जीवन से भी उसकी संगति बिठाते हुए उसे स्वाभाविक और समसामयिक बनाने का प्रयत्न करते रहे।

कलासम्बन्धी शैक्षणिक संस्थानों के सीमित संसाधनों एवं क्षमताओं के बावजूद, रवि वर्मा ने उस समय अध्यवसायपूर्वक पुरातात्त्विक स्थलों एवं साहित्यिक कृतियों, विशेषकर संस्कृत ग्रन्थों से अपने चित्रों के लिए विषयवस्तु के सटीक निरूपण के लिए आवश्यक टीप लेने की भी कोशिश की ताकि प्रस्तावित नायक-नायिकाओं की वेशभूषा को युगानुरूप चित्रित करने में सहायता मिल सके।

रवि वर्मा के लिए चित्रांकन का एक और दौर उनके बड़ौदा राज्य में प्रवास से आरम्भ हुआ। उनके पूर्व परिचित और प्रशंसक 1875 ई. में, तंजावुर माधव राव त्रिवेन्द्रम से बड़ौदा के दीवान बनकर वहाँ चले गये थे। वह अपने साथ रवि वर्मा द्वारा चित्रित 'सीता पाताल प्रवेश' चित्र भी ले गये थे। इसे देखकर सयाजी राव गायकवाड बहुत प्रभावित हुए और उन्होंने रवि वर्मा को बड़ौदा आकर चित्र बनाने का प्रस्ताव किया। रवि वर्मा ने बड़ौदा पहुँचकर चौदह चित्र बनाये। लेकिन इन चित्रों को बनाने के पहले उन्हें इनके लिए जो आधारभूत उपादान चाहिए थे—उनके लिए रवि वर्मा बहुत प्रयत्नशील रहे। उनका यह मानना उचित ही था कि भारतीय कला की निरन्तरता बीच-बीच में विभिन्न विचारधाराओं के द्वन्द्व और टकराव से खण्डित हुई है। उनका यह भी मानना था कि मुस्लिम आक्रान्ताओं और उनके शासन के दौरान प्राचीन भारतीय रहन-सहन, वेशभूषा तथा आचार-व्यवहार ही नहीं, सोच और सरोकार में भी व्यापक परिवर्तन आया। एक सीमा तक वह नष्ट भी किया गया। अब जिस भारत का सन्धान किया जा रहा था, वह एडवर्ड मूर के 'द हिन्दू-पैंथियन' पर आधारित था। स्पष्ट है कि रवि वर्मा ऐसी स्थिति से सन्तुष्ट नहीं थे। बड़ौदा राज्य के संग्रहालय एवं लघुचित्रों के संग्रहों से उन्हें वांछित सहायता नहीं मिल सकी। इसलिए गायकवाड राजदरबार के लिए बनाये जानेवाले चित्रों को बृहत्तर भारतीय पहचान देने के लिए उन्होंने केरल या स्थानीय वेशभूषा को अधिक स्वीकार्य एवं परिचित भारतीय परिधानों से सुसज्जित किया। किसी भी पात्र, जिसकी पारम्परिक वेशभूषा के बारे में अनिश्चितता होती थी,

रवि वर्मा वहाँ लोकप्रिय या प्रचलित भारतीय साड़ी और धोती का ही सहारा लेते थे। यह उनकी कल्पनाशक्ति का ही विस्तार या चमत्कार था कि उनके अलंकृत चित्रों में एक तरह की स्वाभाविकता भी उपस्थित रहती थी। परम्परागत ढंग से चित्रित चित्रों में सुनहले रंग का प्रयोग तथा चेहरे के अनुरूप पाँवों को एक ही दिशा में रखकर उकेरा जाता था। सन्तुलित देह भाषा और भंगिमा के क्षेत्र में रवि वर्मा निरन्तर नये और स्वीकार्य प्रयोग करते रहे।[4] इस कार्य में अधिकाधिक सफलता के लिए वह जानकार व्यक्तियों की सहायता लेते रहते थे। रवि वर्मा ने पौराणिक पात्रों को चित्रित करते हुए उनकी वेशभूषा, परिधान एवं परिवेश सम्बन्धी जानकारी जुटाने के लिए एक पण्डित को भी अनुबन्धित कर रखा था।

इन सबके साथ ही, रवि वर्मा अपने चित्रों को भारतीय पहचान भी देना चाहते थे। उन्नीसवीं सदी के अन्त तक औपनिवेशिक अधीनता के विरोध के साथ भारत की स्वतन्त्रता का स्वर स्पष्ट मुखर होने लगा था। परम्परा एवं स्थानीयता के आग्रह की रक्षा करते हुए साहित्यिक एवं कलासर्जक इस बात के लिए सचेष्ट थे कि उनकी कृति और निर्मिति अधिकाधिक लोगों तक पहुँचे। रवि वर्मा द्वारा 1896 के दौरान बनाये गये दो चित्र—लक्ष्मी और सरस्वती—इसके प्रमाण हैं। इनके निर्माण में भारतीय प्रतीक विज्ञान से अलग अपनी कल्पना को अधिक महत्त्व देते हुए उन्होंने ऐसे परिधान और भंगिमा से सुसज्जित किया ताकि उन्हें सर्वभारतीय स्वीकृति मिल सके। इसलिए चतुर्भुजा लक्ष्मी को वाहन उल्लू पर बैठी या खड़ी दिखाने के बदले उन्हें विराट लाल कमल पर खड़ा दिखाया गया, जिनके दोनों ओर सफ़ेद हाथी कमल को अपनी सूँड में उठाये उनका अभिनन्दन कर रहे हैं। लाल साड़ी से सुशोभित लक्ष्मी अपने दो हाथों में कमल धारण किये और दो हाथों से सम्पदा और आश्वस्ति प्रदान कर रही हैं। उनके परिधान और मुद्रा विधान को किसी स्थान विशेष से नहीं जोड़ा जा सकता था और धीरे-धीरे यही प्रयुक्ति उनकी कला की व्याप्ति एवं स्वीकृति में सहायक हुई।

रवि वर्मा के अधिकांश चित्र, जो पौराणिक आख्यानों से प्रेरित होकर बनाये गये हैं, वे मानवीय संवेदनाओं से भरपूर हैं। उनमें करुण, वीर, विस्मय और शान्त भावों का अपूर्व विन्यास देखते ही बनता है। उनमें चित्रित पात्रों में एक तरह की आत्मीयता है, जो अपने प्रेक्षकों या दर्शकों से संवाद करते प्रतीत होते हैं। पात्र, परिवेश और प्रसंग की सहज अन्तरंगता उनके चित्रों के प्रति विश्वसनीयता पैदा करती है।

रवि वर्मा ने 1870 ई. तक, यानी अपने जीवन के सर्वाधिक सक्रिय बीस वर्ष, त्रावणकोर, बड़ौदा और मैसूर के राजदरबारों के आदेश और अनुरोध पर चित्र बनाने में गुज़ारे। इस दौरान उन्होंने सम्बन्धित स्थानों की यात्रा करते हुए पौराणिक विषयों तथा मिथकीय आख्यानों का भी अध्ययन किया। उन्होंने लक्ष्मी और सरस्वती, नल-दमयन्ती, सैरन्ध्री (द्रौपदी), सीता आदि का अंकन या तो सम्मानित देवियों के रूप में किया अथवा अवतारी शक्तियों के रूप में।

रवि वर्मा ने अपने चित्रों में कई प्रकार की स्त्रियों का चित्रण किया। इनमें स्वर्गिक अप्सराएँ (उर्वशी, मेनका, गंगा), माँ (यशोदा, देवकी), गुणवती पत्नियाँ (सीता, द्रौपदी, तारामती, दमयन्ती), भोली और निष्पाप युवतियाँ (शकुन्तला, गोपियाँ, मत्स्यगन्धा) तो हैं ही कामाविष्ट और स्थूलकाय स्त्रियाँ (भूतना या पूतना, सिंहिका आदि) भी यथा रूप-गुण चित्रित की गयी हैं। यानी वे अच्छी और बुरी दोनों कोटि का प्रतिनिधित्व करती हैं।

इन्हीं विशेषताओं के चलते रवि वर्मा के चित्र लोगों में बेहद लोकप्रिय हुए। विशेषकर उनके अश्ममुद्रण, जिनके प्रिंट्स उनके ही बम्बई स्थित प्रेस में मुद्रित होते थे। इन चित्रों ने तत्कालीन जनरुचि को भी प्रभावित किया। हालाँकि उन दिनों जर्मनी तथा अन्य पश्चिमी देशों से आयातित चित्र एवं अश्ममुद्रित प्रिंट्स बेहद

कामोद्दीपक होते थे, जिन्हें रईस लोग अपने भवनों और शय्यागृहों में सजाते थे। रवि वर्मा के भी कुछ चित्रों पर यह आरोप लगा, जो कमोबेश सही भी था कि वे व्यक्ति की ऐन्द्रियता या कामुकता को जगाते हैं। उनके कई स्त्री पात्र नग्न तो नहीं, लेकिन झीने वस्त्रों में अवश्य ही चित्रित हैं। रवि वर्मा ने इस आरोप का खण्डन तो नहीं किया लेकिन यह ज़रूर जताते रहे कि चूँकि चित्र एक चाक्षुष माध्यम है इसलिए ऐन्द्रिक स्तर पर उन तमाम युक्तियों को साधना पड़ता है, जो दर्शकों को चित्र तक खींच लाये। इस दृष्टि से उन्हें लगातार सफलता मिलती रही और पश्चिम से आयातित अर्धनग्न एवं अश्लील अश्ममुद्रित चित्रों के मुक़ाबले उनके चित्र बड़ी संख्या में प्रशंसकों तक पहुँचते रहे। रवीन्द्रनाथ ठाकुर के भतीजे एवं कलाविद बलेन्द्रनाथ ठाकुर ने रवि वर्मा के लिथोचित्र की विषयवस्तु, अंकन दक्षता, रंग संयोजन और कुल मिलाकर उसकी गत्यात्मक लय की भरपूर सराहना की थी। उन्हें न केवल कलकत्ता आर्ट स्टूडियो के बल्कि पश्चिमी देशों के उन अश्ममुद्रक पेशेवर चित्रकारों का काम कमतर जान पड़ा, जो विदेशी चित्रों की अनुकृति कर रहे थे।[5]

यह अश्ममुद्रण विधि का ही प्रताप और प्रभाव था कि पत्र-पत्रिकाओं और प्रकाशन के अभाव के बावजूद रवि वर्मा के चित्र लगभग हर छोटे-बड़े शहरों तक पहुँच गये। कॉपीराइट के अभाव में उनके चित्रों की अनुकृतियाँ भी हुईं और उनकी सस्ती नक़ल भी। तो भी रवि वर्मा के लिथोग्राफ़ निरन्तर छपते रहे। उनके अश्म-मुद्रणों के पोस्टकार्ड सैकसनी (जर्मनी) से मुद्रित किये गये, जिनकी लम्बे समय तक अत्यधिक माँग रही। ताश के पत्तों और विज्ञापनों के लिए उनके चित्रों का इस्तेमाल होता रहा। यही नहीं, माचिस की डिबिया पर जहाँ उनका चित्र 'जटायु वध' छपता रहा, वहाँ जर्मनी में सिरेमिक पात्रों पर उनके चित्रों की अनुकृतियाँ भी मुद्रित हुईं। कहना न होगा, विदेशी ज़मीन पर यह किसी भारतीय चित्रकार की लोकप्रियता और स्वीकार्यता का ही परिणाम था।

राजा रवि वर्मा के सृजन कर्म के कलात्मक आरम्भ और उत्कर्ष को समझने के लिए केरल और विशेषकर त्रावणकोर के इतिहास को जानना आवश्यक है। अंग्रेज़ों के आने से पहले सोलहवीं सदी में ही पुर्तगालियों ने कोल्लम में 1575 और बाद में कोचीन में 1578 में प्रेस खोला था। स्थानीय आबादी में ईसाई मत के प्रचार-प्रसार के लिए उन्होंने देशी भाषा और बोलियों का अध्ययन भी किया और *बाइबिल* के अनुवाद भी इनमें करवाये। दक्षिण में टीपू सुल्तान के पतन और 1800 ई. में अंग्रेज़ों के वर्चस्व तथा त्रावणकोर राजा स्वाति तिरुनाल (1813-1847) की सहमति से लार्ड मैकाले ने केरल में अंग्रेज़ी शिक्षा लागू की। मैकाले के बाद कर्नल मुनरो ने यहाँ पाँच अंग्रेज़ी माध्यम के स्कूलों की स्थापना की। स्वयं स्वाति तिरुनाल ने त्रावणकोर में 1836 में प्रेस लगवाया। लेकिन उस दौरान मलयाळम भाषा भी संस्कृत के प्रभाव से मुक्त होकर अपनी लोकसत्ता के लिए संघर्ष कर रही थी। इसके साथ ही, राजा राज वर्मा वलिय कोइलन तम्पूरन ने भी आधुनिक मलयालम साहित्य के विकास के लिए भरपूर प्रयत्न किया। इसी तरह केरल के कालिदास कहे जाने वाले केरल वर्मा द्वारा वर्ष 1882 में कालिदास प्रणीत *अभिज्ञान शाकुन्तलम्* पर आधारित रूपान्तर *मणिप्रवाल शाकुन्तलम्* को पहला मलयाली नाटक होने का श्रेय प्राप्त है—जो बेहद लोकप्रिय हुआ। इसके पहले विलियम जोन्स (1789 ई.) और मोनियर विलियम्स द्वारा वर्ष 1855 में अंग्रेज़ी अनुवाद *शकुन्तला ऑर द लॉस्ट रिंग* द्वारा शकुन्तला की पात्रता को देश-विदेश में अभूतपूर्व पहचान मिली।

महाभारत के आदि पर्व (62-69) से गृहीत उक्त आख्यान की सद्यःयुवा और प्रेमानुरक्त नायिकाओं के जीवन के मार्मिक प्रसंगों को साहित्य से चित्रों में रूपान्तरित करने और उन्हें राजदरबार से लेकर घर-घर तक पहुँचाने का कार्य राजा रवि वर्मा की तूलिका ने किया। शकुन्तला से सम्बन्धित विभिन्न प्रसंगों को रवि वर्मा ने कई-कई बार चित्रित किया। ऐसा कुछ तो निजी आग्रह के चलते या अपने संरक्षकों के निर्देश पर फिर अपनी सर्वभारतीय उपस्थिति और व्यापक दर्शक एवं प्रशंसक वर्ग की अपेक्षा के कारण 'शकुन्तला' शृंखला के अन्तर्गत चित्रों को अंकित करते हुए रवि वर्मा पर निश्चय ही यह दबाव रहा होगा कि वे स्थानीय पूर्वाग्रहों एवं दोहराव से मुक्त हो सकें। ऐसा ही एक चित्र है–'शकुन्तला का पत्रलेखन'–जिसमें अवसादग्रस्त शकुन्तला अपने प्रेमी और राजा दुष्यन्त को अपनी याद दिलाने के लिए पत्र लिख रही है। उसके साथ उसकी दो आश्रम सखियाँ भी हैं और पीछे वन का दृश्य है। यह चित्र मद्रास की एक चित्र प्रदर्शनी में प्रदर्शित हुआ था और जिसके लिए रवि वर्मा को पहली बार पुरस्कार प्राप्त हुआ था।

इसी से सम्बद्ध 1889 में चित्रित एक अन्य चित्र 'शकुन्तला का दिवास्वप्न' शकुन्तला के विषाद और एकाकीपन को दर्शाता है–जो स्पष्ट तौर पर राजा रवि वर्मा की परिपक्वता का सूचक है। साथ ही, इस बात का परिचायक भी कि अब स्त्रियों या पुरुष पात्रों के चित्रण और उनके परिधान विन्यासादि को इस प्रकार चित्रित किया जाये ताकि वह समस्त भारत के दर्शकों को ग्राह्य हो और उन्हें मात्र केरल या किसी राजदरबार का चित्रकार नहीं समझा जाये। इसलिए केरलीय परिधान (मुण्डु या चोली) यहाँ तक कि वृक्ष की छालों को त्यागकर रवि वर्मा ने अपने पात्रों को भारतीय 'प्रतिमान' बनाने का सफल प्रयास किया ताकि भारत की अधिकांश जनता को वे चित्र स्वीकार्य हो सकें। इस चित्र में ताड़ के एक वृक्ष के पीछे दूर खड़े और हाथ में दण्ड लिए दुर्वासा की उपस्थिति शिलाखण्ड पर बैठी शकुन्तला की नियति को और भी नाटकीय और प्रतीकात्मक बनाती है। गौरवर्ण शकुन्तला के चेहरे की प्रशान्त उदात्तता, उसकी गुँथी हथेलियाँ और सामने की ओर चित्रित दोनों पाँव एक भारतीय स्त्री की देहभाषा को बड़ी सफलता से व्यंजित करते हैं। कहीं दूर ठहरीं आँखें और स्थिर घनी पलकें, काले केश, गले, कानों और कलाइयों में फूल डाले और पीली साड़ी पहनी शकुन्तला, रवि वर्मा के श्रेष्ठ चित्रों में एक है। शिलाखण्ड के ठीक पीछे उगा आदमक़द ताड़ का पेड़ रवि वर्मा के प्रकृति अध्ययन और उनके द्वारा उकेरे गये 'स्थिर चित्रण' (स्टिल लाइफ़) का बेहतरीन नमूना है।

शकुन्तला की एक अन्य और अत्यन्त मोहक छवि रवि वर्मा द्वारा अंकित है, जिसमें शकुन्तला अपनी अन्य सखियों के साथ खड़ी है। दूर खड़े वृक्ष और पर्वत के बीच इन तीन स्त्रियों की अलग-अलग भंगिमाएँ और बायीं ओर लाठी टेककर जाते हुए एक वृद्ध को बड़ी कुशलता से संयोजित किया गया है। शकुन्तला अपना बायाँ पाँव मोड़कर तलवे में चुभा कोई काँटा निकाल रही है लेकिन उसका ध्यान सुदूर कहीं और टिका है। सम्भवतः उसने दुष्यन्त के रथ की घर्घर ध्वनि सुनी है या किसी हिरणशावक के पैरों की आहट। उसका दायाँ हाथ एक सहेली के कन्धे पर है, जो पीछे मुड़कर अपनी दूसरी सहेली से बात कर रही है। वेणी में फूल, गले में पुष्पहार, कलाइयों में पुष्पाभरण और केसरिया साड़ी में सजी शकुन्तला की यह अभिनव रूपभंगिमा कैनवस पर चित्रित किसी भारतीय नारी सौन्दर्य को एक विशिष्ट पहचान देती है। उसके मुख-मण्डल और दोनों हाथों पर पड़ रहा प्रकाश उसकी युवा देहयष्टि को न केवल निखार रहा है बल्कि उसे रंगदीप्त तेजस्विता प्रदान कर रहा है। स्त्री देह के सन्तुलित संयोजन की दृष्टि से इस चित्र को बार-बार याद किया जायेगा।

रवि वर्मा द्वारा चित्रित 'द वूमन होल्डिंग फ्रूट' (फल थामे युवती) उनके आरम्भिक एवं चर्चित चित्रों में एक है, जिस पर पश्चिमी प्रभाव की स्पष्ट छाप है। यहाँ एक भारतीय (अभिजात) स्त्री के हाथ में एक फल दिखाकर अपने प्रिय या पति को रिझाने का भाव स्पष्ट है। स्त्री की कमर तक बनी इस छवि में कन्धे से सरकते पल्लू को एक हाथ से थामे उसकी मोहिनी मुद्रा निश्चय ही ईव या हव्वा की याद दिलाती है। या फिर अजन्ता में चित्रित हाथ में फूल थामे स्त्री की। लाल ज़रीदार साड़ी और आभूषणों (नकफूल, कर्णफूल, मणिमाला, कंकण) से सुसज्जित इस स्त्री के अधर पर हल्की मुस्कान और चितवन को जिस तरह रवि वर्मा ने अंकित किया है—वह स्याह पृष्ठभूमि में और भी व्यंजक हो गयी है। इस चित्र में फल, हाथ, कन्धे और चेहरे पर फैले प्रकाश के साथ ऐन्द्रिक प्रलोभन और मोहक आमन्त्रण अस्फुट होते हुए भी स्पष्ट है—यही इसकी विलक्षणता है।

उक्त चित्र को रवि वर्मा द्वारा एक पूर्वचित्रित 'द रीपर' (फ़सल काटनेवाली) शीर्षक चित्र के आलोक में देखें तो विषय एक होते हुए भी दोनों में पर्याप्त अन्तर दीख पड़ता है। इसमें चित्रित केरलीय युवती कटी हुई फ़सल की आँटी और कचिया बगल में रखकर नदी पर तैरती एक नाव को देख रही है, जिस नाव पर बैठ उसे पार जाना है। कमर से ऊपर उसकी देह का पूरा हिस्सा खुला है। वह कमर से घुटनों तक मुण्डु में नज़र आ रही है। उसके साँवले चेहरे के एक पार्श्व, कन्धे, स्तनों और घुटनों पर डूबते सूर्य की पीली आभा फैली है। यही आभा फ़सल की आँटी पर भी ठहरी है। परिपार्श्व में नदी का जल दूर तक फैला है और उस पार के वन वृक्ष स्याह नज़र आ रहे हैं। छाया और प्रकाश का यह मेल और खेल इस आम युवती के चित्र को सहज ही विश्वसनीय बना देता है। यह रवि वर्मा की संवेदना और संरचना कौशल से ही सम्भव हो पाया है कि एक मेहनतकश और निम्नवर्ग की युवती का यथार्थ रूप-सौन्दर्य कैसे चित्रित किया जाये? इस चित्र ने केरल की सांस्कृतिक और सामाजिक संरचना में उच्च और निम्न वर्ण, अभिजात और आमजन तथा उनकी अलग-अलग पहचान और सत्ता को विमर्श का विषय बना दिया था। रवि वर्मा के इस चित्र की चर्चा विभिन्न सन्दर्भों में होती रही है।

इसके विपरीत वह चित्र, जिसमें एक हाथ में लम्बी कटार लिए व्याघ्र चर्म पर खड़ी कारागार की सलाख़ें पकड़े एक युवती किसी पर हमला करने को उतारू है। इस नाटकीय दृश्य में चित्रित युवती का आत्मविश्वास ही प्रबल है। वह सफ़ेद साड़ी पहने हुई है, जिसकी किनारी ज़री की है। गले में मोती की माला है और हाथ में चूड़ियाँ और हल्के कंगन भी। उसके बाल खुले हुए हैं और वह चेहरा सलाख़ों के बाहर कहीं टिका है। चित्र का बायाँ हिस्सा स्याह है, जिसकी पृष्ठभूमि में युवती खड़ी है और दायाँ हिस्सा सलाख़ों के बावजूद रोशनी में नहाया है। दूर मेहराबों के पीछे एक दरवाज़ा भी दीख रहा है। चित्र को देखकर इस कल्पना को भी बल मिलता है कि यह युवती क़ैद करनेवाले को मारकर शायद अपना भी अन्त कर ले! यह उसके आत्मनिर्णय का क्षण है और उसके आधुनिक होने का प्रमाण भी।

जहाँ तक पौराणिक आख्यानों को कैनवस पर उतारने की बात है, रवि वर्मा ने शकुन्तला के बाद सबसे अधिक द्रौपदी की पात्रता को महत्त्व दिया है। *महाभारत* में वर्णित द्रौपदी से जुड़े सारे प्रसंग इतने नाटकीय और लोमहर्षक हैं कि वे कभी बासी नहीं जान पड़ते। रवि वर्मा ने उस अतीत को वर्तमान में ढालकर उसे जीवन्त बना दिया है।[6] इस कार्य में उन्होंने न केवल मूल संस्कृत *महाभारत* को बल्कि मलयाळम में उसके देशज रूपान्तर को भी महत्त्व दिया है। वन पर्व में उल्लेखित किरमिरा के वध (*किरमिरा बधम* रचयिता कोट्टायम

तम्पुरन, 1645-1716 ई.) को आधार बनाकर उकेरे गये चित्र में किरमिरा की पत्नी सिंहिका, एक सुन्दरी का छद्मरूप धारण कर द्रौपदी का अपहरण कर लेना चाहती है। सहदेव उसकी नाक और स्तनों को काट फेंकता है।[7] यहाँ परम उत्साही सिंहिका (लतिका का रूप धारे) काली साड़ी में और अत्यन्त भयभीत द्रौपदी लाल साड़ी में चित्रित है। पीछे घना जंगल है और एक तरफ़ प्रकाश का टुकड़ा भी। सिंहिका गहरे भूरे रंग में चित्रित है जबकि द्रौपदी अत्यन्त गौर वर्ण में। द्रौपदी या प्रतिनिधि पौराणिक नायिकाओं को अत्यन्त गौरवर्णा चित्रित करने की इस प्रवृत्ति पर कलाविदों ने कटाक्ष करते हुए रवि वर्मा पर युरोपीय प्रभाव से ग्रन्थिग्रस्त होने का आरोप भी लगाया है।[8] गौरवर्णा द्रौपदी पर पड़ते प्रकाश के चलते उनका रंग तपे हुए सोने की तरह प्रतीत होता है। लाल और काली साड़ी के परस्पर रंग-संघात द्वारा दो विषम स्वभाव की स्त्रियों और प्रवृत्तियों का चित्रण भी सहज हो गया है। जो इस आख्यान से परिचित हैं, वे इसका अतिरिक्त आनन्द उठा सकते हैं। द्रौपदी से सम्बन्धित दो और भी महत्त्वपूर्ण चित्रों का उल्लेख करना यहाँ आवश्यक है।

एक ऐसे ही चित्र में सैरन्ध्री (विराट पर्व में द्रौपदी का छद्मनाम) को कीचक अपना प्रेम प्रस्ताव रख रहा है और भयातुर सैरन्ध्री उसे आगे बढ़ने से रोकती हुई एक पर्दे की आड़ में खुद को छुपाकर उससे बचना चाहती है। बेहद नाटकीय दृश्य विधान में कीचक के चेहरे का प्रसन्न भाव उसके गलमुच्छे और मूँछें, सिर के घने बाल पर शोभित मुकुट, स्वर्णजटित राजसी वेशभूषा, कमर में पटुका और ज़रीदार अधोवस्त्र, कमर में तलवार आदि से रवि वर्मा की तैयारियों का पता चलता है। इसी तरह लाल किनारीवाली काली साड़ी में द्रौपदी ने जिस भारी मख़मली पर्दे में अपने को छुपाना चाहा है, वह एक तरफ़ से लाल है तो दूसरी तरफ़ से काला। सामने से आते प्रकाश में दोनों के चेहरे के परस्पर विरोधी भावों को अच्छी तरह देखा जा सकता है। कीचक की खुली हथेलियों और सैरन्ध्री की हस्तमुद्रा से स्पष्ट है कि एक में जहाँ याचना का भाव है वहाँ दूसरे में आतंक और बचाव का। नीचे गिरे थाल, जलपात्र, तथा पुष्प एवं शंख आदि से पता चलता है कि कीचक ने अचानक सैरन्ध्री को अपनी वासना का शिकार बनाना चाहा था।

विराट पर्व के ही एक दूसरे प्रसंग को 'विराट की सभा में द्रौपदी' नामक चित्र में यह दर्शाया गया है कि कैसे कीचक द्रौपदी को घसीटता हुआ सभा में ला रहा है। राजदरबार के इस विहंगम दृश्य में लाल साड़ी में लिपटी द्रौपदी राजा के सामने औंधी पड़ी है। राजा सिंहासन पर बैठा है और युधिष्ठिर (कंक के रूप में राजा का सलाहकार) अपने भाई भीम (रसोइया वल्लभ के रूप में) को प्रतिशोध लेने की मन्त्रणा दे रहा है। किसी आसुरी शक्ति द्वारा आविष्ट इस नाटकीय दृश्य में कीचक की भंगिमा, द्रौपदी का असहायावस्था और केसरिया परिधान में युधिष्ठिर का संकेत—कुल मिलाकर विशिष्ट प्रभाव उत्पन्न करते हैं। काले, लाल, केसरी, गुलाबी और सफ़ेद पोशाक में उपस्थित सभासद, स्तम्भ, सीढ़ियाँ, मंच, छत्री आदि सभी उस परिवेश निर्माण के सहयोगी हैं, जिनसे अपेक्षित प्रभाव पैदा हो सके। अलग-अलग मुद्रा में खड़े लोग (पुरुष एवं स्त्री), विचारमग्न राजा, शिथिल कीचक, जिज्ञासु सभासद् और मन्त्रणा देता युधिष्ठिर—ये सब आख्यान के विभिन्न स्तरों को रूपायित करते हैं।

यह रवि वर्मा की सबसे बड़ी और स्पृहणीय उपलब्धि थी कि उन्हें न केवल अपने आश्रयदाता, राजदरबारों या ब्रिटिश शासकों का संरक्षण एवं प्रोत्साहन प्राप्त हुआ बल्कि आम जन से भी भरपूर सम्मान मिला।

कारण एकदम स्पष्ट था। एक ओर अपनी भव्यता और गरिमा में उनके चित्र सहज ही राजसी आकांक्षाओं की पूर्ति करते रहे तो दूसरी ओर प्रविधि और प्रस्तुति के स्तर पर उनके चित्रों की देहभाषा पाश्चात्य अभिगमों की अपेक्षा पर खरी उतरती रही। इसलिए उनके पश्चिमी दर्शकों, प्रशंसकों और विशेषज्ञों को यही प्रतीत होता था कि रवि वर्मा के चित्रों की संवेदना में जहाँ प्राच्य का अनुरोध सुरक्षित है, वहाँ संरचना में पश्चिम का रंग-कौशल भी। अपनी औपनिवेशिक बाध्यताओं के बावजूद रवि वर्मा के चित्र अगर सागर पार पहुँचे तो इसमें उस विक्टोरियाकालीन शैली के समायोजन का भी विशेष हाथ था, जो धीरे-धीरे भारतीय परिवेश और आख्यान परम्परा के साथ रच-बस गया था।

पार्थ मित्तर ने इस तथ्य की ओर हमारा ध्यान आकर्षित करते हुए यह बताया है कि रवि वर्मा से पहले, बंगाल के तिनकड़ी मुखर्जी ने अपने तैलचित्रों में मिथकीय आख्यानों का विनियोग किया था। लेकिन जहाँ उन चित्रों की संख्या बहुत कम थी, वहाँ उनका प्रभाव भी न्यून था। रवि वर्मा ने जितने बड़े पैमाने पर पौराणिक आख्यानों और ऐतिहासिक गाथाओं एवं उनके नायक-नायिकाओं को प्रभावी ढंग से चित्रांकित करते हुए जितनी विपुलता के साथ अपने रचना-संसार का निर्माण किया, वह हमें आज भी हैरान और हर्ष प्रदान करता है।

राज्याश्रय और लोकाश्रय प्राप्त रवि वर्मा की लोकप्रियता से जुड़ा एक और महत्त्वपूर्ण तथ्य था—उनके द्वारा बनाये गये चित्रों की सार्वजनीय सुलभता और शास्त्र के साथ लोक की स्वीकार्यता। आम भारतीयों को यही जान पड़ता था कि रवि वर्मा के चित्र, उनके मन और मानस के सर्वाधिक निकट हैं, जो उनके जीवन से जुड़े लोक आख्यानों और आस्थाओं से सम्बद्ध हैं। उनके वे चित्र, जो पौराणिक एवं धार्मिक चरित्रों के अनुरूप चित्रित किये गये—उनमें से कुछ तो लोगों के पूजा-पाठ के अनिवार्य अंग और अनुषंग तक बन गये।

रवि वर्मा के दौर में नये और पुराने कलाकारों के बीच न तो संवाद था और न परस्पर प्रतिद्वन्द्विता लेकिन रचना सम्बन्धी तनाव तो हर किसी को झेलना पड़ रहा था। उपनिवेशवादी मानसिकता और देशज तथा सामाजिक सादृश्य और विजातीयता एवं साथ ही, अर्जित परम्परा एवं मूल्यों के साथ आधुनिक नव्यताओं के बीच सन्तुलन रखना आसान कार्य नहीं था। राजा रवि वर्मा के समय से ही इस देश में भारतीय कला को एक पहचान देने और पाश्चात्य कला की शैलियों को अपनाने के बारे में कलाकारों के मन में अजीब-सी कशमकश रही है। रवि वर्मा की विपुल रचनात्मक निर्मिति, कलात्मक प्रवृत्ति एवं रचनात्मक प्रविधि ने इस सोच और अन्तःप्रक्रिया को और भी उद्दीप्त किया।

वर्ष 1906 में रवि वर्मा के निधन पर 'द हिन्दू' अख़बार ने अपनी शोकांजलि में ठीक ही लिखा था, "उनके चित्रों ने हमारे देशवासियों के दिलोदिमाग़ पर एक अमिट प्रभाव डाला था।"[9] आज भी उन पंक्तियों की गूँज विद्यमान है।

सन्दर्भ

1. उसके द्वारा अंकित दो चित्रों—'चैरिटी' (दान) और 'रानी लक्ष्मीबाई' को देखकर उसकी चित्रकला सम्बन्धी कुशलता का पता चलता है। रवि वर्मा की पत्नी मावेलिक्कर राजघराने से सम्बन्धित थीं और उनकी बड़ी बहन लक्ष्मीबाई त्रावणकोर राजपरिवार द्वारा दत्तक रूप में ग्रहण की गयी थी। उसका विवाह केरल वर्मा वलिय कोइल तम्पुरन से हुआ था, जो सुप्रसिद्ध मलयाली काव्य *मणिप्रवाल शाकुन्तलम्* के रचयिता थे। ये दोनों चित्र सुचित्रा

आर्ट गैलरी, तिरुवनंतपुरम् में सुरक्षित हैं। 'चैरिटी' (दान) में एक छोटी-सी लड़की एक वृद्धा भिखारिन को दान में तेल दे रही है। इन चित्रों को देखकर यह कहा जा सकता है कि मंगलाबाई में श्रेष्ठ चित्रकार बनने के सारे गुण विद्यमान थे लेकिन उसे अधिक अवसर नहीं मिला।

2. एस.ए. पिल्लई, *रवि वर्मा एंड हिज़ आर्ट*, 1928, पृ. 19-20
3. त्रावणकोर दरबार से अनुबन्धित एक विदेशी चित्रकार थिओडोर जोन्सन की चित्रण विधि को दूर से ही देखने की अनुमति प्राप्त युवा रवि वर्मा के मन में तब व्यक्तिचित्र आँकने की प्रेरणा जगी थी। उन दिनों राजा-रजवाड़ों में व्यक्ति चित्र (पोर्ट्रेट) के लिए विशेष आग्रह था। Parth Mittar, *Art & Nationalism in Colonial India,* Cambridge University, Press, 1993, p. 180
4. "In some pictures there is such imagination but there are also decorative features...little of nature in them, painted in good conventional style, face profile and the feet turned in the same direction." Nair, Raja Ravi Verma (as quoted in the Raja Raj Verma Diary, dated 2-6-1897)
5. Quoted in *Bangla Shilpa-Samalochanar Dhara*–Tagore, Balendranath 'Rabi Verma and Hindu Deb-Debir Chitra', 1986
6. The past becomes the present clad in actual flesh and blood and costumes and the oscillation between climaxes and denouements. Geeta Kapur–Ravi Verma : Historicising Representation– See, Indian Painting essays in Honour of Karl J. K. Khandalawala. (ed. B.N. Goswamy) Lalit Kala Akademi, 1995, p. 229
7. यह प्रसंग *रामायण* के उस प्रसंग का ही स्थानीय रूपान्तर प्रतीत होता है, जिसमें लक्ष्मण ने रावण की बहन शूर्पणखा के नाक-कान काट लिए थे।
8. "Why paint a face so fair?...They are natives of this country yet (their) flesh tones are fairer than (those of) European", Parth Mittar, Maligned Monsters, *History of European Reactions to Indian Art,* Oxford, Clerendon, 1977, p. 32
9. "His paintings have exerted a unique influence over the minds of our countrymen. This was in October 1906, a little over 100 years later these words still ring true."

गगनेन्द्रनाथ ठाकुर

(1867–1938)

गगनेन्द्रनाथ ठाकुर का जन्म 1867 में हुआ था। वे अपने काका रवीन्द्रनाथ ठाकुर से उम्र में छह साल छोटे थे। उनके पिता गुणेन्द्रनाथ रवीन्द्रनाथ के चचेरे भाई थे, जो उदार हृदय और खुशमिज़ाज स्वभाव के व्यक्ति थे। उन दिनों जोड़ासाँको की ठाकुरबाड़ी साहित्य-कला-संस्कृति की सुनिश्चित पहचान बन गयी थी। इसका एक शब्दचित्र स्वयं रवीन्द्रनाथ ने अपनी *जीवन स्मृति* (1912) में खींचा है–

> "वहाँ दक्षिण की तरफ़ लम्बे-चौड़े खुले बरामदे में पड़ी तीन आरामकुर्सियों पर तीनों भाई–गगनेन्द्र, समरेन्द्र और अवनीन्द्र–बैठा करते थे। वहाँ वे चित्र बनाते, दफ़्तर का काम-काज करते, अतिथियों का स्वागत करते और वहीं सादगी और शान्ति से परिपूर्ण परिवेश में उनका दरबार भी लगा करता।"

रवीन्द्रनाथ की तरह गगनेन्द्रनाथ की भी औपचारिक स्कूल पढ़ाई ज़्यादा नहीं हो पायी। आरम्भिक कक्षाओं में उनकी रुचि अध्यापकों से कहीं अधिक रेखांकनों की ओर रही। 1881 ई. में पिता की अकाल मृत्यु के समय किशोर गगनेन्द्र मात्र चौदह वर्ष के थे। ऐसे में उनकी माँ सौदामिनी देवी ने परिवार का भरण-पोषण पूरे दायित्व और गरिमा के साथ किया। अभिजात परिवेश में पले-बढ़े गगनेन्द्र में राजवंशी ठसक और उदारता का विलक्षण मिश्रण था, इसलिए उन्होंने अपने स्वभाव के अनुरूप मित्रों की एक मण्डली तैयार कर ली थी। इस बीच उनके अनुज अवनीन्द्रनाथ ने भी अपना स्वतन्त्र कला व्यक्तित्व गढ़ लिया था और इसमें रवीन्द्रनाथ की प्रेरणा के साथ उनका प्रोत्साहन एवं सहयोग तो था ही।

आकर्षक व्यक्तित्व के धनी गगनेन्द्रनाथ की शालीनता, आतिथ्य और उनकी बुद्धिमत्ता के कारण कला एवं संस्कृति के क्षेत्र से जुड़े कई विद्वान मनीषी और कलाकार उनके प्रशंसकों एवं मित्रों में थे। उनमें से कई रवीन्द्रनाथ और अवनीन्द्रनाथ से भी गहरे जुड़े थे। इनके जेटलैंड के. मार्क्विस, विलियम रोथेन्स्टाइन, सिस्टर निवेदिता, सर जॉन उडरफ़, ब्लाउंट, लार्ड कार्माइकेल, काउंट कैसरलिंग, गोलोव्यू, आंद्रे कार्पोले, सिल्वां लेवी, आन्ना पावलोवा, आनन्द कुमारस्वामी और काउंट ओकाकुरा विशेष उल्लेख्य हैं।

गगनेन्द्रनाथ के मन में कलाकार बनने की स्वाभाविक तैयारी रही होगी तभी वे चित्रकारों के प्रति विशेष अनुराग रखते थे। जापानी चित्रकार ओकाकुरा और फिर उनके दो जापानी सहयोगियों–ताइकान और हिशिदा के भारत आगमन तथा जोड़ासाँको में रहकर जापानी कलाशैली का प्रदर्शन एवं प्रशिक्षण, न केवल कलाकार भाई अवनीन्द्रनाथ के लिए, बल्कि एक समर्पित दर्शक के नाते गगनेन्द्रनाथ के लिए भी एक नया अनुभव था। शौक़िया रेखांकन करनेवाले गगनेन्द्र ने अब इसे तनिक गम्भीरता से लेना शुरू किया। 1905 से उनके बनाये रेखांकनों और कुछेक सैरों से इस तथ्य की पुष्टि होती है। एक मानद न्यायाधीश के नाते उन्हें कभी-कभी

कोर्ट-कचहरी में गवाहों और वकीलों की दलीलों को सुनने जाना पड़ता था। ऐसे में बेहद उबाऊ और बेकार की बहसों से ध्यान हटाने के लिए वे कुर्सी पर बैठे दूसरे जजों, वकीलों, गवाहों और गुनहगारों के रेखाचित्र बनाया करते थे—इन्हें देखकर उनके कुशल रेखाकार और व्यंग्य चित्रकार होने की धारणा में कोई सन्देह नहीं रह जाता। लेकिन जल्द ही इन तमाम ज़िम्मेदारियों को निभाने के साथ, उन्होंने पूरी गम्भीरता और तैयारी के साथ चित्रांकन आरम्भ किया। कला को उन्होंने अपने आत्म-तोष के लिए अपनाया था—इसलिए परम्परागत या पेशेवर कलाकार की अपेक्षा वे अपने मन और मानस के अनुसार चित्र निर्माण में जुट जाते थे। उनकी निर्मितियों में भाव और विचार दोनों का अद्भुत समावेश देखा जाता है।

क्षितीश राय ने अपने मोनोग्राफ़ में उनके सम्पूर्ण कलाकर्म को दस वर्गों में विभाजित किया है।[1] इस विभाजन में जापानी शैली के तूलिका-रेखांकन, शबीह, रेखाचित्र, *जीवन स्मृति* के चित्र, ग्रामीण स्थलों के जलरंगी चित्र, हिमालय चित्र, चैतन्य-चरित शृंखला, भारतीय जीवन के व्यंग्य चित्र, अर्ध-घनवादी प्रयोग, लोकगीत सम्बन्धी चित्र तथा मृत्यु एवं पारलौकिक (रहस्यमूलक) जीवन चित्र शामिल हैं। ये चित्र गगनेन्द्रनाथ की कला-यात्रा के उत्तरोत्तर विकास को समझने में सहायक हो सकते हैं। लेकिन इन विभाजनों से कहीं ऊपर उनका अपना व्यक्तित्व था, जो किसी अनुकरण या अनुसरण से सर्वथा अलग और मौलिक था। उनके लिए कला नितान्त व्यक्तिगत और निजी अनुभव की अभिव्यक्ति थी। उनकी कलात्मक अभिप्रेरणा एक ओर सायास बुद्धि-व्यापार से जुड़ी थी तो दूसरी ओर भाववादी एवं स्वच्छन्दतावादी शैली का कौतूहलपूर्ण मिश्रण थी। इसीलिए नीरद सी. चौधुरी ने कहा था, "गगनेन्द्रनाथ की प्रेरणा कलात्मक की अपेक्षा मनोवैज्ञानिक अधिक थी।"

गगनेन्द्रनाथ की आरम्भिक कृतियों में जानवरों, कौओं, और पुरी के पंडों के अध्ययन से सम्बन्धित चित्र हैं—जो 1911 के आसपास बनाये गये थे। जोड़ासाँको के 'विचित्रा क्लब' की गतिविधियों के दौरान (1916-1920) गगनेन्द्रनाथ ने घनवादी चित्रों का अंकन आरम्भ किया गया था। इनमें पुरी के पंडों और महन्तों के साथ सिब कीर्तनिया के अलावा कई कार्टून भी बने थे। रतन परिमू ने इस कालावधि (विचित्रा युग—1916-1920) को तीसरा चरण बताया है, जिसमें अधिकांशतः व्यंग्यचित्र और हिमालय के चित्र हैं। चौथे चरण (1921-1925) में काली स्याही में अंकित घनवादी प्रयोग किये गये हैं। आख़िरी चरण (1925-1930) में श्वेत-श्याम प्रविधि में अंकित उत्तर-घनवादी चित्र हैं। उनके कलात्मक विकास के प्रमुख बिन्दु हैं—पहला, जापानी तकनीक से सम्पर्क; दूसरा, घनवाद से सम्पर्क और तीसरा—व्यक्तिगत तथा रहस्योन्मुखी चित्रों का जटिल एवं संश्लिष्ट समूह।

गगनेन्द्रनाथ बाबू ने 1907 में पुरी में अंकित समुद्री दृश्य वाले कुछ पोस्टकार्ड, जो हल्के रंग और तूली से निर्मित थे, अपनी बेटी को भेजे थे। उनके द्वारा बनाये गये परिचित लोगों के कुछ रेखांकनों में ओकाकुरा, ज्योतिरीन्द्रनाथ, आनन्द कुमारस्वामी और भाई अवनीन्द्रनाथ भी सम्मिलित हैं। रतन परिमू का यह वक्तव्य निस्सन्देह हमारा ध्यान खींचता है कि "गगनेन्द्रनाथ भारत के प्रथम आधुनिक चित्रकार थे। अतः बंगाल में इस उत्साह को व्यापक सन्दर्भ में लेना चाहिए न कि हैवेल, अवनीन्द्रनाथ, काकुजो ओकाकुरा, सिस्टर निवेदिता और आनन्द कुमारस्वामी-जैसे अग्रणी विचारकों और कलाकारों के सन्दर्भ में। ओकाकुरा ने वर्ष 1887 से लिफो विजित्सुई नामक संगठन के अन्तर्गत जापान में कला के पुनःसन्धान का सफलतापूर्वक नेतृत्व किया था।"[2]

बहुविध प्रतिभा के धनी होने के साथ गगनेन्द्रनाथ, एक बहुपठित विद्वान भी थे। मृत्यु के साथ लोक तथा परलोक आदि पर वे विचार किया करते थे। उनकी कला का मुख्य योगदान चित्रों में रहस्यात्मकता का सृजन करना रहा, जो उनकी निजी विशेषता है। उनकी यह रहस्यमयता चित्रों को अमूर्त रूप प्रदान करती है।

एक ओर हास्य-व्यंग्य और 'कैरीकेचर'-जैसे रेखाचित्र आँकनेवाले और दूसरी ओर पुरी, चैतन्य महाप्रभु और हिमालय शृंखला के चित्रों के सर्जक के रूप में उनका अनोखा व्यक्तित्व और भी अजूबा प्रतीत होता है जब वे कौवों के झुण्ड वाले रेखाचित्र बनाते रहे। छाया और प्रकाश के नाटकीय संयोजन और कहीं-कहीं प्रकाश के तिर्यक् प्रयोग में उनके द्वारा चित्रित आकारों का आभास कोई मायाजाल-सा मोहक दीख पड़ता है।

कवि रवीन्द्रनाथ के विराट व्यक्तित्व और भारतीय राष्ट्रीय कांग्रेस के कलकत्ता अधिवेशन (1917) में अनगिनत श्रोताओं के सम्मुख 'भारत तीर्थ' कविता पढ़ते हुए कवि का दृश्यांकन गगनेन्द्रनाथ ने जलरंग में इतने प्रभावी ढंग से किया कि वह चित्र रवीन्द्रनाथ की वैश्विक पहचान से अनिवार्य तौर पर जुड़ गया है। साथ ही, गगनेन्द्रनाथ ने यहाँ प्रकाश की एक अनिवार्य और प्रभावी भूमिका तय की है ताकि चित्र के दो विशिष्ट भागों को एक-दूसरे का पूरक बनाया जा सके। इस चित्र में ऊपर दाहिनी ओर से उतरता प्रकाश पुंज रवीन्द्रनाथ की काव्य पुस्तक पर और दूर श्रोताओं पर इस तरह पड़ता दिखाया गया है कि पूरा परिवेश जीवन्त एवं स्पन्दित हो उठा है। इसी तरह पद्मा नदी (बांग्लादेश) में कवि की पद्मा नामक बजरे का अंकन उन्होंने इतनी खूबसूरती से किया है कि ये दोनों जलरंगी चित्र अमर हो गये हैं और गगनेन्द्रनाथ की निजी शैली के अनूठे उदाहरण भी। धुँधलके में लिपटे उनके कई चित्र दार्जिलिंग (भोटिया बस्ती) और पुरी (तीर्थस्थल और चैतन्य) से सम्बन्धित तो हैं ही; ऐसे भी कई चित्र हैं जो अव्यक्त वस्तु, भाव या कल्पना से सम्बद्ध हैं—कहीं किसी क़ब्र के पास, आत्मा का काया त्याग-जैसे चित्र किसी अदृश्य शक्ति को रूपायित करने का ही उपक्रम है। घनवाद से प्रभावित उनकी शैली के बारे में बहुत कुछ कहा गया है लेकिन उसे किसी वाद या आन्दोलन से न जोड़कर इसे उन्होंने आत्मगत बना लिया—जिसमें विषय या वस्तु को अलग-अलग कोणों से पाने या परखने का प्रयास किया गया था। इसमें वृत्त, आयत, सीढ़ियाँ, सोपान, तोरण, दीवार, द्वार, कोष्ठ, स्तम्भ, गवाक्ष आदि के अंकन में दूरी तथा सामीप्य रचने का अद्भुत कौशल देखा जा सकता है।

गगनेन्द्रनाथ द्वारा चित्रित कृतियों को सुविधा के लिए भले ही वर्गीकृत किया गया हो, उन्हें किसी घराने या स्कूल विशेष के दायरे में रखना कठिन है। उन्होंने अपना ही अनुसरण नहीं किया। निर्बन्धता के बावजूद विषय चयन, रंग संयोजन और निर्वहन में उनका ध्यान इस बात पर होता था कि ये सब कुल मिलाकर वांछित प्रभाव की सृष्टि कर रहे हैं या नहीं। यह सृष्टि केवल प्रकृति प्रदत्त नहीं थी, यह उनके कलाकार सर्जक द्वारा रची गयी सृष्टि थी—जो स्वप्न और स्वैर कल्पनाओं द्वारा निर्मित थी। इनके रचनात्मक तत्त्व थे—प्रकाश और छाया के वैषम्य के साथ लाल, काले यहाँ तक कि सुनहले रंग के तालमेल से सृजित अनोखा कला संसार। प्रतीकात्मक शैली में बना उनका एक और विशिष्ट चित्र है, 'कुली की अर्थी'। महानगरी की एक सड़क से गुज़र रही इस शवयात्रा में सम्मिलित शोक-सन्तप्त जनसमूह किसी कारख़ाने के गेट से निकलता दिख रहा है। चित्रकार ने आग की सुलगती भट्ठियों के चलते आसमान में फैली लाली से उस 'अव्यक्त आतंक' को अभिव्यक्त किया है, जो कहीं और भी धधक रहा है। ऊपर किसी दैत्य की भयावह ख़ूनी आँखें घूर रही हैं। ऐसे चित्र विस्मय, कौतूहल और जिज्ञासा तो पैदा करते ही हैं, किसी रहस्यलोक में भी ले जाते हैं। रूपक कथाओं में वर्णित 'परीलोक', 'सूना घर', 'अलादीन की गुफ़ा' और 'सात भाई चम्पा'-जैसी कृतियाँ ऐसे ही कुछ अन्य उदाहरण हैं।

उनके एक विशेष अवदान पर विशेष ध्यान नहीं दिया गया कि भारत में ग्राफ़िक प्रिंट्स (छापा चित्र) बनाने के क्षेत्र में गगनेन्द्रनाथ ने पहल करते हुए कई प्रिंट्स तैयार किये थे। इस कला विधा को स्थापित करने के बावजूद आम तौर पर छापाकारी (प्रिंट मेकिंग) दशकों तक एक यान्त्रिक गतिविधि तक ही सीमित रही।

यह सामान्य तौर पर प्रेस के बँधे-बँधाये ढर्रे पर ही चलती रही। गगनेन्द्रनाथ ने, जो प्रयोगधर्मी होने के कारण अपने चित्रों के निर्माण में उनके विशिष्ट विन्यास को लेकर चिन्तित रहा करते थे, उन्होंने छापाकला को उन्नत बनाने की दिशा में पर्याप्त काम किया। 'विरूप वज्र', 'अद्‌भुत लोक' और 'नव हिल्लोर' शीर्षक से लिखित उनकी सामाजिक टीका-टिप्पणी और व्यंग्योक्तिपूर्ण लिथोग्राफ़ शृंखला के छापों ने उनके दर्शकों और प्रशंसकों (तथा मुद्रकों) का ध्यान आकर्षित किया। चूँकि कलकत्ता की प्राच्य कला सोसाइटी के साथ उनका गहरा सम्बन्ध था इसलिए उसके तत्त्वावधान में आयोजित जर्मन अभिव्यंजनावादी (एक्सप्रेशनिस्ट) प्रदर्शनी में बहुत सारे छापे भी प्रदर्शित थे। हालाँकि गगनेन्द्रनाथ की अस्वस्थता और मृत्यु से ऐसे आयोजन बाद में सम्भव नहीं हो पाये।

ऐसे रहस्यलोक के निर्माता का 1938 में निधन हो गया। वे लम्बे समय से लक़वाग्रस्त बिस्तर पर पड़े थे। यह दुःखद समाचार जब रवीन्द्रनाथ को मिला तो वे अपने इस अनुज-सम भतीजे के बिछोह से अत्यन्त विचलित हुए। रवीन्द्रनाथ की रचनाओं पर आधृत चित्रों के अंकन के साथ गगनेन्द्रनाथ उनके कई नाटकों के मंचन और अभिनय से भी अभिन्न रूप से जुड़े थे।

रवीन्द्रनाथ ने उनकी स्मृति को इन पंक्तियों में सँजोया था—

'तुम रंगों और रेखाओं के एक किनारे से
दूसरे किनारे तक की यात्रा करते रहे।
तुम सौन्दर्य के अन्तर में गहरे उतरते रहे।
तुम्हारी जीवन तरी
रेखाओं की सीमा पारकर
अब दृश्यहीन आकार वाले
विशुद्ध श्वेत रहस्य लोक तक
जा पहुँची है।'

ठाकुर परिवार के घनिष्ठ मित्र और 'जोड़ासाँको' की कलात्मक गतिविधियों से गहरे जुड़े विशिष्ट कलाकार विलियम रोथेन्स्टाइन, जो अवनीन्द्र-रवीन्द्र और गगनेन्द्र से अभिन्न रूप से जुड़े थे, ने गगनेन्द्र की कला-मनीषा के बारे में, निम्न पंक्तियों में अपनी श्रद्धांजलि दी थी—

> "सचमुच ऐसे उदाहरण बहुत कम हैं कि मैं गगनेन्द्रनाथ-जैसे संवेदनशील व्यक्ति से मिला होऊँ। उनका मानस संस्कृति के प्रत्येक क्षेत्र में सक्रिय था। उन्होंने जिस भी विषय का स्पर्श किया, वह अपने निरूपण में अव्यक्त टिप्पणी होते हुए भी व्यक्त रूप से उनकी समीक्षात्मक पहचान है। उनके बनाये गये चित्रों में मैंने समान रूप से संवेदनशीलता के दर्शन किये हैं...उनमें सौन्दर्यपरक संस्पर्श था और परिष्कृत अन्तर्दृष्टि ने उनके प्रत्येक कार्य को गुणवत्ता प्रदान की थी।"

सन्दर्भ

1. *गगनेन्द्रनाथ ठाकुर* : मोनोग्राफ़, ललित कला अकादेमी, 1988
2. *गगनेन्द्रनाथ ठाकुर* : रतन परिमू, राष्ट्रीय आधुनिक कला संग्रहालय, 1996, नयी दिल्ली।

अवनीन्द्रनाथ ठाकुर
(1871–1951)

इस कथन में कोई अतिशयोक्ति नहीं है कि जिस प्रकार भारतीय साहित्य के सर्वोत्तम प्रतिमान रवीन्द्रनाथ ठाकुर हैं, उसी प्रकार भारतीय कला के जनक और सर्वोपरि हस्ताक्षर कलाचार्य अवनीन्द्रनाथ ठाकुर हैं। अवनीन्द्रनाथ रवीन्द्रनाथ से उम्र में दस वर्ष छोटे थे। रवीन्द्रनाथ के चाचा गिरीन्द्रनाथ के पुत्र गुणेन्द्रनाथ और इनके पुत्र गगनेन्द्रनाथ और अवनीन्द्रनाथ ने कला के क्षेत्र में अपने भरपूर योगदान द्वारा जो यशस्वी स्थान प्राप्त किया, उसे एक आधुनिक कलाकार के नाते अपनी प्रौढ़ावस्था में शिखर तक पहुँचाने का ऐतिहासिक कार्य रवीन्द्रनाथ ने किया। वयक्रम से रवीन्द्रनाथ, गगनेन्द्रनाथ और अवनीन्द्रनाथ की त्रयी ने सर्वथा अलग-अलग दृष्टिकोण और अवधारणाओं के साथ विपुल संख्या में कला सृष्टि की और भारतीय कला को एक नये शिखर तक पहुँचाया। यहाँ सुनयनी देवी के उल्लेख के बिना बात पूरी नहीं होगी कि वे भी अपने दोनों गुणवान कलाकार भाइयों के साथ अत्यन्त कुशल महिला कलाकार थीं और चित्रकला के क्षेत्र में उन्होंने जितना योगदान किया है, वह कम महत्त्वपूर्ण नहीं है। यथास्थान उनकी भी चर्चा की गयी है।

बीसवीं सदी के आरम्भ के साथ न केवल बंगाल में बल्कि पूरे भारत में कला सम्बन्धी एक नयी जागृति और एक नयी बेचैनी देखी जा सकती है। इसे बाद में अलग-अलग वादों और आन्दोलनों से जोड़ा गया। वस्तुतः अब इस कला परम्परा के साथ नये ढंग से कुछ रचने का आग्रह प्रबल हो चुका था, विशेषकर युवा पीढ़ी के मन में। अगर सुविधा के लिए कोई ऐतिहासिक वर्ष निर्धारित करना पड़े तो 1903 ई. में आयोजित दिल्ली दरबार हाल में बड़ी शानो-शौकत के साथ आयोजित औपचारिक चित्र प्रदर्शनी से कला के एक नये दौर का प्रारम्भ माना जा सकता है। इस प्रदर्शनी में अतिथि थे, लॉर्ड कर्ज़न और विशेष तौर पर उपस्थित थे, ई. बी. हैवेल। इस आयोजन की प्रशंसा डॉ. आनन्द कुमारस्वामी ने भी की थी, जिसमें अवनीन्द्रनाथ ठाकुर द्वारा 1895-97 में अंकित कृष्णलीला शृंखला के कुछ चित्र भी प्रदर्शित थे। अवनीन्द्रनाथ के कला शिक्षक रहे चार्ल्स एल. पामर ने काफ़ी पहले इन चित्रों की सराहना की थी और इसी दिशा में उन्हें आगे भी काम करने का निर्देश दिया था।

भारतीय कलाकारों द्वारा चित्रांकन को प्रोत्साहन एवं प्रशंसा मिलने के साथ सरकारी चित्रकला संस्थान गवर्नमेंट कॉलेज ऑफ़ आर्ट की स्थापना के नाते भी वर्ष 1903 ई. का विशेष महत्त्व है, जिसके प्रिंसिपल ई. बी. हैवेल थे और कला प्रभारी थे, अवनीन्द्रनाथ ठाकुर। प्रदर्शनी में अवनीन्द्रनाथ द्वारा अंकित 'बुद्ध-सुजाता' नामक चित्र भी प्रदर्शित था। अपनी लयात्मक भंगिमा, प्राकृतिक सुषमा के सूक्ष्म अंकन और परिवेश निर्माण की दृष्टि से यह चित्र दर्शकों के आकर्षण का केन्द्र बन गया था। स्वयं हैवेल महोदय ने इस चित्र की भरपूर

प्रशंसा की थी। कई कला समीक्षक यहीं से बंगाल शैली के प्रथम चरण का आरम्भ मानते हैं। हालाँकि अगले तीन-चार वर्षों तक इसमें कोई विशेष प्रगति नहीं हुई जब तक गगनेन्द्रनाथ ठाकुर ने 1907 ई. में सोसाइटी ऑफ़ ओरियंटल आर्ट की स्थापना नहीं की। संस्था प्रमुख होने के नाते सोसाइटी द्वारा आयोजित होने वाली कला प्रदर्शनी के लिए चित्रों के चयन एवं कलात्मक सन्दर्भ आदि के बारे में उनके निर्णय को ही अन्तिम माना जाता था। इसी सोसाइटी द्वारा सर्वप्रथम 1908 ई. में पहली चित्र प्रदर्शनी आयोजित हुई, जिसमें अवनीन्द्रनाथ ठाकुर, गगनेन्द्रनाथ ठाकुर, नन्दलाल बसु, असित कुमार हालदार, सुरेन्द्रनाथ गांगुली, के. वेंकटप्पा आदि के चित्र प्रदर्शित हुए। कहना न होगा, इसमें गगनेन्द्रनाथ के अलावा लगभग सभी प्रतिभागी अवनीन्द्रनाथ संचालित कला विभाग (गवर्नमेंट स्कूल ऑफ़ आर्ट) के छात्र थे।

स्वयं अवनीन्द्रनाथ की कला प्रतिभा को पहचानने और निरन्तर इस दिशा में प्रेरित करने का कार्य रवीन्द्रनाथ ने किया था। उनकी नृत्य-नाटिका *चित्रांगदा* (1892 ई.) के चित्र भी युवा अवनीन्द्रनाथ ने बनाये थे। द्विजेन्द्रनाथ (रवीन्द्रनाथ के बड़े भाई) द्वारा सम्पादित 'बालक' (बाल पत्रिका) में अवनीन्द्रनाथ के कई आरम्भिक चित्र छपे थे। महज़ शौक़ से आरम्भ हुआ यह कार्य बाद में उनके सृजनकर्म और जीविका से भी जुड़ गया। भारतीय चित्रकला के निजंधरी व्यक्तित्व राजा रवि वर्मा अपनी मृत्यु (1906 ई.) के कुछ पूर्व कोलकाता आये थे और बतौर अतिथि ठाकुरबाड़ी में ठहरे थे। वहाँ अवनीन्द्रनाथ ने पाश्चात्य विधि से तैलरंग में चित्र बनाना सीखा था। यहाँ इस बात का उल्लेख आवश्यक है कि अवनीन्द्रनाथ एक कला साधक के साथ, साहित्य और भारतीय कला परम्परा के विशिष्ट अध्येता भी थे और कला-सम्बन्धी उनकी कई पुस्तकें और व्याख्यान सन्दर्भ के रूप में उद्धृत किये जाते हैं। दूसरे, वे कला को साधना मानते थे और इसीलिए उनके कला चिन्तन को रसवादी या भाववादी संज्ञा से ज्ञापित किया गया। कई विदेशी चित्रकारों का सम्पर्क भी उनके मूल कला स्वभाव को प्रभावित या विचलित नहीं कर सका। उनका प्रयास ही नहीं, बल्कि ज़ोर इस बात पर रहा कि भारतीय कला के प्रतिमानों के प्रति उनके छात्रों का ध्यान टिका रहना चाहिए क्योंकि वे अपने आप में परिपूर्ण हैं। इस तथ्य की पुष्टि के लिए अजन्ता, बाघ, सिगरिया आदि गुहाओं में अंकित भित्तिचित्रों, कोणार्क एवं एलोरा की मूर्तियों की अनुकृतियों को अपने सामने रखा और तदनुसार वे अंकन प्रविधियों को विकसित करते रहे।

अवनीन्द्रनाथ ठाकुर के कलात्मक विकास के कई चरण हैं, लेकिन उनकी पड़ताल ठीक से नहीं की गयी है। जलरंग और टेंपरा के साथ रूप-रेखाओं को प्राथमिकता देते हुए मिश्रित रंगों का प्रयोग भी उन्होंने किया। उन्नीसवीं सदी के अन्त में, 1896 ई. में 'गवर्नमेंट स्कूल ऑफ़ आर्ट एंड क्राफ़्ट' के प्रिंसिपल नियुक्त हुए, अर्नेस्ट बिनफ़ील्ड हैवेल। इसके पहले वह 1887 से 1895 ई. तक मद्रास गवर्नमेंट आर्ट स्कूल में प्रिंसिपल थे। दक्षिण भारत में दीर्घ प्रवास और विभिन्न स्थलों की यात्रा के दौरान उन्होंने भारत के प्राचीन और मध्ययुगीन कलाशिल्प की जानकारी हासिल की थी। साथ ही, भारतीय हस्तकला और लोकशिल्पियों की दस्तकारी से भी उनका परिचय था। इसलिए भारतीय कला का सही और सम्यक् मूल्यांकन नहीं कर, सतही और एकांगी मूल्यांकन करनेवाले पश्चिमी कलाविदों की उन्होंने घोर आलोचना की। उन्होंने यह अच्छी तरह समझ लिया था कि कला एवं शिल्प विषयक शिक्षा के लिए भारतीय को पश्चिम का दरवाज़ा खटखटाने की कोई ज़रूरत नहीं। ऐसा पहली बार हुआ था कि भारतीय कला के उत्कर्ष और उसकी आत्मा को पश्चिम का कोई उदार पारखी सराह रहा हो। उन्होंने बड़े साहस के साथ कलकत्ता आर्ट स्कूल में भारतीय कला और शिल्प के पुनरुज्जीवन के लिए कार्य करने का संकल्प किया।

एक थियोसोफ़िस्ट होने के नाते हैवेल पौर्वात्य विचारधारा के प्रशंसक थे। वे भारत के अतीत के प्रति श्रद्धा रखते थे, इसलिए उन्होंने परम्परागत कलाशैलियों का गम्भीरता के साथ अध्ययन किया था। उन्होंने इस बात को गहराई से महसूस किया कि भारतीय कला—कलाभ्यास या कलाचर्या मात्र नहीं—कला-साधना है। इसलिए यहाँ रूप का अंकन मात्र नहीं, अरूप का सन्धान किया जाता है। प्रत्यक्ष होती हुई भी यह परोक्ष को पाने और पहचानने की कलात्मक साधना है। यह केवल प्रत्यक्ष या सांसारिक वस्तुओं का रूपांकन नहीं। भारतीय कला प्रधानतः और स्वभावतः आदर्शवादी, रहस्यपूर्ण, प्रतीकात्मक और अध्यात्मपरक है।[1]

हैवेल ने अपने प्रयास को क्रियान्वित करते हुए आर्ट स्कूल के संग्रह में युरोपीय मूर्तियों और चित्रों के अनुकरण के साथ राजपूत और पहाड़ी शैली के विशिष्ट चित्रों का संग्रह करवाया। इससे लोगों में उन लघुचित्रों या पाण्डुचित्रों के संरक्षण की प्रवृत्ति जगी। इस महत्त्वपूर्ण कार्य में उनके अभिन्न सहयोगी बने युवा अवनीन्द्रनाथ ठाकुर, जो ठाकुर परिवार के होनहार चित्रकार के नाते भारतीय कला-संस्कृति से भी अच्छी तरह परिचित थे। अवनीन्द्रनाथ 1905 ई. में गवर्नमेंट आर्ट कॉलेज में उप-प्राचार्य बनाये गये और हैवेल के उद्देश्य को सफल बनाने में जुट गये।

कवि कालिदास रचित *ऋतुसंहार* पर आधारित 'अभिसारिका' (1892 ई.) शीर्षक से चर्चित हुए अवनीन्द्रनाथ के इस चित्र पर न केवल युरोपीय बल्कि मुग़ल शैली का भी स्पष्ट प्रभाव देखा जा सकता है। वैसे परिवेश निर्माण और अभिसारिका की मुद्रा और रूप भंगिमा कमोबेश भारतीय है। ठाकुरबाड़ी में 'रविका' (रवीन्द्रनाथ, जो उनके काका थे) से कलाचर्चा के दौरान वे अपने चित्र निर्माण के बारे में उनसे सलाह लिया करते थे। रवीन्द्रनाथ ने जब वैष्णव भक्तों के पदों का संकलन किया था तो अवनीन्द्रनाथ ने चंडीदास (के पदों) और चैतन्य के जीवन पर चित्र बनाये। उनकी कृष्णलीला शृंखला, जिनपर राजपूत शैली का प्रभाव है, दर्शकों में पहले ही लोकप्रिय हो चुकी थी। इस शृंखला से प्रभावित हैवेल ने अवनीन्द्रनाथ को मुग़ल और अन्य भारतीय कलाशैलियों की विशिष्टताओं और सूक्ष्मताओं से परिचित कराया था।

बीसवीं सदी के आरम्भ में ही जापान के सुप्रसिद्ध चित्रकार और कलाविद काउंट ओकाकुरा काकुजो, जो भारतीय कला के साथ रवीन्द्रनाथ के अनन्य प्रशंसक थे, ने अपने दो चित्रकार मित्रों, याकोहामा ताइकान और हिसिदा को क्रमशः 1901 और 1902 में भारत भेजा था। वे जोड़ासाँको की ठाकुरबाड़ी में अवनीन्द्रनाथ ठाकुर के अतिथि बनकर रहे। इनके सम्पर्क में उन्होंने जापानी प्रक्षालन प्रविधि से चित्र बनाने की प्रक्रिया सीखी और इस प्रविधि के प्रयोगों को ज़ारी रखते हुए अवनीन्द्रनाथ ने इसका भारतीय संस्करण भी तैयार कर लिया। चौड़ी और चपटी तूलिका से रंग लगाने और अंशतः प्रक्षालित करने की जापानी पद्धति का अवनीन्द्रनाथ पर गहरा प्रभाव पड़ा। वे कभी-कभी पूरा का पूरा चित्र ही पानी में डुबोकर छोड़ देते थे—बाद में उसे सुखाते, रंग लगाते और फिर पानी में डाल देते। उनके आलोचकों के अनुसार, इस विधि में रंग निर्जीव हो जाते और परम्परागत भारतीय टेम्परा चित्रों की आभा के सम्मुख फीके प्रतीत होते। बावजूद इसके, जलरंगों के साथ टेम्परा चित्रांकन विधि और प्रक्षालन (वाश) प्रविधि के तालमेल से वे इसे सफलतापूर्वक अपनाने में सफल हो गये। यह प्रविधि कलकत्ता आर्ट स्कूल और इसके छात्रों की पहचान से जुड़ गयी। देखते-ही-देखते इसने तैलरंग के समक्ष अपनी सत्ता क़ायम कर ली क्योंकि इस प्रविधि से बने चित्र अपने प्रभाव में एक झीनेपन, झुटपुटेपन और रहस्यात्मकता का प्रभाव पैदा करते थे। दूसरे, यह तैलचित्र के मुक़ाबले काग़ज़ पर जल्दी और किफ़ायती रंगों के साथ बनाया जा सकता था।

इसे बड़ी आसानी से कहीं भी ले जाया जा सकता था। तीसरे, कोई भी कलाप्रेमी इसे ख़रीद सकता था। इस उपलब्धि के साथ अवनीन्द्रनाथ ठाकुर का नाम जुड़ गया और परवर्ती वर्षों में उनके छात्रों एवं अन्य कलाकारों द्वारा बड़ी तेज़ी से वाश प्रविधि से ऐसे चित्र उकेरे गये। इस प्रविधि विशेष में काग़ज़ पर चित्रित विषयवस्तु की जड़ता और रंगों की सघनता को हटाने के लिए उसे पानी से प्रक्षालित किया जाता। यानी बहुत धीरे-धीरे धोया जाता। काग़ज़ के सूख जाने पर इच्छित स्थानों पर दोबारा रंग लगाया जाता और उसके सूख जाने पर फिर धोया जाता। हल्के रंगों के प्रयोग के बाद यह विधि तीन-चार बार दोहराई जा सकती थी, बशर्ते काग़ज़ ही न उधड़ जाये। अब यह चित्रकार पर निर्भर करता था कि वह दोबारा या तिबारा लगाये जानेवाले रंगों को कितनी कुशलता से और कितनी बार लगाकर अपेक्षित प्रभाव उत्पन्न करने में सक्षम है।

अवनीन्द्रनाथ द्वारा चित्रित 'भारतमाता' (1905 ई.) इसका सर्वश्रेष्ठ उदाहरण है। इसमें गैरिकवसना भारतमाता नीलाभ कमलों के बीच अपने चार हाथों में क्रमशः श्वेतकमल, वस्त्र, रुद्राक्ष माला और शस्य लिए खड़ी है। उसके गले और कलाइयों में भी रुद्राक्ष माला है और मस्तक पर ज्ञानाग्नि सुशोभित है। उसके दिव्य मुखमण्डल पर अपूर्व शान्ति विराज रही है और सिर के पीछे दो वलय ज्योतित हैं—लघु परिधि में नील और दीर्घ परिधि में श्वेत वलय। उसके चरणतल में भी हल्का श्वेत आभामण्डल देखा जा सकता है। देवीस्वरूप में चित्रित होती हुई भी, यहाँ भारतमाता अत्यन्त सहज, स्वाभाविक और आत्मीय मुद्रा में आश्वस्ति प्रदान करती प्रतीत होती है। पृष्ठभूमि के हल्के नीले एवं बैंगनी रंग एक-दूसरे में घुल-मिल गये हैं। अपनी प्रभावान्विति में यह चित्र अवनीन्द्रनाथ की अन्यतम कृतियों में से एक है। इस कृति पर निश्चय ही बंकिमचन्द्र चटर्जी के 'वंदे मातरम्' का प्रभाव था।

अवनीन्द्रनाथ द्वारा वाश विधि से उकेरे गये आरम्भिक चित्रों में अन्यतम हैं—'चाँदनी', 'दस्युपति' (वाल्मीकि), 'क़ैदी', 'उपानन्द', 'तिष्यरक्षिता', 'प्रार्थनारत भिक्षु'; टेम्परा और मिश्रित विधि सें अंकित चित्रों में 'नूरजहाँ', 'राधा', 'मुमताज', 'उमा', 'बुद्ध-सुजाता', 'राधाकृष्ण', 'शहंशाह शाहजहाँ' (अन्तिम दिन) आदि। प्रकृति विषयक और व्यक्ति चित्रों के साथ उन्होंने रवीन्द्रनाथ की कई रचनाओं *(चित्रांगदा, नटीर पूजा, तपती, वाल्मीकि प्रतिभा* आदि) पर आधृत चित्रों का प्रणयन किया। आख्यानपरक रचनाओं की विषयवस्तु या प्रसंगों को चित्रित न कर उन्होंने उन पात्रों की मनोदशाओं को चित्रित किया, जो उनकी निजता को प्रदर्शित करती हैं। बौद्ध जातक कथाओं के भी महत्त्वपूर्ण चरित्र उनके पटल पर उकेरे गये। मुग़लकालीन पात्रों (नूरजहाँ, शाहजहाँ, मुमताज, औरंगज़ेब आदि) तथा उमर ख़ैयाम शृंखला के चित्रों में उनके अंकन की सूक्ष्मता और भावप्रवणता देखी जा सकती है। इसी तरह अवनीन्द्रनाथ ने मुग़ल और राजपूत शैली के साथ अन्यान्य शैलियों से जुड़ी चित्रांकन पद्धति का अध्ययन किया था और उनकी रोशनी में अपनी रंगांकन प्रविधि भी विकसित की थी। इस विधि से बनाये गये उनके उस दौर के चित्र उनकी भावदशा को व्यंजित करते हैं। 'पुनरुत्थानवादी' (Revivalist) होने के नाते ऐसे समस्त उपक्रम उनके अतीतजीवी और (अतिरिक्त) संवेदनशील स्वभाव को भी द्योतित करते हैं। यही नहीं, राष्ट्रीय महत्त्व के कार्यों में भी उनकी पर्याप्त रुचि थी, इसलिए 1910 ई. में जब लेडी हेरिंगम ने अजन्ता के भित्तिचित्रों की अनुकृति का प्रस्ताव किया तो अवनीन्द्रनाथ ने प्रसन्नता व्यक्त की। उन्होंने अपने छात्रों—नन्दलाल बसु, असित कुमार हालदार और क्षितीन्द्रनाथ मजुमदार को अजन्ता के गुहाचित्रों की अनुकृति के लिए उनके साथ भेजा।

अवनीन्द्रनाथ ने असंख्य चित्रों का निर्माण किया। उनके आरम्भिक चित्रों की चर्चा पहले ही की जा चुकी है जो कि फ़ारसी और मुग़ल शैली से प्रभावित थे। उस्ताद रामप्रसाद से वे पहले ही राजपूत शैली की शिक्षा प्राप्त कर चुके थे, जिसमें उन्होंने कृष्णलीला सम्बन्धी चित्रों का प्रणयन किया था। यह श्रृंखला आनेवाले वर्षों में उनकी निजी चित्र शैली की विशिष्ट छाप लिए होती थी। *मेघदूत* पर आधारित उनके तीन चित्र–'ग्रीष्म', 'वसन्त' और 'पथिक और कमल' में जहाँ भारतीय प्रभाव द्रष्टव्य है, वहाँ 'शाहजहाँ के आख़िरी दिन' (1897 ई.), 'उमर ख़ैयाम' (चित्र-श्रृंखला, 1907-12 ई.) से वे भारतीय कला के सम्पूर्ण परिदृश्य पर छा गये थे। 1903 ई. में ई. बी. हैवेल द्वारा भारतीय चित्रकला के अध्ययन को प्रोत्साहित करने के लिए, निर्धारित 'एडवांस डिज़ाइन क्लास' का संचालन-भार भी अवनीन्द्रनाथ के लिए अत्यन्त उपयोगी रहा क्योंकि उनके सुयोग्य छात्रों–(जिनमें नन्दलाल बसु, असित कुमार हालदार, सुरेन्द्रनाथ गांगुली, समरेन्द्रनाथ गुप्त, शैलेन्द्रनाथ दे, प्रमोद कुमार चटर्जी और के. वेंकटप्पा शामिल थे) ने देखते-ही-देखते भारतीय कला परिदृश्य को गुणात्मक ढंग से बदल दिया। सुरेन्द्रनाथ गांगुली तो जल्दी चल बसे लेकिन अन्य सभी छात्र जहाँ कहीं भी गये, उन्होंने गुरु-शिष्य परम्परा को निरन्तर नवीन सन्दर्भों में परिभाषित किया।

भारतीय चित्रकला की समग्रता–अजन्ता से लेकर फ़ारसी, मुग़ल, राजपूत, राजस्थानी आदि विभिन्न प्राच्य शैलियों–यहाँ तक कि चीनी और जापानी अंकन विधियों–को कैसे रूपायित किया जा सकता है, यही अवनीन्द्रनाथ की मुख्य चिन्ता थी। उनके सामने पाश्चात्य कला जगत के भी समस्त निदर्शन उपस्थित थे। अवनीन्द्रनाथ ने किसी की अनदेखी नहीं की लेकिन उनमें भारतीयता का भी आग्रह प्रबल था। इसलिए विभिन्न कलाशैलियों, रूप-रेखांकन विधियों और उनकी विशिष्टताओं को अंगीकार करते हुए उन्होंने जो नयी शैली विकसित की, वह 'बंगाल शैली' के नाम से प्रसिद्ध हुई। इस शैली में रेखाओं की सुकुमार लयात्मकता, सौम्य एवं मृदुल रंगों का प्रयोग, भाव एवं प्रसंगानुरूप परिदृश्य निर्माण एवं प्रकृति चित्रण के साथ भावपूर्ण बन्धन पर विशेष ज़ोर रहा। अवनीन्द्रनाथ द्वारा प्रयुक्त धौत या प्रक्षालन (वाश) प्रविधि का समावेश भी इस शैली की अनिवार्य पहचान बन गया। चित्रकारों से यह अपेक्षा की जाने लगी कि वे टेम्परा के साथ तैलरंग से प्रचलित रंगांकन विधि के साथ रंग-प्रक्षालन प्रविधि के कुशल प्रयोक्ता हों।

अवनीन्द्रनाथ के कर्मव्यस्त जीवन में कई उतार-चढ़ाव भी आये लेकिन उन्होंने अपने उत्तरदायित्व को अच्छी तरह निबाहा। अपनी अस्वस्थता के कारण 1908 में ई. बी. हैवेल के इंग्लैंड लौट जाने के बाद, सुप्रसिद्ध कलाविद पर्सी ब्राउन गवर्नमेंट स्कूल ऑफ़ आर्ट के प्रिंसिपल बने। 1915 तक यथास्थिति बनी रही लेकिन बाद में एक नये अधिकारी के आ जाने के बाद भारतीय कला अनुभाग बन्द हो गया। उस संकटपूर्ण घड़ी में गगनेन्द्रनाथ ठाकुर आगे आये थे और उन्होंने अवनीन्द्रनाथ के साथ, 1907 ई. में स्थापित 'इंडियन सोसाइटी ऑफ़ ओरिएंटल आर्ट' में छात्रों को कला प्रशिक्षण देना ज़ारी रखा। यहाँ कला सम्बन्धी पाठ्यक्रम को यथावत् रखा गया ताकि बंगाल शैली की चित्रकला स्वाभाविक गति और ऊर्जा से आगे बढ़ती रहे। बाद के वर्षों में, कलाभ्यास करते छात्रों के लिए प्राच्य एवं पाश्चात्य कला परम्परा और कला इतिहास के बारे में जागरूकता पैदा करने के लिए शैक्षणिक पाठ कक्षाओं की भी व्यवस्था की गयी। इसका पूर्ण दायित्व भी अवनीन्द्रनाथ पर ही था और इस दिशा में भी उन्होंने गम्भीर प्रयास करते हुए कई कला पुस्तकों का प्रणयन भी किया।

असंख्य चित्रों के चितेरे अवनीन्द्रनाथ के चित्रों की विषयवस्तु एवं सूची बहुत लम्बी होगी। वाश, टेम्परा और मिश्रित विधि से बनाये गये चित्रों में 'चन्द्र ज्योत्स्ना', 'दस्युपति', (वाल्मीकि), 'क़ैदी', 'नूरजहाँ', 'राधा', 'मुमताज', 'उमा', 'बुद्ध-सुजाता', 'राधा-कृष्ण', 'शहंशाह शाहजहाँ' (अन्तिम दिन), 'देवदासी', 'कजरी', 'धरापुत्री', आदि काफ़ी चर्चित रहे हैं। 'कच देवयानी' शीर्षक से जुड़े उनके रेखांकन, जलरंगी चित्र और भित्तिचित्र–तीनों ही दर्शकों द्वारा सराहे गये–विशेषकर उनके द्वारा, जो उनके अनुयायी और प्रशंसक थे। भारतीय कलादर्शों और *भारतीय चित्रकला के षडंग* (1947 ई.) के लेखक और प्रवक्ता के नाते पाठ्य स्तर पर इसके गुणात्मक महत्त्व को तो स्वीकारा गया लेकिन उसकी व्यवहार्यता पर कई प्रश्न उठाये गये। स्वयं 'षडंग'[2] की तुला पर बाद में, उनके कई चित्रों की खिंचाई और धुनाई भी हुई। अवनीन्द्रनाथ ने वात्स्यायन प्रणीत *कामसूत्र* के प्रथम अधिकरण, तृतीय अध्याय के टीकाकार यशोधर पण्डित (11-12वीं शताब्दी) के हवाले से चित्रकला के षडंगों का विवेचन किया था। यशोधर का मानना था कि वात्स्यायन के पूर्व भी जनसामान्य को चित्रकला में ये षडंग सुविदित थे और स्वीकार्य भी। लेकिन अवनीन्द्रनाथ इस 'षडंग' के विस्तृत विश्लेषण के बावजूद इसकी सीमाओं से भी अवगत थे, इसलिए लगभग इसी समय लिखित (1947 ई.) एक दीर्घ निबन्ध[3] 'भारतशिल्पे मूर्ति' की भूमिका में उन्होंने कलाकार की निर्बन्धता के बारे में जो विचार प्रकट किये थे, वे यहाँ उद्धृत हैं–

> "बन्धन होता है चलने के पहले हमें विपथ से दूर रहने के लिए; दोनों पैरों पर कैसे खड़ा हुआ जाये, इसके लिए। मुक्ति धर्मनिष्ठ के लिए है लेकिन धर्मार्थी के लिए धर्मशास्त्र नागपाश होता है। इसी तरह शिल्पशास्त्र के बन्धनादि शिल्प शिक्षार्थी के लिए हैं। लेकिन शिल्पी (कलाकार) ताल, मान, अँगुल, छाया-प्रकाश, परिदृश्य (perspective) और शरीर संयोजन (anatomy) आदि से बन्धनमुक्त होता है। जिस तरह धर्मशास्त्र कण्ठस्थ कर कोई धार्मिक नहीं होता उसी प्रकार शिल्पशास्त्र रटकर या उसके खाँचे में बँधकर कोई कलाकार नहीं होता।"

अवनीन्द्रनाथ ने साहित्य सम्बन्धी कई रचनात्मक और विवेचनात्मक ग्रन्थों का प्रणयन किया। साहित्य की विभिन्न विधाओं में लेखन कार्य करते हुए उन्होंने कलकत्ता विश्वविद्यालय में वागेश्वरी व्याख्यान माला के अन्तर्गत कला सम्बन्धी कई व्याख्यान भी दिये, जो *वागेश्वरी शिल्प प्रबन्धमाला* में संयोजित हैं। कला, साहित्य और संस्कृति–तीनों ही क्षेत्र में सक्रिय अवनीन्द्रनाथ के जीवन के अन्तिम वर्ष बहुत सुखद नहीं रहे। उन्हें आर्थिक तंगी के कारण जहाँ जोड़ासाँको ठाकुरबाड़ी छोड़ना पड़ा, वहाँ स्वास्थ्य ने भी उनका साथ छोड़ दिया। आँखें पहले ही जवाब दे चुकी थीं। 15 दिसम्बर, 1951 में उनके निधन के साथ ही, भारतीय कला के एक गौरवशाली अध्याय का समापन हो गया।

कला एवं संगीत में एक समान रुचि यानी अंकन और लेखन में पर्याप्त योगदान के नाते अवनीन्द्रनाथ की प्रतिभा का यथोचित मूल्यांकन कर पाना कठिन है, ऐसा उनके परम शिष्य, चित्रकार एवं कलाविद बिनोद बिहारी मुखर्जी का मानना था। उनके अनुसार, साहित्यकार की अनुभूति और चित्रकार की दृष्टि–इन दोनों के मिश्रण और दूसरी ओर दोनों के द्वन्द्व में अवनीन्द्रनाथ की प्रतिभा रूपायित हुई। उनकी कविप्रवृत्ति युवा कलाकारों में कविजनोचित भाव को जगाने का प्रयास करती रही। इसलिए जिन छात्राओं ने उनका अनुसरण किया, वह भी उनके निजी उद्यम का परिणाम था।[4] अवनीन्द्रनाथ के प्रिय और निकटस्थ छात्रों में समरेन्द्रनाथ गुप्त (1889-1964) का नाम लिया जाता है, जिन्होंने बंगाल शैली के साथ पश्चिमी कला पद्धति को भी अपने कला संसार का अंग बनाया। लेकिन ये एक-दूसरे के विरोधी या प्रतिस्पर्धी न होकर परस्पर पूरक बने।

चूँकि समरेन्द्रनाथ में आधुनिक कला प्रविधियों और माध्यमों के प्रति भी पर्याप्त आकर्षण था, इसलिए उन्होंने ग्राफ़िक कला के क्षेत्र में कई प्रयोग किये। एचिंग, ड्राई पाइंट और अक्वाटिंट-जैसे नये माध्यमों को अपनाते हुए कई कृतियों का निर्माण किया। उनके वे चित्र जो कश्मीर घाटी के पहाड़ों और झीलों से सम्बन्धित हैं—दृश्यांकन या सैरा की दृष्टि से इसलिए भी विशेष उल्लेखनीय हैं कि उन पर बंगाल शैली में चित्रित 'छेंड़ा तार' (टूटा तार) 'कोयल की कूक' और 'कजरी नृत्य'-जैसे चित्र भी उनकी पहचान से जुड़े हैं।

जैसा कि बताया जा चुका है कि समरेन्द्रनाथ गुप्त 1910 में लेडी हेरिंघम के साथ अजन्ता के गुहा-चित्रों की अनुकृति के लिए और बाद में असित कुमार हालदार के साथ 1921 में बाघ के गुफ़ा-चित्रों के अनुकरण के लिए गये थे। इस बात का उल्लेख यहाँ ज़रूरी है कि लाहौर स्थित मेयो आर्ट कॉलेज के अंग्रेज़ प्रिंसिपल लियोनल हीथ के बाद, 1929 में समरेन्द्रनाथ गुप्त ही पहले ऐसे भारतीय थे, जिनकी प्रिंसिपल पद पर नियुक्ति हुई। और इस प्रकार अवनीन्द्रनाथ ठाकुर की गौरवशाली शिष्य-परम्परा की व्याप्ति सुदूर पश्चिमी भारत तक जा पहुँची।

सन्दर्भ

1. *इंडियन स्कल्पचर एंड पेंटिंग,* हैवेल, ई. बी., लन्दन, 1928, पृ. 10, "Indian painting is essentially *idealistic, majestic, symbolic and transcendence*".
2. रूपभेदाः प्रमाणानि भाव लावण्य योजनम्।
   सादृश्यं वर्णिकाभंग इति चित्र षडंगकम्॥
   —अर्थात् रूपभेद (1), प्रमाण (2), भाव (3), लावण्य योजना (4), सादृश्य (5), एवं वर्णिकाभंग (6);—ये छः चित्रकला के अंग हैं।
3. पूर्वशास्त्राणि संह्यता प्रयोगानुपसृता च।
   कामसूत्राभिदं यत्नात् संक्षेपेण निवेशितम्॥
4. देश (पत्रिका); वर्ष 9, संख्या 40, 15 अगस्त, 1942

रवीन्द्रनाथ ठाकुर
(1861–1941)

रवीन्द्रनाथ ठाकुर ने अपनी *जीवन स्मृति* (1912 ई.) में लिखा है कि बचपन में रात्रि के समय, सोने के पूर्व, प्रार्थना के बाद उनकी दृष्टि प्रायः उन दीवारों पर चली जाती थी, जिनके पलस्तर इधर-उधर से उधड़े हुए थे। "हल्की रोशनी में उनमें स्याह और सफ़ेद धब्बे पड़ते थे। और उनमें से झाँकते कई अजीबोग़रीब बिम्बों की कल्पना करता हुआ मैं सो जाता था।" लगभग उसी बालसुलभ काल्पनिकता एवं मानसिकता के साथ, रवीन्द्रनाथ परवर्ती वर्षों में भी अपनी पेंसिल, क़लम या तूली द्वारा उन काल्पनिक बिम्बों और चित्रों को, कटी-छँटी और संशोधित की जा रही पंक्तियों और पाण्डुलिपियों में उकेरते रहे। कभी-कभी ऐसे कौतुकपूर्ण क्षणों में ही उन्हें कोई अनजानी-सी छवि या संरचना अचानक प्रिय और परिचित लगने लगती थी और तब वे उसे अपनी कल्पना के अनुयोग से स्पष्ट और सतेज बनाने के कलात्मक उपक्रम में जुट जाते। किसी पेशेवर या कला में पारंगत शिल्पी की तरह नहीं बल्कि उस अकस्मात् प्रकट सृष्टि से अपनी अन्तरंग पहचान बनाने को तत्पर एक अन्तःस्फूर्त सर्जक के नाते। किसी अप्रत्याशित अतिथि से अचानक परिचित होने का यह सर्जनात्मक क्षण ही कालान्तर में रवीन्द्रनाथ के असंख्य रेखांकनों एवं रंग कृतियों में मुखर हुआ।

रवीन्द्रनाथ का कला-संसार में औपचारिक आगमन भी अकस्मात् ही हुआ था। बंगाल में जिन्हें चित्रकर (चित्रकार) या शिल्पी कहा जाता है, उस रूप में उनकी प्रतिष्ठा बहुत बाद में हुई, एक तरह से पाश्चात्य जगत में मिली प्रसिद्धि के बाद। वर्ष 1924 में अपनी एक परिचित मित्र विक्टोरिया ओकाम्पो के आमन्त्रण पर वे अर्जेन्टीना यात्रा के दौरान सान इसीद्रो में प्रवास पर थे। यहीं *पूरबी* (कविता संकलन) की पाण्डुलिपि में सुधार और पंक्तियों की काट-छाँट करते हुए, अनायास ही रेखाओं से अनजानी लेकिन जीवन्त आकृतियाँ फूट पड़ी थीं—जो अबूझ, अमूर्त्त, अनोखी और अस्पष्ट होते हुए भी, बड़ी आत्मीय जान पड़ीं। धीरे-धीरे यह विचारमग्न कवि के उन रचनात्मक क्षणों की उत्तेजक क्रीड़ा में परिणत होती चली गयीं। जब किसी भाव, विचार या कविता बिम्ब को शब्दबद्ध करते हुए कवि के मानस में कोई अन्तराल आ जाता या परिणत मनोदशा को सँजोने में कोई व्यवधान आ जाता—तो उन क्षणों में ये रूपाकृतियाँ मूर्त शब्दों के बीच, अनियन्त्रित रेखाओं के साथ—किसी अनामन्त्रित लेकिन अन्तरंग अतिथि की तरह अपनी उपस्थिति जता रही होती थीं। आड़ी-तिरछी और वर्तुल रेखाओं के बीहड़ से झाँकते चेहरों और अन्यमनस्क भाव से खींची गयी सार्थक हों या निरर्थक—ये अनाम छवियाँ रवीन्द्रनाथ को प्रसन्न और भावसमृद्ध करने के लिए पर्याप्त थीं। *पूरबी* की पाण्डुलिपि पर उकेरे गये रेखांकनों और काट-कूट से झाँकती इन अत्यन्त कौतुकपूर्ण छवियों को देखकर उनकी

आतिथेय विक्टोरिया ओकाम्पो चमत्कृत रह गयीं। उन्हें ये अत्यन्त प्रभावी और अर्थवान जान पड़ीं। इनमें प्रागैतिहासिक काल के दैत्याकार प्राणियों, अनोखे जीव-जन्तुओं यानी चरिन्दों और परिन्दों का दुर्लभ संसार डूबता-तिरता दिखायी दे रहा था। इसी प्रवास के दौरान रवीन्द्रनाथ को प्रतिभा देवी (पुत्रवधू) का एक पत्र मिला, जिसमें उनकी दत्तक पुत्री नन्दिता द्वारा आँके गये कुछ डूडलिंग (रेखा-कौतुक) भी संलग्न थे। इनके उत्तर में रवीन्द्रनाथ ने भी तत्काल कुछेक डूडलिंग बनाये, जिन्हें देखकर ओकाम्पो के आश्चर्य का ठिकाना न रहा। उन्होंने इन पन्नों के फ़ोटोग्राफ़ लिए और अपने मित्रों और कला-विशेषज्ञों को दिखाया, जिन्होंने इनके बारे में सकारात्मक विचार प्रकट किये। पेंसिल, क़लम और कूची से बनाये गये ये चित्र सम्भवतः भविष्य में रवीन्द्रनाथ के एक समर्थ और सफल चित्रकार बनने के संकेत थे। इसमें निश्चय ही ओकाम्पो की मित्रवत् अनुशंसा और प्रेरणा रही थी, जिसे रवीन्द्रनाथ आजीवन कृतज्ञतापूर्वक स्वीकारते रहे।

सम्भवतः इन्हीं प्रेरणाओं और प्रतिक्रियाओं के कारण वर्ष 1926 से 1928 तक विदेश यात्राओं के दौरान रवीन्द्रनाथ को जहाँ कहीं भी अवकाश मिलता, उनका अधिकांश समय चित्र आँकते ही बीतता। सृजन के इन क्षणों में निश्चय ही उन्हें अतिरिक्त आत्मतोष मिलता होगा। ओकाम्पो ने आर्थिक सहयोग द्वारा भी रवीन्द्रनाथ को चित्र प्रदर्शनी के लिए प्रवृत्त किया। और इस तरह 1930 में रवीन्द्रनाथ के चित्रों की पहली प्रदर्शनी पेरिस में आयोजित हुई, जो अत्यन्त सफल रही। इसी वर्ष जर्मनी यात्रा के दौरान रवीन्द्रनाथ के चित्रों की एक प्रदर्शनी बर्लिन में भी लगी थी। इस आयोजन में उनकी एक महिला मित्र डॉक्टर सेलिग का भी काफ़ी योगदान रहा। वे कुछ साल पहले शान्तिनिकेतन आयी थीं और कुछ दिनों तक यहाँ रही भी थीं। उन्होंने बड़े मनोयोग से और व्यवस्थित ढंग से यह प्रदर्शनी आयोजित की थी। इसी यात्रा-क्रम में कवि ने रूस भ्रमण पर भी जाने का मन बना लिया क्योंकि वर्ष 1926 में किसी कारणवश उनकी रूस यात्रा स्थगित हो गयी थी। कम समय मिलने के बावजूद मॉस्को के स्टेट म्यूज़ियम में उनके चित्रों की प्रदर्शनी लगी। वहीं तेत्राकोव आर्ट गैलरी में कवि के आगमन पर इसके तत्कालीन अध्यक्ष और अध्यापक क्रिस्टी ने कवि के चित्रों के बारे में अपनी सार्वजनिक टिप्पणी में कहा था—"रवीन्द्रनाथ को तो हमलोग एक दार्शनिक कवि के नाते ही जानते थे लेकिन अब हम उनके द्वारा बनाये गये चित्रों को देखकर चकित रह गये हैं।" उन्होंने यह भी कहा कि "हम इन कृतियों को एक कलात्मक जीवन का महान रूपान्तरण मानते हैं और विदेशों से प्राप्त उन तमाम उच्च तकनीकी उपलब्धियों की तरह, जिन्हें हमने समाविष्ट किया है, इनकी अंकन पद्धतियों को भी समाविष्ट करेंगे, जो हमारे देश के लिए बेहद उपयोगी होंगी।"

रवीन्द्रनाथ ने अपने चित्रों के बारे में, 'प्रवासी' के यशस्वी सम्पादक रामानन्द चट्टोपाध्याय को 24 नवम्बर और 18 दिसम्बर, 1931 को लिखित पत्रों में अपनी कला-सृष्टि के बारे में बताया था। सम्भवतः 'प्रवासी' में प्रकाशनाधीन किसी रचना या चित्र के बारे में उन्होंने कुछ पूछा हो। पत्र में रवीन्द्रनाथ लिखते हैं—"चित्र के सम्बन्ध में मैंने कभी कमर कसकर आधुनिकता की चर्चा नहीं की, करने की गुंजाइश या तैयारी भी नहीं थी, क्योंकि परिचय का अभाव है। कुछेक विदेशी कलाकारों ने मुझे कहा है कि मेरी चित्रकला में पूर्व के आधुनिकीकरण का अद्‌भुत सम्मिलन है—अगर यह बात सच हो तो यह संयोजन (सम्बन्ध) अनजाने ही घटित हुआ है। जो भी हो, जिसे भारतीय कला (इंडियन आर्ट) कहते हैं—मेरी अनाड़ी क़लम से वह नहीं निकली है, इसलिए इसकी जात-पात ढूँढ़ना किसी को अच्छा लगेगा, इस बात की आशा नहीं। सब कुछ उठाई हुई चीज़ है,

अंग्रेज़ी भाषा में जिसे 'फ़ाउंडलिंग' (बटबहाऊ या त्याज्य) कहते हैं। इसलिए इसे देश के आचारवादियों की गोष्ठी में खड़ा करने में भय पाता हूँ। तथापि इन चित्रों में कुछ-न-कुछ ऐसा ज़रूर है, जिसे देखकर आचारी (शास्त्रवादी) लोग हुक़्क़े का पानी फेंक नहीं देंगे। देख-सुनकर ग्रहण करेंगे, अन्यथा मुझे लेकर चण्डी-मण्डप में ख़ासी हलचल फैल जायेगी।"[1]

रवीन्द्रनाथ के रचनात्मक भाव बोध को निर्धारित करने में चित्र सम्बन्धी सरोकार का अनिवार्य महत्त्व रहा। भारतीय चित्रकला के आलोक में युरोप की चित्रकला के बारे में, भारतीय और युरोपीय कलाकारों से मिलकर और कला-वीथियों का परिदर्शन कर उन्होंने इस बारे में अपनी प्रतिक्रिया भी जताई थी। *पश्चिम यात्री की डायरी* (प्रकाशन वर्ष, 1924) में उन्होंने लिखा—"युरोप में आजकल चित्रकला के इतिहास में आन्दोलनों का ज्वार-सा उठा है। इतने दिनों तक चित्रांकन के क्षेत्र में चारों ओर हिन्दुस्तानी गायन में तान उठानेवाले गायक की तरह, जो उस्तादी जम गयी थी, आज उसका तीन-चौथाई समाप्त हो गया।... तूफ़ानी बादलों की तरह उसमें आश्चर्य में डालनेवाले रंग भी हो सकते हैं, लेकिन जो वस्तु ओझल हो गयी है, वह है सरल सत्य का सूर्य...मनुष्य बार-बार शिशु बनकर जन्म लेता है, इसलिए सत्य के संस्कारवर्जित सरल रूप का आदर्श चिरन्तन बना हुआ है...कला को उसी प्रकार शिशु-जन्म लेकर अतिरेकपूर्ण अलंकार के बन्धन-पाश से बार-बार मुक्त होना होगा।"

विदेशी चित्रकारों में विलियम रोथेन्स्टाइन, जैकब एपस्टाइन, म्युरहेड बोन आदि प्रमुख चित्रकारों के साथ उनका सीधा परिचय रहा था लेकिन रवीन्द्रनाथ के 'काट-कूट' (डूडलिंग) वाले प्रारम्भिक रेखांकनों के बारे में उनकी प्रतिक्रियाओं का कोई संकेत नहीं मिलता। इस बात को अस्वीकार नहीं किया जा सकता कि परवर्ती वर्षों में, विदेशों में जहाँ कहीं भी उनकी चित्र प्रदर्शनियाँ उनके मित्रों, प्रशंसकों एवं गैलरी वालों के प्रयासों से लगीं—उन्हें एक स्थापित, विशुद्ध या पेशेवर चित्रकार के रूप में पहचान और प्रसिद्धि कभी नहीं मिली। कवि की तरफ़ से भी ऐसा दावा कभी नहीं किया गया कि वे वहाँ केवल एक चित्रकार के रूप में उनके सम्मुख उपस्थित हैं। कलाप्रेमियों, प्रशंसकों और अभिभूत दर्शकों को मालूम था कि वे एक प्रतिष्ठित कवि के चित्र देख रहे हैं। कला-समीक्षक हों या साहित्य समालोचक—उन्हें भी मालूम था कि वे एक कवि-चित्रकार की चित्रावली का अवलोकन कर रहे हैं।

रवीन्द्रनाथ द्वारा अंकित रेखांकनों एवं चित्रों को कलाविदों की अभ्युक्ति की रोशनी में देखें तो यह स्पष्ट हो जायेगा कि उनके रेखांकन अत्यन्त सहज और सरल हैं—तामझाम से दूर और अकृत्रिम। यह रवीन्द्रनाथ की सीमा भी हो सकती है। लेकिन जहाँ और जब भी अवकाश मिला है, वे चित्र आँकते हुए लगातार और बार-बार पेन, पेंसिल और तूलिकाघात द्वारा कभी छाया-प्रकाश (कन्ट्रास्ट), कभी सघन और गहन (डेन्स एंड डेप्थ) प्रभाव उत्पन्न करने से नहीं चूकते। रंगों—विशेषकर देसी रंगों के प्रयोग के वे अनोखे और अकेले प्रयोक्ता रहे हैं। फीके, धूसर, गाढ़े, नीले, काले, पीले, लाल, बैंगनी आदि रंगों का सीमित प्रयोग उन्होंने अपने रेखांकनों (स्केच) और चित्रों (पेंटिंग्स) में इस प्रकार किया कि सामान्यतः इन दोनों विधाओं के बीच की दीवार ढह गयी है। कहीं-कहीं ये चित्र दो या अधिक रंगों के परस्पर संघात और कभी-कभी छाया-प्रकाश के वैषम्य के कारण कवि के तीव्र भावबोध का संकेत देते हैं। हालाँकि ऐसे रंगदग्ध चित्रों की संख्या कम ही है। उनके अधिकांश चित्रों के रंग परस्पर सम्बद्ध और वर्ण्यवस्तु के अनुरूप ही प्रयुक्त हैं।

वर्ष 1937-38 के दौरान रवीन्द्रनाथ ने अपने किशोर पाठकों के लिए *से* (वह) शीर्षक से व्यंग्य-कौतुकपूर्ण एवं अद्‌भुत लोकाख्यानों से गुँथी एक रचना लिखी थी। इसमें उन्होंने अपनी विशिष्ट रेखांकन शैली में ही कई चित्रों को संयोजित किया था—जो अजूबे, अनोखे, हास्यकर और कहीं-कहीं विद्रूप भी हैं। ये सभी इस लम्बी कहानी के विभिन्न पात्रों और उनके काल्पनिक मनोराज्य से जुड़े हैं। अपनी पौत्री की फ़रमाइश पर रची गयी यह कृति हुंहाउ टापू के अजीबोग़रीब पात्रों से जुड़ी है। इसका नायक 'से' एक सामान्य आदमी है, जो असम्भव की हर दीवार ढहाता हुआ अपनी ऊटपटाँग हरकतों से पाठकों का जहाँ जी बहलाता है, वहाँ किसी-न-किसी वैज्ञानिक सत्य को उद्‌घाटित करता हुआ, उन्हें उपयोगी सीख भी देता चलता है।

बिनोद बिहारी मुखर्जी ने रवीन्द्रनाथ की कलाकृतियों का आरम्भिक विश्लेषण किया था। उन्होंने युरोपीय कलाकारों और रवीन्द्रनाथ के अभिव्यंजनावादी होने के बीच थोड़ी-बहुत समानता बताते हुए भी, कविकृत रचनाओं की विशेषताओं पर चर्चा की थी। अभिव्यंजनावाद के सन्दर्भ में रवीन्द्रनाथ की तुलना कभी जर्मन कलाकार नोल्दे के साथ की गयी थी—इसलिए श्री मुखर्जी को यह तर्क देना पड़ा कि अभिव्यंजनावादी चित्रकार यथार्थ के आवेदन को स्वाभाविक रूप से विखण्डित कर अयथार्थ आवेदन की ओर धकेल देते हैं। इसके विपरीत रवीन्द्रनाथ की कृतियों में यथार्थ का नहीं, बल्कि आकार का आवेदन ही प्रधान है। एक और तथ्य की ओर उन्होंने इंगित किया है कि अवचेतन मन जब स्वयं को अभिव्यक्त करता है तो उसमें यौन आवेग कहीं अधिक प्रबल होता है और कला सर्जना में वह यौन प्रतीकों एवं मुद्राओं द्वारा ज्ञापित होता रहा है जबकि रवीन्द्रनाथ की निर्मितियों में विरूप या विलक्षण आकार-प्रकार की उपस्थिति तथा भावावेश की तीव्रता या उद्‌दीपन के बावजूद यौन प्रतीकों का अनुयोग नगण्य या विरल ही है। हालाँकि कुछेक रूपाकारों के साथ उत्कट रंग या उग्र वर्ण का प्रयोग इस तथ्य का संकेत अवश्य देते हैं।

इसी क्रम में, पृथ्वीश नियोगी का उल्लेख आवश्यक है, जिन्होंने रवीन्द्रनाथ की परवर्ती कलाकृतियों, विशेषकर 1930 ई. के बाद रचित चित्रों का आकलन एवं विश्लेषण उनकी रचना प्रविधि और उपादानों के व्यवहार के सन्दर्भ में किया है।

रवीन्द्रनाथ ने पहले एकल रंग का, बाद में दो और फिर तीन या एकाधिक रंगों का प्रयोग किया। उनकी आकृतियाँ भी पेन, क़लम या तूली अथवा कपड़े की लत्ती के व्यवहार से बदलती चली गयीं। चूँकि रवीन्द्रनाथ आत्मतोष के लिए यह सब कर रहे थे, इसलिए उन पर किसी 'स्कूल' या संस्था या फिर शैली का बन्धन तो था नहीं—इसलिए उनके उपादान और उपकरण भी सीमित रहे। इसके बावजूद उनके चित्रों के रचाव, स्वभाव, प्रभाव या अनुरोध में कहीं कोई कमी नहीं आयी। उन्होंने जान-बूझकर कैनवस (कैम्बिस) का सहारा नहीं लिया क्योंकि एक तो उस पर लगाये जानेवाले तैल रंग जल्दी नहीं सूखते; दूसरे, एक भावाविष्ट सर्जक के पास इतना धैर्य कहाँ होता है कि वह स्वयं पर अंकुश लगा पाये। पेंसिल, चारकोल, क्रेयॉन, स्याही, प्राकृतिक रंग आदि के व्यवहार से 1928 से 1940 ई. के बीच उन्होंने लगभग दो हज़ार चित्रों की रचना की, जो व्यस्तता और सक्रियता के पर्याय सत्तर वर्ष के रवीन्द्रनाथ के लिए एक चुनौतीपूर्ण और रचनात्मक उपलब्धि रही। इतने कार्यों के बीच काँपती उँगलियों से भी वे जीवन के लगभग अन्तिम समय तक यानी 3 फ़रवरी, 1941 (*आरोग्य* की कविताएँ लिखी जाने) तक रेखांकन करते रहे। उनके द्वारा चित्रित छवियों और रेखांकन की संख्या ढाई हज़ार

के आसपास है—जिनमें प्रतिकृतियाँ, शबीह (पोर्ट्रेट), भू-दृश्य (लैंडस्केप या सैरा), स्थिर चित्रण (स्टिल लाइफ़), मानवाकृति (चेहरे और देह) तथा विरूप (एब्सर्ड) चित्र—सभी सम्मिलित हैं।

अद्भुत कलादृष्टि से सम्पन्न रवीन्द्रनाथ ठाकुर ने कविताएँ लिखीं, नाटक लिखे, स्वयं अभिनय किया, रवीन्द्र संगीत रचा और उम्र के उत्तरार्द्ध में चित्र भी बनाये। उनके चित्रों में कला की सत्ता और अर्थवत्ता के सर्वथा नये आयाम दृष्टिगत होते हैं। वहाँ दृश्य का पठन है, रेखाओं का उजास है और अव्यक्त में व्यक्त वे दृश्य उपस्थित हैं, जो हमारे जाने-पहचाने हैं परन्तु उनका रचना-संसार सर्वथा अलग और विलक्षण है। ऐसा विरल और विशिष्ट आयोजन, जिसे देखते हम स्वयं ही पुनर्नवा होते हैं।

रवीन्द्र के चित्रों पर यूँ तो इधर बहुतेरा लिखा गया है परन्तु चित्रकर्म के साथ कला की आलोचकीय दृष्टि में समय सन्दर्भों से उनकी कला का सम्यक् आकलन किया जा सकता है।

रवीन्द्रनाथ के कला सृजन और उनकी निर्मितियों को समझने के किन्हीं बाहरी उपकरणों या प्रविधियों से अधिक आवश्यक है कि उनके आन्तरिक अभिगमों और निजी अभिप्रायों को कसौटी बनाकर उनके रेखांकनों और चित्रों का अभिज्ञान। 1919 ई. में कला भवन से जुड़े शिल्पाचार्य नन्दलाल बसु इस बात को मानते थे कि गुरुदेव (रवीन्द्रनाथ) के चित्र किसी वस्तु की अनुकृति नहीं होते हुए भी पूरी तरह वास्तविक हैं।

रवीन्द्रनाथ ने नन्दलाल बसु को एक बार कहा भी था—“सत्य के अन्तर में स्वभावतः ऐसी आकर्षक शक्ति होती है जो अमोघ और चिरस्थायी होती है। उसकी अभिनवता हमारे मन को आकर्षित करती है लेकिन अगर हमारे अन्दर सत्य ही न हो तो वह मोह अल्पजीवी होता है।” कालान्तर में, उनके भतीजों—अवनीन्द्रनाथ और गगनेन्द्रनाथ—के चित्रकार के नाते प्रसिद्ध होने तथा शान्तिनिकेतन में कला भवन की स्थापना के बाद, रवीन्द्रनाथ रेखांकन और फिर चित्रांकन के क्षेत्र में सक्रिय हुए। लेकिन उनका यह रचनात्मक उपक्रम एकदम निजी और शौक़िया था। दूसरे पेशेवर या कलाविद चित्रकारों की कला को वे देखते-सराहते अवश्य थे लेकिन अपनी निर्मितियों को उन्होंने लम्बे समय तक काट-कूट (डूडलिंग) तक ही सीमित रखा था।

तभी नन्दलाल बसु ने रवीन्द्रनाथ की काट-कूट (डूडलिंग) को बच्चों को बहलाने वाली ‘लोरी’ की तरह बताया है। “इन लोरियों के अनोखे उपादान रवीन्द्रनाथ के चित्रों के विचित्र आकार और उपकरण उनके साधना-पूत अचेतन मन के कोने से—जिसे वे स्वप्नराज्य कहते हैं—आकर ऐक्य में बँध जाते हैं और चित्र को एक ‘अर्थ’ दे जाते हैं। इस बन्धन के टूटने पर वे केवल शून्य में दिग्भ्रान्त पागलों के झुण्ड-जैसे हो जाते हैं।”

रवीन्द्रनाथ ने चित्र बनाने का कभी अभ्यास भी किया था—बचपन में अपने घर-परिवार के बालकों के साथ। कोलकाता के एक सुप्रसिद्ध व्यवसायी इन्द्रकिशोर केजरीवाल के संग्रह से इस तथ्य की जानकारी मिलती है कि रवीन्द्रनाथ परवर्ती वर्षों में भले ही चित्रांकन के क्षेत्र में विशेष आग्रही न रहे हों लेकिन उनका चित्राभ्यास 1880 ई. के आसपास शुरू हो गया था। ‘बालक’ और ‘भारती’-जैसी पत्रिकाओं से सक्रिय रूप से जुड़ने के कारण यह अभ्यास उन्हें आवश्यक लगा होगा। इस बीच कभी-कभार आँके गये रेखाचित्रों में पिता महर्षि देवेन्द्रनाथ ठाकुर (1881 ई.) और मृणालिनी देवी के भी स्केच हैं। उनके द्वारा आँके गये एक चित्र पर लिखा है ‘सर्वप्रथमोद्यमा’—यानी सबसे पहला प्रयास। यह पेंसिल से आँकी गयी एक रेखाकृति है। यह सधे हाथों से बनायी गयी किसी प्रौढ़ व्यक्ति की मुखमुद्रा है। इससे सम्बन्धित सूचना यह है कि उन्होंने ‘आर.एन. टैगोर पॉकेट बुक’ (1889 ई.) में कुछेक चित्र बनाये थे। ये तथ्य इस बात के साक्ष्य हैं कि रवीन्द्रनाथ

के बहुविध व्यक्तित्व निर्माण में इन छोटे-मोटे उपक्रमों का विशेष योगदान था। हालाँकि वह सब पीछे छूटता चला गया। लेकिन युवावस्था में अपने लन्दन-प्रवास काल में, वहाँ की गैलरियों में चित्र एवं मूर्ति प्रदर्शनी देखते हुए, प्रदर्शित कलाकृतियों के प्रति उनके मन में एक परिष्कृत रुचिबोध जाग्रत हुआ। कालान्तर में, साहित्य-सृजन एवं कला-चिन्तन के क्षेत्र में यही भाव-बोध, उनके सौन्दर्य-चिन्तन, अनुशीलन और दार्शनिक अनुशासन से जुड़ गया।

यहाँ यह पक्ष महत्त्वपूर्ण है कि रवीन्द्रनाथ ने *विचित्रा* के प्रकाशन (1933 ई.) के वर्षों पहले, जब अपना काव्य संग्रह *चयनिका* संशोधित रूप में प्रकाशित (1926) किया था तो कविताओं के वर्ण्य-विषय से सम्बन्धित कई चित्र भी उसमें संयोजित किये थे, जिन्हें नन्दलाल बसु ने उकेरा था। इसमें उनके द्वारा चित्रित सात चित्र थे, जो उनकी सात कविताओं—पुष्पा, श्यामला, एकाकिनी, प्रभेद, युगल, झाँकड़ा चुल और विदाय शीर्षक के साथ संयोजित थे। यह एक प्रतिष्ठित कवि और अब एक ख्यातनाम चित्रकार रवीन्द्रनाथ के रचनात्मक उद्यम का स्पृहणीय निदर्शन भी था। साथ ही, कला और कविता (चित्रकला एवं काव्यकला) के अन्तर-विधायी 'गन्धर्व' सम्बन्ध का साक्षी भी। ये चित्र कविता में मूर्त-अमूर्त वक्तव्य या प्रभाव से सामंजस्य रखते हैं या उसके समकक्ष प्रतीत होते हैं। वैसे दोनों विधाओं की अलग-अलग सत्ता और स्वायत्तता के बावजूद दोनों में परस्पर संवाद का पाठकों तथा प्रेक्षकों—दोनों ने ही इस संकलन का समान रूप से आनन्द उठाया था।

रवीन्द्रनाथ ने बंगाल चित्र शैली की जड़ता और विषयवस्तु की रूढ़ता का मुखर विरोध कभी नहीं किया लेकिन वे कभी उस शैली को सैद्धान्तिक या व्यावहारिक रूप में अपना न सके। अवनीन्द्रनाथ और गगनेन्द्रनाथ के प्रशंसक होते हुए भी, उन्हें नन्दलाल बसु की रंगयोजना और लोकायत से जुड़े विषय कहीं अधिक प्रिय और आत्मीय लगते थे। शिल्पाचार्य की भूमिका में नन्दलाल बसु विभिन्न चित्रशैलियों के विशेषज्ञ थे लेकिन एक चित्रकार के रूप में वे रवीन्द्रनाथ द्वारा आँके गये चित्रों के सजीव रूपांकन के साथ उनकी सहज छन्दमयता के घोर प्रशंसक थे। बावजूद इसके, आधुनिकतावादियों का एक वर्ग बंगाल शैली के साथ प्राच्य कला में विन्यस्त अनुकरणमूलक वृत्ति का विरोध कर रहा था और कहीं-न-कहीं 'शान्तिनिकेतन स्कूल' को भी अप्रासंगिक बनाने पर आमादा था।

रवीन्द्रनाथ द्वारा निर्मित चित्रों, व्यक्ति चित्रों या समूह चित्रों में समाहित असंख्य पात्र अपनी ख़ामोशी और चुप्पी के बावजूद अपने निर्माता से मुखर संलाप करते प्रतीत होते हैं। कोई-न-कोई सन्देश देते हैं—लेकिन वे शब्दातीत हैं, किसी भी रेखा, रंग, राग, भाव और अन्विति से परे। मानो कहीं से कोई अनाम सुर तिरता-भटकता आया और किसी क्षण विशेष में सर्जक की रेखाओं और रंग योजना में सहज ही विसर्जित हो गया। तभी तो रवीन्द्रनाथ ने कहा था, मुझे भला इस बात का कहाँ से आभास होगा कि मेरी क़लम की नोक या कूची के आघात से, धरा से कहीं कोई सीता अचानक प्रकट हो जायेगी। अज्ञात के आविष्कार और इसके स्वतःस्फूर्त आविर्भाव से चमत्कृत होकर ही स्टेला क्रैमरिश ने कहा भी था कि रवीन्द्रनाथ के चित्रों में उन भावनाओं और विचारों की अभिव्यक्ति हुई, जो शब्दों में बँधने से रह गये। इसलिए उनके सृजन में किसी पूर्व परम्परा या कलात्मक उत्तरदायित्व के निर्वाह का प्रश्न ही नहीं उठता।

रवीन्द्रनाथ ने भले ही 67 वर्ष की वय में गम्भीरतापूर्वक चित्र बनाना प्रारम्भ किया था, परन्तु उन्हें बर्न जोन्स के चित्र 'होप' (आशा) और मिल द्वारा बनाये गये चित्र 'सीड थ्रोइंग' (बीज फेंकते हुए) की स्मृति थी।

साथ ही, उन्हें दीवारों पर लगाये रवि वर्मा के बड़े-बड़े ओलियोग्राफ़ याद थे। रवीन्द्रनाथ के बड़े भाई ज्योतिरिन्द्रनाथ पेंसिल से व्यक्तियों के रेखाचित्र या शबीह बनाने में माहिर थे। उनके भतीजे गुणेन्द्रनाथ आधुनिक चित्रशैली के प्रतिनिधि चित्रकार के रूप में विख्यात हुए। ऐसे कलात्मक परिवेश में रवीन्द्रनाथ कला-साधना और सर्जना के मामले में अछूते कैसे रह सकते थे?

अवनीन्द्रनाथ ठाकुर ने एक जगह लिखा है कि निजी चित्रशैली की प्रतिष्ठा के बावजूद रवीन्द्रनाथ ने उन्हें वैष्णव पदावली के अध्ययन-मनन तथा रवि वर्मा द्वारा चित्रित चित्रों के प्रणयन का अनुदेश दिया था। 'प्रदीप' पत्रिका में प्रकाशित एक अन्य चित्रकार यामिनी प्रकाश गंगोपाध्याय के एक चित्र 'कादम्बरी' की भी उन्होंने भरपूर प्रशंसा की थी। ऐसा कहने का आशय यह है कि तब युवा रवीन्द्रनाथ यही समझते थे कि चित्रों का प्रणयन काव्य एवं पुराणों के वर्णनों को भावदीप्ति प्रदान करने, उन्हें चाक्षुष भाव-विस्तार देने के लिए किया जाता है क्योंकि वह साहित्य संरचना का अनुगामी होता है, बस! उनका यह दृष्टिकोण एक हद तक सिस्टर निवेदिता, बलेन्द्रनाथ ठाकुर, चारुचन्द्र बन्द्योपाध्याय और अरविन्द घोष-जैसे भाववादी विचारकों और समालोचकों के विचारों का समर्थन करता प्रतीत होता है। क्लासिकल ग्रन्थों, विशेषकर, संस्कृत साहित्य में ऐसे प्रसंगों और उत्प्रेरकों की कमी नहीं रही है।

उक्त भ्रान्ति को स्वीकार करते हुए बहुत वर्षों के बाद रवीन्द्रनाथ ने लिखा कि तब वे चित्रकला के बारे में विशेष कुछ नहीं जानते थे। यहाँ तक कि अवनीन्द्रनाथ और उनके शिष्यों ने जब एक नयी उद्घोषणा के साथ चित्रों का अंकन शुरू किया तब भी भारतीय कलाजगत पश्चिम या फिर ज़्यादा-से-ज़्यादा रवि वर्मा की तरफ़ देख रहा था। ये चित्र, निस्सन्देह लोगों के साथ रवीन्द्रनाथ को अभिभूत करते रहे लेकिन वे उनकी भावप्रवण चेतना से सम्बद्ध नहीं थे। बाद में, उन्होंने यहाँ तक कहा कि रवि वर्मा के चित्र मुझे नाटकों एवं जात्राओं के नट-नटी-जैसे कृत्रिम एवं आडम्बरपूर्ण प्रतीत होते हैं।

प्रसिद्ध कला मनीषी ई. बी. हैवेल से परिचय होने पर और वर्ष 1916 में जापान-यात्रा के बाद रवीन्द्रनाथ के कला-चिन्तन और सौन्दर्य-चिन्तन में व्यापक परिवर्तन आया था और तब वे चित्रकला को स्वायत्त, सार्वभौम, सार्वदेशिक अभिगम और कला-प्रस्थान मानने लगे। इस दौरान रवीन्द्रनाथ आधुनिकता की व्याख्या अपने निकष पर करते रहे। वे इसे काल-बद्ध नहीं बल्कि इसे भाव-बद्ध या भावपरक मानते रहे। उनके अनुसार, साहित्य में आने के पहले ही आधुनिकता का प्रवेश चित्रकला में हो चुका था। चित्रकला, जो परम्परागत तौर पर ललित कला का अंग है, आधुनिकता की अवधारणा को स्वीकार करने लगी और उसने तरह-तरह के उत्पात मचाने शुरू कर दिये। उन्होंने कहा, "आर्ट का काम मनोहारिता नहीं, चित्र विजय है, उसका लक्षण लालित्य नहीं, यथार्थ है। उसके लिए चेहरे में आकर्षण का होना बड़ी बात नहीं, मुख्य चीज़ है–कैरेक्टर (उसका वैशिष्ट्य) अर्थात् एक प्रकार का स्वगत या आत्मकथन। अपने बारे में वह (चित्रित) चेहरा और कोई परिचय नहीं देना चाहता, केवल ज़ोर से कहना चाहता है, 'मैं द्रष्टव्य हूँ'–(अयमहम् भोः–मुझे देखो)। उसकी इस द्रष्टव्यता की शक्ति हाव-भाव के द्वारा नहीं, प्रकृति के अनुकरण या नक़ल-नवीसी के द्वारा नहीं, आत्मगत रचना-सत्य के द्वारा व्यक्त होती है।... कोई सुन्दर है तो कोई असुन्दर; कोई काम का है तो कोई बेकार; किन्तु सृष्टि के क्षेत्र में किसी के बहाने किसी को अस्वीकार करना असम्भव है। साहित्य और चित्रकला में भी वही बात है।

यदि किसी रूप में सृष्टि हो जाये और यदि न हो पाये तो भी कोई उत्तरदायित्व नहीं रह जाता। यदि उसकी सत्ता की शक्ति प्रबल न हो, उसमें मात्र भाव-लालित्य हो तो वह वर्जनीय है।"[2]

कारण स्पष्ट है, रवीन्द्रनाथ ने सर्जना के स्तर पर वस्तु के साथ भाव पक्ष पर, विशेषकर अमूर्त, अलक्ष्य और अपरिभाषित सत्ता को अपनी कृतियों एवं निर्मितियों—साहित्य हो या चित्र—में सम्बोधित या उपस्थापित करने का सफल प्रयास किया था।

रवीन्द्रनाथ के निधन के बाद ही उनके चित्रों के बारे में भारतीय कलाविदों ने उनके योगदान पर गम्भीरता से विचार करना आरम्भ किया, जिनमें अवनीन्द्रनाथ ठाकुर, नन्दलाल बसु, बिनोद बिहारी मुखर्जी, पृथ्वीश नियोगी, मुल्कराज आनन्द आदि उल्लेख्य हैं। नन्दलाल बसु ने पश्चिमी कला के परिप्रेक्ष्य में रवीन्द्रनाथ की कला दृष्टि और अंकन-पद्धति के बारे में लिखा भी—"हमारी प्राचीन चित्रकला वर्णोज्ज्वल है और वह आज भी अम्लान है। वह पश्चिम की चित्रलिपि-जैसी धूसर नहीं। रवीन्द्रनाथ भी उज्ज्वल (ब्राइट) जर्मन रंगों का व्यवहार पसन्द करते रहे हैं। उनके अधिकांश चित्रों में रंगों का सन्तुलित और सामंजस्यपूर्ण विनियोग देखा जा सकता है लेकिन कभी-कभी वे रंगों के मिश्रण में दुःसाहसिक प्रयोग भी करते रहे। गाढ़े नीले और गाढ़े काले रंग—जो कभी एक-दूसरे के निकट और कभी परस्पर विरुद्ध प्रयुक्त हुए हैं—जो निश्चय ही उनकी भावदशा के परिचायक हैं।"

प्रेमचन्द के सुपुत्र और 'कहानी' पत्रिका के यशस्वी सम्पादक श्रीपत राय, जो स्वयं एक चित्रकार एवं कलाप्रेमी थे। उन्होंने वर्ष 1937-39 ई. के दौरान शान्तिनिकेतन में रवीन्द्रनाथ को चित्र आँकते हुए देखा था। उन्होंने रवीन्द्रनाथ के कला पक्ष पर एक संक्षिप्त आलेख भी लिखा था। इसमें उन्होंने उनके द्वारा आँके गये आत्मचित्रों को अद्वितीय बताते हुए लिखा, "उन्होंने अपनी 'बोउठान' (भाभी कादम्बिनी/कादम्बरी देवी) के अनेक चित्र बनाये, जो मेरी अपनी धारणा के अनुसार मेडोना के असंख्य चित्रों की भाँति मानवी करुणा के प्रतीक हैं।... उनकी इस नारी-आकृति का नानाविध रूपायन उनकी सारी कला में विद्यमान है। कुछ-कुछ उसी प्रकार जैसे क्रिस्टीय कलाकृतियों में ईसा की माता मरियम का निरूपण हुआ है।"[3]

जे. स्वामीनाथन ने अपनी एक महत्त्वपूर्ण टिप्पणी में रवीन्द्रनाथ की निर्मितियों के बारे में बताया है, "रवीन्द्रनाथ अपने रेखांकनों के लिए, जो निहायत सादगी से भरे हैं, मिथक और कथाओं की ओर आकर्षित नहीं होते। उनके कई अभ्यास चित्र चिन्तातुर विषयात्मकता—जो अर्धचेतन की गहराई से निकलनेवाले अर्थों से भरे हैं—और जिन्हें हम खुशी से आधुनिक भारतीय कला का 'नायक' कह सकते हैं।"[4]

सन्दर्भ

1. *कालपत्र,* पत्र संख्या 12, ग्रन्थलोक, पृ. 114
2. *साहित्येर पथे,* रवीन्द्रनाथ ठाकुर, बंगाब्द 1339 (1932 ई.) विश्वभारती प्रकाशन।
3. 'रवीन्द्रनाथ की चित्रकला' आलेख, समकालीन कला (प्रवेशांक, 1982)
4. विस्तार के लिए द्रष्टव्य; *रवीन्द्रनाथ की कला सृष्टि,* रणजीत साहा, प्रकाशन विभाग, 2018

नन्दलाल बसु

(1882–1966)

उन्नीसवीं सदी के आरम्भ से ही युरोपीय कलाशैलियों और कला प्रयोगों के प्रतिरोध में भारतीय कला के पुनर्जागरण में जिन महत्त्वपूर्ण हस्ताक्षरों ने समर्पण और सादगी से अपने-अपने कार्य क्षेत्र में प्रतिमान स्थापित किये—उनमें नन्दलाल बसु की अग्रणी भूमिका रही। बंगाल शैली के अन्यतम प्रवर्तकों में कलागुरु नन्दलाल (3 दिसम्बर, 1882—16 अप्रैल, 1966) का महत्त्व कला प्रशंसकों-संरक्षकों एवं कला मर्मज्ञों की दुनिया में शिखर पर विराजमान है। कलागुरु अवनीन्द्रनाथ ठाकुर, गुरुदेव रवीन्द्रनाथ ठाकुर और प्रख्यात चित्रकार गगनेन्द्रनाथ ठाकुर के स्नेह सान्निध्य में अपनी कलाचर्या में निरन्तर गतिशील एवं सक्रिय नन्दलाल ने अपनी परम्परा और धरोहर की श्रेष्ठता को अनिवार्य रूप से ध्यान में रख उन कलादर्शों, उपादानों तथा उपस्करों का आवश्यकतानुसार उपयोग भी किया, जिनमें भारतीय समाज को नित्यनूतन एवं प्रासंगिक बनाये रखने की क्षमता थी। इसलिए उनके असंख्य चित्रों में हम उन आख्यानों, प्रारूपों, चिह्नों, रूपकों तथा जातीय विश्वासों को सहज ही उपलब्ध कर सकते हैं—जिनके ताने-बाने से भारतीय कला की अपनी पहचान बन सकी है।

नन्दलाल बसु ने अपने समकालीनों (अमृता शेरगिल, असित कुमार हालदार, जामिनी राय) तथा अनुयायियों (सुरेन्द्रनाथ कर, रामकिंकर बैज, समरेन्द्र सेनगुप्ता, के. वेंकटप्पा, धीरेन्द्रकृष्ण देव बर्मन, बिनोद बिहारी मुखर्जी, मुकुल दे, निशिकान्त राय चौधुरी, प्रभात कुमार मुखोपाध्याय, कृपाल सिंह शेखावत, विश्वरूप बसु, दिनकर कौशिक आदि) के साथ भारतीय कलाकारों की एक ऐसी मज़बूत शृंखला तैयार की, जो बंगाल शैली को उसके उत्कर्ष तक ले गयी। यह स्वाभाविक ही था कि कला में आधुनिकता की आहट की इस शैली के आरम्भिक चित्रकारों ने अनसुनी की और यह निष्कर्ष भी निकाला गया कि अपनी क्षेत्रीयता और तथाकथित शैलीपरक संकीर्णता के कारण बंगाल की यह चित्र शैली आधुनिकता की होड़ या दौड़ में काफ़ी पीछे रह गयी। जो भी हो, नन्दलाल बसु की कला-साधना एवं सर्जना को भारतीय कला आन्दोलन के सर्वाधिक महत्त्वपूर्ण पर्व के रूप में देखा जा सकता है। केवल बंगाल या भारत के मंच पर ही नहीं, विश्व कला मंच पर इसे बड़े सम्मान के साथ रखा गया है।

एक नामालूम से क़स्बे हवेली खड़गपुर (ज़िला मुंगेर, बिहार) में जन्मे और पले-बढ़े नन्दलाल कला अध्ययन के लिए कोलकाता आये। उन्होंने ओरियंटल आर्ट कॉलेज में दाख़िला लिया और पाठ्यक्रम पूरा करने के बाद अपने कलाकर्म के बल पर समस्त कला जगत के होकर रह गये।

तत्कालीन राजनीतिक परिदृश्य की आकस्मिक और संस्थागत विवशताओं के नाते युवा नन्दलाल के कोलकाता-प्रवास के वर्ष बड़े तनावपूर्ण और उतार-चढ़ाव से भरे थे। लेकिन अपनी कार्य-व्यस्तता और कला-निष्ठा में उन्होंने अपनी पूर्व मनोदशा को विसर्जित कर दिया। व्यर्थ की चिन्ता और किसी बहस में पड़े बिना वह पहले कला अध्ययन और बाद में कला अध्यापन का दायित्व पालन करते रहे। ऐसा नहीं था कि अपने इर्द-गिर्द घटनेवाली घटनाओं से वे उदासीन थे, लेकिन जहाँ तक सम्भव था, अनावश्यक विवाद से अलग रहना उनका जैसे स्वभाव ही बन गया था। इस मानसिकता के चलते उनका व्यक्तित्व, हमेशा कलाचर्चा के केन्द्र में रहकर भी, कभी विवादास्पद नहीं हुआ। यही वजह थी कि जब ओरियंटल आर्ट सोसाइटी द्वारा संचालित आर्ट्स स्कूल में पाश्चात्य चित्रण-पद्धति पर अकारण ज़ोर दिया जाने लगा और इसके पाठ्यक्रम में आवश्यकतानुरूप एवं समायोचित परिवर्तन का कोई संकेत नहीं दीख पड़ा तो वे विचलित हो उठे। वस्तुतः रवीन्द्रनाथ के चित्रकार भतीजे गगनेन्द्रनाथ ठाकुर ने इस पाठ्यक्रम का निर्धारण किया था और पाश्चात्य शैली के प्रशंसक होने के नाते वे इसमें किसी हेर-फेर के लिए क़तई तैयार न थे। तब उनके वर्चस्व को चुनौती दे पाना किसी के बूते की बात न थी। यही वजह रही होगी कि नन्दलाल ने मन-ही-मन 1919 में सोसाइटी के आर्ट्स स्कूल से स्वयं को अलग करने का निश्चय कर लिया था।

ऐसी स्थिति में, नन्दलाल बसु को शान्तिनिकेतन चले जाने का प्रस्ताव स्वयं रवीन्द्रनाथ ने रखा। लेकिन गुरु अवनीन्द्रनाथ के विशेष आग्रह पर वे उक्त आर्ट्स स्कूल में अपनी आंशिक सेवा देते रहे। उन्हें बार-बार ऐसा लगता रहा कि वह एक अप्रत्यक्ष दबाव में कार्य कर रहे हैं और इस तरह रवीन्द्र, अवनीन्द्र और गगनेन्द्र—इन तीनों दिग्गजों के साथ और तीनों की स्नेह छाया में समान रूप से कार्य करते हुए नन्दलाल का सन्तुलित और समर्पित साधक व्यक्तित्व सचमुच विशिष्ट और विलक्षण होता चला गया। वह भले ही बहुत प्रखर और मुखर नहीं थे लेकिन उन्होंने कभी किसी दबाव में रहकर काम नहीं किया। शान्तिनिकेतन का परिवेश उनकी कला-मनीषा को एक नया आकाश और अवकाश दे रहा था। आर्ट्स स्कूल में कला अध्यापन के साथ वे सप्ताहान्त में शान्तिनिकेतन चले आया करते और अनुबन्ध के अनुरूप बालकों को कला-शिक्षा देकर वापस कलकत्ता चले जाया करते।

इसी दौरान वर्ष 1919 का जलियाँवाला बाग़ वाले नृशंस हत्याकाण्ड के चलते ब्रिटिश राजशाही के दमनचक्र के ख़िलाफ़ आन्दोलनकारियों ने खुली बग़ावत शुरू कर दी। ब्रिटिश हुकूमत के ख़िलाफ़ रवीन्द्रनाथ ने सरकारी 'सर' की उपाधि लौटा दी और इस बर्बरता के विरुद्ध अपना वक्तव्य ज़ारी किया। महात्मा गाँधी और उनके तमाम सहयोगी देश की आज़ादी के लिए एकजुट होकर अंग्रेज़ों को भारत छोड़ने के लिए असहयोग की पृष्ठभूमि तैयार करने लगे। सन् 1920 में लॉर्ड रोनाल्ड्स शान्तिनिकेतन परिदर्शन के लिए पधारे और उन्होंने कला सम्बन्धी गतिविधियों को बढ़ाने के लिए सरकारी अनुदान की पेशकश की तो रवीन्द्रनाथ उनके अनुरोध को स्वीकार नहीं कर पाये। अभावग्रस्त पृष्ठभूमि और प्रश्नभूमि के बावजूद युवा नन्दलाल अब यह तय कर चुके थे कि उन्हें क्या करना है और उनकी कला-सर्जना की दिशा क्या होगी?

कलकत्ता स्थित सोसाइटी ऑफ़ ओरियंटल आर्ट को सरकारी अनुदान के पीछे तत्कालीन राजसत्ता की कोशिश यह थी कि जातीय आस्थाओं एवं आकांक्षाओं को चित्रित एवं अंकित करनेवाली बंगाल

शैली के कलाकारों पर एक सीमा तक नियन्त्रण रखा जा सके। इसलिए पाठ-निर्धारण, प्रदर्शन, अनुदान एवं संरक्षण के पीछे सरकारी उद्देश्य या मनोभाव क्या थे—इसे समझना बहुत कठिन न था। कुछ कलाकार जानबूझकर इन तथ्यों की अनदेखी कर रहे थे। दूसरी तरफ़, ऐसे भी कुछ चित्रकार और कला-समीक्षक थे, जो बंगाल-शैली की विषयवस्तु और आंगिक संरचना—दोनों ही दृष्टि से, इसे अपनी जातीय पहचान से जोड़ रहे थे। किसी निश्चित एवं निर्धारित कला परम्परा के अभाव में भी, भारतीय लोकदृष्टि और आत्मसाक्ष्य का बल ही उनके कृती संकल्प में अभिनव रंग भरता चला गया।

द इंडियन सोसाइटी ऑफ़ ओरियंटल आर्ट की स्थापना से एक तरफ़ ऐसी आशा बँधी थी कि एशिया के पूर्वी देशों के चित्रों के प्रति कला प्रशंसकों का ध्यान जायेगा। दूसरी तरफ़ वार्षिक या सामयिक चित्र-प्रदर्शनियों द्वारा श्रेष्ठ और वरिष्ठ चित्रकारों के चित्रों पर कलाचर्चा और उनकी अनुकृति द्वारा चित्रों के प्रति लोगों का रुझान बढ़ेगा। पहले तो इस सोसाइटी के नियामकों में शौक़िया या पेशेवर चित्रकार ही थे, लेकिन बाद में इसके प्रभावी सदस्यों एवं सलाहकारों में उच्चपदस्थ पदाधिकारी और प्रतिष्ठित नागरिक एवं कलाप्रेमी रईस भी शामिल हो गये। सोसाइटी के आरम्भिक कार्यों में कलाप्रचार, कला प्रदर्शनी तथा पुस्तक प्रकाशन पर विशेष ज़ोर था। इस बीच कलकत्ता के प्रसिद्ध विचित्रा स्टूडियो के बन्द हो जाने से अवनीन्द्रनाथ ठाकुर इस बात को बड़ी गम्भीरता से महसूस करने लगे थे कि बंगाल शैली के प्रतिभाशाली चित्रकारों का कार्य अधिकाधिक लोगों तक कैसे पहुँचाया जाये! सुप्रसिद्ध पत्रकार एवं समाजसेवी रामानन्द चट्टोपाध्याय ने अपनी पत्रिकाओं—'प्रवासी' तथा 'मॉडर्न रिव्यू' के माध्यम से अपने पाठकों एवं कलापारखी जनों के मन में एक नयी जिज्ञासा और अपेक्षा का भाव पैदा कर दिया था। इनमें देशी-विदेशी कलाकारों के चित्र नियमित रूप से परिचय समेत छप रहे थे। सोसाइटी के गठन के बाद प्रसिद्ध कला समीक्षक अर्धेन्दु कुमार गांगुली के सम्पादन में 1920 ई. से 'रूपम' पत्रिका का प्रकाशन आरम्भ हुआ, जिसमें भारत के प्राचीन, मध्यकालीन एवं समकालीन कलाओं और सम्बन्धित सूचनाओं की सचित्र जानकारी छपती रहती थी। यह सारी सामग्री अपनी प्रस्तुति में इतनी प्रभविष्णु थी कि ललित कला, पुरातत्त्व एवं स्थापत्य से जुड़े विद्वानों एवं शोधकर्ताओं के लिए यह अनिवार्य ही नहीं, अपरिहार्य हो गयी।

सोसाइटी के आर्ट्स स्कूल में नन्दलाल के दूसरे सहयोगी थे—शैलेन्द्रनाथ दे, क्षितीन्द्रनाथ मजुमदार और आंशिक तौर पर असित कुमार हालदार। ये सभी कहीं-न-कहीं निर्धारित पाठ्यक्रम और शासकीय हस्तक्षेप से क्षुब्ध थे। बन्द कमरे में दी जानेवाली कला-शिक्षा ने शिक्षक नन्दलाल की निर्बन्ध कला चेतना के जैसे पर ही कतर दिये थे। शान्तिनिकेतन के सहज और अकृत्रिम वातावरण ने उनकी इस जड़ता को तोड़ने का उपक्रम किया था। रवीन्द्रनाथ की गुरु-प्रेरणा ने केवल नन्दलाल की कला चेतना को ही उद्वेलित नहीं किया बल्कि इसने समग्र भारतीय कला-मनीषा को उन्मुक्त गगन प्रदान किया था। अपने कृती व्यक्तित्व के कारण उन्होंने नन्दलाल में उन सारी सम्भावनाओं को देख लिया था, जो कला भवन की प्रस्तावित संकल्पना और उसके आचार्य पद की गरिमा के सर्वथा अनुरूप होता। सोसाइटी से पदत्याग करते ही उद्विग्न अधिकारियों ने नन्दलाल की प्राथमिकताओं के प्रति अपनी सदाशयता जताई। इसके कार्य में अवनीन्द्रनाथ और गगनेन्द्रनाथ भी उनकी सहायता के लिए आगे बढ़ आये।

ऐसी विषम स्थिति में रवीन्द्रनाथ ने बड़े ही विस्तार से अवनीन्द्रनाथ को एक भावपूर्ण पत्र लिखा जो कई मायनों में बड़ा महत्त्वपूर्ण है। इस पत्र का आशय उन्हीं के शब्दों में प्रस्तुत है—

> "नन्दलाल के शान्तिनिकेतन में रहने पर एक तरह से तुम्हारे ही कार्य को गति मिलेगी। उससे मुझे जो सुविधा और सहायता मिल सकेगी—उसी में मेरा आनन्द है। इस कार्य में तुम लोगों द्वारा अवरोध पैदा करने पर मुझे जो तकलीफ़ होगी या मेरे कार्य में बाधा पड़ेगी—अगर उसे जाने भी दें तो एक बात याद रखो कि इसमें जहाँ नन्दलाल का नुक़सान होगा—वहाँ तुम लोगों को भी कोई लाभ नहीं मिलेगा। मेरा तुमसे एकान्त अनुरोध यही होगा कि इस मामले में उसे मत घसीटो! तुम्हारी इच्छा उसे विचलित करेगी। नन्दलाल पर मेरा ज़ोर नहीं लेकिन उस पर मेरी बहुत-सी आशाएँ टिकी हैं। मैं यह सब अपने हित में नहीं बल्कि देश-हित में कह रहा हूँ। ...सरकारी अनुदान के साथ मैं कोई प्रतियोगिता नहीं कर पाऊँगा। हम सब यहाँ अपनी सम्मिलित तपस्या द्वारा उसकी जो सहायता कर सकेंगे, वह रुपये-पैसे द्वारा वहाँ कभी सम्भव नहीं हो पायेगी। हम सब यहाँ अपने स्वार्थ की चिन्ता छोड़कर जिस साधना में प्रवृत्त हुए हैं—क्या वह अर्थ से बड़ी प्रेरणा नहीं है और क्या वही प्रेरणा समस्त सृजनात्मक कार्य की मूल प्रेरणा नहीं है?"

रवीन्द्रनाथ अपने महत उद्देश्य में सफल हुए और नन्दलाल कलकत्ता से शान्तिनिकेतन आ गये और यह आजीवन उनकी कला-सर्जना का रंग-क्षेत्र बना रहा।

नन्दलाल के आरम्भिक चित्रों में 'सती' और 'सती का देहत्याग' पहले ही चर्चित हो चुके थे। इन्हें इंडियन सोसाइटी ऑफ़ ओरियंटल आर्ट द्वारा पाँच सौ रुपये के पुरस्कार से सम्मानित किया जा चुका था। उनके अन्य चर्चित चित्रों में 'दमयन्ती स्वयंवर', 'गरुड़स्तम्भ के सामने चैतन्य', 'अहल्या उद्धार' तथा 'सिद्धार्थ एवं घायल हंस' का उल्लेख किया जा सकता है—जो पौराणिक और आख्यानधर्मी थे। नन्दलाल की माँ क्षेत्रमणिदेवी एक धर्मपारायण महिला थीं और नन्दलाल ने बचपन में ही उनसे *रामायण, महाभारत, चण्डीमंगल, मनसामंगल* तथा व्रत-अनुष्ठान से जुड़ी अनेक धर्म-गाथाओं तथा पर्व-पार्वन से जुड़ी कहानियाँ सुन रखी थीं। क़स्बे के कुम्हारों को मूर्तियाँ गढ़ते देखना और घर में व्रत एवं त्यौहारों के समय अल्पना में आँके जानेवाले प्रारूपों तथा प्रचलित लोक आख्यानों एवं प्रतीकों को ध्यान से देखना उनका स्वभाव और व्यसन हो गया था। यही कारण था कि पढ़ाई-लिखाई में होशियार होने के बावजूद अपने युवा पुत्र नन्दलाल को उनके पिता श्री कृष्णचन्द्र बसु ने हवेली खड़गपुर से कोलकाता भेज दिया ताकि वह आगे की पढ़ाई पूरी कर सकें। लेकिन कॉलेज की पढ़ाई छोड़कर वह गवर्नमेंट कॉलेज ऑफ़ आर्ट में दाख़िल हो गये और युवावस्था में ही, एक-के-बाद-एक चित्रों के निर्माण का जो क्रम चला, वह उनके कला-संसार को निरन्तर समृद्ध करता चला गया। इस प्रतिभा के धनी का परिचय एक-से-एक दिग्गज कलाकारों, कलाप्रेमियों और कला जगत के मर्मज्ञों (यथा, अवनीन्द्रनाथ ठाकुर, आनन्द केंटिश कुमारस्वामी, ई. बी. हैवेल, सिस्टर निवेदिता) से आरम्भ होकर 1910 में रवीन्द्रनाथ से हुआ तो उन्हें यह प्रतीत हुआ कि अब उनका छोटा-सा रंग-पटल अछोर आकाश तक अपनी रंगिमा बिखेर सकेगा।

नन्दलाल बाबू 1920 ई. में स्थायी तौर पर शान्तिनिकेतन आ गये और उन्हें कला भवन में अध्यापक के पद पर नियुक्त कर लिया गया। इसके पूर्व आश्रम विद्यालय में छात्रों को संगीत एवं कला-शिक्षा अनिवार्य तौर पर दी जाती थी। सन् 1921 में शान्तिनिकेतन में विश्वभारती विश्वविद्यालय की स्थापना के साथ कला भवन और इसके साथ संगीत भवन में क्रमशः कला तथा संगीत चर्चा (पाठ्यक्रम) की कक्षा को व्यवस्थित किया गया। यह वर्ष जहाँ विश्वभारती के लिए ऐतिहासिक महत्त्व का था—वहाँ कला भवन की रचनात्मक परिकल्पना की दृष्टि से भी विशिष्ट कहा जा सकता है। हालाँकि तब कला भवन में अध्यापकों और छात्रों की संख्या बहुत कम थी—कुल मिलाकर, यही तेरह-चौदह। और तब कला शिक्षण का कोई निश्चित पाठ्यक्रम नहीं था। कोलकाता से आये शिल्पी अध्यापक असित कुमार हालदार और उनके तीन शिष्य हीराचन्द दुग्गड़, अर्धेन्दु बन्धोपाध्याय और कृष्णकिंकर घोष के साथ धीरेन्द्रकृष्ण देव बर्मन और बिनोद बिहारी मुखर्जी भी छात्र रूप में कला भवन में दाख़िल हो गये। बाद में ये तमाम छात्र कला भवन में नन्दलाल बसु के सहयोगियों में न केवल सम्मिलित हुए बल्कि विभिन्न कला संस्थाओं में अपने अप्रतिम योगदान के लिए समादृत भी हुए।

इसी वर्ष पूजा-अवकाश के दौरान युवा नन्दलाल अपने सहयोगियों सुरेन्द्रनाथ कर और कालिदास चटर्जी के साथ कला भवन के छात्रों को लेकर बिहार के प्रमुख ऐतिहासिक स्थलों की यात्रा पर निकल पड़े। उन्होंने नालन्दा, राजगीर, पटना, गया और बोधगया आदि स्थलों का भ्रमण किया। इस यात्रा का उद्देश्य जहाँ ऐतिहासिक स्मृति-स्थलों का परिदर्शन करना था, वहाँ सांस्कृतिक बोध को सम्पन्न और समृद्ध करना भी था। बौद्ध आम्नायों एवं हिन्दू आख्यानों के साथ उन कलात्मक प्रतीकों एवं अभिप्रायों का गहराई से अध्ययन करना भी था—जो आज भारतीय कला के विकसनशील पदचिह्न एवं प्रतिमान बने हुए हैं।

नन्दलाल के साथ पूरी छात्र-मण्डली ने बौद्ध गाथाओं और हिन्दू विश्वासों से जुड़े बहुत-से स्थलों के चित्र तो बनाये ही, आसपास के ग्राम परिवेश तथा लोकजीवन के कई लोक चित्र और लघु तथा आशु रेखांकन भी किये। नन्दलाल के विशिष्ट रेखांकनों से उनके दृष्टि-विस्तार का पता चलता है—सारिपुत्र मौद्गल्यायन, विपुल गिरि, सूर्यकुण्ड, वैभार गिरि, सप्तधारा, दुर्ग-प्राचीर, जरासन्धी बैठक, बलराम मन्दिर, जेठियान की मल्लभूमि, स्वर्ण भण्डार, वाणगंगा, जीवक आम्रवन, गृध्रकूट, जरादेवी का पर्वत और मखदूम कुण्ड इत्यादि। इनके साथ ही, ग्राम-युवतियों द्वारा पनघट से जल भरकर लाना, ग्राम वधुओं द्वारा घर-आँगन में अर्पण देना, लकड़हारे का पेड़ काटना, विभिन्न जीव-जन्तुओं का रेखांकन तथा निसर्ग का चित्रण प्रमुख हैं। कहना न होगा, वे अपनी सांस्कृतिक दृष्टि और कला-सृष्टि को परम्परागत किन्तु अभिनव लोक प्रस्थान से समृद्ध कर रहे थे।

वर्ष 1921 में ही, विश्वभारती प्रतिष्ठा दिवस (7 पौष) के अवसर पर आयोजित होने वाले मेले में नन्दलाल ने कला भवन, शान्तिनिकेतन के आश्रमिकों, छात्रों तथा अध्यापकों ने चित्र-प्रदर्शनी लगाई। इससे पूरे परिसर में नयी सर्जनात्मक चेतना के साथ चित्र प्रदर्शनी की परम्परा का सूत्रपात हुआ। अगले वर्ष 1922 में और बड़े पैमाने पर चित्र प्रदर्शनी का आयोजन किया गया और इसमें पहली बार मौलिक, लघु तथा अनुकृत चित्रों और पाण्डुलिपियों का प्रदर्शन किया गया था।

दर्शकों को पहली बार काँगड़ा, राजपूत तथा पहाड़ी चित्रकला की शैलियों, प्रविधियों तथा इनकी विशिष्ट रंगांकन पद्धति का परिचय मिला।

यहाँ इस तथ्य को जानना बहुत आवश्यक है कि बंगाल शैली के चित्रकारों में नन्दलाल बसु ही ऐसे एकमात्र कलाकार थे, जो अवनीन्द्रनाथ ठाकुर की छत्रछाया में रहकर भी उनकी रूमानियत भरी स्वच्छन्द वर्णयोजना या रंगयोजना को अपना नहीं सके। यह उनकी अक्षमता नहीं थी बल्कि उनका वैविध्यपूर्ण विषय-चयन एवं उनका रंग-पौरुष था। उन पर दक्खिनी शैली का, विशेषकर वहाँ के स्थापत्य का विशेष प्रभाव था। वे अवनीन्द्रनाथ के चित्रों की कमनीयता और लोकोत्तरता के अनन्य प्रशंसक थे। साथ ही, लम्बे समय तक उनकी 'वाश' शैली का अनुकरण करते हुए या उनसे प्रभावित होते हुए भी वे उनसे कभी आक्रान्त नहीं हुए। अपने शिष्यों को भी उन्होंने कभी आक्रान्त नहीं किया और यही कारण है कि उनके सभी छात्रों ने अपने-अपने ढंग से अपने कला व्यक्तित्व को विकसित किया।

नन्दलाल के आरम्भिक चित्रों, यथा 'शिव', 'सती', 'पार्थसारथी' तथा *महाभारत* पर आधारित चित्र-शृंखला से इस तथ्य की पुष्टि हो जाती है कि स्वयं अपने लिए भी वे विषय चयन और प्रविधि निर्वहन में पूरी स्वतन्त्रता पाना चाहते थे। छात्रों को रेखांकन सिखाने के लिए तैयार किये गये 'रूपावली' के विभिन्न खण्डों में उन्होंने एलिफैंटा, अजन्ता, बाघ, कोणार्क, सिगारिया (श्रीलंका) आदि गुफ़ाओं के भित्तिचित्रों तथा स्थापत्य को आधार बनाया था। अवनीन्द्रनाथ की रंगकृतियों में रेखाओं की अस्पष्टता और भाव तथा वस्तु को कल्पनाप्रवण परिवेश में परिणत करने की जो चेष्टा दीख पड़ती है—नन्दलाल में उसका सर्वथा अभाव है। अवनीन्द्रनाथ में वस्तुपरक तथ्य को रहस्य के आवरण में प्रस्तुत करने की तैयारी है तो नन्दलाल में अपने कथ्य या तथ्य को सत्य में रूपान्तरित करने का सार्थक प्रयत्न। सुदृढ़, लयपूर्ण एवं गतिपूर्ण रेखाओं को वे चित्र का प्राण मानते रहे और उनके अनुसार—यथार्थ जगत में जो गढ़न, भाव और भंगिमा हमें मिलती हैं—चित्रांकन में उनका सार्थक उपयोग 'उपयुक्त श्री (सौन्दर्य) और अनुरूप छन्द योजना' द्वारा ही किया जा सकता है। सृजन में छन्द का विशेष अर्थ होता है। रूप और रेखाओं से जिस सुषमा की अभिनव सृष्टि होती है, उसे ही छन्द कहते हैं। एक शिल्पी के लिए केवल वस्तु या 'तथ्य' ही काफ़ी नहीं होता। वह तथ्य या प्रदत्त वस्तु से परे उसके छन्दमय एवं लावण्यपूर्ण 'सत्य' का आविष्कार करना चाहता है। कलाचार्य नन्दलाल के अनुसार एक उत्तम चित्र में रूप के भाव, भंगिमा तथा छन्द सभी एकाकार और अविच्छेद्य होकर एक-दूसरे से रच-बसकर पूर्णता प्राप्त करते हैं।

कला की इस समग्र व्याख्या के लिए नन्दलाल बसु अवनीन्द्रनाथ ठाकुर का सकृतज्ञ भाव से उल्लेख करते हैं। अपने *शिल्प कथा* ग्रन्थ में नन्दलाल कहते हैं—"जैसे पुरुष और नारी के मिलन मात्र से ही संसार की कोई सम्पूर्ण छवि प्रस्फुटित नहीं होती—इसके लिए सन्तान की आवश्यकता होती है। उसी प्रकार मात्र दो संवादी रंगों के समावेश से चित्र नहीं बनता बल्कि इसमें वादी, यहाँ तक कि विवादी रंग के अनुयोग से, वह सबकी आँखों को आकृष्ट करता है, मनोहारी हो उठता है। कई एक संवादी रंग से रचित छवि शिशुहीन घर-परिवार की तरह है और दो संवादी रंग के बीच अ-संवादी रंग का एक छोटा-सा बिन्दु ऐसा प्रतीत होता है मानो हरे रंग के प्रयोग मात्र से चित्र का औज्ज्वल्य

नहीं फूटता। लेकिन दोनों के बीच लाल रंग का छोटा-सा अनुयोग रंगों को सार्थकता और तेजस्विता प्रदान कर देता है।" (पृ. 161)

भारतीय कला परम्परा और रंग-चर्या से अन्तरंग भाव से जुड़कर ही नन्दलाल ने निसर्ग को अपने अनगिनत चित्रों—साधारण पोस्टकार्ड से लेकर विस्तृत फ़लकों—लघु चित्रों से लेकर विराट भित्तिचित्रों में चित्रित और व्यंजित किया। उनकी कला-साधना में एक साथ लोक की आकांक्षा और रवीन्द्रनाथ की वैश्विक सांस्कृतिक अवधारणा मूर्तिमान हो उठी थी।

आरम्भ में कला भवन मुख्यतः चित्रकला (चारु) और हस्तकलाओं (कारु) तक ही सीमित था। विभिन्न कलाओं के पाठ्यक्रम के शुरू होने के साथ ही, मूर्तिकला (पाठ्यक्रम) की तरफ़ ध्यान देना भी आवश्यक था। वैसे कला भवन में इसके पहले भी चर्चा होती रहती थी। इस बारे में स्थायी तौर पर व्यवस्था तब की गयी जब 1926 में अपनी कैरो (मिस्र) यात्रा के बाद रवीन्द्रनाथ भारत लौटे। यात्रा-क्रम में उनका परिचय सुश्री लिज़ा फ़र्नेपॉट से हुआ, जिसे उन्होंने कला भवन में मूर्तिकला की शिक्षा देने के लिए आमन्त्रित किया। भारत और विशेषकर शान्तिनिकेतन आकर मिस पॉट बड़ी ख़ुश हुईं और एक तरह से उनके निर्देशन में ही मूर्तिकला का औपचारिक पाठ्य सत्र आरम्भ हुआ। उनके चले जाने के बाद आधुनिक बोध से सम्पन्न मूर्तिकार मिस मिलवर्ड कला भवन पधारीं। दरअसल, इसके बाद ही, कला भवन में चित्रकला की भारतीय पद्धति के मुक़ाबले मूर्तिकला के क्षेत्र में पश्चिमी कलाशैली के अनुरूप ही तत्कालीन छात्र-छात्राओं को मूर्तिकला की शिक्षा दी जाने लगी। इस क्षेत्र में बहुत गम्भीरता से सोचा नहीं जा रहा था और स्वयं कला भवन का प्रभारी पक्ष यह निर्धारित नहीं कर पा रहा था कि स्थायी तौर पर इस कला प्रविधि के पाठ्यक्रम को कैसे सुनियोजित किया जाये! यह स्वाभाविक ही था कि मिस मिलवर्ड के कला भवन से चले जाने के बाद मूर्तिकला शिक्षण का भार भी नन्दलाल बसु पर ही पड़ा। कला भवन में पहली बार पूर्णकालिक कला पाठ्यक्रम की मोटी रूपरेखा इस प्रकार थी—

1. परम्परागत कला सम्बन्धी आवश्यक जानकारी के साथ शिक्षक के निर्देशन में चित्रकला,
2. चारु एवं कारु कला का समन्वय, परम्परागत एवं नवीन (आधुनिक) शैली की देशी और विदेशी शैलियों का अभ्यास और उनकी विशिष्टताओं का अध्ययन एवं दस्तकारी, तथा
3. समाज सेवा और आनुष्ठानिक अवसरों पर कलात्मक एवं रचनात्मक योगदान।

वस्तुतः तत्कालीन भारतीय कला शिक्षण की आधारभूमि सुदृढ़ नहीं थी जैसा कि अधिकांश कलामर्मज्ञ भी जानते हैं, यद्यपि रवीन्द्रनाथ ठाकुर समय-समय पर अपने भाव बोध के अनुरूप कला शिक्षाध्ययन के लिए रचनात्मक निर्देश देते रहते थे। कला जगत की अपेक्षा और भारतीय समाज की आवश्यकता एवं आकांक्षा के अनुरूप ही कला भवन के कला शिक्षण में यथासमय पाठ्यक्रमों में समायोजन या संशोधन किया जाता रहा। लेकिन कला शिक्षा को पाठ्यक्रम-केन्द्रित करने की अपेक्षा इसका विशेष अनुरोध जीवन की समग्रता को समझने के लिए रहा। वह व्यक्ति या कलाकार को जीवन के आनन्द से भी जोड़कर रख सके, इस बात पर विशेष बल रहा। इस उद्देश्य को रेखांकित करते हुए प्रसिद्ध

भारतीय कलामर्मज्ञ डॉ. ई. बी. हैवेल ने ठीक ही कहा था कि "भारतीय शिल्पकलाओं का उत्स एवं लक्ष्य 'आनन्द' है। श्रम में आनन्द न हो तो शिल्प हो ही नहीं सकता। गाँव के बुनकरों या एक ताँती के लिए खुरदरी या मोटी ताँत की साड़ी–दूसरों के लिए बहुत महत्त्वपूर्ण न होने पर भी एक बुनकर या जुलाहे के लिए एक आनन्ददायक सृजन कर्म है।" इसी बात को दोहराते हुए उन्होंने ऑक्सफ़ोर्ड विश्वविद्यालय में व्याख्यान देते हुए कहा था कि 'कारु' (दस्तकला या हस्तशिल्प) एवं 'चारु' (ललित कला) कार्यक्षेत्र के बँटवारे के सवाल पर जो बहस होती रही है–उसे परम्परागत भारतीय कलाओं और कलात्मक उपादानों पर आरोपित नहीं किया जा सकता। वहाँ (भारत में) कलाकार का व्यक्तित्व समाजोन्मुख और उत्तरदायित्वपूर्ण होता है। व्यक्ति या कलाकार के 'सर्जनात्मक आनन्द' का वृत्त ही समाज है, जो इस प्रकार की गतिविधियों के आरम्भ से ही स्पष्ट है। भारतीय कला के सन्दर्भ में श्रम की इस सर्जनात्मक व्याख्या से रवीन्द्रनाथ को अवश्य ही प्रसन्नता हुई होगी और सन्तोष भी कि नन्दलाल का चयन कर उन्होंने कोई ग़लती नहीं की।

'अहल्या उद्धार' और 'घायल हंस और सिद्धार्थ'-जैसी आरम्भिक लेकिन बहुप्रशंसित चित्र से लेकर अपने अनेक भूदृश्य चित्रों ('पद्मा और सारस'), 'वर्षा से धुला कोणार्क', 'वसन्त की ऊर्जा' आदि में उन्होंने वाश शैली को एक नया रूप दिया। शान्तिनिकेतन आ जाने के बाद उनकी कार्यपद्धति और विषय चयन में गुणात्मक परिवर्तन आया। अगले 30-35 वर्षों में उनके द्वारा बनाये गये चित्रों की संख्या हज़ारों में है, जिनमें रेखांकन और रंगांकन के साथ कई पैनल चित्र (हरिपुरा पोस्टर्स-जैसे सुप्रसिद्ध चित्र) भी शामिल हैं।

'उमा का विषाद', 'अर्जुन का तप', 'शिव द्वारा विषपान', 'बुद्ध और भेड़'-जैसे आख्यानमूलक विषय के अलावा शान्तिनिकेतन से सम्बद्ध प्रकृति विषयक कई चित्रों से उनकी पहचान बनी और ख़ान अब्दुल गफ़्फ़ार ख़ान, महात्मा गाँधी और 'दाण्डी मार्च' (लिनोकट), 'वृक्षारोपण' (उडकट) के साथ उन्होंने रवीन्द्रनाथ की कृतियों के आवरण और उनकी कविताओं पर आधृत कई चित्रों का निर्माण किया। इसी दौरान उन्होंने कई भित्तिचित्र यथा, 'चैतन्य का जन्म' (जयपुरी शैली) और 'हलकर्षण' (इतालवी शैली) के साथ बड़ौदा महाराज द्वारा विशेष तौर पर अनुबन्धित कीर्ति मन्दिर (बड़ौदा, गुजरात) में कोई छह वर्षों तक (1939-1945 ई.) अलग-अलग दीवारों पर *महाभारत, गंगावतरण, दुर्गा* और *त्रिकालेश्वर* आदि पौराणिक और आख्यानमूलक विषयों पर भित्तिचित्र बनाये। एक दीवार पर मीराबाई के जीवन से भी कुछ प्रसंग चित्रित किये। हालाँकि इसके पूर्व नन्दलाल *नटीर पूजा* (चीना भवन) और बसु विज्ञान मन्दिर, कलकत्ता में भित्तिचित्र बना चुके थे। बड़ौदा के तत्कालीन महाराजा द्वारा अनुबन्धित कीर्तिमन्दिर के भित्तिचित्र आकार (600 वर्गफ़ीट) में फैले हैं। भित्तिचित्रों की अन्तिम कड़ी में 'दिनांतिक' (शान्तिनिकेतन) भी उल्लेखनीय है।

नन्दलाल बसु की कृतियों की छोटी-सी सूची भी हज़ारों के पार पहुँच जायेगी। पुस्तकों में रेखांकन, उनके आवरण, कला-सम्बन्धी लेखन, शान्तिनिकेतन के विभिन्न उत्सवों के दौरान रूपायन और अभिनय के समय मंच-सज्जा आदि में किये गये उनके कार्यों पर विस्तार से लिखा गया है लेकिन तब भी बहुत कुछ कहने से रह ही गया है। रवीन्द्रनाथ के साथ और उनके निधन के बाद कला भवन के सम्बन्ध

में महात्मा गाँधी के सहयोग तथा परस्पर मैत्री भाव का परिणाम था कि नन्दलाल ने लखनऊ, फ़ैज़पुर (महाराष्ट्र) और हरिपुरा (बारदोली, गुजरात) के कांग्रेस अधिवेशनों (1936 में दो बार और 1938) में चित्र-पंडालों और चित्र प्रदर्शनी का भार ग्रहण किया था। फ़ैज़पुर में आयोजित कांग्रेस अधिवेशन में आसपास के क्षेत्रों में उपलब्ध देसी और सस्ते उपकरणों—मसलन माटी, गोबर, घास-फूँस, चटाई, बाँस, रेत, टाट आदि—का उपयोग सादगी से, लेकिन कलात्मक दृष्टि से किया गया था। इसे महात्मा गाँधी समेत वहाँ उपस्थित सभी नेताओं, कार्यकर्त्ताओं और दर्शकों ने बहुत सराहा। लेकिन तब कलकत्ता के चित्रकारों ने यह कहकर बसु का विरोध किया था कि इस प्रकार के कार्यों को कलाकृति कैसे माना जा सकता है! 'सैडलिंग' (saddling—यानी गले मढ़ने वाले) कलाकारों को इस प्रकार अनुबन्धित करना हास्यास्पद है। हालाँकि शान्तिनिकेतन में ऐसा कोई विवाद या विरोध नहीं हुआ। इसके बाद नन्दलाल बसु द्वारा चित्रित हरिपुरा पोस्टर्स का भारतीय कला परिदृश्य में विशेष महत्त्व है, जिसमें श्रम की महत्ता को श्रमिकों, मज़दूरों, किसानों, दस्तकारों और कामगारों के माध्यम से दर्शाया गया था। नन्दलाल बसु ने वहाँ आसपास उपलब्ध मिट्टी के रंगों को कूट-पीस और छानकर गाढ़े और चटख रंग तैयार किये। उनसे उन्होंने कार्ड बोर्डों पर कई चित्र बनाये। यही नहीं, गाढ़े और अमिश्रित रंगों से पोस्टर या समारंजन शैली में कई चित्र तैयार किये, जो न केवल वहाँ के जन जीवन से बल्कि ज़मीन से जुड़े थे बल्कि उनमें कामगारों और श्रमिकों के पसीने की ख़ुशबू भी थी।

हरिपुरा कांग्रेस के लिए निर्मित चित्रों की प्रेरणा और सारी संकल्पना के मूल में देशी साधनों और स्थानीय रंग-पद्धति (वर्ण-क्रम) का उपयोग बेहद सफल रहा। स्थानीय परिवेश से समृद्ध यह चित्र-शृंखला समावेशी भारतीयता का प्रतिनिधित्व भी कर रही थी। नन्दलाल ने इसके लिए तीन सप्ताह तक टिथल और हरिपुरा गाँव और निकटवर्ती स्थानों में बसनेवाली भील और कोलि जनजातियों के रहन-सहन एवं उनकी विचित्र वेशभूषा का अध्ययन किया था। उनकी जीवनशैली को रेखाओं और रंगों में अलग से भी उकेरा। ऐसे कई रंग-रेख (कलर स्केच) उन्होंने पोस्टकार्ड पर तैयार कर अपने मित्रों को भेजे। वे सभी हरिपुरा चित्र शैली में अंकित थे। ऐसे रेखांकनों में लकड़ी ढोती औरतें, हुक़्क़ा पीते मर्द, मेले-ठेले, बैलगाड़ियों पर उनकी यात्रा, हाट-बाट तथा शादी-ब्याह-जैसे उत्सव के रेखांकन एकदम जीवन्त हो उठे थे।

हरिपुरा कांग्रेस अधिवेशन के दौरान निर्मित मण्डप या आयोजित कला और शिल्प प्रदर्शनी देखने आये लोगों, विशेषकर आसपास के गाँववालों को लगा कि उनके श्रम, स्वेद और शिल्प का भारतीय समाज के निर्माण में क्या योगदान या महत्त्व है। भारतीय मण्डप की परिकल्पना के अनुरूप बने इन चित्रों का उद्देश्य भारतीय जन-जीवन में श्रम और शिल्प की महत्ता को उजागर करना था। इनमें अंकित थे—गाँव क़स्बे में सदियों पुरानी जीविका से जुड़े तमाम कारीगर और दस्तकार—बुनकर, मोची, बढ़ई, मदारी, गायक-नर्तक, बाज़ीगर, लड़ाकू, यहाँ तक कि कान का मैल निकालनेवाले भी। इनमें सामाजिक एवं सांस्कृतिक अभिप्राय भी बड़ी सहजता से समायोजित थे... जैसे कि किसी ग्रामीण का उत्सव या अनुष्ठान में भाग लेना या घर पर ही मन्दिर बनाकर इष्ट या प्रतीक की स्थापना करना।

हरिपुरा कांग्रेस अधिवेशन के दौरान प्रदर्शित नन्दलाल के मौलिक चित्रों की कुल संख्या 89 बतायी जाती रही है। इन चित्रों में भारतीय संगीतकार (16 चित्र), विभिन्न करतब खेल और खिलाड़ी (8 चित्र), गार्हस्थ जीवन-चर्या (22 चित्र), ग्राम श्रमिक (22 चित्र), अलौकिक पात्र (6 चित्र) और पशु-पक्षी और अलंकरण से सम्बन्धित चित्र थे। विभिन्न वाद्य-वादक (वीणा, वंशी, सारंगी, डुगडुगी, ढाक, मृदंग आदि) तथा श्रमिकों (दर्ज़ी, धुनिया, बढ़ई, धोबी, शोला-कारीगर, मोची, माली) के चित्र बरबस अपनी ओर ध्यान आकर्षित कर लेने में सक्षम थे। ये सब अपनी सहजता और रंग-विन्यास में सचमुच धरा-पुत्र प्रतीत होते हैं। चित्रों की एक-एक रेखा अपनी अनिवार्यता को जताती है और इनमें नन्दलाल-सरीखे कुशल चित्रकार के तूलिकाघात में ऊर्जा के साथ कमनीय वर्तुलता भी सम्मिलित हो गयी है। रंगों की इकाइयाँ या पट्टियाँ अपनी सघनता में भी पारदर्शी हो उठी हैं। इनमें चटख देसी और प्रचलित रंगों के साथ मोटी रेखाओं का गतिपूर्ण एवं लयात्मक विनियोग—एक नयी गत्यात्मकता और प्रभविष्णुता से मण्डित था।

बाद में, इनमें से कुछेक चित्रों की प्रतिकृतियाँ मूल चित्र के आधार पर तैयार की गयी थीं और इनमें संयोजन एवं रंगांकन सम्बन्धी थोड़े-बहुत परिवर्तन भी किये गये थे। लोकभूमि और स्थानीयता से मेल खाते इन चित्रों की रचना का अंकन एवं माण्डन, मंच, मण्डप, मुख्य द्वार और तोरण आदि की कलापूर्ण सज्जा परस्पर समन्वय रखते हुए की गयी थी। इस परम्पराश्रित रूपबन्ध तथा चित्रगत संरचना में नन्दलाल बसु ने मानवीय संवेदना के साथ भारतीय कला परम्परा का भी पर्याप्त ध्यान रखा था। कुछ चित्रों की विषयवस्तु का चयन परिवेश एवं जीविका के अनुरूप हुआ था ताकि उन्हें सहज ही लोक स्वीकृति मिल सके। यही कारण है कि आज भी हरिपुरा पैनल के चित्रों को किसी भी सिद्धहस्त कलाकार की कालजयी कृतियों के समकक्ष सगौरव रखा जा सकता है।

इस चित्र-शृंखला के बारे में एक महत्त्वपूर्ण बात यह है कि ये साधारण दर्शकों को भी उतने ही प्रिय एवं आत्मीय लग सकते हैं जितने कि एक कला-पारखी, कला-रसिक या कला-समीक्षक को। के.जी. सुब्रमण्यन ने 'हरिपुरा पोस्टर्स' नाम से विख्यात इन चित्रों को भित्तिचित्र की श्रेणी में रखे जाने पर ज़ोर दिया था। परम्परागत सृष्टि और समकालीन दृष्टि के मणिकांचन योग और प्राचीन तथा नवीन के अनूठे समायोजन से कला जगत द्वारा हरिपुरा कलाशैली को सार्वदेशिक एवं सार्वजनिक आदर्श के रूप में मान्यता भी मिली। यह स्वदेशी कला अभियान का अभिनव प्रस्थान ही नहीं, उसका अभूतपूर्व उत्कर्ष भी था। इन चित्रों द्वारा भारतीय कला-यात्रा के एक महत्त्वपूर्ण पर्व का समापन नहीं बल्कि अगला अध्याय आरम्भ हुआ। क्योंकि ऐसे कई भारतीय कलाकार, जो पाश्चात्य कला को अपना आदर्श मान बैठे थे, उनमें से अधिकांश की समझ में यह आ गया कि अपनी ज़मीन और जनता से जुड़े बिना उनकी कला को जन-स्वीकृति नहीं मिल सकती।

स्वामी विवेकानन्द द्वारा स्थापित अद्वैत आश्रम (मायावती, बंगाल) से जुड़ने के बाद नन्दलाल बसु ने कामारपुकुर स्थित रामकृष्ण मन्दिर का रूपांकन किया था। सुप्रसिद्ध बेलुर मठ के अन्तःबाह्य (स्थापत्य के लिए भी) का अलंकरण उन्होंने ही किया था। भारत सरकार द्वारा नागरिक सम्मान हेतु

प्रदत्त पद्मश्री, पद्मभूषण, पद्मविभूषण एवं भारतरत्न पदकों का रूपांकन तो उन्होंने किया ही था, भारतीय संविधान के आरम्भिक पृष्ठ को भी अलंकृत किया था।

कई सम्मानों और अलंकरणों से विभूषित नन्दलाल बसु की बहुमुखी प्रतिभा सचमुच विस्मयकारी है। 1951 में कला भवन से अवकाश ग्रहण करने के बाद वे विश्वभारती के एमरिटस प्रोफ़ेसर बने। विश्वभारती ने उन्हें 'देशिकोत्तम' की उपाधि (1952 ई. में) प्रदान की। बनारस हिन्दू विश्वविद्यालय ने उन्हें 1953 में डी.लिट् की मानद उपाधि प्रदान की थी। भारत सरकार द्वारा उन्हें 1953 में पद्मविभूषण अलंकरण प्रदान किया था। वे 1954 में ललित कला अकादेमी के रत्न सदस्य बने और कलकत्ता विश्वविद्यालय ने डी.लिट् से सम्मानित किया। 1964 में एशियाटिक सोसाइटी ने उन्हें रवीन्द्र शताब्दी पदक प्रदान किया।

शान्तिनिकेतन के कला भवन और कलाचार्य नन्दलाल का सम्पर्क लगभग पाँच दशकों तक बना रहा और दोनों जैसे एक-दूसरे के पर्याय हो गये। गुरुदेव रवीन्द्रनाथ उनके हाथों में कला भवन सौंपकर निश्चित हो गये थे। इसका एक बड़ा कारण यह था कि एक सर्जक के नाते जहाँ वे कलाओं को आत्म-मुक्ति का साधन मानते थे, वहाँ सामाजिक के नाते एक अनिवार्य दायित्व। इस दायित्व का अनुपालन रवीन्द्रनाथ और नन्दलाल दोनों ने पूरे मनोयोग से किया। तमाम कष्ट-कल्प एवं आनन्द-अनुष्ठान के बीच जीवन के एक-एक पर्व और प्रस्थान को पूर्णता प्रदान करने के लिए ही नन्दलाल बसु ने कला भवन के आचार्य एवं अध्यक्ष का पद-दायित्व स्वीकार किया था। कहना न होगा, सर्जना के क्षेत्र में अपनी निरन्तर और निष्कम्प कला-यात्रा को उन्होंने जो उत्कर्ष और गौरव प्रदान किया, वह न केवल स्पृहणीय है बल्कि अभिनन्दनीय भी। बंगाल शैली के साथ भारतीय कला जगत को उनका आत्मदान अद्वितीय, असाधारण और अविस्मरणीय है।

प्रतिवर्ष 3 दिसम्बर को, नन्दलाल बसु की जन्म जयन्ती के उपलक्ष्य में शान्तिनिकेतन में नन्दलाल पर्व मनाया जाता है, जो भारतीय कला का गौरवपूर्ण स्वर्ण-पत्र है। इस प्रतीक पर्व को भारतीय कला मनीषा के प्रतिमान के नाते नन्दलाल बसु की कला-साधना के सन्दर्भ में, उनका आकलन एवं मूल्यांकन विविध कला रूपों में किया जाता रहा है। लेकिन भारतीय अभिगमों और अवधारणाओं के अनुरूप हम आज भी भारतीय कला के ऐसे प्रारूप निर्धारित या निकष निर्मित नहीं कर पाये हैं—जो प्राच्य ही नहीं, पाश्चात्य को भी अपने निर्णय एवं निष्कर्ष पर दोबारा सोचने को बाध्य करे, विशेषकर रवीन्द्रनाथ ठाकुर और नन्दलाल बसु के सन्दर्भ में।

रवीन्द्रनाथ ठाकुर द्वारा नन्दलाल बसु की शुभाशंसा में लिखित कविता–

श्रीमान नन्दलाल बसु/परम कल्याणीयेषु
तोमार तुलिका रंजित करे भारत भारती चित्त।
बंगलक्ष्मी भांडारी सेथे जोगाय नूतन वित्त।
भाग्य विधाता आशिष मन्त्र दियेछे तोमार कर्णे–
विश्वेर पटे स्वदेशेर नाम लेखो अक्षय वर्णे।

तोमार तुलिका कविर हृदय नन्दित करे नन्द!
ताइतो कविर लेखनी तोमाय पराय आपन छन्द।
चिर सुन्दरे करे गो तोमार रेखाबन्धने बंदी।
शिवजटासम होक् तब तुलि चिर रस निष्यंदी।

हिन्दी अनुवाद–

तुम्हारी तूलिका भारत भारती के चित्त को
अनुरंजित करती हुई, बंगलक्ष्मी का भंडार
नवीन वित्त से भरती रहे।
भाग्य विधाता ने अपना आशीष मन्त्र
तुम्हारे कानों में डाला है; तुम विश्वपटल पर
अपना नाम अमिट अक्षरों में लिख दो!
हे नन्द, तुम्हारी तूलिका कवि-हृदय को आनन्दित करे
इसीलिए कवि की लेखनी
तुम्हें अपने छन्द न्योछावर करती है।
चिरसुन्दर तुम्हारी रेखाओं के बन्धन में बँध जाये
और तुम्हारी तूलिका शिव की जटा-सी
सदैव रस प्रवाहित करती रहे।

शान्तिनिकेतन,
(12 ई. बैशाख, 1321 बंगाब्द; 1914 ई.)

के. वेंकटप्पा
(1887–1965)

के. वेंकटप्पा का जन्म 1887 ई. में एक चित्रकार परिवार में हुआ। उनके पिता मैसूर राजदरबार में चित्रकार थे। एक सुरुचिसम्पन्न परिवेश और कलाप्रवण परिवार में पले-बढ़े वेंकटप्पा ने मैसूर के शासकीय औद्योगिक विद्यालय में 1902 से 1908 तक शिक्षा प्राप्त की। मैसूर महाराज के निजी सचिव, जो स्कॉटलैंड के निवासी थे, के कहने पर उन्हें कलकत्ता भेजा गया, जहाँ 1909 से 1915 तक वेंकटप्पा ने गवर्नमेंट कॉलेज ऑफ़ कलकत्ता से कला शिक्षा प्राप्त की। यहाँ उन्हें कलाचार्य अवनीन्द्रनाथ ठाकुर का मार्गदर्शन मिला।

यहाँ इस बात का उल्लेख आवश्यक है कि 1910 का वर्ष आधुनिक भारतीय कला के इतिहास में एक युग के सूत्रपात का वर्ष है। हालाँकि इसका प्रारम्भ अपनी महान विरासत के साक्षात्कार और पुनराविष्कार से हुआ। यह तथ्य इसलिए भी महत्त्वपूर्ण है कि अजन्ता के जिन भित्तिचित्रों को पहले आदिम और जनजातियों द्वारा अंकित निम्न कोटि का बताया गया था, उसे बाद में अंग्रेज़ कलाविदों द्वारा कला की अमूल्य निधि और उपलब्धि माना गया और आज अजन्ता विश्व की श्रेष्ठतम कला सम्पदा के तौर पर परिगणित है। अजन्ता की गुफ़ा की खोज भी बड़ी रोचक है, जब एक सेवानिवृत्त सैन्य अधिकारी सर जेम्स ने शिकार खेलते हुए, आज से कोई दो सौ साल पहले 1819 ई. के दौरान की थी। वर्षों तक इस दुर्गम स्थल का पुनरुद्धार किया जाता रहा। अजन्ता के साथ एलोरा की गुफ़ाएँ भी प्रकाश में आयीं, और अपने विशिष्ट स्थापत्य और मूर्तिकला के लिए इसे भी विश्व धरोहर के नाते स्वीकृति मिली।

1910 ई. में उस सन्धान को ऐतिहासिक अवसर में बदलने के लिए लेडी हेरिंगम के प्रेरक प्रयास को नहीं भुलाया जा सकता। उन्होंने नन्दलाल बसु के नेतृत्व में असित कुमार हालदार, समरेन्द्रनाथ गुप्त, के. वेंकटप्पा, सुरेन्द्रनाथ गांगुली आदि के साथ अजन्ता के कई चित्रों की अनुकृतियाँ तैयार कीं। यह दुर्लभ सुयोग वेंकटप्पा की चित्रशैली को सुनियोजित करने में बहुत सहायक हुआ। अवनीन्द्रनाथ ठाकुर का मार्गदर्शन तो उन्हें मिला ही था, गगनेन्द्रनाथ ठाकुर और पर्सी ब्राउन का स्नेह भी प्राप्त हुआ था।[1] इनके साथ बाद में, वेंकटप्पा ने दार्जिलिंग की यात्रा की थी, जहाँ उन्होंने हिमाच्छादित पर्वतीय अंचल के कई चित्र बनाये। आगे भी प्रकृति के साथ उनका चित्र संवाद ज़ारी रहा और एक यायावर चितेरे की तरह उन्होंने प्रकृति सम्बन्धी कई चित्र बनाये।

1920 ई. में उन्होंने मैसूर में अपना स्टूडियो खोला। ऐसा बहुत कम ही देखा गया है कि अपनी आरम्भिक कृतियों से ही कोई चर्चित हो जाये। यहाँ यह तथ्य उल्लेख्य है कि शान्तिनिकेतन, कला भवन के परिसर में, के. वेंकटप्पा ने ध्यानस्थ बुद्ध की एक बृहदाकार मूर्ति कंक्रीट से तैयार की थी। इसे पूर्णता प्रदान करने के लिए बाद में, रामकिंकर बैज ने थोड़ी दूर पर कृशकाय सुजाता की मूर्ति निर्मित की। सुजाता का पायस (खीर) खाने के लिए बुद्ध ने उपवास तोड़ा था।

वेंकटप्पा ने भी अपने कलागुरुओं और मित्रों से भरपूर स्नेह और सहयोग प्राप्त किया लेकिन वे अपनी मर्ज़ी के मालिक थे। 'बंगाल खरमोर' (बेंगाल फ़्लोरिकन, 1910) का मोहक और अनूठा चित्रण उनकी निजी छाप के लिए आज भी याद किया जाता है। 'अर्धनारीश्वर' शीर्षक से विभिन्न कलाकारों ने कई कृतियाँ बनायी हैं लेकिन वेंकटप्पा के चित्र में आकारगत भंगिमा एवं उसकी कमनीयता, सुकुमार रेखाओं से विन्यास और कोमल रंगों का प्रयोग अत्यन्त प्रभावी बन पड़ा है। उनके द्वारा *रामायण* और *महाभारत* के मार्मिक एवं महत्त्वपूर्ण प्रसंगों पर बनाये गये चित्र जहाँ परम्परागत एवं आख्यानमूलक विषयवस्तु की निरन्तरता में निर्मित हैं, वहीं उनकी रूप सर्जना एवं रंग योजना का पार्थक्य उन्हें सारे कलाकारों से अलग कर देता है। हालाँकि उन पर फ़ारसी, मुग़ल और पहाड़ी शैलियों का भी प्रभाव रहा है। बंगाल शैली की सौम्यता और गुरु अवनीन्द्रनाथ की छाया तो है ही। लेकिन धीरे-धीरे वे उन शैलियों और चित्रांकन प्रविधि से मुक्त होते चले गये और उनके अलग कला व्यक्तित्व को निरूपित करने में उनके भूदृश्य चित्रण या सैरा ने महत्त्वपूर्ण योगदान किया। इनमें क्षेत्र विशेष की प्रकृति एवं उसकी रंगत के साथ छाया प्रकाश का संयोजन दर्शनीय है। विशेषकर, ऊटी (उटकमंड) और कोडईकनाल-जैसे रमणीक एवं पर्यटन स्थल का नयनाभिराम अंकन उन-जैसे समर्थ चित्रकार द्वारा ही सम्भव है। अपने सक्षम और सूक्ष्म अवलोकन द्वारा उन्होंने वन्य प्राणियों, वनस्पतियों और बहुवर्णी धरा का प्रभावी अंकन किया।

जैसा कि ऊपर बताया गया, *रामायण* के कई प्रसंगों से अभिभूत वेंकटप्पा ने 'राम सीता' के साथ 'सीता और हिरण', 'जटायु', 'हनुमान को मुद्रिका सौंपते राम' और 'सेतुबन्ध' शीर्षक से कई चित्र बनाये। *रामायण* पर आधारित उनकी 108 फ़ीट लम्बी और अनुपम निर्मिति मैसूर के राजमहल अम्बा विलास में सुरक्षित है, जिसमें रंगों के साथ प्लास्टर से रूपाकारों को उभार प्रदान किया गया है। इस रीलिफ़-नुमा चित्र में उकेरी गयी रूपाकृतियाँ आकारगत विन्यास में आनुपातिक और सौन्दर्यपूर्ण हैं और वर्ण्यवस्तु के साथ पर्याप्त न्याय करती हैं। चूँकि यह कृति निजी संग्रह में है, इसलिए यह आम दर्शकों की दृष्टि से ओझल है। इसी तरह *महाभारत* से जुड़े कुछ प्रसंग—यथा, 'पाण्डवों को धनुर्विद्या सिखाते गुरु द्रोण', 'एकलव्य का धनुर्विद्या अभ्यास', 'दमयन्ती' आदि प्रमुख हैं। 'बुद्ध एवं सुजाता', 'ध्यानी बुद्ध', 'शंकराचार्य', 'टीपू सुलतान' आदि के अलावा प्रकृति से अत्यधिक लगाव होने के कारण बारहमासा, षट्ऋतु वर्णन या अष्टप्रहर की परम्परा में उन्होंने ऋतुओं के बदलते रूपरंग और स्वभाव को जलरंगों, तैलरंगों और टेम्परा विधि से अपने चित्रों में उकेरा।

वेंकटप्पा द्वारा निर्मित व्यक्ति चित्रों का संसार भी विभिन्न रजवाड़ों के प्रमुखों (कूचबिहार के महाराज, मैसूर के कृष्णराज वाडियार एवं एस.वी. मुदलियार) तथा गुरु अवनीन्द्रनाथ ठाकुर (हाथी दाँत

पर अंकित) आदि से समृद्ध है। जहाँ तक *रामायण* की गाथाओं के चित्रण की बात है, के. वेंकटप्पा अपने पूर्ववर्तियों, यहाँ तक कि रवि वर्मा के निस्तेज और रक्तहीन चरित्रों के मुक़ाबिले अधिक सचेत और सतेज नज़र आते हैं। उनमें एक तरह की नाटकीयता भी है। हालाँकि ऐसे पुनरुत्थानवादी चित्रकारों को तब आधुनिकतावादियों द्वारा नकार का भी सामना करना पड़ा था।

'बालक मनी राम', 'वीणा शेषन्ना' (1918), 'रवीन्द्रनाथ ठाकुर' (1923), 'शकुन्तला' (1928) और 'शिव तांडव'-जैसी प्लास्टर प्रतिमाओं के निर्माण से स्पष्ट है कि वेंकटप्पा कई प्रकार की कलात्मक गतिविधियों में लगातार अपनी सक्रियता बनाये रखते थे। एक कुशल वीणावादक के नाते भी उनकी पर्याप्त ख्याति थी। 1952 ई. में बनाया गया अन्तिम चित्र 'सूर्यास्त' भी उनके कर्मव्यस्त जीवन की अन्तिम कृति बनकर रह गया। इसके बाद वे संगीत साधना एवं सामाजिक कार्यों में ही व्यस्त रहे। 1962 ई. में ललित कला अकादेमी की रत्नसदस्यता प्राप्त के. वेंकटप्पा ने मैसूर के कई युवा छात्रों को कला की शिक्षा प्रदान की। उनका निधन 1965 ई. में हुआ।

सन्दर्भ

1. वस्तुतः इस कार्यक्रम के प्रेक्षक ई. बी. हैवेल थे। अजन्ता के भित्तिचित्रों की जीवन्त अनुकृतियों ने काफ़ी प्रशंसा बटोरी। इनमें से चयनित अनुकृतियाँ विवरण आदि के साथ इंडिया सोसाइटी, लन्दन से 1915 ई. में प्रकाशित हुईं।

जामिनी राय
(1887–1972)

बंगाल के बाँकुड़ा ज़िले के बेलियातोड़ा गाँव में, एक ज़मींदार के यहाँ 10 अप्रैल, 1887 ई. को जन्मे जामिनी राय एक अलग ही स्वभाव के बालक थे। उनमें बचपन से ही कला के प्रति रुचि थी और उन्हें अपने आसपास जो कुछ अच्छा लगता, उसकी प्रतिकृति बनाने लगते। उनके पिता ने इस दिशा में उन्हें प्रेरित भी किया और आरम्भिक शिक्षा-दीक्षा के बाद कलकत्ता स्थित कला विद्यालय में उनका दाख़िला भी करवा दिया। अब यह उनकी युवा मानसिकता थी या ज़िद कि वे पश्चिमी कला पद्धति का अनुगमन न कर अपने ढंग से कला का अभ्यास करना चाहते थे, और इसलिए कला का डिप्लोमा लिए बिना उन्होंने कला विद्यालय छोड़ दिया। दरअसल बचपन से ही परिवार एवं परिवेश से अर्जित संस्कार के साथ लोकजीवन में व्याप्त कला एवं शिल्प का अकूत संसार वह छोड़ना नहीं चाहते थे। हालाँकि कला विद्यालय में रहकर उन्होंने पश्चिमी कला-पाठ्यक्रम से काफ़ी कुछ जानकारियाँ प्राप्त की थीं, विशेषकर पश्चिमी कला प्रविधियों के बारे में। इनके साथ ही, उन्होंने बंगाल शैली के अनुरूप कई चित्र भी बनाये थे, विशेषकर अवनीन्द्रनाथ की प्रभाव-छाया में।

जामिनी राय सम्भवतः इस बात के लिए तैयार नहीं थे कि कोई अनचाही और आरोपित चित्रशैली (भले ही वह बंगाल शैली ही क्यों न हो) और चित्र प्रविधि (विशेषकर पश्चिमी) उन पर अनावश्यक तौर पर थोपी जाये। सुप्रसिद्ध समाज चिन्तक सच्चिदानन्द सिन्हा ने पश्चिमी कला के वर्चस्व और उसे भारतीय कला पर थोपे जाने की विडम्बना के बारे में विचार करते हुए लिखा है–"भारत में जब ये कला प्रभाव आये तो बिल्कुल आरोपित थे। भारत में भी नगरों का विकास हो रहा था और गाँव उजड़ रहे थे। फिर भी भारत गाँवों का ही देश बना रहा, जहाँ अस्सी फ़ीसदी लोग रहते थे। यहाँ के आदिम समाज को सरल जीवन की तलाश में सागर या द्वीपों में जाने की ज़रूरत नहीं थी। ...भारत का पारम्परिक समाज यहाँ भी जात-पाँत, नाते-रिश्ते और इसकी तमाम वर्जनाओं के साथ उपस्थित था।" वस्तुतः जामिनी राय का मानस इसी परिवेश की उपज था। वे नागर समाज और पश्चिमी कला आन्दोलनों और मूल्यों से अपना सम्बन्ध स्थापित नहीं कर पाये या करना नहीं चाहते थे।

वस्तुतः बीसवीं सदी के आरम्भ में राष्ट्रीय और स्थानीय मूल्यों के साथ साहित्य, कला, संस्कृति के क्षेत्र में जो बदलाव आये, उसका बंगाल की परम्परागत जीवनशैली पर प्रभाव अनिवार्य तौर पर पड़ा। लेकिन इस प्रभाव में जहाँ आधुनिकता के लिए छटपटाहट थी, वहाँ अपने परम्परागत धरोहरों को भी

सुरक्षित रखने और उन्हें संशोधित कर नये रूपाकार में प्रस्तुत करने का प्रबल आग्रह भी था। इसमें बृहत्तर लोकालय से जुड़े उन उपेक्षित एवं अवहेलित जनसमुदाय की भागीदारी और हिस्सेदारी का भी पक्ष था, जिसकी अनदेखी नहीं की जा सकती थी। बंगाल शैली ने निश्चय ही इस पक्ष का ख़याल रखा था। ग्रामीण लोकालय हो, पर्वतीय जन समुदाय हों या आदिम जनजातियाँ—उनके रहन-सहन, रीति-रिवाज़, उत्सव-अनुष्ठान एवं दैनन्दिन चर्चा से जुड़ी छवियों एवं प्रतीतियों का चित्रकारों द्वारा काग़ज़ और कैनवस पर विपुल मात्रा में चित्रांकन किया गया। इसमें उनके ग्राम परिवेश, प्राकृतिक सौन्दर्य, कृषि जीवन, रूप-विन्यास, नृत्य-उत्सव आदि प्रसंगों का भरपूर चित्रण हुआ। इनमें विभिन्न जनजातियों समेत सन्थाली जीवन की अनेक छवियाँ निर्मित हुईं। कला भवन, शान्तिनिकेतन के अध्यापक एवं छात्र तो अनिवार्य तौर पर सन्थालों की बस्तियों में जाकर ड्रॉइंग और पेंटिंग किया करते थे। नन्दलाल बसु, रामकिंकर बैज, असित कुमार हालदार, बिनोद बिहारी मुखर्जी, धीरेन्द्रकृष्ण देव बर्मन आदि संथाल जीवन के आरम्भ से लेकर अन्त तक उनके विविध रूपाकारों को काग़ज़ और कैनवस पर उतारते रहे।

जामिनी राय ही नहीं, बाँकुड़ा के ही प्रसिद्ध कलाकार रामकिंकर बैज पर भी पश्चिम का प्रभाव नहीं के बराबर था और वे आजीवन अपनी धरती, आदिम संस्कृति और प्रकृति तथा देशी कला पद्धति से जुड़े रहे। इस दिशा में कलाचार्य अवनीन्द्रनाथ ठाकुर और उनकी शिष्य मण्डली में अग्रगण्य नन्दलाल बसु के पूर्व प्रयत्नों को ध्यान में रखना आवश्यक है। ये सभी पश्चिमी कला संसार और उसके प्रभाव एवं योगदान को पूरी तरह नकार नहीं रहे थे बल्कि उनकी प्रविधियों को भारतीय परिवेश और प्रकृति के अनुरूप बनाकर अपनी-अपनी निर्मितियाँ प्रस्तुत कर रहे थे।

जामिनी राय ने अपनी कृतियों को बंगाल के लोककण्ठ में रचे-बसे आख्यानों, कला अभिप्रायों और आस्थाओं से जोड़ा। साथ ही, बाँकुड़ा के टेराकोटा मन्दिरों के फलकों से प्रेरणा लेकर अपने पात्रों को उन्हीं फलकों के सादगीपूर्ण संयोजनों के अनुरूप चित्रित किया। इस तरह एक भूली हुई कलाशैली प्रकाश में आयी और दर्शकों में उन टेराकोटा मन्दिरों को भी देखने की ललक जगी। इसी तरह कोलकाता के कालीघाट के आसपास की बस्तियों में पटुआ कलाकारों द्वारा निर्मित पटचित्र और दुर्गा पूजा और काली पूजा के मण्डपों पर सजाये जाने वाले लोकचित्रों की संयोजना, रंगयोजना और विषयवस्तु की विभिन्नता देखकर भी वे प्रभावित हुए। उन्हें जान पड़ा कि जिन देशज तत्त्वों, रंगों और उपकरणों ने सदियों से हमारे लोक मानस में एक गहरी पकड़ बनाये रखी है, उन्हें पाश्चात्य विचारों और कला व्यवहारों की आक्रामक आँधी में उखड़ने से बचाये रखने की ज़रूरत है।

लोक सर्जकों की भावभूमि को समझने के लिए जामिनी राय ने पूरे बंगाल की यात्रा की। सन्थालों के गाँवों में रहे। ग्रामांचलों में होने वाले उत्सव-अनुष्ठान, रीति-रिवाज़, नृत्य-गीत, आभूषण-परिधान आदि का अध्ययन ही उनका अध्यवसाय बन गया। लेकिन उन्हें यथावत् अनुकृत करना उनका ध्येय नहीं था। वे इन सारे आयोजन या लोकचर्या को सहज और अकृत्रिम ढंग से, उनके ही रंग और भाव में उकेरना चाहते थे ताकि सम्बद्ध लोकालय उसमें अपनी उपस्थिति पा सके। इस कार्य में उन्हें सफलता मिलती गयी और वे लगातार इस दिशा में कार्यरत भी रहे। सस्ते रंग, माध्यम, तूली आदि से निर्मित ये चित्र अपने

संयोजन में लयात्मक और भाव-भंगिमा में सहज, आत्मीय एवं उदात्त थे। सराहे जाने के बावजूद ये चित्र अपने लिए कोई ख़रीदार नहीं जुटा सके। कला का बाज़ार या तो नामी कलाकारों के लिए था या फिर पश्चिमी ढब या ढंग के चित्रों की नक़ल पर चल रहा था। इसलिए लोकधर्मिता को बचाने का यह उपक्रम जामिनी राय और उनके परिवार को बहुत महँगा पड़ा। लोकोन्मुखी कला का अभी भी 'ललित' कला के क्षेत्र में प्रवेश वर्जित था। कला संस्थान के साथ कला संरक्षकों या कला समीक्षकों के लिए यह प्रोत्साहन का विषय था—स्वीकरण या स्वाभाविक अंगीकार का नहीं। लेकिन इससे जामिनी राय न तो झुके और न टूटे बल्कि एकनिष्ठ भाव से अपना कार्य करते रहे। अपने इसी अपराजेय उत्साह और कार्यक्षमता के बल पर उन्होंने न केवल देश को बल्कि दुनिया को झुका दिया।

जामिनी राय की विपुल कलाकृतियाँ और अकूत संरचनाएँ देसी माध्यमों यथा—काग़ज़, कपड़ा, जूट, टाट और चटाई, रेशमी पटल आदि पर तैयार की गयी हैं। इसी तरह मिट्टी, पत्थर से बननेवाले रंग के साथ, टेम्परा रंगों का उन्होंने भरपूर उपयोग किया। तीस और चालीस के दशकों में उनके द्वारा बनाये गये शताधिक कार्य उनकी ज़िद और जिजीविषा के परिणाम हैं, जो आज भारतीय कला के उत्कृष्ट प्रतिमान माने जाते हैं। रेखाओं की गत्यात्मकता, क्षिप्रता और इनके द्वारा अभिव्यक्त भावांकन इतने सम्पूर्ण और सटीक हैं कि कोई भी कृति अपने विन्यास में परिपूर्ण दृष्टिगत होती है। चित्र का आकार छोटा हो या बड़ा—कोई भी दर्शक कलाकार द्वारा प्रयुक्त रेखा, रंग, संयोजन ही नहीं, उनके द्वारा अभिव्यक्त भाव से पूरी अन्तरंगता से जुड़ जाता है।

दरअसल जामिनी राय लोकचित्त को जितनी गहराई से जानते थे, उतनी गहराई से वे दूसरे चित्रकार नहीं, जो भद्रजनोचित भाव से या अभिजनों के लिए चित्र बनाया करते थे। ऐसे पेशेवर कलाकारों के लिए अब नयी चित्रवीथियों का निर्माण होने लगा था और चित्र प्रदर्शनी के समानान्तर एक कला बाज़ार भी विकसित हो रहा था। इन सबसे अविचलित जामिनी राय अपने चित्रों को, जिनकी लागत बहुत कम होती थी, अपने दर्शकों या प्रशंसकों को बहुत ही कम क़ीमत पर बेच देते थे। उन्हें पता था कि अभिजात वर्ग उनके चित्रों का ख़रीदार नहीं है। लेकिन देर से ही सही, न केवल कला जगत में बल्कि कलाविदों की दृष्टि में उनके कार्यों का महत्त्व पहचाना गया। कला में भारतीयता के सन्धान में जुटे कुछ प्रतिष्ठित एवं पश्चिमी कलाविदों ने उनके कार्य की सराहना की और वर्ष 1953 ई. में ए.सी.ए. कलादीर्घा, न्यूयॉर्क में लगी उनकी चित्र प्रदर्शनी से न केवल जामिनी राय की कृतियों का, बल्कि भारतीय कलाशैली की एक विशिष्ट पहचान का, भरपूर स्वागत हुआ। उन्हें भारत का सर्वश्रेष्ठ चित्रकार घोषित करते हुए 'न्यूयॉर्क टाइम्स' ने उनकी कृतियों पर केन्द्रित एक विशेषांक भी प्रकाशित किया। यह उनकी भारतीयता के साथ उनकी मौलिकता का भी सम्मान था। जामिनी राय, पश्चिमी कला मूल्यों के आक्रमण और पद्धतियों के घटाटोप के बावजूद, सबसे अलग उस भारतीय समाज के लिए कला सृजन में निरन्तर निरत रहे, जिन्हें वे अपनी कला-साधना द्वारा सम्बोधित कर रहे थे। उन्होंने लोकमन में संचित एवं सुरक्षित कला सत्ता को अपनी कला चेतना से सींचा और समृद्ध किया।

इस सफलता के पीछे उनकी अथक साधना तो थी ही, लम्बा संघर्ष भी था। अपने अभावग्रस्त दिनों में, कभी-कभी पूरे परिवार के साथ निराहार रहकर भी, वे अपने चित्र बनाया करते थे। अल्पमोली होने के कारण वे बिक भी जाते थे लेकिन इससे उनके लिए अपने परिवार को पालना और कला सामग्री जुटा पाना सम्भव न था। उनका अनुभव-संसार इतना व्यापक था कि विषय चयन-जैसी कोई समस्या थी ही नहीं। घरेलू जीवन से लेकर व्रत, त्यौहार, अनुष्ठान, मेला, हाट, घाट, कृषि जीवन, सन्थाली ग्राम, श्रमिक, ग्राम देवता आदि विषय से सम्बन्धित चित्रों का अनोखा संसार उन्होंने रचा था। इस प्रकार के विवरणमूलक विषयों में विन्यस्त सादगी, रंगों का रचाव और चित्रित पात्रों की सम्मोहक भावदशा का उल्लेख बार-बार किया जाता है। जामिनी राय द्वारा अंकित *रामायण* (सीता की अग्नि परीक्षा) के साथ 'हनुमान', 'माँ और शिशु', 'बंगाल की युवतियाँ', 'मन्दिर जाती स्त्रियाँ', 'बाउल गायक', 'रथ यात्रा', 'तीन पुजारिनें', 'किसान' और ईसा मसीह से सम्बन्धित अनेक चित्र सम्मिलित हैं। उनमें कृष्ण लीला और सन्थाली बस्ती की कई छवियाँ उपस्थित हैं। कुछ मनोरंजक चित्र, जैसे 'बिल्ली और झींगा', 'माँ बिल्ली और बच्चा', 'बिड़ाल तपस्वी', 'काली बिल्ली', 'बैल', 'दो गायें' आदि कई चित्र, जिनमें उनकी शिशुसुलभ वृत्ति के साथ बंगाल की पटचित्र शैली का समन्वय स्पष्ट देखा जा सकता है। 'गणेश जननी' (पार्वती) शीर्षक से बने उनके कई चित्र रंग-रूप और संयोजन के स्तर पर अत्यन्त मनोहर हैं। इनमें लौकिक भावना के साथ पौराणिक एवं परम्परागत आस्था का अपूर्व समन्वय है। लोक कलाओं के प्रारूपों तथा अभिप्रायों के चित्रण एवं अलंकरण विधियों को अपनी कलाशैली में विन्यस्त करते हुए उन्होंने उनका सरलीकरण ही नहीं किया बल्कि उनका नवीकरण भी किया। ऐसे कई संयोजन और पशु-पक्षी एवं पात्रों के परिधान बंगाल के राजनगर अंचल के परम्परागत खिलौनों के रूपान्तर जान पड़ते हैं। इसलिए आज भी बंगाल के आम परिवारों में कोई भी जाकर देख सकता है कि वहाँ जामिनी राय के चित्रों की कोई-न-कोई अनुप्रति अवश्य मौजूद है। यह उनकी सर्वजन स्वीकार्यता का विरल निदर्शन है। ऐसी अनुप्रतियों के कारण, जो उनकी सहमति से कुछ सहयोगी कलाकारों द्वारा तैयार कराई गयी थीं, वे उनके लिए बाद में घाटे का सौदा भी सिद्ध हुईं। बदनामी भी अलग से मिली क्योंकि बाज़ार में उनके चित्रों की माँग के चलते उनका धड़ल्ले से अनुकरण भी किया गया।

जामिनी राय आरम्भ से ही अपने बाँकुड़ा अंचल के आसपास के क्षेत्रों में बसे सन्थाली समुदाय को चित्रांकित करते रहे। वर्ष 1921-22 ई. के दौरान ही जामिनी राय ने युरोपियन शैली के चित्रों का ही नहीं, पश्चिमी कला पद्धतियों का भी अनुसरण करना छोड़ दिया और निजी कलाशैली विकसित करने में जुट गये। हालाँकि इसके पहले उन्होंने प्रतिकृति चित्रण (पोर्ट्रेट पेंटिंग) और 'न्यूड' चित्रण तक में महारत हासिल कर ली थी। काफ़ी दिनों तक तैलचित्र बनाकर भी उन्होंने जीविका चलाई थी।

अपनी निजी शैली विकसित करने के लिए उन्होंने उन आद्य या आधारभूत तत्त्वों का समावेश किया, जिनसे लोकमन सुदृढ़ हुआ है। आमजन की समझ और पकड़ में आनेवाले विषय और लोकाश्रित उपकरणों द्वारा उनका सहज चित्रण जामिनी राय की जैसे पहचान ही बन गयी। उन्होंने पटुआ समुदाय द्वारा अर्जित पटचित्र कला संस्कार को अपनाने के बाद बाँकुड़ा कलाशिल्प के साथ विष्णुपुर के प्राचीन

टेराकोटा मन्दिरों के रूपाकारों एवं अभिप्रायों को अपने चित्रों में बड़े जतन से पुनर्जीवित किया। यही नहीं, उन्होंने अपने निकटवर्ती अंचल राजनगर के खिलौनों की रूप-रीति को भी अपने चित्रों में उकेरा। लोक प्रचलित उन समस्त उपादानों के प्रारूपों को रूप-रेखा-रंग में सँजोकर और उन्हें अपने चित्रों में पुनर्विन्यस्त कर, जामिनी राय ने अभूतपूर्व प्रभाव उत्पन्न किया। यह उन पूर्व कृतियों की अनुकृति या आवृति नहीं थी, उनका अभिनव कलावतार था। जामिनी राय के गत्यात्मक तूलिका संचालन, विषय एवं अन्तर्वस्तु का कुशल गठन एवं संयोजन और कुल मिलाकर उसका प्रभविष्णु सम्मोहन किसी चमत्कार से कम नहीं था। इसके साथ ही, यह उन-जैसे एक संवेदनशील कलाकार की आन्तरिकता से पुष्ट था, जो उनके चित्रों की विशिष्ट पहचान बन गयी थी।

जामिनी राय के रूपाकार या रूपाधार पात्र—चाहे एकल हों या एकाधिक, चित्रित होते ही वे पूरे कैनवस या पटल पर छा जाते हैं। उनका ज़ोर चित्रित पात्र या अन्तर्वस्तु पर होता, जिसे वे सर्वाधिक महत्त्व देते हुए मनोयोगपूर्वक चित्रित करते रहे। इसलिए अगर वे किसी पुतले या खिलौने की शक्ल वाले पात्र अथवा चरित को चित्रित करते तो उनका आशय पात्र विशेष की उपस्थिति को, उसके एवं अपने मनोभावों के संग एकाकार कर जहाँ तक सम्भव हो, प्रभावी ढंग से उकेरना होता था। 'सन्थाल कन्या', 'तीन पुजारिनें', 'तीन साहिब', 'स्त्री', 'काली बिल्ली', 'बिड़ाल तपस्वी' आदि इसके उल्लेख्य उदाहरण हैं। 'माँ और शिशु' शीर्षक से उनके कई चित्र भी इसके निदर्शन हैं। वैसे इसी शीर्षक के अन्तर्गत बनाया गया एक चित्र एक नये अन्दाज़ में चित्रित है, जिसमें एक सन्थाली स्त्री अपने शिशु को बाँहों में उठाये हुई है। चित्र में उसकी देह और चेहरे को वाम पार्श्व से दर्शाया गया है और बच्चे का गोल सिर दर्शकों की ओर है। इस चित्र की पृष्ठभूमि में नीले, बैंगनी, भूरे, कंजे और सफ़ेद रंग से दो पहाड़ियाँ चित्रित हैं। काली काया, लाल किनारी वाली पीली साड़ी और सफ़ेद रंग से चित्रित उसकी एक बाँह पर दमकता गिलट का बाजूबन्द अपने संयोजन में अपूर्व है। प्रकाश एवं छाया के आभास मात्र से यह चित्र अप्रतिम बन पड़ा है। क्षेत्रीय (जनजाति) प्रतीत होने के बावजूद, अपने शिशु के प्रति माँ के स्नेह को प्रतीकित करने वाला यह चित्र विश्व के किसी भी दर्शक के लिए उपभोग्य है।

जामिनी राय कभी-कभी अपने चित्रों के चारों ओर पटचित्रों की तरह मोटी-मोटी रंगीन रेखाओं से अलंकृत फ्रेम भी गढ़ते रहे। अत्यन्त साधारण आकारों में उकेरे गये ये डिज़ाइन या पैटर्न 'गणेश जननी', 'रथारूढ़ कृष्ण-बलराम', 'माखन लीला' आदि चित्रों में बहुतायत से प्रयुक्त हैं। ये बंगाल की परम्परागत 'अल्पना' शैली से अनुकृत हैं, जिनका यहाँ रचनात्मक उपयोग किया गया है। कहीं-कहीं चित्रों के अगल-बगल भी अभिप्रायमूलक अलंकरण किये गये हैं, जो बंगाल की परम्परागत 'काँथा' शैली—जिसमें स्त्रियों की साड़ी या सजावटी परिधानों पर सूई-धागे से शुभसूचक अलंकृत चिह्न या प्रारूप उकेरे जाते हैं—का उपयोग मोटे तौर पर कैनवस या पटल पर बनाये गये चित्रों के रिक्त स्थानों को, सन्तुलित रखने के लिए किया गया है। लेकिन उनके चित्रों में स्वतन्त्र तौर भी ऐसे अलंकरण प्रयुक्त हैं। दरअसल जामिनी राय अपने चित्रों को भरा-पूरा देखना और दर्शकों के सामने रखना चाहते हैं ताकि संयोजन की दृष्टि से चित्र कहीं से भी अधूरा या अपर्याप्त न लगे। उसका प्रभाव समग्रतः सौम्य और सम्पूर्ण जान पड़े और चित्र बोझिल या दुरूह न जान पड़े।

वर्ष 1952 में सुप्रसिद्ध विद्वान और संस्कृतिविद् वासुदेव शरण अग्रवाल ने जामिनी राय से भेंट की थी तो जामिनी राय ने उन्हें बताया—"मेरी कला इतने सरल या चाहे कहो साधारण, धरातल पर है कि जो समाज आयेगा, वही इसे पसन्द करेगा। जैसे बच्चा हो, उसे सब कोई गोदी में ले लेते हैं, ऐसे ही मेरी कला है। जब मुझे रास्ता नहीं मिला, तब बाल स्वभावों में से मैंने रास्ता पकड़ लिया।"[1]

जामिनी राय ने ऐसे भी कई चित्र बनाये जो आख्यानपरक हैं लेकिन वे लोक विश्वास या लोक चित्त के अटूट अंग रहे हैं, जिन्हें समझने के लिए किसी मध्यस्थ की ज़रूरत नहीं पड़ती। उनके चित्रों की विशेषता के बारे में यह भी बताया जाता है कि जहाँ अवनीन्द्रनाथ ठाकुर द्वारा प्रवर्तित पुनरुत्थानवादी कला आन्दोलन बीच में ही दम तोड़ गया, जामिनी राय द्वारा पुनरान्वेषित कलाशैली ने भारतीय लोक कलाशैलियों को भारतीय कला की मुख्य धारा से जोड़ने का मार्ग प्रशस्त कर दिया।

अनवरत कला-साधना में निरत जामिनी राय को लम्बी आयु मिली और 24 अप्रैल, 1972 को अपने निधन के पूर्व वे अपने पीछे विपुल कला-संभार और कला के क्षेत्र में एक नया 'लोकाचार' प्रतिष्ठित कर गये। 'पद्मभूषण' और ललित कला अकादेमी की रत्न सदस्यता से सम्मानित जामिनी राय की कला दृष्टि और कला परम्परा को आरम्भिक उपेक्षा के बाद जितना सम्मान मिला, उससे भारतीय कला की एक समानान्तर धारा का नया इतिहास रचा गया।

सन्दर्भ

1. *द्रष्टव्य : कला और संस्कृति*, साहित्य सदन, इलाहाबाद, 1952, पृ. 282-300

असित कुमार हालदार
(1890–1964)

असित कुमार हालदार का जन्म जोड़ासाँको ठाकुरबाड़ी, कोलकाता में 10 सितम्बर, 1890 को हुआ था। रिश्ते में उनके दादा राखालदास और पिता सुकुमार दास की भी चित्रकला में पर्याप्त रुचि थी। इसलिए स्कूली पढ़ाई के बाद 1904 में कला विद्यालय में भर्ती हो गये। वे अवनीन्द्रनाथ ठाकुर के अन्यतम शिष्य थे।

हालदार ने 1908 में एक इतालवी मूर्तिकार लियोनार्ड जैनिंग्ज से भी मूर्तिकला की शिक्षा प्राप्त की थी। अवनीन्द्रनाथ से चित्रकला शिक्षा प्राप्त करने के बाद वे शान्तिनिकेतन चले गये और यहाँ छात्रों को कला शिक्षा प्रदान करते रहे। 1907 में स्थापित इंडियन सोसाइटी ऑफ़ ओरिएंटल आर्ट ने दूसरी कला प्रदर्शनी आयोजित की तो उसमें हालदार के कई चित्र यथा—'विरहिणी यक्ष पत्नी', 'यशोदा', 'श्रीकृष्ण', 'सीता', 'नृत्यरता अप्सरा', 'हंस दमयन्ती' आदि चित्र प्रदर्शित थे। यहाँ उन्हें 1909-11 के दौरान नन्दलाल बसु, समरेन्द्रनाथ गुप्त और के. वेंकटप्पा के साथ अजन्ता के गुफ़ा-चित्रों की अनुकृतियाँ करने का अवसर प्राप्त हुआ।

1919 में शान्तिनिकेतन में जब कला भवन की स्थापना हुई तो वे इसके प्राचार्य बनाये गये और दरअसल उन्होंने रिश्ते में अपने नाना रवीन्द्रनाथ को इसकी स्थापना के लिए भरपूर सहयोग किया था। इस दौरान उन्होंने कई छात्रों को चित्रकला में प्रशिक्षित किया और उनके निर्देशन में कला भवन कुछ ही वर्षों में कला शिक्षा का एक प्रमुख केन्द्र बन गया। हालदार ने भारतीय कला की विरासत को सँजोने में अपना पर्याप्त योगदान किया। वे 1914 में आर्कियालॉजिकल सर्वे विभाग के अनुबन्ध पर जोगीमारा गुफ़ा-चित्रों और फिर 1917 से 1921 तक बाघ गुफ़ा-चित्रों के अनुकरण से जुड़े रहे। 1923 में युरोप, लन्दन, फ्रांस, जर्मनी आदि देशों की यात्रा के दौरान उन्होंने पाश्चात्य कला की प्रवृत्तियों और अंकन पद्धतियों की जानकारी प्राप्त की। वहाँ से लौटकर वे कुछ समय के लिए महाराजा कला विद्यालय, जयपुर के प्राचार्य बने। इसके बाद 1925 में लखनऊ के राजकीय कला विद्यालय के प्राचार्य नियुक्त हुए। यह सम्मान पानेवाले वे पहले भारतीय थे। यहाँ 1945 तक वे अपनी सेवा प्रदान करते रहे। लेकिन शान्तिनिकेतन से उनका सम्बन्ध आजीवन बना रहा।

असित कुमार हालदार एक संवेदनशील चित्रकार थे। उनके अंकन में एक ख़ास तरह की तैयारी देखी जा सकती है। अपने चित्रों में विषयवस्तु के विशेष संयोजन के साथ रंगों का चयन एवं उनका रूपायन बहुत ही किताबी ढंग से करने का कौशल उनकी विशिष्टता रही। इसके लिए वे सही माध्यम और सटीक रंगों का प्रयोग करते थे। अवनीन्द्रनाथ का प्रभाव तो उन पर था ही, फ़ारसी और मुग़ल शैली की छाप भी उन पर थी। यही कारण था कि उन्होंने अपने गुरु अवनीन्द्रनाथ की तरह उमर ख़ैयाम की रुबाइयों के दर्ज़न भर चित्र बनाये।

इस चित्र-शृंखला की प्रशंसा ई. बी. हैवेल ने भी की थी। उनके चित्रांकन शैली का उल्लेख करते हुए उन्होंने बताया था कि कैसे हालदार ने मुग़ल, राजपूत आदि शैलियों के मिश्रण के साथ सृजनात्मक कल्पना का भी संयोजन किया था, जो भारतीयता के सम्बद्ध थी।

हालदार ने कभी अनुकरणमूलक चित्र नहीं बनाये हालाँकि उनके द्वारा बनाये गये बहुसंख्य चित्रों में विषय के सर्वथा अनुकूल रेखाओं की सूक्ष्मता और लयात्मकता के साथ मृदु रंगों का प्रयोग किया जाता रहा। यथा, 'जीवन तरी' नामक (वाश शैली में निर्मित) एक चित्र, जिसमें नदी की काली पृष्ठभूमि में एक माँ अपने बेटे को दूध पिला रही है। नाव के ऊपर बेड़ी से बँधे दो काले पाँव दीख रहे हैं, जो शायद काल के प्रतीक हैं। हो सकता है, यह किसी अनिष्ट का सूचक हो।

हालदार ने घरेलू स्त्रियों की कई छवियाँ (भोजन बनाती, अनाज फटकती, बाल गूँथती, शृंगार करती) बनायी हैं, जिनमें अधिकांशतः टेम्परा विधि के साथ गाढ़े और मिश्रित रंगों का प्रयोग किया गया है। ऐसे ही एक चित्र में पीठ पर बच्चा लादे एक कृषक महिला फ़सल काट रही है। इसी क्रम में उनके द्वारा वाश शैली में चित्रित 'भारत माता' यहाँ विशेष तौर पर उल्लेख्य है क्योंकि यह अवनीन्द्रनाथ की 'भारत माता' चित्र से अलग है। इस चतुर्भुजी माता की दायीं ओर के दो हाथों में से एक में प्रचण्ड परशु है तो दूसरे में त्रिशूल। बायीं ओर के दो हाथों में से एक में शस्य (बाली समेत) तो दूसरे में कमल। इसकी पृष्ठभूमि में लाल एवं नारंगी वलय हैं, जो अन्धकार चीरकर प्रकट हुए हैं। गेरुआ साड़ी धारे माँ का आँचल उनके सिर से होता हुआ उड़ रहा है। उनके बाल कन्धे और पीठ पीछे फैले हैं। उनका चेहरा गम्भीर है और वहाँ एक विशेष प्रकार की सन्नद्धता या तैयारी का भाव है। जबकि अवनीन्द्रनाथ द्वारा चित्रित 'भारत माता' चित्र में अभय और प्रशान्ति के भाव विराज रहे हैं।

हालदार का व्यक्तिगत और संस्थागत जीवन अत्यन्त सक्रिय रहा। साथ ही, उनके चित्रों में विषयवस्तु की विविधता दर्शकों को चौंकाती है। एक ओर उन्होंने आख्यानधर्मा, पौराणिक तथा ऐतिहासिक विषयों से सम्बन्धित प्रसंगों और पात्रों को चित्रित किया तो दूसरी ओर सन्थाल जीवन से जुड़े चित्र भी उकेरे। *मेघदूत, ऋतुसंहार, रामायण* (अशोक वाटिका में सीता), दमयन्ती, वासवदत्ता, कृष्ण-यशोदा, रास-प्रसंग और बुद्ध के जीवन से सम्बन्धित बत्तीस चित्र यहाँ विशेष उल्लेख्य हैं। भारतीय इतिहास और पुराभिलेख में पर्याप्त रुचि होने के कारण उन्होंने इनके प्रमुख प्रस्थानों को कालक्रमानुसार तीस चित्रों में चित्रित किया था जो एक तरह से कला, इतिहास और संस्कृति के प्रतीक चिह्न कहे जा सकते हैं। इनमें अंग्रेज़ों का दरबार, गाँधी और रवीन्द्रनाथ के साथ मोहेन-जो-दरो के प्रसिद्ध पुरोहित की याद दिलाता एक चित्र ऐसा भी है, जिसमें एक राजा किसी नर्तकी की मूर्ति की जाँच कर रहा है। उनके गाँधी-रवीन्द्रनाथ चित्र पर जामिनी राय द्वारा इसी विषय पर अंकित चित्र की छाप दिखायी पड़ती है।

हालदार ने वाश शैली में लघु आकार के साथ बड़े आकार के चित्र भी बनाये। उनके द्वारा निर्मित 'रामपादुका यात्रा' (प्रोसेशन) *रामायण* पर आधृत एक महत्त्वपूर्ण चित्र है, जो न केवल आकार (दस फ़ीट से भी ज़्यादा) में बल्कि, वाश प्रविधि में बना एक स्पृहणीय प्रयास है।

हालदार ने स्व-प्रतिकृति के अलावा कई मुखौटे भी तैयार किये थे। उन्होंने शरद्काल की धरा के साथ विभिन्न ऋतुओं के अनुरूप पंचकन्याओं के रूपों का अंकन भी किया। यथा, रुद्राणी (ग्रीष्म) बसन्त की नायिका

को विदा करती अवतीर्ण हो रही है। उन्होंने कुछ चित्रों (गोश पद्धति से 1940 में अंकित) यथा 'विचार धारा' में अंकित एक तरी पर बैठी अकेली युवती के नीचे एक लम्बी कविता (लहरों की तरह सत्रह पंक्तियों में) बांग्ला में लिखी है, जिसका भावार्थ है—'प्रेम में प्रतीक्षा और दुःख की प्राप्ति के साथ कभी-कभी जीवन में व्यर्थता का भी बोध होता है। यहाँ अकेली पड़ी और हाथ-पर-हाथ धरे नायिका उस अज्ञात प्रेमी के प्रेम में आजीवन आगे बढ़ना चाह रही है और उसे किसी अभाव की कमी नहीं खल रही है।' इसी तरह एक पलँग पर पड़े, एक अशक्त वृद्ध के रूप में कलाकार हालदार ने स्वयं को चित्रित किया है। दीपदान पर रखा दीप बुझ रहा है। चित्र में, एक ओर भावोच्छ्वसित एवं छन्दोबद्ध कविता (12 पंक्तियों में) लिखी है—

"जीवन प्रदीप निभिले आबार ज्वेलो ना आलो।...
दीप निर्वाण हयेछे जानिया केंदो ना, केंदो ना आमार लागिया।
महानन्दे मगन जानिया सुगन्ध वारि ढालो।"

अर्थात् मेरे जीवन की लौ काँप रही है, अब इसे और मत जलाना... इसकी लौ से अब कमरे में कहीं कालिख नहीं जमेगी... दीप के बुझ जाने पर मेरे लिए रोना नहीं... मैं महानन्द में डूबा हूँ, अब इसे ही अन्त समझकर सुधा ढालो!

कला के क्षेत्र में नवाचारों को प्रश्रय देनेवाले, हालदार परम्परागत कलाशैलियों के संरक्षण के लिए भी निरन्तर प्रयत्नशील रहे। इस कार्य में उन्हें अपने लखनऊ कला महाविद्यालय के सहयोगियों तथा कई प्रतिभासम्पन्न छात्रों का भी साथ मिला। यही कारण था कि 1959 में कार्यमुक्त होने के बाद भी वे लखनऊ में रहकर ही कलात्मक गतिविधियों में व्यस्त रहे।

वर्ष 1959 में उन्हें रॉयल सोसाइटी ऑफ़ आर्ट, लन्दन का फ़ेलो चुना गया और 1959 में वे ललित कला अकादेमी के सदस्य बने। 13 फ़रवरी, 1964 को लखनऊ में उनका निधन हुआ।

बिनोद बिहारी मुखर्जी
(1904–1980)

बिनोद बिहारी मुखोपाध्याय का जन्म 7 फ़रवरी, 1904 को हुगली ज़िला स्थित बेहाला में हुआ। उनका घराना चौबीस परगना ज़िला में मरलगाछा का मुखोपाध्याय परिवार के नाम से प्रसिद्ध था।

कलकत्ता में रहते हुए, बिनोद ने संस्कृत कालेजिएट स्कूल में आरम्भिक पढ़ाई शुरू की। वे तब तक रवीन्द्रनाथ और माइकेल मधुसूदन की रचनाएँ पढ़ चुके थे। यहीं पं. हरप्रसाद शास्त्री के एक प्रतिभाशाली छात्र पण्डित सुरेन्द्रनाथ मजुमदार की बिनोद बिहारी के भाई बिमान बिहारी से मित्रता हुई, जिनकी संस्तुति प्राप्त कर बिनोद कलकत्ता से शान्तिनिकेतन आ गये और रवीन्द्रनाथ की अनुमति से यहाँ शिशु विभाग में भर्ती हो गये। लेकिन तभी से उनकी आँखों की रोशनी क्षीण होती चली गयी। कलकत्ता में उनके कलाशिक्षक थे, नगेन्द्रनाथ आइच और कालीमोहन घोष। श्री आइच आर्ट स्कूल के प्राचार्य एवं कला शिक्षक ई. बी. हैवेल के छात्र रह चुके थे। बिनोद बिहारी 1917 में जब सर्वप्रथम शान्तिनिकेतन के ब्राह्म विद्यालय में भर्ती हुए, तब विभिन्न संकायों तथा विभागों-जैसा विभाजन तथा निर्धारित पाठ्यक्रम-जैसी कोई बात नहीं थी। पढ़ने-लिखने के साथ गान, वाद्य, नृत्य तथा कला एवं शिल्पविषयक सामान्य पाठ्यक्रम में सभी विद्यार्थी सम्मिलित रूप में भाग लेते थे।

बिनोद बिहारी की एक आँख कमज़ोर तो थी ही, स्वास्थ्य भी बहुत अच्छा नहीं था। अन्त में, उस आँख का ऑपरेशन हुआ और वह नाकामयाब रहा। उस बेकार आँख को फिर एक ऑपरेशन द्वारा निकाल देना पड़ा। दूसरी आँख भी बहुत कमज़ोर थी–लेकिन बिनोद बिहारी उसी से किसी तरह अपना काम चला लेते थे।

इस अभिशप्त विवशता के चलते बिनोद सबसे अलग रहा करते थे। अपनी अन्तर्मुखी वृत्ति के चलते वह अपने कमरे में बैठकर किताबें पढ़ा करते या चित्र बनाया करते। धीरे-धीरे उनका हाथ चित्र बनाने के मामले में सधता चला गया। तभी यह सोचा जाने लगा था कि इसे किसी अच्छे कला संस्थान और योग्य कलागुरु के पास भेज दिया जाना चाहिए। हालाँकि तब तक शान्तिनिकेतन का कला भवन व्यवस्थित कला संस्थान के रूप में गठित नहीं हुआ था। लेकिन इसका सुयश रवीन्द्रनाथ की मनीषा और परिकल्पना से जुड़कर देश-विदेश में फैलने लगा था। इसलिए परिवारवालों ने बिनोद बिहारी को यहाँ भेजने की सहमति दे दी। तब शान्तिनिकेतन में, कलकत्ता गवर्नमेंट आर्ट स्कूल के अध्यापक और प्रसिद्ध चित्रकार असित कुमार हालदार अपनी सेवा प्रदान कर रहे थे। बिनोद के साथ हीराचन्द दुग्गड़, अर्धेन्दु बन्धोपाध्याय और कृष्णकिंकर घोष भी बतौर छात्र सम्मिलित हुए थे। इनमें से एक अन्य नाम विशेष उल्लेखनीय है–वह है, धीरेन्द्रकृष्ण देव बर्मन। सन्तोषालय (जो तब निर्माणाधीन ही था और आजकल पाठभवन का छात्रावास है) के एक कमरे में धीरेन्द्रकृष्ण और बिनोद बिहारी साथ-साथ रहा करते थे।

1919 में शान्तिनिकेतन में पहली बार संगीत एवं कला के विभिन्न अंगों पर उच्चतर शिक्षा देने की व्यवस्था की गयी और 1921 में जब शान्तिनिकेतन को विश्वभारती विश्वविद्यालय के रूप में प्रतिष्ठा मिली तो संगीत संकाय के लिए संगीत भवन और कला संकाय के लिए कला भवन शब्द का प्रयोग किया जाने लगा। इसी दौरान रवीन्द्रनाथ के व्यक्तिगत आग्रह पर नन्दलाल बसु आंशिक तौर पर सप्ताह में दो दिन कला शिक्षा प्रदान करने के लिए शान्तिनिकेतन आने लगे। वे कलकत्ता आर्ट स्कूल में अस्थायी कला शिक्षक के रूप में कार्यरत थे और यहाँ पाठ्यक्रम सम्बन्धी विवाद के चलते उखड़े-उखड़े रहते थे। जब उन्होंने कमज़ोर सेहत और कमज़ोर आँख वाले इस युवक की तैयारियों को देखा तो वह एक साथ आश्चर्यचकित और चिन्तित हो उठे। अगर यह प्रतिभासम्पन्न लेकिन एक कमज़ोर आँख वाला युवा चित्रकार बाद में अपनी इस आँख से भी देख नहीं पाये तो क्या होगा? सूक्ष्म रेखांकन, जटिल रंगांकन और चित्र संयोजन सब कुछ दृष्टि का ही तो खेल है। यह सब बिनोद के लिए ख़तरे के खेल के सिवाय कुछ नहीं, यह सोचकर उन्होंने रवीन्द्रनाथ ठाकुर से अपनी चिन्ता जताई। रवीन्द्रनाथ ने पूछा कि अगर वह साधारण विद्यार्थियों की तरह इधर-उधर नहीं जाता और आश्रम की दूसरी गतिविधियों में भाग नहीं लेता तो आख़िर करता क्या रहता है?

कलागुरु नन्दलाल ने कहा, "वह कमरे के एक कोने में बैठा-बैठा चित्र बनाया करता है।"

कविगुरु ने कहा, "ठीक है। उसे यही काम करने दो! वह उसी में कुछ कर दिखाएगा।"

धीरेन्द्रकृष्ण और बिनोद बिहारी अपनी-अपनी स्केच बुक लेकर शान्तिनिकेतन और इसके आसपास के प्राकृतिक दृश्यों के अंकन के लिए ग्वालपाड़ा, कोपाई नदी, पारुल डांगा, विनय भवन के पीछे के शालवन और आम्रवन में विचरते रहते। इन गाँवों की निर्बन्ध ग्राम चर्या, निसर्ग का आदिगन्त विस्तार और उन्मुक्त जीवन भला किस सर्जक को आकर्षित नहीं करता! सन्थाली गाँवों में घूम-घूमकर दोनों लोक जीवन से जुड़े छोटे-छोटे प्रसंगों को रेखांकित किया करते। वे इस दीवानगी में दूर-दराज़ तक भटकते रहते और उन चित्रों को बनाने एवं पूरा करने में काफ़ी देर हो जाया करती थी। वापस छात्रावास आने पर खाना तक नसीब नहीं होता। दोनों दोबारा निकल जाते। कोपाई नदी में नहा-धोकर गाँव में ही जो चना-चबेना मिलता, वही खा-पीकर अपनी छोटी-सी स्केच बुक में बड़ी-सी दुनिया को समेटते। देखते-देखते शाम गहराने लगती। कोपाई नदी और शान्तिनिकेतन के पूर्वी सीमान्त पर दूर-दूरान्त तक फैली लाल खोआई (ऊबड़-खाबड़ बीहड़) सभी चित्रकारों और कवियों को अपनी ओर खींचती रही है। अपनी संरचना के साथ इसके इर्द-गिर्द बसी बस्तियाँ, लोग-बाग़, पेड़-पौधे, वनस्पति और पालतू जानवर इसकी निर्जनता को जीवन्तता प्रदान करते हैं। टेसू, शाल, आम, जामुन, अश्वत्थ और सेमल की छाँव में बैठे कवियों और प्रेमीजनों को यहाँ अपने हृदय का अमूर्त हाहाकार साकार दीख पड़ता है और चित्रकारों की रेखाओं में अपने-आप निसर्ग के रंग मुखर और भास्वर हो उठते हैं। इसी तरह कालबैसाखी बवण्डर के ताण्डव में बिनोद और धीरेन खजूर के रस में मस्त, अन्धड़ में पत्तों या तिनकों की तरह आनन्दपूर्वक तिरते रहते।

इन्हीं दिनों बिनोद में एक विशेष अभिरुचि पैदा हो गयी थी। वह थी, विभिन्न अलबमों में संगृहीत पत्र-पत्रिकाओं या कला सम्बन्धी जर्नलों में प्रकाशित होने वाली प्रख्यात चित्रकारों की चित्रकृतियों का अध्ययन, मनन एवं विश्लेषण। अपने शिक्षकों और मित्रों के साथ तो उनका इस विषय पर तर्क-वितर्क चलता ही रहता था। वस्तुतः अपने स्वाध्याय के कारण बिनोद वैसे भी बड़े तर्कप्रवण हो गये थे और जैसा अनुभव करते थे, उसे बड़े प्रभावी ढंग से रखते थे।

इस विशिष्ट कार्य में उन्हें एक और विद्वान सज्जन से सहायता मिली थी, वह थे सैयद मुज़्तबा अली, जो सिलहट से शान्तिनिकेतन आये थे और पण्डित विधुशेखर शास्त्री के शोध विभाग में कार्यरत थे। वे फ्रांसीसी तथा जर्मन भाषा का अध्यापन भी करते थे। बिनोद की अध्ययनशील एकाकी प्रकृति उन्हें सैयद मुज़्तबा अली के निकट ले गयी और यहीं से उनके जीवन में देश-विदेश की कालजयी रचनाओं और कलाविषयक ग्रन्थों के गम्भीर अध्ययन का नया अध्याय आरम्भ हुआ। इसी बीच कलामर्मज्ञ स्टेला क्रैमरिश शान्तिनिकेतन में कलाविषयक कक्षाएँ लेने लगी थीं, जिससे बिनोद के मन में पाश्चात्य जगत के कला आन्दोलनों तथा चित्रकारों की कलाकृतियों के बारे में जानने की जिज्ञासा और प्रबल हुई।

कला भवन को स्वतन्त्र कला संकाय का रूप दिये जाने के बावजूद, मोटे तौर पर 1925 तक विद्यार्थियों के मनोनुकूल कार्य करने की स्वतन्त्रता मिली हुई थी। यद्यपि इसके साथ ही, पाठ्यक्रम का विस्तृत आधार भी तैयार हो रहा था। उन दिनों पौराणिक आख्यानों यथा, *रामायण* और *महाभारत* के विभिन्न प्रसंगों (अहल्या उद्धार, अर्जुन का लक्ष्य भेद, कुरुक्षेत्र युद्ध, चक्रव्यूह में घिरा अभिमन्यु, लाक्षागृह दाह, राम वन-गमन, शबरी प्रतीक्षा, अशोक वन में सीता आदि) पर चित्र बनाये जाने का प्रचलन था। आख्यान की अनुपस्थिति में ग्राम जीवन के विविध प्रसंग, कोई प्राकृतिक भू-दृश्यांकन (सैरा या लैंडस्केप) या फिर यथावस्तु चित्रण (स्टिल लाइफ़) का आम रिवाज़ था। प्रायः सभी छात्र, मोटे तौर पर प्रदत्त या प्रस्तावित विषय के अनुरूप अपनी-अपनी कल्पना का सहारा लेकर चित्र बनाया करते थे। स्वयं नन्दलाल बसु अवनीन्द्रनाथ ठाकुर द्वारा चित्रांकित 'ब्रजमुकुट और पद्मावती' तथा 'सुजाता एवं बुद्ध' से प्रभावित थे। ऐसे आख्यानधर्मा और हिन्दू महाकाव्यों एवं पुराणों पर आधारित चित्रों की परम्परा बंगाल शैली की ही नहीं, राजा रवि वर्मा (1848-1906) के चित्रों की भी विशेषता कही जा सकती है।

कारण चाहे जो भी हों—बिनोद बाबू ने पौराणिक या आख्यानमूलक चित्रों के अंकन के प्रति अपना रुझान व्यक्त नहीं किया। वे कल्पना-जगत से सम्बद्ध वस्तु-विन्यास या विलास अथवा कथाधारित चित्रांकन (इलस्ट्रेशन) में रमनेवाले कलाकार न थे। उनका अपना अलग और विशिष्ट संवेदनशील संसार था, जिसमें वह अकेले विचरण किया करते थे। इसमें वे जो कुछ अनुभव या महसूस करते, उसे आकार देने का जतन किया करते थे। हालाँकि बाद में, रोमांटिक या पौराणिक (आख्यानमूलक) चित्रांकन के बारे में बिनोद बाबू ने एक अपवाद का हवाला अवश्य दिया कि अवनीन्द्रनाथ की प्रसिद्ध कृति 'शाहजहाँ की मृत्यु' की अनुकृति करते हुए, उन्होंने स्तम्भयुक्त बरामदा यानी मेहराबदार बरामदा बनाया था, जिसमें युवराज मुग़लिया पोशाक और पगड़ी में सजा-सँवरा, सिंहासन पर विराजमान था। पास ही, बुलबुल तरंग बजाती ईरानी युवती और दोनों के बीच रखी नक़्क़ाशीदार मेज़ पर फल और सुरापात्र आदि अंकित थे। इस चित्र की प्रशंसा स्वयं नन्दलाल बसु ने की थी और बाद में उसे किसी ने ख़रीद लिया। लेकिन इस तरह के चित्र उन्होंने दोबारा नहीं बनाये। इस बारे में उन्होंने अपने मित्रों एवं सहयोगियों को यह बताने में कभी संकोच नहीं किया कि अब वे इस तरह के चित्र नहीं बनाते या नहीं बना सकते हैं। क्योंकि कला परिवेश के साथ प्रविधि भी बदल गयी है।

अपनी पीढ़ी के चित्रकारों का पक्ष लेते हुए बिनोद बिहारी ने यह तथ्य स्वीकार किया कि उनके अंग्रेज़ मित्र भी कला के क्षेत्र में धीरे-धीरे होनेवाले नये परिवर्तनों को स्वीकार कर रहे थे। विषय वैविध्य के प्रति विशेष आग्रह रखने वाले आचार्य नन्दलाल का कहना था कि बड़ी परिकल्पना के लिए कलाकार के अन्तर्मन का बड़ा

होना बहुत आवश्यक है। यदि कलाकार द्वारा निरूपित वस्तु-विशेष में भावगत गम्भीरता है तो सब कुछ अनुकूल एवं स्वीकार्य होता जाता है।

अवनीन्द्रनाथ ठाकुर, नन्दलाल बसु और असित कुमार हालदार के चित्रों के प्रशंसक और उनसे प्रभावित होते हुए भी, बिनोद बिहारी उनकी चित्रशैली से न तो आक्रान्त हुए और न उनकी अनुकृति की। लेकिन उल्लेखनीय परिवर्तन यह था कि स्वयं नन्दलाल अपनी आख्यानमूलक तथा असित बाबू अपने रूपधर्मी चित्रों से अलग, लोकजीवनपरक चित्रों के निर्माण की ओर उन्मुख हो चले थे। यह सब बिनोद के मनोभाव में किसी बड़े परिवर्तन का सूचक था। जबकि उनके हमउम्र कलाकारों के लिए यह एक सहज वृत्ति थी।

अन्य छात्रों के मुक़ाबले बिनोद बिहारी आरम्भ से ही अपने ढंग से ही कार्य किया करते थे और इस बात की बहुत परवाह नहीं करते थे कि उनके कार्य की कोई सराहना कर रहा है या नहीं। इस बीच उन्होंने सन्तोषालय की दक्खिनी दीवार पर सूखे अस्तर का लेप चढ़ाकर देसी रंग के साथ ग्रामीण झाँकियाँ तैयार कीं। इसी वर्ष (1921 में) सर्दियों के दौरान कलागुरु नन्दलाल, असित कुमार हालदार और सुरेन्द्रनाथ कर ग्वालियर तथा इसके आस-पास स्थित बाघ गुहाओं की नक़ल करने के उद्देश्य से वहाँ गये थे। वहाँ से अपने कार्य का ब्योरा अपने सहयोगियों एवं छात्रों को लिखित पत्रों में भेजते रहते थे। इन पत्रों में जहाँ एक तरफ़ भित्तिचित्रों की नक़ल की जानेवाली प्रविधि का उल्लेख होता, वहीं कभी-कभार किसी चित्र का रेखांकन भी होता। तभी बिनोद और धीरेन्द्र ने एक दिन यह तय किया कि उक्त प्रविधि के अनुरूप शान्तिनिकेतन में भी, प्रयोग के तौर पर ही सही, भित्ति चित्रांकन का कार्य आरम्भ किया जाये। दोनों ने बड़े उत्साह के साथ चूने और मिट्टी के मिश्रण के साथ सन्तोषालय की दीवार पर अस्तर तैयार किया। फिर उस पर देसी रंग और माँड़ (भात के रस) मिलाकर चित्रांकन शुरू किया। यह कला भवन में भित्ति चित्रण के इतिहास में एक नये पर्व का आरम्भ था। बिनोद बिहारी ने आनन्द केंटिश कुमारस्वामी द्वारा संकलित *इंडियन ड्रॉइंग्स* में संगृहीत गोवंश के आधार पर अपना कार्य आरम्भ किया था जबकि धीरेन्द्र ने अजन्ता के रेखाचित्र को अपना आधार बनाया था। इसी तरह अर्धेन्दु और उनके सहयोगियों ने अजन्ता के प्रसिद्ध भित्तिचित्र 'तीन हिरन' की नक़ल के साथ अपना कार्य आरम्भ किया था। इन्हीं आरम्भिक प्रयासों और प्रयोगों के साथ ही भारतीय भित्ति चित्रांकन शैली भविष्य में अभिनव विस्तार पा सकी।

अपनी कला शिक्षा पूरी कर बिनोद बाबू 1929 में, कला भवन, शान्तिनिकेतन में ही कला शिक्षक के पद पर आसीन हो गये। यहाँ कार्य करने की स्वतन्त्रता के साथ रवीन्द्रनाथ की स्नेह छाया भी थी, इसलिए उनके कार्य जीवन के ये वर्ष उनकी स्मृति में सदैव आनन्ददायक बने रहे। यहाँ काष्ठ, फ़लक, दीवार, कैनवस, रेशमी कपड़े और बोर्ड पर बनाये गये उनके कार्यों की न केवल सराहना हुई बल्कि ये निजी संग्रहों के लिए भी ख़रीदे गये। जलरंग, तैलरंग, टेम्परा एवं वाश—इन सभी पद्धति से बनाये गये उनके चित्र अपनी मौलिकता और स्वयं एक-दूसरे से अलग होने के कारण दर्शकों और प्रशंसकों के मन में विशेष आकर्षण उत्पन्न करते थे। वर्ष 1936-37 में वे दस महीनों के लिए जापान की यात्रा पर गये, जहाँ उन्हें जापानी कलाशैली के प्रख्यात चित्रकार एवं कला समालोचक ताकि के साथ काम करने का अवसर प्राप्त हुआ। यहीं उनकी एकल चित्र प्रदर्शनी का भी आयोजन हुआ, जिसकी प्रेस और कला समीक्षकों ने भरपूर सराहना की। परम्परागत शैलियों के प्रशंसक होते हुए भी, बिनोद बाबू ने आधुनिक और प्रयोगधर्मी कला प्रवृत्तियों के प्रति अपना आग्रह कभी मन्द नहीं होने दिया।

यही कारण था कि अपने समकालीनों में वे सबसे निर्बन्ध होकर कार्य कर सके। अपनी अक्षमता को उन्होंने अपने कार्य के मामले में कभी बाधक नहीं समझा और न कभी कोई रियायत ली। वर्ष 1929 में 'पान्थशाला', 1940 में शान्तिनिकेतन भवन, 1942 में चीन भवन की दीवारों तथा भीतरी छतों पर भित्तिचित्रों के निर्माण में उनकी तैयारी देखकर कोई भी हैरान हो सकता है। सूखे अस्तर पर अण्डे की जर्दी के साथ रंग मिश्रित कर भारतीय शैली के साथ, तो कभी गीले अस्तर पर इतालवी भित्तिचित्र अंकन पद्धति 'फ्रेस्को बुओनो' के अनुकरण पर किये गये उनके कार्य, अपनी अभिनव शैली और विशिष्ट संरचना के कारण चर्चित एवं समादृत भी हुए।

इसी क्रम में उनके जीवन का सर्वाधिक महत्त्वपूर्ण कार्य रहा, हिन्दी भवन (शान्तिनिकेतन) के सभागार का भित्ति चित्रण। वर्ष 1946-47 में सम्पन्न हुए इस कार्य से उनके अदम्य संकल्प और पुरुषोचित परिकल्पना का परिचय मिलता है। 77 गुणा 8 फ़ीट की लम्बाई और चौड़ाई में इस सभागार की दीवारों पर तीन तरफ़ किये गये इस भित्तिचित्र के निर्माण द्वारा उनके असाधारण और लगभग निजन्धरी व्यक्तित्व का परिचय लोगों को प्राप्त हुआ। अपनी एक आँख की रही-सही ज्योति, जिससे कि किसी निर्धारित फ़लक का वह केवल दो या ढाई फ़ीट आकार तक का स्थान ही देख पाते थे—यह कार्य किसी चमत्कार की तरह शुरू और ख़त्म हुआ। गीले अस्तर के साथ इतने विस्तृत फ़लक पर इतनी सफलता के साथ कार्य सम्पन्न करना सचमुच चमत्कार ही था। इस भित्तिचित्र में भारतीय ऋषियों, सन्तों, भक्तों एवं समाज सुधारकों के कई नामवर एवं अनाम हस्ताक्षर चित्रित हैं। इसके पूर्व अपने बनारस-प्रवास के दौरान भारतीय परम्परा के सन्तों, सूफ़ियों एवं साधुओं के संसार से उनका परिचय हुआ था और बनारस घाट के कई रेखांकन एवं रंगचित्र उनके द्वारा बनाये गये थे। सम्भवतः उन्हीं अनुभवों का एक विराट संसार उनके इस सुदीर्घ निर्माण में रूप-मुखर हो उठा। हिमालय की कन्दराओं में तपस्यारत मुनियों से लेकर बनारस के घाटों पर रमनेवाले फक्कड़ साधु, जोगी, सन्त, गलियों में नाचने-गानेवाले कलन्दर, पीर, तान्त्रिक, औघड़, बाउल, भक्त और समाज-सुधारक—सभी इस फ़लक में विन्यस्त हैं। शैव, वैष्णव उपासक, रामानन्द, कबीर, सूरदास, तुलसीदास, हनुमान गाथा-प्रसंग, गुरु गोविन्द सिंह और भक्त चैतन्य के जीवन प्रसंग को इसमें यथास्थान समायोजित किया गया है। आसेतु हिमालय और भारत की पुण्य साधना भूमि को सदियों से सींचनेवाली आस्था और मनीषा इस भित्तिचित्र में मूर्तिमान हो उठी है। इस शृंखला के द्वारा बिनोद बाबू ने सिद्ध कर दिया कि वे स्थान, काल और पात्र को विपुल विस्तार देते हुए सबको कैसे एक रंग-सूत्र में गूँथ सकते हैं। क्षैतिज एवं समरैखिक दृष्टि-क्रम का अद्भुत सामंजस्य नीचे खड़े दर्शकों को मन्त्रमुग्ध एवं विस्मित इसलिए भी कर देता है कि अपनी सीमित दृष्टि परिधि के बावजूद, बिनोद बाबू कैसे इस परिकल्पना को साकार कर पाये!

इस प्रकार की कार्य-योजना का असर उनकी आँखों पर पड़ता जा रहा था, लेकिन उन्होंने अपने काम में किसी प्रकार की ढिलाई नहीं आने दी। कोई भी चित्र हो या रेखांकन, छोटा हो या बड़ा, उनकी विशिष्ट पकड़ से अलग पहचान बना लेता था। विषयवस्तु के गठन और संयोजन के बीच सघन, शुद्ध और मृदु रंगों का उल्लास, रेखाओं की सहज वर्तुलता और अवकाश (स्पेस) को एक ख़ास पैटर्न देते हुए वे सारी इकाइयों को एक-दूसरे से गूँथ देते थे। इसलिए उनके चित्रों की छोटी-बड़ी इकाइयाँ और अमूर्त रंग पट्टियाँ भी एक-दूसरे को सहारती दीख पड़ती हैं। ऐसी कुशलता उन्होंने परम्परागत चित्रों के अध्ययन से प्राप्त की थी। उन्होंने लोक कलाओं और लोक शिल्पियों की युक्तियों और अभिप्रायों के संयोजन से अपनी संरचनाओं को समृद्ध किया था।

रूप या वस्तु के सरल आकारों की बिना किसी जटिल विन्यास या प्रविधि के रंगों के साथ रेखाओं का सामंजस्य उन्हें अपने अन्यान्य समकालीनों से सर्वथा अलग कर देता है। विस्तृत फ़लक पर जटिल और सघन संरचना-क्रम में वे न तो कभी चटकदार और भड़कीले रंगों का उपयोग करते थे और न देशी रंगों का चयन करते हुए उनके अनावश्यक घालमेल या घात-संघात के द्वारा कृत्रिम प्रभाव उत्पन्न करने की कोशिश करते थे। इसे रंगों का विषादपूर्ण अनुयोग भी माना गया। इसलिए उनके वर्ण्य-विषय से सम्बद्ध कोई भी प्रयुक्ति या शैली—उदाहरण के लिए, रोमानी हो या आदर्शवादी, ग्रामीण हो या स्वदेशी, गाँधीवादी विचारधारा हो या कोई अभिजात मानसिकता हो या आधुनिकतावादी आग्रह—उनकी कृतियों में अनुपस्थित हैं। इस प्रकार अपने समकालीनों में वे एक तरह अपवाद ही बने रहे।

आधुनिकता के विविध अनुषंग यथा—मूल्य संकट, अनावश्यक आक्रोश, विषयगत भावुकता, सन्देह, निराशा, दुविधा या द्वन्द्व के चिह्न वहाँ नहीं मिलते, जिनका चित्रण कुछ आधुनिक चित्रकार करने लगे थे। प्रयोगों की विविधता के बावजूद, उनकी कृतियों में प्राच्य एवं पाश्चात्य शैलियों का अनोखा समन्वय है। साथ ही, उनकी मौलिकता (जिसका अनुकरण भी असम्भव है) की अमिट छाप भी। आधुनिक एवं परम्परागत तथा प्रचलित विभिन्न कलाशैलियों एवं लोकशैलियों के साथ चीनी एवं जापानी चित्रकला की पर्याप्त जानकारी और अभ्यास को अपनी संवेदना का अंग बनाकर प्रस्तुत करना उनकी विशिष्टता रही। चित्रकला सम्बन्धी आन्दोलनों से परिचित होने के बावजूद, उनकी कृतियाँ उनके अप्रतिम कृती व्यक्तित्व की साक्षी बनी हुई हैं। हालाँकि उनकी कृतियों के विन्यास एवं पैटर्न उनके समकालीनों के लिए एक हद तक अबूझ और जटिल भी बने रहे। रचनात्मक विशिष्टता के साथ उसमें संयोजित रूपाकारों एवं भंगिमाओं को प्रदत्त फ़लक का अनिवार्य और अटूट हिस्सा बना देना ठीक वैसा ही है, जैसे एक पक्षी अपने खुले डैने से सारे आकाश को भर देना चाहता है।

बिनोद बिहारी मानते थे कि सामान्य को असामान्य और साधारण को असाधारण बनाना ही कला का अभीष्ट होता है। इसी से सर्जक की साधना सार्थक और यशस्वी होती है। इसलिए विभिन्न माध्यमों में उनके बनाये हुए भित्तिचित्र या प्रतिकृतियाँ (पोर्ट्रेट)—चाहे वे तेजेशचन्द्र से के हों, नन्दलाल बसु या रामकिंकर के—आत्मीयता के नाते व्यक्ति विशेष के आन्तरिक स्वभाव का अपने-आप परिचय दे देती हैं। तेजेश की प्रतिकृति में प्रकृति या निसर्ग के प्रति उनके रुझान का, नन्दलाल में तेजस्विता का और रामकिंकर में दृढ़ता का। यह रचनात्मक दृष्टि बाद में उनकी अन्तर्दृष्टि बन गयी, जब वे अपनी नेत्र-ज्योति पूरी तरह गँवा बैठे। इस अन्तर्दृष्टि से उनकी कलात्मक अभिव्यक्ति को एक नया प्रस्थान मिला—चाहे वह भित्तिचित्र हो, रूपाकृति अंकन हो, दृश्यांकन हो, अलंकरण हो, किसी अभिप्राय (मोटिफ़) का विन्यास हो या आक्षरिक शैली (कैलिग्राफ़िक पैटर्न)।

बिनोद बिहारी शान्तिनिकेतन में परम्परागत कलाशैलियों के आधार एवं आधुनिकता के आग्रह के अनुरूप चित्रांकन के पाठ्यक्रम को उदार और लचीला बनाना चाहते थे। लेकिन उनके हस्तक्षेप से विभाग में असन्तोष होने का डर था, इसलिए उन्होंने कला भवन से इस्तीफ़ा दे दिया और काठमाण्डू (नेपाल) के राज-संग्रहालय में संरक्षक का पद-दायित्व सँभाल लिया। इस प्रवास के दौरान उन्होंने स्थानीय कला शिल्प तथा लोक-जीवन का निकट से अध्ययन किया। उन्होंने अपने कला-सृजन के लिए इनका रचनात्मक विनियोग किया। साथ ही, इनसे जुड़े कलाकारों और शिल्पियों को यह सलाह दी कि वे आधुनिक रहन-सहन के बावजूद, जीवन में कलात्मक कृतियों का निर्माण कर किस तरह इन्हें सम्भावित प्रशंसकों तथा ग्राहकों तक पहुँचा सकते हैं।

नेपाल से अपना अनुबन्ध समाप्त हो जाने के बाद, वे सपरिवार मसूरी चले आये। यहाँ उन्होंने मनोरम पर्वतीय दृश्य, भटकते बादलों की आँख-मिचौली, पहाड़ी बस्तियों, मज़दूरों, कुलियों तथा कामगारों के बड़े रोचक चित्र बनाये। लेकिन उनके मन में रचा-बसा उनका आत्मीय और अन्तरंग शान्तिनिकेतन उन्हें अक्सर याद आता रहा। प्रवास में भी उनके रेखांकनों में शान्तिनिकेतन के स्मृति-बिम्ब बहुधा मुखर हो उठते थे। वही तालवन, आम्रकुंज, बकुलवीथि, खोआई और छोटी और शान्त कोपाई नदी... जिसे जब चाहे छेड़ा जा सकता था।

लेकिन दोबारा शान्तिनिकेतन जाने से पहले उन्हें कुछ दिनों तक देहरादून, जयपुर और दिल्ली भी रुकना पड़ा। उनके इस लम्बे प्रवास और नन्दलाल बसु के कला भवन में अध्यक्ष पद पर बने रहने की स्थिति में, यह प्रश्न बराबर पूछा जाता रहा कि शान्तिनिकेतन से दूर जाकर किसका अधिक नुक़सान हुआ, बिनोद बाबू का या कि कला भवन का। उनके प्रशंसक ऐसा मानते हैं कि उनके वहाँ रहने की स्थिति में, कला भवन की आज एक दूसरी ही छवि होती।

मसूरी में उनकी अभिरुचि कलात्मक शिल्प-निर्मितियों में रही और डिज़ाइनिंग के क्षेत्र में उनके योगदान को लोग आज भी याद करते हैं। इस कार्य में स्थानीय वस्त्र निर्माताओं और परिधान शिल्पियों के लिए आरेखन का कार्य करनेवालों के लिए उन्होंने ब्लॉक तैयार करवाये और कुछ प्रचलित अभिप्रायों (मोटिफ़ों) और पैटर्नों का भी संयोजन किया। ये अभिप्राय बड़े सरल, प्रभावी और कलात्मक थे। इन्होंने तत्काल बाज़ार में अपनी पहचान और साख बना ली। बिनोद बाबू को ऐसे रूपांकनों के लिए काफ़ी आदेश भी मिले। इसी यात्रा-क्रम में वे नज़ीबाबाद भी गये ताकि स्थानीय कलाकारों के काम को और अच्छी तरह देख-समझ और परख सकें। ऐसे कुछ ब्लॉकों, ठप्पों, चित्रित वस्त्र-फ़लकों और नेपाल-प्रवास के दौरान बनाये गये उनके कुछ चित्रों की प्रदर्शनी दिल्ली में लगाई गयी। साधारण ख़रीदारों ने भी उनमें एक नया पैटर्न पाया। रूपाकृतियों का यह अभिनय संयोजन तथा उनका अमूर्त रंग विधान कला पारखियों को सुखद आश्चर्य में डाल देनेवाला था। यह सारा आयोजन एक जटिल संरचना को सरल और जीवन्त संसार में बदल देने का अद्भुत उपक्रम था।

धीरे-धीरे अपनी एकान्त सर्जना में तल्लीन बिनोद बाबू अपने चित्रों के साथ एवं अपने मित्रों तथा स्थानीय कला जगत तक ही सीमित हो गये। उनके अन्तरंग मित्र उनकी आँखों की सिमटती रोशनी के लिए अधिक चिन्तित रहा करते थे। इस बीच हिन्दी के प्रख्यात साहित्यकार एवं नाटककार जगदीशचन्द्र माथुर के प्रयास से उन्हें पटना आर्ट स्कूल में तीन वर्षों का कला शिक्षण अनुबन्ध प्राप्त हो गया। लेकिन उनकी आँख अब पूरी तरह जवाब दे रही थी। पटना से उन्होंने अपने मित्र बनबिहारी घोष को लिखा था, 'मेरी आँख कैसी है, ठीक या ख़राब—मैं कुछ समझ नहीं पाता। पृथ्वीश नियोगी. से मिलकर नेत्र विशेषज्ञ डॉ. मिश्र को दिखाने का इन्तज़ाम करो भाई'...

इस बीच श्री अरविन्द की रचनाओं में उनकी रुचि बढ़ गयी थी। साथ ही, वे कला से सम्बन्धित विषयों पर बड़ी गम्भीरता से लेखन कार्य कर रहे थे। समकालीन कला परिदृश्य में इन निबन्धों का विशेष महत्त्व है। अपने अन्तर की विराट शून्यता में, उनका आकाश और अवकाश, दोनों ही विद्यमान और सक्रिय थे। चित्रकारों को प्राप्त लोकप्रियता को वे अकारण महत्त्व नहीं देते थे। उनके लिए चित्र बनाना और किसी सहृदय या प्रेक्षक द्वारा उसी स्तर पर महसूस करना—एक ही अनुभव के दो अनिवार्य अंग थे। संगीत एवं नृत्य कला को भी वे

पर्याप्त सम्मान देते थे। सर्जनात्मक कलाओं में वह सबसे अधिक महत्त्व साहित्यिक लेखन को देते थे। अध्ययन उनका व्यसन था और श्रेष्ठ तथा कालजयी साहित्य के साथ कलाविषयक पुस्तकों को पढ़ने तथा चित्र-संग्रहों को देखने की उनकी रुचि निरन्तर बनी रही। वह कहा करते थे कि किसी संग्रहालय (चित्र दीर्घा) के नष्ट हो जाने से उतना नुक़सान नहीं हो सकता जितना कि एक पुस्तकालय के नष्ट हो जाने से। तुलना के लिए उन्होंने कहा था, यदि फ्रांसीसी उपन्यासकार रोमां रोलां के विश्वप्रसिद्ध उपन्यास *जां क्रिस्ताफ़* की पाण्डुलिपि जल गयी होती तो दुनिया का अधिक नुक़सान हुआ होता, बनिस्पत इसके कि विश्व का कोई समृद्ध संग्रहालय जल गया होता।

मार्च 1957 में उनकी आँख का ऑपरेशन हुआ और जैसी कि आशंका थी; उनकी दूसरी आँख भी जाती रही और ऑपरेशन होने के पहले ही उन्होंने कहना शुरू कर दिया था, "अब तक दृष्ट का तमाशा देखता रहा और अब अदृष्ट की भी लीला देखूँगा।"

बिनोद बाबू के जीवन का उत्तरार्द्ध, जिसमें अदृष्ट की आजीवन सहभागिता बनी रही—उसे अवश्य ही उत्तेजक, प्रेरक और फलप्रसू कहा जा सकता है। यह दृष्टिरिक्तता उनके लिए दृष्टिबाधिता नहीं, उनकी सर्जनात्मक शक्तिमत्ता बन गयी। उनका चित्र फ़लक अब और भी उन्मुक्त हो उठा। आत्म-सजग बिनोद बाबू एक नयी अन्तर्दृष्टि से समृद्ध हो उठे। मूर्त—अमूर्त हो गया और दृश्य—अदृश्य। अदृश्य का साहचर्य अब कहीं अधिक मोहक और आत्मीय हो उठा। उनकी दसों उँगलियों में उनकी गहन अन्तर्दृष्टि ऊर्जा भरने लगी। उनका स्पर्श पाकर निर्जीव काग़ज़ सजीव होने लगे, मोम के पुतले बोलने लगे और भित्तिचित्रों में अंकित उनका रचना संसार और भी मुखर होने लगा। उनकी छोटी-मोटी कला निर्मितियाँ बढ़ चली थीं। वे अपनी शारीरिक अक्षमता और परेशानियों के बारे में कभी किसी से कुछ कहते नहीं थे—सिवाय दो-एक मित्रों और अपनी सहधर्मिणी लीला मनसुखानी के।

बिनोद बाबू 1958 में शान्तिनिकेतन लौट आये। यहाँ आकर उनके जीवन का तीसरा चरण शुरू हुआ और जिसमें केवल वह थे और उनकी सबरंग दुनिया। इसके पहले भी उन्होंने वनस्थली विद्यालय (जयपुर) में कुछ दिनों तक अध्यापन किया था। शान्तिनिकेतन में उनकी कृति को प्रकृति का पूर्वपरिचित संस्पर्श मिला। पहले वे कलाविषयक सिद्धान्तों के प्रवक्ता और बाद में कला-प्राध्यापक के रूप में कला भवन में कार्यरत रहे। वर्ष 1968 में वे आचार्य (प्रोफ़ेसर) तथा इस पद से मुक्त होने पर 1970 में प्रोफ़ेसर एमेरिटस का पदभार सँभाला। इसी वर्ष ललित कला अकादेमी की रत्न सदस्यता (फ़ैलोशिप) से भी सम्मानित हुए। इस दौरान उनकी क़लम निर्बाध रूप से चलती रही। हालाँकि वे बोलकर ही कुछ लिखाते थे और माटी, काग़ज़, धातु के पत्तरों को मोड़कर या मोटी रंगीन क़लमों या कूची से आकार गढ़ते थे। उनकी दृढ़ पकड़ और गहरी सूझ-समझ से ये कृतियाँ तत्काल प्रौढ़त्व एवं मार्दव प्राप्त कर लेती थीं। इन्हें अलग से समझाने की ज़रूरत नहीं पड़ती थी। कला भवन के ऐसे ही भित्तिचित्रों में एक है, हाट-बाज़ार का विहंगम दृश्य, जो उनकी परिकल्पना और श्रमिकों की शारीरिक भंगिमा की तिर्यकता, चपलता और सघनता को दृढ़ता से प्रस्तुत करता है।

इन्हीं दिनों, कला भवन के पूर्व छात्र, अनन्य फ़िल्मकार और साहित्यकार सत्यजित राय ने कृतिकार बिनोद दा को एक शिष्य के कृतज्ञ एवं श्रद्धापूरित नेत्रों से देखा और इस यशस्वी कलाकार पर सुप्रसिद्ध वृत्तचित्र का निर्माण किया—'द इनर आई'। यह वृत्तचित्र एक कलाकार के आत्म-संघर्ष और सर्जना को पूरी अन्तरंगता

और प्रामाणिकता से उपस्थित करता है, भले ही उसकी आँखें हों या न हों। यह वृत्तचित्र इसी का साक्षी बना। भावदीप्त क्षणों को सर्जक के कर्म और धर्म से कैसे सार्थक बनाया जाता है, इसे कैमरे की आँख से पकड़कर जिस तरह सँजोया गया—उससे बिनोद दा के व्यक्तित्व के कई आयाम उजागर हुए। देश-विदेश में इस फ़िल्म के दर्शकों और प्रशंसकों को यही लगा कि बिनोद दा ने कुछ नहीं खोया। बल्कि जितना खोया नहीं, उससे कहीं ज़्यादा पाया है और लोगों को बाँटा है।

बिनोद बाबू की रचनाओं का अन्तरंग संसार देश की विभिन्न कला-संस्थाओं और व्यक्तिगत संग्रहों में सुरक्षित है। राष्ट्रीय आधुनिक कला संग्रहालय, अकादेमी ऑफ़ फ़ाइन आर्ट्स, कलकत्ता, रवीन्द्र भारती सोसाइटी, ललित कला अकादेमी ही नहीं, उनके कला प्रशंसकों और परिचितों के पास सुरक्षित छोटे-बड़े चित्र उनके रचनात्मक क्षणों के सहचर एवं साक्षी हैं।

जीवन के अन्तिम दो वर्षों में उनका स्वास्थ्य ठीक नहीं रहा लेकिन उनके संकल्प एवं स्वाध्याय में कोई कमी नहीं आयी। रवीन्द्र संगीत, अरविन्द साहित्य तथा आध्यात्मिक पुस्तकों में उनका अधिकांश समय बीतने लगा था। विदेशी लेखकों और कला समीक्षकों के विचारों का वे बार-बार अपने लेखन या साक्षात्कार में हवाला दिया करते थे, जिससे उनकी विद्वत्ता और वाग्मिता का परिचय मिलता है। *चित्रकर* (चित्रकार) उनका अत्यन्त महत्त्वपूर्ण कला ग्रन्थ है।

19 नवम्बर, 1980 को अपने निधन से लगभग दो सप्ताह पूर्व उन्होंने अपने मित्र बनबिहारी घोष को पत्र लिखकर बताया था कि वे *भागवत पुराण* (दूसरों से सुनकर) पढ़ना चाहते हैं और अगर वह उपलब्ध न हो तो *जातक* (अन्तिम दो खण्ड) पढ़ना चाहेंगे। वैसे उनकी कला-चर्चा अब एक विशिष्ट भाव-चर्या में विलीन हो चुकी थी—जिसमें उनका नश्वर शरीर नहीं बल्कि शाश्वत या अविनश्वर रचनाकार जीवित रहा—उनकी अप्रतिम कृतियों में दृढ़ संकल्प के साथ।

रामकिंकर बैज

(1906–1980)

रामकिंकर बैज का जन्म 1906 में पश्चिम बंगाल में बाँकुड़ा ज़िले के जुगीपाड़ा क़स्बे में हुआ था। वे पिता चण्डीचरण बैज और माता सम्पूर्णा देवी की दूसरी सन्तान थे। उनकी आरम्भिक शिक्षा, सुरेश पण्डित की पाठशाला में हुई। बाद में बंग विद्यालय और फिर स्वदेशी के दौर में नेशनल काउंसिल ऑफ़ एजुकेशन ऑफ़ स्वदेशी द्वारा संचालित (कांग्रेसी नेता अनिल बरन राय के संरक्षण में) मिडल इंगलिश स्कूल में मैट्रिक तक पढ़ाई की। लेकिन उन्होंने अपने क़स्बे के शिल्पियों, विशेषकर मूर्तिकारों तथा पटचित्र बनानेवालों की संगति में बचपन से ही चित्र एवं मूर्ति के साथ रेखांकन का विशेष अभ्यास किया था।

वर्ष 1921 में असहयोग आन्दोलन के दौरान मैट्रिक की परीक्षा छोड़कर वे राष्ट्रीय नेताओं की तैल रंग से बड़ी-बड़ी अनुकृतियाँ तथा बैनर इत्यादि बनाने लगे थे। साथ ही, उन पर नारे आदि भी लिखा करते थे। युवावस्था तक स्थानीय तौर पर एक प्रतिभाशाली कलाकार के रूप में छोटे-मोटे कामों से अर्थोपार्जन किया करते थे। देसी रंगों से निर्मित चित्रों के प्रति उनका विशेष झुकाव था। यही नहीं, रईसों के कहने पर वे प्रतिष्ठित विदेशी कलाकारों के चित्रों की अनुकृति भी किया करते थे। इसी प्रसंग में अपने एक मित्र के कहने पर बांग्ला की प्रसिद्ध पत्रिका 'भारतवर्ष' में 'निर्वासिता' (सीता, लव-कुश के साथ) शीर्षक चित्र प्रकाशनार्थ भेज दिया। इस चित्र के प्रकाशित होते ही, 'प्रवासी' और 'मॉडर्न रिव्यू' के प्रसिद्ध सम्पादक रामानन्द चटर्जी से उनका परिचय हुआ, जो बाँकुड़ा के ही निवासी थे। वे यह चित्र देखकर अत्यन्त प्रभावित हुए और उन्हें इस दिशा में प्रोत्साहित करना चाहा। उन्होंने अपने मित्र रवीन्द्रनाथ को इस सम्बन्ध में एक पत्र भी लिखा। वर्ष 1925 में उनके पत्र के साथ शान्तिनिकेतन जाकर बैज ने रवीन्द्रनाथ ठाकुर के दर्शन किये। वहाँ आचार्य नन्दलाल बसु के निर्देशन में, कला भवन में कला अध्ययन के साथ कला की विभिन्न शैलियों एवं पद्धतियों से उनका परिचय हुआ। लेकिन निर्धारित पाठचर्या की प्रत्येक विधा में उन्होंने अपनी विशिष्ट और प्रयोगात्मक शैली का अनुयोग किया। बाद में, जब कला भवन में ही मूर्तिशिल्प के स्वतन्त्र विभाग की स्थापना हुई तब प्रतिमाह पचास रुपये वेतन पर अध्यापक के रूप में उनकी अस्थायी नियुक्ति हुई। कुछ दिनों के लिए उन्होंने मॉडर्न स्कूल, दिल्ली में भी कार्य किया। यहाँ उन्होंने पाँच फ़ीट ऊँची एक सरस्वती की प्रतिमा बनायी थी लेकिन उपयुक्त परिवेश के अभाव में अच्छी-ख़ासी नौकरी छोड़कर वे शान्तिनिकेतन लौट गये। वहीं अस्थायी तौर पर ही सही, कार्य करते हुए वर्ष 1930 से 1935 के दौरान देसी साधनों से निर्मित कई प्रयोगधर्मी चित्रों एवं रेखांकनों द्वारा उन्होंने देश-विदेश में अपनी पहचान क़ायम की।

यही नहीं, कला भवन में कार्यरत कई कलाकारों, मित्रों तथा सहपाठियों के साथ उन्होंने नित्य नये प्रयोग किये। शान्तिनिकेतन पधारीं लिज़ा फ़र्नेपॉट (जर्मनी) और मैडम मिलवार्ड (ऑस्ट्रिया) से कला के क्षेत्र में हो रहे विभिन्न प्रयोगों एवं कला प्रविधियों में वे समान रुचि से भाग लेते रहे। लेकिन कला के आधुनिक साधनों से परिचय के बावजूद, वे देसी साधनों का विभिन्न माध्यमों में सफल अन्तरण करते रहे। प्लास्टर ऑफ़ पेरिस, रिलीफ़ कार्यशैली, घूमती टेबुल पर क्ले-मॉडलिंग के साथ वाश एवं टेम्परा तथा तैल रंग आदि माध्यमों में उन्होंने पर्याप्त दक्षता प्राप्त की थी। पश्चिमी कला और बंगाल शैली में प्रशिक्षण के बावजूद रामकिंकर ने देसी कला पद्धति एवं प्रचलित लोकशैलियों के प्रति भी विशेष आग्रह बनाये रखा, जिसके चलते कला में सर्वहारा जन को चित्रित कर सम्मानित स्थान दिलाने का उन्होंने भरपूर उद्यम किया। मज़दूर, किसान, आदिवासी, सन्थाल, कामगार आदि को विषयवस्तु बनाकर वे आजीवन उनका रूपायन करते रहे।

परवर्ती वर्षों में चित्रकला, छापाकला (लिथो, लिनो, ड्राइपाइंट और एचिंग) एवं बहुविध सर्जनात्मक निर्मितियों द्वारा एक विशिष्ट स्थान अर्जित किया। उनकी प्रमुख कृतियों में 'सुजाता' (1935), 'सन्थाल परिवार' (1938), 'दीपस्तम्भ' (1941), 'धान निकासी' (1943), 'मिलकॉल' (1954) के अलावा सैकड़ों रेखांकन एवं पेस्टल और जलरंगी चित्र सम्मिलित हैं। इसके साथ ही, उन्होंने टेम्परा विधि में देसी रंगों से कई चित्र अंकित किये। मूर्तिशिल्प में अभिनव प्रयोग करते हुए उन्होंने शान्तिनिकेतन (मूल भवन) के सामने 'दीपस्तम्भ' (1941) का निर्माण किया था।

लोहे की छड़ों, पत्थरों की गिट्टियों से बनी शान्तिनिकेतन की यह पहली अमूर्त कलाकृति थी। बाद में, सीमेंट से उसे चिकना किया गया। इस अमूर्त संरचना का ऐतिहासिक महत्त्व इसलिए भी है कि बँधे-बँधाये ढर्रे से हटकर यह आधुनिक भाव बोध से सम्पन्न एक विशिष्ट संरचना है—चारों ओर से राउंड यानी चाक्षुष। शास्त्रीय भाषा में 'सर्वतोभद्र'। शान्तिनिकेतन में पहले रिलीफ़नुमा द्विआयामी मूर्तियाँ गढ़ी जाती थीं। लेकिन यह त्रिआयामी संरचना किसी भी तरफ़ से देखने पर दर्शकों को परिपूर्ण दिखायी पड़ती है। इसे देखने के बाद दर्शकों को ऐसा लगता है कि रामकिंकर पर हेनरी मूर की छाप है। उन्हीं की तरह मूर्ति-निर्माण-जैसी शैली, वैसा ही ध्रुवीय नुकीलापन, उसी तरह के गत्यात्मक आयाम। हेनरी मूर की रचना दर्शकों की समझ को कभी-कभी दग़ा दे सकती है लेकिन रामकिंकर की नहीं। तो भी 'शान्तिनिकेतन' भवन के सामने स्थापित इस मूर्ति के पास खड़े होकर उनकी रोचक टिप्पणियाँ भी सुनी जा सकती हैं और उसका मनोरंजक आकलन किया जा सकता है। दरअसल यह स्त्री-पुरुष की आलिंगनबद्ध एक त्रिआयामी ऊर्ध्वाकार मूर्ति है, जो विशिष्ट संयोजन के कारण विभिन्न आयामों से अलग-अलग प्रभाव उत्पन्न करती है। मैंने दो मौक़ों पर रामकिंकर जी से इसकी विषयवस्तु के बारे में पूछा था। लेकिन वे यही कहकर टाल गये, 'तुम ख़ुद बूझो! ...तुमि देखो, आमि की कोरेछि।'

शान्तिनिकेतन की कलात्मक एवं सांस्कृतिक गतिविधियों में सक्रिय सहभागिता लेने के कारण रामकिंकर वहाँ के छात्रों और आश्रमिकों के बीच पर्याप्त लोकप्रिय थे। रामकिंकर ने 'दाण्डी मार्च' (कांस्य प्रतिमा), 'रवीन्द्रनाथ ठाकुर', 'सुभाषचन्द्र बोस', 'अवनीन्द्रनाथ ठाकुर', 'गांगुली महाशय',

'मधुरा सिंह', 'प्रीति पाण्डे', 'विनोदिनी' आदि की प्रतिकृतियों (शबीहों) का प्लास्टर और सीमेंट, कंक्रीट आदि से निर्माण किया। 1938 में निर्मित रवीन्द्रनाथ की शबीह (प्रतिकृति) के लिए उनकी भरपूर प्रशंसा हुई थी। कुछ लोगों द्वारा आलोचना भी। दरअसल अपने अभिन्न मित्र और आश्रमसंगी सी. एफ़. एंड्रयूज़ के निधन का समाचार पाकर तब शोकाहत रवीन्द्रनाथ अपनी गर्दन झुकाए 'उत्तरायण' में बैठे थे। रामकिंकर ने उसी समय उनके कुछ रेखांकन तैयार किये और बाद में इन्हीं का आधार लेकर पहले माटी और फिर धातु से रूपायित किया। यह निर्मिति एक तरह से रवीन्द्रनाथ की श्रेष्ठ प्रतिकृतियों में गिनी जाती है। रवीन्द्र भवन दिल्ली के प्रवेश-द्वार पर भी इसकी एक अनुकृति स्थापित है। इसी प्रकार एक अनुबन्ध के अधीन ग्रेनाइट पत्थर से निर्मित विशालकाय 'यक्ष-यक्षी' (रिज़र्व बैंक ऑफ़ इंडिया, दिल्ली के मुख्य द्वार पर स्थापित) निर्मिति के लिए उनकी विशेष सराहना हुई।

पचास और साठ के दशकों में भारत के विभिन्न कला संस्थानों में ग्राफ़िक्स विधा को एक महत्त्वपूर्ण विषय के तौर पर मान्यता मिलने लगी थी। देश के कई प्रिंटमेकर (कलाकार) नयी पद्धतियाँ एवं विदेशी तकनीक अपनाकर इसे एक सम्भावनापूर्ण विषय के नाते प्रस्तुत कर रहे थे। विकसित प्रिंटिंग तकनीकों तथा 'रिप्रोडक्शन' का बढ़ता दायरा और मूल-जैसे दिखनेवाले सस्ते कलात्मक प्रिंट्स पाने की मध्यवर्गीय ललक ने इस विधा में काम करनेवालों की आकांक्षाएँ जगा दी थीं। कला भवन ने, यद्यपि बाज़ार या इसकी बदलती माँग के अनुरूप अब तक कोई समझौता नहीं किया था, लेकिन पचास के दशक के बाद और स्वयं नन्दलाल बसु के आचार्य (मास्टर मोशाय) पद पर बने रहने के समय से ही, आधुनिक कला के बवंडरी झोंकों से शान्तिनिकेतन की परम्परागत कलाशैली में बदलाव आता चला गया। स्वयं रवीन्द्रनाथ की पेंटिंग्स को विदेशों में मिली सराहना और स्वीकृति ने परम्परागत कला शिल्पियों की नींदें उड़ा दी थीं। गगनेन्द्रनाथ ठाकुर अपनी प्रयोगधर्मी, प्रभाववादी और अमूर्तधर्मी कलाकृतियों से पश्चिमी कलाकारों से होड़ ले रहे थे। आधुनिक कला में रचनात्मक निर्बन्धता और प्रयोगधर्मिता का यह आग्रह विलम्ब से ही सही, शान्तिनिकेतन में अपनी जगह बनाता चला गया। इस दिशा में पहले से ही कार्यरत रामकिंकर बैज और बिनोद बिहारी मुखर्जी परम्परासिद्ध युक्तियों और देसी उपकरणों की सहायता से प्रिंट्स तैयार करने की शिक्षा दे रहे थे। इसी दिशा में नन्दलाल बसु के आचार्यत्व में, कला संकाय में जिन नये विषयों की शुरुआत की गयी थी, उनमें लिथोग्राफ़ी और 'एंग्रेविंग' (काष्ठ धातु एवं लिनो तक्षण) भी सम्मिलित किया गया था। उनके संरक्षण में वर्ष 1923-25 के दौरान एक अतिथि अध्यापक--फ्रांसीसी कलाकार आंद्रे कारयेले ने रामेन्द्रनाथ चक्रवर्ती को इस विधा में प्रशिक्षित किया था। इसी बीच सुरेन्द्रनाथ कर भी लन्दन से लिथोग्राफ़ी और एचिंग तकनीक सीखकर शान्तिनिकेतन आ गये थे। इस कला की सम्भावना और प्रविधिगत जटिलता तथा संश्लिष्टता के कारण नन्दलाल बसु ने अपने पुत्र विश्वरूप बसु को एचिंग, ड्राइ पॉइंट और प्रिंटमेकिंग का काम सीखने विदेश भेजा था। इस क्षेत्र में अग्रणी कला शिल्पियों में उनका नाम आदर से लिया जाता है। बाद में रामकिंकर बैज के वे निकटस्थ सहयोगी बने रहे।

यहाँ यह उल्लेख्य है कि सीमेंट और प्लास्टर के स्लैब पर प्रिंट बनाने का काम रामकिंकर के युवा काल से ही शान्तिनिकेतन में शुरू हो गया था। इन फ़लकों पर कालिख (स्याही) पोतकर या रंग

लगाकर रामकिंकर ने कभी भारतीय कांग्रेस पार्टी के जुलूसों और बैठकों में काम आनेवाले बैनर (नारों के साथ) और दोरंगे पोस्टर तैयार किये थे। तब यह काम आधी रात को चुपचाप अपने विश्वस्त सहयोगियों के सहयोग से किया जाता था। लेकिन वे इस माध्यम की सीमाओं से भी परिचित थे। यहाँ तक कि प्रचलित जिंक प्लेट से भी उन्हें अपेक्षित परिणाम नहीं मिलता था। अपनी इसी प्रायोगिक बेचैनी के नाते काफ़ी महँगा होने के बावजूद वे कॉपर प्लेट के इस्तेमाल पर ज़ोर देते रहे। सोमनाथ होर और अपने शिष्य सनत कर के साथ लिथो एवं ड्राइ पॉइंट विधा में "शान्तिनिकेतन स्मृति' शीर्षक से कुछ प्रिंट्स बनाने के बारे में भी वे बताते रहते थे।

वर्ष 1942 में दिल्ली में एकल प्रदर्शनी, वर्ष 1960 में शान्तिनिकेतन में विश्वभारती छात्र सम्मिलनी द्वारा आयोजित प्रदर्शनी, तथा वर्ष 1961 में कोलकाता आर्ट कौंसिल द्वारा विभिन्न राष्ट्रीय कला प्रदर्शनियों में उनकी चित्र कृतियों एवं निर्मितियों का नियमित प्रदर्शन होता रहा। रियलिते नाउवेले, पेरिस (1950-51) में हिस्सेदारी के अलावा एशियन आर्ट कला प्रदर्शनी, टोकियो में भी उनकी कलाकृति सम्मिलित हुई।

रामकिंकर बैज के जीवन का उत्तरार्द्ध मूर्तिकला निर्माण में ही बीता। लेकिन जब भी समय मिलता वे पोस्टर या देसी रंगों से हैंडमेड पेपर पर चित्र आँका करते थे। ऐसे कई चित्र वे उदार भाव से अपने छात्रों या प्रशंसकों को दे दिया करते थे, इसलिए उनका संग्रह तो दूर, उन्हें फिर से पाना और उनका आकलन या मूल्यांकन कर पाना और भी दूभर हो गया। तो भी राष्ट्रीय आधुनिक कला संग्रहालय, नयी दिल्ली में उनकी कई कलाकृतियाँ सुरक्षित एवं प्रदर्शित हैं।

अपने जीवनकाल में उन्हें कई पुरस्कारों एवं सम्मानों से विभूषित किया गया। उन्हें पद्मविभूषण (1970, भारत सरकार द्वारा), तथा 1976 में विश्वभारती के सर्वोच्च सम्मान 'देशिकोत्तम' से अलंकृत किया गया। उन्हें 1976 में ललित कला अकादेमी, दिल्ली द्वारा रत्न सदस्यता एवं फ़ैलोशिप मिली एवं उसी वर्ष रवीन्द्र भारती विश्वविद्यालय, कोलकाता द्वारा डी.लिट्. (मानद उपाधि) मिली। विश्वभारती विश्वविद्यालय द्वारा ही उन्हें एमेरिटस प्रोफ़ेसरशिप (1977) प्राप्त हुई।

जीवन का अन्तिम समय उनका शान्तिनिकेतन में ही बीता लेकिन तब वे वहाँ काफ़ी अस्वस्थ चल रहे थे। 2 अगस्त, 1980 को मस्तिष्काघात के चलते कोलकाता में उनका निधन हो गया।

मुहम्मद अब्दुर्रहमान चुग़ताई
(1897–1975)

किसी भी चित्र में हृदयगत भावना के साथ सौन्दर्य एवं कल्पना का मिश्रण अपने सर्वोत्तम रूप में कितनी दूर तक प्रभावी ढंग से प्रस्तुत किया जा सकता है, इसका अनूठा उदाहरण है–अब्दुर्रहमान का कला संसार। उनके लगभग सभी चित्र इन कसौटियों पर खरे उतरते हैं और प्रतिमान के तौर पर जिनका अक्सर हवाला दिया जाता है।

हमें इस तथ्य को हमेशा याद रखना होगा कि कला के क्षेत्र में राष्ट्र और राज्य की सीमाएँ आड़े नहीं आतीं और चुग़ताई के व्यक्तित्व एवं कृतित्व से यह बात स्पष्ट हो जाती है कि वे एकमात्र ऐसे कलाकार थे, जो दो राष्ट्रों के सिद्धान्त से परे थे। वे आजीवन जितने हिन्दुस्तान के थे, उतने ही पाकिस्तान के। यही नहीं, अपनी कृतियों की विषयवस्तु के चयन में भी वे जितने हामी (हेमेटिक) थे, उतने ही सामी (सेमेटिक)। इसलिए उनकी विपुल संख्यक निर्मितियों में जहाँ हिन्दू परम्परा के आख्यानमूलक चित्र हैं, वहाँ इस्लामी क़िस्सागोई और मसनवियों से सम्बन्धित भी कई चित्र हैं। 'युवा साधु', 'राधाकृष्ण', 'नटराज' के अलावा *रामायण* एवं *महाभारत* से जुड़े विषयों को भी उन्होंने चित्रांकित किया है। 'विजयी अर्जुन' शीर्षक से अंकित (जलरंग) उनका चित्र बहुत चर्चित हुआ।

चुग़ताई के अधिकांश चित्र, जो इस्लामी धर्मधारा और दास्तान-गोई से जुड़े हैं–वे उन मानवीय भावनाओं और आकांक्षाओं को दर्शाते हैं, जिन्हें किसी धर्मविशेष की संकीर्ण सीमा में नहीं रखा जा सकता और वे धर्मनिरपेक्ष हैं। 'गायक संगीतज्ञ', 'संगीत का जन्म', 'दीपक और चाँद', 'शहज़ादा सलीम', 'दीवानी लैला', 'अंगूरी बेल', 'बुझती शमा' 'सहरा की शहज़ादी', 'साइप्रस की शहज़ादी', 'साक़ी', 'उमर ख़ैयाम'-जैसे कई चित्र उसी तरह बनाये गये हैं, जिस तरह अवनीन्द्रनाथ ठाकुर ने इस्लामी, विशेषकर फ़ारसी आख्यानों का सहारा लेकर 'उमर ख़ैयाम', 'आख़िरी सफ़र' और 'बहादुरशाह ज़फ़र' (व्यक्ति चित्र) उकेरा था।

इसे एक आकस्मिक तथ्य ही कहा जायेगा कि अवनीन्द्रनाथ और उनकी परम्परा में नन्दलाल बसु, असित कुमार हालदार, वीरेश्वर सेन आदि चित्रकारों की रेखाओं में जो सुकुमारता, सुष्ठुता, वर्तुलता और गत्यात्मकता है, उससे कहीं आगे और बढ़कर चुग़ताई के चित्रों की रेखाओं में तूलिका की कमनीय भंगिमा, सूक्ष्मता और नफ़ासत देखी जा सकती है। लेकिन बंगाल या 'बंगाल स्कूल' से उनका कोई सीधा सम्बन्ध नहीं था। उन्होंने अपने चाचा से कला की तालीम हासिल की थी और वे कुछ समय तक मेयो कॉलेज, लाहौर के कला विभाग से जुड़े रहे। उन दिनों अवनीन्द्रनाथ के शिष्य समरेन्द्रनाथ गुप्त इसके प्राचार्य थे, इसलिए चुग़ताई को वाश विधि से चित्रांकन करने का अवसर प्राप्त हुआ। वैसे यह भी बताया गया कि उन्हें सूक्ष्म रेखांकन की प्रेरणा असित कुमार हालदार की कृतियों से मिली। पार्थ मित्तर इस बारे में अधिक स्पष्टता से बताते हैं कि चुग़ताई

अवनीन्द्रनाथ के आध्यात्मिक शिष्य (रूहानी शागिद) थे, हालाँकि वे बंगाल की सांस्कृतिक परिधि से काफ़ी दूर रहे। वे पंजाब (अविभक्त भारत) के एक मुस्लिम चित्रकार थे, जिन्होंने बंगाल कलाशैली को न केवल अपनाया बल्कि रेखाओं और रंगों की लयात्मकता को और अधिक विस्तार दिया।[1]

चुग़ताई के विषय रूमानियत से भरपूर और उसकी पूर्णता को भावनात्मक तौर पर प्रस्तुत करने से जुड़े हैं। इसलिए प्रकृति-विषयक दृश्यों के साथ पशु-पक्षी, वनस्पति, फूल-पौधे सभी अपनी कमनीय भव्यता के साथ उपस्थित हैं। ऐसा लगता है वे अपनी बारीक़ तूली से कविताई कर रहे हों।

1899 ई. में लाहौर में जन्मे अब्दुर्रहमान चुग़ताई के पूर्वज मुग़लिया वंश के कुशल कारीगर थे, जिन्होंने आगरा के ताजमहल और मोती मस्जिद के निर्माण में योगदान किया था। इसलिए स्थापत्य कला सम्बन्धी चित्रों की वास्तु योजना, सूक्ष्म पच्चीकारी हो या मीनाकारी—अलंकरण के ये समस्त गुण सहज ही उनकी कला में आ गये थे। दूसरे, उन्होंने अपने पूर्वजों और पूर्ववर्ती तथा परम्परागत कलाकारों एवं चित्रकारों की अनुप्रेरणा प्राप्त कर और उनका अनुसरण करते हुए अपना एक अलग मुक़ाम बनाया था। साथ ही, उन्होंने इस्लामी दस्तकारी या कारीगरी से अपनी कलाकृतियों को बचाया और इसके भाव-पक्ष को स्वतन्त्र और स्वायत्त बनाये रखा।

चुग़ताई की चित्रकला पर बंगाल शैली, विशेषकर अवनीन्द्रनाथ का प्रभाव स्पष्ट तौर पर देखा जा सकता है। एक महत्त्वपूर्ण तथ्य यह भी है कि उन्होंने लगभग अकेले अपनी कलाशैली को जो शिखर प्रदान किया, वह आज भी दूसरे चित्रकारों के लिए प्रतिमान बना हुआ है। हालाँकि कला के मानदण्ड कभी एक-जैसे नहीं होते और एक सच्चा कलाकार कभी यह नहीं चाहता कि उसके अनुवर्ती उसका अनुकरण करें।

यह देखना महत्त्वपूर्ण होगा कि युरोप यात्रा के दौरान पाश्चात्य कला की जानकारी और एचिंग प्रविधि की तैयारी के बावजूद चुग़ताई की कार्यशैली में कोई बदलाव नहीं आया बल्कि उसमें और निखार आ गया। हाँ, स्वच्छन्दता या रूमानियत के बदले उनके चित्रपटल पर यथार्थ का पुट अवश्य आ गया। युरोप की विभिन्न कला-दीर्घाओं की परिदर्शन करते हुए उन्हें युद्ध की विभीषिका का अहसास हुआ और वे अपनी स्वप्निल दुनिया से बाहर आये। *मुरक्का-ए-चुग़ताई* (1935) में उन्होंने ग़ालिब के शेरों पर आधारित चित्रों को ग़ालिब की ज़ुबान में ही पेश किया था। 1936 ई. में प्रकाशित *नक़्क़ाश-ए-चुग़ताई* में उनके चित्रों का संकलन किया गया था।

पन्द्रह सालों के बाद 1951 ई. में दिल्ली से उनका एक और चित्र संग्रह *चुग़ताई'ज़ इंडियन पेंटिंग्स* शीर्षक से प्रकाशित हुआ। इसमें उनके वे चित्र भी संकलित हैं, जो हिन्दू धर्म और आख्यान से सम्बन्धित हैं। भारत की आज़ादी के बाद वे लाहौर, पाकिस्तान में रहकर कला ही सेवा करते रहे। उनके जैसा कलाकार यह अच्छी तरह जानता था कि वह अपना सर्वोत्तम कैसे दे सकता है और उन्होंने अपनी कृतियों द्वारा आजीवन इस लक्ष्य को सामने रखकर कार्य किया। उनका निधन 17 जनवरी, 1975 को हुआ।

सन्दर्भ

1. "Chughtai, a Muslim painter from Punjab, carried the mannerism of Bengal School even further, developing a sinuous play of lines and colours, close to the fin-de-siecle works of Beardsley and the decadents." 'Art and Nationalism of India'. Indian Horizon, Vol. 40. Nos.1-2, 1991

अमृता शेरगिल
(1913–1941)

हंगरी (बुडापेस्ट) में 1913 में जन्मी अमृता शेरगिल को अपनी पारिवारिक पृष्ठभूमि से कला के प्रति गहरी रुचि बतौर विरासत मिली। उसके पिता सरदार उमराव सिंह शेरगिल साहित्य, दर्शन एवं कला के जानकार थे। उसकी माँ मारिया अंत्वानेत हंगेरियन थीं और एक कुशल पियानोवादक थीं। इसलिए शेरगिल के पारिवारिक परिवेश का निर्माण जैसा कि स्वाभाविक ही था, हंगरी-जैसे पश्चिमी देश में हुआ। प्रथम विश्वयुद्ध की समाप्ति के बाद चेकोस्लोवाकिया और हंगरी की राजनीतिक स्थिति बदतर होती चली गयी। इसलिए उमराव सिंह मजीठिया का परिवार 1921 में भारत चला आया और अस्थायी तौर पर शिमला में बस गया। इस तरह अमृता की कला शिक्षा तो रुक गयी लेकिन शिमला के प्राकृतिक और पहाड़ी परिवेश में वह रम गयी और उसने यहाँ चित्र बनाने का अभ्यास ज़ारी रखा।

अमृता बचपन से ही कलात्मक प्रवृत्ति की थी और पन्द्रह-सोलह वर्ष की उम्र में उसने तैलरंगों से चित्र बनाने में दक्षता प्राप्त कर ली थी। यहीं 1927 में भारत यात्रा के दौरान इर्विन बाक्ते (Ervin Baktay), जो अमृता के हंगेरियन चाचा थे और कलाकार होने के साथ एक बहुभाषाविद् थे, शेरगिल परिवार से मिले। उन्होंने अमृता की कला प्रतिभा को पहचान कर उसे कला शिक्षा प्राप्त करने के लिए पेरिस भेजने पर ज़ोर दिया। उन्होंने पेरिस के कुछ कलाकारों का हवाला भी दिया। यही नहीं, वहाँ अमृता के ठहरने और खाने-पीने की व्यवस्था आदि का भी भरोसा दिलाया। इस प्रस्ताव को मानते हुए, 1929 ई. में पूरा शेरगिल परिवार ही पेरिस आ गया। अमृता को वहाँ 'द ग्रांद शांसियेर' (The Grand Chansiere) में दाख़िला मिल गया और यहाँ उसने प्रो. पीरे बेलां के निर्देशन में कला शिक्षण प्राप्त किया। कुछ दिनों तक अमृता ने 'इकोल दि बो आर्ट्स' स्टूडियो में भी पश्चिमी कला पद्धति का अध्ययन किया। लगभग पाँच वर्षों तक पेरिस में रहकर अमृता ने अपनी कलात्मक कार्यक्षमता से कलाविदों के बीच उपस्थिति जताई।

कला के साथ साहित्य के प्रति भी उसकी रुचि उसे प्रूस्त, दोस्तोयव्स्की, टामस मान और हंगारी भाषा के विशिष्ट कवि आन्द्रे अदी के निकट ले गयी। कला के क्षेत्र में पिकासो, पॉल क्ली, गोगां, मातीस, ब्राक और वान गॉग से प्रेरणा ग्रहण करने के बावजूद, अमृता ने अपनी निजता बनाये रखी। लुसिए सिमों नामक चेक अध्यापक के संरक्षण में वह यहाँ कला शिक्षण प्राप्त कर रही थी। उसने बाद में, पेरिस की स्वच्छन्द कलाचर्या में, नग्न मॉडलों के चित्रण के साथ अपनी भी कई 'न्यूड' रचना की।

पेरिस की बोहिमियन ज़िन्दगी जीते हुए वह कई महीने उन्मुक्त भाव से विचरण करती रही। यह उसके जीवन का बेहद उत्तेजक और प्रायोगिक दौर था लेकिन जब ऊब और निराशा हाथ लगी तो वह 1933 ई. में भारत चली आयी और कुल मिलाकर उसने अब यहीं रहने और काम करने का मन बना लिया।

भारत को एक बार फिर से समझने और अपने कलानुभव का हिस्सा बनाने के लिए उसने अमृतसर और शिमला में रहकर कुछ कृतियों का निर्माण किया। गोरखपुर के निकट सराया (सरदार नगर) में अमृता ने पिता के पूर्वपरिचित मजीठिया परिवार के साथ रहने के दौरान भारतीय ग्राम जीवन को बहुत निकट से देखा। वह न केवल मजीठिया परिवार की जागीर में अपने लिए भारतीय पात्रों की तलाश कर रही थी बल्कि आम भारतीय स्त्रियों की आत्मीय, एकदम सहज घरेलू जीवन-चर्या में अपनी उपस्थिति का सन्धान कर रही थी। ऐसा भी नहीं था कि यह सारा कुछ प्रायोजित था या आरोपित प्रतिबद्धता के नाते किया गया प्रयत्न था। दरअसल वह उस ग़रीब भारत की सचाई को पहली बार देख-समझ रही थी और इसमें अगर उसकी कोई साझीदार थी तो वह थी, उसकी स्त्रियोचित संवेदना। साथ ही, यहाँ के ग़रीब और अभावग्रस्त लोगों के आचार-व्यवहार, व्रत-उत्सव, मेले-ठेले, पहरावे आदि के प्रति उसका सम्मोहन। हालाँकि उसका पूर्व जीवन और परिवेश अविश्वसनीय ढंग से पश्चिम से प्रभावित था और वह नास्तिक भी थी। लेकिन इसके बावजूद बड़ी उत्कटता और गहराई से उसके कैनवस में भारतीय रूपाकार—जो अत्यन्त सरल, सजीव एवं निश्छल थे—धीरे-धीरे ही सही, स्वाभाविक ढंग से अवतरित होते चले गये।

पश्चिम से कला शिक्षा प्राप्त कर भारत लौटे किसी भी भारतीय कलाकार को शंकाकुल नज़रों से देखना और उसकी आधुनिकता को सवालिया निगाहों से जाँचना संकीर्णता ही होगी। लेकिन विडम्बना यह थी कि अमृता शेरगिल को लम्बे समय तक, बल्कि अल्पायु में ही अपने निधन (1941 ई.) तक—लगभग हाशिये पर रखा गया। इन सबके बावजूद निरन्तर सक्रिय अमृता शेरगिल की कला कृतियाँ पश्चिमी आधुनिकता के अन्तर्विरोधों को समझने के लिए हमारे लिए बहुत आवश्यक हैं। ये उसके सामाजिक सरोकारों की भी साक्ष्य हैं। कहना न होगा, पश्चिम से उसके मोहभंग को ही नहीं, बल्कि भारतीय जीवन के अनन्य एवं अन्तरंग प्रसंगों एवं स्थितियों को प्रभावी ढंग से चित्रांकित होता देख, कई ऐसे कलाकारों को देशज कारकों और अन्तर्वस्तुओं के साथ कार्य करने की प्रेरणा मिली, जो अब तक यही समझ रहे थे कि भारत में 'कला' की कोई पूछ या पहचान नहीं है। हालाँकि उसके इस अतिरेकपूर्ण उत्साह का भी उपहास उनके कुछ अदृश्य विरोधियों ने उड़ाया और इसके जवाब में अमृता को कहना ही पड़ा कि अगर भारत में ग़रीब नहीं होते तो उसके लिए पेंट करने के लिए क्या होता भला!

यह विडम्बना ही रही कि काफ़ी लम्बे समय तक अमृता शेरगिल को भारतीय कलाकार समुदाय में यथोचित स्थान प्राप्त नहीं हुआ। एक कारण तो उसकी माँ के विदेशी मूल का होने से सम्बन्धित था, हालाँकि उसके माता-पिता 1921 ई. में भारत आकर स्थायी तौर पर यहीं बस गये थे। दूसरे, उस पर पश्चिमी प्रभाव का भी आरोप मढ़ा गया। डब्ल्यू. जी. आर्चर ने उसके चित्रों पर यह टिप्पणी की थी कि अमृता पर गोगां (Gauguin) का अत्यधिक प्रभाव है।[1] गोगां के चित्रों में दो कारकों (अवयवों)

की प्रबलता रही, कामुकता (sexuality) और अवसाद (melancholy) की, जो कि अमृता के चित्रों में भी है। लेकिन अमृता ने कामुकता वाले पक्ष को नकारते हुए अवसाद वाले पक्ष को स्वीकार किया था। कुछ दूसरे कला समीक्षकों ने भी उसकी कृतियों में एक तरह की उदासीनता या विषण्णता की उपस्थिति लक्ष्य की थी। इसी तरह के.जी. सुब्रमण्यन ने उसकी निर्मितियों में ऐन्द्रिकता के साथ ग़रीबी और अभाव के घाल-मेल से तैयार उसके 'भावनात्मक यथार्थवाद' (emotional realism) पर आक्षेप किया और यह प्रश्न उठाया कि आख़िर वहाँ ऐसी दुविधा क्यों है? कुल मिलाकर, युवा अमृता की मानसिक परिपक्वता की भी माँग उठी। हालाँकि अमृता ने यह भी जोड़ा कि भारतीय भूमि पर पाँव रखते ही, वह पूरी तरह से भारतीय हो गयी है और वह यहाँ की ख़ामोशी और चुप्पी को, यहाँ के भूरे लोगों को, जो अपनी कुरूपता में भी बेहद ख़ूबसूरत नज़र आते हैं, उनकी उदास आँखों और उनकी दुर्बल काया को सहानुभूति एवं संवेदना के साथ अपने कैनवस पर उतारने को आतुर है। अमृता की प्रशंसा करनेवालों और साथ ही दबी ज़ुबान शिकायत करनेवालों की भी कमी नहीं थी। लेकिन बाद में उन्हें भारतीय कला के पुनरुत्थानवादी (Revivalist) प्रवक्ताओं का साथ मिल गया था।

प्रसिद्ध उकील बन्धुओं (बरदा, रनदा और शारदा) में, बरदा की अमृता से अच्छी मित्रता थी और उन्होंने भारत के कुछ शहरों में अमृता की चित्र प्रदर्शनी भी आयोजित की थी। लेकिन वे भी पुनरुत्थानवादी होने के कारण अपने भाइयों की तरह यह कहने में नहीं चूके कि अमृता की कृतियाँ भारतीयों की भावनाओं का प्रतिनिधित्व नहीं करतीं। ऐसा नहीं है कि श्रेष्ठ या महान कला लोगों को सदैव आकर्षित करती है। हमारे देश में अभी हाल तक कला के बारे में लोगों की उदासीनता के उदाहरण मौजूद हैं। पी. एस. नारायणन ने लिखा है, "अभी हाल तक अमृता शेरगिल को कलाकार के रूप में स्वीकार नहीं किया गया था। मुझे याद है कि तब उनके चित्र, जो आज सर्वोत्कृष्ट माने जाते हैं, प्रदर्शन के लिए स्वीकार भी नहीं किये जाते थे।"[2] एक प्रश्न का उत्तर देते हुए प्रसिद्ध चित्रकार के.एस. कुलकर्णी की इस टिप्पणी से स्पष्ट है कि कला के मूल्य और मानदण्ड स्थिर नहीं रहते, वे समय और समाज की माँग और आकांक्षा के अनुरूप बदलते रहते हैं।[3]

इसके पहले भी त्रिवेन्द्रम में 1937 में आयोजित होनेवाली अखिल भारतीय चित्र प्रदर्शनी के लिए अमृता ने अपने चित्र भिजवाये थे लेकिन वहाँ भी ऐसे ही एक पुनरुत्थानवादी और थियोसोफ़िकल सोसाइटी से जुड़े एक कवि दार्शनिक डॉ. जेम्स कॉजिन्स की सलाह पर उनके वे सारे चित्र बेरंग लौटा दिये गये थे। कला एवं संस्कृति के क्षेत्र में इस तरह के विरोध एवं अवरोध से अमृता परिचित थी और बिना कोई कटुता व्यक्त किये या सार्वजनिक प्रतिक्रिया जताये वह धैर्यपूर्वक अपने कार्य में जुटी रही। इसका कारण यह था कि भारतीय परिवेश उसके लिए अनजाना नहीं था लेकिन उसके बचपन और युवा काल के कई वर्ष अलग-अलग देशों में बीते थे। भारतीय पिता और चेक माँ के अलग-अलग अभिजात परिवारों के मूल्यों और बुडापेस्ट, हंगरी तथा फ़्लोरेंस (इटली) और पेरिस (फ्रांस) में बिताये गये वर्षों में प्राप्त कला शिक्षण और जीवन से जुड़े अनुभवों ने अमृता की कला चेतना को अत्यधिक उर्वर बना दिया था। व्यक्तिगत जीवन के अवसाद ने उसे बेहद संवेदनशील बना दिया था। चित्र निर्माण के दौरान वह जानती थी कि उसे कब, क्या और कैसे आँकना है?

यहाँ यह देखना भी महत्त्वपूर्ण होगा कि अमृता ने अपने 'दृश्यांकनों' में उतनी रुचि नहीं दिखायी, जितनी 'व्यक्ति चित्रों' के अंकन में। क्या इसलिए कि उसे अपने जीवन में आयी रिक्तता की भरपाई करनी थी? या उसे किसी ऐसे व्यक्तित्व का सन्धान करना था जो उसका पूरक बन सके! अमृता को न केवल आत्म-रति या आत्म-विमुग्धता का शिकार बताया गया बल्कि यौनलिप्सातुर भी बताया गया। खुशवन्त सिंह ने तो ऐसा स्पष्ट संकेत भी दिया था। इसीलिए जब शेरगिल ने अपने 'न्यूड्स' बनाये, तब उन्हें काफ़ी 'इरोटिक' (कामुक) बताया गया। लेकिन कैनवस पर अंकित उसके 'स्थिर चित्र' (स्टिल लाइफ़) और भू-दृश्य चित्रण (नेचर स्टडी) एक बार फिर उसकी ख़ामोशी और शून्यता को दोहराते रहे।

ऐसे ही चित्रों से उसके व्यक्तित्व के कुछ दूसरे आयाम भी खुलते हैं। यह चुप्पी, यह ठहराव और अवसाद उसके स्वभाव के अंग बन गये थे। उसके रंग एवं तूलिकाघातों में भी कभी-कभी ऐसी ही प्रशान्ति दीख पड़ती है। कालानुक्रम से विचार किया जाये तो सम्भवतः ऐसा हो सकता है कि ये चित्र अपने अभ्यास को ज़ारी रखने के लिए बनाये जा रहे थे या इसलिए भी क्योंकि तब तक वह अपने रचना-मानस में स्थित अन्तर्वस्तु और उसकी प्रस्तुति के बीच उपयुक्त तालमेल नहीं बिठा पायी थी। भारतीय परम्परा में अपनी कलात्मक पहचान बनाने एवं इसकी सदियों पुरानी विरासत और सांस्कृतिक यात्रा को समझने के लिए उसने अजन्ता, एलोरा, मथुरा-वृन्दावन आदि स्थानों का भ्रमण किया। अजन्ता के चित्र तो उसके मानस में पूरी तरह बस गये थे और जब भी अवसर मिला, वह अजन्ता के चित्रों की प्रशंसा किये बिना रह नहीं सकती थी। मुग़ल और राजपूत शैली के लघुचित्रों का भी उसने अध्ययन किया था। यही नहीं, सुदूर दक्षिण भारत की भी यात्रा की। वह भारत के इस वैविध्यपूर्ण वैशिष्ट्य को अपने कैनवस पर उतारना चाहती थी। वह जहाँ कहीं भी जाती, वहाँ का जनजीवन, परिवेश, लोगों का दुःख-सुख, आनन्द-अवसाद, भूख-प्यास और आशा-आकांक्षा को समझने की कोशिश करती। अमृता के रूपांकन में उनके वही चिरपरिचित बिम्ब यथासम्भव प्रामाणिक ढंग से ढलते चले गये। वह कहती भी थी, "मैं भारतीय ग़रीबों की चित्रात्मक व्याख्या करना चाहती हूँ।"

भारतीय परम्परावादी परिवेश और कला की रूढ़िवादिता से उबरने में अमृता शेरगिल को अधिक समय नहीं लगा। स्थितियाँ अवश्य ही जटिल और विषम थीं लेकिन भारतीय लोकमानस इतना सहज था कि अपनी सादगी में भी उसके कलाकार मन को आकृष्ट करता था। इसलिए उस सीधे-सादे और अकृत्रिम परिवेश को अपनाने और निर्मितियों में परिणत करने के लिए जिस संवेदना और करुणा की आवश्यकता थी—वह सारी तैयारी तो अमृता के पास थी ही। लम्बे समय तक इसी भारतीय भावभूमि में विचरण करते हुए, वह उस सामाजिक यथार्थ से भावपूर्ण संवाद कर सकी, जो उसकी आगामी निर्मितियों के लिए आवश्यक था।

इसके पूर्व वर्ष 1930-32 के दौरान हंगरी और पेरिस में रहते हुए अमृता ने कई मॉडेलों के 'न्यूड' चित्र बनाये थे। नारी की नग्न देह को एक स्त्री कैसे उकेरती और उसमें रंग भरती है, यह देखना अवश्य ही रोचक है। ऐसे में स्त्री-देह भंगिमा के साथ ऐन्द्रिकता का सन्तुलन एवं कलाकार

की तटस्थता भी महत्त्वपूर्ण होती है। क्योंकि इसे कभी-कभी प्रायोजित अश्लीलता से भी जोड़ दिया जाता है। यहाँ उल्लेख्य है कि कई आत्म चित्रों के साथ अमृता ने कई व्यक्ति चित्र (पोर्ट्रेट), भू-दृश्यांकन (नेचर स्टडी, सैरा) और जिप्सी औरतों के भी चित्र बनाये। उसकी कलात्मक क्षमता की वहाँ पर्याप्त सराहना हुई। उसके चित्र प्रतिष्ठित गैलरियों में प्रदर्शित हुए और वह 'ग्रांद सेलों' की सदस्या भी बनी। यह किसी भारतीय ही नहीं, किसी पहले एशियाई कलाकार के लिए महत्त्वपूर्ण सम्मान था।

पश्चिम के निर्द्वन्द्व और स्वच्छन्द जीवन के मुक़ाबिले भारतीय समाज में सम्बन्धों की सघनता और अन्तरंगता का प्रभाव भी अमृता शेरगिल की कृतियों पर अनिवार्य रूप से पड़ा। ग़रीब, वंचित और अभिशप्त लोगों के समुदाय को केन्द्र में रखकर और अक्सर उनके बीच जाकर उसने उनका मर्मस्पर्शी चित्रण किया। अपनी कला दृष्टि और प्रतिभा के बल पर इस युवा चित्रकार ने जीवन के अन्तिम छह-सात वर्षों (1935-1941 ई.) में जो भी चित्र बनाये, वे एक-से-बढ़कर-एक हैं। 'केले बेचनेवाली', 'गणेश पूजन', 'लाल काले हाथी' आदि कला निर्मितियाँ उसकी अनुभूतियों के जीवन्त निदर्शन हैं। अमृता ने कई व्यक्ति चित्र भी बनाये, जिसमें उसका 'स्वचित्र' भी रंगों के अद्भुत एवं प्रभावी अनुयोग के कारण काफ़ी चर्चित रहा है। भारत में धार्मिक पाखण्ड एवं सामाजिक वैषम्य की शिकार स्त्री और उसके जीवन की पीड़ा उसके कैनवस का अनिवार्य हिस्सा बन गयी थी—जिसमें उनकी दुर्दशा अपने आप बयान हो जाती है। कलात्मक संयोजन, विषयानुरूप परिवेश और भावपूर्ण रंगांकन अमृता की विशेषता रही है। भारत की ग़रीबी, आम लोगों का शोषण, मानवीय त्रासदी, दुःख और अवसाद की काली छाया को उसने सम्बन्धित पात्रों की भावपूर्ण मुद्रा एवं उनकी देह भंगिमा को रंगों के विशिष्ट चयन से और भी प्रभावी बना दिया। 'बालिका वधू', 'भारत माता', 'अछूत बालिका', 'तीन युवतियाँ', 'ब्रह्मचारी बालक' और 'वधू का शृंगार' शीर्षक उसके चित्र विशेष उल्लेख्य हैं। तब तक किसी भी दूसरे भारतीय कलाकार द्वारा रंगों की ऐसी विलक्षण भाषा गढ़ने का प्रयास नहीं हुआ था। यह एक तरफ़ यथार्थपरक था तो दूसरी तरफ़ अभिव्यंजना-मूलक। उसकी इस प्रविधि को पश्चिमी कला के पण्डितों ने उत्तर-आधुनिकतावाद से भी जोड़कर देखा। हालाँकि भारतीय सन्दर्भ में इस प्रकार की कला-कसौटियाँ तब तक तैयार नहीं हुई थीं, इसलिए पश्चिमी कला आन्दोलनों और वादों के आईने में ही भारतीय कलाकार अपनी पहचान और परछाइयाँ ढूँढ़ा करते थे। चूँकि अमृता शेरगिल एक कलाकार के साथ बेहद संवदेनशील और प्रबुद्ध कलाविद भी थी, इसलिए उसे अच्छी तरह मालूम था कि वह अपनी कला-वस्तु और अंकन विधि को कैसे बरत रही है।

यहाँ इस बात का उल्लेख आवश्यक है कि अमृता में, परिचित हो या अपरिचित—उसी परिवेश में ढल जाने की अपूर्व क्षमता थी। साथ ही, देशकाल के अनुरूप अपनी कला प्रतिभा का उपयोग करने की। इसलिए अल्पावधि जीवन में भी उसने अत्यधिक कलाकृतियाँ तैयार कीं और महत्त्वपूर्ण यह है कि परवर्ती काल में चित्रित उसकी लगभग सभी कृतियाँ अपनी विषयवस्तु, संयोजन, प्रभाव एवं गुणवत्ता के नाते दर्शकों और प्रशंसकों द्वारा देश-विदेश में सराही गयीं।

1933 में भारत लौटने के बाद, 'पहाड़ी औरत', 'पहाड़ी मर्द'-जैसे चित्र उसके शिमला या पर्वतीय क्षेत्र से सम्बन्धित हैं। लेकिन 'भारत माता' (मदर इंडिया) शीर्षक से बनाया गया उसका चित्र निश्चय ही एक नये रचना-पर्व का संकेत है। इसमें घुटने ऊपर उठाये बैठी माँ अपने दो बच्चों के साथ सामने की ओर देख रही है। उसकी आँखों में करुणा के साथ आत्मतोष का भी भाव है। गोद का बच्चा अपनी विस्फारित आँखों से अवश्य ही कोई वस्तु देख रहा है जबकि नीली चादर में लिपटी बच्ची कहीं से कुछ पाने या मिलने की आशा में आँखें उठाकर देख रही है। हल्के फीके गुलाबी, भूरे, आसमानी और सफ़ेद पृष्ठभूमि में गंदुमी रंग के प्रयोग और तूलिका के क्षिप्र आघात से स्पष्ट प्रतीत होता है कि अमृता जिस क्षणविशेष को उकेरना चाहती थी, अगर वह सफलतापूर्वक सम्पन्न हो जाये तो चित्र को आगे अधिक छेड़ना उपयुक्त नहीं होगा। यह चित्र अपने संयोजन के साथ तीनों पात्रों की भंगिमा निरूपित करने में अत्यन्त सफल रहा है। इसमें लाल रंग का प्रयोग केवल बच्ची के चेहरे, गाल, गले एवं चिबुक पर किया गया है, जिससे उसकी आँखें, भौंहें और होंठ अपनी चुप्पी में भी कुछ बताती-जताती हैं। इस चित्र पर अजन्ता भित्तिचित्र की छाप स्पष्ट है, जिससे अमृता बहुत प्रभावित हुई थी। वैसे उस पर राजस्थानी लघुचित्र शैली का भी प्रभाव था।

आगामी तीन-चार वर्षों में अमृता ने लगभग पचास और चित्र बनाये, जिनमें भारतीय जीवन के बहुवर्णी और विविधतापूर्ण समाज एवं समुदाय के चित्र अमृता की निजी शैली में अंकित किये गये। इनमें 'बालिका वधू' (Child wife), 'ग्राम बालिका', 'कथावाचक', 'वधू का सिंगार', 'ब्रह्मचारी', 'दो साधु', 'नदी किनारे स्त्रियाँ', 'वीणावादक', 'बाज़ार जाती दक्षिण भारतीय ग्राम स्त्रियाँ', 'लाल बरामदा', 'रेडब्रिक हाउस' आदि चित्र अपने विषय के अनुरूप कभी गाढ़े और चटख, कभी गहरे और चमकीले, कभी मिश्रित और कभी फीके रंगों से उकेरे गये हैं। वर्ष 1938-39 में अमृता ने अन्तिम बार हंगरी प्रवास के दौरान एक बार फिर कुछ समय के लिए अपने कैनवस और विषयवस्तु में परिवर्तन किया। वहीं वह अपने एक पूर्वपरिचित और नज़दीकी रिश्तेदार डॉ. विक्टर एगान से विवाह बन्धन में बँध गयी। उसने वहाँ एक बार फिर स्त्री धड़ (Torso) के साथ कुछ व्यक्ति चित्र और प्रकृति चित्र बनाये। 'दो लड़कियाँ' शीर्षक से बनाया गया उसका एक चित्र बहुत प्रभावी बन पड़ा है।

यह देखना रोचक होगा कि अपने चित्रों के रूप-निर्माण और रंगों के प्रयोग में अमृता कितनी सतर्क दिखती है। 'वधू का सिंगार' चित्र के बारे में वह बताती है कि यह एक लम्बी संरचना है—क्षैतिज विस्तार लिए किसी भित्तिचित्र की तरह, जो उसकी स्मृति में रचा-बसा था। उसी के शब्दों में—

> "I have defind and made more compact the breast of the fat woman on the night and have also defind the upper portion of the woman's body on the extreme left, worked on the hands and feet of the child on the extreme right and in short greatly improved on the colour scheme."

वह यहीं नहीं रुकती, वह उन तमाम रंगों और रंगतों के बारे में बताती है जो इस चित्र को रचते हुए महसूस करती है। उसके इस विवरण से स्पष्ट होगा कि वह विभिन्न रंगों—हरितपीत, प्रगाढ़ लाल, हाथीदाँत सफ़ेद, गहरा भूरा, अम्लीय या तूतिया हरा, मोरपंखी नीला, बैंगनी, गैरिक-धूसर, हरिताभ आदि का सजग प्रयोग करती है। अंग्रेज़ी में वर्णित उन रंगों का परिचय वह इन पंक्तियों में देती है—

"The fat woman's skirt which is an unexpected greenish yellow lights up the whole picture. The little girl in the middle is clothed in a crimson cloth with white circle, her face and body are a sort of ivory colour. The woman doing her hair in a rich burnt sienna with reddish orange in it, her skirt in a warm peacock blue, her blouse acid green with purple sleeves, the pot's pink, the whole background and foreground a greyish ochre more or less of uniform colour... (rather varied in brush work though) The kid in the centre is a deep brown with occasional green tinges and the child on the extreme right is as though lit up by a flame."[4]

इसी तरह 'ब्रह्मचारी' चित्र बनाते हुए उसने एक तरफ़ अपनी कठिनाई और दूसरी तरफ़ अपनी ज़िद का उल्लेख अपने मित्र और सुप्रसिद्ध कला समीक्षक कार्ल खण्डालावाला को लिखित एक पत्र में किया था–

"My chief object in painting this picture was uniformity a Leitmotiv of forms and postures. A thought I have brought a variety of colour in the flesh tints, the figures from left to right are deepgreen, orange brown, light yellowish, burnt sienna and ochre colour respectively they dont disturb the calm of the picture (I was anything but calm, though, while I was painting it! I scratched the head of the central figure about six times and struggled and stuggled before I got it as I wanted it). No to speak of the rest! But don't you think that on the whole, I have learnt something from Indian painting and sculpture?"[5]

विवाह के बाद, 1939 ई. में अन्तिम बार भारत लौटने पर अमृता अपने भारतीय रंग-ढंग में पग कर एक नये उत्साह से लगातार चित्र बनाती रही और इसलिए भी खुश थी कि उसके कार्य के प्रति देश-विदेश में अब पर्याप्त रुचि ली जा रही थी।

अगले दो वर्षों में उसने जो चित्र बनाये उनमें पहले बनाये गये कार्यों की निरन्तरता के साथ कुछ नया रचने का भी संकल्प था। इसलिए अमृता ने हाथी, ऊँट, घोड़े और भैंस आदि को भी अपने विषयवस्तु में अन्तर्भुक्त किया। हालाँकि वे सर्वथा मुक्त नहीं हैं। 'घोड़ा और दूल्हा', 'हरे तालाब में हाथी स्नान' या 'ऊँट वाले' आदि चित्र अपनी जगह तो हैं ही लेकिन इसी दौरान 'स्त्री स्नान', 'बहू', 'चारपाई पर बैठी औरतें', 'हल्दी पीसती स्त्रियाँ', 'संगीतकार', 'ग्रामीण स्त्रियाँ' आदि चित्रों में अमृता ने अपने विषय को एकदम सामने रखकर नहीं, बल्कि अलग-अलग कोणों से सँजोया है। 'हरे तालाब में हाथी स्नान' और 'कथावाचक' उसकी गहरी संयोजन क्षमता के साथ वस्तु और पात्र के अपूर्व तालमेल को भी दर्शाते हैं। ऐसे कई चित्रों में गाढ़े रंगों की सघनता और हल्के रंगों की सौम्यता से अमृता ने छाया एवं प्रकाश का अद्‌भुत सौन्दर्य रचा है। अमृता की कृतियों 'बालिका वधू', 'पहाड़ी औरतें', एवं 'ब्रह्मचारी' पर जहाँ गोगां का प्रभाव बताया गया, वहीं उनकी परवर्ती कृतियाँ 'झूला', 'नहाती हुई औरतें', 'लाल बरामदा' और 'चारपाई पर लेटी औरत' में प्रयुक्त रंगों पर आरम्भिक राजपूत लघुचित्रों का प्रभाव बताया गया। विपुल संख्या में चित्र आँकते हुए और उनकी प्रदर्शनी की योजना बनाते हुए ही अचानक विवाह के सिर्फ़ तीन साल बाद, 5 दिसम्बर, 1941 की रात मात्र 28 वर्ष की आयु में उसका निधन हो गया।

अमृता शेरगिल के अप्रत्याशित निधन का समाचार उसके परिवार के लिए ही नहीं, उसके मित्रों, प्रशंसकों और परिचितों के लिए गहरा आघात था। यह कलाजगत की महान सम्भावना की अपूरणीय क्षति थी। शोकस्तब्ध कला संसार के कई कलाकारों ने उसके बारे में अपने विचार प्रकट किये। उसे केन्द्र में रखकर आलेख ही नहीं, बाद में कई पुस्तकें भी लिखी गयीं और उसके असमय समाप्त जीवन के कई जाने-अनजाने और अनछुए पहलुओं पर चर्चा भी हुई। उसे नज़दीक से जाननेवाले लोगों ने तो उस पर लिखा ही, स्वयं अमृता के भतीजे और सुप्रसिद्ध कलाकार विवान सुन्दरम् ने दो खण्डों में एक पुस्तक तैयार की है, जो अमृता के जीवन, व्यक्तित्व और कृतित्व को समझने के लिए अत्यन्त उपयोगी है।[6]

उसी पुस्तक से एक अंश, जो जवाहरलाल नेहरू के एक पत्र से यहाँ उद्धृत है। इसमें नेहरू जी अमृता के बारे में दिनांक 20 नवम्बर, 1943 को अपनी पुत्री इन्दिरा को लिख रहे हैं–

> "I Like some of these pictures. Even more so they remind one of Amrita– Did you ever met her? She was unusual and obviously very gifted. I saw her only half a dozen times, usually at intervals of a year, but I grew to like her very much. She wanted to do a sketch of me but this never come."[7]

ढेर सारी सम्भावनाओं को अधूरा छोड़ जाने की तरह अमृता शेरगिल अपना अधूरा चित्र पूरा नहीं कर पायी। गहरे काले और भूरे रंगों में उकेरे गये सामने बैठी दो भैंसों और पीछे की ओर खड़ी एक भैंस की सींग पर बैठा शरारती कौवा शायद उसके प्राणों के उड़ने की ही प्रतीक्षा कर रहा था।

यह सही है कि अमृता शेरगिल ने भारत की पूर्ववर्ती कलाओं से भी प्रेरणा ली। उस पर अजन्ता और गोगां का प्रभाव तो स्पष्ट तौर पर था। तो भी के. के. हेब्बार का मानना था कि "इससे अमृता की कला कहीं से छोटी होती हो, ऐसा नहीं लगता। हर कलाकार किसी-न-किसी वक़्त अपने पूर्ववर्तियों से प्रभावित हुए बिना नहीं रह सकता।"

वरिष्ठ चित्रकार भवेश सान्याल का अभिमत था कि "शेरगिल की चित्रकला पूर्वी और पश्चिमी–दो संस्कृतियों का मिश्रण थी। एक तरफ़ पश्चिम में विकसित कला तकनीकों को लेकर वे काफ़ी सजग और सचेत थीं तो दूसरी तरफ़ पूरब का अनुभव था। इस मिश्रण में ही उनकी कला के विकास और उसकी सीमाओं को देखना चाहिए।"

अमृता शेरगिल के नाम और काम पर कई रचनाकारों एवं कला समीक्षकों ने कृतियाँ रची हैं। इस अभ्युक्ति के साथ कि अमृता की कला-निर्मितियाँ पूरी संवेदना के साथ स्त्री जीवन के कई पहलुओं और भंगिमाओं की ओर पहली बार हमारा ध्यान आकृष्ट करती हैं, जिसने भारत की महिला चित्रकारों के कार्यों को लगभग चालीस साल बाद प्रभावित किया।[8]

सन्दर्भ

1. *India and Modern Art :* W.G. Archer, George Allen, 1959
2. 'आजकल' पत्रिका, जनवरी, 1956 ई.।

3. बावजूद इन विरोधी के बॉम्बे आर्ट सोसाइटी द्वारा 1935 में आयोजित कला प्रदर्शनी में शेरगिल को उस वर्ष स्वर्णपदक प्राप्त हुआ था।
4. "Once she made up her mind she could only state in extravagent terms. She claimed, 'I know for certain that had we not come away to Europe, I should perhaps never have realized that a fresco from Ajanta, or a small piece of seculpture in the Musee Guimet, is worth more than the whole Renaissance."
   Amrita Shergil : A Painted Life, Geeta Doctor, Rupa & Co., p. 73
5. *Amrita Shergil : A Painted Life,* Geeta Doctor, Rupa & Co., New Delhi, 2002, p. 70-71
6. *Amrita Shergil* (in Two Volumes) edited by Vivan Sundaram, Tulika Books, India, 2010
7. *Freedom's Daughter : Letters between Indira Gandhi and J.L. Nehru* – 1922-1949; edited by Sonia Gandhi, Hodder & Stongthon, London, p. 343
8. "Her paintings are of seminal importance in bringing attention to the body of the woman, projected with a sensuality to influence the work of women artists in India forty years later."
   Amrita Shergil : A Painted Life, p. 73

नीरोद मजुमदार
(1916–1982)

नीरोद मजुमदार का जन्म 1916 में, कोलकाता में हुआ था। पिता एक पुलिस अधिकारी थे। उनकी माँ एक धर्मप्रवण महिला थी और परिवार बौद्धिक और सांस्कृतिक तौर पर समृद्ध था। नीरोद के बड़े भाई कमल कुमार मजुमदार थे, जो बाद में बंगाल के सुप्रसिद्ध कथाकार बने। दोनों भाइयों ने कोलकाता के पास विष्णुपुर के एक मिशनरी बोर्डिंग स्कूल से पढ़ाई पूरी की, जहाँ रेवरेंड चटर्जी-जैसे प्रबुद्ध प्रिंसिपल के मार्गदर्शन में उन्हें इतिहास और संस्कृति के अलावा जीवन मूल्यों से परिचित कराया गया। कला के प्रति रुझान देखकर रेवरेंड चटर्जी की सलाह पर ही नीरोद को इंडियन सोसाइटी ऑफ़ आर्ट द्वारा संचालित कला स्कूल में भर्ती करवाया गया, जहाँ अवनीन्द्रनाथ ठाकुर के अलावा गगनेन्द्रनाथ, क्षितीन्द्रनाथ मजुमदार और कालीपद घोषाल ने उन्हें कला शिक्षा प्रदान की। यहीं ओ. सी. गांगुली और स्टेला क्रैमरिश आदि के कला-संस्कृति सम्बन्धी व्याख्यान से भी नीरोद के मानसिक क्षितिज का विस्तार हुआ।

भारतीय कला के विभिन्न परम्परागत एवं प्रचलित रूढ़ रूपों के मध्य ही इसके नये स्वरूप को पाने की चेष्टा बीसवें दशक के तीसरे दशक से ही आरम्भ हो गयी थी और चौथे दशक में इसका प्रस्फुटन लक्ष्य किया जाने लगा था। कलाकार अपने आवेदन के अनुरूप, कहीं अनुरोध के स्वर में और कहीं विरोध के स्वर में, अधिक मुखर होने लगे थे। ऐसे भी कलाकार थे, जो कला को वायवीय रूप दे रहे थे और कुछ ऐसे स्वतन्त्रचेता भी थे, जो नियन्त्रण-मुक्त होकर काम करना चाहते थे। तब देश में ही नहीं, पूरे दक्षिणी महाद्वीप में राजनीतिक उथल-पुथल के साथ, आज़ादी की लहर व्याप्त थी—जिसने क़लमकारों, कूचीकारों और कलाकारों में एक नयी चेतना भर दी थी। अन्तर्राष्ट्रीय स्तर पर भी लेखन और कला के क्षेत्र में एक ऐसा बौद्धिक भावबोध जाग्रत हुआ, जिसके फलस्वरूप नये अनुभवों को अभिव्यक्त करने के लिए कलाकारों को नये रूप-विधान का सन्धान आवश्यक जान पड़ा। बंगाल स्कूल से जुड़े कलाकार इस बदलाव को देख तो रहे थे, पर जब तक ख़ुद को बदलते तब तक काफ़ी देर हो चुकी थी। लेकिन गगनेन्द्रनाथ, रवीन्द्रनाथ, रामकिंकर और जामिनी राय ने न केवल इस परिवर्तन को महसूस किया बल्कि रूढ़िबद्ध कला परिदृश्य को एक सीमा तक बदलने में उत्प्रेरक की भूमिका निबाही।

इन्हीं परिवर्तनों के बीच पेरिस सरकार की पहली छात्रवृत्ति पाकर नीरोद पेरिस में कलाध्ययन के लिए रवाना हुए, जहाँ उन्हें सुप्रसिद्ध कलाकार ब्रांकुसी का सान्निध्य प्राप्त हुआ। उनके साथ ब्राक का भी उन्हें मार्गदर्शन मिला और वे युरोपीय मास्टरों के चित्रों का गहराई से अवलोकन करने के साथ कला प्रविधियों के अध्ययन में प्रवृत्त हुए। पेरिस के साथ उन्हें कुछ अन्य युरोपीय देशों में लगातार बारह वर्षों तक रहने का सुयोग प्राप्त हुआ। पेरिस-प्रवास उनके लिए कई तरह के तिक्त-मधुर अनुभवों से भरा था। वहाँ उन्होंने 'इकोल दे बोज़ार' (1948) और स्तानिलास फ्यूमे के माध्यम से 'गैलरी बारवीज़ेन' में अपनी एकल चित्र प्रदर्शनी (1949) आयोजित की। इसके बाद नीरोद यूट्रेच्ट, हालैंड में एनग्रेविंग प्रविधि सीखने के लिए चले गये। इसी दौरान 1951 में इंगलैंड में, इंडियन हाई कमीशन द्वारा आयोजित चित्र प्रदर्शनी में कई भारतीय कलाकारों के साथ उनके भी चित्र प्रदर्शित हुए। इस बहुचर्चित प्रदर्शनी में प्रसिद्ध कला समीक्षक जान बर्जर द्वारा नीरोद के चित्रों के बारे में जब यह बताया गया कि इन पर फ्रांसीसी कला का गहरा प्रभाव है तो वे अत्यन्त क्षुब्ध हुए। यहाँ तक कि उन्होंने तब तक आँकी गयी सभी कृतियों को जला डाला। हालाँकि इस क्षणिक आवेश के कुछ समय बाद, उन्होंने नयी विषयवस्तु के साथ 'इमाज़ एक्लोज़' (1953-55) नामक चित्र-श्रृंखला की पहली प्रदर्शनी 1957 में पेरिस में ही लगाई और वह सफल भी हुई। यही प्रदर्शनी 1958 में, भारत लौट आने के बाद उन्होंने कोलकाता में भी आयोजित की।

इस बीच भारत में, और विशेषकर महानगरों में, कला का परिदृश्य गुणात्मक ढंग से बदल गया था, जिसमें उनकी निर्मितियों ने दर्शकों और विशेष तौर पर कलाविदों का ध्यान आकृष्ट किया था। 'नवतान्त्रिक कला' शीर्षक चित्रों की यह पहली प्रदर्शनी, जिसमें तन्त्रपरक अभिप्राय विभिन्न रूपाकारों के साथ संयोजित थे, लोगों के आकर्षण का केन्द्र बनी रही। बंगाल तो वैसे भी बौद्ध धर्म के प्रभाव से, वज्रयानी बौद्ध परम्परा (जिसमें तन्त्र का विशेष विधान होता है) सक्रिय रही है। बौद्ध सिद्धों के पदों, चर्यागीतियों और लोकाचारों (विशेषकर काली की उपासना पद्धति) में इन तान्त्रिक अभिप्रायों और अभिचारों की व्याप्ति देखी जा सकती है। नीरोद के इस उपक्रम को उन पैगन सम्प्रदायों (मूर्तिपूजकों) से भी बल मिला, जो मातृका शक्ति (योनि-पूजा) में विश्वास रखते थे और जो अन्य कई सम्प्रदायों में प्रचलित थी। कैथोलिक धर्म में 'ईश्वर की माँ' की धारणा का सूत्र नीरोद को मध्यकालीन 'कैथोलिसिज़्म' में मिला था। इस सम्बन्ध में किये गये अध्ययन से उन्हें इसके वैचारिक, धार्मिक और सांस्कृतिक पक्षों की जानकारी मिली।

नीरोद मजुमदार इस अर्थ में उन कलाकारों या कृतिकारों से सर्वथा अलग थे, जिन्होंने अपनी कृतियों में तन्त्र या तान्त्रिक चिह्नों या प्रतीकों का उपयोग अपनी दमित यौनाकांक्षा या कामसम्बन्धी ऐन्द्रिकता के अभिव्यक्त करने के लिए किया था। उन्होंने इन चिह्नों या अभिप्रायों का अंकन अपनी अन्तर्वस्तु को संयोजित करते हुए किया था और जो उनमें अनिवार्य घटक बनकर आये, आरोपित उपकरण या अलंकरण के तौर पर नहीं।

इसी तरह, नीरोद ने मिथकों और विशेषकर भारतीय कथाख्यानों में इनके बाहुल्य को ध्यान में रखते हुए, इनका रचनात्मक उपयोग किया। भारतीय संस्कृति की तरह विश्व की कई प्राचीन संस्कृतियों

में मिथकों का सघन संजाल फैला है और कोई भी सजग रचनाकार अपनी नयी-से-नयी कृति या निर्मिति में उसे नया अर्थ-सन्दर्भ प्रदान करता है। ऐसे में मिथक एक बार फिर पुनर्जीवन प्राप्त करता है, लेकिन यही उसका अन्तिम सोपान नहीं होता। नीरोद की दृष्टि में मिथकों का यह अकूत ख़ज़ाना एक तरह से सार्वजनिक पूँजी है, सर्वसुलभ सन्दर्भ-शृंखला। ऐसे में अन्यान्य सर्जकों की तरह नीरोद ने भी ऐसे अर्थवह मिथकों का प्रयोग अपने चित्रों में किया, जो एक बार फिर प्राणवान हो उठे। प्रयोग के स्तर पर आरम्भ में उनकी यह कार्य योजना उन्हें इतनी भायी कि वे इसमें स्वयं को पुनराविष्कृत करने लगे। उन्होंने ऐसे मिथकों से जुड़े प्रसंगों, लोक-कथाओं और आख्यानों को अपनी चित्र-शृंखला में इस तरह पिरोया कि वे बहिरागत न लगें। अतिथि भी नहीं, बल्कि किसी आत्मीय कुटुम्ब की तरह जान पड़ें। उनका आग्रह था कि ऐसे चित्रों का अवलोकन करते हुए दर्शक को यह प्रतीत हो कि वह किसी मन्दिर की परिक्रमा कर रहा है। उनका प्रयास यह रहा कि यदि किसी कारणवश (किसी चित्र विशेष के बिक जाने की स्थिति में) कोई अंश छूट भी जाये तो पूरी शृंखला का प्रभाव बाधित न हो और दर्शक के मन में शृंखला की निरन्तरता बनी रहे।

नीरोद ने 'इमाज़ एक्लोज़' में चित्रित एक पौराणिक गाथा 'बेहला-लखिन्दर' को अपना मिथकीय प्रस्थान बिन्दु बनाया, जो पूर्वी भारत विशेषकर, बिहार और बंगाल में काफ़ी प्रचलित है। इसमें सतीत्व की महिमा का बखान है। इसमें बेहुला स्त्री-शक्ति का प्रतिनिधित्व करती हुई, ब्रह्माण्डीय शक्तियों (या अपशक्तियों) का डटकर मुक़ाबला करती हुई, स्वर्ग तक जा पहुँचती है और अपने मृत पति को पुनः जीवित पाने का वरदान प्राप्त करती है। इस गाथा को विश्वयुद्ध की विभीषिका के सन्दर्भ में, जहाँ पुनरुद्धार कार्य तेज़ी से आरम्भ हुआ था, देखने और रखने का प्रयास किया गया था।

मातृशक्ति की प्रजनन क्षमता को धान की बाली से प्रतीकित करते हुए पुनर्जीवन में आस्था व्यक्त करनेवाले ऐसे कई चित्र नीरोद ने उकेरे। इनमें महान इतालवी कवि दान्ते की *पैराडाइज़ लॉस्ट* और *पैराडाइज़ री-गेन* में प्रतीकित नरक लोक का रूपक भी विन्यस्त है। 'वैतरणी' चित्र-शृंखला में आँके गये कई चित्रों को, तत्कालीन सामाजिक और राजनीतिक परिदृश्य में रखा गया है। पुराणों में वर्णित नरक में दी जानेवाली यातनाओं को उन्होंने समकालीन मुहावरों में प्रस्तुत किया। 'विंग ऑफ़ नो-एंड' चित्र-शृंखला में गरुड़वंशी पक्षी की माता विनीता के रूपांकन में खण्डित भारत की दुःस्थितियाँ वर्णित हैं। नीरोद-जैसे संवेदनशील चित्रकारों, जिन्होंने भारत की स्वतन्त्रता के बाद कई नयी अपेक्षाओं की आकांक्षा की थी, का मोहभंग साठ के दशक के बीतने के साथ आरम्भ हो गया था। इस पतन गाथा का आकलन ही उन चित्रों में किया गया था। कहीं ज़मींदारों और साहूकारों का शोषण प्रदर्शित था तो कहीं शिक्षा-व्यवस्था पर तंज़ था। संस्थाओं और सामाजिक व्यवस्था में तालमेल का अभाव तो था ही, नैतिक मूल्यों के अवमूल्यन और मानव आचरण में अधःपतन की कोई सीमा नहीं थी। कलात्मक दृश्य-विधान के साथ इन्हें किसी परिचित आख्यान के साथ प्रस्तुत करते हुए नीरोद ने बड़े संयम का परिचय दिया ताकि वह अख़बारी वक्तव्य न जान पड़े।

इसी शृंखला के एक चित्र में एक दुकानदार सफ़ेद बन्दर के तौर पर दिखाया गया है, जो बच्चों के खिलौनों के नाम पर जंगी जहाज़, टैंक और बन्दूक़ें बेच रहा है। इसी विडम्बना को वे अपने एक दूसरे चित्र में डॉन किखोटो (क्विग्ज़ोट) के रूप में ख़ुद खड़े दिखते हैं—एक हाथ में बन्दूक़ और दूसरे में ब्रश लिए। डॉन के पीछे उसका साथी सांचो पांजा खड़ा है, जिसकी एक आँख बन्द है और दूसरी व्यू फ़ाइंडर पर जमी है। यह उन फ़िल्म निर्माताओं पर व्यंग्य है, जो कुछ भी कर सकने का दावा करते हैं लेकिन उनसे कुछ भी नहीं होता।

इन प्रहसनपूर्ण प्रसंगों से वे अपने समय की आलोचना कर रहे थे। अपने सहज स्वभाव और दो-टूक कथन के लिए वे चालाकी भरे दौर से समझौता नहीं कर सके और धीरे-धीरे व्यक्ति और संस्थाओं से वे दूर होते चले गये। यही वजह थी कि उनके कार्यों की नोटिस नहीं ली गयी और वे इसकी परवाह भी नहीं करते थे। इसलिए कला के क्षेत्र में उनके कुछ अभिनव प्रयोगों की अनदेखी की गयी। तान्त्रिक अभिप्रायों को अपनी गतिपूर्ण रेखाओं और रंगों से संयोजित कर उन्होंने एक नये क्षेत्र का पुनराविष्कार किया था। घनवाद के क्षेत्र में भी, कुछ व्यक्तिगत प्रयोग किये। यथा, कैनवस पर केन्द्र-बिन्दु को धुरी बनाकर, उसे शक्ति के तौर पर निरूपित कर, उसके चतुर्दिक् फैले विषय क्षेत्र को सुविस्तृत किया।[1] यह कमल के उस नाभिक स्थल का सन्धान था, जहाँ से सैकड़ों पंखुड़ियाँ खुलती हैं। या किसी तालाब में कंकड़ फेंकते ही एक अदृश्य ऊर्जा पैदा होती है, जिससे लहरें गोलाकार वृत्त बनाती हुई किनारे तक बहती रहती हैं और फिर केन्द्र की तरफ़ लौट जाती हैं। इन्हें सम और विषम अथवा संगत और असंगत तूलिकाघात के साथ रंगों से अपने विषय को खोलना और फिर बाँधना, नीरोद मजुमदार के परवर्ती कार्यों में देखा जा सकता है। 'शोडषी' शृंखला के चित्र इसके बेहतर उदाहरण हैं। 'अभियोग', 'पूर्णिमा', 'सूर्यचन्द्र' आदि चित्र रंग-विस्तार और फिर रंग-संकोच के साथ वर्ण्यवस्तु के संयोजन और नियोजन को बड़ी कुशलता और प्रभावी ढंग से व्यक्त करते हैं।

अपनी विशिष्ट पहचान को बनाने के लिए नीरोद मजुमदार ने जितना परिश्रम किया, उससे कहीं ज़्यादा उन्होंने अपने कार्य और व्यक्तित्व को समेटे रखने के लिए किया। इससे उनके अधिसंख्य चित्र, जो परवर्ती वर्षों में तैयार किये गये थे, वे लोगों की आँखों से ओझल ही रहे। यही नहीं, जब उनका ठीक से आकलन ही नहीं हो पाया, तो फिर मूल्यांकन दूर की बात थी। 1968 के बाद दिल्ली, कलकत्ता या बम्बई में, यानी उनके जीवन के उत्तरार्द्ध में उनके चित्र प्रदर्शित नहीं हुए।

26 सितम्बर, 1982 को उनका निधन हो गया।

सन्दर्भ

1. "हिन्दुओं की सैद्धान्तिक संकल्पनाओं को नीरोद ने ज्यों-का-त्यों मात्र निदर्शन चित्रों के रूप में चित्रित नहीं किया बल्कि उन्हें प्रतीकात्मक संरचनाओं का आधार बनाया है। उनकी कृतियों की केन्द्रीय धुरी न केवल समूची संरचना को अर्जित करती है बल्कि 'हार में मोतियों को थामे रखनेवाले धागे', (सूत्र, आत्मा) का भी काम करती है।" परितोष सेन का अभिमत (उद्धरण), *समकालीन कला,* अंक 11-12, पृ. 41

बिमल दासगुप्ता
(1917–1995)

बिमल दासगुप्ता का जन्म 1917 में हुआ। पिता एक सरकारी अधिकारी थे, जो कभी दिल्ली और कभी शिमला स्थित कार्यालयों में अपनी सेवा दे रहे थे। इसलिए बिमल को प्रकृतिस्थ बरहमपुर (बंगाल) में उनके बड़े काका के संरक्षण में भेज दिया गया। यहाँ के शान्त और नैसर्गिक वातावरण ने बिमल के बाल मन पर निश्चय ही ऐसा प्रभाव डाला, जिसने आगे जाकर उनके रूपाकार और रंगाकाश को विस्तार दिया। बचपन में भी वे खेल-खेल में छोटी-मोटी संरचनाएँ बनाया करते थे। इसी प्रवृत्ति ने उन्हें कला की ओर प्रेरित किया और 1937 में वे गवर्नमेंट कॉलेज ऑफ़ आर्ट, कलकत्ता में भर्ती हुए। लेकिन युद्धजन्य परिस्थितियों के कारण कक्षाएँ लगातार बाधित रहीं और 1951 में ही उन्हें कला डिप्लोमा की अन्तिम परीक्षा दे पाने का अवसर मिला।

यह संयोग ही था कि उन्हें युद्ध परिचालन सम्बन्धी एक दफ़्तर में नौकरी मिली, जिसकी उन्हें कहीं अधिक ज़रूरत थी। यहाँ उन्हें 'विक्टरी' नामक एक पत्रिका के कलापक्ष के संयोजन का दायित्व सौंपा गया। बाद में वे कला के अन्यान्य क्षेत्रों, विशेषकर विज्ञापन से भी जुड़े, जिसमें किसी उत्पाद को प्रभावी ढंग से जनता के सम्मुख प्रस्तुत करने की क्षमता की आवश्यकता होती है। ललित कला में निहित संवेदना और आत्मबोध के मुक़ाबले अनुप्रयुक्त कला (Applied art) में सीधे सम्प्रेषण और अपने दर्शकों को सहज ही सन्देश देनेवाले तत्त्व अधिक मुखर होते हैं। इसलिए बिमल कला के एक महत्त्वपूर्ण एवं सोद्‌देश्य पड़ाव से सम्बन्धित और सम्भावित क्षेत्रों की चुनौतियों से परिचित हो सके।

लेकिन इससे भी अधिक महत्त्वपूर्ण स्थान उनके लिए प्रतीक्षा कर रहा था, और वह था दिल्ली आर्ट कालेज में अध्यापन कार्य। यहाँ उन्होंने न केवल अध्यापन किया बल्कि रंगांकन और रूपांकन के क्षेत्र में अभिनव प्रयोग किये। इसी दौरान उनका दक्षिण भारत का प्रवास उनके रचना पर्व को नयी ऊँचाई पर ले गया। इस लम्बी अवधि में, केरल के समुद्री तटों पर विचरण करते हुए, उन्होंने एक बार फिर जलरंगों के माध्यम से अन्तरंग समुद्र-संवाद स्थापित किया। इस माध्यम पर सक्षम और सार्थक अधिकार क़ायम रखते हुए बिमल दासगुप्ता ने समुद्री तटों, लहरों और तटीय दृश्यों—पेड़ों, चट्टानों, जीवाश्मों यहाँ तक कि रेतीले ढूहों, शंखों-सीपियों और प्रवालों को भी चित्रित किया। ये तमाम दृश्य अपने आभापूर्ण एवं पारभासी रंगों के वैभव से जीवन्त हो उठे हैं। तैलचित्रों में रंगों के स्वाभाविक ठहराव के मुक़ाबले त्वरापूर्ण तूलिकाओं से जलरंगों की गीली प्रविधि और कभी-कभी शुष्क प्रयोगों द्वारा बिमल ने इन चित्रों में अनोखी दीप्ति पैदा की।[1]

जलरंगों से आँके गये दासगुप्ता के आरम्भिक चित्रों में प्राकृतिक दृश्यावली में जंगल, बीहड़ और पर्वत सभी अपनी-अपनी ख़ूबियों के साथ उपस्थित हैं। इनके बाद वे समुद्र और इसके तटीय सौन्दर्य के प्रति आकृष्ट हुए। समुद्र पर फैला नीलाकाश, बादलों का झुण्ड, नौकाएँ, रेतीले किनारे और नौवाहकों के साथ लोगों का समूह। इसी समय आँके गये उनके एक चित्र 'अनन्त नील' (द ब्लू इनफ़िनिट) के लिए उन्हें ललित कला अकादेमी का अखिल भारतीय पुरस्कार (1956) प्राप्त हुआ था। इन चित्रों में एक तरफ़ समुद्र का स्तब्ध पारावार है तो दूसरी तरफ़ लहरों का हाहाकार। इनमें कहीं-कहीं कोई दैत्याकार अद्‌भुत प्राणी या फिर भयंकर मत्स्याकार जीव जबड़ा फाड़े अवतरित होता है। ये सब फ़ैंटेसी या कल्पनाप्रसूत जगत से सम्बद्ध हैं—जो दर्शक के मन में रोमांच पैदा करते हैं। रंगों के सीमित व्यवहार के बावजूद इनका प्रभाव कम नहीं हुआ है।

बिमल दासगुप्ता को 1961 में विदेश भ्रमण के लिए सरकारी वृत्ति प्राप्त हुई। इस अवसर का उपयोग उन्होंने विभिन्न युरोपीय देशों की यात्रा के साथ अपने कला-कौशल को और भी माँजने के लिए किया। यात्रा के दौरान विदेशों में कैनवस आदि साथ लेकर काम करना कठिन होता है, इसलिए उन्होंने जहाँ भी अवसर पाया, वहाँ रेखांकन करते रहे। उनका यह उपक्रम उनके परवर्ती कार्यों में अत्यन्त सहायक हुआ क्योंकि रेखाओं को रूपायित करते हुए, रूप और रेखा के परस्पर संघात से उन्होंने नयी ऊर्जा आविष्कृत की। हालाँकि इन्हीं वर्षों में वे 'गलता' और 'पहाड़ियों पर झोपड़ियाँ'-जैसे चित्र बनाये थे। प्रचलित अर्थ में उनके द्वारा निर्मित ये चित्र 'भू-दृश्य' विधा में ही आते हैं लेकिन इन पर अमूर्त विधान की स्पष्ट छाया भी है।

इन रेखांकनों के साथ-साथ, बिमल ने अमूर्तन को शक्ति तत्त्व के संग निरूपित किया। इसमें उनकी यथार्थ-प्रवणता और भी पीछे छूट गयी तथा उन्हें फ़ैंटेसी की शरण में जाना पड़ा, क्योंकि किसी कलाकार की कल्पना की अक्षय एवं अभय-भूमि 'फ़ैंटेसी' ही होती है। उनके कला सम्बन्धी ये सारे उद्यम इस बात के सूचक हैं कि साधन या माध्यम की सम्पन्नता के बावजूद, अपने मानसिक उद्वेलन या विचलन के कारण उन्हें कोई ऐसा ठौर नहीं मिल रहा था, जो शान्त भाव से उन्हें मनोनुकूल कार्य करने दे।

इसी दौरान उनकी कृतियों के रचाव में एक अनोखा बदलाव आया। यह केवल विधागत या माध्यम से नहीं बल्कि रचना-मानस से जुड़ा था। उनके लिए कला सम्बन्धी उद्यम मात्र एक कलाकार के नाते नहीं बल्कि एक कलासाधक के तौर पर अपनी निर्मितियों में शक्ति या ऊर्जा की प्रतिष्ठा से सम्बद्ध होना था। अमूर्तन ने इस उपक्रम में उनकी पर्याप्त सहायता की। कलात्मक साधनों के साथ माध्यमों पर अद्वितीय पकड़ से वांछित दिशा में कार्य करने में वे सक्षम थे। इस बार उनका विशिष्ट क्षेत्र था—'नवतन्त्रवाद'। व्यावहारिक स्तर पर भारतीय कला, विशेषकर पन्थनिरपेक्ष तन्त्रकला, जनमानस में अपनी अपेक्षित पैठ नहीं बना पायी थी। हालाँकि विभिन्न आम्नायों और आस्थाओं (हिन्दू एवं बौद्ध) में सैद्धान्तिक तौर पर—यहाँ तक कि कर्मकाण्डों में भी—तान्त्रिक आचारों, अभिप्रायों और अभिचारों को सम्मानित स्थान प्राप्त है। यद्यपि कालान्तर में लोक द्वारा वज्रयान-प्रवर्तित वामाचार को गर्हित और असामाजिक मानकर उसकी उपेक्षा की जाती रही।

नीरोद मजुमदार ने इस दिशा में पर्याप्त अध्ययन किया था और वे तन्त्र के मूल सूत्र—पुरुष एवं प्रकृति—को शिवत्व और शक्तित्व से समन्वित कर, सम्बन्धित बिम्बों और प्रतीतियों की सर्जना में उद्यत हुए। सृजन के इस नये क्षेत्र में, वैदिक एवं औपनिषदिक चिन्तनधारा ने उनके साधक चित्त को अनुप्राणित किया। उनकी निर्मितियों में, "कई तान्त्रिक आकार ऐसे बिम्बों के रूप में प्रतिष्ठित हो गये जो बौद्धिक परिकल्पनाओं के लिए पूर्ण ऐन्द्रिक उपमान बन गये। श्रीचक्र का सन्तुलन—जो शुद्धतः रेखांकन मात्र है—इसी कोटि में आता है। वहाँ ऊर्जामुखी, और स्थिर, समबाहु त्रिभुज के भीतर एक दूसरा त्रिभुज समाहित है, जो एक अनन्त विस्तार वाले ऊर्ध्वगामी तुलादण्ड की भद्रता का आभास देता है।"[2]

बिमल दासगुप्ता जीवनपर्यन्त रंगों (तैल हो, जल हो या एक्रिलिक) को अपने अपूर्व कौशल से साधते रहे। इनके द्वारा उन्होंने प्रकृति-प्रदत्त समस्त उपादानों को एक समर्पित कलाकार की ओर से ज्योतिर्मय रंगांजलि प्रदान की। उनकी सृष्टि-संरचना में उन सभी तत्त्वों का समाहार किया गया जो सबसे पहले उनके भावों के अनुरूप या अनुकूल थे। इसलिए उनकी कृतियों को परम्परागत कला-निकष पर नहीं कसा जा सकता।

सन्दर्भ

1. "एक बार सुप्रसिद्ध कला समीक्षक एरिक न्यूटन ने जिन तीन अन्यतम चित्रों को नेशनल गैलरी के संग्रह में सम्मिलित करने के लिए चुना था, उनमें दो बिमल दासगुप्ता के और एक चित्र एम. एफ़. हुसेन का था। लेकिन दूसरे से तुलना किये जाने के दौरान बिमल दासगुप्ता के कार्यों की विधिवत् आलोचना नहीं हुई।" द्रष्टव्य : *साहचर्य*, अजित कुमार दत्त, ललित कला अकादेमी, 2009, पृ. 53
2. *बिमल दासगुप्ता* (मोनोग्राफ़) : कृष्ण चैतन्य (हिन्दी अनुवाद), ललित कला अकादेमी।

ललित मोहन सेन
(1900–1954)

ललित मोहन सेन 1900 ई. में अविभाजित बंगाल के शान्तिपुर में जन्मे थे। लेकिन अपने पिता की नौकरी के कारण किशोरावस्था में लखनऊ आ गये थे। यहाँ उन्होंने राजकीय कला और शिल्प विद्यालय में दाख़िला लिया और पाँच वर्षों तक कला के विभिन्न अनुभागों में जी लगाकर अध्ययन करते रहे। यह उनकी कार्यक्षमता का ही परिणाम था कि वे इस विद्यालय में एक युवा शिक्षक के नाते बहाल कर लिए गये। साथ ही, उनकी कलादक्षता का ही सुफल कि उन्हें दो वर्षों के लिए रॉयल कॉलेज ऑफ़ आर्ट्स, लन्दन में उच्चतर कला शिक्षा हेतु 1924 ई. में छात्रवृत्ति प्रदान की गयी। वहाँ विलियम रोथेन्स्टाइन-जैसे महान रेखाचित्रकार का मार्गदर्शन उन्हें प्राप्त हुआ। उन्हें 1928 में दोबारा लन्दन बुलाया गया, जहाँ उन्हें नवनिर्मित इंडिया हाउस की दीवारों पर चित्रांकन के लिए अनुबन्धित किया गया। वे वहाँ चार वर्षों तक रहे और प्रतिकृतियों के चित्रण से लेकर अलंकरण आदि कार्यों को सफलतापूर्वक सम्पन्न किया। वर्ष 1933 में लखनऊ लौटने पर उन्हें इस संस्थान में प्रभारी चित्रकार का उत्तरदायित्व सौंपा गया। उन्होंने अपने छात्रों को यथार्थ शैली में कार्य करने की छूट दी ताकि वे पोर्ट्रेट, मॉडल स्टडी, स्टिल लाइफ़, लैंडस्केप और छापाकला में काम कर सकें।

उन दिनों सुप्रसिद्ध चित्रकार और कलाचिन्तक असित कुमार हालदार इस कला संस्थान के प्राचार्य थे और महाविद्यालय बनने के बाद, इसकी प्रतिष्ठा काफ़ी बढ़ गयी थी। हालदार के सेवामुक्त होने के बाद श्री सेन 1945 में इसके प्राचार्य बने। कला के लगभग हर अधिकाय में पारंगत होने और उनमें रुचि रखने के कारण ही, ललित मोहन की सक्रियता काफ़ी बढ़ गयी थी और यही उनके स्वास्थ्य के लिए बाधक बना। 1954 में उनका निधन कला संसार के लिए सचमुच दुःखद था।

ललित मोहन सेन की कृतियों की विशिष्टता थी, उनकी मौलिकता। विषयवस्तु के चयन, निरूपण और अलंकरण में उन्होंने अपनी निजता बनाये रखी। बंगाल कलाशैली की छाया से दूर रहकर, उन्होंने अपनी निर्मितियों को भारतीय परम्परा और इसकी निरन्तरता में सिरजा—जहाँ लयपूर्ण एवं सशक्त रेखाओं के प्रयोग पर अधिक बल दिया जाता रहा है। इसके साथ ही, सेन ने संवेदनशील विषयों के साथ यथार्थ के समुचित तालमेल को भी बनाये रखा, इसलिए उनके चित्र एक तरह से उस भारतीय आधुनिकता के भी संवाहक हैं, जो कला में एक नये युग का सूत्रपात कर रहे थे। उनकी कुछ चर्चित कृतियों में 'बनारस घाट', 'भूदृश्य'-जैसे सैरे और 'पनघट से वापसी', 'पनिहारिन', 'स्नानगृह'-जैसे परिचित विषय और 'मुखाकृति', 'अनुभूति' और 'चिन्तन' आदि अमूर्त विषय भी सम्मिलित हैं।

'बनारस घाट' (तैलरंग) में स्त्री समूह अंकित है। सफ़ेद साड़ी में स्त्रियाँ घाट में उतर रही हैं और उनका चेहरा अस्पष्ट है। स्पष्ट है, कलाकार ने स्त्रियों की सामूहिक आस्था को चित्रित किया है। ललित मोहन स्त्री-आकृति के चित्रण के प्रति उदासीन नहीं लेकिन उनकी स्त्रियाँ अक्सर विषादग्रस्त या विचारमग्न दिखाई पड़ती हैं। उनके चित्रों में टूटे-फूटे खँडहर और भग्नावशेष—जो पृष्ठभूमि के तौर पर प्रयुक्त हैं, इस बात के सूचक हैं कि प्रस्तुत कलाकार अपने देश काल से बहुत आश्वस्त नहीं है, जो उनके रंगों की बोझिल सघनता से भी स्पष्ट है। उनके इस मनोभाव के साक्षी ग्रामांचल के जीवन और अभावग्रस्त परिवेश को दर्शाने वाले रेखांकन भी हैं। वहाँ की टूटी-फूटी झोंपड़ियाँ, उपलों के ढेर, ढोर-डंगर और कच्चे रास्ते जहाँ एक ओर उनकी सामाजिक प्रतिबद्धता के सूचक हैं तो वहाँ दूसरी ओर भारतीय कृषक जीवन की त्रासदपूर्ण नियति के साक्षी भी। शहरी जीवन के मुक़ाबले अभावग्रस्त ग्राम-समाज के प्रति संवेदनशील श्री सेन ने उनके सुख-दुःख, व्रत, त्योहार और मेलों-ठेलों को अपने रेखांकनों में वरीयता दी।

ललित मोहन सेन की पहचान एक ग्राफ़िक कलाकार के नाते भी है। हालाँकि आज उनके परम्परागत उपकरण—यथा, लिनो और काष्ठ से बहुत आगे बढ़ गयी ग्राफ़िक कला में नित नये और आक्रामक प्रयोग हो रहे हैं। लेकिन अपने आरम्भिक चरण में ही, सेन ने इस उत्कीर्ण कला को शिखर पर पहुँचा दिया था। स्थानीय विषयों—नारी आकृति, पशु-पक्षी और प्रकृति के सजीव अंकन के लिए उनके उपकरणों को सदैव उदाहृत किया जाता है। इसी तरह श्रीनगर की यात्रा के दौरान वहाँ की एक गली का उकेरण उनकी एक यादगार लिनोकट है। जैसा कि उल्लेख किया गया, कला के विभिन्न अनुषंगों पर उनकी अचूक पकड़ थी। उन्होंने मूर्ति कला के क्षेत्र में भी अपना योगदान किया। शौक़िया तौर पर ही बनायी गयी उनकी कुछ प्रतिकृतियाँ—जिनमें एल. आर. चौधुरी और रवीन्द्रनाथ ठाकुर भी शामिल हैं, किसी को भी प्रभावित कर सकती हैं। संगमर्मर पर उकेरी गयी 'नवोढ़ा' और 'अशोक वाटिका' शीर्षक मूर्ति उनकी बहुमुखी प्रतिभा की साक्षी हैं।

वर्ष 1954 में एक प्रतिभाशाली एवं प्रतिश्रुत कलाकार का जल्दी गुज़र जाना निस्सन्देह कला जगत की गहरी क्षति ही थी।

भवेशचन्द्र सान्याल
(1902–2002)

भवेशचन्द्र सान्याल का जन्म 1902 ई. में असम के सुदूर पूर्व में अवस्थित डिब्रूगढ़ में हुआ था। मिट्टी के खिलौने बनाने वाली माँ से और पूजा के दौरान कारीगरों द्वारा बनायी गयी प्रतिमाओं से बालक भवेशचन्द्र के मन में भी वैसा ही कुछ गढ़ने की इच्छा होती थी। पिता का निधन हो चुका था। वहीं स्कूली पढ़ाई पूरी की और फिर कोलकाता के निकट श्रीरामपुर आ गये। असम की हरीतिमा स्मृति में सँजोये इस युवक के सामने था बंगाल का साँवला ग्राम सौन्दर्य, जो उन्हें चित्र बनाने की प्रेरणा दे रहा था। देश में स्वातन्त्र्य आन्दोलन की लहर थी—इसलिए शिक्षण संस्थानों की गतिविधियाँ भी कमोबेश बाधित और अव्यवस्थित हो गयी थीं। ऐसे में, उन्होंने 1923 में अपनी अभिरुचि के अनुकूल चौरंगी स्कूल ऑफ़ आर्ट, जो बाद में कला महाविद्यालय बना, कला की शिक्षा प्राप्त की।

आरम्भ से ही माटी से जुड़े भवेशचन्द्र एक मूर्तिशिल्पी बनना चाहते थे। लेकिन चित्रकला में शिक्षण पाकर और बाद में चित्रकला शिक्षक होने के बावजूद, उन्होंने मूर्तिकला में भी प्रशिक्षण प्राप्त किया। तब प्रस्तर कला से जुड़े गिने-चुने कलाकार ही थे और अपनी इस विशेष रुचि के कारण उन्होंने बम्बई जाकर इसका प्रशिक्षण भी प्राप्त किया था।

उन दिनों दिल्ली समेत पश्चिम पंजाब, विशेषकर लाहौर में कला शिक्षण के प्रति मध्यवर्ग के परिवारों में रुचि विकसित हो रही थी। इसलिए लखनऊ, पटना, इलाहाबाद की तरह लाहौर में भी छोटे-बड़े कला विद्यालय खुल रहे थे। यहाँ कोलकाता, शान्तिनिकेतन और मुम्बई से कला शिक्षा प्राप्त युवकों के लिए नौकरी पाने या अलग से अपने स्टूडियो में काम करने की सुविधा थी। ये युवक समूह बनाकर भी अपना-अपना काम कर रहे थे।

भवेश सान्याल में एक ख़ास क़िस्म का सौन्दर्यबोध आरम्भ से ही था। दुर्गा पूजा, काली पूजा-जैसे वार्षिकोत्सव उनके लिए महत्त्वपूर्ण थे। इन अवसरों पर रंगमंचीय प्रस्तुतियाँ उनके मन में उत्तेजना पैदा करती थीं। चारों ओर सृजनात्मकता का वातावरण होता। दुर्गा की प्रतिमा में दुर्गा के रूप वैभव को वे कभी भूल नहीं पाते थे। चार साल की उम्र में ही पिता का देहान्त हो जाने के बाद, बालक भवेश के चाचा ने उनकी परवरिश की। वे भवेश को अभिनय करने के लिए भी प्रेरित किया करते थे। इस प्रकार आरम्भ से ही थियेटर उनके जीवन का अविभाज्य अंग बन गया। यह परिवार का व्यवसाय नहीं था बल्कि उनके जीवन की चर्या और सामाजिकता के साथ संस्कृति का हिस्सा था।

थियेटर में दृश्य सृजन की एवं भावान्तरण की यह प्रक्रिया उनके कला-सृजन एवं जीवन को लगातार प्रभावित करती रही।

राजा राममोहन राय द्वारा प्रवर्तित ब्राह्म समाज की उपासना पद्धति ने जहाँ उनके बौद्धिक विन्यास को विस्तार दिया, वहाँ संगीत का सकारात्मक प्रभाव भी उनके व्यक्तित्व के गठन में सहायक बना। युवावस्था में गाँधी जी की इस अपील पर कि सभी भारतीय बुद्धिजीवियों को अंग्रेज़ों के साथ असहयोग करना चाहिए, तो भवेश ने कॉलेज की पढ़ाई छोड़ दी।

इस घटना को याद करते हुए भवेश सान्याल बताते हैं—"मेरे कॉलेज के प्रिंसिपल एक अंग्रेज़ थे, बड़े उदार प्रकृति के। कॉलेज छोड़नेवाले सभी छात्रों को उन्होंने सम्बोधित करते हुए, किसी को कॉलेज छोड़ने से मना नहीं किया न कोई प्रतिबन्ध लगाया। उलटे कहा—'आप कॉलेज छोड़कर जा रहे हैं, तो चले जाइए। लेकिन याद रखिए कि आप जब कॉलेज में वापस आना चाहें, आ सकते हैं। कॉलेज का दरवाज़ा आपके लिए बराबर खुला रहेगा।' आज़ाद मन और उन्मुक्त उड़ान के वे महान उदाहरण थे।"

लाहौर पहुँचने पर उन्हें लाला लाजपत राय की प्रतिमाएँ बनाने का प्रस्ताव मिला। यह भी पता चला कि जिस व्यक्ति ने इस काम के लिए उन्हें बुलाया था, दरअसल वह लाजपत राय की प्रतिमाओं का कारोबार करना चाहता था क्योंकि तब उनकी मूर्तियों की वहाँ बड़ी माँग थी। इस बात ने उन्हें आहत किया और वे जल्द ही इस कार्य के दायित्व से मुक्त हो गये। इस बीच सान्याल मामूली फ़ीस लेकर बच्चों को चित्रकला सिखाने का काम करते रहे। चित्र प्रदर्शनियाँ भी लगाईं पर बिक्री कम होती। अपनी निजी ज़रूरतों के पूरा होने के बावजूद अपने स्टूडियो में काम करते रहते थे। लाहौर शहर तब बुद्धिजीवियों का शहर था। वहाँ के लोग आपस में प्यार और एक-दूसरे की मदद करना भी जानते थे।

एक दिन वे लाहौर स्थित 'मेयो स्कूल ऑफ़ आर्ट' देखने गये। उन्होंने स्कूल के प्राचार्य लायेनेल हीथ से उनका एक पोर्ट्रेट बनाने की इच्छा ज़ाहिर की। हीथ नाराज़ तो हुए लेकिन पोर्ट्रेट बनवाने के लिए तैयार हो गये और सान्याल की तल्लीनता देखकर वे बाद में बड़े प्रसन्न भी हुए। उनकी अनुशंसा पर उन्हें पंजाब सरकार में एक अधिकारी की नौकरी मिल गयी। साथ ही, मेयो स्कूल में उप-प्राचार्य के रूप में नियुक्ति भी हो गयी, जहाँ उन्होंने सात वर्षों तक पढ़ाया। उन्हीं दिनों एक सरकारी आदेश आया कि कोई भी सरकारी अधिकारी कांग्रेस की गतिविधियों में शरीक नहीं होगा। लेकिन सान्याल कांग्रेस की गतिविधियों में भाग लेते रहे और उन्हें नौकरी से त्याग-पत्र देकर इसका मूल्य चुकाना पड़ा। उन्होंने अलग से 'लाहौर स्कूल ऑफ़ आर्ट्स' की स्थापना की और वहीं अपना स्टूडियो भी बनाया। बाद में वह स्कूल कला और संस्कृति का केन्द्र बन गया।

स्वतन्त्र स्वभाव के कारण सान्याल ने अपनी जमी-जमाई नौकरी छोड़ दी थी। उनके इस स्टूटियो में कुछेक छात्र भी उनसे शिक्षा प्राप्त करते रहे। लाहौर में पहले से ही विभिन्न कलाओं के जानकार और विशेषज्ञ उपस्थित थे, इसलिए कई चितेरे युवकों की उन कलाओं में भी रुचियाँ विकसित हो चुकी थीं। यही नहीं, सान्याल का परिचय स्नेहलता नाकरा नामक युवती से हुआ, जो पहले प्रेम में और फिर विवाह में परिणत हुआ।

लेकिन अचानक देश की आज़ादी मिलने पर उन्हें अपना वह प्यारा शहर छोड़कर दिल्ली आना पड़ा। अट्ठारह वर्षों का ढेर सारा काम विभाजन की आग में झुलसकर भस्म हो गया। दोस्त खो गये और सारा सिलसिला बिगड़ गया। वे मन से इस विभाजन को कभी स्वीकार नहीं कर पाये। उनकी पत्नी तब लाहौर के सर गंगाराम इंस्टीट्यूट फॉर गर्ल्स एजुकेशन में नौकरी करती थी। सब कुछ वहीं छोड़, दिल्ली आकर दोनों ने जीवन की नयी शुरुआत की।

भवेशचन्द्र सान्याल का मानना था कि कलाकर्म में बाहरी शक्लो-सूरत की रेखाएँ पकड़ने के साथ उस भीतरी स्पन्दन को पकड़ना आवश्यक ही नहीं, बल्कि अनिवार्य होता है। इस अनुभव क्षण को समझने की एक सूक्ष्म अन्तर्दृष्टि चाहिए। इसके अभाव में कोई भी प्रतिकृति—प्रतिकृति मात्र ही रह जायेगी। देखने और बनाने के समय कलाकार के मन में आविष्कार की भावना रहनी चाहिए। मॉडेल की मनोवैज्ञानिकता से भी तादात्म्य बनाना पड़ता है। उसके आभ्यन्तरिक व्यक्तित्व को खोजना पड़ता है। पोर्ट्रेट कोई स्थिर फ़ोटोग्राफ़ी नहीं है। पोर्ट्रेट बनाने की प्रक्रिया में एक कलाकार दूसरे मनुष्य (मॉडेल) के सम्पूर्ण बाहरी और भीतरी व्यक्तित्व को अपनी पैनी आलोचकीय निगाह से देखता है। पोर्ट्रेट बनाना किसी इन्सान को उसकी सम्पूर्णता में देखने का अवसर है।

इसी तरह उनका मानना था कि चित्रकला में रंग संयोजन इसका महत्त्वपूर्ण पक्ष है। रंगों को बरतने में दो बातें साफ़ तौर पर ज़रूरी हैं—चित्रकार की अपनी मानसिक स्थिति और रंगों के इस्तेमाल का तकनीकी पक्ष। कलाकार अपने मनोभाव के आधार पर अपने रंगों का इस्तेमाल करता है। अपनी बात कहने के लिए तदनुरूप रंगों का चुनाव इस तरह करता है कि उसका प्रभाव दर्शकों के मन पर पड़े। रंगों को बरतने के तकनीकी और रासायनिक पक्ष होते हैं। इसके अलावा चित्र में किस रंग का क्या प्रभाव पड़ता है, इसके लिए निरन्तर अभ्यास आवश्यक है।

किसी कलाकार का सरोकार क्या है—यह सवाल व्यक्तिनिष्ठ है। इसे लेकर कोई ऐसी बात नहीं कही जा सकती है जो सब पर लागू की जा सके। एक व्यक्ति से दूसरे व्यक्ति तक सारी चीज़ें बदल जाती हैं। कलाकार के सोचने की प्रक्रिया में निश्चय ही उसके सरोकार के बीज होते हैं। हर व्यक्ति का पालन-पोषण एक विशेष सामाजिक वातावरण में होता है और उसका रचना-सौन्दर्य भी अलग होता है।

भवेश सान्याल का मानना था कि 'लीक' या लोक मान्यता से हटकर चलना मात्र ही प्रगतिशीलता नहीं है। चित्रकला में जिस आधुनिकता और प्रगतिशीलता की बात की जाती है, वह सकारात्मक और रचनात्मक होनी चाहिए। वह तय रास्ते से ज़रा-सा हटने वाली बात नहीं है। सच्ची कला किसी एक या एक से अधिक आन्दोलनों से चिपककर या उसके प्रभाव में अधिक समय तक नहीं रह सकती।

भवेश सान्याल ने औपचारिक कला शिक्षा पाने और प्रदान करने के साथ अपने कार्यक्षेत्र के अन्तर्गत समस्त आने वाली उपयोगी कला विधाओं का अध्ययन एवं अध्यापन किया था और उनमें विशिष्ट योगदान भी किया। आरम्भ से ही, और आसानी से उपलब्ध फल, फूल, पेड़, वनस्पति आदि की प्रतिकृति बनाने का उन्होंने पर्याप्त अभ्यास किया था। उन्होंने युवावस्था काल में शृंगाररत युवतियों का चित्रण किया था। लेकिन उस समय बनाये गये तैलचित्रों में देह सौन्दर्य और स्त्रीमुख-भंगिमा पर

उनका ध्यान केन्द्रित रहा। विषय के अनुरूप वह रंगों का उपयोग करते रहे लेकिन तब के चित्रों में गहरे पीले और सुर्ख़ लाल रंग का प्रयोग अवश्य ही लक्ष्य किया जा सकता है। रंगों के साथ रूपाकार का यह सन्तुलन उनके सृजन की विशेषता रही।

उनके पंजाब-प्रवास और हिमाचल की यात्रा के विभिन्न चरणों में उनके कैनवसों में भी निरन्तर क्षैतिज विस्तार आता चला गया। इन भूदृश्यों या सैराओं में हिमशिखरों के साथ, उनकी तलहटी में सुदूर तक फैली हरीतिमा और धुन्ध में डूबी पर्वत-शृंखला चित्रित की गयी है। परिवर्तित मौसम के साथ प्रकृति के रूप-सौन्दर्य में जो बदलाव आता है—विशेषकर बसन्त के आगमन पर, उसका वैविध्यपूर्ण संयोजन उनके कैनवसों का प्रिय विषय रहा। उनकी चित्रांकन पद्धति में समय-समय पर जो बदलाव आये, उन पर पश्चिमी प्रभावों का अवश्य ही हाथ था—लेकिन उन्होंने आभासपूर्वक उनका कभी भी अनुसरण नहीं किया। प्रकृति चित्रण से लेकर प्रतिकृति (पोर्ट्रेट) निर्माण—चित्रकला एवं मूर्तिशिल्प—तक कुछेक प्रस्थान बिन्दु अवश्य ही लक्ष्य किये जा सकते हैं लेकिन विषयवस्तु के परिवर्तन के बावजूद, उनकी अंकन पद्धति में कोई गुणात्मक संक्रमण नहीं हुआ। उनकी मौलिकता इस बात में भी रही कि उनकी हर निर्मिति विषय, मनोदशा और देशकाल के अनुरूप अनायास अपनी सत्ता या पहचान अर्जित कर लेती थी। यही उसकी सार्थकता और कलाकार की सफलता रही। वे प्रयोगों या पद्धतियों के प्रति कभी उदासीन नहीं रहे और अपने समकालीनों के कार्य को भी वे साग्रह देखा करते थे। परिणामतः उन्होंने कुछ त्रिआयामी चित्र भी बनाये, जो उनकी प्रयोगधर्मिता के सूचक हैं।

भवेश सान्याल द्वारा विभिन्न रंग माध्यमों द्वारा चित्रित कई चित्रों पर कला समीक्षकों की दृष्टि गयी है। उनका एक विशिष्ट चित्र जीवन के वातायन से अपने जीवन परिसर का अवलोकन करने जैसा ही है। खेल के एक विस्तृत मैदान में मस्त बालकों का एक झुण्ड एक बिल्ली को घेरकर शोर मचा रहा है। बेचारी बिल्ली दुम दबाये भागना चाह रही है। हरे-भरे मैदान में रंग-बिरंगे कपड़े पहने बालकों की नज़र टिकी है उस चितकबरे चौपाये पर। गोधूलि वेला के झुटपुटे में लोगों की आवाजाही और जीवन के बहुवर्णी प्रसंगों को सर्जक अपने जीवनानुभव से जोड़कर अपनी निर्मिति को भी सार्थक करना चाहता है।

ऐसी ही मानसिकता से निर्मित एक चित्र में उकेरा गया मक़बरा मानो उनकी प्रतिकृति का साक्षी ही नहीं, बल्कि संगी बन गया है। पार्श्ववर्ती दीवार पर दोनों ही प्रतिच्छायाओं की अन्तरंगता एक-दूसरे की सत्ता में बड़ी ख़ामोशी से समा गयी है।

उनका एक और चित्र अत्यन्त चर्चित रहा है, जिसमें एक बड़ा ही रोबीला मुच्छड़ वृद्ध गंजी और छापेदार चौखानेवाली लुंगी पहने हुए है। सबसे रोचक है एक नन्ही-सी चिड़िया, जो उनके कन्धे पर बैठी कानों में कुछ बाँच रही है। इसी के समानान्तर एक दूसरे कैनवस पर एक बार फिर वही चेहरा (जो सर्जक का प्रतिरूप ही है) फ्रेंचकट दाढ़ी और चमकीले फ्रेमवाले चश्मे के अन्दर से, पता नहीं कहाँ झाँक रहा है? उसका शानदार राजशाही गुलाबी और ज़रीदार चोगा—इस आख़िरी मुग़ल के अन्तिम दिनों की नियति का जैसे उपहास ही उड़ा रहा है। भवेश सान्याल ने इस चित्र के परिपार्श्व में, आदिगन्त फैले घरों की छतों और मीनारों के साथ लाल क़िले की दीवारों और बुर्जों को भी चित्रित किया है। सूर्यास्त की लालिमा लिए दिल्ली के आसमान पर अनगिनत उड़ती पतंगें इस चित्र को जहाँ

नाटकीय विस्तार देती हैं, वहाँ हिन्दुस्तान के आख़िरी शहंशाह की मानसिक यातनाओं की विडम्बनापूर्ण खिल्ली उड़ा रही हैं।

अमूर्त कला आन्दोलन के प्रभाव-प्रवण कला समुदाय से तनिक अलग, बल्कि स्वतन्त्र भवेश सान्याल की निर्मितियों की अन्तर्वस्तु, उनकी विशिष्ट मनोदशा और सुनिर्धारित परिकल्पना का अंग रही है। इसलिए प्रेक्षक के लिए उनके कैनवस अबूझ और अपरिचित नहीं जान पड़ते। उनका ऐसा ही एक चित्र है—कागभगोड़ा (स्केअर क्रो)। लेकिन इसके साथ ही, एक ही फ्रेम में सिर पर टोपियाँ पहने लोगों का एक झुण्ड कैमरे के सामने खड़ा है और दाँत निपोरे अपनी तस्वीर खिंचवा रहा है। यह बदलते सामाजिक-राजनीतिक परिदृश्य पर एक व्यंग्यात्मक टिप्पणी है। उन्होंने दिल्ली के गोल मार्केट में अपना एक स्टूडियो खोला और वहाँ अपनी बहुचर्चित चित्र-शृंखला 'स्केअर क्रो' (नज़रबट्टू) पर कार्य किया। कौवों पर अलग से भी उन्होंने कई चित्र बनाये।

उनके द्वारा 1950 में संचालित 'दिल्ली शिल्पी चक्र' आम आदमी से कला को जोड़ने का सफल आन्दोलन था। उन्हें इसमें आंशिक सफलता भी मिली। लेकिन स्थानीय कलाकारों को एक अनौपचारिक मंच देने का उनका वह सच्चा प्रयास कालान्तर में बिखर गया।

अपनी मृत्यु के लगभग बीस वर्ष पहले, 1982 ई. में उन्होंने काँगड़ा की ख़ामोश और ख़ूबसूरत वादी में, धौलाधार के निकट आन्द्रेता नामक बस्ती में डेरा डाल दिया था। बाद में, अपनी कलात्मक गतिविधियों को ज़ारी रखने के लिए वहीं 'ख़याल' नामक एक स्टूडियो भी बनाया। धीरे-धीरे यह स्थान चित्रकारों एवं कलासर्जकों के लिए एक आत्मीय एवं प्रीतिकर स्थान बन गया। अपनी देख-रेख में उन्होंने इस नामालूम बस्ती को कला के मानचित्र पर प्रतिष्ठित कर दिया था।

लगभग अस्सी वर्षों के सक्रिय कार्य काल में कई कला आन्दोलनों के साक्षी रहे सान्याल जी कभी किसी आन्दोलन के सहभागी नहीं रहे। उनका लक्ष्य था, कलाकार अपने कार्य के प्रति ईमानदार रहकर अपनी कला को स्वायत्त बनाये रखे। उन्होंने कई सरकारी और ग़ैर-सरकारी कला संस्थानों में विभिन्न पदों का कार्य दायित्व भी सँभाला लेकिन वे कला अध्ययन एवं अध्यापन सम्बन्धी अनुशासन के आग्रहों को सत्ता या व्यवस्था की संकीर्ण और नौकरशाही वाली मानसिकता से नहीं जोड़ सके। हालाँकि वे दिल्ली प्रशासन के अधीन दिल्ली पोलिटेक्नीक के ललित कला संकाय में प्रोफ़ेसर पद (1952-1959) पर रहे। बाद में, ललित कला अकादेमी के सचिव और फिर उपाध्यक्ष भी रहे। उन्होंने इसकी विभिन्न गतिविधियों के साथ राष्ट्रीय एवं अन्तर्राष्ट्रीय प्रदर्शनियाँ आयोजित करने के अलावा भारतीय कला के प्रचार-प्रसार के लिए सम्बन्धित देशों की यात्राएँ कीं।

श्री सान्याल को ललित कला अकादेमी ने 'रत्न सदस्य' मनोनीत किया था। इसके पूर्व वे कई पुरस्कार एवं सम्मान से सुशोभित हो चुके थे, उनमें विश्वभारती, शान्तिनिकेतन का 'गगन-अवन' (गगनेन्द्र-अवनीद्रनाथ के नाम पर) पुरस्कार, भारत सरकार का 'पद्मभूषण' सम्मान विशेष उल्लेखनीय हैं। सौ वर्षों की लम्बी आयु पाकर, 2002 में उनका निधन भारतीय कला के एक उज्ज्वल पर्व का समापन भी था।

रामगोपाल विजयवर्गीय

(1905–2003)

राजस्थान की विभिन्न कलाशैलियों (विशेष तौर पर मेवाड़ और मारवाड़) के चित्रों में लोक शैली में व्यवहृत उपादानों के साथ रंगों की प्रयुक्ति हमारा ध्यान विशेष तौर पर आकृष्ट करती है। इन चित्रों की रूपगत सहजता के साथ इनकी आलंकारिता भी सरलीकृत हो गयी है। इस कलाशैली को आजीवन जिस चित्रकार ने पुनर्जीवित एवं रूपायित किया, उनका नाम है, रामगोपाल विजयवर्गीय।

रामगोपाल विजयवर्गीय का जन्म राजस्थान के सवाई माधोपुर ठिकाना वालेर में, 1905 ई. में हुआ। तब वह जयपुर रियासत की एक जागीर थी। उनके पिता भँवरलाल विजयवर्गीय ने अपने इकलौते बेटे को घर पर ही शिक्षक रखकर पढ़ाना-लिखना चाहा लेकिन वे सफल नहीं हुए। दरअसल रामगोपाल किसी कला विद्यालय में भर्ती होना चाहते थे ताकि कला की विधिवत् शिक्षा प्राप्त कर सकें। कला के प्रति उनकी यह ललक रामसनेही सम्प्रदाय के एक घुमक्कड़ साधु ने पैदा की थी, जो सफ़ेद खड़िया, लाल और नीली पेंसिलों से गाँव वालों के चित्र उकेरा करता था। उसके पास बैठकर किशोर रामगोपाल ने चित्रकला का ककहरा सीखा था। यह बेटे की ज़िद ही थी कि पिता को उसे 'महाराजा'ज़ स्कूल ऑफ़ आर्ट्स एंड क्राफ़्ट्स' (स्थापित 1866) में भर्ती कराना पड़ा। इस कला संस्थान के प्रिंसिपल तब प्रख्यात चित्रकार असित कुमार हालदार थे और उनके आमन्त्रण पर वहाँ कभी-कभी युरोपीय चित्रकार भी आया करते थे और अपनी कला का प्रदर्शन किया करते थे।

लेकिन रामगोपाल के आरम्भिक शिक्षा काल का सबसे महत्त्वपूर्ण प्रस्थान बना उनके कलागुरु शैलेन्द्रनाथ डे महाशय का कला निर्देशन एवं संरक्षण। उनकी पारखी आँखों ने इस युवक की क्षमता को रखकर, इसे प्रथम वर्ष के बदले सीधे अन्तिम वर्ष में प्रवेश दे दिया। इस प्रकार एक वर्ष के अन्दर ही रामगोपाल को पंचवर्षीय कला उपाधि प्राप्त हो गयी। डे महाशय के सौजन्य से ही बंगाल की कलाशैली और इसके प्रवर्तक अवनीन्द्रनाथ ठाकुर की कला-निर्मितियों से उनका परिचय हुआ। इन्हीं दिनों कलकत्ता से विशिष्ट प्रत्रकार और लेखक रामानन्द चटर्जी का जयपुर आगमन हुआ। वे 'मॉडर्न रिव्यू' (अंग्रेज़ी) और 'प्रवासी' (बाङ्ला) के सम्पादक थे। वे जब महाराजा कला संस्थान भी गये तो उन्हें रामगोपाल के साथ उनके चित्रों को भी देखने का अवसर मिला। इनमें से एक चित्र वह भी था, जिसमें तीन स्त्रियाँ सिर पर घड़ा लिए खड़ी थीं। रामानन्द जी ने इस चित्र को तत्काल अपनी पत्रिका में छापने का निर्णय ले लिया और मानदेय स्वरूप रामगोपाल को पचास रुपये प्रदान किये। यह युवा चित्रकार रामगोपाल के लिए आजीवन न भूलनेवाली घटना थी, और इससे उनके आत्मविश्वास में भी वृद्धि हुई।

अपने कलागुरु डे के प्रति आजीवन ऋणी रहे रामगोपाल ने बंगाल की कलाशैली का अनुसरण करते हुए भी, राजस्थानी कला परम्परा और इसकी विरासत को वरीयता दी। राजस्थानी परिवेश, लोक-व्यवहार, परिधान, व्रत-त्योहार और रंग-विन्यास—इन सभी को समन्वित कर उन्होंने शीघ्र ही अपनी एक निजी शैली विकसित कर ली थी। उनके चित्रों की कलात्मक भाव-भंगिमा, रैखिक विन्यास एवं आलंकारिक परिष्कृति ने उन्हें एक अलग ही स्थान प्रदान किया। इसलिए उनके चित्र दर्शकों और प्रशंसकों में जल्द ही अपना स्थान बनाने में सफल हो गये।

लेकिन इस बीच ऐसी भी स्थिति आयी थी कि पिता के दबाव और अर्थाभाव के चलते उन्हें दारोग़ा की नौकरी करनी पड़ी थी। ज़ाहिर है, रामगोपाल-जैसे कलाप्रवण व्यक्ति के लिए यह कैसा अवसादपूर्ण और अनचाहा काम रहा होगा। परिणाम भी जल्द ही सामने आ गया कि उन्हें नौकरी से निकाल बाहर किया गया। वस्तुतः रामगोपाल निर्बन्ध होकर काम करना चाहते थे और अपने उद्देश्य को पाने के लिए उद्विग्न भी थे। इसलिए किसी स्कूल में ड्राइंग मास्टर की नौकरी भी उन्हें रास नहीं आयी। इस तरह का कार्य दायित्व उन्हें अपने चित्र नहीं बनाने देता था, जिनमें कलाकार को पूरी एकाग्रता से कार्य करना पड़ता है।

यह निश्चय कर लेने के बाद कि नौकरी वग़ैरह के चक्कर में नहीं पड़ना, रामगोपाल विजयवर्गीय मनोयोगपूर्वक चित्र बनाने में जुट गये। उनके कार्य में उत्तरोत्तर न केवल गति आयी बल्कि चित्रों में परिपक्वता भी आयी। काफ़ी संख्या में बनाये गये चित्रों में से बेहतर चित्र चुनकर वे उस समय की महत्त्वपूर्ण पत्र-पत्रिकाओं में भेजा करते थे। हिन्दी-बाङ्ला और उर्दू की पत्रिकाओं में छपनेवाली पाठ-सामग्री के साथ इस प्रकार के चित्रों की बड़ी माँग थी ताकि पत्रिका के अंक, पठनीय होने के साथ संग्रहणीय भी हों। 'सरस्वती', 'माधुरी','चाँद', 'हंस', 'विशाल भारत'-जैसी प्रतिष्ठित पत्रिकाओं में उनके चित्र एवं रेखांकन नियमित तौर पर प्रकाशित होते रहे। विजयवर्गीय के चित्र आम जन की रुचि और समझ के अनुरूप तो होते ही थे, वे स्वतन्त्र रूप से भी संग्रह करने योग्य होते थे। लोकरुचि को उन्नत और समृद्ध करने के लिए उन्होंने कालिदास की प्रख्यात और कालजयी संस्कृत कृतियों *अभिज्ञान शाकुन्तलम्, कुमारसम्भव* और फिर *मेघदूत* पर चित्र-शृंखला का निर्माण किया, जो उनके दर्शकों के बीच काफ़ी लोकप्रिय हुआ। इन चित्रों को बनाते हुए और पत्र-पत्रिकाओं के लिए काम करते हुए, उनमें स्वाभाविक रूप से साहित्य के प्रति भी रुचि जगी और समय मिलते ही, वे साहित्य-सृजन से भी जुड़ जाते थे। हालाँकि उन्होंने इस तथ्य को बहुत प्रचारित नहीं किया। ब्रजभाषा में लिखित रचनाओं में वे विशेष रस लेते थे। कालिदास के तो वे भक्त ही थे। उमर ख़ैयाम की रुबाइयों को चित्रित करते हुए, वे भावाकुल हो जाते थे। इसी तरह शेख़ सादी और हाफ़िज़ के साथ उर्दू शायरी में भी उनका जी विशेष तौर पर रमता था। यही कारण है कि रूबाई हो, पद हो, दोहा हो या शे'र—उनके चित्रांकन विषयवस्तु के साथ पूरा न्याय करते थे। भले ही, उनकी प्रस्तुति या शैली चित्रकार की निजी हो।

कई महत्त्वपूर्ण साहित्यिक रचनाओं को विजयवर्गीय ने ध्यान में रखते हुए भी, कृति विशेष के चित्रण के सन्दर्भ में आवश्यक निर्देशों का अनुपालन किया। उदाहरण के लिए, *वाल्मीकि रामायण* और कालिदास के कालखण्ड एवं परिभूमि को ध्यान में रखकर। आख्यानों की धारावाहिकता और उनकी प्रवाहमयता रामगोपाल की तूलिकाओं में उतरकर और भी प्राणवान हो उठी। इस कार्य में उन्हें अवनीन्द्रनाथ ठाकुर, असित कुमार

हालदार एवं उनके शिष्यों की कलाकृतियों से पर्याप्त सहायता मिली। रामगोपाल ने विषयवस्तु के साथ तालमेल बनाये रखते हुए, उन्हीं भावदीप्त प्रसंगों का चयन किया, जो दर्शकों को भावाभिभूत कर सकें। साथ ही, इस बात का भी पर्याप्त ख़याल रखा कि चित्र-शृंखला या चित्रावली के समाप्त हो जाने के बाद, वे इसे न तो भूलें या परे रख दें, बल्कि इसे बार-बार देखें और सराहें।

राजस्थान की सुरभि और सौन्दर्य से समृद्ध अपने कई चित्रों को लेकर युवावस्था में ही रामगोपाल को कलकत्ता जाने को अवसर मिला। वहाँ राजस्थान से गये कई प्रवासी ऐसे थे, जो रईस और धनवान होने के साथ कलाप्रेमी भी थे। उन्हें रामगोपाल द्वारा बनाये गये चित्र बेहद पसन्द आये क्योंकि वे उस प्रदेश की विशेषताओं का प्रतिनिधित्व करते थे, जो उनकी पहचान से जुड़े थे। रागमाला, षट्ऋतु, बारहमासा, नायिका-भेद चित्रण, राम-कृष्ण से सम्बद्ध प्रसंग, *बिहारी सतसई, गीत गोविन्द* आदि विषयों पर वहाँ उन दर्शकों द्वारा चित्रों की माँग से विजयवर्गीय बहुत उत्साहित हुए। सैकड़ों की संख्या में बने उनके चित्र और रेखांकन न केवल बिके बल्कि कलकत्ता से प्रकाशित होनेवाली हिन्दी और बाङ्ला पत्रिकाओं में भी छपे। यहीं फ़ाइन आर्ट्स एंड क्राफ़्ट्स सोसाइटी में उनके चित्रों की प्रदर्शनी 1928 में आयोजित हुई थी।

विजयवर्गीय ने विभिन्न भारतीय कलाशैलियों को, जो उन्हें अपने अनुकूल जान पड़ा, पूरी सदाशयता से ग्रहण किया। उन्होंने अपने चित्र-पटल या कैनवस पर रेखाओं की गतिमयता, देहयष्टि की कमनीयता और पात्रों की भावमयता पर विशेष ध्यान रखा। मध्यकालीन और रीतिकालीन नायक-नायिकाओं, राजा-रानी, अनुचर-सहचर, वेशभूषा, परिधान, अलंकार और सम्बद्ध उपकरणों का समुचित अध्ययन करने के बाद ही वे अपने चित्रों में उनका प्रणयन करते थे। राजपूत, काँगड़ा, बूंदी, किशनगढ़, नाथद्वारा आदि चित्रशैलियों की अलग-अलग विशेषताएँ उनमें देखी जा सकती हैं। स्थान भेद के कारण, चित्रित पात्रों के परिधान—साड़ी, धोती, चोली, अचकन, पगड़ी, पटका आदि का सटीक रूपायन उनके चित्रों की विशेषता रही। घाघरा-चोली या लम्बी कुरती की लहरदार तहों का लयपूर्ण रेखांकन उनकी सधी हुई उँगलियों का ही कमाल है। इनमें सुसज्जित उनकी नायिकाओं की हिरणी-सी चकित या अधमुँदी आँखें, पतले होठ, छरहरी काया, लम्बी उँगलियाँ और सुकोमल चरण—ये सभी उनके दर्शकों और कलारसिकों के अत्यन्त प्रिय जान पड़ते थे। ये चित्र उनके ड्रॉइंगरूम और शयनकक्ष की शोभा बढ़ाते थे।

जिस बात का ज़िक्र पहले भी किया गया, चित्रांकन के साथ साहित्य प्रणयन से भी विजयवर्गीय जुड़े रहे। उन्होंने अपनी चित्रकृतियों के साथ कई निबन्ध भी लिखे ताकि लोग विषयवस्तु और सम्बद्ध कलाशैलियों से परिचित हो सकें। इस विषय पर उनके द्वारा लिखी गयी कई किताबें उपलब्ध हैं। कहानियों के एक संग्रह के साथ उनके तीन कविता संग्रह भी प्रकाशित हैं। उन्हें उनकी *अभिसार निशा* कविता संग्रह पर राजस्थान साहित्य अकादमी ने कविता पुरस्कार प्रदान किया था। वे 1945 से 1966 तक राजस्थान कला मन्दिर और राजस्थान स्कूल ऑफ़ आर्ट के प्रिंसिपल भी रहे। राजस्थान ललित कला अकादेमी के उपाध्यक्ष (1958-60) रहे रामगोपाल के चित्रों के कई अलबम प्रकाशित हैं। *रूपंकर* (जीवनी, 1991) के अलावा ललित कला अकादेमी, दिल्ली द्वारा उन पर एक मोनोग्राफ़ (विनिबन्ध, 1988) भी प्रकाशित है। भारत सरकार द्वारा विजयवर्गीय 1984 में पद्मश्री सम्मान से भी समादृत हुए।

विजयवर्गीय द्वारा चित्रित निर्मितियों की संख्या हज़ारों में है। अनगिनत रेखांकन हैं। उनके प्रसिद्ध चित्रों में 'कल्पना लोक', 'महाश्वेता और शुक', 'प्रकृति पुरुष', 'राधामाधव', 'शकुन्तला और मृगी', 'कामश्रृंगार', 'इन्द्रजित विजय', 'अष्टवसु' आदि के अलावा महात्मा बुद्ध तथा लोक उत्सवों और मेले-ठेले के भी कई चित्र पर्याप्त लोकप्रियता प्राप्त कर चुके हैं।

यहाँ एक और तथ्य का उल्लेख आवश्यक है कि रामगोपाल विजयवर्गीय की स्पृहणीय लोक-सिद्धि से प्रभावित कई चित्रकारों, विशेषकर राजस्थान के, ने उनकी 'कलाशैली' का अनुकरण करना शुरू कर दिया है। कला के क्षेत्र में यह एक ऐसा संकट है, जिसे बाज़ार ने पैदा किया है और इस संकट या ख़तरे की ओर स्वयं विजयवर्गीय ने बहुत पहले संकेत दिया था। हालाँकि राजस्थानी कला को मोटे तौर पर कला से अधिक शिल्प मानकर कलाविदों ने इसकी उपेक्षा भी की थी। लेकिन रामगोपाल विजयवर्गीय ने इस दोषारोप से स्वयं को मुक्त किया और राजस्थानी कलाशैली को आधुनिक कलायात्रा में सम्मिलित कराने में महत्त्वपूर्ण भूमिका निबाही।

उनका निधन 2003 में हुआ लेकिन उनकी कला और कलाचिन्तन की उपस्थिति सदैव बनी रहेगी।

नारायण श्रीधर बेन्द्रे

(1910–1992)

नारायण श्रीधर बेन्द्रे का जन्म 21 अगस्त, 1910 को इन्दौर में हुआ था। वर्ष 1933 में उन्होंने आगरा विश्वविद्यालय से स्नातक परीक्षा पास की। कला में अपनी रुचि के कारण उन्होंने इन्दौर स्थित कला विद्यालय के प्रसिद्ध चित्रकार डी.डी. देवलालीकर से कला का प्रशिक्षण प्राप्त किया।

बेन्द्रे के निर्माण में देवलालीकर की कला शिक्षा का विशेष योगदान था। बम्बई के जे.जे. कॉलेज ऑफ़ आर्ट्स में भी वे बहुत कम समय रहे लेकिन वहाँ के परिवेश ने उनके कलाबोध को पर्याप्त समुन्नत किया। बम्बई आर्ट सोसाइटी ने उनकी कला प्रतिभा का सम्मान करते हुए उन्हें 1934 ई. में रजत पदक से और छह वर्ष बाद स्वर्ण पदक से विभूषित किया। यह कला जगत द्वारा उनकी कलाकृतियों में निहित उत्कृष्टता और परिपक्वता की स्वीकृति थी। लेकिन इन सम्मानों से उत्साहित युवा बेन्द्रे कुछ और अधिक पाने के आग्रही हो उठे। हालाँकि इस बीच वर्ष 1936 से 1939 के दौरान बेन्द्रे कश्मीर में कार्यरत रहे। जहाँ उन्होंने घाटी के सैकड़ों रेखांकन बनाये। साथ ही बदलते मौसम के साथ कई रमणीय सैरा तैयार किये।

कला के सत्र में कुछ विशेष करने के आग्रह के साथ वे 1945 ई. में भारतीय कला के एक प्रमुख केन्द्र कला भवन, शान्तिनिकेतन जा पहुँचे। उस समय शिल्पाचार्य नन्दलाल बसु कला भवन के अध्यक्ष थे और रामकिंकर बैज और बिनोद बिहारी मुखर्जी कला अध्यापक। उनके मार्ग-दर्शन में उन्होंने बंगाल की चित्रशैली के साथ वहाँ की शिल्पकला का भी अध्ययन किया। कला (Art) और शिल्प (Craft) का परस्पर समन्वयन उनके लिए सर्वथा नया कलानुभव था। इसी बीच जामिनी राय के सम्पर्क और उनकी चित्रांकन-पद्धति से उन्हें यह जान पड़ा कि कला में औपचारिक कला-साधनों या संसाधनों के अलावा भी ऐसे कई माध्यम या उपकरण हो सकते हैं, जिनसे सार्थक कला निर्मिति सम्भव है। उन्होंने देखा कि हस्तनिर्मित काग़ज़, टाट, चटाई, कपड़ा, देसी रंग और तूलिका-जैसे सस्ते और सहज उपलब्ध साधनों का सदियों से कलाकार उपयोग करते रहे हैं। बंगाल के कलाकारों से मिलने के बाद बेन्द्रे के मन को लगातार यह प्रश्न मथता रहा कि आख़िर लोक कलाओं में प्रयुक्त होनेवाले साधनों का उपयोग कला प्रतिष्ठान और प्रतिष्ठित कलाकार क्यों नहीं कर सकते? साथ ही, अब तक अपने उन कार्यों—जिन पर अकादमिक और पाश्चात्य कला-पद्धतियों का मिला-जुला प्रभाव था—से तुलना का अवसर भी उन्हें प्राप्त हुआ। हालाँकि बेन्द्रे अपनी कार्य-प्रविधि, जिनमें तैलरंगों के साथ 'गॉश' का प्रयोग होता था, से आश्वस्त थे। उन्होंने पहले भी पर्याप्त संख्या में व्यक्तिचित्र या

शबीह के साथ भू-दृश्यांकन का कार्य किया था। चूँकि तब उनका कार्यक्षेत्र बम्बई था, इसलिए वे यहाँ लौटकर नयी निर्मितियों में व्यस्त हो गये।

लेकिन जल्द ही उन्हें 1947 में अमेरिका जाना पड़ा और 1948 में, न्यूयॉर्क की विंडमेयर कलादीर्घा में उनकी एकल प्रदर्शनी आयोजित हुई। इसके साथ ही, उनकी युरोप यात्रा भी आरम्भ हुई, जहाँ उन्होंने आधुनिक कला में हो रहे बदलावों को बहुत निकट से देखा और इसका प्रभाव उनकी परवर्ती कलाकृतियों पर पड़ा।

एन. एस. बेन्द्रे इन्दौर स्कूल ऑफ़ आर्ट के कला अध्येता थे, जो कलकत्ता कला स्कूल के पुनरुत्थानवादी (Revivalist) ढर्रे और बम्बई कला स्कूल के पश्चिमी कला रुझान के समानान्तर नये और प्राणवान ढंग से कला सृजन करने में प्रवृत्त हुए। बाद में वह बड़ौदा विश्वविद्यालय के कला विभाग के अध्यक्ष भी हुए। उन्होंने अपनी चित्रांकन पद्धति में कई नवाचार सम्मिलित किये। उनका आग्रह इस बात का भी रहा क्रि चित्रों में विन्यस्त सर्जनात्मक बिम्ब ऐसे हों, जो दर्शकों की समझ में आयें। क्योंकि कोई भी सृजन किसी कलाकार की पहचान ज़रूर बनते हैं लेकिन वे इतने अमूर्त या आत्मकेन्द्रित न हों कि किसी के पल्ले ही न पड़ें।

भारतीय चित्रकला की विशिष्टता रही है—चित्रपटल की सपाटता या उसका चौरसपन और चित्रों की आलंकारिता—इन्हीं ख़ूबियों को बेन्द्रे ने अपने चित्रों में बनाये और अपनाये रखा। यही कारण है कि उन्होंने उन पुनर्जीवनवादी एवं आधुनिक कलाकारों के साथ रहकर भी भारतीय अवधारणा को सँजोए रखा। इसलिए उनके चित्रों में वह उग्रता और आक्रामकता नहीं दिखती जो उनके साथी चित्रकारों की निर्मितियों में दिखती है।

बेन्द्रे के स्त्री-केन्द्रित चित्र न केवल विषयवस्तु में बल्कि रंगों के प्रयोग में भी अपेक्षाकृत शान्त, मृदु, और सौम्य हैं। उदाहरण के लिए, 'प्रसाधन' (Toilet) शीर्षक उनका चित्र जहाँ विषय की दृष्टि से सर्वथा भारतीय है, वहाँ रंग-प्रयोग की दृष्टि से नवाचारी। इसे चित्रित करते हुए बेन्द्रे ने फ्रांसीसी अभिव्यंजनावादियों (French Impressionists) की तरह बिन्दुवाद (Pointism) का सहारा लिया था। इसमें रंग-बिन्दुओं के द्वारा—छाया और प्रकाश के विलक्षण रचाव से चित्र में जो अद्‌भुत प्रभाव उत्पन्न हुआ है, वह सचमुच दर्शनीय है।

यही नहीं, बेन्द्रे प्रेस में इस्तेमाल होनेवाले प्रिंटर्स रॉलर (Printer's rollar) से भी कैनवस पटल को रँगा करते थे। इससे सतह को अपेक्षाकृत अधिक चौरस और चिकना रखा जा सकता था ताकि तूलिका इच्छानुसार आसानी से चलायी जा सके। कभी-कभी वह कैनवस पर गीले रंग डालकर फ्रेम को आड़े-तिरछे घुमाया करते थे ताकि रंग विभिन्न कोणों में फैल सकें और इन्हें इच्छित आकार प्रदान किया जा सके। या फिर कल्पना के अनुयोग से यह कोई नया रूपाकार प्राप्त कर सके। यह सब तो चित्रकार की निजी क्षमता पर भी निर्भर करता है कि वह सृजन के क्षणों में अपने साधनों को कैसे और कितनी दूर तक बरतता है।

बेन्द्रे ने आरम्भ से ही, कई चित्रण-प्रविधियों को मिश्रित कर अपने विषय को निरूपित करने की क्षमता विकसित कर ली थी। विषयानुकूल रंगों द्वारा वह चित्रों को इतनी तन्मयता के साथ चित्रित किया करते थे कि उनके विषय और रंग एकमेव हो जाते थे। यह परस्परता उनकी निर्मितियों की

विशिष्टता रही है। यही कारण है कि उनके चित्र दर्शकों के मन को केवल छूते ही नहीं, उनके चित्त में गहरे उतर जाते हैं। उनके द्वारा चित्रित ऐसी कृतियों की संख्या बहुत अधिक है। तो भी कुछेक का उल्लेख आवश्यक है। इनमें 'काँटा' (थॉर्न), 'तोता' (पैरॉट), 'छिपकली'/गिरगिट (चमेलियॉन), 'सूरजमुखी' (सनफ़्लॉवर्स), 'सहेलियाँ', 'जल भरती युवतियाँ', 'बातचीत', 'सिंगार', 'माँ-बेटा', 'रंगोत्सव', 'मुर्ग़ियाँ', 'मज़दूर' आदि प्रमुख हैं। 'काँटा' को 1955 में ललित कला अकादेमी ने अपने राष्ट्रीय पुरस्कार से सम्मानित किया। मिश्रित माध्यम से बनी इस आकृतिमूलक कृति पर बेन्द्रे की निजी छाप है। इसके बाद के चित्रित अनेक चित्रों पर बेन्द्रे की छाप इतनी गहरी है कि इसे बाद में कला समीक्षकों द्वारा 'बेन्द्रे शैली' से अभिहित किया गया।

बेन्द्रे भारतीय जीवनशैली में निहित सहजता और सरलता में ही नहीं, लोगों के संघर्ष और अभाव में भी सौन्दर्य ढूँढ़ लेते थे और उनकी यह ख़ूबी उन्हें दूसरे चित्रकारों से अलग कर देती है। भारतीय स्त्रियों का जीवन—उनका सौन्दर्य और उनका संघर्ष बेन्द्रे के कैनवस में प्रभावी ढंग से चित्रित हुआ है। लेकिन एक ओर जहाँ वे किसी पद्धति विशेष में नहीं बँधते, दूसरी ओर उनका रंग-चयन उनकी अंकन प्रविधि को भी प्रभावित करता रहा है। भले ही वहाँ विषयवस्तु की विविधता हो—चाहे वह ग्रामीण हो या नगरीय, ग्राम्यजन हो या अभिजन का चित्रण। इसलिए उन्होंने भारतीय जन-मन के साथ उनके उत्सव और उल्लास, आनन्द और अवसाद को—परिवेशगत प्रामाणिकता के साथ उकेरा है। इस दृष्टि से उनके कई स्त्री-विषयक चित्र अत्यन्त आत्मीय एवं प्रभावी बन पड़े हैं—चाहे वह बंगाली स्त्री हो या अन्यान्य चित्र।

चित्रांकन में रंगों के साथ प्रविधिगत प्रयोग हो या प्रविधि के साथ रंगों का अनुयोग—इनका अनोखा सन्तुलन एवं समायोजन बेन्द्रे की अनन्य विशेषता रही है। यह देखना विस्मयकर होगा कि वे जलरंगों, टेम्परा रंगों और तैलरंगों का कभी अलग-अलग और कभी मिश्रित विधि से प्रयोग करते थे। काग़ज़ या कैनवस की माँग के अनुरूप चित्रकार को अपने रंग माध्यम का चयन करना पड़ता है लेकिन बेन्द्रे अपने रचाव (Construction-Composition) में उसके बुनाव (Texture) को विशेष महत्त्व देते थे। इसलिए कभी-कभी तरल जलरंग के साथ या उसके बदले गाढ़े टेम्परा रंग का या टेम्परा की जगह प्रगाढ़ तैलरंग का प्रयोग उन्हें अधिक प्रीतिकर और प्रभावी जान पड़ता था। कश्मीर प्रवास के दिनों में, वहाँ की प्राकृतिक सुषमा ही नहीं, वहाँ के दैनन्दिन जनजीवन को भी उन्होंने अपने रेखांकनों एवं चित्रों में उकेरा है। कश्मीर की सुरम्य वादियों में खिलनेवाले फूलों का सौन्दर्य भी उन्होंने काग़ज़ पर जलरंगों में और कैनवस पर तैलरंगों में चित्रित किया है।

बेन्द्रे एक जगह टिके रहने वाले और एक ही रंग-प्रविधि या शैली के चित्रकार नहीं रहे। उन्होंने एक ही समय में ढेर सारे व्यक्ति चित्र या शबीह बनाये और यथासमय भित्ति चित्रण भी किया। पत्र-पत्रिकाओं के लिए रेखांकन और पुस्तकों के आवरण चित्र बनाये। कुछेक हिन्दी फ़िल्मों के कला निर्देशक भी रहे। वे इन सभी क्षेत्रों में सफलतापूर्वक कार्य इसलिए कर सके क्योंकि उनमें सर्जनात्मक क्षमता के साथ पर्याप्त आत्मविश्वास भरा था। उनके आलोचक भी उनकी इस रचनात्मक ज़िद के प्रशंसक थे।

यही कारण था कि बड़ौदा विश्वविद्यालय के कला विभाग में अध्यक्ष पद सँभालने के बाद उन्होंने ग्राफ़िक कला का पाठ्यक्रम आरम्भ किया। अपनी न्यूयॉर्क यात्रा के दौरान उन्होंने स्वयं इसका विधिवत् अध्ययन किया था और आनेवाले वर्षों में वह इसकी आवश्यकता ही नहीं, अनिवार्यता को समझ रहे थे। यहाँ यह भी उल्लेख्य है कि इस विधा में उन्होंने अलग से कोई कार्य नहीं किया लेकिन उनके संरक्षण में ग्राफ़िक कला से जुड़े कई कलाकारों ने अपने सृजन-कर्म द्वारा धीरे-धीरे इस विधा को देश-विदेश में सम्मान दिलाया। आज ग्राफ़िक कला लगभग हर प्रतिष्ठित कला संस्थान के पाठ्यक्रम का अंग बन चुकी है।

बेन्द्रे की कला का आधार उनकी आकार-प्रवणता रही है। यानी आकृतिमूलकता इसका प्राणतत्त्व है। रूपात्मक अभिव्यक्ति या निर्मिति इसका प्रमुख प्रस्थान है। बेन्द्रे की अन्तर्वस्तु में निहित भाव उनके पटल पर स्पन्दित रहते हैं और रंग जीवन्त बने रहते हैं—वे सूख जाते हैं लेकिन शुष्क प्रतीत नहीं होते। उनके विषय मूर्त होते हुए भी अमूर्त भाव में परिणत हो जाया करते हैं। रूपाकार में बँधे रहकर भी उनके चित्र सदैव निर्बन्ध रहे। मानवीय भावों का विरल और विलक्षण प्रभाव ही बेन्द्रे की पहचान है।

विभिन्न कला प्रतिष्ठानों को अपने समर्थ और समर्पित कला व्यक्तित्व से सींचनेवाले बेन्द्रे जी का निधन 1992 ई. में हुआ।

के. सी. शंकर पणिकर

(1911–1977)

के. सी. एस. पणिकर का जन्म कोयम्बटूर (दक्षिण भारत) में 30 मई, 1911 को हुआ था। इनके पिताजी पेशे से डॉक्टर थे और उनके पूर्वज मालाबार क्षेत्र के निवासी थे। पिता चाहते थे कि शंकर भी पढ़-लिखकर उनकी तरह डॉक्टर बने। लेकिन आरम्भिक पढ़ाई-लिखाई के दौरान ही रेखा और रंग के प्रति उनकी रुझान से यह स्पष्ट हो गया कि वह किस दिशा में जाना चाहते हैं। पारिवारिक हैसियत के बावजूद उनके लिए कला शिक्षा की व्यवस्था नहीं हो सकी। लेकिन पणिकर ने रेखांकन का नियमित अभ्यास ज़ारी रखा। किशोरावस्था के दौरान ही विभिन्न रूपाकारों—पेड़-पौधे-पुष्प, प्रकृति चित्रण और मानवाकृति आदि के रेखांकन करने में उन्होंने कुशलता प्राप्त कर ली थी। यह सब कुछ उन्होंने अन्तःप्रेरणा से ही किया और निश्चय ही आसपास के कुछ कलाकारों को देखकर भी उनमें यह कला-वृत्ति जगी हो।

यह सचमुच आश्चर्यजनक है कि मात्र बारह वर्ष की उम्र में पणिकर ने जलरंगी चित्र बनाने का गुर सीख लिया था। वे टर्नर के समकालीन सुप्रसिद्ध ब्रितानी जलरंग चित्रकार जॉन सेल काटमेन की कृतियों से अत्यन्त प्रेरित और प्रभावित थे। हालाँकि उन्होंने कला सम्बन्धी कोई औपचारिक प्रशिक्षण प्राप्त नहीं किया था लेकिन अपने अध्यवसाय और एकाग्रता के बल पर वर्ष 1928-30 में मद्रास फ़ाइन आर्ट्स सोसाइटी द्वारा आयोजित अखिल भारतीय प्रदर्शनी के आयोजक-सहप्रदर्शक बन गये और इसमें उनके चित्र भी प्रदर्शित होते रहे।

मद्रास क्रिश्चियन कॉलेज में कुछ दिनों तक अध्ययन करने के बाद, उन्होंने पाँच वर्षों तक दूरसंचार विभाग में कार्य किया और फिर अचानक इस्तीफ़ा दे दिया। अनिश्चितता की मानसिकता में कुछ दिन बीमा दफ़्तर में भी काम किया। लेकिन इस तरह के काम से तालमेल न बिठा पाने का परिणाम कुल मिलाकर इस मायने में सुखद रहा कि वे फिर अपनी कलादेवी की शरण पा गये और 1936 में मद्रास आर्ट स्कूल में भर्ती हो गये। उनके कार्य और लगन से प्रभावित होकर इस कला संस्थान के प्राचार्य और सुप्रसिद्ध मूर्तिकार देवीप्रसाद रायचौधुरी ने उन्हें छह वर्षीय कला पाठ्यक्रम के तृतीय वर्ष में दाख़िला दे दिया। कला पाठ्यक्रम पूरा करने के पहले 1938 में ही उन्होंने कलकत्ता अकादेमी द्वारा जलरंग चित्रण के लिए पुरस्कार प्राप्त किया था। कहना न होगा, जलरंग चित्रण के लिए तब कलकत्ता के चित्रकार देश-विदेश में विख्यात थे। यह शेर की माँद में घुसना और साबुत निकल आने जैसा था। इस पुरस्कार द्वारा पणिकर की कलाकार समाज में पहचान और प्रतिष्ठा बढ़ी। इसके बाद पणिकर ने फिर कभी पीछे मुड़कर नहीं देखा।

1940 में कला डिप्लोमा (प्रथम श्रेणी में प्रथम स्थान) प्राप्त करने के बाद वे अपनी कला-साधना में जुटे रहे और कार्यनिष्ठा के फलस्वरूप इसी आर्ट स्कूल (जो बाद में महाविद्यालय बना) में पहले अध्यापक और फिर 1957 में प्राचार्य नियुक्त हुए। प्रविधिगत बदलावों के बावजूद अपनी आन्तरिक ऊर्जा और अपने स्थानीय परिवेश और प्रकृति से जुड़े रहकर ही, पणिकर अपने कला-संसार में उन्हें उकेरते रहे। कभी रेखाओं के माध्यम से तो कभी रंगों के सहारे। रंग और रेखा की अलग-अलग भूमिका के बारे में महान चित्रकार सेज़ा (Cezanne) का यह कथन कि "ड्रॉइंग (रेखांकन) और रंगांकन में कोई विशेष अन्तर नहीं...रंग जहाँ समृद्ध होते हैं, वहाँ रूपाकार उत्कृष्ट।"[1]

बहुविध कला आन्दोलनों के विविध चरणों और कला आयामों से गुज़रती हुई, उनकी कला में भी कई पड़ाव लक्ष्य किये जा सकते हैं। आरम्भ में मानवाकृतियों के अंकन में उन्होंने महारत हासिल की थी। बाद में वे प्रभाववादी कलाशैली की ओर मुड़ गये। परम्परागत कला शिक्षा से जुड़े रहने के कारण उन्होंने इसी क्षेत्र में कुछ प्रयोग भी किये। इसका प्रभाव उनके द्वारा अंकित 'उद्यान और बुद्ध' शीर्षक चित्र-शृंखला में देखा जा सकता है। इसी तरह उनके कुछ चित्रों में कई आधुनिक कलाशैलियों एवं प्रभावों की छाप स्पष्ट है। प्राचीन पोथियों के पत्र, जन्मकुण्डली, धार्मिक एवं गणितीय चिह्नों तथा ज्यामितिक प्रारूपों पर आधृत उनके कई चित्र अपने प्रभाव में अत्यन्त विशिष्ट हैं। हालाँकि उनका प्रमुख माध्यम तैलरंग ही रहा लेकिन इसके साथ स्याही (पाउडर) वाले तरल रंगों से बने चित्रों ने कलाविदों का ध्यान खींचा था, क्योंकि उनमें रेखाओं की अलग भंगिमा के साथ रंगों का संगति अत्यन्त दर्शनीय थी।

पणिकर ने आधुनिक कला प्रवृत्तियों को निकट से जानने-पहचानने के बावजूद, उनसे पर्याप्त दूरी भी बनाये रखी। इसीलिए अपने युवाकाल में ही उन्होंने 1944 में प्रोग्रेसिव पेंटर्स एसोसिएशन की शुरुआत भी की। यहाँ यह तथ्य अवश्य ही उल्लेखनीय है कि पणिकर 1947 ई. में प्रारम्भ किये गये प्रोग्रेसिव आर्टिस्ट ग्रुप (PAG) से कहीं आगे थे, भले ही वे अपने स्वर में मुखर और स्वरूप में प्रखर नहीं थे। संस्थागत उत्तरदायित्व के कारण वे स्वभावतः गम्भीर थे और चित्रांकन करते हुए अनावश्यक जल्दबाज़ी से भी बचते थे। दूसरे, सुदूर दक्षिण में रहने के कारण उनका भारत के अन्यान्य क्षेत्रों की गतिविधियों में सम्मिलित होना कठिन था। लेकिन अपनी विशिष्ट कलाशैली और प्रविधिगत प्रवीणता के चलते वे उन तमाम चीज़ों को हासिल कर सके, जो एक कलाकार प्राप्त कर सकता है या प्राप्त करना चाहता है।

यह एक समर्पित चित्रकार की निजी स्थानीयता को क़ायम रखते हुए सार्वदेशिक उपक्रम था, जिसे भारतीय कला मंचों और कला संस्थानों द्वारा सराहा भी गया। इस तथ्य को उनके द्वारा चित्रित 'मालाबार के किसान का जीवन' (लाइफ़ ऑफ़ द मलाबार पीजेंट) से उदाहृत किया जा सकता है। 1958 में उकेरी गयी यह कृति केवल मालाबार क्षेत्र के किसानों के जीवन की ही त्रासदी नहीं, सम्पूर्ण भारत के किसानों से नियति का भी सूचक है। एक लम्बे-चौड़े कैनवस पर के छोटे-से हिस्से में एक किसान बैल जुते हल से खेत जोत रहा है। उसके पीछे उसका बच्चा उसकी सहायता कर रहा है। कैनवस पर मानो पूरा गाँव कृषि जीवन की विविध गतिविधियों के साथ फैला है—लेकिन कुल मिलाकर यह सब हल जोतते किसान और उसके बेटे के भविष्य को अत्यन्त प्रश्नाकुल बना देता है; और आज तो इस विषय में यह सवाल अत्यन्त विकराल रूप धारण कर चुका है।

पणिकर की कला यात्रा के कई चरण हैं। लेकिन पचास से अधिक वर्षों की सक्रियता को कालखण्डों में नहीं, बल्कि रचनात्मक प्रवृत्तियों के अनुरूप विवेचित एवं विश्लेषित किया जा सकता है। कई भारतीय और पश्चिमी कलाविदों ने उनके चित्रों के रचाव और वर्ण्यवस्तु के साथ प्रभाव पर भी अपनी-अपनी राय प्रकट की है। वस्तुतः पणिकर की चित्र-भाषा उनके द्वारा प्रयुक्त माध्यम, प्रविधि और रूप-रेख संयोजन से निर्मित होती हुई भी, अनायास कोई नयी उद्भावना अभिव्यक्त करती है, जिसे कलाविद या उनके सुधी दर्शक सराहते आज भी नहीं थकते।

अपने शुरुआती दौर में, जैसा कि अधिकांश चित्रकारों के साथ होता है, पणिकर ने भी आकृतिमूलक चित्रों के साथ ही क़दम बढ़ाया। साठ के दशक में अमूर्त कला के दौर में भी, वे अन्य भारतीय चित्रकारों के अनुसरण से अलग हटकर उस कलाशैली के सन्धान में जुटे रहे; जो उन्हें आश्वस्त कर सके। इसलिए जब वे अमूर्तन शैली के साथ कला प्रांगण में उतरे तो उनके चित्रों में दर्शकों को उस अपेक्षित परिपक्वता के भी दर्शन हुए, जिसकी उन्हें आशा थी। सन् साठ के आसपास उन्होंने दैहिक या जैविक रूपाकृतियों से अलग हटकर ऐसी भावप्रवण देहयष्टि या भावाकृति का निर्माण किया, जो उनकी आन्तरिक भावभूमि से जहाँ सम्बद्ध वहाँ समृद्ध थी।

यह एक कलाकुशल निर्माता का मानवीयता के व्यापक धरातल का सन्धान था, जहाँ सभी सांस्कृतिक उद्यम एक हो जाते हैं। इसे उन्होंने सफलतापूर्वक रूपायित किया। 'माँ-बेटा' शृंखला के अन्तर्गत बनाये गये उन चित्रों के माध्यम से इस मानवीय सृष्टि के सर्वाधिक निकट सम्बन्ध को, अर्थात नाभि-नाल के निकटतम सम्बन्ध को, पणिकर ने आधुनिकता के आईने में भी देखा और ऐसे सम्बन्ध की जड़ता, विरूपता और विडम्बना को भी हमारे सामने रखा, जो निःसन्देह सामाजिक होने के साथ साहसिक भी था।

पणिकर ने अन्य कई भारतीय चित्रकारों की तरह ईसा मसीह के कई चित्र उकेरे थे। ईसा के जीवन के बहुविध पक्षों और प्रसंगों में सर्वाधिक महत्त्वपूर्ण, करुण एवं मार्मिक है, उनका सूली पर लटका दिया जाना। इस प्रसंग को अंकित करते हुए पणिकर ने ईसा की मुखमुद्रा को उनके सुपरिचित स्वभाव के विपरीत 'क्रूर' ढंग से दर्शाया। इसे ईसा के तत्कालीन सन्दर्भ से न जोड़कर भविष्य के ईसा से, यानी आज की विद्रूप वस्तुस्थिति से संगति बिठाने की बात कही गयी। प्रसिद्ध कला समीक्षक और ललित कला अकादेमी से प्रकाशित के. सी. पणिकर पर मोनोग्राफ़ लिखने वाले एम. अनन्त नारायण ने यह प्रश्नात्मक टिप्पणी की है—"क्या ईसा मसीह सदैव उदार ही रहे होंगे?" दरअसल यह पणिकर का ईसा को अपने देशकाल के अनुरूप प्रस्तुत करने का अभिनव उपक्रम था।[2]

सुप्रसिद्ध कलावेत्ता और समीक्षक लुडविग गोल्डशीडर ने पणिकर के चित्रों के बारे में बड़ी सटीक टिप्पणी की थी—"आप उन विरल भारतीय चित्रकारों में हैं, जो पश्चिमी कला शिक्षण के कठिन दौर से गुज़रने के बावजूद सुरक्षित रहे, टूटे नहीं। आपके चित्र न तो फ्रांसीसी चित्रों के अनुवाद हैं, न भारतीय लघु चित्रों के बृहद् संस्करण हैं और न ही भारतीय गुहा-चित्रों के लघु रूप। ये उतने ही सक्षम हैं जितने कि युवा यूरोपियन चित्रकारों (पेंटरों) के चित्र। इसके अलावा ये पूरी तरह भारतीय हैं। आपके रंग प्राचीन भारत की उत्कृष्ट निर्मितियों से टक्कर ले सकते हैं। मैं समझता हूँ आप समकालीन भारतीय चित्रकला का प्रतिनिधित्व करने वाले कुछेक चित्रकारों में से एक हैं।"[3]

जैसा कि बताया गया पणिकर द्वारा अंकित चित्रों की देश-विदेश में आयोजित एकल चित्र प्रदर्शनी हो या समवेत चित्र प्रदर्शनी, अपनी अद्वितीयता के कारण वे दर्शकों को बाँध लेने में सक्षम थे। पणिकर ने अपने जीवन काल में कई कलाकार साथियों की सहायता की और छात्रों को वृत्तियाँ प्रदान कर आगे बढ़ने की प्रेरणा दी। कलाकारों की वित्तीय स्थिति और कारीगरों की आर्थिक अवस्था सुधारने के लिए अनौपचारिक प्रयत्न भी किये। इस दिशा में चोलामंडलम्-जैसी बड़ी और महत्त्वाकांक्षी योजना का प्रारम्भ भी किया। मद्रास स्कूल ऑफ़ आर्ट्स के प्राचार्य पद से सेवामुक्त होने के बाद, वे चोलामंडलम् कला ग्राम में रहकर ही इसकी बहुविध गतिविधियों का संचालन अपने कुछ सहयोगियों के साथ करते रहे। आज भी यह सुविस्तृत कला संकुल ग्राम पूरी तरह सक्रिय और गतिशील है।

जीवन के अन्तिम कुछ वर्षों में पणिकर को उम्र सम्बन्धी कुछ बीमारियों से जूझना पड़ा। तो भी वे अपनी कला-साधना में जुटे रहे। 15 जनवरी, 1977 को उनका निधन कला जगत की एक अपूरणीय क्षति थी।

सन्दर्भ

1. "Drawing and colour are not distinct...when colour is richest, form is finest."
2. A friend observed that Christ seemed ferocious. But was Christ always gentle? Was it not Yeats who wrote 'Galilean turbulence.'
3. K.C.S. Paniker, monograph, Lalit Kala Akademi.

चित्त प्रसाद
(1915–1978)

एक चित्रकार ही नहीं, बल्कि स्वतन्त्रता सेनानी और प्रतिश्रुत संस्कृतिकर्मी चित्त प्रसाद भट्टाचार्य का जन्म चौबीस परगना के नैहाटी क़स्बे में 15 मई, 1915 ई. में हुआ। जब वे तेरह वर्ष के थे, नैहाटी से चटगाँव चले आये थे। यह शहर (अब बांग्लादेश का प्रमुख व्यावसायिक केन्द्र) तब साहित्य कला-संस्कृति के भारत की आज़ादी के लिए काफ़ी सक्रिय होने के कारण चर्चित था। चित्त प्रसाद ने यहाँ से बी.ए. की परीक्षा पास की। वे वाद्य संगीत में भी रुचि रखते थे। 1942 ई. उनके जीवन में एक महत्त्वपूर्ण बदलाव लेकर आया, जब वे जापानी वायु सेना द्वारा चटगाँव में बमबारी के चलते मिदनापुर आ गये। यहाँ उनका परिचय कम्युनिस्ट पार्टी के नेताओं और समर्थकों से हुआ और वे उस पार्टी के राजनीतिक और सांस्कृतिक कार्यक्रमों में सक्रिय सदस्य के नाते भाग लेने लगे। उन्होंने 1943 ई. में बंगाल प्रादेशिक कम्युनिस्ट पार्टी के खुले अधिवेशन के लिए ढेर सारे चित्र बनाये, जो इसके द्वारा आयोजित सामूहिक चित्र प्रदर्शनी में लगाये गये थे। यहीं से एक जनकलाकार के रूप में उनकी पहचान बन गयी। दूसरे, कलाकारों के साथ कामरेड पी.सी. जोशी, जो उन दिनों चटगाँव दौरे पर थे, चित्त प्रसाद की कार्यक्षमता और प्रतिबद्धता से प्रभावित हुए। उन्होंने उन्हें पार्टी की सांस्कृतिक इकाई का दायित्व सौंपकर, बम्बई जाने का निर्देश दिया। यहाँ चित्त प्रसाद ने पार्टी के प्रकाशन 'पीपुल्स वार' और 'पीपुल्स एज' में बतौर चित्रकार अपना कार्यभार ग्रहण किया।

इस बीच मिदनापुर ही नहीं, पूरे बंगाल में भयंकर सूखा पड़ा और लगातार दूसरे साल भी इस ज़बरदस्त अकाल से लाखों लोग प्रभावित हुए। 1943 ई. में बंगाल के अकाल पर इस संवेदनशील कलाकार द्वारा बनाये गये रेखांकनों और पोस्टरों ने पूरे भारत के लोगों का ध्यान इस त्रासदी की ओर खींचा। 1944 ई. में 20 से 25 फ़रवरी तक परेल, बम्बई के गिरनी कामगार मैदान में युवा चित्रकार सुनील जाना के छाया चित्रों और चित्त प्रसाद के अकाल से सम्बन्धित चित्रों की प्रदर्शनी से जनता को ब्रिटिश सरकार की घोर अमानवीयता और उदासीनता का पता चला। लोगों ने राहत कैम्प, सहायता कोष और अनुदानादि की व्यवस्था की। दूसरे कई चित्रकार—रामकिंकर बैज, जैनुल आबेदीन, सोमनाथ होर आदि ने भी बंगाल की इस विभीषिका के रेखांकन और चित्र बनाये। चित्त प्रसाद ने भयंकर अकाल की त्रासदी का रेखांकन करते हुए, इसका क्षेत्रवार विवरण भी लिपिबद्ध किया। बाद में उनकी यह डायरी 'हंग्री बंगाल' के नाम से प्रकाशित भी हुई, लेकिन अंग्रेज़ सरकार ने इसकी अधिकांश प्रतियाँ ज़ब्त कर जला दीं। इन सब बातों से अविचलित चित्त प्रसाद जनसामान्य, बल्कि समाज के दीन-हीन और अभिशप्त लोगों के साथी बनकर, उन्हें रेखांकित एवं चित्रित करते रहे।

विभिन्न पत्रिकाओं के लिए उनके द्वारा बनाये गये लिनोकट उनकी संयोजन क्षमता के विशिष्ट उदाहरण हैं, साथ ही उनकी प्रयोगधर्मिता के भी।

चित्त प्रसाद की विषयवस्तु में ग़रीब, अभावग्रस्त और आम जनजीवन की विभिन्न दिनचर्या के साथ, साधारण लोगों की जीविका के चित्र तो हैं ही, विरोध और विद्रोह सम्बन्धी प्रसंग भी चित्रित किये गये हैं। 'हाथ खड़ी' (पहला पाठ), 'अनाथ', 'बाल मज़दूर', 'प्रेमी', 'बम्बई में ख़ानाबदोश', 'चाय दुकान', 'बाढ़', 'गाँव के बुजुर्ग', 'बीड़ी बनाते बाल मज़दूर', 'बाज़ार जाते सुस्ताते लोग', 'रानीपर्ज की एक माँ'-जैसे चित्र, जो लिनोकट द्वारा बनाये गये हैं—वे उनकी जनभागिता के द्योतक हैं। ये शीर्षक अंग्रेज़ी शीर्षकों के रूपान्तर हैं। उनके कई चित्र शीर्षकहीन हैं और वे कई माध्यमों (कैनवस, कपड़े, मेसोनाइज्ड शीट, कार्ड बोर्ड आदि) पर विभिन्न रंगों (पेस्टल, चारकोल, तैलरंग, जलरंग और मिश्रित रंगों) से बनाये गये हैं। बम्बई के रायल इंडियन नेवी विद्रोह को उन्होंने विस्तृत फ़लक पर तैलरंग से चित्रित किया था। आन्ध्र प्रदेश के सूर्यपेट गाँव के किसान विद्रोह से आरम्भ होनेवाले तेलंगाना सशस्त्र किसान आन्दोलन के साथ, उन्होंने इसी वर्ष बंगाल के तेभागा आन्दोलन में संघर्षरत (1946 ई.) किसानों के बीच रहकर कई चित्र बनाये। इससे उनकी प्रतिबद्धता, राजनीतिक सजगता और सामाजिक संलग्नता का पता चलता है।

भारत जब स्वतन्त्र हुआ, तब उन्होंने जन आन्दोलनों की भूमिका को दर्शानेवाली एक चित्रावली तैयार की। इस पैनल में बारह चित्रों के माध्यम से उन्होंने भगत सिंह का बलिदान, कश्मीर में जन संघर्ष, तेलंगाना—तेभागा का सशस्त्र किसान विद्रोह, आज़ाद हिन्द फ़ौज की भूमिका आदि विषय चित्रित किये। ऐसे कार्यों के लिए निजी प्रतिबद्धता के साथ कम्युनिस्ट पार्टी के निर्देश और दूसरे सेंट्रल कल्याणकारी ट्रुप की कार्ययोजना का भी हाथ था। लेकिन अगले दो-तीन वर्षों के बाद जब पी.सी. जोशी के स्थान पर बी.टी. रणदिवे के नेतृत्व में पार्टी का संचालन किया जाने लगा तो चित्त प्रसाद पार्टी की राजनीतिक सक्रियता से अलग हो गये। अब इनके पास अपने लिए काफ़ी समय था, जिसमें वे मनोनुकूल कार्य कर सकते थे। विमल रॉय की फ़िल्म 'दो बीघा ज़मीन' के लिए उन्होंने बेहद प्रभावी पोस्टर बनाये और शोलापुर (महाराष्ट्र) के सूखाग्रस्त इलाक़ों में फैली तबाही के कई चित्र बनाये और छायाचित्र उतारे।

'इप्टा' से जुड़े कार्यों में उनकी बेमिसाल भागीदारी के कई उदाहरण हैं। उनका 'नगाड़ा बजाता आदमी' औपचारिक तौर पर इप्टा का प्रतीक चिह्न (logo) बन गया। लेकिन जब नेशनल बुक ट्रस्ट (राष्ट्रीय पुस्तक न्यास) की 1957 ई. में स्थापना हुई, तब चित्त प्रसाद ने बतौर चित्रकार नियुक्ति के लिए जवाहरलाल नेहरू के आमन्त्रण को ठुकरा दिया, क्योंकि वे अब किसी संस्था में रहकर अपनी निर्बन्धता गँवाना नहीं चाहते थे।

सामाजिक सरोकारों से जुड़े कार्यों और लेखन से जुड़े रहनेवाले इस कलाकार के जीवन के अन्तिम वर्ष गम्भीर बीमारियों और आर्थिक संकट में गुज़रे। लम्बे मुम्बई प्रवास के बाद वे 1978 ई. में कलकत्ता लौटे और उसी वर्ष 13 नवम्बर को उनका निधन हो गया।

कृष्ण शामराव कुलकर्णी
(1918–1994)

7 अप्रैल, 1914 को बेलगाम (कर्नाटक) में जन्मे के. एस. कुलकर्णी एक प्रयोगधर्मी कलाकार थे। इस समर्पित कलाशिल्पी ने कला को अपना पूरा जीवन ही दे दिया और बदले में कभी कोई माँग नहीं की। लेकिन अनायास ही उन्हें समाज एवं कला संस्थानों से वह सब कुछ प्राप्त होता चला गया, जिसे पाने की उनमें पर्याप्त योग्यता थी।

कुलकर्णी ने आरम्भिक पढ़ाई और स्कूली शिक्षा प्राप्त करने के बाद, 1935 से 1940 तक जे.जे. स्कूल ऑफ़ आर्ट, बम्बई से कला शिक्षा प्राप्त की थी। इसके बाद एक वर्ष का स्नातकोत्तर पाठ्यक्रम भी पूरा करना चाहा लेकिन 'भारत छोड़ो आन्दोलन' के चलते वे इसे पूरा नहीं कर पाये। बाद में भित्ति चित्रण-जैसे नये विषय पर उन्होंने डिप्लोमा प्राप्त किया। लेकिन उन्हें नौकरी मिली, दिल्ली स्थित एक कपड़ा मिल में, बतौर एक टेक्स्टाइल डिज़ायनर। कुछेक वर्ष बाद, इस अनचाहे काम से पिण्ड छुड़ाकर उन्होंने स्वतन्त्र रूप से छात्रों को कला शिक्षा देना शुरू किया। सौभाग्य से उन्हें दिल्ली में नयी-नयी स्थापित और सक्रिय कला संस्थान आल इंडिया फ़ाइन आर्ट्स एंड क्राफ्ट्स (AIFACS) में एक सहयोगी के नाते काम करने का अवसर मिल गया। यहाँ से उन्हें दिल्ली पॉलिटेक्नीक के कला विभाग में बुला लिया गया–जहाँ वे 1961 तक अपनी सेवा देते रहे।

कुलकर्णी के संघर्षरत कलाकार व्यक्तित्व का विकास एक तरह से उस आधुनिक भारतीय कला के उत्कर्ष की भी गाथा है, जिसमें भारतीयता के साथ पश्चिमी कला की प्रवृत्तियाँ भी घुल-मिल गयी हैं। इसका एक कारण उनकी उन्मुक्त कला-दृष्टि रही है। भारत की आज़ादी के बाद एक नये और युवा संकल्प के साथ-साथ अपने संघर्षभरे वर्षों में कुलकर्णी 1948 में अमेरिका में आयोजित एक अन्तर्राष्ट्रीय कला आयोजन में एक प्रतिभागी बनकर गये थे। वहाँ उन्हें पश्चिमी, बल्कि अमरीकी प्रयोगवादी कलाकारों की कृतियों और विभिन्न कला गैलरियों में नवीनतम प्रवृत्तियों से लैस निर्मितियों को देखने का अवसर प्राप्त हुआ। ऐसा ही एक सुयोग प्राप्त कर उन्होंने पाँच साल बाद, 1954 में लैटिन अमरीकी देशों–मेक्सिको, ग्वाटेमाला, पेरू और ब्राज़ील आदि देशों की यात्रा की और युरोप तथा अमेरिकी देशों से सर्वथा अलग कला-प्रवृत्तियों का निकट से जायज़ा लिया। इन यात्राजन्य अनुभवों का प्रभाव इस प्रौढ़ कलाकार ने फ़ैशन के तौर पर नहीं, बल्कि आधुनिक कला की आवश्यकता के अनुरूप ग्रहण किया। कभी रवि वर्मा की कृतियों के साथ भारतीय लघु शैली के चित्रों के प्रशंसक रहे

कुलकर्णी के समक्ष भारतीय कला को एक अभिनव प्रस्थान देना था, जो अपने नये अभिगम (Approach) और अवधारणा (Concept) के साथ यथार्थ को ही नहीं, अमूर्तन को भी प्रभावी ढंग से सम्बोधित कर सके। कुलकर्णी-जैसे कलाकारों ने अपने यात्रानुभव से यह भी पाया कि पश्चिमी कला के अब कई केन्द्र हैं और पश्चिमी युरोप के दो-चार या पाँच-छह चुनिन्दा देशों तक ही इसे सीमित नहीं रखा जा सकता। इस तथ्य को खुद अमेरिका पहले से ही चुनौती दे रहा था।

कुलकर्णी ने कई कलाविदों से सहमति व्यक्त करते हुए इस विचार को भी सप्रमाण पुष्ट किया कि भारतीय मूर्तिकला ने हमारी चित्रकला को प्रभावित किया है और वह इसे समृद्ध करने में पर्याप्त समर्थ है। उन्होंने खुजराहो के मन्दिरों की अप्रतिम मूर्तियों के दो सौ से भी अधिक रेखांकन किये—जो कला के अध्येताओं के लिए बहुत उपयोगी और अनुकरणीय हैं। खजुराहो के ये रेखांकन 1947 में आयोजित एक प्रदर्शनी में तुरन्त बिक गये क्योंकि निर्वसनाओं के ऐसे ऐंद्रिक चित्र तब आम तौर पर खुलेआम नहीं बिकते थे। इस बारे में कला समीक्षक ए. एस. रमन का मानना था कि "1947 में प्रदर्शित उनके कामविषयक रेखांकन तुरन्त स्वीकृति पा गये क्योंकि हमारी मूर्तिकला में खुले सेक्स प्रदर्शन के बरअक्स उनके रेखांकनों में भी लयात्मकता तथा अवधारणात्मक बारीकियाँ सजीव हो उठी थीं। कामविषयक अभिप्राय वाली मध्ययुगीन मूर्तियों में उन्हें सबसे प्रभावित करनेवाली वस्तु थी, आध्यात्मिकता और ऐंद्रिकता का सुमेल, जिसकी अभिव्यक्ति उनके द्वारा निर्मित आवेशपूर्ण रूपाकारों में हुई।"[1]

विभिन्न विषयों पर कुलकर्णी के अधिकांश चित्र एक्रिलिक एवं तैलरंग से निर्मित हैं। इस बात का श्रेय भी उन्हें दिया जा सकता है कि यौनविषयक चित्रों के साथ उन्होंने निर्वसनाओं के चित्र भी—उन शैलियों में उकेरे, जिन कला-प्रवृत्तियों को उन्होंने देश-विदेश की यात्राओं के दौरान निकट से देखा था। 'अन्तिम भोज' (1987, एक्रिलिक), 'दो बहनें', 'तीन बहनें', 'वृन्दावन में राधा' और 'होली' में नग्न स्त्री देह का चित्रण निरुद्विग्न भाव से करते हुए, उन्होंने अपने समकालीनों और अनुवर्ती पीढ़ी के कलाकारों को निर्भय होकर काम करने का मार्ग प्रशस्त कर दिया। *गीत गोविन्द* सम्बन्धी उनके कुछ चित्र शृंगार एवं रति भाव से सम्पन्न हैं, जिनमें लौकिक देह मिलन, प्रकृति और पुरुष के आध्यात्मिक मिलन का प्रस्थान मात्र बताया गया है। इसलिए कुलकर्णी के यहाँ आकारिक या आवयविक उपस्थिति से कहीं अधिक उसके सांकेतिक रूपायन को—अमूर्तन की सीमा तक—उकेरने का प्रयास किया गया। इस तथ्य की पुष्टि उनकी पुस्तक *ह्यूमन फ़ॉर्म इन इंडियन आर्ट* से होती है, जिसमें मानवी रूपाकारों की उपस्थिति एवं प्रतीति भारतीय स्थापत्य, मूर्तिकला एवं चित्रकला परम्परा के अन्तर्गत की गयी है। उनका मानना है कि रूपाकारों के विरूपण या फिर उनके अमूर्तन द्वारा कृति में निहित अर्थ और बोध में सहज ही विस्तार हो जाता है।

अपने निर्माण के वर्षों में भारतीय कलाशैलियों से परिचित कुलकर्णी विदेश-प्रवास के दौरान पश्चिमी कलाकारों, विशेषकर पिकासो की बहुविध अंकन क्षमता से अत्यधिक प्रभावित हुए। उनकी कई निर्मितियों, विशेषकर 'किसान', 'युगल', 'सजी-सँवरी स्त्री', 'लड़की' आदि पर पिकासो की स्पष्ट छाप है। प्रभाववादियों की तरह आकारों का विरूपण और वांछित ढंग से संयोजन उनके 'अन्तिम भोज' चित्र में प्रदर्शित है। यहाँ एक बड़ी भोजन मेज़ के एक ओर खड़े लोगों के अस्थिपंजरनुमा आकार

बताते हैं कि कैसे मुट्ठीभर साधन सम्पन्न और शक्तिशाली लोग समाज के सम्पूर्ण धन-वैभव पर कुंडली मारे बैठे हुए हैं। इस चित्र की अनुशंसा में ए. एस. रमन ने लिखा है, "इसमें रूपाकार पहचाने नहीं जाते। कोई तफ़सील भी नहीं दी गयी। लेकिन समग्र प्रभाव अत्यन्त सशक्त है। रूपाकारों का नियोजन सहज और आत्यन्तिक है। टैक्सचर कोमल और शान्त है। चित्राकाश के आकलन से लगता है कि सपाट सतह पर रंग के माध्यम से गहराई की गयी है। रंगों का सुयोजन और सन्तुलन उनके रंग समावेश को पुष्ट करते हैं।"[2]

लगभग सभी प्रचलित माध्यमों में चित्र निर्माण और इसी तरह कांस्य, क्ले, सिरेमिक में मूर्ति गढ़नेवाले कुलकर्णी के लिए व्यस्तता का ही दूसरा नाम जीवन था। देश-विदेश में आयोजित कई चित्र प्रदर्शनियों में भाग लेकर उन्होंने भारत का प्रतिनिधित्व किया। इसी तरह ललित कला अकादेमी से उन्हें तीन बार राष्ट्रीय कला सम्मान प्राप्त हुआ। विभिन्न कला संस्थानों से सम्बद्ध रहे कुलकर्णी ललित कला अकादेमी के उपाध्यक्ष के नाते भी इसकी योजनाओं को कार्य रूप में परिणत करते रहे। लेकिन आत्म प्रचार से दूर रहकर वे एक सच्चे कला-साधक की तरह आजीवन अपने मिशन से जुड़े रहे और वह था, नयी पीढ़ी के कलाकारों का मार्ग दर्शन और संस्थागत कार्य योजना।

निरन्तर रचनात्मक कार्यों एवं विचारों को प्रश्रय देते हुए आईफ़ैक्स, दिल्ली, शिल्पी चक्र और त्रिवेणी कला संगम-जैसी संस्थाओं को अपनी बहुमूल्य सेवा देनेवाले के. एस. कुलकर्णी का निधन 1994 में हुआ था।

सन्दर्भ

1. *के. एस. कुलकर्णी,* विनिबन्ध (मोनोग्राफ़) ललित कला अकादेमी (हिन्दी अनुवाद)।
2. उपरिवत्, पृष्ठ/प्रकाशन वर्ष उल्लेखित नहीं।

के. एच. आरा

(1914–1985)

कृष्ण जी हवलाजी आरा का जन्म 14 अप्रैल, 1914 को आन्ध्र प्रदेश के बोलारम नामक क़स्बे में हुआ था। पिता एक मामूली ड्राइवर थे इसलिए आरा का बचपन बेहद ग़रीबी में बीता। यहाँ तक कि उन्हें सात साल की उम्र में बम्बई आकर घरेलू नौकर और बाद में मोटर मैकेनिक के तौर पर काम करना पड़ा। इसलिए आरम्भ में थोड़ी-बहुत स्कूली पढ़ाई के बाद उनकी आगे की पढ़ाई छूट गयी। लेकिन बावजूद इन कठिनाइयों और अभाव के, जब भी समय मिलता, चित्र बनाने जुट जाते। इसमें कुछ लोगों ने उनका हौसला भी बढ़ाया लेकिन सहायता एक अंग्रेज़ कर्नल यंग ने की, जिनके यहाँ आरा काम किया करते थे। उनके प्रयास से आरा का दाख़िला केतकर इंस्टीट्यूट में हो गया, जहाँ से उन्होंने बम्बई राज्य की इंटरमीडियट ड्रॉइंग ग्रेड परीक्षा पास की और बाद में आर्ट मास्टर की डिग्री भी प्राप्त कर ली।

किशोर आरा के मन में आगे भी कुछ करने का संकल्प था लेकिन अभाव आड़े आ जाता था। इन्हीं दिनों कांग्रेस की सदस्यता प्राप्त कर वे स्वतन्त्रता आन्दोलन के लिए पार्टी का काम करने लगे। नमक सत्याग्रह में बतौर 'कप्तान', गिरफ़्तारी भी दी। इन सबके बावजूद ज़रूरी था पहले पेट पालना और बाद में चित्र बनाना।

बम्बई में उन दिनों भी बिना काम गुज़ारा करना बहुत कठिन था। ऐसे कठिन दिनों में उनके पिता हवलाजी के एक मित्र ने आरा की नौकरी याकोहामा बैंक में बतौर सफ़ाई कर्मचारी लगा दी। वहाँ के जापानी बैंक अधिकारी को जब यह पता चला कि आरा की कला में न केवल रुचि है बल्कि इसमें उसे छोटी-मोटी डिग्री भी मिली है तो उसने आरा को इस दिशा में कार्य करने की छूट भी प्रदान की। वे जापानी बैंक और जापानी अधिकारी के आजीवन आभारी बने रहे।

सहयोग और सहानुभूति के बावजूद आरा का संघर्ष अभी समाप्त नहीं हुआ था। कलाकार मित्रों का दायरा अवश्य बढ़ रहा था। साथ ही, कला सम्बन्धी सोच और समझ भी विकसित हो रही थी। अपने मित्रों के साथ 1930-32 के दौरान वे तीन महत्त्वपूर्ण व्यक्तियों के सम्पर्क में आये—टाइम्स ऑफ़ इंडिया के कला समीक्षक रूडीवान लाइडेन, इसी प्रकाशन के निदेशक प्रो. डब्ल्यू. लैगमर और जे.जे. स्कूल ऑफ़ आर्ट के प्रिंसिपल चार्ल्स गैराई। प्रो. लैगमर से उन्होंने साल डेढ़ साल की कला शिक्षा भी प्राप्त की। इससे उनकी कलात्मक सजगता में भी गुणात्मक परिवर्तन आया। अब वे पौराणिक

और आख्यानपरक विषयों से हटकर यथार्थमूलक और सामाजिक जीवन के चित्रांकन की ओर उन्मुख हुए। हालाँकि विविधता और जीवन्तता के बावजूद अभी भी उनके चित्र पूरी तरह विवरण मुक्त नहीं हुए थे। उनमें वस्तुगत बहुलता के साथ किसी परिस्थिति (घटना) की उपस्थिति देखी जा सकती थी।

आरा ने 1935 में मित्रों के आग्रह पर बॉम्बे आर्ट सोसाइटी की वार्षिक चित्र प्रदर्शनी में अपना एक चित्र भेजा था लेकिन वह प्रदर्शनार्थ स्वीकृत नहीं हुआ। इससे आरा आहत तो हुए लेकिन उनकी कार्य क्षमता में न कोई कमी आयी और न कृति-वैविध्य में। अब उनमें विषयवस्तु के चयन के साथ, उसके प्रभावी निरूपण पर ज़ोर था। यथार्थवादी चित्रण के साथ अपनी कई रचनाओं में उन्होंने प्रतीकों के प्रयोग के साथ ज्यामितिक आकृतियों का संयोजन और अमूर्त प्रारूपों का नियोजन किया। इस परिवर्तन का उन्हें लाभ भी मिला। 1939 में उनका एक चित्र आर्ट सोसाइटी ऑफ़ इंडिया की प्रदर्शनी में स्वीकृत हुआ और रजत पदक द्वारा पुरस्कृत भी। इससे उत्साहित आरा ने अपने चित्रों को अन्यान्य कला प्रदर्शनियों में भेजना शुरू कर दिया। 1942 में, बम्बई में उनकी पहली एकल प्रदर्शनी आयोजित हुई, जो उनके संघर्षपूर्ण कला कर्म की एक सार्थक उपलब्धि थी। उन्हें 1944 में महाराष्ट्र के तत्कालीन गवर्नर ने पुरस्कार से सम्मानित भी किया।

आरा के कला पर्व का अगला और महत्त्वपूर्ण फ़ैसला था, 1947 में स्थापित प्रगतिशील कलाकार संघ (प्रोग्रेसिव आर्टिस्ट्स ग्रुप, PAG) की सदस्यता प्राप्त करना। इसमें फ्रांसिस न्यूटन सूज़ा, मक़बूल फ़िदा हुसेन, सैयद हैदर रज़ा, सदानन्द बाकरे और अम्बादास गाडे के साथ उनकी भी सहभागिता थी। ग्रुप की घोषणा के अनुरूप ये सभी कलाकार अपने-अपने ढंग से कार्य कर रहे थे। परम्परागत कलादर्शों और आभिजात्य कलामूल्यों के विरोध में शुरू किया गया यह अभियान कुछ वर्षों तक अत्यन्त सक्रिय और चर्चित रहा। लेकिन एक-के-बाद-एक सदस्य कलाकारों के विदेश चले जाने और तालमेल के अभाव में, अपनी सशक्त उपस्थिति जताने के बावजूद, यह बिखर गया। सन्तोष की बात यही थी कि ये सभी कलाकार अपने-अपने कार्यक्षेत्र में सक्रिय और सफल हुए और इससे भारत का कला जगत समृद्धतर हुआ।

1950 में आयोजित एकल चित्र प्रदर्शनी के बाद, लगभग 20-25 वर्षों की सक्रियता के दौरान आरा की कृतियों में जो विशेष परिवर्तन लक्ष्य किये जा सकते हैं, वे द्वि-ध्रुवीय हैं—एक ओर विषयों में वैविध्य और दूसरी ओर स्थिर-चित्रण (स्टिल लाइफ़)। वे अब विवरण प्रधान चित्रण से हटकर, चाक्षुष—यानी सम्मुखीन विषय के अंकन में रुचि लेने लगे थे। इसलिए पूर्व चर्चित 'घुड़दौड़', 'मराठा युद्ध', 'नृत्यरत युवतियाँ', 'मेले से वापसी', 'लकड़हारे' और 'चक्की पीसती औरतें' आदि चित्र—जिनमें रेखा और रंगों के साथ उनकी तूलिकाओं की त्वरा और चपलता देखी जा सकती है—से अलग स्थिर-चित्रण और भू-दृश्यांकन (सैरा, लैंडस्केप) पर उन्होंने ध्यान केन्द्रित किया। आम जीवन या क़स्बाई जीवन के चित्रण से हटकर वे फूलदान, गुलदस्ते, मेज़ पर रखे फल-फूल आदि चित्रित करने लगे। इनमें सघन लाल, नीले, काले, पीले, हरे, बैंगनी आदि रंगों का प्रभावी विनियोग जहाँ चित्रों को जीवन्तता प्रदान करता है वहाँ उन्हें अत्यन्त दर्शनीय भी। रंगों के साथ पृष्ठभूमि का भी रचनात्मक अनुयोग किया गया है।

आरा को किसी भी विषय को चित्रित करने से गुरेज़ नहीं था। वे अपने चित्रों में जलरंगों का प्रयोग कभी खुलकर तो कभी सूखी तूलिका से करते रहे। बड़े पटलों पर चित्र बनाते हुए कभी-कभी उनका ध्यान रेखांकन पर चला जाता था, जिसे वे बड़े मनोयोग से पूरा करते थे। इसी तरह उन्होंने निर्वसनाओं के भी कुछ चित्र बनाये। उनकी देह मुद्रा और रंग प्रविधि पर आरा की निजी और विशिष्ट छाप है। काग़ज़ हो या कैनवस, अपने प्रिय और परिचित रंगों में सफ़ेद रंग यानी रंजक (पिगमेंट) के प्रयोग से वे किसी रंग विशेष की आभा या दीप्ति में वृद्धि कर देते थे। रंगों पर पकड़ बनी रहे, इसलिए उन्होंने तूली के बदले, कभी-कभी अँगूठे की टीप का भी इस्तेमाल किया ताकि वांछित प्रभाव उत्पन्न किया जा सके। उनके द्वारा चित्रित 'सूरजमुखी', 'बैले नर्तक', 'चेहरा', 'नारी' आदि चित्रों का बराबर उल्लेख किया जाता है। 'भूख' और 'स्त्री बनी पक्षी' के लिए वे विशेष चर्चित हुए।

कई राष्ट्रीय और अन्तर्राष्ट्रीय संस्थाओं द्वारा पुरस्कृत एवं सम्मानित के. एच. आरा को ललित कला अकादेमी का राष्ट्रीय सम्मान भी मिला। उन्हें 1984 ई. में रत्न सदस्यता प्रदान की गयी थी। 21 मई, 1985 में उनका निधन हुआ।

के. के. हेब्बार
(1912–1996)

हेब्बार का जन्म दक्षिण कर्नाटक राज्य के कट्टिगेरी गाँव में 1912 ई. में हुआ था। यह गाँव भी अन्य भारतीय गाँवों की तरह मेले-ठेले और त्योहारों आदि के मौक़ों पर नृत्य, नाटक और गान से मुखरित और जीवन्त हो उठता था। इसी ग्राम्य परिवेश और आम लोगों के सुख-दुःख और उनकी जीविका के तौर-तरीक़ों को अत्यन्त निकट से देखने के कारण यह सब किशोर हेब्बार के संवेदना जगत का अनिवार्य अंग बन गया। इस प्रकार छोटी ही उम्र में उनके अनुभव एवं अवचेतन में लोक संस्कृति की छवियाँ और छटाएँ अंकित हो गयी थीं, जिन्हें वह अपने चित्रपटल और कैनवस पर उतारते चले गये। इसीलिए उनकी हर कृति में एक प्रकार की सरलता और सहजता देखी जा सकती है।

बालक हेब्बार के मन में राजा रवि वर्मा द्वारा अंकित उनके प्रसिद्ध चित्र 'सरस्वती' को देखकर चित्रांकन के प्रति कभी ललक जगी थी। इस दिशा में उनका आरम्भिक प्रयास रेखांकन तक ही सीमित रहा लेकिन धीरे-धीरे उनकी यह तैयारी उन्हें मैसूर स्थित राजेन्द्र तकनीकी स्कूल तक ले आयी। वह चाहते तो मैट्रिक पास करने के बाद कॉलेज जाकर बी.ए. आदि का पाठ्यक्रम पूरा कर सकते थे लेकिन आन्तरिक आग्रह एवं चित्रकला के प्रति सहज रुझान के चलते आरम्भिक पड़ाव पार करते हुए वे बम्बई चले आये। यहाँ अपने कार्य-अनुभव के बल पर उन्हें जे.जे. कॉलेज स्कूल ऑफ़ आर्ट के डिप्लोमा कोर्स के अन्तिम वर्ष में दाख़िला मिल गया। मैसूर में रहते हुए उन्होंने प्रकृति-विषयक भरपूर चित्रांकन किया था। उनमें भू-दृश्यांकन एवं स्थिर चित्रण सम्बन्धी कार्य भी थे। इनके साथ उन्होंने एक फ़ोटो स्टूडियो में निगेटिवों पर 'रिटचिंग'-जैसे बेहद सूक्ष्म कार्य को भी अंजाम दिया था। डंडावती मठ-जैसी एक स्वतन्त्र संस्था से भी वह जुड़े रहे थे, जहाँ रॉयल अकादमी, लन्दन की तर्ज़ पर चित्र उकेरने का अभ्यास कराया जाता था। इसमें युरोपीय मास्टर्स की चित्रकृतियों की नक़ल भी शामिल थी।

इन समस्त कार्य अनुभवों, जिसमें पेरिस के जूलीयां में अध्ययन भी शामिल है, ने युवा हेब्बार को उन तमाम पद्धतियों एवं प्रक्रियाओं से अवगत करा दिया—जो कला के क्षेत्र में प्रभावी कारक या उत्प्रेरक माने जाते थे। लेकिन अंकन की अन्तर्वस्तु और उसकी अंकन-पद्धति क्या होगी, यह कलाकार के विवेक का अंग था—जिस पर किसी स्कूल या घराने (पूर्वी या पश्चिमी) अथवा कलान्दोलन का हस्तक्षेप नहीं था। इसीलिए उन्होंने जल्द ही अपनी विशिष्ट कलाशैली अर्जित कर ली थी।

कला समीक्षकों के लिए यह हैरानी की बात थी कि पश्चिमी कला के प्रति उन्मुख होते हुए भी उनकी निर्मितियाँ भारतीय जीवन पद्धति के इतनी निकट क्योंकर हैं! विभिन्न देशी-विदेशी चित्रशैलियों का इतने निकट से अध्ययन करने के बाद हेब्बार को यही प्रतीत हुआ कि भारतीय चित्रशैलियों की निरन्तरता में कलाभ्यास और विकास करता हुआ ही कोई चित्रकार अपने लिए कोई स्थान सुनिश्चित कर सकता है या अपनी पहचान बना सकता है।

पिछली सदी के चौथे और पाँचवें दशक में, मोटे तौर पर भारत की आज़ादी तक, भारतीय चित्रकारों का विभिन्न दिशाओं में भटकाव जारी था—लेकिन यही भटकाव उनके रचनात्मक प्रस्थान से जुड़ गया। ये चित्रकार कहीं परम्परागत भारतीय कला की अंकन पद्धति से परिचित हुए तो कहीं पश्चिमी कलाशैलियों के अध्ययन और अभ्यास से जुड़े। कुछ कलाकार मुग़ल, राजपूत या राजस्थानी कलाशैलियों से प्रभावित होते हुए भी, उनसे मुक्त होने की कोशिश में लगे थे।

यह देखना दिलचस्प होगा कि स्वयं शान्तिनिकेतन स्कूल की विशिष्ट और प्रभावी परम्परा के जनक अवनीन्द्रनाथ ठाकुर और संयोजक नन्दलाल बसु के विपरीत गगनेन्द्रनाथ ठाकुर पश्चिमी कला-आन्दोलन के कितने निकट थे। अपनी परिपक्व आयु में रवीन्द्रनाथ ने चित्रकला के क्षेत्र में धूमकेतु की तरह प्रवेश कर भारत की आधुनिक कला को शीर्ष नेतृत्व प्रदान किया। यह वही समय था जब एक उत्तर-प्रभाववादी (Post-impressionist) के तौर पर भारतीय चित्रकार अमृता शेरगिल (1913-1941) अपनी कलाकृतियों से आधुनिक भारतीय चित्रकला में एक नया आयाम रच रही थी। हालाँकि उसके इस प्रयास में विदेशी कला शिक्षा की महती भूमिका थी। प्राच्य एवं प्रतीच्य के इस कला परिप्रेक्ष्य को भी हेब्बार ने अपनी कला यात्रा में, ध्यान में रखा था।

प्रसिद्ध कलाविद बी. आर. अम्बेरकर ने हेब्बार की युरोप यात्रा की पृष्ठभूमि में नये तकनीकों के सम्मिश्रण से निर्मित चित्रों का विश्लेषण किया है। उनका मानना है कि भले ही आधुनिक कला की तमाम हलचलों और कला की अपेक्षा से हेब्बार परिचित और प्रभावित थे—लेकिन उनके सामने भारतीय आधुनिक कला की निरन्तर समृद्ध होती जा रही परम्परा भी थी, जहाँ रेखा और रूप—दोनों ही जीवन्त एवं विद्यमान थे। पश्चिमी चित्रकला की प्रविधियों को अपनाते हुए भी, उन्होंने इसे भारतीय परिदृश्य में अंकित करते हुए देसी स्वभाव एवं परिवेश प्रदान किया। मातीस और ब्राक-जैसे सुप्रसिद्ध आधुनिक चित्रकारों की कलाकृतियों को उन्होंने बहुत निकट से देखा था। उन्होंने उनकी तरह ही अपने चित्रों को भी छाया-प्रकाश के अतिरेकपूर्ण संयोजन से मुक्त किया। उनकी संरचनाओं के छाया-मुक्त अंश अब रंग विन्यस्त तथा क्रमबद्ध होने के बदले वस्तुतः अन्धकार से प्रकाशोन्मुख रंग पथ पर अग्रसर तथा कठोर से मृदु रंग वृन्द में परिणत हो गये थे।[1]

हेब्बार ने एक साथ कई चित्रांकन शैलियों—चाहे वे परम्परागत हों, लोकोन्मुख हों या आधुनिक, की विशेषताओं और अनुरोधों का एक अध्येता के तौर पर, सूक्ष्मता से अध्ययन किया, और साथ ही, एक प्रयोक्ता के नाते भी। अजन्ता, बाघ, एलोरा तथा एलिफेंटा में चित्रित एवं उत्कीर्ण कलाशैलियों एवं राजपूत, मुग़ल या पहाड़ी चित्रशैलियों के साथ, विभिन्न रजवाड़ों द्वारा संरक्षित तथा विभिन्न क़लमों

का उन्होंने विशेष अध्ययन किया था। इसी तरह दक्षिण भारत में प्रचलित द्रविड शैली के अन्तर्गत चित्रांकन की पद्धतियों की उन्हें पूरी जानकारी थी। इसलिए अपने चित्रों की अन्तर्वस्तु के साथ इसके देशकाल का विशेष ध्यान रखते हुए, वे माध्यम का चयन एवं रंगों का अनुयोग बहुत समझ-बूझ के साथ करते रहे।

उनके 'मवेशी बाज़ार' (Cattle Market), 'दक्षिण की दोपहरी', 'धान कूटते हुए', 'मुर्ग़ों की लड़ाई' या 'टाइल्स फ़ैक्टरी' आदि बहुधा प्रशंसित चित्र अपनी मूर्त उपस्थिति में रोज़मर्रा की घटनाओं की तरह प्रतीत होते हैं—लेकिन ये प्रभाव में बड़े व्यंजक और अर्थवान हैं। यहाँ केवल लोग, मवेशी, पेड़, भीड़, लोगों की भंगिमाएँ, पगडंडी या परिधान ही अंकित नहीं हैं, बल्कि लोगों का आनन्द, सामूहिक उल्लास या अवसाद, जीवन के प्रति सहज लगाव और पूरे परिवेश की जीवन्तता रंगमुखर है। अपनी विषयवस्तु को यथायोग्य परिदृश्य प्रदान करते हुए जहाँ उनके द्वारा अंकित चित्रों पर त्वरित या क्षिप्र तूलिकाघात से उनकी गत्यात्मक लय स्पष्ट हो जाती है, वहाँ भावगत ऊर्जा का भी संकेत मिलता है। यह सब एक ओर विषयगत भाव प्रक्रिया और रंग पद्धति को लगातार साधे रखने की क्षमता और दूसरी ओर चित्राकाश को सन्तुलित रखने की कला-साधना से ही सम्भव हो सका है। परवर्ती वर्षों में, विषयगत संवेदनशीलता और शिल्पगत निपुणता का सहज एवं स्वाभाविक समंजन और समन्वय उनकी कला-सृष्टि में लक्ष्य किया जा सकता है।

हेब्बार ने पेन और इंक से नृत्य की लयात्मक गति को या गत्यात्मक लय को बड़ी सफलता से बाँधने का प्रयास किया। नृत्य भंगिमा के विशेष क्षण को पटल पर उतारनेवाले ऐसे कई प्रभावी रेखांकन उनकी अनुवर्ती पीढ़ी के लिए भी प्रेरक रहे हैं। रेखाओं की सर्जनात्मक चपलता और गयात्मकता से सृजित एवं सधी हुई रूपाकृतियाँ जो समय-समय पर उकेरी गयीं, हेब्बार की ही नहीं, भारतीय कला की विशिष्ट उपलब्धियाँ हैं। इन्हें *सिंगिंग लाइन* (गीत गाती रेखाएँ) की संज्ञा दी गयी। साथ ही, इन्हें संकलित कर पुस्तकाकार प्रकाशित भी किया गया।[2]

विषयवस्तु में वैविध्य के नाते भी हेब्बार का चित्र संसार गुणात्मक तौर पर अपने समसामयिक चित्रकारों से कहीं विशिष्ट एवं समृद्ध रहा है। भारतीय पुराख्यानों और लोकगाथाओं के चित्रण के साथ युद्ध और विश्वशान्ति-जैसी सामयिक समस्याएँ भी उनके अंकन के सरोकार रहे। हालाँकि इन विषयों के रूपांकन में उनका दृष्टिकोण आत्मपरक रहा है। वस्तुतः इन्हीं उपक्रमों से किसी कलाकार के रचना-मानस की सक्रियता का पता चलता है। अपने निर्माण के वर्षों में, जैसा कि स्वाभाविक ही था, हेब्बार की तूलिका में एक ख़ास तरह की चपलता देखी जा सकती है। कला समीक्षकों का मानना है कि इस शीघ्रता से उनकी कृतियाँ कहीं-कहीं विचलन का शिकार भी हुई हैं। जो भी हो, उनके गत्यात्मक तूली-संचालन से उनके अंकन में एक अतिरिक्त त्वरा सहज ही लक्ष्य की जा सकती है।

हेब्बार के रेखाचित्रों की लयात्मकता उनकी पेंटिंग में भी देखी जा सकती है, भले ही रंगों का अनुयोग उसमें अनिवार्य तौर पर हस्तक्षेप करता रहा है। इस दृष्टि से उनका एक चित्र 'फ़ेस्टिवल इन स्लम' काफ़ी चर्चित रहा है, जिसमें रंगों की इकाइयाँ एक-दूसरे से टकराती नज़र आती हैं।

जब कोई कृति रंगों के रचाव (टेक्सूचर्स) के अधीन हो जाती है, विशेषकर हेब्बार के सन्दर्भ में, तो वे अमूर्तन के दायरे में चली जाती हैं। लेकिन हेब्बार इसे विरूपित नहीं होने देते।

उनका एक और चर्चित चित्र है 'माहिम दरगाह' (तैलरंग, 1958)–जो अपनी संरचना में अद्भुत है। निकट से रचित होने के बावजूद इसके विस्तार को रंग योजना से दर्शाया गया है। कत्थई, गंदुमी, भूरे और हरित नील रंगों के प्रयोग से यह चित्र विहंगम प्रभाव उत्पन्न करता है। यह चित्र इस तथ्य का भी साक्षी है कि रेखाओं की गत्यात्मकता के लिए प्रसिद्ध चित्रकार अपने विषय और वास्तु (स्थापत्य) को प्रभविष्णु बनाने के लिए कितनी सहजता से तत्पर रहता है।

उनकी यह तत्परता कई स्तरों–व्यक्तिगत, समाजगत एवं परिवेशगत–पर उनकी निर्मितियों में देखी जा सकती है। अपनी निजता को बनाये रखते हुए उन्होंने माध्यम के अनुरूप अपनी कलाशैली में भी बदलाव किया। 'दुःख', 'धान कूटती औरतें', 'शरणार्थी' (रिफ़्यूज़ी) और 'सुनहरे गुलाब'-जैसे चित्रों में उनकी रेख-रंग योजना की विविधता हमारा ध्यान आकृष्ट करती है। जहाँ 'दक्षिण की दोपहरी'-जैसे चित्र में मृदु और सौम्य रंगों के साथ तनिक कठोर रंगों का प्रयोग किया गया है, वहाँ 'बाढ़' चित्रित करते हुए दो परस्पर विरोधी या विषम रंगों का अनुयोग हमें चमत्कृत करता है। इसमें विनाशकारी लहरों के साथ बहते हुए एक पेड़ को दिखाया गया है, जिसे एक आदमी कसकर थामे हुए है। सुदूर दिगन्त तक फैला हुआ यह चित्र गहरे और हल्के रंगों का एक सम्मोहक-जाल-सा बुनता है। लेकिन साथ ही, उस जन सामान्य की त्रासदी को भी ध्यान में रखता है, जिसकी ओर एक संवेदनशील कलाकार की दृष्टि जानी ही चाहिए।

ऐसे सदाशयी और ललित कला अकादेमी के अध्यक्ष रहे कलाकार का निधन 1996 में हो गया।

सन्दर्भ

1. द्रष्टव्य : *हेब्बार* (मोनोग्राफ़ : हिन्दी), ललित कला अकादेमी, 1985
2. *सिंगिंग लाइन*, पीकॉक पब्लिकेशन, बम्बई, 1964

सोमनाथ होर
(1921–2006)

सोमनाथ होर का जन्म बांग्ला नववर्ष—यानी 13 अप्रैल, 1921 को चटगाँव (अब बांग्लादेश) के एक निम्नवित्त परिवार में हुआ था। पिता का निधन अल्पवय में ही हो गया था, इसलिए परिवार का सबसे बड़ा सदस्य होने के नाते किशोर सोमनाथ के कन्धे पर आर्थिक दायित्व का बोझ भी पड़ा। उन्हें लगा, कोलकाता प्रवास शायद इस घड़ी कार्य में सहायक हो। काम तो उन्हें नहीं मिला, लेकिन यहाँ आकर उनके अनुभव में कई अमानवीय और अभावनीय दुर्घटनाएँ भी जुड़ती चली गयीं। महानगर कहे जानेवाले इस शहर की स्थितियाँ धीरे-धीरे नारकीय हो चली थीं। तब कोलकाता जापानी बमों की चपेट में था और द्वितीय विश्वयुद्ध के साये में वहाँ महँगाई, बेकारी, भूख और छँटनी का आलम था। पूरे भारत में आज़ादी की जद्दोजहद ने उन्हें घर वापस लौटने को विवश किया। लेकिन इस भाग-दौड़ और चारों और फैली भूख, शोषण, ग़रीबी, तबाही और सबसे बढ़कर अकाल की मार ने जहाँ साहित्यकारों, कलाकारों और संस्कृतिकर्मियों को हिलाकर रख दिया था—वहाँ युवा और अकेले सोमनाथ भी निरुपायता और विषण्णता का शिकार बने हुए थे।

इस बीच चटगाँव में जापानी बम गिराये जा चुके थे। इस अफ़रातफ़री में अपने आन्तरिक क्षोभ और नैराश्य के साथ, उनका कलाकार मन आसपास मँडराते ख़ौफ़ को ही नहीं, मौत को भी बहुत नज़दीक से देख रहा था। इस ख़ौफ़नाक मंज़र की आँखों से न केवल आँखें मिलाने बल्कि उन आँखों में उँगली डालकर सोमनाथ ने कई रेखांकन बनाये। यही नहीं, अपनी सामाजिक एवं सर्जनात्मक प्रतिबद्धता जताते हुए, कम्युनिस्ट पार्टी के सदस्य भी बन गये। मानवीय पीड़ा और विवशता के अंकन के साथ उन्होंने पहले भी पार्टी के लिए, पार्टी के आग्रह पर कई पोस्टर्स, बैनर्स और चित्र बनाये थे। इन सबसे जहाँ एक रेखाकार के नाते उनमें आत्मविश्वास जगा, वहीं राजनीतिक एवं सामाजिक सहभागिता का अहसास भी तीव्र हुआ। इन तमाम सक्रियताओं से ही उन्हें एक कलाकार के तौर पर, अपना आगामी कार्यजीवन नये सिरे से शुरू करने की प्रेरणा मिली।

प्रसिद्ध कम्युनिस्ट नेता पी. सी. जोशी ने चटगाँव में पार्टी के आयोजन के दौरान युवक सोमनाथ के रेखांकनों, पोस्टरों और चित्रों को देखने के बाद ही, उसे कोलकाता जाकर कला विद्यालय में दाख़िला लेने के लिए कहा था। यहीं से उन्होंने 1945 में डिप्लोमा प्राप्त किया। बाद में वे इंडियन कॉलेज ऑफ़ आर्ट में व्याख्याता बनकर गये और फिर दिल्ली पॉलिटेक्नीक ऑफ़ आर्ट में ग्राफ़िक कला विभाग में बतौर वरिष्ठ व्याख्याता अपनी सेवा प्रदान की। अन्ततः 1969 में कला भवन, शान्तिनिकेतन में पहली बार खुले ग्राफ़िक कला विभाग के प्रोफ़ेसर पद पर नियुक्त होने के पहले वे एम. एस. यूनिवर्सिटी, बड़ौदा में भी विज़िटिंग प्रोफ़ेसर रह चुके थे।

इन महत्त्वपूर्ण पदों पर रहते हुए भी उनके उदार मनोभाव में न तो कोई बदलाव आया और न मन में कभी अहंकार।

किशोरावस्था से ही आड़े-तिरछे रेखांकन करनेवाले इस युवा कला छात्र ने अपने कला अध्यापकों का ध्यान अपनी ओर आकृष्ट तो किया था लेकिन तब क़स्बों और सुदूर क्षेत्रों में 'कला'-जैसे अमूर्त विषय को जानने-समझने और सराहनेवाले थे ही कितने? बाद में भी, कोलकाता-जैसे प्रबुद्ध शहर के कई कलाकार एवं संस्कृतिकर्मी जब युद्ध की विभीषिका और अकाल के अभिशाप में दम तोड़ते निरन्न बंगाल की दुर्दशा को रेखाचित्रों और अन्य कला माध्यमों में व्यक्त कर रहे थे, तब सोमनाथ होर-जैसे युवा कलाकार स्पेनी गृहयुद्ध पर केन्द्रित महान कलाकार पिकासो की विश्वप्रसिद्ध कृति 'गुएर्निका' से बेख़बर, अपने समय और समाज की समस्याओं से जूझ रहे थे।

इसी दौरान सोमनाथ ने कलकत्ता आर्ट कॉलेज में दाख़िला ले लिया। यह निर्णय उन्होंने इसलिए भी लिया था—क्योंकि आनेवाले समय में उन्हें अपना और परिवार का बोझ भी उठाना था। यह कार्य एक सीमा तक आर्ट कॉलेज के उनके अध्यापकों—जैनुल आबेदीन, हरेन दास और सैफ़ुद्दीन अहमद के कला शिक्षण और उस समय के प्रसिद्ध चित्रकार चित्त प्रसाद के स्नेहपूर्ण संरक्षण से सुगम हो सका।

अपने भटकाव के दिनों में और गहरी निराशा के दौर को भुलाने के लिए सोमनाथ ने जो चित्र बनाये थे—उनके प्रिंट बनाने की तकनीक और इससे जुड़ी समस्याओं को सुलझाने के लिए कई प्रयोगों को अपनाया गया। इस कार्य के लिए देसी और सस्ती पद्धतियाँ तो उपलब्ध थीं लेकिन वे अपेक्षित परिणाम नहीं देती थीं। इससे असन्तुष्ट और बेचैन इस प्रिंटमेकर ने एक नयी पद्धति अपनाई। उन्होंने सबसे पहले प्लास्टर ऑफ़ पेरिस के घोल से सतह तैयार किया और इसके सूखते-न-सूखते उस पर रेखांकनों को गहरे उत्कीर्ण किया। सतह के पूरी तरह सूख जाने के बाद, पेपरमाशी पर उनके प्रिंट्स तैयार किये गये। इस कार्य में जहाँ उनकी मौलिक सूझ काम आयी वहाँ वांछित टेक्सचर एक नया विन्यास उत्पन्न कर रहा था। यह अभिनव तो था ही, अप्रत्याशित भी बन गया, जब इन 'पल्प प्रिंट्स' पर यथास्थान लाल रंगों के छिड़काव से अपेक्षित प्रभाव उत्पन्न किया गया। इस प्रकार, लम्बे समय के बाद उनकी रचनात्मक प्रयोगधर्मिता को एक नया प्रस्थान मिला और ग्राफ़िक्स कला को आनेवाले वर्षों में नया सोपान एवं सम्मान। ऐसे ही प्रयासों एवं प्रयोगों से भारतीय प्रिंट मेकिंग विधा में, बँधी-बँधाई लीक से हटकर कुछ नया और अलग करने की राह प्रशस्त हुई। सोमनाथ होर ने अपनी इसी कामयाब कोशिश को नाम दिया था—'क्षत' (ज़ख़्म)। इस बारे में उनका कथन है—"1943 का अकाल, 1946 के साम्प्रदायिक दंगों और युद्ध द्वारा लायी गयी तबाही—ये सारी चोटें मेरी चेतना पर अंकित हो गयी थीं, वैसे ही जैसे आरी बड़ी निर्दयता से पेड़ के तने की सतह काट डालती है। तेज़ाब जैसे बड़ी उग्रता से जस्ते या ताँबे की प्लेट पर आक्रमण करता है और आख़िरकार तभी कोई ज़ख़्म की तस्वीर उभरती है। यह तस्वीरं भी उन अभागे, उजड़े, भूखे और सताये गये लोगों की छवियाँ प्रस्तुत करती है।"

सोमनाथ होर ने भी, जैसा कि बताया गया, ग्राफ़िक्स में अपेक्षित परिणाम पाने लिए ही 'ज़ख्म़' (क्षत) शृंखला के चित्र आँकते हुए आधार प्लेट के ऊपर सीधे बटाली से प्रहार किया था। यही नहीं, नुकीले सूए का व्यवहार न कर सीधे अम्ल का प्रयोग किया था। और प्रिंट तैयार करने के पहले वांछित स्थान को गरम छुरे से, मोम के अस्तर को, अच्छी तरह कुरेद दिया था ताकि टेक्सचर अपेक्षित प्रभाव पैदा कर सके। कहना न होगा, सोमनाथ दा के ये प्रिंट्स उनकी कला यात्रा के क्रमिक अभिगम को समझने के लिए सबसे प्रामाणिक सोपान बन गये।

लम्बे क़द वाले, लेकिन बीमार-से दीखनेवाले इस अध्यापक को कला भवन के बगल में ही, श्रीपल्ली के एक पुराने घर में ठहराया गया था, जहाँ वे अपनी पत्नी के साथ लम्बे समय तक रहे। सोमनाथ दा के नाम से प्रसिद्ध यह कलाकार अपने विभाग के छात्रों, अध्यापकों आदि से ज़रूरत भर ही बातें किया करता। लेकिन उसकी सक्रियता एवं जानकारियों की सभी प्रशंसा करते और पर्याप्त सम्मान देते थे। गर्दन तक लम्बे फैले खिचड़ी बाल वाले इस आदमी को दूर से पहचाना जा सकता था। नाभि के ऊपर तक नाड़े से बँधा सफ़ेद पायज़ामा, सामने ज़ेब लगी फतुही और पाँव में चप्पल—सोमनाथ होर का काम शायद इतने से ही चल जाता। सर्दियों में देह के ऊपर गाढ़े की एक चादर... बस। स्वभाव से अन्तर्मुखी लेकिन चेहरा हमेशा की तरह भावशून्य। आश्रम की गतिविधियों से भी एक हद तक उदासीन। हालाँकि आये दिन उनके कामों की चर्चा पत्र-पत्रिकाओं में और प्रदर्शनियों में उनकी सहभागिता के साथ उपलब्धियों की चर्चा होती रहती थी।

शान्तिनिकेतन में अध्यापन के दौरान दिल्ली कला महाविद्यालय और एम. एस. विश्वविद्यालय, बड़ौदा का कार्यानुभव उनके बहुत काम आया। यहाँ, परम्परागत और प्रस्तावित पाठ्यक्रम से जुड़े कला के छात्रों को सोमनाथ दा के स्नेह-सान्निध्य एवं शिक्षण में एक नया कला दिगन्त स्पष्ट नज़र आया। एक ऐसी प्रविधिपरक पद्धति—चाहे वह लिथोग्राफ़ हो, एचिंग, ड्राइ प्वाइंट, इंटाग्लियो हो, तक्षण (एन्ग्रेविंग) हो या फिर अम्लांकन (एसिड-प्रोसेसिंग)—प्रिंट मेकिंग के दौरान इन सबमें अपनी-अपनी सूझ से की जानेवाली प्रयुक्तियों की छूट, निश्चय ही छात्रों की रचनाशीलता का सम्मान थी। स्वयं सोमनाथ दा ने एक-के-बाद-एक कई मौलिक प्रयोग किये। प्रिंट मेकिंग, मूर्तिशिल्प और ग्राफ़िक्स के क्षेत्र में ही नहीं, विभिन्न माध्यमों के पारस्परिक रूपान्तरण से नया कुछ रचते रहने का उपक्रम उनकी सक्रिय और सफल रचना यात्रा का मूलमन्त्र था। उन्होंने औपचारिक कक्षाओं और अवकाश के दौरान किये जानेवाले कार्यों तथा समर्पित छात्रों के साथ काम करते हुए कभी घड़ी या घण्टी की परवाह नहीं की। ग्राफ़िक्स कला विधा वैसे भी बहुत जटिल, पेचीदगी भरी और संश्लिष्ट होती है। इसमें देसी-विदेशी तकनीकों और प्रयोगों की इतनी गुंजाइश हो गयी है कि कुछ नया करनेवाले कलाकारों या प्रिंटमेकर्स को बहुत चौकन्ना रहना पड़ता है।

मूर्तिकला के प्रति आरम्भ से ही सोमनाथ होर की रुचि थी—इसलिए देर से ही सही, इस क्षेत्र में प्रवृत्त होने के बाद, कांस्य और धातु माध्यम में उन्होंने कुछ श्रेष्ठ कृतियों की सर्जना की। उनकी हर निर्मिति के पीछे कोई गहरी काली त्रासद छाया दीख पड़ती है। यह संत्रास उनके हर निर्माण को एक आयाम देता रहा—चाहे वह उनके आसपास के दुनिया के परिचित लोग हों, जीव-जन्तु (कुत्ता, बकरी) हों या फिर भूख, अभाव, वंचना और शोषण से लड़नेवाले थके-हारे मज़दूर-किसान हों या सड़क किनारे पड़े दम तोड़ते भिखमंगे। स्वयं सोमनाथ होर के व्यक्तित्व निर्माण पर्व के भी कई प्रस्थान रहे। उन्होंने पहले दौर में समसामयिक यातनाओं को दृश्यांकित किया तो दूसरे दौर में बुभुक्षाग्रस्त कलाकार की यौन-चेतना से परिचालित कुछेक 'इरॉटिक' या ऐन्द्रिक चित्र भी बनाये। अपने समसामयिक सन्दर्भों से जोड़ते हुए मार्क्सवादी चेतना के तनाव को उन्होंने कभी भूखी पीढ़ी की ऐन्द्रिकता से तो कभी उस पीढ़ी के भटकाव को चित्रित किया। होर-जैसा कोई भी संवेदनशील चित्रकार, जो बंगाल में रहा हो, वह अपने चतुर्दिक् हो रहे परिवर्तनों और उथल-पुथल से अप्रभावित रहे, यह असम्भव था।

साठ और सत्तर के दशक में शान्तिनिकेतन के इर्द-गिर्द नक्सलवाद का असर और फिर बांग्लादेश में हुई सशस्त्र क्रान्ति आदि का भी कमोबेश प्रभाव उनकी कृतियों पर पड़ा था, क्योंकि अविभक्त बंगाल के तेभागा के सशस्त्र किसान आन्दोलन को कच्ची उम्र में ही उन्होंने बहुत निकट से देखा और झेला था। इसके पूर्व 1943 में बंगाल के अकाल और बंगाल विभाजन के बाद हुए साम्प्रदायिक दंगों ने उन्हें काफ़ी विचलित किया था। लेकिन इन सबको उन्होंने अपने रचना-कर्म का अंग बना लिया।

एकदम सीधी-सादी व्यक्तिगत जीवनशैली और साम्यवादी विचारधारा के बावजूद, सोमनाथ होर अपनी रचनात्मक प्रतिबद्धता को पर्याप्त सम्मान देते रहे। लेकिन उसे कभी अपने संस्थागत कार्यों पर हावी नहीं होने दिया। कला की अवधारणा और सौन्दर्य सम्बन्धी प्रत्यय के कारण अवश्य ही, कम्युनिस्ट पार्टी से उनका मोहभंग भी हुआ लेकिन इससे उनके कलात्मक रुझान में कोई विचलन नहीं आया। विभिन्न शैक्षणिक संस्थानों में काम करते हुए वे कभी कहीं किसी विवाद में नहीं पड़े। उन्होंने न तो कभी बड़े दावे किये और न प्रतिष्ठा या प्रतिष्ठान के पीछे दौड़े। सम्मान पाकर भी आजीवन विनम्र बने रहे। 1983 ई. में कार्य से अवकाश ग्रहण करने के बाद शान्तिनिकेतन में रहकर ही वे सीमित साधनों, विशेषकर मोम की मूर्तियों से तैयार की गयी कांस्य-निर्मितियाँ बनाते रहे। लालबाँध स्थित अपने आवास में वे अस्वस्थता के बावजूद अपनी कार्यशाला में निर्मितियाँ गढ़ते रहे।

राष्ट्रीय एवं अन्तर्राष्ट्रीय कला प्रदर्शनियों तथा राष्ट्रीय पुरस्कार एवं अन्तर्राष्ट्रीय सम्मानों से अलंकृत (यथा, ललित कला अकादेमी की रत्न सदस्यता, अवन-गगन पुरस्कार, आदित्य बिड़ला पुरस्कार, लेडी रानू मुखर्जी पुरस्कार, साए अरक्कल पुरस्कार, हीराचन्द पुरस्कार एवं मरणोपरान्त पद्मभूषण (2007) सम्मान पानेवाले सोमनाथ होर एक अत्यन्त सहज, सहृदय और अपनी सर्जना में डूबे रहनेवाले समर्पित, प्रशान्त और सिद्धहस्त कलाकार थे।

2006 ई. में शान्ति निकेतन में उनका निधन हुआ और इस तरह भारतीय कला जगत का एक अग्रणी हस्ताक्षर हमसे चुपचाप विदा हो गया था।

परितोष सेन
(1918–2008)

अविभक्त बंगाल के प्रसिद्ध शहर ढाका में, 1918 में पैदा हुए परितोष सेन की प्रारम्भिक शिक्षा वहीं हुई थी। लेकिन कला के प्रति आकर्षण देखकर परिवार की इच्छा के विरुद्ध उनकी माँ के आग्रह पर 1936 में उन्हें मद्रास स्कूल ऑफ़ आर्ट भेज दिया गया, जहाँ सुप्रसिद्ध मूर्तिकार देवीप्रसाद रायचौधुरी प्राचार्य थे। वर्ष 1940 में कला डिप्लोमा प्राप्त कर परितोष कोलकाता आ गये, जहाँ अब उनका परिवार ढाका छोड़कर बस गया था।

बंगाल तब एक ओर आज़ादी के आन्दोलन में सक्रिय रूप से जुड़ा हुआ था तो दूसरी ओर अकाल के कारण भुखमरी के चपेट में था। कई रचनाकार, कलाकार और रंगकर्मी अपने-अपने स्तर पर इस भयंकर त्रासदी के साथ किसान, श्रमिक और मज़दूरों की समस्याओं को उजागर कर रहे थे। 'कलकत्ता ग्रुप' के कलाकारों ने भी इस अनिश्चित, विषम और विपरीत होती जाती परिस्थितियों को अपने कैनवस में उकेरा। परितोष सेन ने भी तब अकालग्रस्त बंगाल से सम्बन्धित कई चित्र बनाये थे। अंग्रेज़ सरकार द्वारा थोपी गयी इस त्रासदी ने जहाँ लाखों लोगों की जान ले ली थी, वहाँ साहूकारों ने गोदामों में अनाज भर रखा था। और कहीं-कहीं तो हज़ारों टन अनाज गोदामों में ही सड़ गया। अपने सामाजिक सरोकारों से जुड़ी तब बंगाल की युवा कलाकार पीढ़ी बंगाल शैली की रूमानियत और आख्यानपरकता से बाहर आकर नये समसामयिक कला प्रश्नों और प्रस्थानों की ओर क़दम बढ़ा रही थी।

परितोष के आरम्भिक कार्यों पर बंगाली कलाकारों की वाश शैली का स्वाभाविक प्रभाव देखा जा सकता है। साथ ही, इनके विषय इतिहास और मिथक से जुड़े हुए थे। लेकिन उन्होंने अपने रंगों, रूपाकारों और सरोकारों को नये ढंग से प्रस्तुत करने का मुहावरा जल्द ही प्राप्त कर लिया। किसी भी कृतिकार के लिए अपनी निजता का आविष्कार ही उसकी पहचान से जुड़ा रहता है। इसी आत्मविश्वास के बल पर उन्होंने नीरोद मजुमदार, प्रदोष दासगुप्ता और अपने कुछ सहयोगी कलाकारों के साथ 1943 में 'कलकत्ता ग्रुप' की स्थापना की थी। इस ग्रुप का उद्देश्य समकाल को सम्बोधित करने के साथ आकृति मुक्त संरचना के साथ स्पेस का उपयोग और रंगों का विनियोग करना था।

परितोष सेन उस अर्थ में क्रान्तिधर्मी या प्रतिबद्ध कलाकार नहीं थे, जो किसी राजनीतिक दल से भी सम्बद्ध हो। वे अपने समकाल के रचनात्मक आलोचक थे, जो कभी आक्रोशपूर्वक तो कभी

व्यंग्य और कभी विद्रूपी ढंग से अपनी रूपाकृतियों को आँकते रहे। इसलिए उनके सामान्य से सामान्य पात्र—रिक्शाचालक, मज़दूर, मकानों और सड़कों पर काम करनेवाले श्रमिक, अपनी बेबसी और बेचारगी के बावजूद, हमारा ध्यान खींचते हैं। 'तीसरे दर्जे का डब्बा' (1944) में ठुँसे हुए मुसाफ़िरों वाले चित्र में उनकी मुसीबतों को परितोष की मोटी-पतली रंग-रेखाएँ बहुत प्रभावी ढंग से अभिव्यक्त करती हैं। आम और मुसीबतज़दा मुसाफ़िरों का एक दस्तावेज़ी चित्र है। इसे देखकर यही लगता है कि आज सत्तर साल बाद भी कुछ नहीं बदला। बदहवास लोगों के चेहरे और डिब्बे के हौलनाक माहौल को परितोष द्वारा इस्तेमाल किये गये रंग और भी संजीदा बना देते हैं।

परितोष के कैनवस में देशज या परम्परागत मूल्यों के साथ आधुनिक पश्चिमी कला—विशेषकर घनवाद की हल्की छाया विद्यमान है। चित्रों में उकेरे गये पात्रों के पार्श्वमुखी चेहरे और मंचीय एवं नाटकीय देहभंगिमा से यह स्पष्ट हो जाती है। रंगों के साथ गहरी रेखाओं का प्रयोग भी वे सटीक और सधे ढंग से करते हैं ताकि उनका वक्तव्य खो न जाये। इनमें ज्यामितिक विधि अपनाते हुए उन्होंने अपने कैनवसों पर आयत के साथ विभिन्न कोणों, तिर्यक् और नुकीली रेखाओं का अद्‌भुत प्रयोग किया है।

परितोष उन भारतीय कलाकारों में थे, जिन्हें पेरिस जाकर कला शिक्षा प्राप्त करने का सुअवसर प्राप्त हुआ था। उन्होंने वहाँ अकादेमी आन्द्रे ल्होते में पेंटिंग; इकॉल नेशनाले दे व्यूक्स आर्ट्स में पेंटिंग का इतिहास और इकॉल दु लुब्रे में 1950 से 1953 तक कलाध्ययन किया। बाद में, फ्रांस सरकार की फ़ैलोशिप और फिर रॉकफ़ेलर वृत्ति प्राप्त कर उन्होंने पेरिस और अमेरिका में, अलग-अलग क्षेत्रों (टाइपोग्राफ़ी आदि) में दक्षता प्राप्त की। वहाँ विभिन्न कला-आन्दोलनों और वादों को निकट से देखने-समझने के बावजूद उन्होंने पाया कि भारतीय ज़मीन पर पश्चिमी देशों की तरह अमूर्तन अपनी जड़ें नहीं जमा पाया है। इसका कारण भारतीय परिवेश और मानवीय परिस्थितियाँ हैं। प्रख्यात पश्चिमी कलाकारों की प्रविधियों से उन्होंने उतना ही ग्रहण किया जितना संवेदना के स्तर पर वे उन्हें ऊर्जा दे सकें। इसलिए उनके कैनवसों में आरम्भ से ही आधुनिकतावादी बोध और परम्परागत मूल्यों का सन्तुलन लक्ष्य किया जा सकता है। विभिन्न कालखण्डों के दौरान उनकी निर्मितियों में मुग़ल, राजपूत, जैन और कालीघाट आदि चित्रशैलियों की छाप दीख पड़ती है तो इसमें कोई हैरानी नहीं होनी चाहिए।

परितोष द्वारा 1951-52 में चित्रित 'तरबूज़ खाता बच्चा', 'अनाज की पुली उठाये लड़की' और 'बाँसटोप पहना किसान' आदि चित्रों के विषय जहाँ भारतीय हैं, वहाँ इनकी चित्रण शैली पर घनवादी प्रभाव स्पष्ट है। लेकिन सत्तर के दशक से उनकी कृतियों के विषय चयन और उनके रूपायन—रेखा, रंग और भावांकन सभी में बदलाव आता गया। उनके तूलिकाघात अधिक सशक्त, रंग अधिक प्रगाढ़ और चित्रित पात्र अधिक भावसघन होने के साथ उनमें व्यंग्य-विनोद का पुट गहराता चला गया।

परितोष ने कैनवस और प्लाइउड दोनों पर तैलचित्र बनाये हैं। वैसे उनके अधिकांश चित्र एक्रिलिक रंगों से बने हैं। साठ के दशक से रेखाओं के साथ उनका रंग चयन और विनियोग उनकी निजता और पहचान से जुड़ जाते हैं। इसलिए भले ही वह अपना आत्मचित्र ही बार-बार क्यों न बना रहे हों—वह उनके निजी संस्पर्श से बच नहीं पाता। इसी तरह 'हुक़्क़ा पीता आदमी' या 'सारंगी वादक' (दोनों 1956) की देहमुद्रा हो या भाव-भंगिमा, उन पर इस कलाकार की निजी छाप है।

परितोष मध्यवर्ग को बहुत नज़दीक से जानते थे इसलिए उन्होंने इसकी जीवनचर्या के सच-झूठ, सामाजिक सम्बन्धों की विडम्बना और रूढ़िवादी विरोधाभासों को बड़ी गहराई से उकेरा। इस वर्ग की औरतों और पुरुषों का अन्तरंग और बहिरंग जीवन, जिसमें झूलों पर झूलती, वाकमैन सुनती और गमले के पास खड़ी, खिड़की से बाहर देखती स्त्रियाँ चित्रित हैं। 'ब्लू वुमन अंडर शॉवर' इसी भावधारा को आगे बढ़ाता चित्र है। 'वीमेन्स सेक्रेड टैंक' (1989) शीर्षक चित्र द्वारा उनकी निजी शैली को बेहतर ढंग से समझा जा सकता है, जिसमें एक तालाब के घाट पर अलग-अलग दूरी पर बैठी तीन महिलाएँ चित्रित हैं। उनकी विरूपित देह भंगिमा और तिरछी मुख-मुद्रा अतिरिक्त प्रभाव उत्पन्न करती है। तालाब, घाट, सीढ़ियाँ, सुबह का झुटपुटा और दूर बैठा एक बच्चा उन तीनों पूजारत स्त्रियों के अलग-अलग भाव एवं अलगाव को सन्तुलित करता है। इसी दौरान बनी 'मछली की टोकरी उठाये बालक' (1999, पेस्टल) 'द्वार पर खड़ी गर्भवती स्त्री' (2001, आर्किलिक) आदि चित्रों में बचपन की उनकी स्मृतियों के साथ, कालीघाट की चित्रशैली में प्रयुक्त नीले, पीले और लाल रंग का खुलकर इस्तेमाल हुआ है।

दैनन्दिन जीवनचर्या के असंख्य चित्र उकेरनेवाले परितोष के आरम्भिक चित्र बताते हैं कि वे कितनी लगन और मेहनत से विभिन्न कलाशैलियों और माध्यमों की जानकारियाँ प्राप्त किया करते थे। जलरंग और गोश पद्धति से बनाये गये उनके भू-दृश्यांकन और प्रकृति चित्रण सम्बन्धी कृतियाँ, जो हमें आम्र कुंज, नारियल कुंज और केले के बगान ले जाती हैं, वे न केवल अपने संयोजन से बल्कि रंगों की छटा से हमारा मन मोह लेती हैं। इसके काफ़ी पहले वे मुग़ल शैली के चित्र भी बना चुके थे। केले के पेड़ों पर चढ़े बन्दर और नारियल कुंज से लौटते श्रमिक हों अथवा समुद्र किनारे लड़कियों की टी पार्टी—परितोष की पैनी नज़र से कुछ भी बच नहीं सकता। ये तमाम चित्र उन्होंने 1978-82 के दौरान बनाये थे। व्यक्ति एकाकी हो या समूह में, उसके अनुकूल बन जाना उनकी अतिरिक्त विशिष्टता रही।

1981-82 के दौरान परितोष बाल्टिमोर के मैरीलैंड इन्स्टीच्यूट ऑफ़ आर्ट में एक आवासी कलाकार के नाते कार्य करते रहे। वहाँ से आने के बाद उनमें चटख या शोख़ रंगों की प्रयोग-प्रवणता देखी जा सकती है। यही नहीं, उनमें कौतुक और विनोद की मात्रा भी बढ़ गयी। उनके पात्रों के चेहरे की रेखाएँ कम होती हुई भी अधिक स्पष्ट और सतेज हो गयीं—क्योंकि रंगों का परस्पर 'कंट्रास्ट' बढ़ गया था। गालों के साथ नाक और चिबुक पर लाल और गुलाबी रंग कुछ इस तरह प्रयुक्त किये जाने लगे, जिस तरह सरकस के करतबी पात्र या जोकर करते हैं। इन सबसे उनके चित्रों के प्रति लोगों की दिलचस्पी और बढ़ गयी। ऐसा करने के पीछे परितोष का मानना था कि दुःख और अवसाद से घिरे आज के दर्शकों को इन चित्रों के माध्यम से जहाँ हास्य एवं विनोद का आस्वाद मिलेगा, वहाँ वे विपरीत और विषम स्थितियों में भी प्रसन्नता का कारण ढूँढ़ लेंगे।

इसलिए रामकृष्ण परमहंस के जीवन और कथामृत पर आधारित चित्र-शृंखला (1985, आर्किलिक) भी उन्होंने अपनी ही शैली में प्रस्तुत की। इसमें रामकृष्ण के जीवनकाल में घटित बंगाल के बड़े रोचक प्रसंग चित्रित हैं। एक चित्र में पीछे की ओर रामकृष्ण विराजमान हैं और सामने बैठे त्रिशूलधारी साधु बाबा लोग चिलम चढ़ा रहे हैं। परितोष कभी-कभी अपने प्रिय विषयों को दोहराते भी थे।

नारियल पानी पीती स्त्री, भुट्टा खाती स्त्री, तली मछली खाती स्त्री, चरखा कातती (कच्छी) स्त्री की छवियों के साथ 'शॉवर में नहाती नितम्बिनी' और 'फ़ुरसत में सोयी स्त्रियाँ' (त्रिफ़लक, 1997, आर्किलिक) पुरुष वर्चस्व वाले समाज में उन्हें अपने ढंग से जीने की साक्षी हैं। अन्तिम उल्लेखित चित्र में आरामकुर्सी पर निद्रारत स्त्रियों की देह क्रमशः सफ़ेद, पीली और लाल रंग से उकेरी गयी है। शायद चित्रकार का आशय यह रहा हो कि काया का रंग जैसा भी हो, निद्रा का सुख एक समान है।

परितोष ने पशु-पक्षी के कई रेखांकन और चित्र बनाये हैं। इनमें हाथी, बन्दर, काकातुआ, कौवे अलग-अलग माध्यमों से उकेरे गये हैं। 'गर्भवती' स्त्री से जुड़े उनके रेखांकन और चित्र (2000, आर्किलिक) और इसके पूर्व चित्रित 'गाभिन बकरी' (1990) इस सन्दर्भ में उल्लेख्य हैं। ऐसा कलाकार की मानवीय संवेदना और कलादृष्टि के बिना सम्भव नहीं। 'स्त्री जीवन का एक दिन' चित्र-समूह नौ चौकोर फ्रेमों का आयताकार समूह (1999) में चित्रित आधुनिक स्त्री के जीवन की बड़ी दिलचस्प झाँकियाँ हैं। वह कहीं स्नान-शृंगाररत है, कहीं बेटे को सँभाल रही है तथा कम्प्यूटर चलाती, फ़ोटो खींचती, सितार बजाती, चाय बनाती, अभिनय आदि करती नज़र आती है। इसी क्रम में चित्रित 'एक परिवार का एक दिन' (9 फ्रेमों में, 2000) भी कुछ वैसी ही दिनचर्या के साथ उपस्थित है। यहाँ कसरत करता आदमी भाषण भी झाड़ रहा है। उसी साल आँका गया उनका चित्र 'दूल्हा-दुल्हन' (बंगाली साज में) अपनी देह के अनुपात में भारी चेहरों के साथ सरकसी रंग में सजे-धजे हैं। विवाह बन्धन में बँधने के उत्सुकता और प्रसन्नता भरे क्षण को चित्रकार ने सटीक रंगों से उकेरा है।

लेकिन तेज़ी से बदलते और रफ़्तारभरी ज़िन्दगी के कई चित्र यथा, 'उड़ते बालोंवाली नर्तकी' (2000, पेस्टल - चारकोल) के चितेरे परितोष ने इसी माध्यम से 'पुत्र निधन पर शोकमग्न रावण' (रेखांकन एवं चित्र, 2000) भी चित्रित किया है। एक क्रूर एवं आततायी पात्र के पुत्रशोक को मानवीय संवेदना के साथ परितोष सेन-जैसा चित्रकार ही उकेर सकता है।

आधुनिक समाज में, विशेषकर उत्तर-आधुनिक दौर में, हमारे बड़े-बड़े शहरों और महानगरों में 'माफ़िया'—जैसा अवांछित तत्त्व प्रवेश कर गया था। परितोष द्वारा इसकी व्यंजनापूर्ण उपस्थिति 'पोर्ट्रेट ऑफ़ द माफ़िया डॉन' (1996, आर्किलिक) में देखी जा सकती है। 'माफ़िया डॉन' एक ख़ास 'टिपिकल' अन्दाज़ में आँखों पर काला चश्मा चढ़ाये, हाथ की चारों उँगलियों में अँगूठी डाले, होठों में सिगरेट दबाये, दाँत निपोरे बैठा है। उसके पास चार खूँख़ार कुत्ते जबड़ा फाड़े खड़े हैं। सामने दीवार पर बन्दूक़ें लटकी हैं। उत्तर-आधुनिकवाद का यह एक 'ग्लोबल' चेहरा है।

अपने चहेते चित्रकार (स्व.) वान गॉग को भावांजलि देते हुए परितोष ने उनका एक पोर्ट्रेट (1994, एक्रिलिक) आँकते हुए खुद को भी फ्रेम में रखा है। इसमें गाउन पहने और हैट लगाये वान गॉग चुरुट पी रहे हैं और उसी अन्दाज़ में बैठे हैं—जिसमें उन्होंने कभी अपना विश्वविख्यात आत्मचित्र बनाया था। गाढ़े और गहरे रंगों से इसकी मुख-मुद्रा को व्यंग्य और विनोद का पुट भी दिया गया है। लेकिन दूसरी ओर यह देखना भी रोचक है कि परितोष ने स्वामी रामकृष्ण शृंखला के अन्तर्गत बनाये चित्रों में, उनके द्वारा व्यक्त कथाख्यानों एवं उपदेशों में, ग़ज़ब का तालमेल कैसे बनाये रखा है—रूप, भाव, संवेदना और प्रभावान्विति सभी स्तर पर। यहाँ परितोष द्वारा अन्य दो चित्रों—'चरखा कातती गुजरातन'

और 'नीली कुर्सी पर बैठा आदमी' (दोनों आर्किलिक, 1996) विशेष उल्लेख्य हैं। पहला चित्र स्त्री की ख़ास देह-भंगिमा और उसकी चकित दृष्टि के कारण ही नहीं, चरखा चलाते हुए उसकी सहजता की ओर भी दर्शकों का ध्यान आकृष्ट करता है। दूसरे चित्र में व्यक्ति का बड़ा-सा सिर अचानक पंखदार हो, किसी दिशा में उड़ना चाहता है। हालाँकि यह स्वयं परितोष सेन की ही परिचित मुखमुद्रा है, जिनके लम्बे सफ़ेद बाल हवा में लहराते रहते थे। अपने कई आत्मचित्र बना चुके इस कलाकार का यह एक अत्यन्त रोचक चित्र है। 'लेडीज़ बस में चढ़ने की कोशिश' (तैलचित्र)। बस की पिछली सीट पर बैठी चार-पाँच स्त्रियों का ध्यान इस बूढ़े चित्रकार पर है, जो उसे ऐसा करने से रोक रही हैं। यह दृश्यांकन परितोष के खिलंदड़ेपन का ही परिणाम है, जो एक ओर हमारे सामाजिक जीवन का अंग है तो दूसरी ओर इसमें निहित हास्य और व्यंग्य भी—जिसे आँकते हुए हमारे चित्रकार कतराते हैं।

व्यंग्य-वैदग्ध्य से भरपूर और अबाधित सृजन-कर्म के कारण परितोष आजीवन अपनी निर्मितियों में रंग भरते रहे। सामाजिक हिंसा और प्रतिहिंसा के विरुद्ध उन्होंने 'हिंसा' (Voilence) शृंखला में अपना सकारात्मक पक्ष रखा था। परस्पर घृणा और द्वेष से उपजी हिंसा का समाधान क्या हो, यह कोई कलाकार कैसे बता सकता है? वह तो इसके लक्षणों और परिणामों को अपनी छवि में उतार कर समाज को आईना भर दिखा सकता है।

विभिन्न कला प्रतिष्ठानों से सम्मानित एवं पुरस्कारों से समादृत परितोष सेन ने कई महत्त्वपूर्ण कृतियों के साथ अनेक पुस्तकें भी लिखी हैं। वे एक ऐसे कलाकार थे, जिनकी सराहना पश्चिमी जगत भी करता था। अवनीन्द्रनाथ पुरस्कार (बंगाल सरकार), ललित कला अकादेमी की रत्न सदस्यता के साथ वर्धमान तथा रवीन्द्र भारती विश्वविद्यालयों ने उन्हें डी.लिट्. की मानद उपाधि से अलंकृत किया था।

ऐसे भावक, चिन्तक और अनोखे कलाकार का निधन 28 अक्तूबर, 2008 को कोलकाता में हुआ।

हरेन दास
(1921–1993)

एक मार्च, 1921 को दिनाजपुर (अब बांग्लादेश) के एक नामालूम से क़स्बे में जन्मे हरेन दास का बचपन चाचा-चाची की देख-रेख में ही बीता क्योंकि उनके माँ-बाप पहले ही गुज़र चुके थे। बचपन से चित्रों को इकट्ठा करने का शौक़ और हल्दी, कालिख (काजल) और सिन्दूर-जैसी कच्ची सामग्री से चित्र बनाने की रुचि बाद में और भी प्रबल हो गयी। उनकी इस प्रतिभा को न केवल लोगों ने सराहा बल्कि उनके स्कूल के प्रधानाचार्य ने भी हरेन का एक चित्र फ्रेम करवाकर अपने कक्ष में टाँग रखा था। एक बार किसी चित्रकार को काँच पर चित्र बनाते देख, हरेन में चित्रकार बनाने की प्रेरणा जगी थी। चाचा की मृत्यु के बाद, वे चचेरे भाई के कहने पर कलकत्ता चले आये और उन्हें आर्ट्स स्कूल में दाख़िला भी मिल गया। वहाँ प्रेमहरि बर्मन नामक एक हितैषी सज्जन ने, जो प्रान्तीय सरकार में मन्त्री भी थे, हरेन को किसी के यहाँ मुफ़्त रहने और खाने की सुविधा जुटा दी। बदले में हरेन उनके बच्चों को पढ़ा दिया करते थे।

कला स्नातक बनने के बाद, जीविका के लिए हरेन को बहुत संघर्ष करना पड़ा था। कलकत्ता उन दिनों दूसरे महायुद्ध की विभीषिका का शिकार था। आम शहरी और ग़रीब लोगों का जीवन त्रस्त था और वे भूख, अभाव और अकाल का सामना बड़ी मुश्किल से कर पा रहे थे। तभी आज़ादी और देश विभाजन के कुछ पहले पूर्वी बंगाल के कोमिल्ला क़स्बे के एक स्कूल में उन्हें कला अध्यापक की नौकरी मिली। लेकिन राजनीतिक उथल-पुथल के चलते हरेन दास फिर कलकत्ता लौट आये और उसी आर्ट स्कूल में छात्रों को लीथो, ग्राफ़िक्स, काष्ठ उत्कीर्णन (उडकट) आदि सिखाने लगे। यद्यपि ये सब कलाशिक्षण से सम्बद्ध पाठ्यक्रम का हिस्सा अवश्य थे लेकिन ललित कला की गौण शाखा होने के कारण उपेक्षित ही बने रहे।

जो भी हो और जैसे भी हो, हरेन दास ने, मूल हो या गौण, दोनों में अपनी गति बनाये रखी तथा अपनी निर्मितियों के द्वारा कलाविदों का ध्यान खींचने में सफल हुए। फूलों के कई चित्र और फिर फूलों से सिंगार करती काली युवती वाला चित्र उनकी कला सृष्टि का अनुपम उदाहरण बना। कला अध्यापक बनने के बाद, उनकी कार्य निष्ठा और छापाकला के प्रति गवेषणा वृत्ति और बढ़ गयी। इस बीच राजकीय कला विद्यालय भी महाविद्यालय में प्रोन्नत हो गया। यही नहीं, लन्दन से प्रशिक्षित मुकुल दे भी यहाँ सेवा देने आ गये। हरेन दास को सैफ़ुद्दीन अहमद-जैसे युवा साथी का भी सहयोग मिला।

छापाकला में प्रसिद्धि अर्जित करनेवाले जैनुल आबेदीन (जो बाद में ढाका चले गये) का भी उन्हें साथ मिला था। लेकिन उन्हें सर्वाधिक सहयोग और तकनीकी कौशल रमेन्द्रनाथ चक्रवर्ती से प्राप्त हुआ, जो शान्तिनिकेतन में ग्राफ़िक विधा के अध्यापक रहे थे। हालाँकि चक्रवर्ती महोदय जल्द ही (1954 ई. में) चल बसे लेकिन इसके पूर्व विदेश में अर्जित अनुभवों को उन्होंने अध्यापकों और छात्रों के साथ साझा किया था। उन्होंने हरेन दास के काष्ठ छापों (Wood Engravings) की पुस्तक में अनुशंसात्मक भूमिका भी लिखी थी।

अध्यापन काल में और सेवानिवृत्ति के बाद भी हरेन दास छापाकला विधा में पर्याप्त सक्रिय रहे। कलकत्ता एकेडेमी ऑफ़ फ़ाइन आर्ट्स में आयोजित प्रदर्शनियों में उन्होंने कई बार स्वर्ण पदक जीते। उनके लिए गर्वमिश्रित क्षण तब आया था, जब 1959 में 'शान्तिपूर्व सहअस्तित्व' लाइपज़िग, जर्मनी से प्रकाशित एक पुस्तक में उनका भारत में एक एचिंग (अम्लांकन) विषय पर पिकासो के छापा चित्र के साथ शामिल किया गया था। छापाकला के इतिहास में यह देश के लिए गौरव का क्षण था।

हरेन दास स्वभावतः प्रयोगधर्मी कलाकार थे, इसलिए छापाकला के अन्तर्गत उडकट, एन्ग्रेविंग. एचिंग या अम्लांकन करते हुए, उसके अन्तिम प्रभाव पर विशेष ध्यान रखते थे। विषय के अनुरूप 'लिनोकट' भी उनकी मनपसन्द विधा रही थी। अन्य कला माध्यमों—विशेषकर 'ग्राफ़िक शीट' (धातु पटल) पर, जहाँ उन्हें मध्यम, मृदु या सौम्य प्रभाव उत्पन्न करना होता तो शर्करामिश्रित अम्ल (Sugar Aquatint) और जहाँ झुटपुटा या धुन्ध का परिवेश रचना होता था, वहाँ 'मैज़ोटिंट' (Mazzotint) का प्रयोग करते। उन्होंने सीमित रंगों और अम्लों का इस्तेमाल करते हुए कई सूखे प्रिंट (Drypoint) भी तैयार किये थे। ऐसा उन्होंने विषयवस्तु को ध्यान में रखकर किया क्योंकि उनके रचना संसार में प्रकृति, वनस्पति, उन्मुक्त दृश्य, पेड़-पक्षी, हाट-बाट, बस्ती के लोग, और पालतू जानवर सभी शामिल रहे हैं। बकरों का झुण्ड हो या लड़ते हुए मेढ़े या फिर कबूतरों को दाना चुगाती लड़की—इन चित्रों से उनकी सूक्ष्म कला दृष्टि का सहज ही अन्दाज़ लग जाता है। विषयगत विविधता, जिसमें जूट से लदे बजरे खींचता माझी, कुएँ से पानी निकालती युवती, मेला जाता परिवार या फिर 'हर मुश्किल आसान' साबित करनेवाला अनोखा तान्त्रिक—सभी अपनी स्थानीय विशेषता के साथ उकेरे गये हैं। ये तमाम चित्र तत्कालीन बंगाली ग्राम्य जीवन की प्रामाणिक झाँकी भी उपस्थित करते हैं। नलों में लगे पाइप के नीचे नहाती भैंसें, कंचे खेलते बच्चे, मेले-ठेले और लोक उत्सवों के जो चित्र हरेन दास ने उकेरे हैं, वे निश्चय ही तत्कालीन समय के दस्तावेज़ी चित्र हैं। उनके यादगार चित्रों में 'केदार यात्रा' (1984) का विशेष उल्लेख किया जाता है, जो जोख़िम से तो भरी थी ही, लेकिन उनके उत्साह में इसमें कोई कमी नहीं आयी। इसे उन्होंने अपने रेखांकनों के साथ छापाचित्रों में और भी जीवन्त बनाकर प्रस्तुत किया। उनमें प्रयुक्ति और अनुभव ही नहीं, मनोयोग का भी अद्‌भुत तालमेल देखा जा सकता है, जो उनकी विषयवस्तु के रचाव (Texture) को नयी ऊँचाई प्रदान करता रहा।

हरेन दास अपने अनुभवों को अपने सहयोगियों और छात्रों के संग बाँटते रहे। यही कारण रहा कि छापाकला उनके समय में प्रसिद्धि का न केवल शिखर छू सकी बल्कि सत्तर के दशक से एक चुनौतीपूर्ण विधा के नाते नयी पीढ़ी के कलाकारों के लिए भी एक समर्थ कला विधा के तौर पर स्वयं को प्रतिष्ठित कर सकी। आधिकारिक कला संस्थानों ने छापाकला एवं प्रिंटमेकिंग को एक मान्य विधा के तौर पर स्वीकृति प्रदान की।

सोमनाथ होर, लालू प्रसाद शॉ, दीपक बनर्जी, सनत कर और अमिताभ बनर्जी इस दिशा में नयी सम्भावनाओं के साथ आगे आये। चित्त प्रसाद, ललित मोहन सेन, समरेन्द्र नाथ गुप्त, वाइ. के. शुक्ल, एन.एस. जोगलेकर आदि कलाकारों ने निजी प्रयत्नों और संस्थागत पाठ्यक्रमों द्वारा छापाकला को एक समर्थ और स्वायत्त विधा के तौर पर स्थापित किया। कँवल कृष्ण और सोमनाथ होर ने अम्लांकन ही नहीं, धातु पटल पर उत्कीर्णन सम्बन्धी प्रयुक्ति में उत्तरोत्तर अभिनव प्रयोग किये।

हरेन दास ने जीवन के अन्तिम समय तक इस विधा को अपनाये रखा। उन्हें बंगाल राज्य सरकार द्वारा 'अवनीन्द्र पुरस्कार' से और रवीन्द्र भारती द्वारा भी सम्मानित किया गया था।

31 जनवरी, 1993 को इस कर्मठ, ऊर्जावान और कर्तव्यनिष्ठ कलाकार का निधन हो गया।

के. जी. सुब्रमण्यन
(1924–2016)

केरल के रमणीय उत्तरी मालाबार के एक अंचल कुतुमरम्बा में 1924 ई. में के. जी. सुब्रमण्यन का जन्म हुआ। उन्हें अपने क्षेत्र विशेष के आम लोगों को, मन्दिरों में स्थापित चित्रित काष्ठमूर्तियों को और स्वातन्त्र्य आन्दोलन की आहटों के साथ अपनी भूमिका को याद करना बेहद दिलचस्प था। वर्ष 1932 में मालाबार के समुद्री तट पर स्थित माहे (फ्रांसीसी उपनिवेश) में उनकी आरम्भिक पढ़ाई हुई। तब वहाँ कई राजनीतिक शरणागत रहते थे। उनके साथ एवं सम्पर्क के कारण मार्क्सवाद में अध्ययन की तरफ़ उनका रुझान बढ़ा। न केवल किशोरावस्था से ही रेखांकन बल्कि स्कूली जीवन से ही फ्रांसीसी भाषा और साहित्य के प्रति रुचि बाद में उनके कला चिन्तन की व्यापक परिभूमि बनी।

वर्ष 1942 में भारत छोड़ो आन्दोलन ने उन्हें भी आन्दोलित किया और छात्रों के जत्थे को नेतृत्व करने के लिए उन्हें छह महीनों की कारा यातना भी झेलनी पड़ी। भारतीय राजनीति और विशेषकर भारतीय कांग्रेस के साथ वे स्वदेशी और स्वराज की अवधारणा से जुड़े। दरअसल आसपास की राजनीतिक उथल-पुथल उन्हें क्रमशः महात्मा गाँधी के स्वराज, उनके चरखा अभियान और 'सत्य के मेरे प्रयोग' के वैचारिक और व्यावहारिक दोनों ही पक्षों की ओर ले गयी। परिणाम स्पष्ट था, पढ़ाई में अवरोध और काराबन्दी। चेतावनी के साथ जेल से छूटे तो सुब्रमण्यन मद्रास आ गये। वहीं अर्थशास्त्र में बी.ए. (ऑनर्स) की पढ़ाई पूरी की और कला सम्बन्धी चर्चा से भी जुड़े रहे।

यहीं भारत के प्रसिद्ध मूर्तिशिल्पी और मद्रास ऑर्ट स्कूल के प्राचार्य और सुप्रसिद्ध मूर्तिकार देवीप्रसाद रायचौधुरी से सुब्रमण्यन की मुलाक़ात हुई। उन्हें कला सम्बन्धी अध्ययन ज़ारी रखने की सलाह दी गयी—जो भारत में सर्वथा नया और अछूता क्षेत्र था। नन्दलाल बसु से हुई भेंट और उन्हीं के आग्रह पर वह 1944 में शान्तिनिकेतन के कला भवन में कला अध्ययन के लिए आ गये।

सुब्रमण्यन के कला जीवन की सक्रियता 1946 से आरम्भ हुई जब वह दिल्ली आ गये। यहीं उनकी कलात्मक अभिरुचियाँ कला-निर्मितियों में परिणत हुईं। वे यहाँ विभिन्न कला संस्थाओं की गतिविधियों—विशेषकर दिल्ली शिल्पी चक्र से रचनात्मक तौर पर जुड़े। बाद में वह कला संकाय, एम.एस. विश्वविद्यालय, बडोदरा में कला अध्यापन करते रहे। यहाँ उन्होंने कई स्तरों पर कला अध्ययन एवं कला संवर्धन सम्बन्धी कार्य किया। इसके बाद वह आल इंडिया हैंडलूम बोर्ड में विभिन्न कार्य योजनाओं से जुड़े रहे। पारिवारिक जीवन (श्रीमती सुशील ज़सरा, कलाकार और संस्कृतिकर्मी से विवाह

एवं पुत्री उमा का जन्म) की व्यस्तता के बीच उन्होंने देश-विदेश की कला-यात्राएँ भी कीं। इस दौरान भारत के शीर्षस्थ कलाकारों से सीधा परिचय एवं संवाद उनकी विशेष उपलब्धि रही।

सुब्रमण्यन ने शान्तिनिकेतन में ही इटालियन शैली की भित्ति या दीवार चित्रांकन पद्धति 'फ्रेस्को बुओनो' में दक्षता प्राप्त की। बिनोद बिहारी मुखर्जी द्वारा अंकित हिन्दी भवन का विराट पैनल (भारतीय सन्त मनीषा से सम्बन्धित) इस पद्धति का अप्रतिम निदर्शन है। सुब्रमण्यन ने इस कार्य में बिनोद दा की सहायता की थी। इस कार्य में मिली दक्षता से उन्हें व्यापक प्रसिद्धि एवं स्वीकृति मिली। इसमें उन्होंने बाद में कई देसी प्रयोग भी किये थे। पचास-साठ के दशकों में उन्होंने तर प्लास्टर सतह पर रंगों के सीधे इस्तेमाल से कई कृतियों का निर्माण किया था, जिनकी बहुवर्णी छटा आज भी ताज़ा दिखायी पड़ती है।

शान्तिनिकेतन की परम्परागत बंगाल शैली में रचे-बसे सुब्रमण्यन ने भारतीय कला मूल्यों के साथ विभिन्न माध्यमों का अपनी अभिव्यक्ति के लिए रचनात्मक उपयोग किया। इसलिए उनके रूप—विरूप नहीं हुए, मूर्त—अमूर्त नहीं हुए और रूपाकार विकृत नहीं हुए। आधुनिकता के साथ कला में निजता के पक्षधर सुब्रमण्यन अपनी शर्तों पर कला सृजनरत रहे। लम्बे समय तक धैर्य और अध्यवसायपूर्वक वह अपनी शैली को लगातार माँजते रहे। इसमें उन्होंने विषयानुरूप प्रयोग और माध्यमगत परिवर्तन भी किये। किसी होड़ या दौड़ में के.जी. सुब्रमण्यन अकारण और अन्यथा कभी सचेष्ट नहीं हुए। भारतीय कला की मुख्यधारा—जो धीरे-धीरे प्रतिष्ठानवादी और पेशेवर कलाकारों और फिर बाज़ार से जुड़ी—उसमें वह कभी शामिल नहीं हुए। कई वर्षों तक उनकी कृतियों के समुचित मूल्यांकन में बरती गयी कलाविदों और कला समीक्षकों की सायास चुप्पी से स्पष्ट है कि बेहद संवेदनशील समझा जानेवाला कला संसार उदासीन ही नहीं, निर्मम भी है।

लेकिन इन सबसे बेफ़िक्र और बेपरवाह सुब्रमण्यन कला चिन्तन एवं सृजन में डूबे रहे। रवीन्द्रनाथ के प्रति प्रणति के रूप में और शान्तिनिकेतन में बिताये गये अपने वर्षों के प्रति कृतज्ञता जताते हुए सुब्रमण्यन ने रवीन्द्र जन्मशती वर्ष 1961 में, आल इंडिया हैंडलूम बोर्ड की एक प्रदर्शनी में रवीन्द्रनाथ की नाट्य कृति 'राजा' (अंग्रेज़ी में *किंग ऑफ़ द डार्क चेम्बर*) की प्रस्तुति के लिए वस्त्र और मंच-सज्जा की थी। यह गुरुदेव रवीन्द्रनाथ को एक समर्पित कलाकार का यथोचित उपहार था।

इसके तुरन्त बाद लखनऊ के रवीन्द्रालय के लिए वर्ष 1963 में पॉलिश्ड टेराकोटा विधि से (274X2469 से.मी.) कोई बयासी फ़ीट का विशल पैनल जो 'राजा' *(किंग ऑफ़ द डार्क चेम्बर)* पर ही आधृत था, निर्मित किया था। अपनी अशेष भावांजलि के तौर पर इस अनूठी और अलंकृत संरचना के लिए सुब्रमण्यन ने आयताकार, गोलाकार, तिकोने और सीधे—ज्यामितिक खण्डों का खुलकर विनियोग किया था। इस प्रविधि का अनुकरण करते हुए बाद के कलाकारों ने प्रचुर कृतियाँ बनायीं।

"संरचना को लेकर सुब्रमण्यन की दृष्टि सदा अनुशासित रही है। उनकी रुचि मुख्यतः रूपाकार को सरल बनाने में रही है, जो एक्रिलिक शीट्स पर बनाये गये उनके बाद के चित्रों में देखी जा सकती है। ऊपर से सरल लगने वाले ये चित्र विभिन्न चाक्षुष रीतियों की खोज का परिणाम हैं और एक कलाकार के नाते यह उनकी निजी खोज-यात्रा कही जा सकती है।"[1]

सुब्रमण्यन की समय-समय पर पुनर्नवा या नवोन्मेषी शैली का साक्षात्कार उनकी निर्मित कृतियों में देखा जा सकता है। 1969-72 के दौरान कला भवन में कला समालोचना (आर्ट क्रिटिसिज़्म) के साथ-साथ टेराकोटा विधा में उनके अभिनव प्रयोगों को उनके प्रेक्षकों ने बहुत सराहा था। यही नहीं, एक कला चिन्तक के नाते 'आर्ट एंड चेंज' और 'मॉडर्न आर्ट इन इंडिया एंड द वेस्ट'-जैसे विषयों पर उनके सुचिन्तित और विद्वतपूर्ण व्याख्यानों ने कला प्रेमियों में कला की नयी समझ पैदा की।[2]

उनके द्वारा मिट्टी से बनी और देसी भट्ठी में पकी टेरा-कृतियों ने न केवल कला भवन, शान्तिनिकेतन में बल्कि सम्पूर्ण कला जगत में सनसनी-सी फैला दी थी। टेराकोटा की इस प्रचलित विधा में मूर्तिकला के द्विआयामी प्रभाव को सुरक्षित रखते हुए, सुब्रमण्यन ने चौकोर और चौरस शतरंजी ख़ानों-जैसे अलग-अलग ब्लॉकों को जोड़कर अनोखी दृश्यावली निर्मित की थी। हालाँकि इसके पहले चित्रों में वे यह प्रयोग आज़मा चुके थे लेकिन वर्ष 1971 में इस रचनात्मक उपक्रम को आगे बढ़ाते हुए उन्होंने 'रिलीफ़' विधा के अन्तर्गत मिट्टी से बनी और पकाई गयी टेराकोटा निर्मिति के साथ एक नये अभियान की शुरुआत की। वैसे भी रिलीफ़ विधा में रूपाकृतियाँ गढ़ना और परम्परागत ढंग से मूर्तियाँ बनाना शान्तिनिकेतन कला विभाग के लिए पाठ्यक्रम का अनिवार्य अंग था। हालाँकि यह कला विधा अपने दुहराव और अनुकृति के कारण बासी पड़ती जा रही थी। लेकिन इसे नया रूपाकार देते हुए और ख़ास पैटर्न में गढ़ते हुए सुब्रमण्यन ने अपने जादुई रचना संसार में एक ऐसा भावोद्दीपक आयाम जोड़ा था, जिसका प्रभाव आज तक कलाविदों की स्मृति में सुरक्षित है।

वर्ष 1970-71 बांग्लादेश के मुक्ति संग्रामियों के लिए 'करो या मरो' का समय था। इस आन्दोलन को बर्बरतापूर्वक कुचलने के लिए उनकी अपनी ही पाकिस्तानी सरकार ने सैन्य संसाधनों और अमानवीय कृत्यों का जैसा सहारा लिया था—वह इतिहास की भयंकर त्रासदियों में एक है। उन दिनों सुब्रमण्यन शान्तिनिकेतन, कला भवन से सम्बद्ध थे। शान्तिनिकेतन के आसपास का जंगली इलाक़ा और पानागढ़ स्थित सैन्य छावनी भारतीय सैनिकों की उपस्थिति से जीवन्त हो उठा था। ये सैनिक मुक्ति संग्रामियों के आन्दोलन की सहायता के लिए मुस्तैद थे। इनकी आमदरफ़्त तथा बूटों की आवाज़ें तब हम आश्रमवासियों को रोमांचित कर जाती थीं।

यह बात अवश्य ही हैरान करनेवाली है कि सुब्रमण्यन निर्मित इस बेहद समयोचित कृति का तत्कालीन कला समीक्षकों द्वारा तब कोई ख़ास नोटिस नहीं लिया गया। लेकिन आत्म प्रचार से दूर सुब्रमण्यन ने इसके मूल्यांकन के लिए आनेवाले समय की प्रतीक्षा करना ही उचित समझा। उन्होंने इस बर्बर समय और अमानवीय कृत्य की भरपूर नोटिस लेते हुए टेरा-कृतियों के माध्यम से उन त्रासद क्षणों को व्यंजनात्मक ढंग से प्रस्तुत किया गया था। इनमें बांग्लादेश की तत्कालीन ऐतिहासिक पृष्ठभूमि में मानवीय त्रासदी के सटीक और सांकेतिक बिम्ब बेहद प्रभावी ढंग से उकेरे गये थे। एक गुणा एक (1×1) फ़ीट के आयताकार पटल और गीली मिट्टी की मोटी-पतली पट्टियों से जोड़कर या थोपकर बनायी गयी यह पूरी श्रृंखला बेहद रोमांचक है। भूरी-काली-बादामी मिट्टी के सपाट पटल पर लिखी यह एक ऐसी त्रासद गाथा है, जो क्षत-विक्षत मृतकों के अंगों से पटी रणभूमि में परिणत हो गयी है।

इसमें एक ओर 'तथाकथित' सेनानायकों के आत्ममुग्ध चेहरे, सैनिकों के कटे-फटे अंग, मांस के लोंदे में तब्दील मुक्तिसंग्रामी, झूलते चीथड़े, परस्पर लिथड़ी सैनिकों की लाशें पड़ी हैं तो दूसरी ओर बनैले सूअर-जैसे दाँत निपोरते और अट्टहास करते विद्रूप चेहरे अजीब जुगुप्सा उपजाते हैं। तमंचे में फँसी चीख़ें, आँखें और चश्मे, तनी पिस्तौलें, पतलूनें, दस्ताने और चमड़े की चौड़ी पेटियों से पटी दृश्यावली वह सब कुछ बता-जता देती है—जिनका शिकार निहत्थे लोग होते रहते हैं। इस बादामी शृंखला के आगे, एक दूसरे पटल (3×3×3) में बर्बर सैनिकों द्वारा उस पाशविक और जघन्य कृत्य का अंकन है—जिसमें स्त्रियों पर ज़बरन किये गये बलात्कार द्वारा असंख्य लावारिस या नाजायज़ शिशुओं का जन्म हुआ। इस पैनल में ऊपर की ओर तने हुए शिश्न और—उसी के ऊपर वाले पैनल (ख़ाने) में योनियों से फूटते शिशु दिखाये गये हैं। आसपास के पैनलों में टँगे सैन्यवर्दी के ऊपर तमगों और मैडलों की फूहड़ नुमाइश के साथ तीन सेनानायकों का वहशियाना अट्टहास, छद्म नैतिकता, मानवीय गरिमा और जनतान्त्रिक आकांक्षाओं को नृशंसतापूर्वक छील और लील रहा है। ऐसे अभिशप्त और अवांछित प्रसंग को जिस प्रतीकात्मकता, प्रश्नाकुलता और साहस के साथ, सुब्रमण्यन ने प्रस्तुत किया, वह पाब्लो पिकासो द्वारा अंकित उनकी सर्वाधिक चर्चित कृति 'गुएर्निका' की याद दिलाता है। जब स्पेनी गृहयुद्ध के दौरान बर्बर फ़ासिस्ट सैनिक की टुकड़ी शहर को रौंदते हुए उनके स्टूडियो में दाख़िल हुई और उनकी प्रसिद्ध पेंटिग 'गुएर्निका' के सामने जाकर पूछने लगी—'यह तुम्हारी कृति है', तो बिन्दास और बेफ़िक्र कलाकार ने उत्तर दिया था—'नहीं, तुम्हारी।'

टेराकोटा पद्धति से बनीं इन निर्मितियों के अगले क्रम में, इसी शृंखला का दूसरा चरण सर्वथा एक अलग रचनात्मक मनोदशा के साथ 1978 ई. में देखा जा सकता है। यहाँ मानवीय संस्पर्श से विन्यस्त सुब्रमण्यन की टेरा-कृतियाँ अत्यन्त आत्मीय प्रतिकृतियाँ एवं छवियाँ लिए हमारे सामने आती हैं। इनमें हम एक अत्यन्त संवेदनशील, कौतुकपूर्ण और संवाद-मुखर कलाकार के एक नये अवतार से साक्षात्कार करते हैं। इनमें कटु-तिक्त और मधु-सिक्त ऐन्द्रिक अनुभव और भावाकुल रचाव का एक अभिनव संसार है, जिसका आनन्द प्रत्येक दर्शक अपनी ग्रहीता क्षमता के अनुरूप प्राप्त कर सकता है।

कला और विशेषकर आधुनिक कला भाषा या मुहावरे को नयी पहचान देने वाले सुब्रमण्यन ने निसर्ग में व्याप्त और कलाकार को सहज प्राप्त लगभग सभी भौतिक साधनों का चयन एवं अधिकतम उपयोग अपनी कला भाषा को गढ़ने के लिए किया। इसमें परम्परागत भित्ति चित्रांकन या 'म्यूरल' का विस्तार भी सम्मिलित है। साथ ही, कहीं रेत-सीमेंट मिश्रित फरमे से ढले 'रीलिफ़' भी। बालू, चूना, प्लास्टर, सीमेंट और मिट्‌टी को आकार देते हुए इस कलाकार ने अचानक काष्ठांकन भी किया। काठ के ऐसे रंगीन छापे भी तैयार किये, जिनका परम्परागत और बहुवर्णी उपयोग टेक्सटाइल या वस्त्र निर्माण के लिए होता रहा है। उनकी कला दुनिया में धीरे-धीरे काठ और मिट्‌टी के खिलौने, रस्सियों से बुनी अजीबोग़रीब लेकिन परिचित आकृतियाँ और कठपुतलियाँ वग़ैरह शामिल हो गयीं, जो हमारे समय की विडम्बनाओं और सच्चाइयों की गवाही देती रही हैं।

सुब्रमण्यन ने अपनी परवर्ती निर्मितियों में भी आश्चर्यजनक रूप से निर्मित इस 'कौतुकपूर्ण' शृंखला को ज़ारी रखा। इस प्रविधि को कलाविदों के साथ कलाजगत ने एक बार फिर सराहा और

स्वीकारा। इसमें सुब्रमण्यन ने विशिष्ट मानवीय आकृतियों को उनकी विस्मयपूर्ण मुद्रा को बड़े रोचक ढंग से प्रस्तुत किया। इस श्रृंखला को पूरा करने में उन्हें छह-सात वर्ष लग गये। इसमें मिट्टी से खेलने वाली उनकी माहिर उँगलियाँ—अपने खिलंदड़ेपन के कारण ऐसी कृतियाँ सामने लेकर आयीं—जिन्होंने मूर्तिकला सृजन को एक नया आयाम दिया। साथ ही, यह तथ्य भी दोहराया कि 'कला' अपनी ज़मीन ही नहीं बल्कि लोक चेतना से जुड़कर ही सही पहचान बना पाती है।

अपनी दैनन्दिन जीवनचर्या से हटकर अचानक परम्परागत लेकिन अपरिचित हो गये माध्यमों के सहारे कलात्मक अभिव्यक्ति उनके प्रशंसकों को चमत्कृत और रोमांचित करती रही है। तभी के.जी. सुब्रमण्यन भारतीय कला जगत के अन्यतम हस्ताक्षर के नाते सम्मान्य रहे। म्यूरल और काष्ठांकन, ग्राफ़िक्स और विभिन्न कला माध्यमों को प्रतिष्ठा देने वाले इस अद्वितीय और अनथक चित्रकार ने पिछले साठ-सत्तर वर्षों में हमारे लिए इतना कुछ सिरजा है कि आने वाली कलाकार पीढ़ी को सहसा विश्वास नहीं होगा।

मृत्यु के दो वर्ष पहले उनकी रीढ़ की हड्डी की सर्जरी हुई थी। लेकिन इस विषम एवं कष्टकर परिस्थिति में भी उन्होंने अपनी एक महत्त्वपूर्ण एवं अन्तिम कलाकृति 'वार ऑफ़ द रेलिक्स' (अवशेषों का युद्ध) शीर्षक से युद्ध के विरुद्ध अपनी प्रतिक्रिया को अभिव्यक्ति दी थी। 9 फ़ीट X 36 फ़ीट यह कृति 2013 में, साक्षी गैलरी में प्रदर्शित हुई थी। वर्ष 2016 में अपनी मृत्यु के एक माह पूर्व भी वे व्हील चेयर पर बैठकर पेंटिंग करते रहे थे।

'के.जी.'—यह नाम सुनते ही एक परम्पराधर्मी, प्रयोगशील, मूल्यवादी, आधुनिक लोककला जिज्ञासु, वरिष्ठ कलाचिन्तक और अध्यापक का सौम्य व्यक्तित्व आँखों के सामने कौंध उठता है। अपनी सहज, स्वाभाविक विनम्रता और अध्ययनशील वृत्ति से सबको प्रभावित करनेवाले के. जी. सुब्रमण्यन ने विश्वभारती पत्रिका (हिन्दी) में लेखन सहयोग भी किया था। दिल्ली की नेशनल गैलरी ऑफ़ मॉडर्न आर्ट की कला दीर्घा में उनकी कला-साधना से जुड़ा जो पुनरावलोकन प्रस्तुत किया गया, वह भारतीय कला-आन्दोलन के विभिन्न पर्वों और रोचक प्रस्थानों को साक्ष्य रूप में प्रस्तुत करता है।

पद्मश्री, कालिदास सम्मान और देशिकोत्तम उपाधि से विभूषित एवं भारतीय कला चिन्तन को विश्व में बौद्धिक पहचान देनेवाले के.जी. सुब्रमण्यन ने पाश्चात्य कला के विरोध में नहीं बल्कि उसके समानान्तर एवं समकक्ष भारतीय कला अवधारणाओं की स्पष्ट व्याख्या की। वे जीवन में कला की परिभाषा गढ़ने के साथ, सृजन में कलात्मक प्रविधियों के प्रयोग के सशक्त पक्षधर रहे। विचार और सादगीपूर्ण व्यवहार में अपनी ज़मीन से सौ फ़ीसदी जुड़े सुब्रमण्यन कला सिद्धान्तों और मूल्यों के प्रति सदाशयी और सहिष्णु होते हुए भारत की परम्परागत कला सम्पदा के संरक्षण पर विशेष ज़ोर देते रहे।

अपनी दो प्रसिद्ध लेखकीय कृतियों *मूविंग फ़ोकस* (1978) और *द लिविंग ट्रेडिशन* (1987) में वे कलाकारों को उन प्रतिश्रुतियों के प्रति आगाह करते रहे हैं, जो सामयिक एवं समीचीन हैं। साथ ही, वे उन्हें सतर्क भी करते रहे कि वे अपने सृजन कर्म में एकदम परम्परा-विरुद्ध, विषम एवं विरूप न हो जायें। उनके सुचिन्तित तर्क कलाविदों और कला अध्येताओं को सदैव आश्वस्त करते थे,

इसलिए उनको सुनना और उनके लिखे को पढ़ना हमेशा उपयोगी हुआ करता था। 'आधुनिक कला' या 'भारतीय कला में आधुनिकता'-जैसी बहस को वे एक सीमा तक ही सार्थक एवं स्वीकार्य मानते रहे कि 'वह एक नयी सांस्कृतिक संस्थिति थी—कोई मूल्य या मुद्रा नहीं।'[3]

बुधवार 29 जून, 2016 को 92 वर्ष की आयु में के. जी. सुब्रमण्यन का निधन भारतीय कला जगत के लिए अपूरणीय क्षति तो थी ही, भारतीय कला की ऐतिहासिक-यात्रा के एक उज्ज्वल पक्ष का दुःखद अवसान भी। वे वर्तमान समय में शान्तिनिकेतन से सम्बद्ध सर्वाधिक प्रतिष्ठित और प्रतिनिधि हस्ताक्षर थे। इसे एक तरह से वहाँ की समृद्ध कला परम्परा के गौरवपूर्ण अध्याय का समापन भी कहा जा सकता है।

सन्दर्भ

1. *भारत की समकालीन कला : एक परिप्रेक्ष्य* : प्राणनाथ मागो, पृ. 158
2. यह लेखक का सौभाग्य है कि वह उन दिनों शान्तिनिकेतन में एक शोध अध्येता था और श्री सुब्रमण्यन से अनौपचारिक बातें होती रहती थीं।
3. "I never thought of modernism as a value or manner, only a new cultural situation." Art Heritage, No. 10

जहाँगीर सबावाला
(1922–2011)

वर्ष 1951 में जहाँगीर सबावाला ने मुम्बई में अपनी पहली चित्र प्रदर्शनी लगायी थी। उस समय वह युवा ही थे और अपने निधन के कुछ पूर्व तक यानी साठ से अधिक वर्षों तक कला-साधना में निरत और निरन्तर सक्रिय बने रहना भारतीय परिदृश्य में अवश्य ही चुनौतीपूर्ण कहा जा सकता है। भारतीय कला, विशेषकर चित्रकला के क्षेत्र में, और इसमें आये बदलावों के बीच निरुद्विग्न भाव से और पूरी तन्मयता से कार्यरत सबावाला के विपुल एवं वैविध्यपूर्ण कार्य का अभी भी मूल्यांकन होना शेष है।

1922 ई. में जन्मे सबावाला ने मुम्बई विश्वविद्यालय से स्नातक की पढ़ाई की और बाद में यहीं के जे.जे. स्कूल ऑफ़ आर्ट (1942-44) में कला अध्ययन किया। इसके बाद उन्होंने लन्दन के 'द हिथर्ले स्कूल ऑफ़ आर्ट' में तीन वर्षों तक कला की शिक्षा पायी और फिर कला का मक्का कहे जानेवाले पेरिस में 1948 से 1957 तक विभिन्न कला संस्थानों, स्टूडियो और कलाकारों (की कार्यशालाओं) से जुड़कर चित्रकला सम्बन्धी आधुनिक आन्दोलनों एवं प्रवृत्तियों के अनुरूप कार्य करते रहे। 'दे ग्रां.प्री. देलपेंत्युर दे मोनाको' (1949) से लेकर पेरिस और फिर मुम्बई (1951) की चित्र प्रदर्शनियों में आरम्भिक सहभागिता करते हुए सबावाला के जीवन में सम्भवतः ही कोई वर्ष ऐसा बीता हो, जब उनकी कहीं-न-कहीं एकल प्रदर्शनी न हुई हो या देश-विदेश की प्रसिद्ध गैलरियों या प्रदर्शनियों में उनकी कृतियों ने हिस्सेदारी न निभाई हो। ऐसी प्रदर्शनियों एवं आयोजनों से उन-जैसे कलाकारों की रचनात्मकता को उद्दीप्त करने में जहाँ सहायता मिलती रही, वहाँ उन्हें इस चुनौती के लिए भी तैयार रहना पड़ता था कि उनकी कृतियाँ अन्यान्य कलाकारों की कृतियों से अलग दीखें और भीड़ में खो न जायें। इन आयोजनों एवं उपक्रमों के दौरान हर रचनाशील कलाकार अपनी कृतियों के आलोक में स्वयं अपना सन्धान इसलिए भी करता रहता है कि वह अपने देशकाल और प्रश्नाकुल समय के साथ कितना जागरूक है। उसकी कृतियाँ या निर्मितियाँ परिवर्तित समय के बावजूद कितनी सफल और सार्थक बन पड़ी हैं।

सबावाला अपनी युवावस्था के दौरान अपने चित्र 'शिरीन' (शबीह, 1949) एवं अपनी आरम्भिक कृतियों 'लीव्स ऑफ़ ए वायलिन', 'नीला और सफ़ेद', 'खिड़की के पास रखी मेज़' (1950-52) के लिए विशेष चर्चित हो गये थे।

पेरिस में अध्ययन एवं अभ्यास के दौरान उन्होंने कला स्टूडियो में निर्वसनाओं के पेंसिल रेखांकन भी बनाये। तब उनमें एक तरह की भारतीय और युवोचित झिझक के साथ अस्पष्टता एवं अपरिक्वता

भी दीखती थी। लेकिन 1954-55 से 1964-65 ई. तक तैलरंग से बने उनके चित्र विषयवस्तु और नवीन प्रयोगों के साथ निरन्तर आगे बढ़ते चले गये। 'ए विलेज गैदरिंग', राजस्थान (1956) से ही पता चल जाता है कि पश्चिम के कला-स्कूलों या आन्दोलनों के प्रभाव में सबावाला ने भले ही काफ़ी कार्य किया हो, लेकिन भारतीय परिवेश और उसके विशिष्ट स्वभाव को वह अच्छी तरह समझते थे। यहाँ उनका 'शहरीपन' या आभिजात्य कहीं नज़र नहीं आता और उनके रंगों का चयन ठेठ राजस्थानी मिज़ाज से मेल खाता दिखायी पड़ता है। हालाँकि प्रयोगशील सबावाला इस मानसिकता से जल्द ही मुक्त हो गये और 'रूपधर्मी', 'प्रत्यक्ष' या वस्तु को महत्त्व न देते हुए उनसे जल्द ही पीछा छुड़ाकर आगे बढ़ गये। अब उन्हें उन विषयों की तलाश थी जो 'आत्मगत' प्रतीत हों। यह सबावाला के कलाकार का निर्माण या संघर्ष काल था, जब वे विभिन्न प्राकृतिक परिवेश को बड़ी गहराई से आँकने का प्रयास करते रहे। कभी निर्जन सागर तट, कभी सागर वक्ष पर तैरती नौकाएँ, कभी झुलसा आकाश, कभी उफनती नदी-धारा, कभी उद्विग्न प्रपात और कभी चट्टानों में फँसे पेड़। लेकिन छाया के मुक़ाबले प्रकाश या उजास उनके चित्रों में कहीं अधिक मुखर रहा। प्रकाश के कई स्तरों (शेड्स) को अपनी तूलिकाओं से वे जीवन्त और प्रभावी बनाते चले गये।

इन विषयों पर एकाधिक संरचनाओं में रंगों की सादृश्यता के बावजूद, उनमें संयोजनगत दोहराव कहीं नहीं दीखता। दूसरे शब्दों में, विषयों के चयन में उनकी सतर्कता देखी जा सकती है। सबावाला में, चटख रंगों का प्रयोग कम-से-कम होता है। इसलिए उनके रंग कैनवस को अधिक गम्भीर और विस्तीर्ण बनाये रखते हैं। आकाश, समुद्र, बादल, पर्वत, प्रपात, भू-दृश्य, क्षैतिज विस्तार, सुदूर यात्रापथ और आकाशीय देवदूत तथा परिन्दों की उड़ान-जैसे विषयों के चयन से स्पष्ट है कि वे कैनवस के सीमित आकार को एक उन्मुक्त आकाश और हर यात्रा को एक निर्बन्ध दिगन्त देना चाहते थे। उनकी यह रूमानियत नीले, काले, गंदुमी, भूरे, कलौंछ, मटमैले और कभी-कभी बैंगनी रंगों के बीच से गुज़रते आलोक से रूपायित होती है। सबावाला के चित्र-पटलों में उजास की यह सतर्क भूमिका जितनी सहज दिखायी पड़ती है, उतनी ही वह संश्लिष्ट होती है। गहरे काले, भूरे परिवेश में नीले, गंदुमी और फीके हरे के साथ सफ़ेद रंग और 'क्यूबिस्टिक' प्रभाव वाले 'गोल्डेन फ़्लाइट' (1963) और 'द फ़्लाइट' (1964)-जैसी कला-निर्मितियों में प्रकाश और ऊर्जा का सन्तुलन एक साथ देखा जा सकता है। इसमें सुनहले पीले, हल्के नारंगी के साथ कंजे रंग का अद्भुत एवं वृत्ताकार संयोजन किसी का भी ध्यान आकृष्ट कर सकता है। उड़ान, यात्रा, सन्धान और यायावरी-जैसे शीर्षक सबावाला को जहाँ भटकाते हैं, वहीं उन्हें नये-नये विषय भी देते जाते हैं। इसके बाद वाले दशक में तो उनकी सक्रियता देखते ही बनती है।

'द लास्ट ट्राइब'-जैसी विशिष्ट चित्र-शृंखला (1975 के आसपास) सबावाला को एक नयी पहचान देती है। काग़ज़ी पैरहन वाले 15-16 लोग पर्वतों, शिखरों, घाटियों और निर्जन बंजरों में जैसे अपनी (जातीय) पहचान ढूँढ़ रहे हैं। अवसादपूर्ण रंगों से उकेरे गये ये चित्र सबावाला को उस विस्मृत होती जातीय पहचान और स्मृति से कटे लोगों से अनायास परस्पर जोड़ देते हैं, जो अपनी जड़ों और ज़मीनों से बेदख़ल होने को बाध्य किये गये। यह पीड़ा, उस विच्छिन्न पारसी समुदाय के

लिए आज भी विशेष महत्त्व रखती है, जिसके प्रतिनिधि चित्रकार सबावाला रहे। ये चित्र, रूपहीन और अबूझ बने देहाभासों के बावजूद बड़े प्रभावी हैं और चित्रित दिगन्त, जहाँ उनकी यायावरी को अनन्त विस्तार देता है, वहीं एक आश्वस्ति भी। 'फ़्यूजिटिव फ़ैमिली' (1971) और 'आउटवाईस टु द अननॉन (1973) से लेकर 1980 तक बनाये गये चित्रों की इस शृंखला का ऐतिहासिक महत्त्व है क्योंकि कलाकार कैनवस पर चाहे जितना भी अनुपस्थित या ओझल रहे—उसे अपने देशकाल को अपना मन्तव्य या सन्देश भी पहुँचाना होता है। उनका कहना था कि मैं शृंखला में काम करता हूँ, इसलिए लोगों को मेरे काम में विषय के स्तर पर दुहराव महसूस हो सकता है। लेकिन हक़ीक़त में हर पेंटिंग अपने आप में अलग होती है। मुझे लगता है अभी काम पूरा नहीं हुआ इसलिए, उसे फिर से बनाता हूँ।

वस्तुतः किसी भी दृश्य माध्यम की अन्तर्निहित विशेषता यह होती है कि उसमें कोई चाक्षुष अनुरोध हो। यह प्रेक्षक या दर्शक की पात्रता या ग्रहीता शक्ति के अनुरूप स्पष्ट, प्रभावी या मुखर होता है। चित्रों, मूर्तियों या ऐसी निर्मितियों का पहला दर्शक या प्रेक्षक तो स्वयं उसका सर्जक होता है। सम्भव है कि अपनी कृति से वह जो संवाद कर रहा होता है—वह उसके निजी अनुभव की ही अभिव्यक्ति हो। या फिर उसकी अनुभव शृंखला से जुड़ी ऐसी कोई नयी संरचना हो—जिसे वह रंगक्रम या छाया-प्रकाश-संयोजन द्वारा उपलब्ध करना चाह रहा हो। कठिनाई तब होती है जब कोई दर्शक रचनाकार के ऐसे किसी आशय या निहितार्थ को जाने बग़ैर सीधे किसी चित्र के सामने खड़ा हो और कलाकार के मन या रचना-मानस को समझने की कोशिश करे।

सबावाला की परवर्ती कृतियाँ, 1970 से ही अमूर्त होती जाती दीख पड़ती हैं और इन निर्मितियों को उस विशिष्ट कालखण्ड को ध्यान में रखे बग़ैर ठीक से समझा नहीं जा सकता। हालाँकि इन रचनाओं का विस्तार सुपरिचित उपादानों और ज्यामितिक 'पैटर्नों' से ही हुआ है लेकिन अपनी समग्रता में ये अधिक निरपेक्ष प्रतीत होते हैं। ये कौतूहल पैदा करते हैं—प्रभावित करते हैं लेकिन बातें नहीं करते। दर्शक इनके आदिगन्त विस्तार से चमत्कृत भी हो सकता है क्योंकि कैनवस की समग्रता को विस्तार देकर पुनः समेटनेवाली दृष्टि बहुत निकट से न्याय नहीं कर पाती।

किसी अनिश्चित अन्तराल के बाद अपनी चित्रशैलियों में परिवर्तन करना सबावाला का दिलचस्प अन्दाज़ रहा है। इसे वे कलाकार की कल्पना और उसकी संवेदना के निरन्तर विकास से भी जोड़ते हैं। इसलिए कला समीक्षकों को, स्वभावतः उन परिवर्तनों की प्रतीक्षा रहती है कि कब कोई कलाकार अभिप्रेत अन्तर्वस्तु के साथ, वास्तु या संरचना के स्तर पर रचनात्मक संयोजन करता है। और बात जब अतिरिक्त ऊर्जावान और सक्रिय कलाकार सबावाला की हो रही हो तो यह देखना और भी रोचक हो जाता है कि एक कुशल वास्तुशिल्पी की तरह, एक-एक सेंटीमीटर का हिसाब रखनेवाला यह कलाकार पूरे कैनवस को किस तरह विभाजित करता है और फिर सब कुछ संश्लिष्ट ढंग से अपने केन्द्रीय विषय या आशय को सटीक ढंग से आँकता चला जाता है।

कभी-कभी इस बात का स्पष्ट भान होता है कि सबावाला अपने कैनवस को ऊपर से नीचे या बायें से दायें कम-से-कम तीन बार तहाकर या विभाजित कर फ्रेम में जड़ते हैं। दर्शक कैनवस के

क्षैतिज या रैखिक दोनों ही प्रकार के विभाजन को निश्चित दूरी और अनुपात में बँटा देख सकता है। कभी-कभी ऊब की हद तक मोटी-पतली एवं एक-दूसरे को तेज़ी से काटती-टकराती ये रंग-रेखाएँ त्रिभुज, द्विभुज, तीक्ष्ण आकारों एवं ज्यामितिक संकेतों के साथ हमारा ध्यान आकृष्ट कर लेती हैं। रेखाओं की सत्ता को आधारभूत प्राथमिकता देना सबावाला की विशेषता या ख़ास पहचान रही है। रंगों का विनियोग उनके लिए 'सेकेंडरी' रहा है। वे कई-कई कोणों से, एक सिरे से दूसरे सिरे तक सीधी रेखाओं से ज्यामितिक आकार गढ़ते हैं और फिर अपने मूर्त या अमूर्त विषय को बड़े जतन से वांछित बिन्दु या स्थल पर स्थापित करते रहे हैं।

हालाँकि कभी-कभी रेखा-रंग और वर्ण्य-विषय की ऐसी रचनात्मक परस्परता दोहराव की तरह नज़र आती है लेकिन इसी शृंखला में रचित अगली या परवर्ती निर्मितियों में वर्ण्य-विषय के 'पैटर्न' और 'ट्रीटमेंट' में थोड़ा बदलाव लक्ष्य किया जा सकता है। इनमें कलाकार जहाँ अभिप्रेत एवं अमूर्त विषय को फ्रेम में एक निश्चित स्थान पर जड़ना चाहता है—वहाँ रेखाएँ उसे बाँधना नहीं, बल्कि मुक्त करना चाहती हैं। इस प्रयुक्ति में सबावाला ने जहाँ पिछली कृतियों की गुणवत्ता या श्रेष्ठांश को सुरक्षित रखा है वहाँ इसके साथ वे नये रेखाकारों का समायोजन भी करते चले जाते हैं। इस तथ्य के बावजूद, कलाविदों को उनकी 1980 के बाद की कृतियों में गुणात्मक परिवर्तन दिखायी पड़ता है—जब वे एक बार फिर मानवाकार आकृतियाँ—विभिन्न भंगिमाओं और मुद्राओं के साथ अंकित करते हैं। कला समालोचक प्रिया देवी का मानना है कि जहाँगीर सबावाला विषय चयन, शैली निर्वाह और एक कल्पनाशील कलाकार के नाते इस सन्धिक्षण पर सर्जना के उत्कर्ष पर हैं। उनका यह कथन 1984 का है।

'पर्दानशीन औरतें' से लेकर 'बौद्ध भिक्षु' (तिष्य) तक में अंकित चित्रों की देहभाषा, उनकी रैखिक सरलता, मुख-मुद्राएँ और उनसे व्यंजित सहज अभिव्यक्तियाँ—अपनी गम्भीर चुप्पी में भी दर्शकों से भाषाहीन संवाद करने में सक्षम हैं। इन पर्दानशीन औरतों में से एक के हाथ में गुलाब है—आशा, हर्ष और विषाद के बीच भी किसी उल्लास का प्रतीक। इस अद्‌भुत संरचना में प्रयुक्त रेखाएँ उदास रंगों के साहचर्य में संलयित होकर अतिरिक्त प्रभाव उत्पन्न करती हैं। साथ ही, समूह में खड़ी औरतों में से प्रत्येक की उपस्थिति को आवश्यक बनाये रखती हैं। इन सबके हाथों की भंगिमा, विशेषकर पर्दे में खड़ी एक युवा किशोरी की भंगिमा—उसकी निर्दोष सुकुमारता को व्यंजित करती है। अन्य चार निःशब्द और विषादयुक्त प्रौढ़ा औरतें, कुल मिलाकर इस कृति को ऐसी उदात्तता प्रदान करती हैं, जो किसी भी व्याख्या से परे है। इसे देखकर अमृता शेरगिल के प्रसिद्ध चित्र 'तीन बहनें' की स्मृति अनायास ही जग जाती है। उक्त चित्र में सबावाला ने बतौर पिछवाई या पृष्ठभूमि का रंग संयोजन उन औरतों की उपस्थिति और मानसिकता के अनुरूप ही किया है, ताकि चित्र का केन्द्रित 'मूड' अपने संवेगों के साथ पूरी सघनता के साथ अभिव्यक्त हो।

जीवन के अन्तिम कुछ वर्षों में भी सक्रिय सबावाला की रचनाओं में प्रकाश के साथ भारी और हल्की रेखाओं का अनुयोग कहीं अधिक प्रभावी ढंग से देखा जा सकता है। कभी-कभी ये रंग और रेखाएँ अपेक्षित प्रकाश विस्तार के लिए 'स्पेस' छोड़ देती हैं। इनके इर्द-गिर्द कभी भारी, कभी हल्की

रंगपट्टी इस तरह संयोजित दिखायी पड़ती है मानो इसका संयोजन 'इनले' या 'एप्लिक' की तरह किया गया हो। ये पट्टियाँ या रंगों की तीखी किरणें सबावाला के कुछ पिछले कामों की याद दिलाती हैं, जो वे 'क्यूबिज्म' के प्रभाव में पचास और साठ के दशकों में और बाद में भी करते रहे हैं। प्रकाश को बतौर एक 'थीम' की तरह प्रस्तुत करने का आग्रह कभी-कभी उनके सीमित या सामान्य आकार वाले कैनवस के साथ, बड़े-बड़े आदमक़द कैनवस की उपस्थिति द्वारा सामान्य कक्ष को भी दर्शक दीर्घा में परिणत कर देती है। ऐसा प्रतीत होता है कि कलाकार द्वारा प्रयुक्त रंगधारा कलाकार के संवेगों के साथ—बाहर से नहीं, कैनवस के अन्दर से एकबारगी फूट कर झरते प्रकाश की रौ में बह रही हो। प्रकाश की भूमिका तब कैनवस को सचमुच असीम और असामान्य बना देती है। रंग और प्रकाश का यह स्फोट इसी कालावधि (1968-76) की निर्मितियों में विशेष रूप से लक्ष्य किया जा सकता है। तब यही प्रतीत होता है कि इस रंग निर्झर को बाँधने में कोई उपादान सक्षम नहीं और सर्जक भी अपनी कृति के सम्मुख निरुपाय नज़र आता है।

कुछ ऐसा ही मिलता-जुलता प्रभाव तीन बौद्ध शिष्यों या भिक्षुओं पर केन्द्रित चित्र में स्पष्ट है, जिसमें एक शिष्य के हाथ में बोधिवृक्ष का पौधा है। इन तीनों के मुखमण्डल (घुटे सिर के साथ), हाथ और पैर हल्के और फीके रंगों से आँके गये हैं लेकिन इन पर उजास बिखेरते रंगों से, एक ऐसी दिव्य प्रशान्ति फूट पड़ रही होती है—जो इन भिक्षुओं के गहरे रंग वाले चीवर की स्याह सघनता को और भी प्रभावी बना देती है। ऐसा प्रभाव अनायास उत्पन्न नहीं होता। यहाँ सबावाला एक बार फिर पूर्व में अर्जित 'इम्प्रेशनिज़्म' की ख़ूबियों की ओर लौटते हैं, जो वे काफ़ी पीछे छोड़ आये थे। इसी क्रम में वे उन अमूर्त और वायवीय आकारों या देहाभासों को भी विदा करते दीख पड़ते हैं—जो कभी-कभी छद्म सरीखे प्रतीत होते हैं।

सबावाला यह स्वीकारते रहे हैं कि मनुष्यों, पेड़ों, बादलों या पर्वतों को आँकते हुए भी, कलाकार को इनके चिर-परिचित आकारों एवं सम्बद्ध प्रतीतियों के साथ उनके प्रभावों का अतिक्रमण करना पड़ता है। इसलिए एक चित्र (पिक्चर) की तुलना में 'पेंटिंग' का बहुत अधिक महत्त्व होता है। हालाँकि यह एक कल्पनाशील कलाकार की रचनाधर्मिता पर निर्भर है कि वह इसे कैसे अनुसृजित करता है। शायद वे यह बताना चाहते हैं कि एक सार्थक अनुसृजन मूल सृजन को कैसे अतिक्रांत करने की क्षमता रखता है। वस्तुतः किसी भी पेंटिंग की सार्थकता, सबावाला के अनुसार, केवल संयोजन, रंग-न्यास या 'पैटर्न' से सुनिश्चित नहीं होती बल्कि कलाकार के संवेग (इमोशन) एवं संचेतना (स्पिरिट) तथा उसकी ऊर्जा (एनर्जी) और अभिगम (एटिच्यूड) की समग्रता से निर्धारित एवं प्रतिरूपित होती है। ऐसी निर्मित्त अपने आप में स्वायत्त होती है, भले ही पूर्ण न हो।

सम्मान, प्रसिद्धि, कलाकारों के बीच स्वीकृति पानेवाले और परिपूर्ण जीवन जीनेवाले जहाँगीर सबावाला नब्बे वर्ष की आयु में 2 सितम्बर, 2011 में संसार से विदा हो गये।

रामकुमार
(1924–2018)

रामकुमार का जन्म 1924 ई. में शिमला में हुआ। चित्रकला में रुचि एवं अभ्यास के बावजूद, उन्होंने रचनात्मक लेखन के क्षेत्र में भी अपनी गति बनाये रखी। साथ ही, सेंट स्टीफ़ेन्स कॉलेज, दिल्ली विश्वविद्यालय से अर्थशास्त्र में एम.ए. किया और फिर सुप्रसिद्ध चित्रकार शैलोज मुखर्जी से चित्रकला की शिक्षा भी प्राप्त करते रहे। जीविका हेतु बैंक में नौकरी करते हुए वे पेरिस पहुँचे और वहाँ 1949-51 में आन्द्रे ल्होत और फर्नांड लेगे से कला शिक्षा प्राप्त की। पेरिस-प्रवास उनके जीवन का महत्त्वपूर्ण कला प्रस्थान बना। लेकिन संवेदना के स्तर पर वह अब तक लेखन और चित्रांकन—दोनों में एक-जैसी मानसिकता को प्रतिरूपित कर रहे थे, जहाँ विस्थापन, शरणार्थी समस्या, दुःख, अवसाद और अपमान झेलते परिवार के पात्र खुद से संघर्ष कर रहे होते थे। यह एक तरह से ऐसे कलाकार का निसर्ग से सायास पलायन ही कहा जायेगा जो प्रकृति के बीच, शिमला-जैसे रमणीक परिवेश में पैदा हुआ हो।

रामकुमार की आरम्भिक और आकृतिमूलक कृतियाँ—'परिवार', 'स्त्री', 'दो बहनें', 'सपना', 'शहर' और 'अलविदा' आदि उन्हीं विस्थापित लोगों की पीड़ा, घर और शहर से उजाड़े गये अभिशप्त शरणार्थियों की जद्दोजहद और फिर से खड़ा होने के संघर्ष को आँक रही थी। यही कार्य वे क़लम और कूची दोनों से साथ-साथ कर रहे थे। अपनी कुछ कहानियों में और 'घर बने घर टूटे' उपन्यास में उन्होंने पाकिस्तान समेत पूरे पंजाब और विस्थापन से टूटे-छूटे समाज और परिवार के संघर्ष, संत्रास एवं अभाव का चित्रण किया था।

रामकुमार ने देखते-ही-देखते बड़ी ख़ामोशी और बिना किसी दबाव के, कैनवस पर अवतीर्ण असम या विषम रंगों की पट्टियों को अपने तूलिकाघातों से सजीव बना दिया। इनमें उनके मनोभावों के उतार-चढ़ाव को देखा जा सकता है। विभिन्न रंगों के साथ मनोभावों का यह तालमेल या सम-संगत उन्होंने अपने दीर्घ अध्यवसाय से अर्जित किया था।

वर्ष 1960 में पहली बार रामकुमार मक़बूल फ़िदा हुसेन के साथ बनारस गये थे और वहाँ उन्होंने रेखांकन और चित्र भी बनाये थे। वहाँ प्रेमचन्द नामक व्यक्ति की हवेली की खिड़की से रामकुमार गोधूलि वेला में लौटती गायों को निहारते रहते, जिनके पीछे हल्के मलमल की तरह धूल उड़ा करती। बनारस की जीवनशैली ने उन्हें एक दूसरी ही रंग-पट्टी पढ़ाई, यानी उन फीके, उदास, पांडुर, भूरे, धूसर रंगों से परिचित कराया, जो परम्परागत और परिचित रंगों से अलग थे। बनारस की विधवाओं के जीवन को निकट से देखकर और उन्हें चित्रित करते हुए, न केवल उनका चित्रकार प्रबल हुआ बल्कि उनका आत्मबोध भी परिष्कृत हुआ। यही कारण था कि

जब भी उन्हें अवसर मिलता वे बनारस जाने से नहीं चूकते थे। हुसेन बनारस में पन्द्रह दिनों से अधिक नहीं रुक सकते थे जब कि रामकुमार वर्षों पर्यन्त वहाँ के बारे में बातें कर सकते थे। ऐसा दोनों की अलग-अलग स्वभावगत रुचियों के कारण था। बनारस प्रवास ने उन्हें अपने बहुविध मनोभावों को रंगों में अभिव्यक्त करने का अवसर प्रदान किया। वे तब वहाँ कभी-कभी ठहरी और शान्त गंगा और किनारों पर सुस्ताती नौकाओं के साथ बैठकर, उन सुनसान घाटों से संलाप कर सकते थे। संवाद के ऐसे ही कुछ टुकड़े विभिन्न रंग और अमूर्त रूपाकारों के साथ उनके रंग-पटल और स्मृति-पटल पर अवतीर्ण एवं अंकित हुए। हालाँकि वे इसके पहले 'उदास शहर' (Sad Town) में बनारस की बस्तियों के झोंपड़े और झुग्गियों का जीवन अपने चित्रों में उकेर चुके थे। 1968-69 में अंकित 'नौकाएँ' (Boats) की गिनती उनकी श्रेष्ठ निर्मितियों में होती है। इसमें प्रयुक्त गहरे हरे, नीले और फ़िरोज़ी रंगों के मिश्रण ने ऐसा सघन प्रभाव उत्पन्न किया कि वह जागतिक नहीं, बल्कि आधिभौतिक प्रतीत होता है।

'वाराणसी और मेरे चित्र' शीर्षक अपने संक्षिप्त आलेख में बनारस की पहली यात्रा से जुड़े अनुभवों के बारे में उन्होंने बताया है कि वे वहाँ कुछ काग़ज़, ब्रश और काली जापानी स्याही और मोमी खड़िया (पेस्टल) लेकर ही गये थे। जब वे शाम को घाटों से थककर लौटते तो स्केचों के आधार पर काग़ज़ों पर काली स्याही और मोमी खड़िया से कुछ ड्रॉइंग्स बनाया करते। मोमी खड़िया काग़ज़ के जिन स्थानों पर घिस दी जाती, वहाँ काली स्याही अपना रंग नहीं जमा पाती। इसका तात्कालिक परिणाम उतना ही निकलता, जितना कि एचिंग या लिथोग्राफ़ में निकलता है। उनके ही शब्दों में, "वाराणसी जाकर ऐसा लगा जैसे आँखों को जो दिखायी दिया, उसके आधार पर कितने ही नये तरह के कम्पोज़िशन बिना किसी कठिनाई के काग़ज़ और कैनवस पर उतारे जा सकते हैं...घाटों पर बनी सीढ़ियों की अन्तहीन क़तार, जैसे नीचे मकान, मन्दिरों और विशाल प्रासादों की दीवारें, खिड़कियाँ, विचित्र डिज़ाइन...जिन पर समय ने रेखाओं और रंगों द्वारा अपने चिह्न छोड़े हैं...गंगा की धारा, बालू के फैले हुए तट और नावें...लेकिन इस सामग्री के साथ मन के भीतर भी जो अनुभूति हुई, उसका गहरा प्रभाव आँखों में देखे दृश्यों पर पड़ना अनिवार्य था... ।"[1]

लेकिन रामकुमार आगे जो अंश जोड़ते हैं, वह उनके परवर्ती सृजन-कर्म का अविच्छेद्य अंग बना। "कहीं कुछ सीढ़ियाँ, कहीं कुछ नावें, कुछ दीवारें और खिड़कियाँ, कहीं एक पुल और बालू का मैदान। मात्र आकृतियाँ ही नहीं थीं लेकिन मनुष्य के अस्तित्व और उसकी नियति का इतिहास बनाये रखने की चेष्टा थी। स्पष्ट रूप से सब कुछ एक यथार्थवादी ढंग से रख देना कला का उद्देश्य नहीं जान पड़ा। दर्शक की दृष्टि जिन आकृतियों से परिचित है, उससे परे उसे ले जाना आवश्यक है, जहाँ वह देखी हुई आकृतियों से कुछ ऊपर उठ सके।"[2]

रामकुमार 1963-64 तक अभ्यासपूर्वक निर्मित आकृतिमूलक काम छोड़कर अमूर्तन की ओर बढ़ चुके थे। वे अब तक बेकार और हताश मध्यवर्गीय युवक, शरणार्थी और अपने-अपने घरों और गलियों में दुबकी और सहमी आकृतियों के चितेरे थे और इसीलिए तब उन्हें 'अर्बन मेलंकली' (शहरी अवसाद) का चित्रकार समझ लिया गया। हालाँकि अमूर्तन अंकन के दौर में उनकी ये आकृतियाँ विदा हो गयीं। लेकिन उनकी निजी परिभूमि अवश्य ही एक दूसरे स्तर पर सुरक्षित रही और जिसे व्याप्ति मिली बनारस चित्र-शृंखला में। रामकुमार के ही शब्दों में, "उन दिनों बनारस का प्रभाव इस तरह से मन और दिमाग़ पर छाया हुआ था कि दिल्ली के स्टूडियो

में बैठकर ख़ाली कैनवस पर जब चित्र बनाना शुरू करता तो अधिकतर बनारस के घाट, मन्दिर, गंगा के जल का विस्तार, तट पर लगी नावें—उभरकर आ जाते और मैं उस प्रवाह को रोक नहीं सकता था। जापानी रंग और मोम के साथ काग़ज़ पर बनारस के अनगिनत चित्र बनाये, जिनके न फ़ोटो मेरे पास हैं और न ही उन लोगों के नाम मालूम हैं, जिन्होंने वे ख़रीदे।"[3] बावजूद इसके, रामकुमार का यह स्वगत कथन कि 'मैं चाहता हूँ कि मेरी कला में 'कुछ भी घटित' न हो।' निश्चय ही, यह उक्ति उनकी कला को, सीमित शब्दों में ही सही, परिभाषित करती है। इसका निहितार्थ यही है कि वह नहीं चाहते कि उनकी कला यात्रा किसी पूर्व निर्धारित लीक पर चले। उसे किसी तत्काल घटित प्रसंग या स्थिति से जोड़कर देखा जा सके। या फिर उनके कार्य की निरन्तरता और रचना-प्रकृति को विभाजित कर उन चित्रों की आवयविक उपस्थिति को अलगाकर देखा जा सके। ऐसा भी नहीं है कि उन पर समय का, स्थितियों का या परिवेश का प्रभाव नहीं पड़ा लेकिन यह उनके सृजन कार्य का अन्तरंग अंग बनकर ही व्यंजित हुआ।

पचास के दशक में रामकुमार ने शहरी जीवन से जुड़े कुछ कठोर (Stark) अनुभवों को अपनी छवियों में उकेरा था। उनका 'तरबूज विक्रेता' इस प्रसंग में उल्लेख्य है। लेकिन 'बनारस सीरीज़' के बाद उनके चित्रों ने शहरी जीवन का अतिक्रमण करते हुए, उनके मानस में विद्यमान भू-दृश्यों को परिमार्जित किया। यह एक तरह से उस प्रकृति की ओर लौटना था, जो उनकी स्मृति में रचा-बसा था—अपनी अमूर्त सत्ता और आकाश (Space) के साथ। इसे कई सन्दर्भों में स्वयं रामकुमार ने और उनके साथियों ने याद भी किया है, विशेषकर बनारस के प्रसंग में। उदाहरण के लिए यह मार्मिक टिप्पणी कि "उनके इस शहर में कोई दूसरा ही शहर धड़कता है। इसकी सड़कें मीलों दूर किसी नामालूम पड़ाव तक पहुँचा देती हैं—जहाँ कोई संकेतक (साइन बोर्ड) या मील का पत्थर तक नहीं होता, जिससे दूरी का पता चले। धूप भी नहीं होती इसलिए स्पन्दित रंग अपनी छटा बिखेरते हैं। तारों की छाँह में, धुन्ध में लिपटी किसी क़ब्रगाह पर थरथराती लौ-जैसी बनारस की सुबह। यहाँ धरा से मिलता है आकाश, जो पारभासी धुँधलके का साक्षी बन जाता है—शान्ति और सान्त्वना देते दो-तीन रंग...बस... यही हैं सम्पूर्ण रामकुमार।"[4]

रामकुमार की कला-यात्रा को बहुत नज़दीक से देखनेवाले और उस पर गहराई से विचार करनेवालों में उनके मित्र एवं कलाविद रिचर्ड बार्थोलोम्यु का उल्लेख यहाँ आवश्यक है। उन्होंने अपने लेख में 1950 से लेकर 1980 तक रामकुमार द्वारा निर्मित चित्रों की प्रकृति, प्रवृत्ति और प्रविधि की जाँच परख करते हुए उनका सावधिक विश्लेषण किया था।[5] रामकुमार की विकास यात्रा की असाधारण एवं रचनात्मक निरन्तरता की बात करते हुए उन्होंने 1950 के दशक के उत्तरार्ध में बनाये गये उन भूदृश्यों की बात की, जो धीरे-धीरे परिवर्तित होकर क़रीब पन्द्रह वर्षों तक बतौर अंतःदृश्य विद्यमान रहे। हालाँकि उनके दृश्यांकन प्रकृत्या नहीं बदले लेकिन उनमें निरन्तर परिष्कार होता चला गया। 1950 से 1954 तक और इसके बाद 1955 से 1958 और फिर 1961-62 तक बने ऐसे चित्र, जहाँ अधिक इकहरे हो गये, वहाँ जनशून्य भी होते चले गये। उदाहरण के लिए, 1958-1960 के दौरान पृष्ठभूमि में जो मानवकृतियाँ अस्पष्ट या भुतहा दिखायी देती थीं, वे एकदम से ग़ायब हो गयीं। इन्हें परवर्ती समय में, यानी 1961-1964 के दौरान घरों, गलियों, प्रतिबिम्बों, प्रतिच्छायाओं आदि को भी आभासी बनाकर प्रस्तुत किया गया। इन्हें जब आगे और भी परिष्कृत और संशोधित किया गया तो वह निकट से हटकर कहीं दूर बल्कि (सु-दूर) दृश्य में बदल गया। दृष्टिकोण और अवबोध—दोनों ही रूपों में,

उनका चित्रपटल स्वायत्त और सर्वोपरि हो गया। इसे अब अमूर्तता ने पूरी तरह आवृत कर लिया। संरचनागत प्रभावान्विति और इसकी व्याप्ति में भी बदलाव आया। रंगवैविध्य रचनेवाले उनके चौकस चाकू (स्पैचुला) अब विभिन्न कोणों से वस्तु और वास्तु—दोनों का गत्यात्मक विनियोग करने लगे। इसका सीधा असर उनकी चित्र संरचना पर पड़ा और सचल रंगों की गत्यात्मकता चित्रपटल पर मुक्तछन्द की तरह प्रसारित होने लगी। हालाँकि रचाव और रंगत के स्तर पर सर्जक रामकुमार के रचनात्मक तनाव और संघर्ष को उनके चित्रों के आलोक में ही समझा जा सकता है।

बीसवीं सदी के पहले दशक में अपने कार्यानुभव से आश्वस्त पश्चिमी चित्रकार वासिली कांदिंस्की और मूर्तिकार पाल क्ली ने अमूर्तन को एक पूर्ण विकसित कला बोध प्रदान किया था। कालान्तर में, यह सृजन के क्षेत्रों में अपने उदात्त कलात्मक मन्तव्य के तौर पर स्थापित हो गया। इन दोनों कलाकारों ने अपने-अपने ढंग से रूप विधान सुझाये, जो प्रकृति की प्रक्रियाओं का अवलोकन एवं अनुसरण करते हैं। क्ली और कांदिंस्की की गीतात्मक (Lyrical) प्रविधि को कई भारतीय कलाकारों ने अपनाया। यही नहीं, कांदिंस्की द्वारा कला में आध्यात्मिकता की उपस्थिति से उनकी कृति या निर्मिति विशिष्ट जान पड़ी। रामकुमार की परवर्ती प्रवृत्तियाँ उस प्रभाव से अछूती नहीं हैं। रामकुमार के वे चित्र, जो 1970 के बाद के हैं, वे क्रमशः अधिक आकाशीय (Spatial) होते चले गये हैं। उनका दृश्यांकन विभिन्न कोणों (Angles) और परिरेखाओं (Contours) में विस्तृत होता चला गया। यही नहीं, वह (पूर्व चित्रित) आकृतियों से सर्वथा दूर चला गया।[6]

बार्थोलोम्यु इस बात की अनदेखी के लिए हैरानी जताते हैं कि "1960 के दशक में जिन कलाकारों ने अमूर्त चित्रकला को अपनाया, राम ने भी उनकी तरह इसमें गोता लगाया लेकिन वे अन्यों की तरह कम नवोन्मेषी, कम साहसी रहे, उन्होंने पिटी-पिटाई लीक ही पकड़ी।"[7] लेकिन दूसरी तरफ़ इसे भी ध्यान में रखने की ज़रूरत है कि रामकुमार अपनी पीढ़ी के अकेले ऐसे चित्रकार हैं, जो 1960 के बाद आकृतिमूलक कला की ओर नहीं लौटे।

रामकुमार के अमूर्तन में एक ख़ास तरह का स्थैर्य है, प्रशान्ति है। अपनी तूलिका की गति, तैलरंग (अधिकांशतः मिश्रित और हलके) के सूखने की अवधि के साथ स्वयं चित्रकार अपने समय का, एक-एक सेकेंड का हिसाब रखता नज़र आता है। परवर्ती काल में, उसके कैनवस पर उकेरे गये भवन, मन्दिर, घाट, मक़बरे आदि उतने ही पुराने नज़र आते हैं, जितने कि मूल रूप से वे हैं। इन चित्रों में व्याप्त निस्संगता, स्तब्धता और ठहराव को एक वरिष्ठ चित्रकार के स्वभाव से जोड़कर भी देखा गया है और रामकुमार को जो लोग निकट से जानते हैं, वे इसके साक्षी भी हैं। लेकिन जिस प्रकार एक गम्भीर और संवेदनशील चित्रकार (रामकुमार) के अन्तरंग को जान पाना कठिन है, उसी प्रकार उनके चित्रों के निहिताशय को व्यक्त कर पाना कठिन है। वह कला के लिखित या विहित प्रविधि या प्रतिमानों से अलग अपना आत्म-विधान रचते हैं। उनके इस चित्रात्मक अनुशासन को समझे बिना दर्शक तो क्या, कलाविद या कला समीक्षक भी उनके साथ न्याय नहीं कर सकते। इसलिए किसी स्थान या स्थल विशेष का अंकन रामकुमार के लिए लैंडस्केप या सैरा मात्र नहीं, वह किसी 'देश' में स्थित स्थल (विशेष) को 'काल'—निरवधि काल में प्रतिष्ठित कर देना है।

इस दृष्टि से सुप्रसिद्ध कलाकार प्रभाकर कोलते ने बीसवीं सदी के जिन संघर्षशील चित्रकारों के बारे में अपने मन्तव्य प्रकट किये हैं, वे निश्चय ही बहुत महत्त्वपूर्ण हैं। उनके अनुसार, "रामकुमार जी ने बनारस को,

वहाँ के घाटों को, चित्रों तक पहुँचाया। शुरू से लगता था कि उनके लैंडस्केप (सैरा) हैं पर लैंडस्केप धीरे-धीरे पेंटिंग की तरफ़ बढ़ गये और पेंटिंग अधिक ऊँचाई पर पहुँचता गया। उनके चित्र उनकी प्रामाणिकता के प्रमाण हैं। वे कहीं से भी किसी प्रकार का भुलावा या छल नहीं प्रतीत होते।"[8]

रामकुमार के रेखांकनों में रूपाकार बाह्य जगत के आकारों को (उनकी बाह्य रेखाकारों को नहीं) प्रतिस्थापित करते हैं। वह किसी दृश्य का प्रतिस्थापन हैं, मात्र प्रतिनिधित्व नहीं। रामकुमार एक परिष्कृत सर्जक की तरह भू-दृश्यांकन उकेरते रहे हैं। उनके चित्र पटल की सतह किसी हठीली अमूर्तता से पाँव खींच लेती है और फिर मित्रतापूर्ण भंगिमा के साथ यथार्थमूलक प्रतिनिधित्व की ओर बढ़ जाती है।[9]

रामकुमार की अद्यतन निर्मितियाँ काग़ज़ पर एक्रिलिक से की गयी हैं। ये चित्र अपने प्रभाव में पारभासी हैं—जो उनकी निजी पहचान से जुड़े हैं। हालाँकि उनकी इस विशिष्टता को दार्शनिक आलोक में भी देखा गया, जो पार्थिव ससीमता के विरुद्ध असीमता या निस्सीमता से सम्बद्ध प्रतीत होती है। अगर साठ के दशक में बनाये गये चित्रों से इसकी तुलना करें तो हमें वहाँ फीकी उजास के साथ भूरे, मटमैले और कंजे रंग के अलग-अलग कई शेड मानो लेई से चिपकाए हुए दिखायी देते हैं। लेकिन पिछले कुछ वर्षों के दौरान यानी सत्तर के दशक में किये गये उनके भू-दृश्यों में प्रवाहपूर्ण पीला और लयबद्ध हरा रंग जिस तरह से प्रयुक्त हैं—वे उन्हें उन्मुक्त और विहंगम बनाते हैं। यह उनके दृष्टिपथ का निजी विस्तार है, जो वर्ण्य-वस्तु को इच्छित अमूर्तता प्रदान करता है।

रामकुमार की अंकन प्रविधि में बदलाव दबे पाँव आते रहे। पिछले साठ वर्षों से जितने ठहराव के साथ रामकुमार ने काम किया है—उतना कहीं भी बहुत कम देखा जा सकता है। लेकिन हमें उनकी निर्मितियों में समयगत निरन्तरता और संश्लिष्टता का बोध जितनी गहराई से होता है, उतना अन्यत्र नहीं। वर्ष 1950-54 के दौरान बने आकृतिमूलक चित्र परवर्ती वर्षों में क्रमशः विरल और इकहरे होते चले गये। उनके भू-दृश्यांकनों की पृष्ठभूमि (संजुलि केन्द्रित) में उपस्थित लगभग भुतहा आकृतियाँ वर्ष 1958-60 के अन्त तक ओझल हो गयीं। सुविधा के लिए रामकुमार के पूर्वार्द्ध यानी वर्ष 1950 से 1970 तक और उसके बाद के वर्षों में सृजन कार्य को मोटे तौर पर संजुली, बनारस, कश्मीर, ग्रीस और रानीखेत-जैसे स्थानों से जोड़कर कालक्रमानुसार चित्रों को विभाजित एवं विश्लेषित किया जा सकता है। यहाँ यह लक्ष्य किया जा सकता है कि सघन एवं संश्लिष्ट विषयों ने कैसे बाद के वर्षों में—जनशून्य भू-दृश्यों ने अंतःदृश्यों का रूप ग्रहण कर लिया। यही नहीं, उनकी भी परिणति अभिव्यक्तिमूलक हो गयी, जिनमें अमूर्त से जुड़े पहलू गुँथे-बिंधे थे।

> "रामकुमार की कृतियाँ रंगों के एक बेहद संवेदनशील संसार की तरह, जो किसी चित्रकार का बुनियादी काम होता है; एक ऐसे अमूर्तन की तरह, जो कि किसी मूर्त अनुभव की ही स्मृति है, संगीत रचनाओं की तरह, जिनमें हल्के-से स्थान परिवर्तन से या सीमित स्वरों से कितने ही वैविध्यपूर्ण राग निर्मित होते हैं और अन्ततः एक काव्यात्मक कृति की तरह, जिसे सभी तरह की कलाओं का उद्देश्य माना गया है।... लेकिन रामकुमार की कला दृष्टि मूलतः साहित्यिक है...जब वे कविता लिख रहे होते हैं तो रंगों की ओर जाते हैं और कहानियाँ लिखते समय शब्दों की ओर।"[10]

रामकुमार के अनुसार किसी भी चित्र की अपनी माँग होती है, जिसे कलाकार अपनी भाषा और विन्यास (वास्तु) प्रदान करता है। समर्थ कलाकार अपने मुहावरे से उसे एक विशिष्ट पहचान देता है।

यहाँ यह भी देखना आवश्यक है कि देश और काल के अनुरूप सर्जक की मनोदशा चित्र को कौन-सा मुहावरा प्रदान करती है—क्योंकि यह मुहावरा ही किसी चित्र (विशेष) को किसी कलाकार (विशिष्ट) से जोड़ता है। रामकुमार के बारे में ये तमाम बातें कही जा सकती हैं। विषय वैविध्य के बावजूद उनके माध्यम रंगों और उपकरणों में बहुत अन्तर नहीं आया लेकिन अपनी तमाम निर्मितियों में वह अपने मुहावरे को इस तरह विन्यस्त करते हैं कि वे अनायास उनकी ख़ास पहचान से जुड़ जाते हैं।

रामकुमार की नयी निर्मितियाँ अपने रचनात्मक चाकू से पहले की तरह ही रंगों का नाटकीय मायाजाल बुनती हैं। उनके कैनवस पर लाल, हरे, भूरे, बदामी और नीले रंगों की छवियाँ देखते ही बनती हैं। इन चित्रों में बिछाये गये कई तरह के रंगीन पैटर्न परस्पर सम्बद्ध होते हुए भी निर्बन्ध प्रतीत होते हैं और हमारी आँखें उन पर फिसलती हैं तो कभी ठहर जाती हैं। रंगों के चकत्तों या चीथड़ों से पटे उनके कैनवस किसी फ़क़ीर के झिंगोले की तरह हमारा ध्यान आकर्षित करते हैं। इनके रंगों का मौन-मन्थर प्रवाह चित्रों को न केवल गति देता है बल्कि व्याप्ति भी प्रदान करता है।

94 वर्ष की परिपक्व आयु में 14 अप्रैल, 2018 को रामकुमार के निधन से भारतीय चित्रकला संसार ने एक अत्यन्त सरल, सौम्य और मितभाषी चित्रकार खो दिया। भारतीय कला को अपने महान अवदान से समृद्ध करनेवाले और लगभग सात दशकों तक देश-विदेश की कला वीथियों और कला प्रदर्शनियों में भारत का प्रतिनिधित्व करनेवाले इस कलाकार ने कभी अपनी स्पृहणीय भूमिका का ढिंढोरा नहीं पीटा। उनके बदले अब उनके चित्र ही वर्तमान और भविष्य में उनकी सफल और सार्थक कला यात्रा के साक्ष्य बने रहेंगे।

सन्दर्भ

1. समकालीन कला, प्रवेशांक, ललितकला अकादेमी, 1982, पृ. 14
2. उपरिवत्, पृ. 15
3. कल्पना, काशी अंक, पृ. 138
4. M.F. Husain, quoted in *Ramkumar : A Journey within* (ed. Gagan Gill)
5. द्रष्टव्य : रामकुमार की चित्रकला में अमूर्तन, *कला भारती,* खण्ड एक, पृ. 304-311
6. "हमें याद रखना चाहिए कि गायतोंडे के अतिरिक्त राम (कुमार) अपनी पीढ़ी के अकेले ऐसे चित्रकार हैं, जो 1960 के बाद आकृतिमूलक कला की ओर नहीं लौटे।" *कला भारती,* खण्ड एक, पृ. 304
7. *कला भारती,* खण्ड एक, पृ. 304
8. उपरिवत्, पृ. 219
9. "Ramkumar is a refined amorist of the landscape. If his picture surface can withdraw into a wilful abstraction it can also resolve itself into a conciliatory gesture and step across the threshold of realistic representation." Raghuvir Narayan : The Painting as mooring place, The Hindu, June 9, 2005.
10. रामकुमार के स्पन्दन (लेख), मंगलेश डबराल, कला दीर्घा, अंक 4, अप्रैल 2002, पृ. 13

एम. एफ़. हुसेन
(1915–2011)

मक़बूल फ़िदा हुसेन का जन्म 1915 ई. में, एक ग़रीब सुलेमानी बोहरा परिवार में पंढरपुर (महाराष्ट्र) में हुआ। पिता का नाम था फ़िदा हुसेन, जो चिराग़ (लैम्प) बेचने के पुश्तैनी धन्धे से जुड़े थे। उनकी माँ ज़ैनब जल्द ही चल बसीं, जब वे डेढ़ साल के थे। हुसेन ने लिखा है, "आख़िर यह बिना माँ का बच्चा मक़बूल क्या करे! माँ की शकल ही याद नहीं। क़ुदरत का यह क्रूर मज़ाक़ देखिए कि डेढ़ बरस की उमर का बच्चा जब माँ को ठीक से पहचानने लगे तो उसी वक़्त माँ की मौत हो जाये और फिर बच्चे की आँखों से माँ के सारे नक़ूश मिट जायें।"[1]

हुसेन को ठीक से पहचानने के लिए उनकी लिखी *एम. एफ़. हुसेन की कहानी : अपनी ज़ुबानी* को पढ़ना कहीं ज़्यादा ज़रूरी है—जिसमें उन्होंने अभाव और तकलीफ़ के बीच अपने संघर्ष और उत्कर्ष की गाथा 'कोलाज शैली' में लिखी है। 44 टुकड़ों में उनकी दिलचस्प ज़ुबानी सुने बग़ैर उन पर लिखा कोई मजमून (आलेख) पूरा नहीं हो सकता। दादा की उँगली पकड़े, बाप की (दूसरी शादी) में दीवाना बने इस छोकरे ने एक दिन 'किताबों के पन्नों पर बुराक़नुमा उड़ते घोड़े घसीट डाले। सर सैयद की घनी-घनी दाढ़ी में चिड़ियों का घोंसला बना दिया और लार्ड कर्ज़न की नाक में नथनी' डाल दी तो स्वाभाविक ही था कि उस पर क़हर टूट पड़ता। लेकिन बचाव में दादा अब्दुल हुसेन सामने आ गये और गरजती आवाज़ में कहा, "इस लड़के की लकीरें चाहे तेज़ खरोंच ही क्यों न हों, फ़न और फ़लसफ़े के पन्नों पर ही क्यों न हों, इस घर में किसी को हक़ नहीं कि लड़के पर कोई उँगली उठाये।" और छावनी चौक पर सालेह भाई काग़ज़वाला की स्टेशनरी दुकान पर गये और ढेर सारे काग़ज़, पेंसिल और रबर ख़रीद डाले।[2]...और इस तरह एक नन्हे कलाकार को पहली बार पहचान मिली, वह भी अपने घर से।

इस किताब में हुसेन के जीवन से जुड़े मार्मिक प्रसंगों और इस पुस्तक में ब्योरों की भरमार तो है ही, कई काव्यात्मक अंश भी हैं, जिनका रचाव किसी पेंटिंग की तरह ही किया गया है। इसकी भूमिका में निर्मल वर्मा (सुप्रसिद्ध कथाकार और चिन्तक) ने एकदम सही लिखा है, "मक़बूल और हुसेन—इस आत्मकथा के दोनों ही सहयोगी लेखक हैं। जो कुछ मक़बूल के जीवन में घटता है। दुःख, वासनाएँ, तृष्णा और संघर्ष—उन्हें हुसेन अपने जीवन्त बिम्बों में रूपान्तरित करते जाते हैं। मेरी समझ में हुसेन के चित्रों, शब्दों, ब्योरों का जादू इस एक शुद्ध 'रूपान्तरण' में समाहित किया जा सकता है।"[3]

दादा के गुज़र जाने के बाद हुसेन को अपने नाना के घर सिद्धपुर, गुजरात और फिर चाचा के यहाँ बड़ौदा भेजा गया, जहाँ उन्हें धार्मिक तालीम भी मिली। उन्हें वहाँ अरबी-फ़ारसी लिपि में 'कैलिग्राफ़ी' (सुलेख) की भी तालीम हासिल हुई, और इन सबका प्रभाव उनके परवर्ती कला सृजन पर भी पड़ा। 'शेरो शायरी' का शौक़ पैदा हुआ तो 'हया' उपनाम से शायरी में भी हाथ आज़माये। दारुल तुलबा (छात्रावास) में बिताये गये वक़्त का हुसेन पर बहुत गहरा असर पड़ा। कई यार-दोस्त मिले। उसने खेलकूद वग़ैरह में भी हिस्सा लिया लेकिन जब ड्रॉइंग मास्टर मोहम्मद अतहर ने ब्लैकबोर्ड पर सफ़ेद चॉक से एक बहुत बड़ी चिड़िया बनाकर नक़ल करने को कहा तो मक़बूल के स्लेट पर हू-ब-हू वही चिड़िया ब्लैकबोर्ड से उड़कर आ बैठी। उसे दस में से दस नम्बर मिले। इसके पहले भी मक़बूल सफ़ेद चॉक से, टीचर की ग़ैरहाज़िरी में, उनके कार्टून बनाकर अपने क्लास के साथियों को हँसाया करता। चॉक की यही रफ़्तार उनके हाथों में तूलिका बनकर आजीवन नाचती रही।

1937 में इन्दौर से बम्बई पहुँचे हुसेन ने 'अपनी कहानी'... में जहाँ-तहाँ वहाँ का खाका खींचा है और उसमें मक़बूल ने अपने भटकाव और संघर्ष भरे दिनों का ज़िक्र किया है। बम्बई के बदरबाग़ स्थित सुलेमानी बिल्डिंग के अहाते का भी जहाँ वह फ़िल्मों के बैनर पेंट किया करता था—चार आने स्क्वायर फ़ीट की दर से। उसके खाने-पीने का ख़याल रखनेवाली महमूदा बीवी, जो एक ग़रीब विधवा थी, उसी की बेटी फ़ज़ीला से, बाद में उनका निकाह हुआ। उनकी ज़िन्दगी में सुकून तो आया लेकिन काम और मुनासिब दाम पाने की जद्दोजहद कम नहीं हुई। चालीस-पचास के उस दौर में एक 'पेंटर' की हैसियत और पहचान साइन बोर्ड से ही जुड़ी थी और बतौर पेंटर (चित्रकार) चर्चा में आने के पहले हुसेन ख़ुद भी फ़िल्मी पोस्टरों के भरोसे, जैसे-तैसे बम्बई में टिके हुए थे।

तभी, 1947 में बम्बई में, प्रोग्रेसिव आर्टिस्ट ग्रुप (PAG) के एक सदस्य के नाते जब वह सूज़ा, आरा, रज़ा, बाकरे और अम्बादास गाडे-जैसे संघर्षरत कलाकारों से जुड़े तो कलात्मक स्वतन्त्रता के साथ रचनात्मक प्रयोगों के लिए भी राहें खुल गयीं। फ़िल्मी पोस्टर रँगने, खिलौने और फ़र्नीचर बनाने वाली एक फ़र्म के लिए छह-सात सालों तक डिज़ायन का काम कर रहे हुसेन के जीवन में वह सुखद दिन भी आया जब 1947 में उन्होंने कला-प्रदर्शनियों में भाग लेना शुरू किया। पारिवारिक तकलीफ़ों और कठिनाइयों के बावजूद उन दिनों की प्रसन्नता का ज़िक्र हुसेन ने इन शब्दों में किया है, "भूला भाई आर्ट सेंटर, जहाँ पण्डित रविशंकर के सितार के सुर ठीक करने की आवाज़, इब्राहिम अल्काज़ी के थियेटर ग्रुप का रिहर्सल... वहीदा रहमान के घुँघरू की छुनछुन... पेंटर गायतोंडे के कैनवस पर ख़ामोश उतरते रंग... हुसेन के लम्बे ब्रश से निकलता सरस्वती का रूप... और बाल छाबड़ा की गैलरी '59—पेंटर्स की अपनी गैलरी। ...ऐसा कहीं हुआ नहीं कि एक छत के नीचे एक साथ बैठकर अपने-अपने 'क्रिएशन' में दिन-रात लगे हों। ...बीसवीं सदी के हिन्दुस्तानी कल्चर का एक अनोखा तजरुबा, जो अपनी ज़ात में बिल्कुल 'सेक्युलर', जहाँ संगीत, नृत्य, नाटक, चित्रकला और उसकी गैलरी एक ही मंच पर... एक क़िस्म का तारीख़ी कल्चरल धमाका 1950 से शुरू किया गया।"[4]

इसी बीच जर्मनी के एक प्रवासी वियेना (इटली), से भारत आये ई. लेसिंशर, जो थे तो एक औषधि कम्पनी के प्रबन्धक, लेकिन आधुनिक भारतीय कलाकृतियों की प्रशंसक एवं संरक्षक थे।

संघर्षरत युवा कलाकारों की कृतियों की प्रशंसा के साथ वे उसे ख़रीद भी लेते थे। उन्होंने हुसेन की भी आर्थिक सहायता की। पैज (PAG) की पहली कला प्रदर्शनी 7 जुलाई, 1949 को बम्बई आर्ट सेलों हुई थी, जिसमें इसके छहों कलाकार सदस्य सम्मिलित थे। इसका उद्घाटन मुल्कराज आनन्द ने किया था। लेकिन सच्चाई यह भी है कि ठीक 15 दिन बाद, 22 जुलाई को पैज के सचिव और सर्वाधिक चर्चित चित्रकार एफ़. एन. सूज़ा 'ए. एस. कैंटन' जहाज़ से युरोप के लिए रवाना हो चुके थे। हुसेन ने अपने कलाकार साथियों के बारे में समय-समय पर बताते हुए यह स्वीकार किया है कि एक-दूसरे के काम में उन सबकी दिलचस्पी बहुत अधिक थी। यह दिलचस्पी ही उनकी कला की, उन दिनों की एक खुराक थी। हालाँकि उन लोगों का काम प्रदर्शित और कुछ चर्चित होने के साथ ही, स्थापित कला संस्थाओं के विरोध का शिकार भी बना। लेकिन विरोध और प्रतिकूल प्रतिक्रियाओं से बेख़बर ये कलाकार अपने समय के सामाजिक यथार्थ और नये मानवीय सौन्दर्य बोध लेकर अपने कैनवस चित्रित कर रहे थे। सूज़ा ने अपने एक विचारोत्तेजक लेख 'प्रोग्रेसिव होने की पहल' में लिखा है, "भारतीय स्वतन्त्रता की रजत जयन्ती (1973) पर आयोजित समसामयिक भारतीय कलाकार ग्रुप द्वारा प्रदर्शनी से भी यह बात सामने आयी कि 1947 में प्रगतिशील कलाकार ग्रुप द्वारा निर्धारित और पोषित सौन्दर्य बोध अब तक मौजूद है। प्रदर्शनी ने साबित किया कि हुसेन, रज़ा और मेरे (सूज़ा)-जैसे सिद्धहस्त कलाकार अब भी नवीनता के अग्रदूत हैं।"[5]

हुसेन को भारतीय कला मंच पर प्रतिष्ठित करने में 1952 में चित्रित हुसेन की कलाकृति 'ज़मीन' की विशेष भूमिका रही। इसे राष्ट्रीय कला प्रदर्शनी में प्रथम पुरस्कार मिला। इसमें उन्होंने उभरते हिन्दुस्तान के लोगों के श्रम, संकल्प और स्वप्न को उकेरा था। इसी क्रम में उन्होंने 'आवाज़ें' और 'आदमी' (अन्तर्राष्ट्रीय चित्र प्रदर्शनी, जापान में विशेष रूप से चर्चित) शीर्षक चित्रों द्वारा अपनी उपस्थिति से देश-विदेश के दर्शकों को आनन्दित और प्रशंसकों को चमत्कृत किया। ऐतिहासिक सन्दर्भों में आदमी या मानवीय सृष्टि को रूपक बनाकर प्रस्तुत किया गया यह चित्र आज भी उतना ही आधुनिक और प्रासंगिक है। इसके साथ हुसेन उन कला संरक्षकों के लिए आकर्षण के केन्द्र बन गये, जो उनके चित्रों को विश्व में, कला बाज़ार तक पहुँचाना चाहते थे। रामकुमार ने बहुत पहले (1961 में) हुसेन के रेखांकन, विषय चयन एवं संयोजन और चित्रण सम्बन्धी कौशल और साथ ही उनकी तेज़ी से कार्य करने की क्षमता की प्रशंसा की थी—"हुसेन का आधुनिक भारतीय कला में अपना विशेष स्थान है। उनसे प्रभावित होकर अन्य चित्रकारों ने भी बहुत बड़े-बड़े चित्र बनाये परन्तु सफलता कम को ही मिली। उनका दिमाग़ और हृदय—दोनों ही अनगिनत चित्रों की गहरी खानें हैं, जिन्हें खोदकर अन्दर भरा हुआ कोष वे ऊपर निकाल लेते हैं।"[6]

हुसेन द्वारा 1958 में अंकित 'बिटविन द स्पाइडर एंड द लैम्प' (लैम्प और मकड़ी के बीच) शीर्षक चित्र की पाँच स्त्रियाँ—परम्परागत परिधानयुक्त से लेकर निर्वसना तक—की व्याख्या कई तरह से की गयी है। चित्र में बायीं ओर ऊपर टँगे लैम्प के नीचे और बीच में खड़ी साँवली स्त्री की उँगलियों से लिपटे धागे से लटकी मकड़ी और एकदम ऊपर अपरिचित लिपि में कुछ संकेताक्षर हैं। फिर क्रमशः धुँधली और अस्पष्ट होती जाती रोशनी में पाँच स्त्री आकृतियाँ चित्रित हैं। कलाविदों ने इन्हें पौराणिक

मिथक पात्र 'पंचकन्या' (अहल्या, कुन्ती, द्रौपदी, तारा और मन्दोदरी) बताया है, जो विवाहिता होते हुए भी, अक्षत नारी-रूपा के तौर पर समादृता हैं। दूसरी ओर—इसे पिकासो द्वारा चित्रित 'आविन्यों की औरतें' के समानान्तर रखकर पश्चिम को पूरब का उत्तर बताया गया। हुसेन के लिए यह सब कौतूहल का विषय रहा क्योंकि वे कृति को पीछे छोड़कर हमेशा आगे निकल जाते थे। इस चित्र को याद करते हुए, निर्मल वर्मा कहते हैं, "जिसके चेहरे मुझे वैसे ही 'हांट' करते हैं, मानो वे उनकी आत्मकथा में से निकलकर अभी-अभी बाहर आये हों। अमृता शेरगिल के बाद शायद हुसेन पहले भारतीय चित्रकार हैं, जिनके चित्रों को अपने विशिष्ट अलगाव में याद किया जा सकता है।"[7] इसी कौतूहल ने जब बाद में विवाद का उग्र रूप धारण कर लिया तब भी हुसेन अविचलित भाव से, दुगुने जोश से, अपने अनगिनत विषयों के साथ कार्य करते रहे।

पचास और साठ के दशक में परम्परा और आधुनिकता की बौद्धिक बहस में पड़े बिना हुसेन ने दोनों में सामंजस्य बनाये रखा। उनकी धारणाएँ अपने उन समकालीन कलाकारों से अलग रहीं, जो पश्चिमी कला मूल्यों के हामी थे। हुसेन पश्चिम के विरोधी नहीं थे लेकिन वे अपने अनुभवों को प्रमाण मानते हुए इस बात पर ही ज़ोर देते रहे कि हम अपनी ही परम्परा की तलाश कर सकते हैं, दूसरे की नहीं। उन्होंने अपने रंगकर्म में मानवाकारों, यहाँ तक घोड़े, हाथी, बन्दर, मोर, कबूतर आदि को परम्परागत स्रोतों में देखकर ही चित्रित किया है। वे कहा करते थे—मैंने इन्हें खजुराहो, कोणार्क, महाबलिपुरम—हिन्दुस्तान के मध्ययुगीन मन्दिरों की दीवारों पर पत्थरों में क़ैद देखा है और मेरी तमाम आकृतियाँ, चाहे वे स्त्रियों की हों या वन्य पशुओं की, इन्हीं पत्थरों की प्रेरणाएँ हैं। मैंने इन्हें ख़ुद इनके आकारों से मुक्त किया है। मेरा विश्वास है कि कोई भी 'कला रूप' (आर्ट फ़ॉर्म) अपने से पहले के किसी कला-रूप से ही पैदा होता है। पिछली चित्रकला से नयी चित्रकला पैदा न हो, लेकिन पिछली मूर्तिकला से नयी चित्रकला, पिछले संगीत से नयी कविता और पिछले काव्य से नये चित्र, या ठीक इसके विपरीत, पैदा होते हैं। हुसेन की इस धारणा से स्पष्ट है कि उन्होंने अपनी चित्रकला की प्रेरणा पिछली चित्रकला से कहीं अधिक अतीत की मूर्तिकला से ग्रहण की और यह उनके स्त्री-पुरुष के रूपाकार के अंकन में अधिक सचल, सतेज और मुखर होता दीख पड़ता है। इस धारणा को डॉ. कपिला वात्स्यायन की इस वैचारिक अभ्युक्ति के आलोक में देखा जाना चाहिए—

> "भारतीय मूर्तिकला के बहुत निकट है—भारतीय चित्रकला। वस्तुतः इन दोनों कलाओं में अन्तर ही नहीं किया जा सकता। चाहे वे अजन्ता के भित्तिचित्र हों या लघु चित्रों की प्रणालियाँ।... वास्तुकला या शिल्पकला में जैसे तीनों कालों और चारों दिशाओं का और स्थूल एवं सूक्ष्म का समावेश है, वैसे ही भारतीय चित्रकला के हर रूप, हर क्षेत्र में, हर काल में, एक ही क्षण या दृश्य में अनेक स्तर हैं और सबका समावेश समग्रता की अनुभूति से प्रेरित है।"[8]

हुसेन ने अपने सृजन क्रम में *महाभारत* एवं *रामायण* के पात्रों और प्रसंगों को लेकर चित्रों की अनोखी शृंखला तैयार की थी। यह महत्त्वपूर्ण कार्य उन्होंने हैदराबाद से प्रकाशित विशिष्ट हिन्दी पत्रिका 'कल्पना' के सम्पादक बद्रीविशाल पित्ती और प्रसिद्ध समाजवादी नेता राममनोहर लोहिया की प्रेरणा से

किया था। धार्मिक, पौराणिक और मिथकीय तत्त्वों के बावजूद अतीत की अपेक्षा सम्मुखीन देशकाल और निजी संघर्ष के साथ ये चित्र समकालीन सन्दर्भों एवं समसामयिक प्रश्न से भी जुड़ गये। हैंड मेड पेपर पर रंगीन स्याही से अंकित ये चित्र अपने संयोजन में विलक्षण और प्रभाव में सम्मोहक हैं। यही कारण है कि यह पूरी-की-पूरी शृंखला बद्रीविशाल पित्ती ने अपने मोती भवन संग्रहालय के लिए ख़रीद ली। हालाँकि इन 150 चित्रों के लिए हुसेन ने कोई दाम नहीं माँगा। बस, लोहिया जी का मान रखा। तभी अशोक वाजपेयी का मानना है, "कोई और चित्रकार समूची भारतीय परम्परा में, हमारे जाने नहीं है, जिसने हमारे दो महाकाव्यों *रामायण* और *महाभारत* को इतने विस्तार से चित्रित किया हो, जैसे हुसेन ने। आधुनिकता की कुछ पश्चिमी झोंक में जब लगभग सारी परम्परा त्याज्य मानी जा रही थी—यह परम्परा का आधुनिक पुनरान्वेषण भर नहीं, पुनर्वास भी था।"[9]

दरअसल हुसेन अपनी प्रसिद्ध पेंटिंग 'ज़मीन' (1952, सुप्रसिद्ध फ़िल्म निर्देशक बिमल राय की 'दो बीघा ज़मीन' से प्रेरित) और 'इन्सान' (आदमी) के महत्त्व और उसकी आकांक्षा को ही रंगीन पंख देते रहे ताकि वे भले ही आकाश को अपनी उड़ान से छुएँ लेकिन अपनी ज़मीन से जुड़े रहें। इसलिए *रामायण* अथवा *महाभारत* के पात्रों एवं प्रसंगों को चित्रित करते हुए, हुसेन ने उन्हें मानवीय रूपाकार प्रदान करने के साथ अधिक व्यावहारिक और प्रामाणिक बनाया ताकि वे पौराणिकता के बँधे-बँधाये दायरे से बाहर आ सकें। इसलिए उनके राम, सीता, लक्ष्मण, भरत, हनुमान, रावण तथा कृष्ण, अर्जुन, युधिष्ठिर, भीम, भीष्म, कर्ण, विदुर, कुन्ती, धृतराष्ट्र आदि पात्रों की प्रतीकात्मक उपस्थिति के बारे में ज्योतिष जोशी का कथन है—"वे हिन्दी फ़िल्मों या रवि वर्मा के चित्रों की तरह अतिमानवी नहीं होते। वे अपनी वैश्विक पहचान तो रखते हैं, पर लोकजीवन की ही युक्तियों में जीते और व्यवहार करते हैं। इन शृंखलाओं और शेष कृतियों में भी उनकी स्त्रियाँ कहीं गुम-सी दिखती हैं। उनके चेहरे नहीं (दीखते) हैं पर उनमें करुणा और ममता है। यह एक तरह से भारतीय स्त्री की वास्तविक स्थिति का चित्रांकन है...अस्तित्वहीन, ख़ामोश, भारतीय स्त्री की दशा पर एक कलाकार की संवेदित करने वाली एक गम्भीर टिप्पणी।"[10]

असंख्य विषयों एवं विभिन्न माध्यमों में बीस हज़ार से अधिक चित्रों और रेखांकनों के अनोखे चितेरे की निर्मितियों की सूची कितनी बड़ी होगी, इसका अनुमान सहज ही लगाया जा सकता है। फिर भी 'दुपट्टों में तीन औरतें' (1958), 'घोड़ा' (1958), 'नीली रात' (1959), 'पोर्ट्रेट ऑफ़ द सेंचुरी' (1993), 'तोते के साथ औरत', 'फ़ॉर्चून बर्ड', 'श्वेताम्बरी', 'शृंखला' और 'थ्योरामा' शृंखला के चित्र उनके दर्शकों की स्मृति में बसे हुए हैं। इसी तरह स्त्रियों की असंख्य तस्वीरें उतारनेवाले हुसेन का कहना था कि चूँकि उनकी माँ उन्हें कच्ची उम्र में छोड़कर ही गुज़र गयीं, इसलिए उन्हें अपनी माँ का चेहरा याद नहीं। यही कारण है कि पौराणिक हों या मिथकीय, अथवा उनके द्वारा चित्रित परिचित एवं चर्चित चेहरे—वे बाह्य रेखाओं द्वारा ही संकेतित होते रहे हैं। यह उनकी तूलिका का कमाल है कि उनकी अत्यल्प रेखाओं (बिन्दी, घूँघट, नथ आदि) द्वारा उनकी देहभाषा या भावाभिव्यक्ति में तनिक भी कमी नहीं आती—चाहे वह इन्द्राणी रहमान हो, इन्दिरा गाँधी हो, मदर टेरेसा हो; माधुरी दीक्षित, तब्बू हो या अमृता राव। यहाँ इस बात का उल्लेख ज़रूरी है कि कभी फ़िल्मी पोस्टर्स और होर्डिंग्स पर हीरो-हिरोइन के चेहरे उतारनेवाले और एक पेशेवर के नाते शबीह (पोर्ट्रेट) तैयार करनेवाले हुसेन ने

अपने पात्रों की मुखाकृति से आँख, नाक, मुँह यहाँ तक कि कान भी ग़ायब कर दिया, तो भी उनके दर्शकों और प्रशंसकों को उनमें कोई कमी या त्रुटि नज़र नहीं आती। मात्र रेखाभासों से सर्जक के साथ दर्शकों का काम चलता रहा। उनके साथ हुसेन का निरन्तर संवाद बना रहा और यही उनकी ताक़त और पूँजी थी। यह भी सचमुच एक हैरतअंगेज़ तथ्य है कि बम्बई में लम्बे समय तक रहनेवाले हुसेन को वहाँ का समुद्र भी आकर्षित नहीं कर पाया। उन्हें समुद्र नहीं, जनसमुद्र अधिक भाता रहा, जहाँ जीवन है, संघर्ष है। रोज़मर्रा की जद्दोजहद और आपाधापी है, मारामारी है। हुसेन ने बड़े बेबाक ढंग से कहा भी था—मुझे रेलवे प्लेटफ़ॉर्म बहुत पसन्द है, वहाँ जो चहल-पहल और जीवन होता है, मुझे आकर्षित करता है। किसी नये शहर की तीन चीज़ें मैं ज़रूर देखता हूँ... वहाँ का रेलवे स्टेशन, चिड़ियाघर और रेड लाइट एरिया... इन तीनों से मुझे शहर की नब्ज़ पता लगती है। इसलिए दिल्ली, बम्बई, अहमदाबाद, इन्दौर हो या भोपाल... वे वहाँ की पुरानी बस्तियों या गलियों में घूमते-फिरते रहते थे और बाद में यही लोग बाग़ और मंज़र उनके कैनवस का हिस्सा बन जाया करते थे।

भारतीय कला बाज़ार पर लम्बे समय तक हावी, बल्कि उसके केन्द्र में रहे हुसेन की आलोचना (कुछ ईर्ष्यालु कलाकार भी जिसमें शामिल थे) भी उनकी मानो नियति बन गयी, जो उनके सृजन कर्म के साथ जुड़ी रही। हुसेन ने इसकी परवाह की होती तो वे इतनी बड़ी संख्या में चित्र नहीं बना पाते। हालाँकि इस आलोचना से भारतीय कला मंच निश्चय ही विचलित और प्रभावित हुआ। "बावजूद इन सबके, हुसेन अपनी तमाम ख़ामियों और कमियों के, निर्विवाद रूप से हमारे समय के महान चित्रकार हैं, जिन्होंने अपनी गहरी आत्म-सजगता के चलते, कला के प्रचलित और स्थापित 'प्रतिमानों' को अराजक होकर तोड़ते हुए, वह सब कुछ एक ऐसी 'शैलीगत-निजता' के साथ रचा, जो अद्वितीय है। उन्होंने चित्र-फलक के 'आभ्यन्तर के विभाजन' में, परम्परागत 'ज्यामितिक, सन्तुलन' को एक नितान्त नयी प्रविधि से तोड़कर, जो नये ढंग का 'संयोजन' गढ़ा, वह समकालीन भारतीय कला में उनका अपना 'संरचनागत' आविष्कार है और 'अवदान' भी है।"[11]

प्रभु जोशी का उपर्युक्त उद्धरण हुसेन की कलाकृतियों के सम्बन्ध में एक साथ कई तथ्यों को उजागर करता है। हुसेन की 'कलादृष्टि' और 'जीवनदृष्टि' के ऊपर ही नहीं, कहीं-कहीं कट्टरपन्थियों की 'तथाकथित' धार्मिक भावनाओं और धारणाओं को भड़काने का आरोप भी उन पर मढ़ा गया। उनके द्वारा स्थापित 'हुसेन की सराय' (फ़रीदाबाद, दिल्ली), 'हुसेन संकलन' (कोरामँगला, बेंगलुरू), 'अमदावादिनी गुफ़ा' (अहमदाबाद, गुजरात) और 'आर्ट और सिनेमा' (हैदराबाद) कला वीथियों (आर्ट गैलरियों) को जलाया और फूँका गया। विभिन्न स्थानों पर प्रदर्शित उनके चित्रों को ज़बर्दस्ती उखाड़ फेंका गया और उन पर 'ईशनिन्दा' आदि के केस दर्ज़ कर मुक़दमे चलाये गये और आख़िरकार उन्हें भारत छोड़ने पर मजबूर किया गया। ऐसे राष्ट्रवादी सांस्कृतिक तत्त्वों ने बुलेटिन ज़ारी कर एक ओर हुसेन द्वारा दुर्गा, सीता, सरस्वती, लक्ष्मी तथा हनुमान, विष्णु और कृष्ण आदि के चित्रण को अश्लील बताते हुए हुसेन की 'कलात्मक कपटचारिता' का उल्लेख किया तो दूसरी ओर ग़ैर-हिन्दू विषय (फ़ातिमा—पैग़म्बर मोहम्मद की बेटी और मदर टेरेसा के साथ अपने पारिवारिक सदस्यों) के चित्रों में सुरक्षित शुचिता का हवाला दिया। इसी हवाले बताया गया कि

'आइंस्टीन, गाँधी, माओ और हिटलर' को एक साथ चित्रित करते हुए हिटलर को नंगा और हाथ में एक नरमुंड थामे दिखाया गया है। स्पष्ट है, हिटलर के प्रति लोगों की नफ़रत और द्वेष का ही यह द्योतक है। लेकिन धर्म और आस्था की आड़ में उनके कुछेक रेखांकनों और संयोजनों को जिस तरह निशाना बनाया गया, वह प्रसंग अत्यन्त दुःखद रहा और बेहद अफ़सोसनाक भी क्योंकि वयोवृद्ध हुसेन को अपने जीवन के एकदम अन्तिम चरण में, भारत छोड़कर क़तर की नागरिकता लेनी पड़ी। उन्हें कभी दुबई तो कभी लन्दन (जहाँ 9 जून, 2011 में उनकी मौत हुई) जाकर काम करने को बाध्य होना पड़ा। इस प्रसंग में निर्मल वर्मा का कथन हमारी सहायता कर सकता है—"हुसेन के जीवन में धर्म ने उसी तरह चुपचाप प्रवेश किया था, जिस तरह सौन्दर्य ने... हुसेन उस अर्थ में धार्मिक कलाकार नहीं हैं, जहाँ किसी मत का या मसीहाई सन्देश का अनुकरण किया जाता है। वह अनुकरण करते हैं तो सिर्फ़ अपनी कल्पना का, जो सौन्दर्य के हर आवास को 'पवित्र स्पेस' में परिणत कर देती है। तस्वीर का बुनियादी ढाँचा, एक ईंट, एक क़दम से शुरू होता है—वह चाहे महाभारत हो या क़र्बला।"[12]

हुसेन के लिए उनके आसपास की दुनिया का सर्वाधिक महत्त्व था। उनकी स्मृति में बसा अनुभव संसार और दैनन्दिन जीवन की हलचलें तथा एक पेशेवर कलाकार और कला बाज़ार की माँग के अनुसार रचे गये चित्र बालसुलभ स्वभाव के नाते ही किये गये थे। उनके द्वारा उकेरे गये चित्रों एवं रेखांकनों की संख्या इतनी अधिक है कि खुद हुसेन इनके बारे में अनभिज्ञ थे। वे एक साथ कई तरह के काम कर सकते थे और कहीं भी, यहाँ तक कि भीड़ और बाज़ार में भी। लम्बे-चौड़े कैनवस पर ख़ासतौर पर तैयार की गयी लम्बी तूलिकाओं से बनाये गये उनके अनगिनत चित्र देश-विदेश के संग्रहालयों में प्रदर्शित और संग्राहकों के पास सुरक्षित हैं। हुसेन ही एकमात्र ऐसे भारतीय कलाकार हैं, जिनके चित्र 1977 में साउ पाउलो बाय-एनेल, ब्राज़ील में आयोजित चित्र प्रदर्शनी में विश्व के महानतम चित्रकार पाब्लो पिकासो के साथ प्रदर्शित किये गये थे।

अपने जीवन काल में ही एक किंवदन्ती-पुरुष बन गये हुसेन की चामत्कारिक सफलता के पीछे उनकी अदम्य ऊर्जा के साथ उनकी स्वस्थ जीवन दृष्टि भी रही—जो अपनी मर्ज़ी के अनुसार विषयों का चयन एवं चित्रण करती रही है। हुसेन के अनगिनत चित्र—इन्सानी चेहरे (शबीहों के अलावा), हाथी, घोड़े, रथ, मिथकीय और पौराणिक चरित्र, हाट-बाज़ार में घूमते लोग, विशिष्ट ऐतिहासिक पात्र (गाँधी, बुद्ध, मदर टेरेसा, नेहरू आदि) उनकी निजी शैली में ढलकर विशिष्ट हो जाते हैं। मोटी रेखाएँ और गाढ़े रंगों के विलक्षण संयोजन और प्रभाव के कारण वे अचानक विशिष्ट हो उठते हैं। हुसेन के द्वारा अंकित असंख्य चित्रों के सहारे कोई भी जिज्ञासु दर्शक भारत के इतिहास चक्र, इसके विशिष्ट स्थानों, इसकी बहुविध विशेषताओं—उत्सव, अनुष्ठान, मेले-ठेले, पहनावे, आमजनों के हर्ष, संघर्ष और उत्कर्ष के साथ यहाँ की ऐतिहासिक एवं सांस्कृतिक यात्रा में सम्मिलित हो सकता है, क्योंकि हुसेन की नज़र से कुछ बच नहीं पाया। फ़िल्मों के प्रति भी उनका यही लगाव 'थ्रू द आइज़ ऑफ़ ए पेंटर' फ़िल्म के फ़िल्मांकन के दौरान उन्हें यहाँ-वहाँ—राजस्थान की मरुभूमि तक भटकाता रहा और उन्हें इसके लिए न केवल राष्ट्रीय पुरस्कार (श्रेष्ठ वृत्त-चित्र के लिए) मिला बल्कि बर्लिन फ़िल्म महोत्सव में 'गोल्डेन बीयर' पुरस्कार से सम्मानित भी किया गया। बाद में भी वे अपनी कला दृष्टि को सामने

रखकर 'गजगामिनी' (1999)—और 'मीनाक्षी—ए टेल ऑफ़ थ्री सिटीज़' (2004)-जैसी प्रयोगात्मक फ़िल्में बनाते रहे। उनके बारे में उनके कलाकार साथियों ने बहुत कुछ कहा है और कलाविदों ने विस्तार से लिखा है। सम्भवतः हुसेन पर जितना कुछ कहा-लिखा गया है, किसी अन्य भारतीय कलाकार पर नहीं। उनके उल्लेख के बिना भारतीय कला के साठ साल की कला यात्रा—1950 से 2010 ई. तक—या तो पूरी नहीं हो सकती या फिर अधूरी रहेगी।

कई पुरस्कारों, सम्मानों और पद्मविभूषण से अलंकृत, एम. एफ़. हुसेन राज्यसभा के मान्य सांसद भी रहे। विश्व के प्रमुख और प्रतिनिधि संग्रहालयों में प्रदर्शित हुसेन के चित्रों की संख्या बहुत अधिक है और पूरी दुनिया में उनके जितने प्रशंसक और चित्रों के ग्राहक एवं संरक्षक हैं, उतने किसी अन्य भारतीय कलाकार के नहीं हैं। दर्शकों का अकूत प्यार ही, भारत में उनके कुछ विरोधियों के बावजूद, उनकी लम्बी उम्र का राज़ था—जिसने उन्हें पंचानबे की उम्र में भी सक्रिय और युवा बनाये रखा। एक बार फिर अशोक वाजपेयी के शब्दों में—

> "कई दशकों पहले जब हुसेन ने बंगाल शैली की ललित मनोहर रेखा को अतिक्रमित कर एक मोटी पौरुष-भरी रेखा खींची थी तो एकबारगी लगा था कि गीतिपरकता का समापन हो रहा है। पर उसी रेखा के बाद हुसेन ने ऐसी कला रची, जो अपनी उत्कटता और सघनता में गीतिपरक है, पर अपनी कल्पना और वितान में महाकाव्यात्मक। हुसेन उनमें से हैं, जिन्होंने भारत की बीसवीं शताब्दी हमारे लिए गढ़ी-रची, ख़ासकर उस शताब्दी का उत्तरार्ध। वे हमारे समय में ललित कला के महाकवि थे। वे कालजयी हैं क्योंकि उनमें समय में धँसकर उसके पास जा सकने का साहस और सामर्थ्य था। उसमें भारतीय परम्परा और आधुनिकता के कुछ श्रेष्ठ तत्त्व जैसे लीलाभाव, उत्सवधर्मिता और प्रश्नवाचकता आदि बहुत सघन ढंग से स्थापित हुए।"[13]

सन्दर्भ

1. *एम. एफ़. हुसेन की कहानी : अपनी ज़ुबानी,* वाणी प्रकाशन, नयी दिल्ली, 2002, पृ. 20
2. उपरिवत्।
3. उपरिवत्, 'मक़बूल की हुसेनी क़लम', (भूमिका), पृ. VIII
4. उपरिवत्, पृ. 259
5. *आधुनिक कला कोश,* पृ. 405
6. कल्पना, अंक 127, दिसम्बर, 1961
7. *एम. एफ़. हुसेन की कहानी : अपनी ज़ुबानी,* पृ. X
8. 'भारतीय कला : समग्रता की खोज', आलेख, नया ज्ञानोदय, जून, 2015
9. कभी-कभार, 'जनसत्ता', 16 जून, 2011
10. *भारतीय कला के हस्ताक्षर*—ज्योतिष जोशी, पृ. 132
11. समकालीन कला, 'हुसेन पर विवाद के निहितार्थ', प्रभु जोशी, अंक 38-39, पृ. 50
12. *एम. एफ़. हुसेन की कहानी : अपनी ज़ुबानी, भूमिका,* वाणी प्रकाशन, नयी दिल्ली, 2002, पृ. XVI
13. कभी-कभार, 'जनसत्ता', 16 जून, 2011

फ्रांसिस न्यूटन सूज़ा
(1924–2002)

चित्रों में यथार्थ का अंकन करनेवाले आरा की तरह आधुनिकता से लबरेज सूज़ा की कार्य पद्धति आरम्भ से ही एकदम अनोखी थी, इसलिए उन्होंने अपने समकालीनों को जहाँ अपनी कृतियों से चौकन्ना किया था, वहाँ अपने दर्शकों को भी चौंका दिया। उनमें जहाँ एक ओर अतिरेकपूर्ण उन्मुक्तता थी, वहाँ एक तरह की उतावली भी। अपनी उद्विग्नता और अतिवादिता को उन्होंने 1947 ई. में गठित प्रोग्रेसिव आर्टिस्ट ग्रुप (PAG) के घोषणा-पत्र में, जो उनके द्वारा ही लिखा गया था, स्पष्ट तौर पर उजागर किया कि–

> "मैं जब चित्र आँकने बैठता हूँ तब मैं अपने आप में लिपटा होता हूँ, एकदम मस्त मगन : 'क्रोमियम' और 'डकोलेट' कारों से बेख़बर, कोख से घिरे किसी भ्रूण की तरह, मेरे ध्यान में बस यही रहता है कि मेरे लिए हर एक पेंटिंग या तो 'माइल स्टोन' है या फिर 'टोम्बस्टोन'। लेकिन कोख में पड़ा भ्रूण ऐसी वस्तु होता है, जिसे उत्पन्न होना है... जब मैं रंगभरा ट्यूब दबाता हूँ... तो मैं मानो उससे लिपट जाता हूँ। ब्रश के हर आघात पर मैं किसी छड़ी के चारों ओर किसी साँप की तरह लिपट जाता हूँ। मैं रंग की बू से नफ़रत करता हूँ। यह किसी रेंगनेवाले प्राणी की तरह गन्दा है... मैं उस पर टूट पड़ता हूँ... यह घास में छिपा एक साँप है, यह सचमुच में मोहक है। झिलमिलाता, अलंकृत और हरी घास पर तड़पता। इसके ज़हरीले और खूँखार फन। निचुड़े हुए रंग-जैसा ही लिजलिजा, शैतान-सरीखा ज़ालिम फिर भी ख़ूबसूरत।"[1]

सूज़ा अपने चित्रों में अंकित साँप और शैतान को बर्बर, बदसूरत और भद्दा जताते हुए भी, इन्हें ख़ूबसूरत बताते रहे। युवा काल में उनका बम्बई स्थित आवास भी उन दिनों बेहद बेतरतीब और बिखरा हुआ होता था। ऐसा ही माहौल उनके चित्रों, विशेषकर 'टाउन स्केप्स' में देखा जा सकता है–जिनमें काले रंग में डूबे पेड़ उत्तेजित लाल रंग के साथ अपनी गहरी छाप छोड़ते हैं। इस रूपक द्वारा सूज़ा ने *बाइबिल* के उस मिथक को प्रतीकित किया है, जिसके दुष्प्रभाव से आदम और हव्वा (Adam and Eve) पतन के गर्त में जा गिरे। साँप और शैतान के दुष्चक्र का प्रभाव सम्भवतः सूज़ा के कैनवस पर भी कुछ ऐसा पड़ा कि वे उससे कभी मुक्त नहीं हो सके। शुद्धतावादी कलालोचकों द्वारा उनके चित्र एक सीमा तक अश्लील और फूहड़ भी बताये गये।

स्वभाव से विद्रोही सूज़ा का जन्म 22 अप्रैल, 1924 ई. को हुआ था। उनका बचपन गोवा में बीता और उन्हें अपनी कठोर स्वभाव वाली बेवा माँ के चलते ज़बर्दस्ती अपनी दादी के साथ रहना पड़ा। माँ की उपेक्षा के शिकार सूज़ा ने गोवा में आरम्भिक पढ़ाई के बाद जे.जे. स्कूल, बम्बई में दाख़िला लिया। जब वे वहाँ तीसरे वर्ष

के छात्र थे, तभी किसी बात पर उत्तेजित होकर उन्होंने ब्रिटिश झंडा 'यूनियन जैक' उतार फेंका था। नतीजतन उन्हें स्कूल से निष्कासित कर दिया गया। उसी तनाव में उन्होंने घर आकर, बेतरतीब पड़े प्लाई बोर्ड पर जो चित्र अंकित किया, उसे उन्होंने 'नीली औरत' नाम दिया। यह एक निर्वसना, विकृत और भोंडी-सी औरत का चित्र था, जो हर तरह से जुगुप्सा पैदा करनेवाली थी। सूज़ा के अनुसार–"यह नंगी औरत उस स्त्री का प्रतीक है, जो अपनी तमाम कड़वाहट और क्रूरता के साथ एक निष्ठुर सच की तरह हमारे साथ जीती रहती है।" जल्द ही यह चित्र हर्मन गोएत्ज़-जैसे विशिष्ट कला समीक्षक की संस्तुति से बड़ौदा राज्य कला संग्रहालय के लिए चुना गया। उनके आलोचकों का मानना है कि इसी चित्र के निर्माण के साथ ही, उन्होंने कभी इस बात की परवाह नहीं की कि कौन उसके साथ चलता है और उसके आगे या पीछे चल रहा है। उनके द्वारा अंकित इसी प्रकार के निरंकुश चित्रों की संख्या के साथ, उनकी कला यात्रा निर्बाध गति से बढ़ती रही।

अपने युवोचित आक्रोश और अक्खड़ अन्दाज़ में विद्रूप विषय-चयन, उग्र रंग संयोजन, बेतरतीब प्रस्तुति, यहाँ तक कि तूलि-आघातों द्वारा व्यक्त सामाजिक विडम्बनाओं पर उनका आक्रामक रवैया और स्वभाव–उनकी ख़ास पहचान सें जुड़ गया। हालाँकि इन चित्रों के विषय उनके आसपास के संसार और गोवानी जीवन तथा परिवेश से सम्बन्धित थे। उन्होंने ईसा मसीह पर और 'प्रार्थनारत स्त्री' सम्बन्धी कई चित्र बनाये। लेकिन ईसा पर बने उनके चित्रों में करुणा और शान्ति की जगह गहरी और मोटी रेखाओं से अंकित उनकी बेबसी और बेचारगी के भाव कहीं अधिक उभरते रहे। यह ईसा मसीह की पेशानी पर खींची गयीं आड़ी-तिरछी बेतरतीब लेकिन सुदृढ़ रेखाओं से स्पष्ट है, जिन्हें काले, पीले और हरे रंगों से उकेरा गया है।

सूज़ा के प्रति वे कलालोचक कैसे सदाशयी हो सकते थे, जो कमोबेश अभिजात और परम्परागत कला प्रतिमानों के प्रकाश में चित्रों को परखने के आग्रही थे। लेकिन पश्चिम ने उन्हें हाथों हाथ ले लिया। 1947 ई. में बम्बई आर्ट सोसाइटी द्वारा आयोजित वार्षिक कला प्रदर्शनी में सूज़ा की कृतियों का चयन इसलिए नहीं हो पाया कि आयोजकों को वे न केवल 'अश्लील' बल्कि 'फूहड़' भी लगीं। पृथुल स्त्री देह के साथ उसके भारी स्तनों, मांसल जाँघों और उभरी योनि को गहरे रंगों और मोटी रेखाओं से प्रदर्शित करते हुए उनके चित्र–उन कमनीय, सुकुमार, लयात्मक स्त्री-देह और भावपूर्ण भंगिमा वाले चित्रों को पसन्द करने वाले लोगों या दर्शकों से सर्वथा अलग और उन्मुक्त थे; आलोचकों की आँखें, जिन्हें देखने की अभ्यस्त थीं–उन्हें वे रुचिकर और प्रीतिकर कैसे लग सकते थे? लेकिन समय की माँग और कलाकारों की अकृत्रिम आकांक्षा को दर्शानेवाले इन चित्रों (एक सीमा तक अश्लील) में से जब रॉयल एकेडेमी, लन्दन में आयोजित होनेवाली प्रदर्शनी के लिए दो चित्रों का चयन हो गया तो इससे उन कलाविदों को ज़बर्दस्त झटका लगा, जो उनके चित्रों को देखकर नाक-भौं सिकोड़ते रहते थे। बावजूद इसके, भारतीय कला परिसर में वांछित परिवर्तन की चाह रखनेवाले आरा से उनकी मुलाक़ात हुई, जो तब बम्बई की एक मोटर गैराज में काम कर रहे थे और उनके द्वारा बनाये गये चित्र को बम्बई आर्ट सोसाइटी ने प्रदर्शन हेतु नहीं स्वीकारा था। स्वीकृत प्रतिमानों को चुनौती देते हुए ही, सूज़ा और आरा के साथ मिलकर सैयद हैदर रज़ा, मक़बूल फ़िदा हुसेन, सदानन्द बाकरे और अम्बादास गाडे ने 1947 ई. में प्रोग्रेसिव आर्टिस्ट ग्रुप की नींव डाली।

सूज़ा कम्युनिस्ट पार्टी के सक्रिय सदस्य थे। लेकिन प्रोग्रेसिव आर्टिस्ट ग्रुप का घोषणा-पत्र राजनीतिक नहीं, बल्कि समयोचित आकांक्षाओं, सर्जक की निजी शैलियों की वकालत के साथ रूपाकारगत परिवर्तनों और रंग

सम्बन्धी प्रतिमानों को चुनौती देने का आग्रही था। उम्र में आरा सूज़ा से दस साल बड़े (जन्म 1914 ई.) थे और इस ग्रुप के संरक्षक भी, लेकिन इसको गतिशील और प्रभावी बनाने में सूज़ा द्वारा सुझाये गये उन सूत्रों और सरोकारों का बड़ा हाथ था, जो क्रूर सामाजिक यथार्थ को चिह्नित एवं अंकित करने पर ज़ोर देते थे। दो-दो विश्वयुद्धों की विभीषिका झेल रहा विश्व और भारत-जैसे विपन्न, निरन्न, एवं परतन्त्र देश में एक संवेदनशील कलाकार अपनी काल्पनिक और स्वप्निल दुनिया में भला जीवित कैसे रह सकता है? उधर कलकत्ता आर्ट ग्रुप के कलाकार भी, बंगाल शैली के साथ पारम्परिक कलासृष्टि के विरोध में मनुष्य की हताशा, निरुपायता, यातना और वंचना को चित्रित करने में पहले से ही जुटे थे। आरा ने 'भूख' शीर्षक से अपना बहुचर्चित चित्र इसी दौर में बनाया था।

यह संयोग ही है कि रज़ा, सूज़ा और सदानन्द बाकरे को 1950 ई. में बारी-बारी बम्बई छोड़कर विदेश चले जाने पर बम्बई की वे कलात्मक गतिविधियाँ शिथिल पड़ गयीं, जो प्रोग्रेसिव आर्टिस्ट ग्रुप द्वारा संचालित होती थीं। अपनी सक्रिय और ऐतिहासिक उपस्थिति जताने के कुछ दिनों के बाद इसका अस्तित्व ही समाप्त हो गया। मानवीय और सामाजिक दायित्व बोध को जगाने में इस ग्रुप की निर्णायक भूमिका रही और इससे जुड़े हर चित्रकार अपने निजी व्यक्तित्व और कृतित्व के बावजूद, अन्ततः मानवीय आकांक्षाओं और सामाजिक सरोकारों को सम्बोधित करते रहे।

गोवा के मनोरम भू-दृश्यों का अंकन हो या गिरजाघरों का रूपायन, ऐसे चित्रों पर सूज़ा के सुदृढ़ तूलिका संचालन को लक्ष्य किया जा सकता है। निस्सन्देह सूज़ा पर पश्चिमी अभिव्यंजनावाद (Impressionism) का प्रभाव था—लेकिन वे इसे एक मुहावरे के तौर पर ही लेते थे। उनके सोच और सरोकार में—यानी उनके अवचेतन में कुलबुलाती छवियाँ ही उनके कैनवस पर उतरती चली गयीं। उन्हें पता था कि वे इनमें बहुत-सी सामाजिक एवं सांस्कृतिक प्रतीतियों को खण्डित कर रहे हैं लेकिन वे आत्मगत और समाजगत सच्चाइयों को बेलौस ढंग से और बिना किसी लाग-लपेट के रूपायित करते चले गये। उन्हें इस ईमानदारी का पुरस्कार भी मिला और स्वीकृति भी। 'नीली औरत' (ब्लू वुमेन), 'गर्ल विद हेयरपिन एंड गर्डल', 'पोर्ट्रेट ऑफ़ प्रोग्रेसिव्स', 'वुमेन इन प्रेयर' आदि चित्रों के साथ ढेर सारे 'न्यूड' चित्र, ईसा मसीह से सम्बन्धित चित्र और गोवा के ख़ूबसूरत भू-दृश्य (सैरा) के चित्रण से देश-विदेश में प्रसिद्धि पानेवाले सूज़ा ने अपनी आत्मगाथा *निर्वाण ऑफ़ ए मेग्गाट* में उन विसंगतियों और दुःखद स्थितियों का वर्णन किया है, जिनकी आग और आँच में तपकर उनका व्यक्तित्व निर्मित हुआ। अमेरिका प्रवास में भी उनके कैनवस पर भारतीय जीवन की छवियाँ उकेरी जाती रहीं।

उनका निधन 78 वर्ष की उम्र में भारत में ही 28 मार्च, 2002 ई. में हुआ।

सन्दर्भ

1. *Words and Lines,* 1952, p. 11

सैयद हैदर रज़ा

(1922–2016)

एस. एच. रज़ा या केवल रज़ा नाम से सुपरिचित और भारतीय कलाकारों में वरिष्ठतम हस्ताक्षर के नाते सम्मानित इस विशिष्ट कलाकार का जन्म 22 फ़रवरी, 1922 को बावरिया (नरसिंहपुर ज़िला), मध्य प्रदेश में हुआ था। इनके पिता फ़ारेस्ट रेंज ऑफ़िसर थे। आरम्भिक शिक्षा प्राप्त करने के बाद रज़ा ने मण्डला आदि स्थानों पर भी स्कूली पढ़ाई पूरी की। कला में आरम्भ से ही रुचि थी, इसलिए 1939 में उन्होंने नागपुर के कला विद्यालय में दाख़िला लिया। वहाँ से 1942 में पढ़ाई पूरी कर जे.जे. स्कूल ऑफ़ आर्ट, बम्बई में कला की परीक्षा देने गये। कुछ दिनों तक गोंदिया और अमरावती में ड्रॉइंग टीचर भी रहे लेकिन कला के क्षेत्र में आगे बढ़ने का प्रबल आग्रह उन्हें बम्बई ले आया। छोटे-मोटे काम कर गुज़ारा चलाया और साथ ही जे.जे. स्कूल ऑफ़ आर्ट में पढ़ाई करते हुए, 1948 में कला उपाधि प्राप्त की। नौकरी करते हुए और बम्बई में पढ़ाई के दौरान भी वे अपनी कलाकृतियों (विशेषकर भू-दृश्य) के प्रभावी अंकन के कारण जाने जाते थे। 1943 में ही, आर्ट सोसाइटी ऑफ़ इंडिया द्वारा आयोजित प्रदर्शनी में रज़ा द्वारा निर्मित जलरंगों से निर्मित उनकी दो कलाकृतियों को दर्शकों और आलोचकों ने बहुत सराहा था। प्रसिद्ध कलाविद आर. बी. लायडन ने उन चित्रों की समालोचना भी की। इससे जहाँ रज़ा का आत्मविश्वास बढ़ा, वहाँ कुछ प्रभावी लोग उनकी सहायता के आगे भी आये—जिनमें एक थे फ्रांसीसी प्रभाववादी कला समीक्षक और शिक्षक वाल्टर लैंग हैमर और दूसरे, इमेन्युअल लेसिंगर, जिनका मार्गदर्शन पाकर उनकी आगे की राह सुगम हुई।

इस बीच रज़ा ने फ्रेंच भाषा सीखना भी आरम्भ किया। लेकिन तभी उनके जीवन में एक महत्त्वपूर्ण मोड़ तब आया जब वे 1947 ई. में, बम्बई में नवगठित 'प्रोग्रेसिव आर्टिस्ट ग्रुप' (PAG) के सदस्य बने, जिसके दूसरे कलाकार सदस्य थे—फ्रांसिस न्यूटन सूज़ा, के. एच. आरा, एम. एफ़. हुसेन, गाडे और सदानन्द बाकरे। इन प्रयोगधर्मी और प्रगतिशील कलाकारों के सम्पर्क में आने के बाद ही उनकी कलासम्बन्धी सोच और सरोकार में जहाँ बदलाव आया, वहाँ कला को अपनी अस्मिता और पहचान से कैसे जोड़ा जाये, इसका बोध भी तीव्रतर हुआ। उनकी कलात्मक सक्रियता को जल्द ही स्वीकृति मिली और उन्हें फ्रांसीसी सरकार की एक फ़ैलोशिप प्राप्त हुई। इससे उन्हें 1950 में पेरिस जाने का सुअवसर मिला। इसके बाद उन्होंने उन सभी ऊँचाइयों को छुआ, जो एक कलाकार को प्राप्त हो सकता है। लेकिन उनके बारे में यह मुहावरा अवश्य ही झूठा पड़ जायेगा कि उन्होंने फिर

कभी पीछे मुड़कर नहीं देखा क्योंकि पेरिस में नयी गृहस्थी बसाने और लगभग साठ साल तक वहाँ रहने के बावजूद, रज़ा का निकट सम्पर्क अपनी जन्मभूमि (मण्डला) और पूर्वस्मृतियों से बना रहा, जो उनकी असंख्य कृतियों में मुखरित है। उस लम्बे पेरिस-प्रवास (1950-2010) के दौरान भी भारतीय जीवन-पद्धति, इसकी समावेशी संस्कृति, मूल्य-मर्यादा और विरासत को जितनी तन्मयता और आकुलता से रज़ा साहब ने चित्रांकित किया है, वह अन्यत्र दुर्लभ है।

रज़ा ने अपने चित्रों के बारे में, समय-समय पर औपचारिक और अनौपचारिक तौर पर लिखा और बताया है। साथ ही, वे भारतीय चित्रकला के परिदृश्य पर अपने मन्तव्य भी प्रकट करते रहे हैं। उन पर लिखी गयी किताबों और प्रकाशित सामग्री की कमी नहीं, क्योंकि एक सफल और समादृत चित्रकार के नाते ही नहीं, पूरे भारतीय कला जगत में सबसे वरिष्ठ और सक्रिय हस्ताक्षर के तौर पर भी वे हमारे बीच विद्यमान रहे।

रज़ा साहब रेखाओं को चित्र का आधार मानते हैं—एक महत्त्वपूर्ण अवयव। उनके अनुसार रेखाएँ आकार को समुन्नत करती हैं। ऐसा भी नहीं कि रेखाएँ बनाकर उस पर रंग लगा दिया जाये तो वह चित्र बन जायेगा। रेखाओं को महत्त्व देते हुए भी वे इनकी अनिवार्यता नहीं मानते। क्योंकि चित्र तो 'मास' (आयतन) में और 'थर्ड डाइमेंसन्स' में भी बनाया जा सकता है। यही नहीं, अमूर्तन ने रंग और आकार को न केवल निर्बन्धता बल्कि स्वायत्तता प्रदान कर रखी है।

समकालीन सन्दर्भों एवं बदलते परिप्रेक्ष्य और निरन्तर प्रयोगशील कला परिदृश्य में रज़ा ने अपनी कलात्मक अवधारणाओं को सुसंहत और सहज ढंग से व्यवस्थित कर रखा था। वे पिछले सत्तर वर्षों से सतत सक्रिय रहकर, निर्बाध ढंग से कला के उन मूल्यादर्शों को सँजोए रहे, जो उन्होंने स्वयं अर्जित किये थे। लेकिन कला के मूल तत्त्व और सत्व को परिभाषित करने के लिए उनकी ही कलाकृतियों और निर्मितियों का अवलम्ब आवश्यक होगा, जो संख्या में अनगिनत होती हुई भी, दूर से पहचानी जा सकती हैं। उनके लिए पाँच रंग—सफ़ेद, काला, पीला, नीला और लाल—जिनसे सारे रंग बनते हैं—चित्रों के सृजन के न केवल प्रमुख कारक हैं बल्कि उनके निर्धारक भी रहे हैं। इन्हीं के सार्थक सम्बन्ध एवं सटीक संयोजन से कोई चित्र, चित्र बनता है। वे यह ज़ोर देकर कहते हैं, "इसीलिए मैं इन तत्त्वों की बात कहता हूँ और कोई भी चित्रकार जब तक इन तत्त्वों की ओर ध्यान नहीं देता, चित्र नहीं बनते। अतः इसकी समझ होनी ही चाहिए। समझ से मेरा तात्पर्य केवल बुद्धि से नहीं है बल्कि पूरी प्रक्रिया से है। ...इसलिए उन्हें (रंगों को) इस तरह 'जक्स्टापोज़' (आमने-सामने) करना चाहिए कि उनमें सुन्दरता आ जाये, चित्रता आ जाये..."[1]

रज़ा की कलायात्रा में 'बिन्दु' या 'बीज' की व्याप्ति या विस्तार और उसे पिण्ड से लेकर ब्रह्माण्ड तक के आध्यात्मिक रूपक से जोड़कर देखा जाता रहा है। इसकी कई तरह से व्याख्या भी हुई है। अच्छा तो यही होगा कि इस बारे में स्वयं रज़ा साहब क्या बताते हैं। सारांश में इसे इन वाक्यों में रखा जा सकता है—"बिन्दु एक 'सीक सिंबल' (संधानी प्रतीक) है, एक बीज की तरह है, जो बीज भी है और प्रतीक भी। बिन्दु तक पहुँचने के पीछे मेरी एक लगन, मेरी जिज्ञासा प्रकृति के साथ-साथ रही है—वृक्षों को, पहाड़ों को, फूलों को मैं अंकित करता रहूँ... दूसरी ओर इस सन्दर्भ में सोचा जाये तो हम बीज तक पहुँचते हैं। बीज से ही प्राण, आइडिया (विचार) और चित्रकार जुड़े हैं—यानी रूप

का ख़याल करें तो कुछ आधारभूत ज्यामितीय रूपाकार हैं—जैसे रेखा, वृत्त, त्रिभुज, वर्ग, षट्भुज आदि। मैंने उस बृहदाकार (मेजर फ़ॉर्म) से बीज तक आने की...उस आइडिया को विकसित करने की कोशिश की है। इसे इन्लार्ज करें तो एक वृत्त बन जाता है। ...अब दैहिक और आत्मिक तत्त्वों के मिलने से एक क़िस्म की ऊर्जा पैदा होती है। उस ऊर्जा से वे रंग दिखायी देते हैं...जो 'क्षिति जल पावक गगन समीरा' से मिलते हैं... ये पंच तत्त्व और उनके समकक्ष पाँच रंगों के नाम हैं। इन पाँच तत्त्वों को केन्द्रीकृत, संगठित किया जाये तो वही बात होती है, जो पंचभूत शैली में होती है। ...मनुष्य और ब्रह्माण्ड का आन्तरिक सम्बन्ध होता है और इसको चित्रकला में लाना बहुत बड़ी बात है। मैं चाहता हूँ चित्र बने, काले रंग से शुरू होकर सारे रंगों की ओर जाये, फिर सफ़ेद कैनवस की तरफ़। मेरी ख़्वाहिश है अब मैं कुछ ऐसे चित्र बना सकूँ, जो फ़ंडामेंटल (मूलभूत) हों... ।"[2]

रज़ा जब भी यह कहते हैं कि वे काले रंग को ही सर्वोपरि मानते हैं तो इसका सीधा आशय यही है कि वे सभी रंगों का उत्स रंग काले रंग को ही स्वीकार करते हैं। क्योंकि वह मानते रहे हैं कि सभी रंग काले से ही उद्भूत हैं। इसकी सत्यता जाननी हो तो अन्य सभी रंगों की चमक ढल जाने की प्रतीक्षा करें—अन्त में बची रह जायेगी उसकी कालिमा, जहाँ से रंग कौंध भरना शुरू करते हैं और अन्त में उसी में विलीन हो जाते हैं। रज़ा के यहाँ "काला रंग प्रकृति का रंग है, जीवन का भी रंग है जो और जीवन अपने होने में मृत्यु भी है, असल वही है—उसका सारांश, लक्ष्य, हेतु और कदाचित् वह भी, जिसे मुक्ति कहते हैं।"[3]

कहना न होगा, काले रंग की इस महिमा को जाने बिना रज़ा की निर्मितियों में प्रवेश नहीं हो सकता। रज़ा की इन कलात्मक विशिष्टताओं और विलक्षणताओं को, उनके चित्रों को साक्ष्य बनाकर सूत्र रूप में प्रस्तुत किया जा सकता है, जिनसे उनके चित्रों के दर्शक और प्रशंसक कमोबेश परिचित रहे हैं। रज़ा के पूर्वचित्रित और अद्यतन कार्यों के आलोक में यह स्पष्ट है कि संसार की सृष्टि से सम्बद्ध वे समस्त विधायक तत्त्व—जो पुरुष, प्रकृति, वनस्पति के निर्माण में सहायक हैं, उनका रूपायन एक कलाकार कैसे एवं किस प्रकार कर सकता है। ब्रह्माण्डीय सत्ता के उद्भव और विस्तार में नाद और बिन्दु तत्त्व यथा 'क्षिति, जल, पावक, गगन एवं समीर'—इन पंच तत्त्वों की भूमिका को कैसे रंग द्वारा चिह्नित किया जाये, नाद और बिन्दु के संकोच और विस्तार की लीला रचते हुए। रज़ा ने उनको आध्यात्मिक, शास्त्रीय और लौकिक रूपाकारों और मण्डलों में विन्यस्त किया है। रेखा, बिन्दु, वृत्त, आयत, षट्कोण, त्रिभुज आदि ज्यामितिक चिह्नों और चक्रों को उन्होंने कई तरह से, बहुविध संयोजनों द्वारा रूपायित किया है। इन चित्रों के दार्शनिक और आध्यात्मिक पक्षों की स्वीकार्यता को पर्याप्त महत्त्व देते हुए, रज़ा उनकी सांस्कृतिक व्याख्या भी करते रहे। वे चित्रकार मात्र नहीं, एक साधक, भावक और आराधक चित्रकार रहे। एक संगीतकार की तरह वे अभ्यास या रियाज़ को बहुत महत्त्व देते थे और वही उनको निरन्तर सक्रिय बनाये रखता था। इसलिए उनकी निर्मितियों में हमें 'ध्रुपद' गायन-जैसा आलाप और रंग-विस्तार मिलता है। रज़ा के आधार पटल का आकार चाहे छोटा हो या बड़ा—बिन्दु का नाद के रूप में विस्तार पाना है—यानी बीज की आकाश और अन्तरिक्ष में व्याप्ति की अहर्निश रंगलीला में। इसी में सारे तत्त्व, रस, रंग और आनन्द समाहित हो जाते हैं।

रज़ा के चित्रों में व्यवहृत रंगों और विभाजित ज्यामितिक आकारों एवं रचावों में किये गये सूक्ष्म परिवर्तनों को लक्ष्य किया जा सकता है। यह उसी रंग 'आलाप' का अंग है, जो कभी चक्र, कभी वृत्त, कभी सोपान, कभी रंग-द्वन्द्व और कभी संवाद या संलाप से पूरा किया जाता है। उनके चित्रों के अग्नि, अर्थ, टकराव, कुंडलिनी, जलाशय, द्वैत, सूर्य नमस्कार, अंकुरण, शान्ति-बिन्दु, स्पन्दन, अमर जीव, श्वेत-बिन्दु, सुख-दुःख, वसन्त, एकोऽहं, एकत्र, स्मृति, विभास, समास आदि शीर्षकों से भी स्पष्ट हो जाता है कि रज़ा का कलामानस आजीवन किस दिक्काल से प्रेरित और अनुप्राणित रहा। यही नहीं, वे अपने चित्रों में कभी-कभी किसी काव्य पंक्ति, ग़ज़ल के टुकड़े, दोहे या पद का भी प्रयोग करते रहे, जो उनके भाव को शब्दांकित करते हुए विशेष अर्थवत्ता प्रदान करते रहे। यथा, 'खुले नयन में हँस-हँस देखूँ,' 'पन्थ रहने दो अपरिचित प्राण रहने दो अकेला', 'और होंगे चरण हारे ...दूसरी होगी कहानी', 'तू अब से पहले सितारों में बस रही थी कहीं, तुझे ज़मीं पे बुलाया गया है मेरे लिये' आदि टिप्पणियाँ या सूत्र वाक्य।

> "अपने बचपन के कछार और जंगलों से लेकर रज़ा आज तक अपने कैनवसों पर पवित्र जगह की तलाश और एक तरह से प्राण-प्रतिष्ठा करते रहे हैं। उनके आशय इसलिए अपनी उच्छल 'रंग-ऐन्द्रियता' के बावजूद बुनियादी और आध्यात्मिक हैं। उनके स्मृति एवं पवित्रता का कारण है : रंग मानो उस स्पेस को, जो उनके चित्र अपने में बाँधते हैं, अभिमन्त्रित करते हैं। यह कोई 'नॉस्टेल्जिया' नहीं है : यह स्मृति लोक में शरण लेना भी नहीं है। पर यह याद करना है : अपने होने को उसकी सारी अन्तर्ध्वनियों में फिर से चित्र लिखना है। यह पाना और पहुँचना नहीं है बल्कि पहुँचने की उम्मीद में चलते जाना है।"[4]

रज़ा के बारे में, उनके अनन्य साथी और कवि चिन्तक अशोक वाजपेयी के उक्त उद्गार से रज़ा की कला-साधना की निरन्तरता का सहज ही बोध हो जाता है। 2016 में प्रकाशित ग्रन्थ *'एस. एच. रज़ा : निरन्तर'* से इस बात की पुष्टि हो जाती है। इसमें उनके पिछले दो दशक (1995 से 2015) तक के चित्र संगृहीत हैं। सवा सौ से भी अधिक चित्रों से समृद्ध इस संकलन का सम्पादन रणजीत होसकोटे ने किया है, जिससे रज़ा साहब की रचनात्मक अनन्यता के साथ उनकी सक्रियता का पता चलता है।

यह ठीक है कि रज़ा के चित्रों को अलग-अलग पर्वों, यथा पूर्व राग, मध्य राग और उत्तर राग आदि में विभाजित या वर्गीकृत किया गया है लेकिन उनकी भावधारा की निरन्तरता इस औपचारिकता को झुठलाती है। पाँच मूल रंगों के साथ, और उनके मिश्रण से बने विभिन्न रंग-क्रमों का प्रयोग ही उनके चित्रों की पहचान बन गया है। वे कैनवस पर अधिकांशतः एक्रिलिक रंगों का प्रयोग करते रहे। कैनवस को वांछित ज्यामितिक आकारों द्वारा संयोजित करने के पूर्व वे इन्हें कम्पास द्वारा विभाजित किया करते ताकि इन्हें यथासम्भव सन्तुलित रखा जा सके। इस मामले में वे बेहद सतर्क रहे क्योंकि बिन्दु-वृत्त या ज्यामितिक रूपाकारों की एक सुनिश्चित मापजोख होती है। इसके बाद उन पर लगाये जानेवाले रंगों की बारी आती। वहाँ भी रज़ा अत्यन्त सजग रहकर रंग-क्रम निर्धारित करते ताकि हर रंग की सत्ता एवं अर्थवत्ता बरक़रार रहे और रंगों की परस्परता चित्र के प्रभाव को बनाये रखने में सक्षम हो।

अपने लम्बे सृजन कर्म में, रंगों के रचाव में वे लगातार प्रयोग करते रहे। उदाहरण के लिए, 'संयोग', 'संलाप' और 'नीलाम्बर' (तीनों 2015 में निर्मित) शीर्षक चित्रों में पटल पर फैले वलयाकार

वृत्त और रंगों के आवर्त में प्रयोगधर्मी रचाव के साथ किये गये न्यूनाधिक बदलाव को लक्ष्य किया जा सकता है। उनकी यही रंगप्रवणता विषय की एकरूपता के बावजूद, उनके चित्रों को दोहराव से बचाती रही।

अन्तर्राष्ट्रीय ख्यातिप्राप्त इस कलाकार ने भारतीय दर्शन के मर्म को न केवल चित्रित किया, बल्कि जिया है। जीवन के अन्तिम चरण में अपना समस्त वैभव और गौरव बाँटने के लिए ही, उन्होंने 2001 में भारत में रज़ा फ़ाउंडेशन की स्थापना की ताकि युवा और संघर्षरत कलाकारों को सहायता ही नहीं, बल्कि सम्मान भी प्राप्त हो सके और वे उनकी ही तरह जीवन में अपनी दिशा चुन सकें।

रज़ा साहब से कई पत्रकारों और कलाविदों ने उनसे भारत और पश्चिम के कला परिवेश और जीवनशैली के बारे में पूछा था और उन्होंने भी बार-बार भारत में अपनी गहराई से जमी जड़ों का हवाला दिया। पेरिस-प्रवास के दौरान भी उन्होंने भारत का पुनराविष्कार ही किया। वे कहते हैं—"फ्रांस से मैंने सीखी टेक्नीक। वहाँ मुझे कला तत्त्वों की पहचान मिली, जो हर चित्रकार के लिए अनिवार्य है। लेकिन प्रेरणा मिली अपने देश के मूल स्रोतों से। मैंने विदेश में रहकर भी हमेशा भारत से गहरा सम्बन्ध बनाये रखा। मेरी जड़ें कभी टूटी नहीं। मेरी जड़ें सम्पूर्णता से इस देश की संस्कृति में, इस मिट्‌टी में, इस ज़मीन से जुड़ी हैं। मैं जो भी काम कर सका हूँ, वो मेरी जड़ों की देन है।"[5]

पद्‌मविभूषण से सम्मानित सैयद रज़ा जीवन के पंचानबे वर्ष में भी जब अपनी काँपती उँगलियों में तूलिका थाम लेते थे तो एक नया रंगोत्सव रचकर ही दम लेते थे। वर्ष 2016 में, अपने निधन के कुछ दिनों पहले तक वे चित्र बनाते रहे। हमेशा कुछ रचने की जिजीविषा ही उनकी प्राण-ऊर्जा बनी रही।

रज़ा के कला संसार को बहुत निकट से जानने-पहचानने और परखने वाले हिन्दी के वरिष्ठ कवि और कला चिन्तक अशोक वाजपेयी ने समय-समय पर उनके बारे में उनकी कलाकृतियों में डूबकर लिखा है। रज़ा साहब पर एक ग्रन्थ का सम्पादन भी किया है। उनका मानना है कि रज़ा के यहाँ बिन्दु अपनी लघुता में नहीं, अपनी विराट ऊर्जा में प्रगट है। वह केन्द्र है जहाँ से सृजन और शक्ति, अर्थ और विस्तार विकीर्ण होते हैं। उनकी ही पंक्तियों से रज़ा की रचनात्मक निरन्तरता एवं अनन्यता को रेखांकित किया जा सकता है—

> "अब आगे कोई नहीं। जैसे पथ दूर तक दिखाई देते हुए एक बिन्दु में घनीभूत हो जाये। जैसे लगे कि उसी बिन्दु से यह हमारी ओर आ रहा है। सुखद अचरज यही है कि यह बिन्दु रज़ा भी है, यह पथ भी रज़ा है और आँख भी रज़ा ही है, जो बिन्दु से पथ और पथ से बिन्दु को निहार रही है।"

सन्दर्भ

1. समकालीन कला, अंक 34, 'अपनी जड़ों की तलाश में चित्रकार रज़ा' : वंशी माहेश्वरी, पृ. 20
2. उपरिवत्, पृ. 19
3. *द्रष्टव्य : भारतीय कला के हस्ताक्षर :* ज्योतिष जोशी, प्रकाशन विभाग, द्वितीय संस्करण, पृ. 172
4. *चुनी हुई रचनाएँ*-2, अशोक वाजपेयी, राजकमल प्रकाशन, पृ. 134
5. सैयद हैदर रज़ा से इक़बाल रिज़वी की बातचीत, समकालीन कला, अंक 18, नवम्बर 2000, पृ. 47

वासुदेव एस. गायतोंडे
(1924–2001)

वासुदेव एस. गायतोंडे का जन्म 1924 ई. में नागपुर में हुआ। म्हापसा के पास उसकई गाँव में। हालाँकि उनका बचपन गोवा में बीता। उन्होंने सर जे.जे. स्कूल ऑफ़ आर्ट्स से पेंटिंग में डिप्लोमा प्राप्त किया। जे.जे. स्कूल में उन्होंने मिनिएचर पेंटिंग (लघु चित्र) बनाने का भरपूर अभ्यास किया था। वह अपने मास्टर भोसले जी की चित्रांकन पद्धति देखकर मुग्ध हो जाया करते थे। उन्हें तब वह 'द ग्रेटेस्ट पोर्ट्रेट पेंटर' मानते थे। बाद में, उन्होंने पलसीकर और लक्ष्मण पै के साथ कोई डेढ़ साल तक वहीं पेंटिंग अधिकाय में ही अध्यापन कार्य किया।

गायतोंडे के आरम्भिक चित्रों में मानव आकृतियों का ही प्राधान्य होता था, जैसा कि उनके समकालीन अन्य चित्रकारों की निर्मितियों में भी लक्ष्य किया जा सकता है। 1940-50 के दशकों में वह भी मानव आकृतियों पर निर्भर थे। बाद में, उनकी समझ विकसित हुई और उन्हें लगा कि मानव आकृतियों के बिना भी आकार का सन्धान कहीं अधिक महत्त्वपूर्ण है। अब जब कि मानव आकृतियों पर उनकी निर्भरता कम हो गयी तो उनका रचना मानस क्रमशः अधिक निर्बन्ध होता चला गया। उनके आकारहीन विषय स्वाभाविक एवं स्वतःस्फूर्त होते चले गये। यह परिवर्तन उनके परवर्ती विकास के लिए भी अत्यन्त महत्त्वपूर्ण था। इस बदलाव के बारे में वह क्या सोचते थे, उन्हीं के शब्दों में—"मैं अपने चित्रों की ओर वस्तुनिष्ठ दृष्टि से देख ही नहीं सकता। सच कहूँ तो अपने आपको भी वस्तुनिष्ठ दृष्टि से देख ही नहीं सकता। वैसे, समीक्षक मेरे बारे में जो कुछ सोचते हैं, वह सच भी हो सकता है और झूठ भी।"[1]

प्रोगेसिव ग्रुप जब बिखरने को आया था, तभी गायतोंडे ने चित्रांकन के साथ-साथ 1948 ई. में जे.जे. स्कूल ऑफ़ आर्ट से कला विषय में डिप्लोमा किया था। इसके तुरन्त बाद उन्होंने नवगठित बाम्बे ग्रुप की चित्र प्रदर्शनी में भाग लिया, जिसमें के. के. हेब्बार, गाडे, सामन्त आदि चित्रकार शामिल थे। लेकिन गायतोंडे इस ग्रुप से भी जल्द ही अलग होकर अपने आत्मीय कला संसार में ही रच-बस गये और एक तरह से निजता ही आजीवन उनकी पूँजी बनी रही।

मुम्बई प्रवास के दौरान उन्होंने 'स्ट्रक्चर' पेंटिंग भी किया। इसमें किसी निश्चित आकार और समय सीमा में चित्र बनाना पड़ता है। एक बार किसी विदेशी अधिकारी के आदेश पर उन्हें एक कार्यालय की दीवार के लिए पेंटिंग बनाने का आदेश मिला। उन्होंने रातोंरात वह पेंटिंग पूरी की।

लेकिन वह उस अधिकारी को पसन्द नहीं आयी। गायतोंडे बताते हैं कि उस घटना और पेंटिंग ने उनकी सोच को बदल कर बल्कि झकझोर कर रख दिया। इसके बाद उन्होंने फ़रमाइशी एवं अनुबन्धित कार्यों से स्वयं को आजीवन दूर रखा।

उनकी पहली चित्र प्रदर्शनी दिल्ली में 1959 में लगी थी और फिर 1966 में मुम्बई में। इसके कुछ पहले 1965 में न्यूयॉर्क की ग्राहम आर्ट गैलरी में भी उनकी प्रदर्शनी लगी थी। तब वह 1964-65 के दौरान रॉकफ़ेलर वृत्ति पाकर अपनी कार्य योजना से जुड़े थे। उन्होंने तब बोस्टन, शिकागो और सानफ्रांसिस्को समेत युनाइटेड स्टेट्स की भरपूर यात्राएँ भी की थीं। वे वहाँ अमरीकी चित्रकला की वैचित्र्यपूर्ण विभिन्नता से परिचित हुए, जिसमें नितनवीन प्रयोगों और तकनीकों का इस्तेमाल किया जा रहा था। जबकि गायतोंडे का मानना था कि "वास्तव में कुछ कहने की रीति यानी तकनीक पर ध्यान देने से शुरू में ही यह धोखा हो जाता है कि 'तकनीक यानी पेंटिंग।' फिर धीरे-धीरे यह विचार बदलकर 'पेंटिंग यानी तकनीक' हो जाता है। किसी भी सृजन में सर्जक की मनोदशा और तकनीक की यात्रा साथ-साथ चलती है। प्रत्येक पेंटिंग के साथ आप कुछ-न-कुछ सीखते हैं। मैं रंगों के बारे में बहुत जागरूक हूँ। मेरा पूरा ध्यान इस बात की ओर रहता है कि रंग बिल्कुल बरबाद न हों। ...परन्तु मैं यह हरगिज़ नहीं बताऊँगा कि मैं किस तकनीक का इस्तेमाल कर चित्र बनाता हूँ। किसी सीमा तक ही तकनीक-जैसी चीज़ों का महत्त्व होता है। चित्र बनाते-बनाते अचानक कोई चीज़ मिल जाती है और उससे आपका पूरा जीवन ही बदल जाता है और उसके चलते पेंटिंग भी बदल जाती है।" यही कारण है कि वे अपने चित्रों को शीर्षक देने से बचते रहे क्योंकि ऐसे शीर्षक भी चित्रकार के किसी-न-किसी भाव के द्योतक या सर्जक के बोध से परिचालित होते हैं।

1970-71 में बम्बई से दिल्ली आ जाने के बाद गढ़ी कार्यशाला, दिल्ली में कार्य करना उनके लिए विशेष उत्साहवर्धक रहा। कलाकारों को प्राप्त सुविधा के साथ सिरेमिक और पॉटरी कार्य करनेवालों के लिए यहाँ भट्ठी उपलब्ध थी। साथ ही, कलाकार साथियों के बीच काम करने का अलग ही आनन्द था। यही नहीं, उन्हीं दिनों ललित कला अकादेमी ने उनके श्वेतश्याम और रंगीन चित्रों को अपने प्रकाशनों में प्रकाशित भी किया। अलग से प्लेट बनवाकर उनके बड़े रिप्रिंट भी तैयार करवाए।

आकारिक रेखांकन और फिर 1957 में अर्ध-अमूर्त (Semi-abstract) निर्मितियाँ बनानेवाले गायतोंडे ने जल्द ही अपनी निजी शैली विकसित कर ली थी। इसमें उनके 'सोमना एंबलिस्ट', 'मास्क्स' और 'जिसेज शामियाना' सरीखे चित्रों में बैंगनी रंग की दीप्ति बिखरी थी और इसी रंग की दीप्ति 'बर्ड्स' (1952) में, अद्भुत गीतात्मकता और वह भी श्वेत बर्फ़ानी विस्तार के साथ लिए थी। परिन्दे की आकृति और एक कोने में उड़ती पतंग-जैसे कई चित्र उन्होंने रचे। 'द बर्ड एंड एन एग' शीर्षक चित्र, जिसे यंग एशियन आर्टिस्ट की टोकियो प्रदर्शनी (1957 ई.) में प्रदर्शित किया गया था, एक लाख येन का पुरस्कार मिला था। इस राशि से निश्चय ही उनकी आर्थिक अनिश्चितता कुछ दूर तक कम हुई थी।

गायतोंडे ने जापान-प्रवास के दौरान ज़ेन साधना-पद्धति को बहुत निकट से देखा था। किसी विशेष क्षण में, अन्तःस्फूर्त एवं अमूर्त भाव को एकाग्रचित्त होकर कैनवस पर उकेरते हुए, उनके मौन संलाप का उल्लेख उनके कई साथी कलाकार एवं मित्रों ने किया है।

कैलिग्राफ़ी केन्द्रित उनकी कई संरचनाएँ, जो इसी दौरान की गयी थीं, दर्शकों को चकित करती हैं। यह उनके रैखिक अमूर्तन का ही अलंकृत संयोजन है। कैनवस पर किसी केन्द्र का निर्माण और फिर उसका विस्तार। दूसरे शब्दों में, विस्तार को किसी बिन्दु में समटेने का उपक्रम। संकोच और विस्तार की यह लीला मात्र चित्रकार के नाते नहीं बल्कि एक भावक और साधक के नाते गायतोंडे रचते रहे। ऐसा ज़ेन दर्शन में उनके वर्षों की रुचि और साधना से ही सम्भव हो पाया था, इसलिए रेखाओं और रंगों में निहित उनके चित्राशय को ठीक-ठीक समझने के लिए किसी अन्तःप्रज्ञा की आवश्यकता है। ज़ेन साधना में साधक ध्यान द्वारा जो अर्जित करता है, वह कभी अभिव्यक्त नहीं किया जा सकता। यह सर्वथा 'स्वगत' होता है और स्वसंवेदन से सम्बद्ध होता है, जिसे गुरु अपने योग्यतम शिष्य को भी नहीं बता सकता। हमारे मुहावरे में यह 'गूँगे का गुड़' है। इसलिए गायतोंडे के लिए उनकी हर एक निर्मिति उनकी आत्मानुभूति के साथ आत्माभिव्यक्ति भी है—उसमें आत्मा की प्यास है तो आकाश का उजास भी।

गायतोंडे के लिए मानवीय आकार की अकारण या अवांछित उपस्थिति रंगों की स्वाभाविक अभिव्यक्ति की राह में एक प्रकार की बाधा या रुकावट थी। क्योंकि इससे एक चित्रकार को अधिक स्वतन्त्रता बल्कि स्वायत्तता नहीं मिलती। इसलिए आकार—शुद्ध आकार-प्रवण संवदेना की रक्षा से परे, वह अपनी रचना से विषय (वस्तु एवं आकार)—जो उनके लिए बाधा खड़ी कर रहे थे, उन्हें वह सायास हटाने लगे और जिसमें वह जल्द ही सफल भी हो गये।

गायतोंडे के रंगप्रवण या रंगदीप्त चित्रों के अंकन के पीछे उनकी वैचारिकता और बौद्धिकता की गहरी छाप रही है। साथ ही, निजता का निदर्शन भी। यह उनकी व्यक्ति सत्ता थी—जो किसी भी बाहरी दबाव या अंकुश से नियन्त्रित या परिचालित नहीं रही। किसी समूह या कलाकार ग्रुप के विचार का भी उन्होंने अनुसरण नहीं किया और निरन्तर अपनी कला दृष्टि को माँजते रहे। इस प्रयास में उन अवान्तर अवयवों का निषेध होता चला गया, जो अलंकरण के तौर पर अवांछित ढंग से चित्र के मर्म या निहितार्थ को विस्थापित कर खुद आसन जमाकर बैठ जाते हैं।

अपने चित्रों में रंगों के विनियोग के बारे में गायतोंडे ने स्वीकारा है कि "रंग मेरे चित्रों का अत्यन्त महत्त्वपूर्ण हिस्सा होते हैं। उनका उपयोग मैं दूसरे रंगों के साथ उतने ही सन्तुलित रूप में करता हूँ। ...मैं हमेशा लाल, नीला, पीला—उन मूल रंगों और उनके विविध मिश्रणों में ही काम करता हूँ। मेरी चित्र शैली की रंग छटाओं में कोई महत्त्वपूर्ण बदलाव नहीं आया है। ...मेरे चित्रों का आरम्भ हमेशा रंगों से होता है। जैसे ही मैं अपना रंग तय करता हूँ, मैं उसे स्पर्श करता हूँ और उसे कैनवस पर बहने देता हूँ। उसके बाद रंग और चित्रकार के बीच जो परस्पर प्रक्रिया घटित होती है, वह महत्त्वपूर्ण होती है। उसी में से आगे की घटनाएँ घटित होती हैं।"

एक साक्षात्कार में उन्होंने स्पष्ट तौर पर कहा है कि "मैं अपने चित्रों को शीर्षक नहीं देता। इसी तरह, मेरे किसी चित्र में, किसी रचना में एक ही रंग का वर्चस्व होता है। संगीत की भाषा में कहूँ तो—मैं रंगों को सुनता हूँ।"[2]

साठ के दशक तक रंगों और रेखाओं के अन्तःसम्बन्ध पर मार्क निरसेन का वक्तव्य उद्धृत किया जाता है। वे कहते हैं—"गायतोंडे ने चातुरीभरी सख्यता हासिल कर ली है। यह संवेदना—बोधगम्य सम्बन्ध है, जहाँ वर्ण बतौर रंग अपनी भौतिक विशेषता को रेखांकित किये बग़ैर संवाद करते हैं। लेकिन रेखाओं पर उनके नियन्त्रण के सन्दर्भ में ऐसा नहीं है, जहाँ वे ऐन्द्रिक आवेग में छलछलाती रेखाओं की संरचनाएँ तलाशते हैं।" वे आगे कहते हैं—"वे अपनी रेखीय तकनीक के ऐन्द्रिक गुण को औदात्य भी प्रदान कर सकते हैं और किन्हीं चित्रों में बड़ी नज़ाकत से ठहरी विरोधी रंग-सतह एक-दूसरे को साध लिए जाती हैं।"

चित्रांकन सम्बन्धी यह स्व-अर्जित उदात्तता गायतोंडे ने पूर्ववर्ती सन्त परम्परा (विशेषकर ज्ञानेश्वर, तुकाराम, कबीर आदि) तथा समकालीन गुरुओं—रमण महर्षि और निसर्गनाथ के आध्यात्मिक अनुभवों से, अपने जीवन में उतारी थी। गोवा के सोयरोबानाथ अंबिये की वह अक्सर चर्चा करते थे और यह सब आकस्मिक नहीं था—यह उनकी दैनन्दिनी का स्वाभाविक अंग था। उनके निस्पृह व्यक्तित्व में गीताप्रोक्त अनासक्ति योग के कई उदाहरण अनिवार्य तौर पर जुड़ गये थे। बाद के वर्षों में बौद्धों की जापानी ध्यान साधना—ज़ेन का उन पर गहरा प्रभाव पड़ा। यही कारण था कि उनका कलाकार व्यक्तित्व न केवल चिन्तनशील बल्कि वह आत्मिक बल से भी परिपुष्ट रहा। इसलिए वह कभी असमंजस में नहीं रहे—ना-नुकर से अलग दो-टूक कहने और करने में वह कोई कोताही नहीं बरतते थे। अपनी मर्ज़ी और मस्ती में जब और जैसे चाहा, चित्र बनाया, किसी के आग्रह या अनुबन्ध पर नहीं। एक समय ऐसा भी आया जब एक दुर्घटना के चलते उनकी गर्दन एक ओर लटक गयी। उन्होंने वर्षों तक कोई चित्र नहीं बनाया और निरन्तर चिन्तन-मनन में जुटे रहे। उनके बुक शेल्फ़ पर बौद्ध साधना एवं ज़ेन साहित्य, जापानी चित्रकला, कविता गरचीफ़, जे. कृष्णमूर्ति, निसर्गदत्त महाराज आदि के प्रवचन एवं *अमृतानुभव* सरीखे साहित्य ग्रन्थ और संकलन पड़े रहते थे।

गायतोंडे स्वभाव से ही चुप्पे थे। लेकिन आवश्यक होने पर दो-टूक ढंग से अपनी बात रखते थे, भले ही किसी को बुरा लगे। परिवार वालों से, यहाँ तक कि माता-पिता से भी उनका सम्बन्ध आजीवन कटुतापूर्ण रहा। कारण यह था कि उनके कठोर पिता नहीं चाहते थे कि बेटा कलाकार बने और इधर अपनी इसी ज़िद के कारण गायतोंडे की पिटाई होती रहती थी। ऐसी धुनाई को उनकी माँ ख़ामोशी से देखती रहती थी। इस बात का गायतोंडे पर बड़ा प्रतिकूल प्रभाव पड़ा और एक तरह की उदासीनता उनके मन में घर कर गयी। तभी घर परिवार से सर्वथा अलग, मुम्बई के बाळकेश्वर स्थित ह्वाइट हाउस के पास, एक स्टूडियो में काम करते हुए वह हरदम चुप्पी साधे रहते थे। हुसेन, रज़ा-जैसे साथी और नयी पीढ़ी के कलाकार उनके कार्य की सराहना करते थे, यहाँ तक कि उनके सुझाव और सलाह पर भी अमल करते थे। लेकिन गायतोंडे कभी भी अपने चित्रों के बारे में कुछ नहीं कहा करते थे। उनका आरम्भ से ही यही मानना था कि चित्र स्वयं अपनी बात कहे—वह दर्शक के अहसास का हिस्सा बन सके... बस! यही वजह थी कि किसी प्रदर्शनी के लिए या प्रशंसक या कि किसी कला-संग्राहक के आग्रह या अनुदेश पर उन्होंने कभी कोई (फ़रमाइशी) चित्र नहीं बनाया।

ज्ञानेश्वर नाडकर्णी ने पचास के दशक में, गायतोंडे के आरम्भिक कार्यों का विवेचन करते हुए उन पर पाल क्ली के प्रभाव की बात की है, लेकिन वह मानते हैं कि क्ली की कला सर्जना में गुरु-गाम्भीर्य नहीं बल्कि एक तरह की विनोदी वृत्ति यानी खिलन्दड़ापन मुखर है। 'सेन्स ऑफ़ ह्यूमर' उनकी संरचना का अंग है, जिसे पारखी आँखें पहचान लेती हैं। जहाँ तक गायतोंडे पर रोउआ (Roualut) द्वारा धुँधले काँच पर चित्रांकन (Stained glass printing) से प्रेरणा लेने तथा क्ली के प्रभाव की बात है—यह प्रारम्भिक एवं प्रायोगिक स्तर तक ही सीमित रहा। तो भी उनके 'नर्तक' शीर्षक चित्र में क्ली द्वारा प्रयुक्त रेखाओं को निश्चयात्मक तौर पर अपनाया गया है। हालाँकि गायतोंडे ने जल्द ही इन सबसे अलग स्वार्जित प्रगीतात्मकता का उपयोग किया। साथ ही, चित्रात्मक कला से दूर रहकर सांकेतिक आलोक में रंग-प्रक्रिया से सम्बन्धित आविष्कार भी उन्होंने किया।

गायतोंडे के आरम्भिक चित्रों में, जैसा कि बताया गया, मानवाकार आकृतियों की प्रधानता रही, विशेषकर नारी आकृतियाँ रचते हुए रंगों की मितव्ययता के बावजूद, वे उनमें ग़ज़ब का सम्मोहन पैदा कर देते थे। 'रेड रिबन' और 'मछुआरिन' इसके बेहतर उदाहरण हैं। उस दौर में उनके द्वारा सृजित अन्यान्य चित्रों पर भारतीय लघुचित्रों का प्रभाव लक्ष्य किया जा सकता है।

यह देखना महत्त्वपूर्ण है कि लघुशैली से आकारिक (Structural) चित्र-सृजन और मूर्त से अमूर्त निर्मितियों में परिणत उनकी कलायात्रा के कितने पड़ाव पार किये हैं। वर्ण्य-वस्तु के चयन और रंग संयोजन की भिन्नता के साथ उनका रूप-बन्ध भी किसी सीमा से बँध नहीं पाया। उनके कैनवस पर फैले रंग अपने साथ एक ख़ास तरह का उजास भी समेटे रहते हैं। उनके रंगों की रंगत, आभासी रेखाओं की लयबद्धता और मूर्त या अमूर्त वस्तु के साथ टेक्स्चर या बुनावट कैनवस में चित्रित आकृति के प्रति दर्शकों के मन में अजीब-सा सम्मोहन पैदा करती है।

चित्र सृजन के दौरान गायतोंडे पर्याप्त चौकस रहते थे। रंगों के मध्य होनेवाले संवाद में वे स्वयं साक्षी भाव से उपस्थित रहते थे। अत्यन्त शान्त और सहज दीखनेवाले गायतोंडे की रंगों के साथ उनकी आत्मीय परस्परता कभी-कभी उन्हें आविष्ट भी कर देती थी। रंगों के इस आलोक में रूप और आकृतियाँ डूब जाती थीं। तभी उनके कैनवस पर वस्तु (आकार) के मात्र गुणधर्म ही आभासित प्रतीत होते हैं। वस्तुतः बिम्ब (प्रतिबिम्ब), कल्पना एवं विचारादि आवश्यक नहीं कि मूल वस्तु के तौर पर उपस्थित हों। वस्तु सत्ता—अन्तःबाह्य—इस पार या उस पार की विपरीत दिशा से अथवा इन सबसे परे जाकर भी, स्वयं को निरूपित (विरूपित) या प्रतिरूपित कर सकती है। इस उपक्रम में रंगों द्वारा निर्मित बिम्ब उनकी कला-निर्मितियों को विशिष्टता ही नहीं, उत्कृष्टता भी प्रदान करते रहे हैं।

गायतोंडे चित्रों को अमूर्त की परिभाषा में जकड़ना पसन्द नहीं करते थे। उनके अनुसार, "जिस तरह प्रत्येक व्यक्ति मनुष्य होता है, चाहे वह हिन्दू हो, मुसलमान हो या ईसाई, उसी तरह पेंटिंग की कोई जाति नहीं होती, कोई धर्म नहीं होता। पेंटिंग केवल पेंटिंग होती है—प्रकाश और रंगों का खेल मात्र।" उनका यह भी मानना था कि "चित्र केवल कैनवस तक सीमित नहीं रहता... वह अनेक अवयवों या वस्तुओं का समुच्चय होता है। प्रत्येक चित्र रूपान्तरित भी होता (हो सकता) है। दो चित्र एक से नहीं होते, भले ही उनमें बीज तत्त्व एक ही हो।"

गायतोंडे के लिए कला-चर्या कोई वृत्ति या जीविका नहीं थी, प्रौढ़ वय में यह उनके लिए साधना बन गयी। एक रंग साधक के नाते उन्होंने साधन एवं साधना की परस्परता के सहारे अपनी चित्रकला को एक नये शिखर तक पहुँचा दिया। अमूर्तता के साथ आध्यात्मिकता का यह संलयन भारतीय चित्रकला में, इतनी संश्लिष्टता के साथ सम्भवतः पहली बार लक्षित किया गया। हालाँकि गायतोंडे ने इस बारे में किसी को कुछ बताने या चित्रों की व्याख्या करने का प्रयास कभी नहीं किया। गिने-चुने कलाकार या नज़दीकी मित्र या फिर उनके चित्रों के संग्राहक अथवा प्रशंसक, जो उन्हें बहुत निकट से जानते थे—वे सब यह देखते थे कि कैनवस, रंग, ब्रश (और कभी-कभार रोलर) और स्वयं वह साधना-प्रवण चितेरा अस्पष्ट आकारों के अमूर्तन में कैसे डूबा रहता था। अरूप कैसे आत्मगत होकर रूपायित हो सकता है—यही गायतोंडे की कला-निर्मितियों का विरल एवं विलक्षण स्वभाव रहा है।

मनोहर म्हात्रे, जो उनके क़रीबी दोस्तों में एक रहे, उन्होंने अपने एक संस्मरण में गायतोंडे की चित्रण प्रक्रिया के बारे में बताया है कि कुछ पूछने पर वह चुप्पी साध लेते थे और चित्र के पूरा हो जाने पर वह यही कहा करते थे—'यह चित्र मुझसे हो गया।' चित्र सम्बन्धी कोई जानकारी माँगने पर इतना ही कहते थे—"लाइब्रेरी जाओ, पुस्तकें पढ़ो, खुली आँखों से संसार देखो, पिकासो देखो, हेनरी देखो, चित्र तुम्हें अपने आप समझने लगेंगे। देखते रहो, मेरे बोलने से या तुम्हारे सुनने से क्या फ़ायदा? वह तात्कालिक है, वहीं रह जायेगा।"[3]

गायतोंडे जी वर्ष 1971 में पद्मश्री से सम्मानित हुए, लेकिन उनके लिए कोई भी सम्मान उनकी कृतियों से बड़ा नहीं था। उन्होंने अपनी कई कृतियाँ औने-पौने दाम में बेच दीं या फिर मित्रों और प्रशंसकों को भेंट में दे दीं। वर्ष 2014 में उनके प्रतिनिधि चित्रों की प्रदर्शनी गुगेन हाइम, म्यूज़ियम, न्यूयॉर्क में लगायी गयी थी।

गायतोंडे जी का निधन 2001 में हुआ। लेकिन यह भी सचमुच आश्चर्यमिश्रित गर्व की बात है कि जीवन के अन्तिम कुछ वर्षों में लगभग सबसे अलग-थलग और एक निस्पृह साधक-सा जीवन जीनेवाले गायतोंडे की कृतियाँ विश्व के कला बाज़ार में सर्वाधिक क़ीमत पर बिकती रहीं। वर्ष 2013 में जहाँ उनका पीले, भूरे और लाल रंगों से निर्मित एक भू-दृश्य (शीर्षकहीन) चित्र 23.7 करोड़ में बिका, वहीं 2016 में उनकी दूसरी कृति 29.3 करोड़ में बिकी, जो अब तक किसी भी भारतीय चित्रकार की बिकनेवाली कृतियों की सूची में सर्वोपरि है। चित्रकारों की इस सम्मान्य सूची में अमृता शेरगिल, सूज़ा, हुसेन, रज़ा, रामकुमार, तैयब और मनजीत बावा आदि शामिल हैं।

सन्दर्भ

1. *कला भारती*, खण्ड 1, पृ. 70
2. *मैं रंगों की सुनता हूँ* : उपरिवत्, पृ. 75
3. 'गायतोंडे सर', निबन्ध, *कला भारती*, खण्ड 1, पृ. 147 पर उद्धृत।

तैयब मेहता
(1925–2009)

पचास-पचपन वर्षों तक निरन्तर अपनी कला-साधना में रत तैयब मेहता आरम्भ से ही बेहद एकान्तप्रिय और संवेदनशील व्यक्तित्व के धनी थे। हालाँकि वे एक सम्पन्न घर के वारिस थे, जिनके पिता बम्बई में कई सिनेमा हाल के मालिक थे। तैयब को फ़िल्म निर्माण के सभी पक्षों की पूरी जानकारी थी। साथ ही, फ़िल्म सम्पादन की विधिवत् ट्रेनिंग लेने के बाद, सिने लेबोरेटरी में उन्होंने सहयोग भी किया। उनकी कलात्मक रुचि को देखकर ही उस समय के प्रसिद्ध कला निर्देशक मजीद साहब ने उन्हें कला शिक्षा प्राप्त करने की सलाह दी और इस तरह वह 1947 में जे.जे. स्कूल ऑफ़ आर्ट में दाख़िल हुए। 1952 में उन्हें कला का डिप्लोमा प्राप्त हुआ। उन्हीं दिनों प्रोग्रेसिव आर्टिस्ट ग्रुप के कलाकारों से भी उनका परिचय हुआ। यह जे.जे. स्कूल का जादू ही था या कला के प्रति उनका रुझान कि वह सिनेमाई कारोबार और नवविवाहिता पत्नी को घर में छोड़कर लन्दन और पेरिस की यात्रा पर निकल पड़े। वहाँ उन्होंने जहाँ पुराने कलाकारों की कृतियों को निकट से देखा, वहीं पश्चिमी कलाकारों की नयी कृतियों और नवीनतम चित्रशैलियों से परिचित होने का अवसर भी मिला। भारत लौटकर आनेवाले तैयब अब पूरी तरह एक नये तैयब थे, जो एकदम नयी कार्यशैली में कार्य करने के उत्साही थे। यहाँ तक कि उन्होंने अपनी पुरानी चित्रित कृतियों तक को नष्ट कर दिया।

इस बीच उन्हें दोबारा लन्दन-पेरिस हो आने का एक अवसर प्राप्त हुआ। लेकिन बाद में वह दिल्ली आ गये और यहाँ निज़ामुद्दीन इलाक़े में रहने लगे। यहाँ का घुटन भरा माहौल, बदबूदार तंग गलियाँ और बूचड़ख़ाने की ओर लगभग घसीटकर ले जाते बँधे बैलों की बेबसी उन्हें अन्दर से झकझोर जाती थी। यह पाशविक त्रासदी उनके लिए गहरी मानवीय चिन्ता थी। बँधा हुआ अवश बैल, रूढ़ियों और दासता से बँधे मनुष्य को प्रतीकित करनेवाला एक विशिष्ट अभिप्राय (मोटिफ़) बन गया, जो तैयब की परवर्ती निर्मितियों की अनिवार्य पहचान बन गया।

> "हम तैयब के उन चित्रों में बार-बार कसाईबाड़े में घसीटकर ले जानेवाले उस बँधे बैल को पहचान सकते हैं जो अदम्य ऊर्जा का प्रतीक होता हुआ भी, दासता की रस्सी में बँधा है, जिसका संघर्ष निरर्थक है; एक शक्तिशाली पशु को बाँधकर बूचड़ख़ाने की ओर घसीटा जा रहा है, यह और कुछ नहीं क़ानूनी धूर्तता है।"[1]

तैयब मेहता के वे चित्र, जो समाज के निम्न तबके से सम्बन्धित हैं, वे अपने प्रभाव में बड़े गम्भीर हैं और अपनी सशक्त उपस्थिति से हमें जहाँ विचलित करते हैं, वहाँ सम्मोहित भी करते हैं। अपनी आरम्भिक रचना 'ट्रस्ड बुल' (1954 ई.) में एक बेबस बैल को ज़बरदस्त बधिया करने के लिए रस्सी में बाँधकर घसीटते ले जाते हुए दिखाया गया है। इसमें कलाकार ने कैनवस पर जिस प्रकार रूपाकार और रंगों को तिरछी रेखाओं के माध्यम से स्पेस (अन्तराल) को विकर्ण के द्वारा विभाजित किया है—वह पूरे चित्र के तनाव और प्रभाव को द्विगुणित करता है। बाद में भी इसी तरह के तिर्यक् और विभाजक विकर्ण, जो तैयब की रेखाओं और रंगों द्वारा भी निर्धारित किये जाते रहे, वे उनके कैनवस को एक अलग और स्थायी पहचान देते रहे।

तैयब ने 1965 का भारत-पाकिस्तान युद्ध भी देखा था और पश्चिमी देशों में दो-दो विश्वयुद्धों की विभीषिका भी निकट से महसूस कर आये थे। इन सबकी गहरी मानवीय पीड़ा और त्रासदी उनके मन में निरन्तर घुमड़ती रही थी, जिसे उन्होंने अपने कई चित्रों में व्यक्त किया। इसी बीच उन्हें रॉकफ़ेलर फ़ैलोशिप प्राप्त हुई और वह 1968 में एक वर्ष के लिए अमेरिका (न्यूयॉर्क) चले गये।

तैयब मेहता के चित्रण के विभिन्न चरणों को—ट्रस्ड बुल (1956), गिरती तस्वीरें, फॉलिंग फ़ीगर्स (1967; 1994), रिक्शावाला (1982), काली शृंखला (1986), उत्सव (Celebration,1965) और महिषासुर मर्दिनी शृंखला (1998) आदि नाम दिये गये हैं।

वस्तुतः तैयब की ऐसी अपूर्व तैयारी से उनके दर्शक और आलोचक स्तब्ध थे, क्योंकि उनके पास ऐसी कोई पूर्व दृष्टि या कलाकृति उपलब्ध नहीं थी। इसलिए उनकी निर्मितियों की भाववादी व्याख्या भी की गयी और स्वयं तैयब ने भी कहा कि मैं न तो अतिसूक्ष्मवादी हूँ और न अमूर्त चित्रकार, मेरा काम अभिव्यंजनावादी है। "मानव मात्र मेरा स्रोत है, जिसके प्रति शुरू में मेरे अन्दर प्रतिक्रिया उत्पन्न हुई थी। लेकिन कैनवस पर उक्त छवि लाने के क्रम में मैं कैनवस के उतार-चढ़ाव, रंगों के वितरण और दिशा विभाजन के बारे में सोचना शुरू कर देता हूँ। मैं एक प्रेक्षक के रूप में स्वयं तथा दृश्यमान वस्तु के रूप में कैनवस के बीच एक निश्चित दूरी बनाता हूँ ताकि चित्रित कृति अपनी इयत्ता हासिल कर सके।"[2]

न्यूयॉर्क से लौटने के बाद तैयब मेहता ने पहला—तिर्यक् रेखाओं में विभक्त 'विकर्ण' (Diagonal) बनाया था। विकर्ण के उपयोग से उन्हें लगा कि वर्गाकार या आयताकार कैनवस का वर्ग विभाजित हो गया है—इसमें संवेगात्मकता और सक्रियता आ गयी है—वरना वर्ग या आयत की आकृति बहुत स्थिर होती है। उनके ही शब्दों में, "विकर्ण का उपयोग करके मैंने इसे चित्रकृति में ही नष्ट कर दिया। मैंने काला रंग लिया और चित्रकृति में विकर्ण खींच दिया। जल्द ही मुझे अहसास हुआ कि मैंने ऊपर और नीचे के भाग को अलग-अलग कर दिया है तथा रंगों के क्षेत्रों का उपयोग कर लिया है, जिसे मैं करने का प्रयास कर रहा था।"[3]

हल्के सीमित रंगों के प्रयोग के कारण तैयब मेहता की 'विकर्ण' से सम्बन्धित संरचनाओं को उनकी सीधी-सादी और अकृत्रिम रंग-रेखा योजना के लिए पर्याप्त सराहना मिली। साथ ही, तैयब ने अपने चित्रपटल पर रंगों की भाषा को क्षैतिज विस्तार दिया। सपाट कैनवस पर ऊपर से नीचे और

बायें से दायें फैले ये रंग उनकी वर्ण्य-वस्तु के लिए स्थायी टेक की भूमिका निबाहते रहे। 'विकर्ण' शृंखला के उनके चित्र डागर बन्धुओं के शास्त्रीय ध्रुपद गायन की तरह हैं, जिसमें एक ही राग को कई घण्टों तक गाया जाता है फिर भी उसका औपचारिक समापन नहीं किया जा सकता।

इन चित्रों में उन भारतीय लघु चित्रों की रंग संरचना की परम्परागत छाया लक्ष्य की जा सकती है, जिनकी एकरंगी पृष्ठभूमि में वर्ण्य-विषय को सविस्तार उकेरा जाता था। लेकिन तैयब का विषय या प्रतिपाद्य हमेशा इकहरा रहा—ताकि कलाकार के विशिष्ट मनोभाव को गहनता और विशदता से प्रस्तुत किया जा सके। रंगों और रेखाओं के अपेक्षाकृत विरल प्रयोग के बावजूद तैयब की कृतियाँ विलक्षण प्रभाव उत्पन्न करने में सफल हुईं। यही कारण है कि 2005 ई. में 'विकर्ण' शृंखला के अन्तर्गत आन्तरिक आभा से दीप्त इस कलाकृति को क्रिस्टी द्वारा की गयी नीलामी में अठारह लाख से बीस लाख डॉलर की अनुमानित राशि से कहीं अधिक इकतीस लाख डॉलर की राशि प्राप्त हुई। यह किसी भी भारतीय चित्रकार द्वारा तब तक सर्वाधिक अर्जित राशि थी।

आगे भी उन्होंने अनेक प्रकार से इस विकर्ण-प्रविधि का उपयोग किया क्योंकि यह उनके लिए एक सचित्र और सजीव कारक या प्रेरक उपादान बन गया। यह उनके लिए कैनवस पर किसी विशेष क्षेत्र में छवि को हटाने या स्थानान्तरित करने का माध्यम बन गया। चार-पाँच वर्षों तक विकर्ण-केन्द्रित चित्र निर्मित करने के बाद उन्होंने इसे छोड़ दिया। उन्हें लगा कि इसके बग़ैर भी वे काम कर सकते हैं।

कारण चाहे जो भी हो, तैयब चित्र निर्माण और चित्रफ़लक (कैनवस) पर एक आधारभूत परिवर्तन लाने में सफल हुए। यह एक साहसपूर्ण क़दम था। उन्होंने सीधे-सादे एक रेखीय रेखांकनों के साथ रंगों को सँजोने के लिए तैयार समतल सतहों के लिए अपनायी गयी अतिसजग और श्रमसाध्य तकनीक को तज दिया, यानी रंगों और रेखाओं की युति बनानेवाली तकनीक को। इसी तरह उन्होंने चित्र तकनीक में एक हैरतअंगेज़ बदलाव यह किया कि चित्रात्मक स्पेस को समतल रंगों को असहाय या असाध्य जगहों तक सीमित करने का फ़ैसला ले लिया। उनके चित्रों में व्याप्त गहरे अँधेरे (स्याह) को क्रमशः उज्ज्वल एवं प्रगाढ़ रंगों के संयोजन या आक्रमण द्वारा निर्वासित या विस्थापित कर दिया गया। यही नहीं, उन्होंने स्थिर पृष्ठभूमि और कठपुतलियों-जैसे बने मंच को थरथराती आकृति में बदल दिया। यह एक तरह से अपने देश-काल को सम्बोधित या प्रतीकित करने की तैयारी थी।

तैयब ने ऐसे अनुर्वर समय को भी अनुकूल बनाने का उपक्रम किया। उन्होंने यह तो तय कर ही लिया था कि वे जहाँ हैं, वहाँ से लौटना सम्भव नहीं। दूसरे, आधुनिकता की कोई भारतीय परम्परा तो थी नहीं, जिससे वे कुछ ग्रहण कर पाते। तैयब मेहता ने स्वीकार किया था—

> "कहीं कुछ न भी हो तो भी कहीं से सृजन आरम्भ करना तो पड़ता ही है। हमने भी अपने कलाकार मित्रों से परस्पर बातें करते, बहस करते और कभी उनकी आलोचना करते और कभी सराहना करते बहुत कुछ सीखा था।"[4]

तैयब मेहता ने इसीलिए कहा था कि आधुनिक जीवन का प्रवाह न तो कभी नगण्य होता है और न क्षणिक; इसमें आन्तरिकता का संस्पर्श और आकर्षण का अंश निहित होता है।

जगदीश स्वामीनाथन ने तैयब मेहता की निर्मितियों के बारे में, संक्षेप में लेकिन महत्त्वपूर्ण प्रस्थान बिन्दुओं की ओर संकेत किया था। वे उनकी कठोर औपचारिक व्यवस्था या छवियों (Image) को आकार देते रंगों और रेखाओं के बारे में कहते हैं—

> "स्पेस की पुकार-छवियाँ, जिन्हें गुड़िया की तरह वह पीछे एक तरफ़ खींच लेते हैं और फिर साथ-साथ रख देते हैं—एक समतल व्याख्यापरक या कि मिथकीय स्पेस! एक कैनवस को दो में चीरता हुआ 'डायगोनल'—(विकर्ण—जिसे उन्होंने आरम्भ में ही उपलब्ध कर लिया था) छवि को विभाजित करता हुआ फिर भी भिन्न-भिन्न अवयवों के बीच का एकमात्र सूत्र। इस रूप में वह वहाँ हैं और उनके कई कामों में है। ज़्यादा संग्रथित ज़्यादा क्रियाशील।..."[5]

'गिरती तस्वीरें' चित्र-शृंखला में तैयब की भूमिका अवश्य ही कुछ-कुछ बदली नज़र आती है। यहाँ विखण्डित मानव और उसकी देह मुद्रा को कैनवस से ऊपर से ब्लेड की धार की तरह किसी तीखी सतह पर लटका दिया गया है। यह भी जोड़ा जा सकता है कि फेंक दिया गया है—किसी चिथड़े की तरह। इसमें कलाकार की खीज, हैरानगी, बेचारगी या बेबसी देखी जा सकती है। वह एक अवांछित वस्तु है—जिसे समय और समाज ने फ़ालतू समझकर फेंक दिया है। इसमें तैयब ने विखण्डन प्रविधि को अतिरेकपूर्ण ढंग से और बार-बार इतनी तरह से आज़माया है कि वह कहीं-न-कहीं ऊब भी पैदा करती है।

तैयब मेहता में आंगिक या आकारिक गठन (संरचना) का सन्धान करने की पूरी तैयारी थी। इस बारे में श्रीकान्त वर्मा का कथन महत्त्वपूर्ण है—

> "उनकी शरीर रचना स्तूपाकार है और अधिकतर स्त्री-पुरुषों को वह स्तूप के रूप में देखते हैं। इसके पीछे कौन-सा मनोविज्ञान है, इसकी खोज ज़रूरी नहीं है। लेकिन स्तूप में जो मौन और एकान्त होता है, वह तैयब की स्तूपाकार आकृतियों में भी है। तैयब मेहता की आकृतियाँ रंगों में घुलने लगती हैं और रंग, स्तूप का आकार ग्रहण करने लगते हैं।"[6]

इसी बीच उन्हें 1984-86 के दौरान कला भवन के आमन्त्रण पर शान्तिनिकेतन में रहने का अवसर प्राप्त हुआ और यह प्रवास उनके कैनवस में बदलाव लेकर भी आया। 1985 में उन्होंने 'शान्तिनिकेतन-फ़लक' का निर्माण किया, जो उनके रचनात्मक पर्व का महत्त्वपूर्ण प्रस्थान बना। तीन पैनलों में विन्यस्त इस निर्मिति में कुल छब्बीस आकृतियाँ संयोजित हैं। यह सन्थालों के बसन्त पर्व 'चड़क' पर आधृत है। सन्थालों के सामूहिक नृत्य और गीत के साथ युवा जोड़ों के मिथुन को केन्द्र में रखकर किये गये इस निर्माण के साथ कई सह-छवियाँ उकेरी गयी हैं। सृष्टि में व्याप्त प्रजनन-तन्त्र को नर-नारी (पुरुष-प्रकृति) के संयोग के साथ ब्रह्माण्ड को परिचालित करनेवाली सत्ता को भी इनमें प्रतीकित किया गया है। इसी प्रकार, व्यष्टि (व्यक्ति) और समष्टि (समूह) की परस्परता कहीं संयुक्त तो कहीं विच्छिन्न होती दिखायी गयी है। एक आदिवासी स्त्री हाथ में मेमना उठाये हुई है। कहीं सलीबनुमा रस्से के पास कई लोग जमा हैं, बेहद उदासीन और किसी शिखर पर उड़ती हुई छवि फीके हरे रंग में विलीन हो गयी है। कुल मिलाकर यह कृति मृत्यु और अवसाद के विरुद्ध जीवन को संजीवनी प्रदान

करने वाली उनकी प्रतिनिधि रचना बन गयी है। इस चित्र की प्रतीकात्मकता पर काफ़ी कुछ कहा-सुना गया है और सुप्रसिद्ध दार्शनिक रामचन्द्र गाँधी ने इसकी व्याख्या करते हुए *स्वराज* नामक पुस्तक लिखी है, जिसमें अद्वैत दर्शन, आत्मबोध, सम्प्रभुता, स्वराज, 'तत्त्वमसि' से लेकर पिकासो (गुएर्निका) और मोदिग्लियानी की विस्तार से चर्चा की गयी है। एकल रूपों की भी विभाजित छवियाँ रचनेवाले तैयब द्वारा इस कृति में रची गयी सामूहिक छवियाँ एक तरह से सुखद अपवाद ही हैं।[7]

उनकी 'महिषासुर मर्दिनी' शृंखला के चित्र भी शान्तिनिकेतन और आसपास के शक्तिपीठों से प्राप्त अनुभवों का प्रतिरूपण हैं। यह उसी आद्यशक्ति की चित्राराधना है, जो महिष नामक असुर से जूझती हुई उसका संहार करती है। विकर्ण पद्धति को अपनाते हुए देवी और असुर की अलग-अलग भंगिमा और संयोजना को तैयब ने गहरे रंगों और रेखाओं (तिर्यक्) में विभाजित किया है। रंगों और रेखाओं की न्यूनता तो तैयब की विशेषता रही है लेकिन ये चित्र अपने भाव बोध और प्रभाव में कहीं कम नहीं पड़ते। इस विषय पर उन्होंने लगभग बारह चित्र बनाये हैं। यहाँ उन्होंने 'काली' और 'महिषासुर मर्दिनी' के रूप में दो आदि शक्तियों को नये रूपाकार में उकेरने का भी उपक्रम किया। यह प्रचलित रूप विधान और प्रतिमा विधान से सर्वथा अलग आयोजन था। यह एक भावानुभूति थी, जिससे उन्हें 'मातृदेवी' के तौर पर बनाने की प्रेरणा मिली। इसी भावावेश में 1988 में उन्होंने काली शृंखला के अन्तर्गत कई चित्र बनाये। यहाँ आकारगत संरचना के साथ काली मुख की प्रचण्ड भयावहता और उसकी देह भाषा को कई प्रकार से उकेरा गया है, जो सृष्टि की समस्त अशुभ अपशक्तियों एवं दुर्वृत्तियों को लील जाना चाहती है।

तैयब ने भारतीय विषयों को अपनी शैली में विवृत (इंटरप्रेट) किया। आम भारतीय जीवन या रिक्शावाला-जैसे सामाजिक विषय या फिर काली, महिषासुर मर्दिनी-जैसे हिन्दू मिथक से सम्बद्ध विषयों को उन्होंने एक नये प्रारूप के साथ चित्रभाषा प्रदान की। 'डाइगोनल लाइन' को पकड़कर उन्होंने जो रचनात्मक एवं शैलीगत प्रयोग किये, वह उनकी महत्त्वपूर्ण उपलब्धि ही नहीं, पहचान भी बनी। इस 'विभाजक' रेखा के कई अर्थ भी निकाले गये।

बहुत सम्भव है, उनके मन पर हिन्दू-मुस्लिम विभाजन का जो गहरा प्रभाव पड़ा था, उसमें से इस विभाजक तिरछी रेखा का जन्म हुआ हो। इसे एक कलाकार का पूरक और सार्थक विरोध कहा जा सकता है। वे स्वयं मुस्लिम थे पर उन्होंने हिन्दू संकल्पनाओं पर आधारित कई चित्र बनाये। अपने इसी अनुभव को रचनात्मक विस्तार देते हुए तैयब मेहता ने 'कूडल' नाम की एक फ़िल्म बनायी थी। इसमें उन्होंने भारत और पाकिस्तान की राजनीतिक आज़ादी पर तीखी टिप्पणी की थी। निरपराध और असहाय लोगों के ख़ून से रँगी आज़ादी का उत्सव कितना बेमानी है, यही इस फ़िल्म का सन्देश था। इस फ़िल्म की देश-विदेश में बड़ी सराहना हुई।

तैयब के चित्रों में भारतीय विषय, उनमें निहित वेदना और उस वेदना से सम्बन्धित निजी आध्यात्मिक तड़प कहीं-न-कहीं दिखायी देती है। काली को लेकर उन्होंने कई चित्र बनाये हैं। हो सकता है, काफ़ी समय तक कोलकाता में रहने का यह असर हो। लेकिन अशुभ या दुर्जनों का नाश

कर आर्तजनों को सुख देनेवाली काली उनको स्फूर्ति देनेवाली प्रेरक शक्ति थी। फिर भी उनके चित्रों में क्रूरता या संहारकता नहीं दिखायी देती। केवल चित्रात्मक बिम्बविधान (पिक्टोरियल इमेज़) के लिए उन्होंने काली के 'बाह्याकार' (कंटूर) का प्रयोग किया। इसमें उन्होंने गाढ़े और अमिश्रित रंगों का भरपूर प्रयोग किया, जो परम्परागत ढंग से बंगाल के लोक-शिल्पी व्यवहार में लाया करते थे, विशेषकर काली घाट शैली के पटचित्रों में।

तैयब मेहता को ललित कला अकादेमी द्वारा आयोजित प्रथम त्रैवार्षिकी कला प्रदर्शनी में 'गिरती तस्वीरें' के लिए स्वर्ण पदक मिला था। इसके पहले भी 1965 में एक स्त्री की आकृति के लिए उन्हें राष्ट्रीय सम्मान मिल चुका था। उन्हें अकादेमी के स्वर्णजयन्ती वर्ष 2004 में, रत्न सदस्यता भी प्राप्त हुई।

तैयब ने भारतीय कला पद्धतियों और इनके चिरपरिचित स्वरूप और प्रारूप से अलग और बिल्कुल अनोखे अन्दाज़ में अपनी (निजी) कलाशैली को स्थापित किया, जिसका न केवल स्वागत हुआ बल्कि जिसे व्यापक स्वीकृति मिली। कला बाज़ार ने भी इस कलाकार की कृतियों को विश्वपटल पर प्रतिष्ठित किया।

इस उदारमना और कर्मठ कलाकार का निधन 4 जुलाई, 2009 को हुआ।

सन्दर्भ

1. "We recognize, also the trussed bull that recurs in Tyeb's painting : a symbol of colossal energy held in servitude by a rope, it struggles futile; a magnificent animal broken and brought low of treachery being dragged to the slaughter."
2. *कला भारती* : खण्ड एक, पृ. 470
3. उपरिवत्, पृ. 474
4. *मॉडर्न्स*, भूमिका : उमा नायर, ललित कला अकादेमी, पृ. 16
5. *कला भारती* : खण्ड एक, पृ. 485
6. *आधुनिक कला कोश*, पृ. 261
7. *स्वराज* : बढेरा आर्ट गैलरी, नयी दिल्ली।

सतीश गुजराल
(1925–2020)

शारीरिक अपंगता के चलते अक्सर व्यक्ति अपनी आकांक्षाओं को पूरा नहीं कर पाता। लेकिन 25 दिसम्बर, 1925 को झेलम (पाकिस्तान) में जन्मे सतीश गुजराल अपनी शारीरिक अक्षमता के बावजूद, जिन बुलन्दियों तक पहुँचे, वह सचमुच उनकी अतुलनीय और अदम्य ऊर्जा का परिणाम ही था।

एक सम्पन्न परिवार में, सारी सुख-सुविधा के बावजूद, एक दुर्घटना के चलते आठ वर्ष की उम्र में ही, सतीश अपंग हो गये थे। चलना-फिरना तो दूर, बाद में कान से सुनना भी मुश्किल हो गया। ऐसे में साहित्य (विशेषकर उर्दू) में रुचि बढ़ी और परिवार ने यह तय किया कि कला के क्षेत्र में, यदि कुछ करना सम्भव हो तो उस दिशा में प्रयास किया जाये। यही सोचकर लाहौर के मेयो स्कूल ऑफ़ आर्ट में उनके कला प्रशिक्षण की व्यवस्था की गयी। यहाँ उन्होंने चित्रकला का पाँच-साला कोर्स पूरा किया और फिर बम्बई के जे.जे. स्कूल ऑफ़ आर्ट में चित्रकला का अध्ययन किया। पाठ्यक्रम के अन्तिम वर्ष में, विभाजन की त्रासदी के दौरान उनका घर-परिवार सब कुछ बिखर गया और उक्त प्रशिक्षण भी पूरा नहीं हो पाया।

सतीश तब बम्बई छोड़कर शिमला आ गये। उन्हें पंजाब के पब्लिसिटी विभाग में कलाकार की नौकरी मिल गयी, जहाँ उन्होंने अपनी कला शिक्षा, विशेषकर ग्राफ़िक्स के बल पर अपनी योग्यता सिद्ध की। यह उनकी ख़ुशक़िस्मती ही थी कि सुप्रसिद्ध कलाविद चार्ल्स फ़ाबरी ने 1952 में उनके कार्यों को सराहते हुए, उन्हें दिल्ली आकर काम करने की सलाह दी। अपनी तीन साल की नौकरी छोड़कर गुजराल दिल्ली आ गये। फ़ाबरी के सौजन्य से ही उनकी भेंट सुप्रसिद्ध मेक्सिकन कवि और भारत में नियुक्त राजदूत ऑक्तोवियो पाज़ से हुई, जिनकी सहायता से गुजराल को मेक्सिको सरकार की स्कॉलरशिप मिल गयी और वहाँ जाकर उन्होंने मेक्सिकन म्यूरल की चित्रांकन प्रविधि एवं कला-संस्कृति का अध्ययन किया।

गुजराल ने भारत वापस आकर अपनी प्रतिभा के बल पर कला के विभिन्न क्षेत्रों में अपनी पकड़ और पहचान बनायी, साथ ही, परम्परागत ढंग से कैनवस या बोर्ड पर चित्र बनाते हुए गुजराल रूप, रेखा और रंग–तीनों के साथ रचनात्मक मनमानियाँ करते रहे–इसलिए उनकी निर्मितियाँ उनके दर्शकों को आरम्भ से ही न केवल रोचक, बल्कि चुनौतीपूर्ण लगती रही हैं। विभिन्न और विषम कला माध्यमों को साधते हुए, गुजराल ने चित्रकला के साथ मूर्तिकला और ग्राफ़िक प्रविधियों का उपयोग कर अपनी कृतियों में द्विआयामी और फिर त्रिआयामी प्रभाव उत्पन्न पैदा किया। उनका यह प्रयास छोटे-मोटे

उपक्रम तक ही सीमित नहीं रहा बल्कि धीरे-धीरे विराटकाय निर्मितियों में परिणत होता चला गया। इनमें भारतीय लघुचित्रों में निहित बृहद् अभिप्रायों, ऐन्द्रिक प्रतीकों और मेक्सिकन कला प्रविधियों, यहाँ तक कि रंग संयोजन सम्बन्धी पद्धतियों एवं प्रयोगों का समायोजन, सर्वथा निजी शैली में किया गया।

गुजराल के चित्रों में सामाजिक यथार्थ, स्मृति और फ़ैंटेसी—तीनों का रचनात्मक समाहार किया गया है। विभाजन और विस्थापन सम्बन्धी उनके चित्र, जो साठ के दशक में बनाये गये, उन पर मेक्सिकी कला विरूपण पद्धति का प्रभाव स्पष्ट तौर पर देखा जा सकता है। 'रिवोल्यूशन' और 'स्नेअर ऑफ़ मेमोरी' (स्मृति-जाल)-जैसे चित्रों में अपनाई गयी कला प्रविधि से उनकी निजी कलाशैली विकसित हुई। विभाजन की त्रासदी से जुड़ा उनका 'मातम' शीर्षक चित्र इतने वर्षों के बाद भी एक दस्तावेज़ के तौर पर याद किया जाता है। इसमें एक वृद्धा का विलाप दर्शकों के मन में गहरा विषाद भर देता है। इन चित्रों में मेक्सिकन भित्ति चित्रण प्रविधि का भी कुशल उपयोग दिया गया। ऐसे चित्रों को देखकर मानवीय मूल्यों की विडम्बना के साथ एक चित्रकार के सामाजिक सरोकार का भी ख़याल आता है। उसे अपने विषय को एक 'स्टेटमेंट' की तरह प्रस्तुत करते हुए कभी अमूर्तन की तो कभी विरूपण की, और कभी फ़ैंटेसी की प्रयुक्ति अपनानी पड़ती है। साथ ही, तटस्थ भी बने रहना पड़ता है ताकि वह 'रिपोर्टिंग' न लगे।

मेक्सिको के चर्चित चित्रकारों, ओरोस्को और डेविड ए. सिक्योरोज़ से मिली कला शिक्षा (1952-54) का ही प्रभाव था कि गुजराल के कैनवस पर उनके रूपाकार भी विरूपित और विकृत होकर बिखरते चले गये। ऐसा इसलिए अधिक सम्भव हो पाया क्योंकि उनके विषय भी आकस्मिक आपदाओं और त्रासद घटनाओं से सम्बद्ध थे। 'सांग ऑफ़ डिस्ट्रक्शन' और 'लीव्स इन द स्टॉर्म'-जैसे चित्रों में विभाजन और लोगों के विस्थापन ही नहीं, दंगे, आगजनी और क़त्लेआम-जैसी अमानवीय घटनाएँ चित्रित थीं। दरअसल कोई भी संवेदनशील रचनाकार इन दुस्थितियों में ख़ामोश बैठा नहीं रह सकता था। आहत और उन्मत्त लोगों की चीख़-पुकार और हाहाकार को गुजराल ने अपने इन चित्रों को तेज़ तूलिकाघातों और विषम रंगों से ऊर्जा प्रदान की थी।

आनेवाले वर्षों में किसी एक कला विधा को अपर्याप्त मानते हुए, गुजराल ने अमूर्तन के साथ 'मल्टी मीडिया'—बहुमिश्रित माध्यम पद्धति को ही अपने सृजन का मुहावरा बना लिया। इसमें मेक्सिकन ही नहीं, आदिवासी कला के पैटर्न और गणचिह्न (Totem) का विधिवत् उपयोग किया गया। उनके द्वारा प्रयुक्त उपकरण (कौड़ी, घुँघरू, पंख, वाद्य, आभूषण आदि) भी उनके मूर्ति-चित्रों में शोभित होने लगे। अपनी निर्मितियों को जीवन्त बनाये रखने की कोशिश के लिए ऐसा किया गया था। इसे उन्होंने तान्त्रिक अभिप्रायों से भी अभिषिक्त किया और 'माध्यमा', 'सहस्र चक्र' और 'शक्ति एवं गणेश' (1977-1981)-जैसी कृतियों के द्वारा अपने रूपाकारों को नये ढंग से प्रस्तुत किया।

1985 में और अगले कुछ समय तक गुजराल ने 'प्ले मेट्स' (खेल के साथी) शृंखला के अन्तर्गत भी कई रोचक रूपाकार और भावपूर्ण मुद्राओं वाले चित्र एक्रिलिक रंगों से आँके। इनमें सहज मानवीय उल्लास और आनन्द के साथ कई रहस्यपूर्ण रंगांकन भी हैं, जो गुजराल के व्यक्तित्व के उस नये पहलू से हमारा साक्षात्कार कराते हैं, जिसमें बालसुलभ खिलन्दड़ापन सुरक्षित है।

एक कलाकार (चित्रकार) को बुनियादी तौर पर शिल्पी (कारीगर) माननेवाले गुजराल ने जब पेंटिंग के साथ सिरेमिक में काम करना शुरू किया तो उनकी यह धारणा और भी दृढ़ हो गयी। उनका कहना है—"एक साधारण शिल्पी और एक कलाकार में यही फ़र्क़ है। मैं जब चित्र बनाता हूँ, पेंट करता हूँ, या मूर्तिशिल्प पर काम करता हूँ तो आप ध्यान दीजिएगा मैं अति सावधानी से काम करता हूँ, चूँकि मुझे शिल्पकारी (कारीगरी) से लगाव है।"[1]

अपनी कृतियों के बारे में अक्सर ख़ामोश रहनेवाले सतीश गुजराल स्वभावतः एक बेहद संवेदनशील कला सर्जक थे। उनके द्वारा चित्रित 'दिल्ली 1857' एक अत्यन्त नाटकीय कलाकृति है, जिसमें तीन क़ैदियों को फाँसी पर चढ़ाया जा रहा है और एक वृद्ध व्यक्ति अंग्रेज़ अफ़सर से उन पर दया करने की भीख माँग रहा है, जबकि एक स्त्री उसे ऐसा करने से रोक रही है। देश के सम्मान को सर्वाधिक महत्त्व देनेवाले गुजराल-जैसे कलाकार ही ऐसे चित्र बना सकते थे।

सतीश गुजराल के परवर्ती कार्यों, जिन्हें चाक्षुष संस्थापन की संज्ञा दी जा सकती है और जिनमें 'बर्न्ट-वुड' को माध्यम बनाया गया है। उनके दर्शकों और प्रशंसकों के लिए एक चौंकानेवाला कलात्मक उपक्रम था। इसमें काठ के लम्बे-चौड़े कुंदों को वांछित आकार प्रदान करते हुए और उनमें अपेक्षित प्रभाव डालने के लिए उन्हें कहीं-कहीं जलाया गया था और फिर पेंट भी किया गया था। यह अपने क्रूर समकाल से बेचैन और विचलित कलाकार की अभिव्यक्ति मानी गयी—जिसमें व्यंग्य है, सचाई है और फ़ैंटेसी भी। पेंटिंग्स के साथ ग्रेनाइट मूर्तिशिल्प पर की गयी उनकी 'कव्वाल' और 'सेलेब्रेशन' (1997-1999) शृंखला से सम्बद्ध निर्मितियों के अलावा गुजराल ने वास्तुशिल्प और सिरेमिक म्यूरल के क्षेत्र में कई चौंकानेवाले भी काम किये। उनकी स्थापत्य कला के बारे में अलग चर्चा की जाती रही है।

उनके व्यक्तित्व में एक कलाशिल्पी और वास्तुशिल्पी का अद्भुत समन्वय था। वे एक निश्चित अन्तराल के बाद एकबारगी किसी नयी कार्य-शृंखला के साथ उपस्थित होते रहे। उनकी निर्मितियों की विलक्षणता से कलाप्रेमी रोमांचित और आनन्दित होते रहे। उनके बृहदाकार कार्यों से उनके पौरुषपूर्ण जीवट का पता चलता है, जो किसी भी माध्यम को एक महत्त्वपूर्ण कलाकृति में परिणत करने की विशिष्ट रचनाधर्मी क्षमता से ही सम्भव हो सकता है। उन्हें 1999 में पद्मविभूषण से अलंकृत किया गया था।

चार्ल्स फ़ाबरी ने 1952 में विशेष तौर पर सक्षम जिस युवक को, 'जीनियस' कहा था, वह चौरानबे साल की उम्र पाकर 26 मार्च, 2020 को दुनिया को अलविदा कह गया। देश-विदेश में गुजराल की कला प्रदर्शनियों में आज भी उनके दर्शक एवं प्रशंसक भारी संख्या में जुटते हैं क्योंकि वे जानते हैं कि निरन्तर प्रयोगधर्मा सतीश गुजराल की प्रदर्शनी में निश्चय ही ऐसा कुछ नया देखने को मिलेगा, जो उनके कला परिदृश्य में पहले नहीं था और जो समकालीन भारतीय कला जगत को एक नया रचनात्मक आयाम प्रदान करेगा।

सन्दर्भ

1. *आधुनिक कला कोश*, पृ. 211

कँवल कृष्ण
(1910–1993)

कँवल कृष्ण का जन्म मोंटगोमरी (अब पाकिस्तान) में हुआ था। यह क्षेत्र तब जल के अभाव में अकाल और सूखे के कारण अभिशप्त माना जाता था। यह तो सुखद संयोग ही था कि किशोरावस्था तक वहाँ अपनी पढ़ाई पूरी कर वह कोलकाता आ गये। घर के अभिभावक यह चाहते थे कि कँवल इंजीनियरिंग या ऐसी ही कोई प्रौद्योगिकी शिक्षा प्राप्त करें। लेकिन युवा कँवल के मन में कला शिक्षा प्राप्त करने की इच्छा कुछ ऐसी प्रबल थी कि उन्होंने कोलकाता के सरकारी आर्ट स्कूल में दाख़िला ले लिया। यह स्वाभाविक ही था कि परिवार उनके इस निर्णय से ख़ुश नहीं था लेकिन कँवल यह जानते थे कि पिछले कई वर्षों से उनके मन में एक कलाकार बनने की जो आकांक्षा है, उसे एक आधार मिल गया है। बाद के वर्षों में, कँवल कृष्ण ने कला के क्षेत्र में स्वयं को जिस तरह स्थापित किया, वह सचमुच सराहनीय कहा जा सकता है।

कलकत्ता आर्ट स्कूल (1933-39) में अध्ययन के दौरान ही जलरंग विधा में चित्रांकन करते हुए उन्होंने एक निजी शैली विकसित कर ली थी। कोलकाता में कला अध्ययन के दौरान उन्होंने जे. पी. गांगुली और अतुल बोस आदि से प्रशिक्षण प्राप्त कर जलरंग-पद्धति में व्यक्तिगत प्रयोगों और प्रयासों से एक नया प्रभाव उत्पन्न किया। कोलकाता के कलाकार उन दिनों, बंगाल कलाशैली की परिधि में ही चक्कर काटा करते थे। युवा कँवल कृष्ण ने इसके दायरे में रहकर भी जलरंग पद्धति में रंग, आकार और विषयगत प्रयोग किये।

कँवल कृष्ण 1939 ई. में तिब्बत की यात्रा पर गये थे। तब तिब्बत एक वर्जित देश माना जाता था, लेकिन राजकीय अनुबन्ध के अधीन कँवल कृष्ण को ल्हासा स्थित पटोला राजप्रासाद में तत्कालीन तिब्बती गुरु दलाई लामा के धर्माभिषेक के आयोजन से सम्बन्धित चित्रों को अंकित करना था। यह कार्य उन्होंने बख़ूबी निभाया और किशोर दलाई लामा के कुछ व्यक्ति चित्र (शबीह) भी बनाये। पर्वतीय प्रदेशों की यात्रा करने के दौरान चित्र बनाने का उनका अनुभव यहाँ बहुत काम आया और सर्वथा एक नये परिवेश, साज-परिधान एवं बौद्ध धार्मिक अनुष्ठान तथा उत्सवादि से सम्बन्धित इन चित्रों को बड़ी सराहना मिली। बाद में, 1942 ई. में बनारस हिन्दू विश्वविद्यालय की रजत जयन्ती के अवसर पर आयोजित कार्यक्रम से सम्बन्धित तथा उनके द्वारा सुदूर पर्वतीय अंचल में उकेरे गये, विशेषकर तिब्बत-यात्रा से सम्बन्धित चित्रों ने, दर्शकों को चमत्कृत कर दिया।

इस रोमांचक यात्रा का दूसरा चरण आरम्भ हुआ—1945-46 ई. के दौरान, जब पश्चिम सीमान्त प्रदेश के गवर्नर सर कनिंघम ने कँवल कृष्ण को एक अनुबन्ध पर ख़ैबरदर्रा, स्वात, चित्राल और कफ़ीरिस्तान

के प्राकृतिक दृश्यों के साथ, वहाँ के बाशिन्दों तथा लोक जीवन से सम्बन्धित चित्र उकेरने के लिए भेजा। इस चुनौतीभरे काम को उन्होंने बड़े साहस से अंजाम दिया। उनके अगले दो वर्ष भी इसी दुर्गम क्षेत्र में बीते। कश्मीर के सुदूर उत्तर-पश्चिम क्षेत्र का चित्रांकन करने के दौरान भारत के विरुद्ध छेड़े गये क़बीलाई युद्ध की पृष्ठभूमि में जान को ज़ोखिम में डाल उन्होंने सीधे युद्ध क्षेत्र के कई चित्र उकेरे। जोज़िला दर्रे के आसपास दुश्मनों द्वारा छापामार हमलों के दौरान, भारतीय सैनिकों की कार्रवाई और आपसी मारकाट को चित्रित करना रोमांचक से कहीं अधिक जानलेवा था।

इस अघोषित 'क़बीलाई युद्ध' के दौरान भी, वे सरकारी अनुबन्ध पर एक कलाकार के नाते वहाँ नियुक्त थे। इस बारे में कृष्ण चैतन्य ने लिखा है—"हालाँकि तब मैं प्रेस सूचना परिषद (Press Information Bureau) का छायांकन प्रचार प्रभारी था लेकिन मैं युद्धस्थल पर जलरंग द्वारा निर्मित इन चित्रों को प्रकाशित करने की स्थिति में नहीं था। ये चित्र इतने सटीक और प्रामाणिक थे कि विभाग को इस बात की आशंका थी कि इनसे दुश्मनों को हमारे सैनिकों की स्थिति, शक्ति और हथियारों के बारे में पता चल जायेगा।"[1]

बाद में उक्त चित्रों की प्रदर्शनी दिल्ली में हुई थी, जिसका उद्घाटन पं. जवाहरलाल नेहरू ने किया था। नेहरू जी ने लगभग सभी साठ चित्र ख़रीद लिए थे और उन्हें विभिन्न राजदूतावासों को पूरे विश्व में प्रदर्शित करने का आदेश भी दिया।

पर्वत प्रेमी कँवल कृष्ण एक बार फिर सिक्किम की यात्रा पर निकल पड़े और हिमाच्छादित पर्वत श्रृंखला के कई चित्र उकेरे। उन्होंने स्थानीय चित्रण (बौद्ध थंका पेंटिंग) पद्धति का भी अध्ययन किया। उन्होंने प्रचलित धौत शैली (वाश टेक्नीक) के साथ अपेक्षानुरूप प्रभाव उत्पन्न करने के लिए तूलिका द्वारा रंगों की परतों का विशेष तौर पर अनुयोग किया ताकि स्थान-विशेष के रंग अपनी ख़ास रंगत के साथ सुरक्षित रह सकें। चित्रित विषय के साथ सर्जक द्वारा रंगों के प्रयोग का क्या अभिप्राय है—प्रेक्षक यह भी महसूस कर सकें।

कँवल कृष्ण की यायावरी वृत्ति ने भी उन्हें बहुत भटकाया। लेकिन सर्जनात्मक आनन्द से सम्बद्ध होने के कारण यह वृत्ति उनके लिए और भी प्रीतिकर हो गयी। हिमालय की तलहटी से लेकर वहाँ के पर्वत शिखरों तक यात्रा के दौरान उन्होंने ढेरों रेखांकन किये। साथ ही, पल-पल रंग बदलते हिममण्डित शिखरों और नदी-निर्झर-वृक्षादि से सुशोभित सुरम्य दृश्यों को जलरंग पद्धति से उकेरा। स्थानीय विविधता के साथ सहजता का यह मणि-कांचन योग उनके चित्रों की अनन्य विशेषता है।

कँवल कृष्ण ने चित्र निर्मित करने के दौरान काग़ज़ी सफ़ेद-जैसे ठेठ सफ़ेद रंग का इस्तेमाल छाया-प्रकाश में तालमेल बिठाते हुए इसका प्रभावी संयोजन किया। यह उनके रचना पटल पर इस तरह की चौंध पैदा करता था मानो बर्फ़ पिघल रही हो। आनेवाले वर्षों में इसी प्रभावान्विति के सन्धान में वे छापाकला (Print-making) की ओर अग्रसर हुए।

भारत में छापाकला के नवोन्मेष में, कुछ ब्रिटिश और जर्मन प्रिंटरों का योगदान रहा है। भारत में अंग्रेज़ सरकार के पाँव जमते-जमते श्वेत-श्याम और फिर रंगीन प्लेटों (ब्लॉक) या ठप्पों के साथ चित्रांकन की प्रविधि आरम्भ हुई। विदेशों से आयात की जानेवाली पाठ्य-पुस्तकों में आनेवाले दिनों में, धातु के प्लेटों से मुद्रित पाठ सामग्री के साथ प्रकाशित रेखांकन पाठकों के लिए अतिरिक्त आकर्षण पैदा करने लगे थे। बीसवीं सदी के

आते-आते भारत के कई शहरों में ऐसे मुद्रणालय स्थापित हो गये थे—जिनके यहाँ पश्चिमी देशों के छापा-चित्रण विशेषज्ञ कार्यरत थे या विदेशों से आये ऐसे कुछ प्रशिक्षित कर्मचारी नियुक्त किये जाते थे।

कँवल कृष्ण ने छापाकला को निजी प्रयासों से एक स्वतन्त्र एवं स्वायत्त कला के रूप में विकसित किया। हालाँकि इस दिशा में सोमनाथ होर की प्रसिद्धि और उपलब्धि भी कुछ कम नहीं थी, जिन्होंने पश्चिमी प्रविधि के साथ देसी पद्धति के मिश्रण से इसमें एक नया चलन पैदा किया। कँवल कृष्ण इस क्षेत्र के अग्रणी प्रयोक्ताओं में थे—बाद में, हरेन दास और शफ़ीकुल इस्लाम ने इस दिशा में पर्याप्त कार्य किया। यही नहीं, विदेश प्रवास के दौरान कभी हेटर के सहयोगी रह चुके कृष्ण रेड्डी ने अपने छापा चित्रण के लिए देश-विदेश में कई पुरस्कार और सम्मान अर्जित किये। ऐसे ही समर्पित कलाकारों की कार्यनिष्ठा का परिणाम था कि लगभग एक आन्दोलन की शक्ल में छापांकन के प्रति न केवल उन कलाकारों की बल्कि विभिन्न कला संस्थानों—विश्वभारती के कला भवन (शान्तिनिकेतन), बडोदरा, चण्डीगढ़, लखनऊ, वाराणसी आदि, में इससे सम्बद्ध पाठ्यक्रम की व्यवस्था की गयी और इसके विशेषज्ञ नियुक्त हुए। कला शिक्षा संस्थानों से अलग अब तो सैकड़ों की संख्या में कलाकार अपने निजी स्टूडियो में छापा चित्रण में विभिन्न माध्यमों के साथ कई तरह के प्रयोग कर रहे हैं।

कँवल कृष्ण की भ्रमण वृत्ति ही उनकी कला-साधना की जैसे अभिन्न संगिनी हो गयी। युनेस्को प्रायोजित चित्र प्रदर्शनी (1946), लन्दन की अन्तर्राष्ट्रीय प्रदर्शनी (1947) और फिर इटली सरकार के आमन्त्रण पर रोम में एकल प्रदर्शनी (1951) में मिली सफलता के बाद उन्होंने नार्वे सरकार की फ़ैलोशिप प्राप्त कर एक साल तक समकालीन कला का प्रशिक्षण प्राप्त किया। नार्वे की राजधानी ऑस्लो तथा आसपास के रमणीय स्थानों और द्वीपों का आनन्द लेते हुए उन्होंने न केवल कई दृश्यांकन किये बल्कि वहाँ आयोजित कला प्रदर्शनियों में भाग भी लिया।

इस विदेश यात्रा की परिणति हुई पेरिस में सुप्रसिद्ध ग्राफ़िक कलाकार एस. डब्ल्यू. हेटर की कार्यशाला में चार महीने के ग्राफ़िक प्रशिक्षण के साथ। इस नयी कला पद्धति में सफलतापूर्वक कार्य करते हुए उन्होंने कई प्रयोग किये। आगे चलकर इस विधा ने कला जगत में कँवल कृष्ण की पहचान को एक नये शिखर पर पहुँचा दिया।

वर्ष 1953 में, दिल्ली स्थित मॉडर्न स्कूल में कला शिक्षक के नाते नौकरी पाने के साथ, यायावरी वृत्ति से जुड़े कँवल का पारिवारिक जीवन व्यवस्थित हो सका, क्योंकि उनकी कलाकार पत्नी कृष्णा को भी यहीं नौकरी मिल गयी थी। वैसे भारत में आयोजित कला प्रदर्शनियों में भाग लेते हुए उनके लिए यात्रा का सुयोग बन ही जाता था। उन्होंने जापान के अलावा पश्चिमी देशों के आमन्त्रण पर—कभी प्रदर्शनी के बहाने तो कभी कला प्रशिक्षण देने के लिए, युगोस्लाविया, ऑस्ट्रिया, पोलैंड, स्विट्ज़रलैंड, अमेरिका, स्वीडेन, नार्वे, इटली, जर्मनी आदि देशों का भ्रमण किया। जलरंग के अलावा उनकी छायाकृतियों ने भी कला समीक्षकों का ध्यान अधिक आकर्षित किया। इसमें आये दिन किये जानेवाले प्रयोगों की जानकारी रखने की इच्छा के चलते ही, वह 1957 ई. में बुख़ारेस्ट (रोमानिया) चले गये और वहाँ ग्राफ़िक कला के गहन अध्ययन के साथ अद्यतन पद्धतियों की जानकारी हासिल की।

कँवल कृष्ण ने साठ के दशक में ही 'एचिंग' विधि की पेशेवर शुरुआत की थी। तब तक कई कलाकारों ने इसका नाम भी नहीं सुना था। इस प्रविधि से सम्बद्ध उपकरणों और अनुषंगों का सन्धान करते हुए—

इस तकनीक या प्रविधि में कलाकार को कई ख़ास बारीक़ियों का भी ध्यान रखना पड़ता है ताकि धातु, अम्ल, रंग और प्लेट या पटल पर दबाव के साथ समय (छापावधि) का समुचित सन्तुलन बना रहे। अपेक्षित प्रभाव के लिए तापमान आदि का भी विशेष ख़याल रखना पड़ता है। कँवल कृष्ण ने भारतीय सन्दर्भ एवं पृष्ठभूमि को ध्यान में रखकर 'इंटाग्लिओ' (intaglio)- जैसी विशेष प्रविधि को नया आयाम दिया, जिसमें चित्रों को पटल पर अतिरिक्त रंग, रंजक, मोम, गोंद, यहाँ तक कि रेत का प्रयोग कर उनमें 'रीलिफ़' की तरह उत्कीर्णित प्रभाव उत्पन्न किया जाता है। लिथोग्राफ़-जैसी पूर्व प्रचलित पद्धति–जिसका अत्यन्त कलात्मक विन्यास ललितमोहन सेन और चित्त प्रसाद आदि ने किया था–उसमें रैखिक सूक्ष्मता के साथ रंग-शिराओं का अनुयोग असम्भव था। कँवल कृष्ण ने 'एचिंग' एवं 'इंटाग्लियो' पद्धति के मिश्रण के बाद, तूलिकाघात द्वारा इसमें अपेक्षित और कभी-कभी अपेक्षाधिक प्रभाव उत्पन्न किया–जिसने स्वयं इसके सर्जक को भी विस्मित कर डाला था। ऐसा अप्रत्याशित प्रभाव केवल कँवल ही उत्पन्न कर सकते थे। श्वेतश्याम (मोनोक्रोम) के साथ छाया-प्रकाश के मोहक संयोजन के बाद, उनके छापा चित्रण क्रमशः बहुरंगी होते चले गये।

कहना न होना, आनेवाले वर्षों में, छापांकन प्रविधि में निरन्तर नवीन प्रयोग करते हुए उनके चित्र कभी रंगबहुल होते चले गये या विविधवर्णी प्राकृतिक दृश्य-प्रधान, तो कभी आकार-प्रधान और कभी यथार्थवादी। यथार्थ के प्रति यह आग्रह निश्चय ही उनकी विषयवस्तु की माँग थी। हालाँकि अमूर्त के आकर्षण से कँवल कृष्ण कभी मुक्त नहीं हुए। जलरंग चित्रण के साथ कैनवस के प्रति उनका प्रेम सदैव बना रहा। विषय चयन यथार्थपरक हो या विमूर्त–रेखाओं की दक्षता के साथ रंगों का सुसंगत विनियोग उनके चित्रांकन की विशेषता रही। कोई भी कलाकार चाहे वह कितना भी काम कर ले, उसकी कला-ऊर्जा उसे निष्क्रिय नहीं बैठने देती। इसी जिजीविषा के कारण वह आजीवन अपने स्टूडियो में सृजनरत रहे। कैनवस से अटी उनकी कार्यशाला में छापांकन-मशीन के साथ अन्यान्य उपकरणों को भी उन्होंने निरन्तर सक्रिय बनाये रखा। साथ ही कुछ युवकों को प्रशिक्षित किया।

कँवल कृष्ण की एक और विशेषता है, जो उन्हें अपने समकालीनों से इस बात में भी अलग करती थी कि उन्होंने समय-समय पर कई आत्मचित्र बनाये। आत्म-चित्रांकन पाश्चात्य चित्रकला की एक विशिष्ट और स्थापित शैली रही है। इस बात का श्रेय एक सीमा तक कँवल कृष्ण को दिया जा सकता है कि परवर्ती काल में, कई भारतीय चित्रकारों ने विभिन्न कलारूपों (चित्र, मूर्ति, ग्राफ़िक आदि) में आत्म-चित्रण किया और इस शैली को आधुनिक भारतीय कला में सादर सम्मिलित किया गया।

कँवल कृष्ण के प्रसिद्ध छापा चित्रों की सूची बड़ी लम्बी है–और ये चित्र देश-विदेश के विभिन्न संग्रहालयों की शोभा बढ़ा रहे हैं। इनमें 'निर्माण', 'ठिठुरता सूरज', 'ईसा मसीह', 'प्रकाश का जन्म', 'बिच्छू' आदि का उल्लेख यहाँ किया जा सकता है। चूँकि हमारे कलाकार अपनी कलाकृतियों के शीर्षक देश-विदेश में फैले बाज़ार और संग्राहक को ध्यान में रखकर अंग्रेज़ी में प्रस्तुत करते हैं, इसलिए इन्हें हिन्दी नामान्तरों से उल्लेखित किया गया है। चित्रों के शीर्षक–चाहे किसी भी भाषा में हों–केवल सुविधा के लिए रखे जाते हैं। चित्र स्वयं में एक वक्तव्य होता है और वह सर्जक या दर्शक के सामने या उनकी स्मृति में न हो तो उसका आशय ग्रहण करना सम्भव नहीं होता। तो भी कँवल कृष्ण द्वारा विभिन्न कालखण्डों में उकेरे गये चित्रों को तिब्बत, कश्मीर, सरहदी लड़ाई, प्राकृतिक या भू-दृश्यांकन अथवा आत्मचित्र (पोर्ट्रेट या शबीह) की श्रेणी में सूचीबद्ध किया जा सकता है।

'मठवासी', 'तिब्बती मठ', 'ध्यानस्थ पर्वत' आदि चित्रों के साथ 'चित्राली गाँव', 'माँ', 'कफ़ीरिस्तानी लड़की', 'कश्मीर' या 'काबुल का बाज़ार', युद्ध चित्र-शृंखला और जैसा कि कहा गया–उनके आत्मचित्रों का संसार बेहद रोचक और रोमांचक है। दुर्गम पर्वत अंचल स्थित गाँव, वहाँ का कठिन जीवन, जुझारू लोग, बूढ़े मठवासी, सजीली युवतियाँ, बीहड़ पगडंडियाँ और उत्सवी प्रसन्नता–सभी उनके कैनवस में उतरते चले गये हैं–उनके सजीव रंगों और जीवन्त तूलिकाघात से।

भारत के कला इतिहास में, आधुनिक भावबोध और नवीन माध्यमों के साथ, चित्रांकन में नवाचार लानेवाले इस अग्रणी चित्रकार ने एक नये अध्याय का सूत्रपात किया। देश-विदेश के विभिन्न कला संस्थानों द्वारा पुरस्कृत तथा अभिनन्दित कँवल कृष्ण को ललित कला अकादेमी ने भी अपनी रत्न सदस्यता प्रदान कर सम्मानित किया था। उनके चित्र देश-विदेश के विभिन्न संग्रहालयों में प्रदर्शित हैं।

उनका निधन 1993 ई. में हो गया।

सन्दर्भ

1. *ए हिस्ट्री ऑफ़ इंडियन पेंटिंग्स,* कृष्ण चैतन्य, पृ. 165

कृशन खन्ना
(1925)

कृशन खन्ना का जन्म 1925 में लायलपुर (पंजाब) में हुआ। उनकी स्कूली पढ़ाई एक क्रिश्चियन स्कूल सेक्रेड हार्ट एंड कैथेड्रल स्कूल में हुई। उनके पिता कहानचन्द्र खन्ना एक अध्यापक थे और वे अपनी डॉक्टरेट उपाधि प्राप्त करने के लिए इंगलैंड गये थे। वापस लौटे तो वे लियानार्दो दा विंची द्वारा चित्रित 'द लास्ट सपर' और उनके व्यक्तिचित्र की अनुप्रति भी घर ले आये। इन चित्रों ने सात साल के बालक कृशन पर गहरा प्रभाव डाला। कृशन ने उनकी नक़ल भी उतारी। यह बात स्कूली कक्षा में ड्रॉइंग वग़ैरह बनाने तक ही सीमित रही। लेकिन 1938 में रूडयार्ड किपलिंग स्कॉलरशिप पाकर जब कृशन को विंडसर (लन्दन) स्थित इम्पीरियल सर्विस कॉलेज में प्रवेश मिल गया तो उन्होंने वहाँ कला का विधिवत् अध्ययन किया और ऑक्सफ़ोर्ड तथा कैम्ब्रिज़ स्कूल ऑफ़ सर्टिफ़िकेट के अन्तर्गत अन्य विषयों के अलावा कला में भी अपना पाठ्यक्रम पूरा किया। वहाँ से लौटकर कुछ दिनों तक उन्होंने लाहौर के मेयो स्कूल ऑफ़ आर्ट कक्षा में भी पढ़ाई की। तब तक देश में आज़ादी और देश विभाजन की लहर शुरू हो गयी थी।

आज़ादी के संघर्षभरे वर्षों में खन्ना ही नहीं, लाखों युवक अपनी कार्य दिशा तय नहीं कर पा रहे थे। खन्ना इस मामले में क़िस्मत वाले थे कि उन्हें कपूर आर्ट्स वर्क, लाहौर में छपाई का काम मिल गया और चित्रांकन के साथ उन्हें छापाकला की प्रविधि की जानकारी प्राप्त हो गयी। लेकिन भारत विभाजन के साथ ही, लाहौर आकर बसे उनके पूरे परिवार को भारत में शरणार्थी बनकर शिमला आना पड़ा। यहाँ उन्होंने रंग-ब्रश उठाकर कुछ सैरा (भू-दृश्य) भी बनाये। क़िस्मत ने कृशन खन्ना का एक बार फिर साथ दिया और उन्हें 1948 में बम्बई के ग्रिंडलेज़ बैंक में नौकरी मिल गयी।

यहाँ से कृशन खन्ना के जीवन की एक नयी यात्रा शुरू हुई, क्योंकि सुप्रसिद्ध कलाकार एस. बी. पलसीकर की सहायता से वे अपने रंग और कैनवस की दुनिया में लौट आये। बाद में, प्रगतिशील कलाकार संघ (पैज) में एम. एफ़. हुसेन के आग्रह पर उन्हें इसकी सदस्यता मिली। अपनी अन्तरंग मित्रता को सुरक्षित रखने के लिए कृशन ने तब हुसेन की एक शबीह (तैलरंग, 1954) भी बनायी थी। इसी क्रम में बम्बई आर्ट सोसाइटी की स्वर्ण जयन्ती कला प्रदर्शनी में कृशन की कृति (1950) 'गाँधी की मृत्यु का समाचार' की बड़ी सराहना हुई थी। टाइम्स ऑफ़ इंडिया के कला समीक्षक रूडी वॉन लाइडन ने इस चित्र की ही नहीं, कृशन की निजी अंकन शैली की भी भरपूर प्रशंसा की थी।

1952-53 में मद्रास कालेज ऑफ़ आर्ट में प्रोग्रेसिव कलाकारों के साथ कृशन के भी चित्र प्रदर्शित हुए थे। 1955 में उन्होंने अपनी पत्नी रेणु चटर्जी के साथ युरोप की यात्रा की और रोम, पेरिस, असीसी, लन्दन आदि शहरों की आर्ट गैलरियों का परिदर्शन किया। अगले ही वर्ष ललित कला अकादेमी, नयी दिल्ली द्वारा उनका चित्र पुरस्कृत हुआ, जिससे उनका आत्मविश्वास बढ़ा। कृशन ने अपने जीवन के हर उतार-चढ़ाव को एक अवसर के तौर पर स्वीकार किया। 1953 में जब उनका तबादला मद्रास हो गया तो उन्होंने सुप्रसिद्ध संगीतविद् सी. नारायण मेनन के सहयोग से कर्नाटक संगीत और वाद्य यन्त्रों की जानकारी प्राप्त की। इससे संगीत के प्रति न केवल उनकी रुचि बढ़ी बल्कि उन्होंने वाद्य संगीत से जुड़े कई चित्र और रेखांकन बनाये। 'तबला', 'बाँसुरी' (1955) और 'वीणा वादकों' (1955-56) के चित्रों को देखकर यह स्पष्ट हो जाता कि वादकों के साथ कृशन के ब्रश भी रंगों के साथ उनकी तन्मयता में डूब गये हैं। 'त्रयी' (Trio, 1957) में सितार, तबला और सारंगी की संगत करते वादक—इस शृंखला का बेजोड़ चित्र है।

1961 में बैंक की नौकरी छोड़ने और एक चित्रकार के तौर पर ही कार्य जीवन शुरू करने की इच्छा से कृशन 1964 में दिल्ली आ गये। विभिन्न देशों की यात्रा, विशेषकर जापान की यात्रा के बाद, उनके कार्य की दिशा और प्रविधि तो बदल गयी लेकिन सरोकार नहीं बदले। एक ओर नये विषयों की तलाश उन्हें अतीत की ओर ले गयी तो दूसरी ओर नयी वैश्विक घटनाओं की ओर। 'Rear View' (पिछाड़ी दृश्य) चित्र-शृंखला में सत्तर और अस्सी के दशक में दिल्ली में निर्माण में लगे श्रमिकों और मेहनतकशों की भूमिका को बहुत नज़दीक से देख रहे कृशन ने सड़कों और ट्रकों पर लदे और ट्रकों के नीचे सोये उन अनाम और नामालूम लोगों की तस्वीरें भी उकेरी हैं, जिनकी कोई पहचान नहीं, चेहरा नहीं। वे पता नहीं, किन ठिकानों की तलाश में रहते हैं या बेठिकाने कहाँ लौट जाते हैं। 'द डेड एंड द डाइंग' चित्र (1970) में एक टेबल पर रखी लाश की चीर-फाड़ चल रही है और नीचे बैठे ऐसे ही कुछ लोग ताश खेल रहे हैं।

अस्सी का दशक कृशन के लिए अत्यन्त व्यस्त और बहुविध विषयों को कैनवस पर उतारने की बेचैनी से रंगमुखर रहा है। तभी 'पहली शल्यचिकित्सा' (The First Operation, 1970 तैलचित्र) *चरक संहिता* में उल्लेखित विवरण के आधार पर रची गयी है। इसमें यह बताया गया है कि तब तक भारत में अस्त्रोपचार द्वारा रोगी की टूटी हड्डी निकालकर वहाँ लोहे की छड़ प्रतिरोपित की जाने की क्षमता अर्जित कर ली गयी थी। इस चित्र में, कृशन ने चित्रात्मक सतह पर होनेवाली समस्त गतिविधि को पूरी तन्मयता से उकेरा है। चारों चिकित्सक अस्त्रोपचार में निमग्न हैं। हल्के और गाढ़े भूरे रंग के साथ, सफ़ेद और धूसर रंग का प्रयोग आवेगपूर्ण तूलिकाघातों द्वारा इस तरह किया गया है कि रोगी समेत उन चारों के तनावपूर्ण चेहरे पर अंकित भावावेगों की तीव्रता महसूस की जा सकती है। इस रंग-सघन चित्र में 'स्पेस' का कुशल रचाव देखते ही बनता है।

चे ग्वेवेरा (क्यूबा के जननायक) के निधन (1969) पर उन्होंने उनके कई चित्र बनाये, जिनमें उनकी मृतदेह से जुड़ा एक चित्र काफ़ी चर्चित हुआ। इसी तरह बांग्लादेश के मुक्ति संघर्ष (1971) पर आधृत 'खेल' (Game) आदि चित्रों में मृत सैनिकों के कंकालों के ऊपर, कुर्सी पर बैठे फ़ौजी जेनरल बहस में जुटे हुए हैं। इसी तरह 'समाप्ति' (The End, 1972) में पट्टियों से लिपटी एक देह

कुर्सी से बँधी दिखायी गयी है, जो सत्तासीन क्रूरता का उदाहरण है। आपातूकाल के दौरान भी कृशन ने कई कलाकारों और संस्कृति-कर्मियों की तरह तत्कालीन शासक और सत्ता के प्रति अपना प्रतिरोध ऐसे ही सांकेतिक चित्रों द्वारा अभिव्यक्त किया था।

'रामू' और 'ज्ञानीजी का ढाबा', 'शराबी कवि', 'ट्रक के नीचे सोए मजूर', 'घोर नींद में सोए लोग' के साथ 1975 में 'वर्ल्ड वाइल्डलाइफ़ फंड' (W.W.F.) के लिए भव्य 'मोज़ाइक प्लेटफ़ॉर्म' का निर्माण और ईसा मसीह के जीवन से सम्बन्धित कई चित्रों का अंकन कार्य इसी दौर में सम्पन्न हुआ। इनमें 'इम्मास', 'बिट्रेयल', 'गेथसेमाने', 'द इंट्रोडक्शन', 'डिसेंट फ्राम द क्रॉस'-जैसे चित्रों में से कुछ तो कृशन खन्ना की पहचान से अभिन्न रूप से जुड़ गये हैं।

1980-83 के दौरान कृशन खन्ना ने 'द ग्रेट प्रोसेशन' शीर्षक से मौर्या शेरेटन होटल, नयी दिल्ली में एक विशाल कार्य योजना से अपने सृजन पर्व को सफल और सार्थक किया। इसके अन्तर्गत उन्होंने भित्तिचित्रों का एक अनोखा रचना-संसार संयोजित किया, जो उनकी आँखों के सामने और उनकी स्मृतियों में रचा-बसा था। यहाँ बाबू वर्ग के साथ श्रमिक वर्ग सभी शामिल हैं। इनमें मोची, हज्जाम, किसान, मज़दूर, किरानी, अधिकारी, पण्डित, मुल्ला सभी देखे जा सकते हैं। उन्होंने पशु-पक्षी जगत के तोते, मोर, बगुले, कौवे, बन्दर, कुत्ते, बकरी, बिल्ली आदि प्राणियों को भी इस गुम्बदी इमारत के भीतरी भागों—छज्जे, कॉर्निश, मेहराबों में कुछ इस तरह सँजोया कि वे तमाम पात्र एक मंच पर उपस्थित हो गये हैं। यहाँ शिवलिंग के साथ घण्टा बजाते, शंख फूँकते पण्डित, करतब दिखाते बाज़ीगरों के साथ साधु बाबा और रेस्त्राँ की गतिविधियाँ भी शामिल हैं। एक खण्ड (पैनल) में कई प्रतिष्ठित हस्ताक्षर, जैसे खुशवन्त सिंह कारसेवा में जुटे हैं तो मुल्कराज आनन्द प्रो. मुजीब के साथ रेस्त्राँ में मनपसन्द खाना मुर्ग़ मुसल्लम खा रहे हैं। इक़बाल मलिक चाय की केतली उठाये हैं और ख़ुद कृशन खन्ना दर्शकों की ओर पीठ किये बैठे हैं। इस संयोजन का प्रभाव तब देखते ही बनता है जब रंगीन शीशे मढ़े ऊँचे और तिकोने रोशनदानों से बाहरी प्रकाश छनकर अन्दर आता है। तब इन तमाम चित्रों के रंग पारभासी हो उठते हैं और इनमें अंकित इमारतों, सड़कों, गलियारों के साथ तमाम पात्र एवं परिवेश जीवन्त प्रतीत होते हैं।[1]

कृशन, जैसी कि उनके चित्रण की विशेषता रही, वे रंगों और रेखाओं का अनावश्यक प्रयोग नहीं करते लेकिन बावजूद इसके, उनके पात्रों की देहभाषा पूरी तरह अभिव्यक्त हो जाती है। इस मामले में वे सदैव मितव्ययी रहे हैं। 'लेखक' (Scribe) शृंखला हो या *महाभारत* शृंखला (1991), कृशन के चित्र भावोद्रेक उत्पन्न करने के साथ अपनी रंगत में भी अत्यन्त प्रभावी होते हैं। उन्होंने *महाभारत* में उल्लेखित राजाओं के अहंकार और झूठी महत्त्वाकांक्षा तथा कुरुक्षेत्र युद्ध द्वारा प्राप्त घोर रिक्तता और निरर्थकता के साथ त्याग सम्बन्धी पर्वों पर ध्यान केन्द्रित किया—जहाँ तीरों से बिंधे भीष्म शरशय्या पर लेटे, युद्ध के दसवें दिन अपनी मृत्यु की प्रतीक्षा कर रहे हैं। धृतराष्ट्र और गान्धारी अपना राज्य गँवा चुके हैं। हर किसी ने अपना प्रियजन खोया है। उपदेश देते कृष्ण की उपस्थिति में अप्रतिम धनुर्धर अर्जुन भी युद्ध की निरर्थकता के क्षण झेल रहा है। इस रिक्तता को कृशन की यह शृंखला जहाँ अत्यन्त मार्मिक और त्रासद ढंग से रूपायित करती है, वहाँ अनिवार्य तौर पर दर्शनीय भी है।

लेकिन जैसा कि पहले उल्लेख किया गया, कृशन की स्मृति में अपने आसपास की दुनिया की त्रासदी—चाहे वह भूख हो, ग़रीबी हो, विभाजन की त्रासदी हो, मानवीय मूल्यों का क्षरण हो—उन्हें ऐसा प्रतीत हुआ कि चित्रों में विन्यस्त अमूर्तन से सम्भवतः कोई कलाकार अपने दर्शक समाज से संवाद नहीं कर सकता। इसके लिए किसी-न-किसी कथ्य का आधार आवश्यक है, जो जनमानस की स्मृति में भी सुरक्षित हो। उनकी यही सृजनेच्छा उन्हें ईसा की करुणा, पीड़ा और सन्देश के निकट ले आयी। विदेश-भ्रमण के दौरान भी वे विभिन्न कैथेड्रलों, चर्चों और गैलरियों में ईसा से सम्बद्ध असंख्य चित्र देख चुके थे। लन्दन-प्रवास के दौरान उन्होंने *न्यू टेस्टामेंट* और ईसाई सन्तों—विशेषकर सेंट फ्रांसिस के जीवन और सन्देशों में गहरी रुचि ली थी। इसी का परिणाम था, उनके द्वारा 1988-90 में अंकित 'लास्ट सपर', 'पीएटा' (Pieta) और 'इम्मास' आदि ईसा मसीह से सम्बन्धित कई चित्र उनकी सर्वोत्तम निर्मितियों में गिने जाते हैं।

'लास्ट सपर' में ईसा अपने कुछ अनुयायियों और साथियों के साथ खाते दिखाये गये हैं। इसका अगला खण्ड 'पीएटा' (Pieta) है—जो अपने आकारिक संयोजन, रंगायन और प्रभाव में इतना विलक्षण है कि कोई दर्शक इस चित्र के सामने से हटना नहीं चाहता। इससे दूर जाने पर भी उसका गहरा प्रभाव उसका पीछा नहीं छोड़ता। इस चित्र में विन्यस्त मृत पुत्र के प्रति माँ की वेदना, उसका अश्रुसिक्त विलाप और उसके अन्तर का हाहाकार—जैसे इस चित्र में पत्थर की तरह थम... और बर्फ़ की तरह जम गया है। सूली से उतारे जाने के बाद, ईसा की देह मानो सारे संसार की पीड़ा से पीली पड़ गयी है। गहरी भूरी पृष्ठभूमि में, आकाश की ओर सिर उठाये विलाप करती मरियम काले परिधान में है। उसकी आँखें बन्द और दोनों होंठ खुले हैं। उसकी गोद में मृत ईसा पड़ा है और वह उसका एक अकड़ा हुआ हाथ अपने हाथ में उठाये हुए विलाप कर रही है। काँटेदार लता में बिंधा ईसा का सिर नीचे लटका है। कमरे से लिपटे एक चीथड़े के सिवा उसकी खुली देह न केवल उस पर बल्कि उसके साथियों और अनुयायियों पर ढाए गये अमानवीय ज़ुल्म की खुली गवाही दे रही है। यह कहना सम्भवतः अतिशयोक्ति नहीं होगी कि कृशन की यह अकेली कृति (भी) भारतीय कला के क्षेत्र में उनकी स्थायी उपस्थिति को बनाये रखने में पर्याप्त सक्षम है। गहरे भूरे, काले, हल्के, पीले, बादामी और गंदुमी रंगों के 'कंट्रास्ट' के साथ 'ग्रे' (सलेटी) रंग के विभिन्न 'शेडूस' या 'टोन्स' इसे और भी प्रभावी बना देते हैं। इसी विषय पर कृशन ने और भी चित्र बनाये।

'इम्मास' गॉस्पेल में वर्णित उन दो अजनबियों की कथा है, जो इस सूचना से आश्चर्यचकित हैं कि कोई आदमी अपनी क़ब्र से बाहर निकल आया है। इस बात पर उन्हें विश्वास नहीं होता। परस्पर विश्वास और अविश्वास की गाथा को भारत विभाजन की त्रासदी को अपने अनुभव से जोड़ते हुए कृशन ने बताया है कि उन दिनों उन्हें रेस्त्राँ से रात का खाना खाकर घर लौटना पड़ता था। इसमें आते-जाते डेढ़ घण्टे लग जाते थे। अँधेरे में और बीहड़ रास्ते से गुज़रते समय उन्हें एक बुज़ुर्ग सिख का साथ मिल जाता था, जो निश्चिन्त भाव से गुरुवाणी गाता रहता था। उसे पूरा विश्वास था कि इससे बुरी ताक़तें पास नहीं फटकतीं। विश्वास और अविश्वास के इस द्वन्द्व में, विश्वास जीतता है। हर संशय के बावजूद 'इम्मास' में उसी शान्ति की चाह बनी हुई है, जो उस समय की ज़रूरत थी।

इसी क्रम में अपनी प्रसिद्ध 'म्यूज़िशियन' (बैंडवाला, 1989-2000) शृंखला के अन्तर्गत उन्होंने कई प्रभावी चित्र बनाये। इन चित्रों में बैंड बजानेवालों के चेहरे और उनकी कशिश को जिस तरह रंगों के अनुयोग और तूलिकाघातों से दर्शाया गया है, वह बेहद प्रभावी बन पड़ा है। इन चित्रों में चित्रित चेहरे मानो खुद वाद्य (क्लारनेट, ट्रंपेट, ट्रोम्बोन्स आदि) बन गये हैं। उनके चेहरे के तनाव को रंगों का ताप और भी सघन बना देता है।

इक्कीसवीं सदी की शुरुआत के साथ कृशन खन्ना विषय चयन के मामले में और अधिक सतर्क हो गये। विषय के साथ अभिन्न रूप से जुड़े पात्रों—चाहे वे सामान्य हों या विशिष्ट—को एक तरह से स्थापित कर देना उनके कैनवस की अपरिहार्य कसौटी बन गयी। 'बैंडवाला' शृंखला में पहले ही, उनकी यह पहचान तय हो चुकी थी। 'इवनिंग न्यूज़' शृंखला (2004-05) में अकेले या कि साथ अख़बार पढ़ते लोगों की 'स्टडी' बताती है कि एक सक्षम चित्रकार किस प्रकार साधारण-से-साधारण लोगों एवं अलग-अलग क्षेत्र और मानसिकता वालों से तालमेल बिठा लेता है। कृशन उन्हें विश्वास में ले, अपना अन्तरंग बनाकर पहले रंगों में बाँधते हैं और फिर मुक्त कर देते हैं। इस शृंखला का सर्वाधिक प्रभावी चित्र वह है, जिसमें एक वृद्ध घुटने मोड़े, नाक पर चश्मा चढ़ाये अख़बारी पन्नों में धँसा हुआ है। इसी तरह पगड़ी पहना एक युवक घुटनों के ऊपर अख़बार उठाये ख़बरों में डूबा है। कम-से-कम रेखाओं और रंगों का प्रयोग इस शृंखला की विशेषता है।

कृशन खन्ना ने एक बार फिर युद्ध की व्यर्थता और मानवीय विषाद को *महाभारत* के अन्धे धृतराष्ट्र और गान्धारी (The blind king and blindfolded queen, 2006) के माध्यम से दोबारा अभिव्यक्त किया। सामान्य वेशधारी और निरलंकार इस राजसी दम्पति के पास अपना कहने को अब कुछ भी शेष नहीं। चारों ओर फैली हताशा, मृत्यु एवं रिक्तता को कृशन ने काले, भूरे, धूसर और फीकी सांकेतिक रंग-रेखाओं से व्यक्त किया है। उन्होंने बाद में धृतराष्ट्र और गान्धारी की आवक्ष कांस्य मूर्तियाँ भी गढ़ीं, जो अपने रूपाकार में उनके चित्रों के समान ही भावपूर्ण हैं—नियति के समक्ष असहाय और अपने पुत्रों से ही पराजित।...

कृशन खन्ना द्वारा एक और चित्र 'काँटेदार कोड़ा' (Flagellation, तैल रंग, 2006) का उल्लेख भी यहाँ आवश्यक है, जिसमें कोई नृशंस शेख़ (ईरानी या अरबी) एक ग़ुलाम को पट्टे से बाँधकर उसके बाल खींचते हुए उसे काँटेदार कोड़े से मार रहा है। इस चित्र में काले-भूरे रंग और आवेशपूर्ण तूलिकाघातों द्वारा उकेरा गया दृश्य हमारे रोंगटे खड़े कर देता है। यह आँखों पर पट्टी बँधे ग़ुलाम के हाव-भाव और उस पर ढाए जा रहे ज़ुल्म की इन्तिहा और आतंक की छाया से स्पष्ट है। कृशन ने साल भर पहले इसी विषय पर कुछ रेखांकन किये थे, जो उनके चित्र जितने ही प्रभावी हैं। शासक और शासित का इतिहास प्रकारान्तर से ज़ुल्म और यातना का ही इतिहास होता है। इसी रंग प्रविधि से निर्मित उनका चित्र 'बिट्रेयल' (The Betrayal, तैलरंग, 2006) में सफ़ेद, धूसर और भूरे रंग से उकेरे गये दो प्रमुख पात्रों की मुखाकृति और हाथों की मुद्रा सब कुछ बयान कर देती है। पीछे खड़े लोगों की विषण्ण मुद्रा के साथ, दायीं ओर अपनी जीभ बाहर निकाले कुत्ता, इन्सान की बेवफ़ाई ज़ाहिर करने के लिए काफ़ी है। ईसा का साथी रहा जूडा ने बेवफ़ाई करने के पहले ईसा का मुख चूमकर, उनका विश्वास जीता था।

वर्ष 2006 में कृशन खन्ना ने 'स्टडी फ़ॉर द लास्ट सपर' शीर्षक तैलचित्र में गहरे अवसाद में डूबे जिस वृद्ध का भावपूर्व चित्र उकेरा है, उसके चेहरे और हाथों की मांस-पेशियाँ रंगों की दीप्ति से पारभासी हो उठी हैं। प्रार्थना की मुद्रा में जुड़ी हाथों की उँगलियाँ जलती मोमबत्तियों (जो चित्र में प्रदर्शित नहीं) के कारण अत्यन्त प्रभावी बन पड़ी हैं। इसी क्रम में 'लास्ट सपर' (तैलरंग, 2006) शीर्षक चित्र उनके 1988 में आँके गये 'पीएटा' से सम्बद्ध चित्रों का अगला संस्करण या उसी पूर्व उपक्रम का नया अवतार है। इस शृंखला का एक प्रमाण उनके कुछ प्रशंसकों पर यह पड़ा कि वे कृशन खन्ना को 'क्रिश्चियन' समझ बैठे। उनके एक मित्र को भी भ्रम हो गया कि 'Krishen' ग़लती से 'क्रिश्चियन' (Christian) ईसाई का ही नामोच्चारण तो नहीं।[2]

ईसा सम्बन्धी आख्यान का ही असर था कि इन्हीं विषयों को, दस-बारह साल बाद और अभी हाल में कृशन ने और भी प्रभावी ढंग से उकेरा। मानवीय पीड़ा और अवसाद को चित्रित करते हुए, वर्ण्य-विषय के साथ उनके द्वारा रंगों का विलक्षण चयन अद्भुत प्रभाव उत्पन्न करता है। कोई विषय या आद्यबिम्ब–पूर्वनिर्धारित सोच से छिटक न जाये, इसलिए कृशन खन्ना इजेल का इस्तेमाल करते हुए कैनवस पर पहले पेंसिल से ड्रॉइंग बनाते हैं और फिर रंग लगाते हैं। उनका कहना है, "मेरे लिए जिस क्षेत्र या खेत को चित्रित किया जाना है, उसे पूरी तरह तैयार किया जाना ज़रूरी है, जो ढेर सारी फ़सल पैदा करेगा। उस ज़मीन को इस योग्य बनाना है कि वह बीज को ठीक ढंग से ग्रहण करे ताकि चित्रकार के मन में जो बिम्ब या सोच है, वह अच्छी तरह फलित हो सके। हालाँकि कई बार ऐसा भी हुआ है कि अपेक्षा के अनुरूप कार्य सफल नहीं हो पाया।"[3]

यह देखना अवश्य प्रीतिकर लगता है कि 2010 से 2015 के बीच उन्होंने अपनी 'बैंडवाला' शृंखला और 'पीएटा' से सम्बन्धित चित्रों के नये अवतार प्रस्तुत किये हैं। बैंडवाला (म्यूज़िशियन) में चार बैंडवाले लाल वर्दी, काली पैंट पहने, गद्दे में धँसे और बैठे अपने-अपने बाजे फूँक रहे हैं। उनके रेखाभासी चेहरे उनकी गहरी तन्मयता को सूचित कर रहे हैं। इसी तरह 'पीएटा' शीर्षक चित्र (2015) एक नये संयोजन के साथ चित्रित है। इसमें सफ़ेद वस्त्र और नीली चादर में लिपटी मरियम ईसा को अपने दोनों हाथों में थामे हुई है। हाथ और पैर से ज़ख़्मी ईसा चट्टानी पत्थरों पर लुढ़के हैं। मरियम के पास बैठी औरत एक घाघरानुमा परिधान पहने हुए है, जिसका रंग नीला और बैंगनी है। ईसा की देह का रंग यहाँ हल्के पीले और फीके गंदुमी रंग से चित्रित है। उनके सिर और चेहरे को तीखे तूलिकाघातों से और पृष्ठभूमि से झाँकते कुछ लोगों के विषादयुक्त चेहरे को, न्यूनतम और हल्की रेखाओं से दर्शाया गया है।

कृशन खन्ना द्वारा पिछले कुछ वर्षों में चित्रित उनके अधिकांश चित्र और रेखांकन उनके अध्यवसाय और कला दृष्टि के साक्ष्य हैं। उनकी डायरियों में सुरक्षित अनगिनत रेखांकन समाज के प्रति उनकी प्रतिबद्धता से भी जुड़े हैं। बिना किसी विशेष उल्लेख के दिल्ली के 'निर्भया' काण्ड से सम्बन्धित ये रेखांकन बताते हैं कि एक वरिष्ठ कलाकार के नाते वे सामाजिक सरोकारों से भी गहरे जुड़े रहे हैं।

जीवन के छियानबे बसन्त देख चुके कृशन खन्ना आज भी सक्रिय हैं और कला सृजन के साथ विभिन्न कला आयोजनों में उनकी भागीदारी उनकी अनुवर्ती कलाकार पीढ़ी को अनुप्रेरित करती रही है। देश-विदेश की प्रतिनिधि और सम्मानित कला प्रदर्शनियों में भाग लेनेवाले कृशन खन्ना पद्मश्री से विभूषित और ललित कला अकादेमी की रत्न सदस्यता प्राप्त हमारे समय के सर्वाधिक वरिष्ठ एवं समादृत चित्रकारों में हैं।

कृशन खन्ना ने उन्हीं पाश्चात्य विषयों को अपने पटल में स्थान दिया, जो मानवीय होने के साथ-साथ संवेदनशील, सार्वदेशिक और एक सीमा तक कालातीत भी हैं। लेकिन समसामयिक घटनाओं एवं परिस्थितियों के प्रति वे आज भी सचेत और सतर्क हैं। विभिन्न माध्यमों और प्रयुक्तियों में सृजन कर्म करते हुए, उन्होंने भारतीय कला परिदृश्य को एक नया विस्तार और वितान प्रदान किया है, और यह सबकुछ अपने बूते और कार्य निष्ठा के बल पर। उन्होंने न तो किसी कला संस्थान से कला प्रशिक्षण प्राप्त किया और न किसी कला प्रतिष्ठान से जुड़े; उनका समस्त कला वैभव स्व-अर्जित है, जो हर कलाभ्यासी के लिए प्रेरक तो है ही, स्पृहणीय भी।

सन्दर्भ

1. *The Great Procession : A Mural* by Krishen Khanna, Mapin Pub., Ahmedabad, 2007
2. *Krishen Khanna, a Critical Biography : Quoted* by Gayatri Sinha, 2002. Vadehra Art Gallery, p. 171
3. *Krishen Khanna : Images in Times,* Mapin Pub., Ahmedabad, 2007, p. 124

जगदीश स्वामीनाथन
(1928–1994)

जगदीश स्वामीनाथन, भारतीय कला के इतिहास में एक रचनात्मक हस्तक्षेप का नाम है। इस कलाकार ने अपनी उपस्थिति से समकालीन कला की वर्णमाला बदल दी थी। इसमें उन्हें जहाँ मित्रों का सहयोग मिला, वहाँ संस्थाओं का बल भी मिला क्योंकि उन्होंने अपने कलात्मक अवबोध को सम्प्रेषित करने की जितनी क्षमता अर्जित कर ली थी, उससे कला संस्थाओं के साथ कलाकारों को भी मार्गदर्शन मिला।

एक तमिळ परिवार में जन्मे स्वामीनाथन का जन्म शिमला में, 21 जून, 1928 को हुआ था। आरम्भिक शिक्षादि प्राप्त कर एक राजनीतिक कार्यकर्ता के तौर पर उन्होंने पत्रकारिता और स्वतन्त्र लेखन कार्य प्रारम्भ किया। लेकिन कला के प्रति रुचि जगी तो अन्य गतिविधियों से मुँह मोड़कर वे एक कला अध्येता और चित्रकार के तौर पर सक्रिय हो गये। कुछ दिनों दिल्ली पॉलिटेक्नीक संस्थान में चित्रकला का अध्यापन कार्य भी किया। 1958 में ललित कला अकादेमी से छात्रवृत्ति प्राप्त करके, वे वार्सा (पोलैंड) चले गये, जहाँ उन्होंने चित्रकला में गहन अध्ययन के साथ पश्चिमी कला पद्धतियों को बहुत निकट से देखा-परखा। समकालीन कला (भारतीय एवं पाश्चात्य) की समझ और सरोकारों की बौद्धिक एवं व्यावहारिक पड़ताल करते हुए उन्होंने यह पाया कि पश्चिमी आधुनिकता के अनुसरण के साथ भारतीयता के नाम पर अन्ध पारम्परिकता क्रमशः प्रबलतर होती चली गयी है—जिसके चलते भारतीय कला का क्षरण हुआ है। इस निष्कर्ष पर पहुँचने के पूर्व उनकी एक कार्य योजना 'समकालीन कला में देव प्रतिमाओं का महत्त्व' की भी भूमिका रही, जिसे उन्होंने जवाहरलाल नेहरू फ़ैलोशिप (1968-70) के अन्तर्गत पूरा किया था। वे साओ पाओलो में आयोजित अन्तर्राष्ट्रीय कला द्विवार्षिकी (1968) के सम्मानित जूरी के सदस्य भी रहे।

कला के क्षेत्र में एक नयी पहल को कैसे स्थान मिले, इसे ध्यान में रखते हुए स्वामीनाथन ने अगस्त, 1962 में, अपने कुछ कलाकार मित्रों के साथ 'ग्रुप 1890' का गठन किया। दरअसल यह संख्या (1890) भावनगर (गुजरात) स्थित जयन्त पाण्ड्या और ज्योति पाण्ड्या के मकान की थी। स्वामी ने कलाकारों में छिपी वैयक्तिक विशिष्टता की खोज के लिए ही इसकी स्थापना की थी। इस बारे में मनजीत बावा का कथन है, "तब एक तरफ़ प्रोग्रेसिव कला आन्दोलन एक तरह की अव्यवस्था से जड़ीभूत हो गया था; कुछ अन्य चित्रकारों के लिए वही सब महत्त्व का था, जो पेरिस स्कूल से प्रमाणित

हो और तीसरी तरफ़ बंगाल स्कूल की ख़िलाफ़त कर अस्तित्व में आया था। और स्वामी ने उन दोनों का विरोध किया। बाद में प्रोग्रेसिव आर्टिस्ट ग्रुप के सभी चित्रकार उनके घनिष्ठ मित्र हुए।"[1]

इस सम्बन्ध में इस ग्रुप का घोषणा-पत्र ही हमारी सहायता करता है, जिसमें कला की विभिन्न श्रेणियों या सरणियों का उपहास उड़ाते हुए कहा गया कि "रवि वर्मा के फूहड़ प्रकृतवाद और बंगाल के ग्राम्य आदर्शवाद ही नहीं, आधुनिक युरोपीय कला के आनुक्रमिक आन्दोलनों द्वारा क्लासिकल, लघु चित्र और लोककलाशैलियों से लेकर अमूर्तन की उड़ान और सार्वदेशीयता की धारणा एवं एक-एक कर गौरवपूर्ण अतीत की स्मृतियों द्वारा आहत संकर सभ्याचारों ने (हमारे) गतिशील वर्तमान को निरर्थकता के अहसास से भर दिया है। इसलिए समय के साथ चलने का संकल्प लेने और प्रतिभा को पहचानने की ज़रूरत है।"[2]

किसी निश्चित दिशा में सृजन कर्म की अपेक्षा कलाकार के स्वायत्त बने रहने और अपना ही अतिक्रमण करने पर स्वामीनाथन का ज़ोर था। इस ग्रुप ने अक्तूबर, 1963 में एक चित्र प्रदर्शनी भी आयोजित की—जिसका केटलॉग स्वामीनाथन के मित्र और महान मेक्सिकन कवि ऑक्तोविया पाज़ ने लिखा था और जिसका उद्घाटन पं. जवाहरलाल नेहरू ने किया था। इसका आधार वक्तव्य था—'कला आन्दोलनों के निश्छल संसार में वैयक्तिक प्रतिभा के लिए अवकाश की खोज।' हालाँकि यह पहली प्रदर्शनी 'ग्रुप 1890' की अन्तिम प्रदर्शनी भी साबित हुई। मनजीत बावा का मानना है कि स्वामी की कलात्मक यात्रा को केवल 'ग्रुप 1890' के सन्दर्भ में देखना कोई बुद्धिमानी नहीं है क्योंकि वह उनके जीवन की अनेक घटनाओं में से केवल एक घटना के अलावा कुछ नहीं था। उसकी तुलना में भारत भवन में उनके काम का कहीं अधिक महत्त्व रहा।

सुप्रसिद्ध कलाविद गीता कपूर ने स्वामीनाथन की कलात्मक यात्रा को चार चरणों में विभाजित किया है। इनमें से पहला संक्षिप्त चरण 1958 से शुरू होता है—जिसमें प्रागैतिहासिक काल और आदिम टोटेमिक सांकेतिक भाषा से मेल खाते बिम्ब रूप रचे गये हैं। उनकी इस कला में तर्कप्रवण आवेग की अपेक्षा जादुई आवेग कहीं अधिक है। दूसरे चरण में वे भारतीय लोक एवं जनजातीय संस्कृति की ओर उन्मुख होते हुए ऐसे बिम्बों और संकेतों की अवतारणा करते हैं, जिनका समुदाय विशेष पर जादुई प्रभाव होता रहा है। लोक अभिप्रायों (मोटिफ़) की प्रतिकृतियाँ तैयार कर वह अपने आपको इतिहास के निकट लाते हैं। सातवें दशक से उन्होंने 'ॐ', 'स्वस्तिक', 'कमल', 'लिंग', 'सर्प' और हथेली के छापे-जैसे भारतीय पुरा प्रतीकों का बार-बार उपयोग किया।

स्वामीनाथन ने कैनवस पर तैलरंगों के साथ कभी-कभी जलरंगों का उपयोग भी किया। रंगों से रँगी थिगलियों को कैनवस पर चिपकाकर भी उन पर रंग लगाये। रंग-पट्टी (कलर प्लेट) में अपने हाथ डुबोकर कैनवस पर हाथ का छापा भी लगाया ताकि चित्र में वांछित उभार आ सके। कभी तूली से तेज़ी से कुछ लिख दिया। या फिर अनौपचारिक ढंग से रँगे हुए क्षेत्र या सतह पर बिन्दुओं और इच्छित रंगों को फैला दिया, जिसके फलस्वरूप उनके चित्रों के रचाव में एक तरह का खुरदरापन (roughness) या रेतीलापन आ जाता। इस यात्रा के तीसरे चरण में उन्होंने चित्र के न तो भीतरी भाग को और न बाहरी भाग को, बल्कि कल्पना के पारभासी पंखों पर हल्के ज्यामितीय रूपाकारों को चित्रित किया है। ऐसे चित्रों को उन्होंने 'स्पेस की रंग ज्यामिति' बताया।

मार्च, 1966 में आयोजित कला प्रदर्शनी के केटलॉग (कुणिका-केमोल्ड आर्ट सेंटर, नयी दिल्ली) के हवाले से गीता कपूर का कहना था कि यहाँ ज्यामितीय अमूर्तन को तात्त्विक उद्देश्य से जोड़ने का प्रयास है, जो उन्हें रूसी चरमपन्थियों (Extreamist) के निकट ले आती है। क्योंकि स्वामीनाथन भी मानते हैं कि 'रंग के रूप में त्रिभुज, आयत और वृत्त अव्यक्त की खिड़कियाँ हैं।' इस चरण में उन्होंने कई तान्त्रिक प्रारूपों एवं यन्त्रों को आरेखी रूपाकारों एवं रंगों में विन्यस्त किया। इसके साथ ही उन्होंने गुलाबी, बैंगनी, हल्का हरा और पीला रंग प्रयुक्त किया। चित्रों में रंगों के घनत्व में या उनकी रंगत में कोई आरोह-अवरोह नहीं था बल्कि इनमें एक ख़ास तरह की तरल सरलता के साथ चित्र-धरातल पर ज्यामितिक आकारों को संयोजित किया गया था। यथा, स्वामीनाथन एक चतुर्भुज के ऊपर एक त्रिभुज रखकर, नीचे आधार-स्वरूप कुछ सीढ़ियाँ बनाते हैं और ऊपर एक पताका फहरा देते हैं, जो त्रिभुजाकार शिखर बना देती है। अब यह एक मन्दिर है। हालाँकि गीता कपूर ने स्वामी के इस उपक्रम की सीमाओं को इन शब्दों में रेखांकित किया—"चित्राधार औपचारिक होने के कारण आकर्षक था लेकिन किसी अर्थपूर्ण चित्रात्मक ब्रह्मांडिकी का दावा अधिक समय तक टिक नहीं सकता।"[3]

स्वामीनाथन अपने चौथे चरण में, जिसका आरम्भ 1968 से माना गया, प्रकृति से, अपने बिम्ब चुनते हैं। लेकिन ये अपने रूपकार्थ में चाक्षुष होते हुए भी, वायवीय हैं। वे एक अनाविष्कृत दुनिया के बारे में अपने आत्मगत अनुभव प्रकट करते हैं, जिसमें प्रकृति एक दर्पण की तरह अपनी मूक भूमिका निभाती है। यहाँ कुछ भी मुखर नहीं है। भू-दृश्यांकन सरीखे ये चित्र ऐसे हैं, जो पर्वत-खण्ड और उड़ती चट्टानों से संयोजित हैं—लेकिन ये कहीं-कहीं, पृथ्वी के गुरुत्वाकर्षण से परे, उड़ते हुए भी दिखाये गये हैं। इनके साथ लगभग अनिवार्य तौर पर एक अति संवेदनशील पक्षी, या उसका जोड़ा चित्रित किया गया है। यहाँ अबाबील, तोता, पपीहा, कोयल, मोर और सर्वाधिक प्रयुक्त शाही (शाहीन) भी उपस्थित हो सकता है। उनके द्वारा चित्रित इन पटलों पर, कोई पेड़, झाड़ी, तुलसी का पौधा या गुलमोहर कुछ भी हो सकता है। यहाँ तक कि धरती के अन्दर फैलती जड़ों के ऊपर आकाश में अपनी शाखाएँ फैलाता कोई (वैदिक) वृक्ष भी।

उनके इस चरण में चित्रित निर्मितियों की कई तरह से व्याख्या की जाती रही है और फिर अनुभवातीत मानकर लोकोत्तर आत्मानन्द के सन्धान का माध्यम या साधन समझकर छोड़ दिया गया है। ये स्वामीनाथन के आत्म-चिन्तन और औपनिषदिक अनुभवों से निःसृत एवं सिंचित चित्र हैं। यहाँ पर्वतों के शिखरों को भेदती अर्द्ध-चन्द्राकार रंग आभाएँ हैं। यहाँ सूर्य-चन्द्र भी अनुपस्थित हैं—मात्र उनकी दीप्ति है; शून्यता है लेकिन वह अपनी रंगाभा में ही विद्यमान है। तीर की तरह उड़ता पक्षी भी स्थिर प्रतीत होता है। "इन चित्रों को भारतीय सौन्दर्यशास्त्र के रस सिद्धान्त के आधार पर समझा जा सकता है। यद्यपि उपनिषदों में अनुभवातीत के सिद्धान्त की सौन्दर्यपरक व्याख्या उपलब्ध नहीं है।"[4]

स्वामीनाथन के अभिन्न मित्र और कथा-साहित्यकार कृष्ण बलदेव वैद ने इन चित्रों की बड़ी काव्यात्मक व्याख्या की है :

"परिन्दा। पहाड़। पेड़।
परिन्दे और पहाड़ की युगलबन्दी अजीबोग़रीब है।
इस युगलबन्दी को सुनता हुआ पेड़। और तुलसी का पौधा।
और अथाह आकाश/पहाड़ की पीड़ा से टूटता हुआ पेड़
पहाड़ को प्रतिबिम्बित करता हुआ पहाड़/परिन्दे से बरसता हुआ परिन्दा
पहाड़ पर टूटता हुआ परिन्दा/पहाड़ को ले उड़ता हुआ परिन्दा
उड़ने से इनकार करता हुआ पेड़।
यह परिन्दा असल में पेड़ है। यह पेड़ असल में कुछ भी नहीं।
ये तीनों असल में सब कुछ हैं। जड़ और चेतन। आत्मा और परमात्मा।
धरती और आकाश। नर और नारी। तीसरे का क्या किया जाये?"[5]

कला समालोचक कृष्ण चैतन्य ने स्वामीनाथन द्वारा उक्त चित्रों की समुचित व्याख्या के लिए सूत्र रूप में भारतीय सौन्दर्यशास्त्र का हवाला दिया है और उसे चित्रित पक्षी या परिन्दे का आद्यरूप माना है, जो कि परमात्मा की सृष्टि का आधार है और अपनी आध्यात्मिकता में विस्तार पाता है। कला या साहित्य में इसे रस सिद्धान्त के अनुरूप साधारणीकृत किया गया है लेकिन कुल मिलाकर यह आयास-सिद्ध नहीं, बल्कि अनुभव-सिद्ध है। हमारी उपनिषदें भी बार-बार इसी तथ्य को दोहराती हैं। गीता कपूर का भी मानना है कि ऐसा कलाकार जो बार-बार उपनिषदों की ओर लौटता है, वह उसी 'स्पेस' का सन्धान करना चाहता है।

> "चित्रात्मक एवं वैचारिक दृष्टि से स्पेस एक बुनियादी तत्त्व है क्योंकि स्पेस ही ब्रह्माण्डीय अभिव्यक्ति का अवसर देता है। यह आकस्मिक नहीं कि स्वामीनाथन ने आवर्तक अभिप्राय को व्यक्त करने के लिए पक्षी को माध्यम के रूप में चुना। पक्षी का सम्बन्ध स्पेस के तत्त्व से है। वह पंखयुक्त रूपक है, जो स्पेस की अनन्तता को अभिव्यक्त करता है। स्वामीनाथन का 'दिक्-नृत्य' शीर्षक चित्र (1974) इसका उदाहरण है, जहाँ एक मन्त्रमुग्ध मोर आकाश में उड़ान भर रहा है। यह चित्र ईश्वरीय लीला का एक उदाहरण है क्योंकि आकाश में औंधे लटके हुए इस पक्षी की बुदबुदाहट यह दर्शाती है कि यह सैरा सिर्फ़ समाप्त हो जाने के लिए बना है, जो अनन्त में पूर्ण आनन्द की एक रेखा छोड़ जायेगा।"[6]

गीता कपूर ने स्वामीनाथन की कमियों और कमज़ोरियों की ओर भी संकेत किया और बताया कि 1971 से 1973 के बीच उन्होंने अपने सैरों में पक्षियों की संख्या बढ़ाना शुरू कर दिया और उन्हें चट्टानों, बादलों, पर्वत शिखरों पर बिठाना शुरू किया। पक्षी अपना एकाकी वैभव खोने लगे और बिम्ब विविधता तथा प्रभाव उत्पन्न करने के लिए चित्र-सतह सँजोए गये अभिप्राय लगने लगे। आकाश ने अपना मौन विस्तार खो दिया, जिसमें (कभी) पक्षी की आवाज़ पूरी ताक़त से गूँजती थी। "इसी प्रकार पर्वत, जो उनके प्रत्येक चित्र की बुनियादी संरचनात्मक इकाई है, कलाबाज़ी दिखाने लगे।... उन्होंने पक्षियों और कीड़ों की एक दुनिया स्थापित की। जैसे, उन्होंने अगर टिड्डे को चुना तो उसको बड़ी

सावधानी और सूक्ष्मता से बनाये गये पर्वत के अग्रभाग पर कहीं स्थापित किया। हो सकता है यह इरादा अपने आप में प्रशंसनीय हो मगर ये चित्र भावुकता भरे हैं।"[7]

गीता कपूर द्वारा *कंटेंपररी इंडियन आर्टिस्ट्स* पुस्तक में व्यक्त ऐसे ही विचारों को स्वामीनाथन ने अपने एक साक्षात्कार में नासमझी भरा बताया था। उन पर लगे इस आरोप–कि उनके चित्रों में एक ही रूपाकार बार-बार प्रकट होते हैं और आलोचक इसे ठहराव या दोहराव के रूप में देखते हैं–का उत्तर उन्होंने निम्नांकित पंक्तियों में दिया था–

> "कई बार मुझे भी लगता है कि मेरे रूपाकार सीमित हैं–वही पहाड़, पक्षी, बादल, फूल, चट्टानें आदि-आदि। परन्तु मैं यह मानता हूँ कि रूपाकार सीमित हो जाने से कला का विस्तार नहीं घट जाता। एक ही रूपाकार कई-कई धरातलों पर अलग-अलग स्वरूप धारण करता है और पेंटिंग को हर बार एक नया अर्थ देता है। मोरादी जीवन भर बोतलें ही पेंट करते रहे तो क्या बोतलों की जगह केतली बना देने से उनकी कला अधिक सार्थक हो जाती? मोदिग्लियानी आजीवन स्त्री-आकृतियाँ ही बनाते रहे, परन्तु कोई क्या यह कह सकता है कि उनका हर चित्र एक ही चित्र है। कोई कहे कि रामकुमार अपने अमूर्त चित्रों में अपने को दोहरा रहे हैं तो क्या यह न्यायसंगत बात होगी?"[8]

स्वामीनाथन विभिन्न संस्थानों में लिए अपनी सक्रिय भूमिका के लिए भी जाने जाते हैं। इन्दिरा गाँधी राष्ट्रीय कला केन्द्र, दिल्ली के एक न्यासी होने के साथ, 1981 में उन्हें भारत भवन, भोपाल के नागर और लोक आदिवासी कला 'रूपंकर' संस्थान के लिए आमन्त्रित किया गया और बाद में वे संग्रहालय के निदेशक भी बने। इसके लिए उन्होंने मध्य प्रदेश के आदिवासी अंचलों का सघन दौरा किया और चित्रों के साथ आदिवासी कलाओं से सम्बन्धित सामग्रियों का संग्रह जुटाया। इन अछूते अनुभवों को उन्होंने *दि पर्सीविंग फ़िंगर्स* पुस्तक में अभिव्यक्त किया। लोक कलाओं की व्यापकता और इनमें स्पन्दित अकृत्रिम जीवन का प्रतिबिम्बन स्वामीनाथन के सृजन कर्म के अन्तिम कुछ वर्षों में और अधिक गहराई से देखा जा सकता है। किसी भी कला पद्धति या प्रविधि के प्रशंसक होने के बावजूद, वे सृजन के स्तर पर कोई समझौता नहीं करते थे। भारतीय एवं पश्चिमी जगत की कला प्रवृत्तियों की गहरी समझ उनके द्वारा समय-समय पर लिखित कला समीक्षाओं और टिप्पणियों में बड़ी स्पष्टता से व्यक्त हुई है। अपने कलाकार मित्रों एवं साथियों की मित्रता को वे उनकी कलात्मक पात्रता या सृजनात्मक क्षमता से दूर रखते थे ताकि उनकी मित्रता मूल्यांकन में कहीं आड़े न आये। वे छद्म बौद्धिकता के विरोधी थे और इस बात में विश्वास करते थे कि हर अच्छा कलाकार अपना मूल्यांकन कहीं बेहतर ढंग से कर सकता है।

स्वामीनाथन की कला-यात्रा में आनेवाले पड़ावों की पहचान को औपचारिक कालखण्डों में विभाजित नहीं किया जा सकता। वैद ने भी उड़ते ढंग से उनके काम के तीन दौरों की बात की है। भारत भवन में अपने कला-प्रवास के दौरान स्वामीनाथन आदिवासी और लोककलाओं के निकट सम्पर्क में तो थे ही, उन्हें पर्याप्त प्रोत्साहन एवं संरक्षण देने का प्रयास भी उन्होंने किया। मनजीत बावा का मानना था कि यह कहना ग़लत होगा कि भारत भवन ही उनका जीवन था। वे यह ज़रूर मानते थे–

"उनकी अन्तिम चित्र कृतियाँ शायद उनके भारत भवन में आने के बाद ही हो सकती थीं। यह काम उनके साठ के दशक के उन कामों की ही अगली कड़ी है, जिनमें उन्होंने संकेतों और प्रतीकों आदि का अन्वेषणात्मक उद्‌घाटन किया था। इन चित्रों पर आदिवासी या लोकचित्रों का प्रभाव शायद बहुत अधिक नहीं है। अगर है तो वह बेहद सतह पर ही है और न ही ये काम अमूर्त ही कहे जा सकते हैं। इन्हें तो संकेतों और प्रतीकों वाले उनके काम की निरन्तरता में ही देखना चाहिए।"[9]

स्वामीनाथन की अनेकानेक कृतियाँ देश-विदेश स्थित विभिन्न संग्रहालयों और निजी संग्रहों में सुरक्षित हैं। 25 अप्रैल, 1994 में उनकी मृत्यु ने पूरे भारतीय कला परिसर को झकझोर कर रख दिया था। अपने निधन के पूर्व वे राष्ट्रीय मानव संग्रहालय, भोपाल के अध्यक्ष भी थे।

सन्दर्भ

1. *स्वामीनाथन :* भारत भवन के सहयोग से ललित कला अकादेमी का प्रकाशन, 1995, पृ. 15
2. *ए हिस्ट्री ऑफ़ इंडियन पेंटिंग्स :* कृष्ण चैतन्य, पृ. 227
3. *आधुनिक कला कोश,* पृ. 224
4. उपरिवत्, पृ. 227
5. *स्वामीनाथन,* पृ. 22
6. *आधुनिक कला कोश,* पृ. 227
7. उपरिवत्, पृ. 235
8. समकालीन कला, अंक 28; 'स्वामीनाथन : एक असमाप्त गाथा', सुरेन्द्र तिवारी, पृ. 57
9. *स्वामीनाथन :* भारत भवन एवं ललित कला अकादेमी, पृ. 18

रणवीर सिंह बिष्ट

(1928–1988)

रणवीर सिंह बिष्ट का जन्म गढ़वाल के सुरम्य परिवेश में बसे लैंसडाउन नामक स्थान पर 1928 में हुआ। आरम्भिक पढ़ाई के बाद, उन्होंने 1948 ई. में आर्ट्स एंड क्राफ़्ट कॉलेज, लखनऊ में कलाध्ययन आरम्भ किया। जैसा कि स्वाभाविक था, अपने सृजन के आरम्भिक वर्षों में वे भू-दृश्यों (सैरा) के चित्रांकन करते रहे। उनका प्रमुख माध्यम जलरंग ही था। ऐसे चित्रों में 'सैरा', 'पहाड़ी सैरा' और 'दक्ष घाट' आदि प्रतिनिधि कृतियाँ हैं। 'सबक', 'कवयित्री' और 'मूसलाधार बारिश' भी उनकी विशिष्ट कृतियों के नाते समादृत हैं। ग्राम्य जीवन की कई छवियाँ, जो आकारमूलक हैं, के अलावा उनके सैरे दर्शकों में खूब सराहे गये। उनको 'पहाड़ी सैरा 73' चित्र के लिए ललित कला अकादेमी का राष्ट्रीय पुरस्कार (1965) भी मिला।

1967 में बिष्ट युनेस्को की वृत्ति प्राप्त कर भारतीय एवं पश्चिमी कला के तुलनात्मक अध्ययन के लिए अमेरिका चले गये। वे वहाँ रॉबर्ट मदरवेल के सान्निध्य में कार्य करते रहे। उन्हें वहाँ जाकर इस बात का अहसास हुआ कि आधुनिकता ने राष्ट्रों की भौगोलिक सीमाएँ अगर मिटाई नहीं हैं तो कम-से-कम इनके बीच की दूरी अवश्य ही कम की है।

भारत वापस आने के बाद, उन्होंने तैलरंग को माध्यम बनाकर अपने सृजन का अगला चरण आरम्भ किया। तैलरंग से आँके गये चित्र 'निष्क्रमण', 'बोझ', 'मठवासी' आदि के बाद, अस्सी के दशक के आरम्भ में, यानी 1970-71 से ही, उनकी निर्मितियों पर उनकी यायावरी हावी हो जाती है जो उनके चित्रों को प्रभावी भी बनाती है। दृश्यगत और विषयनिष्ठ होते हुए भी उनके चित्रों पर उनकी प्रौढ़ता की छाप दीखने लगती है। उनका चिन्तन-मनन भी उनके चित्रण पर हावी रहा। हालाँकि विषम सामाजिक और सामयिक राजनीति-जैसे विषयों की जटिलता भी उन्हें आन्दोलित करती रही, जिसका निदर्शन उनके 'विद्रोह' शीर्षक चित्र (1967) में स्पष्ट तौर पर देखा जा सकता है। यही नहीं, 'नारी और श्वान' शृंखला के अन्तर्गत चित्रित उनके कई चित्रों में, अश्लीलता के आरोप के बावजूद, समाज में व्याप्त क्रूर सच्चाइयों को बतौर रूपक प्रस्तुत किया गया था। इसी तरह कलाकारों द्वारा स्त्री देह को चित्रित करने का आकर्षण एक स्वाभाविक एवं स्वीकृत विषय रहा है। दरअसल 'कुत्ता' यहाँ पुरुष वर्चस्व का विकल्प है, जो पुरुषोचित मनमानी और मर्दानगी (भोगवृत्ति) का प्रतीक है।

बिष्ट ने भी कई ऐसे चित्र बनाये जिनमें निर्वसनाएँ चित्रित हैं—और इनमें से कई कामोद्दीपक भी बताये गये हैं। 'प्रलोभन' (1973) ऐसा ही एक चित्र है, जिसमें स्त्री-योनि और स्तन उत्तेजक ढंग से प्रदर्शित हैं—हालाँकि आवयविक तौर पर इसे पृथ्वी की परिधि के साथ, सृष्टि के एक बहुत बड़े सन्दर्भ में रखा गया है। चित्रकार इसे बतौर रूपक प्रस्तुत करने का प्रयास कर रहा है।

उमेश वर्मा ने बिष्ट पर लिखित अपने विनिबन्ध (मोनोग्राफ़) में चित्रकारों का निर्वसनाओं के चित्रण के आग्रह पर बल देते हुए लिखा है—"जब कोई चित्रकार आकृति की ओर उन्मुख होता है तो वह अपनी अभिव्यक्ति के लिए कुछ ऐसा रूपाकार चुनता है जिसमें निर्वसना हो...उन्होंने भी निर्वसना नारी का बिम्ब चुना।"[1] हालाँकि बाद में वे 'निर्वसना'-जैसे अभिप्राय (Motif) या बिम्ब (Image) से मुक्त हो गये।

रणवीर सिंह बिष्ट भले ही, मूल रूप से सैरा (दृश्यांकन) में रुचि लेते थे लेकिन वे अपने देशकाल से निरन्तर जुड़े रहे। उनके एक चित्र विद्रोह (1967) में आम आदमी के अन्दर छिपे आक्रोश को उजागर किया गया है। उन्होंने विस्थापितों और वंचितों के भी चित्र बनाये।

इसी क्रम में उन्होंने ब्रह्माण्डीय ऊर्जा और आकाशीय अन्तर्राज्य अर्थात् उसके अनन्त विस्तार को जानने की कोशिश में 'उल्का' (1977) जैसे चित्रों का निर्माण किया था। उल्का-जैसे जलते गतिपूर्ण पिंड को रंगों में बाँधने का उपक्रम सम्भवतः इसके पहले कभी नहीं हुआ, ऐसा कहा जा सकता है। यह उनके गतिपूर्ण तूलिकाघात का ही चमत्कार था कि उन्होंने उल्का-केन्द्रित कई चित्र उकेरे। हालाँकि विभिन्न रंगों—विशेषकर नीले और हरे रंगों—के प्रयोग द्वारा उन्होंने प्रकृति के अनन्य स्वभाव—उसकी प्रशान्ति और गम्भीर्य—को बनाये रखा है। भित्ति चित्रण में भी उनकी पर्याप्त रुचि थी, जिसके उदाहरण के.जी. मेडिकल कॉलेज, लखनऊ और एच.ए.एल. कोरबा (उ.प्र.) में देखे जा सकते हैं।

अपने सैरा चित्रों के लिए विशेष रूप से समादृत रणबीर सिंह बिष्ट ने आकारमूलक चित्रों के साथ कई अभिव्यंजनापरक चित्रों का भी निर्माण किया। इसमें उनकी 'ब्लू सीरिज़' (नीली शृंखला, 1980-82) के वे तैलचित्र शामिल हैं, जिनमें एक कल्पनाशील चित्रकार अपने रंग सौन्दर्य के साथ उपस्थित है। इसे उन्होंने 'नीला अनुभव' नाम दिया है।

कई कला संस्थाओं द्वारा सम्मानित रणवीर सिंह बिष्ट गवर्नमेंट कॉलेज ऑफ़ आर्ट्स एंड क्राफ़्ट्स, लखनऊ के अध्यक्ष भी रहे। देश-विदेश में आयोजित कला प्रदर्शनियों में भाग लिया और राज्य ललित कला अकादमी, लखनऊ के सदस्य भी बने।

कई पुरस्कारों एवं सम्मानों से अलंकृत बिष्ट जी राज्य ललित कला अकादेमी, उत्तर प्रदेश और ललित कला अकादेमी की रत्न सदस्यता से भी विभूषित हुए।

उनका निधन 1988 में हुआ।

सन्दर्भ

1. रणवीर सिंह बिष्ट, *मोनोग्राफ़,* ललित कला अकादेमी, 1990

वीरेश्वर भट्टाचार्य

(1935)

हमारे देश में ऐसे कई कलाकार हो गये हैं, जिन्होंने अपनी कला को आत्मसंघर्ष से सींचा है। सायास या अनायास उनके द्वारा बनायी गयी कृतियाँ, कुछ समय बाद, उस देशकाल की साक्षी बन जाती हैं, जिन्हें वह पीछे छोड़ आये हैं। ऐसे महत्त्वपूर्ण चित्रकारों में निस्सन्देह एक नाम वीरेश्वर भट्टाचार्य का भी है, जिनका पूरा जीवन कला की एकान्तिक साधना में ही बीता है।

अविभक्त भारत में, 1935 में ढाका (बांग्लादेश की राजधानी) में पैदा हुए वीरेश्वर जब बारह साल के थे, तभी भारत का विभाजन हो गया। वीरेश्वर के पिता कलकत्ता चले आये और यहीं वीरेश्वर की पढ़ाई-लिखाई हुई। लेकिन कला के प्रति विशेष आग्रह देखकर उन्होंने पहले तो कलकत्ता से और फिर कला एवं शिल्प महाविद्यालय, पटना से व्यावसायिक कला (कमर्शियल आर्ट) का डिप्लोमा प्राप्त करने की आज्ञा दी। लेकिन वीरेश्वर किसी व्यावसायिक संस्थान या कारोबारी इकाई से न जुड़कर शीघ्र ही इसी कला महाविद्यालय के शिक्षक नियुक्त हो गये और 1962 से लेकर सेवामुक्त होने तक इसी संस्थान से जुड़े रहे। भले ही इस कला संस्थान ने अपनी स्थापना के बाद के वर्षों में कई उतार-चढ़ाव देखे और वित्तीय संकट का सामना भी किया, लेकिन तमाम अनियमितता और आन्तरिक कलह के बावजूद सेवाव्रती वीरेश्वर भट्टाचार्य शिक्षण दायित्व निभाते हुए अपनी कला-साधना में निमग्न रहे। दरअसल यह वह दौर था जब कार्य के प्रति समर्पित शिक्षक अपने व्यक्तिगत हित की बात न सोचकर शिक्षण संस्थान और छात्रों की प्रगति और उन्नयन के बारे में चिन्तित रहा करते थे। यही कारण रहा कि वीरेश्वर भट्टाचार्य के कला छात्रों के मन में उनके प्रति आज भी अगाध श्रद्धा का भाव है।

पिछली सदी के पाँचवें और छठे दशक में सामाजिक, सांस्कृतिक एवं राजनीतिक संक्रमण के दौर में विभिन्न समस्याओं के साथ भारतीय कला भी चौराहे पर खड़ी थी। वीरेश्वर भट्टाचार्य-जैसे युवा कलाकार, जिनका कार्यक्षेत्र पटना था, वहाँ तब परम्परागत पटना क़लम की कलाशैली दम तोड़ रही थी। उधर बंगाल में भी बंगाल शैली का तेज़ी से ह्रास हो रहा था। यह बात और है कि पूरे देश के कला संस्थानों में कलकत्ता के गवर्नमेंट आर्ट कॉलेज और शान्तिनिकेतन के कला शिक्षकों एवं कलाकारों का ही वर्चस्व था। लेकिन ये सभी पश्चिमी कला आन्दोलनों, शैलियों और विधाओं से जुड़कर आधुनिक कला प्रकारों, प्रविधियों और प्रायोगिक माध्यमों को अपना रहे थे। कई युवा कलाकार इस दिशा में प्रयत्नशील एवं सक्रिय थे कि कोई विदेशी छात्रवृत्ति प्राप्त हो तो विदेश जाकर आधुनिक कला के क्षेत्र में विशेषज्ञता अर्जित की जा सके।

वीरेश्वर ने अपने कार्यों–जिन पर परम्परागत कलाशैलियों की छाप थी, को आधुनिक प्रवृत्तियों एवं प्रविधियों से जोड़ा। वस्तुतः उनके मन में एक सफल चित्रकार बनने के साथ आधुनिक बने रहने की चाह बहुत पहले से थी। 1953 में दिल्ली की आईफ़ैक्स (इंडियन फ़ाइन आर्ट एंड क्राफ़्ट्स सोसाइटी) कला संस्था ने पटना में एक चित्र प्रदर्शनी आयोजित की थी, और जिसमें समस्त भारत से कई नामचीन कलाकारों के चित्र प्रदर्शित थे। इस प्रदर्शनी ने उनके काग़ज़ और कैनवस की विषयवस्तु को बदल दिया। वे अब अधिक यथार्थपरक और रचनात्मक होने लगीं। वीरेश्वर जलरंग और तैलरंग दोनों में समान गति से कार्य करने लगे। कला शिक्षक होने के नाते रेखांकन पर उनका पर्याप्त अधिकार था। यद्यपि समय सीमित होने के कारण वे अपने कार्य पर अधिक ध्यान नहीं दे पाते थे लेकिन जो भी करते थे, मनोयोगपूर्वक करते थे।

वीरेश्वर भट्टाचार्य को वर्ष 1969 में तुर्की सरकार की छात्रवृत्ति प्राप्त हुई। इस वृत्ति के दौरान अपनी कार्ययोजना को उन्होंने तुर्की की राजधानी इस्तांबुल स्थित अकादमी ऑफ़ फ़ाइन आर्ट्स में चरितार्थ किया। वहाँ के सुप्रसिद्ध कलाकार नूरूल्ला बेर्क के निर्देशन में उन्होंने तैलचित्र अंकन से सम्बन्धित प्रविधियों का अध्ययन किया। साथ ही, इस सुयोग का लाभ उठाते हुए सैकड़ों की संख्या में चित्र आँके। यह स्वाभाविक ही था कि वहाँ पश्चिमी और आधुनिक कलाकार समुदाय से मिलकर और प्रतिष्ठित कलाकारों की कलाकृतियों को देखकर उनमें नया कुछ करने का उत्साह जगा। इसी दौरान भारतीय दूतावास के सौजन्य और सहयोग से उनकी कुछ कलाकृतियाँ युरोप के कुछ देशों की चित्र प्रदर्शनियों में प्रदर्शित हुईं। उनके आत्मविश्वास एवं उत्साह में और भी वृद्धि हुई, जब उन्हें वहाँ के कलाविदों और कलारसिकों ने सराहा। म्यूनिख, पेरिस, मिलान, बेलग्रेड, एथेंस वग़ैरह की यात्रा के दौरान इन देशों में इस भारतीय चित्रकार को मिली प्रशंसा का एक कारण विषयवस्तु के निरूपण के साथ सटीक रंगों का संयोजन भी था–जो परम्परागत भारतीय कलाशैली का ही अभिनव रूपान्तर था।

वस्तुतः सत्तर के दशक में, भारतीय कला में तन्त्र आर्ट एक नयी कलाशैली के तौर पर अपना स्थान सुनिश्चित कर रहा था। हालाँकि भारत में तन्त्र कला का स्वरूप, सम्बन्धित कलाकार अपनी सुविधा और योग्यता के अनुरूप गढ़ रहे थे और तन्त्र सम्बन्धी तत्त्वों और उसके अनिवार्य कारकों (घटकों) का अनुयोग–अपनी-अपनी समझ और सुविधा के अनुसार तय कर रहे थे। तन्त्र के साथ मन्त्र, जहाँ विधि एवं सूत्र को संकेतित करते हैं, वहीं इनसे अभिन्न रूप से जुड़े यन्त्र-सम्बन्धी प्रतीक चिह्न आकृतियाँ निर्मित करते हैं। वस्तुतः कलाकारों ने तन्त्र से अधिक यन्त्र-सम्बन्धी वास्तु-विधियों के अनुरूप ज्यामितिक आकारों (यथा बिन्दु, त्रिकोण, वृत्त, षट्कोण, आयत, अर्बुल, धनुषकोण) के साथ प्रयुक्त होने वाले चटख रंगों (लाल, काला, पीला, नीला, सफ़ेद आदि) को व्यवहृत किया है। वीरेश्वर तान्त्रिक यन्त्रों की शास्त्रीय परिपाटी से परिचित थे, लेकिन वह उन स्वीकृत विविध विधानों से अलग हटकर, लोकमान्य कथाओं को चित्रित करने का प्रयास करते रहे, जो तन्त्राधारित थे। यह उनके सामाजिक विश्वास और धार्मिक आस्था से भी जुड़ा था। बंगाल और पूर्वोत्तर भारत में सदियों से यह उस आदि शक्ति, सृष्टि निर्मात्री और अनिष्ट संहारिणी के रूप में लोक मानस में व्यक्त है। देवी दुर्गा और उसके रूपान्तर देवी काली के रूप में न केवल उनकी पूजोपासना होती है बल्कि उनके विभिन्न स्वरूपों को

प्रतिमाओं और चित्रों में उकेरने की लम्बी परम्परा रही है। साथ ही, शास्त्रों और लोकगाथाओं में देवी शक्ति से जुड़ी असंख्य कथाएँ विद्यमान हैं।

वीरेश्वर ने शास्त्र एवं लोक में प्रतिष्ठित आदि शक्तिरूपिणी देवी काली को प्रकृति और शिव को पुरुष के रूप में अपने कैनवसों में पुनर्योजित किया। यह उनके युरोपीय दर्शकों और प्रशंसकों के लिए कौतूहल भरा और रोचक अनुभव बना, जब वे देवी काली को उनके भयावह और अविश्वसनीय पराक्रम से असुरों या अपशक्तियों का संहार करते देखते थे। रक्तचक्षु काली के गले में नरमुंड माल, हाथों में खड्ग और अन्य शस्त्रादि धारण किये, या छिन्नमस्ता के रूप में असुरों का रक्तपान करते देखकर, वे सिहर उठते थे। पश्चिमी जगत के इस रोमांचकारी अनुभव से वीरेश्वर भट्टाचार्य को हर्षमिश्रित गर्व का अनुभव हुआ और उन्होंने 1973 में भारत लौटकर ऐसे और भी चित्र बनाये।

विदेशों में अर्जित यश और विपुल कला कर्म से वीरेश्वर के गम्भीर स्वभाव में कोई अन्तर नहीं आया। एक छात्रवत्सल कला शिक्षक के नाते वे पटना कला महाविद्यालय को अपना योगदान देते रहे। साथ ही, अपनी कला सर्जना में निरन्तर निरत रहे। लेकिन उनकी परवर्ती कला निर्मितियों में निश्चित तौर पर बदलाव आ गया था। इधर भारत में भी उनके समकालीन ऐसे कई चित्रकार थे, जो पश्चिमी दुनिया ही नहीं, अब अमरीकी कला चेतना के साथ ख़ुद को जोड़ना चाह रहे थे। लेकिन वीरेश्वर यथार्थवाद और अति-यथार्थवाद के संक्रमणकारी दौर को अपने ढंग से और अपनी शर्तों पर, अपनी निर्मितियों में प्रतिरूपित करते रहे। उनके लिए अपने समकाल को सम्बोधित करना कहीं अधिक महत्त्वपूर्ण था और जो एक कला शिक्षक के नाते उनके युवा कला छात्रों के लिए भी उपयोगी होता। देश में तब संत्रासवादी और हिंसक शक्तियों के उदय और प्रतिकूल प्रभाव से एक संवेदनशील कलाकार के नाते, और जागरूक नागरिक की हैसियत से भी यह उद्विग्नता उनकी कलाकृतियों द्वारा रचनात्मक एवं सार्थक ढंग से उजागर हुई। इसलिए उन्होंने विभिन्न सामाजिक सन्दर्भों एवं समस्याओं को सम्बोधित करते हुए, अपनी कलाधर्मिता की प्रासंगिकता बनाये रखी। उनकी कलाकृतियाँ अब एक ओर जहाँ सांकेतिक हो उठी थीं, वहाँ प्रतीकात्मक भी।

अपने समय की विडम्बना को चित्रित करते हुए वीरेश्वर भट्टाचार्य ने सर्कस के पात्रों और उनके ऊलजलूल करतबों का सहारा लिया। यह सत्तातन्त्र और नौकरशाही पर तीखा व्यंग्य था। लेकिन एक सचेत और सक्रिय कला स्रष्टा के तौर पर उन्होंने मानव और मानवेतर प्राणियों के बीच सन्तुलन एवं तालमेल बनाये रखने के लिए एक नयी सृष्टि की सम्भावना को जन्म दिया ताकि मनुष्य प्रजाति प्राकृतिक संसाधनों का दोहन न करे। इसे चरितार्थ करते हुए उन्होंने एक नयी प्रजाति का स्वप्न अपने कैनवस पर उकेरा, जिसमें समस्त जीवधारी (मानव + जानवर = मानवर) सत्ता को समान सम्मान एवं स्थान मिल सके। इसे उन्होंने जिस कलाशैली में चित्रित किया, वह अति-यथार्थवादी (सर्-रियलिस्टिक) ही कहा जायेगा क्योंकि यह उनकी स्वैर-कल्पना की ही परिणति थी। इन चित्रों को उन्होंने क्षैतिज विस्तार तो दिया ही, ऐसे कुछ पात्रों का भी सृजन किया, जो रोमांचक और अकल्पनीय कहे जा सकते हैं। इसे एक कलाकार के मन की मुक्ति या उड़ान भी कह सकते हैं—जो एक स्रष्टा के नाते एक ऐसी सृष्टि रचना चाहता है, जिसे वह सर्वथा अपना कह सके और उसमें निर्द्वन्द्व विचरण कर सके।

एक सजग नागरिक और संस्कृतिकर्मी की हैसियत से वीरेश्वर ने आपातकाल के दौरान बिहार के कलाकारों को प्रेरित करने के लिए एक कला आन्दोलन भी चलाया, जिसका उद्देश्य पोस्टर प्रदर्शनी द्वारा दर्शकों को जागरूक करना था। बहुआयामी व्यक्तित्व के धनी वीरेश्वर सहयोग और संसाधन के अभाव में भी अपने क़दम आगे बढ़ाते रहे और धीरे-धीरे इन्हें कई साहित्यकारों, बुद्धिजीवियों और पत्रकारों का समर्थन और सहयोग प्राप्त हुआ। लेकिन बाद में इस आन्दोलन को राजनीतिज्ञों के एक वर्ग ने लपक लिया। वीरेश्वर ने एक लघु पत्रिका 'त्रिकोण' का प्रकाशन भी आरम्भ किया था। साथ ही, एक संवादहीन नाट्य प्रयोग 'अभिव्यक्ति' का मंचन भी। लेकिन ये दोनों रचनात्मक उपक्रम अर्थाभाव के चलते अल्पायु में ही दिवंगत हो गये। यह क्षति केवल उनकी ही नहीं, बिहार की भी थी।

वर्ष 1986 में वीरेश्वर भट्टाचार्य को ललित कला अकादेमी का पुरस्कार प्राप्त हुआ था। बाद में वह इस अकादेमी की कार्यकारिणी के सदस्य भी बने। कई राष्ट्रीय और अन्तर्राष्ट्रीय कला प्रदर्शनियों में सहभागिता कर चुके श्री भट्टाचार्य कई कला संस्थानों से सम्बद्ध रहे हैं। सम्प्रति पटना में रहकर आप कला सृजन में व्यस्त हैं।

परमजीत सिंह
(1935)

आधुनिक भारतीय कला के प्रथम उन्मेष के साथ जिन कलाकारों ने अपनी सर्जनात्मकता एवं प्रतिबद्धता को अभिव्यक्त किया और इसके साथ ही निजता तथा सामूहिकता को व्यंजित करते हुए, एक नया और प्रबुद्ध प्रेक्षक वर्ग भी तैयार किया था; उन्हीं समर्पित कलाकारों की अनुवर्ती पीढ़ी, जिनका भारत की स्वतन्त्रता के बाद अपने सतत संघर्ष के बल पर आधुनिक कला को उत्कर्ष तक ले जाने में विशिष्ट योगदान रहा, उनमें परमजीत सिंह का अपरिहार्य स्थान है।

परमजीत सिंह का जन्म 1935 में अमृतसर में हुआ। आरम्भिक पढ़ाई के बाद उन्होंने दिल्ली पोलिटेक्नीक के स्कूल ऑफ़ आर्ट्स (1953-1958) से प्रथम श्रेणी में डिप्लोमा प्राप्त किया। छोटे-मोटे काम करने के बाद, 1963 में जामिया मिल्लिया इस्लामिया में कला शिक्षक पद पर काम करने को मिला लेकिन यह कार्य उन्हें यह रुचिकर प्रतीत नहीं हुआ।

उन दिनों परमजीत सिंह जैसे संघर्षरत युवा कलाकारों के लिए 'दिल्ली शिल्पीचक्र' एक (बल्कि एकमात्र) आश्रय स्थल था, जिसकी स्थापना 1947 में धनराज भगत और भवेशचन्द्र सान्याल ने की थी। इस उपक्रम द्वारा कई नवोदित कलाकारों को न केवल आर्थिक संबल प्राप्त हुआ बल्कि उनका मनोबल भी बढ़ा। रामकुमार, सतीश गुजराल, देवयानी कृष्ण, जे. स्वामीनाथन, रामेश्वर ब्रूटा, अनुपम सूद, अर्पिता सिंह, परमजीत सिंह, जय झरोटिया आदि कलाकार 'दिल्ली शिल्पीचक्र' द्वारा आयोजित चित्रकला प्रदर्शनियों एवं कला शिविरों में भाग लेते थे। यहाँ परमजीत के चित्र भी बिक जाते थे और थोड़ा-बहुत आर्थिक संरक्षण भी प्राप्त हो जाता था। हालाँकि दिल्ली समेत कई शहरों में उनकी कलाकृतियाँ कला प्रदर्शनियों में प्रदर्शित भी होती रहीं। वह चाहते थे कि उन्हें कोई विदेशी सरकार छात्रवृत्ति प्रदान करे तो वह विदेश जाकर कला अध्ययन का कोई विशेष पाठ्यक्रम पूरा करें। इसलिए वह दूतावासों के चक्कर भी लगाया करते थे। लेकिन इसमें सफलता नहीं मिली। इस बीच उनका परिचय अर्पिता सिंह से हुआ, बाद में जिससे वह विवाह बन्धन में भी बँधे। अर्पिता जी ने भी आगे जाकर एक प्रतिष्ठित चित्रकार के नाते भारतीय कला जगत में यशस्वी स्थान अर्जित किया।

परमजीत सिंह ने अन्ततः 1972 में एयर इंडिया के एक विशेष ऑफ़र के चलते एम्स्टरडम (हॉलैंड) जाने का निर्णय किया, जहाँ वह एक वर्ष तक रहकर भारत लौट सकते थे। वह इस बात से आश्वस्त थे कि विदेश जाकर वह वहाँ या आसपास के देशों में कोई वृत्ति या अनुबन्ध प्राप्त कर लेंगे और उनकी कला सम्बन्धी कार्य

योजना आसानी से पूरी होगी। लेकिन वहाँ पहुँचकर भी उन्हें कई कठिनाइयों का सामना करना और यात्राजन्य कई कटु-मधु अनुभवों से गुज़रना पड़ा। वैसे इसका लाभ यह हुआ कि कई देशों—जर्मनी, बेल्जियम, डेनमार्क, नीदरलैंड आदि—की कलात्मक गतिविधियों के साथ, वहाँ पेंटिंग और रेखांकन करने का अवसर भी मिला। साथ ही, छोटे-मोटे कुछ अनुबन्ध भी प्राप्त हुए। वहाँ की आर्ट गैलरियों में उनके चित्र न केवल प्रदर्शित हुए बल्कि कुछ तो बिक भी गये। इससे उनका अपरिचित देशों में रह पाना और वहाँ की सैर कर पाना अधिक आसान हो गया।

लगभग ढाई साल विदेशों में रहकर परमजीत 1974 में जब भारत लौटे तब उनकी कार्यशैली में गुणात्मक परिवर्तन आ चुका था। अब उनके चित्रों से अति-यथार्थवादी तत्त्व ओझल होने लगे थे। वस्तुगत स्तर पर भी उनकी संरचना में स्वाभाविक रंग-दृश्यता पहले की अपेक्षा अधिक प्रभावी प्रतीत होने लगी थी। एक बात और, उनके दृश्य चित्रों से वे पत्थर भी ग़ायब होने लगे थे, जो कभी-कभार घर में अनावश्यक और अकारण, उपस्थित अतिथि की तरह नज़र आते थे। परमजीत सिंह की कलाकृतियों में प्रकृति या उसके तत्त्व अनिवार्य तौर पर विद्यमान रहते हैं। हम अपनी खुली आँखों से किसी प्राकृतिक दृश्य या उसके किसी अंश मात्र को ही देखते हैं—लेकिन परमजीत सिंह की आँखें ही नहीं, उनकी तूलिकाएँ भी उसे उस रूप में नहीं देखतीं। इसलिए दर्शक उनके द्वारा अंकित कैनवस में अवतरित या रूपान्तरित किसी भी दृश्य को देखकर सचमुच हैरान रह जाता है कि उनके द्वारा उकेरा गया कोई दृश्य इतना विस्तृत, प्रभावी और जीवन्त कैसे हो सकता है! वह पाता है कि वृक्ष, झाड़ी, घास, ज़मीन, आकाश, उस पर उड़ते बादलों के रंग तक बदल गये हैं, कभी-कभी अविश्वसनीय सीमा तक, लेकिन वे अत्यन्त आत्मीय और प्राणवान लगते हैं। इसका प्रमुख कारण है—परमजीत द्वारा प्रयुक्त रंगों की सटीकता और साथ ही, प्रकाश और छाया का अभिनव और अनोखा ताल-मेल—ये सब मिल-मिलाकर उनके अन्तःबाह्य संयोजन को अपूर्व सौन्दर्य एवं मार्दव प्रदान करते हैं।

यह उद्यम निस्सन्देह, स्वयं या 'स्व' का विस्तार होता है और यह स्वतःस्फूर्त होता है। परमजीत सिंह द्वारा सृजित चित्रों—स्थिर चित्रण (स्टिल लाइफ़) हों, सैरा (लैंड स्केप) हों या सम्मिश्र माध्यम (मिक्स्ड मीडियम) इनमें सर्जक की आत्म प्रतिष्ठा की अद्‌भुत क्षमता देखी जा सकती है।

रंग—चाहे वह हरा, पीला, नीला, नारंगी हो या सुर्ख़ लाल—उनकी उपस्थिति से दीप्त और पारभासी प्रतीत होते हैं। इसलिए उनके कैनवस हमें एकबारगी प्रकृति के सम्मुख खड़ा कर देते हैं। अब यह उनके दर्शक या प्रेक्षक पर निर्भर है कि वह उनके दृश्य वितान या रंग विधान से संवाद करे या विवाद। अगर ऐसा कर पाना सम्भव न भी हो तो वह परमजीत की निर्मिति से प्रभावित हुए बिना नहीं रह सकता।

परमजीत का आरम्भिक कार्य स्थिरचित्रण 'स्टिल लाइफ़' से चलकर प्रकृति चित्रण तक पहुँचा। दोनों में उन्होंने मौलिक प्रयोग किये और इनमें वस्तु या विषय को पर्याप्त महत्त्व देते हुए भी, उन्होंने रंगों को निजी और प्रभावी पहचान दी। स्थिर वस्तु(एँ) अपने आकार, अनुपात और छाया-प्रकाश के संयोजन से और अन्ततः रंगों के विनियोजन से किसी पटल या कैनवस पर किस आशय या अनुरोध के साथ उपस्थित होती हैं, यह कलाकार की दक्षता और सृजनरत क्षणों के मनोभाव पर निर्भर करता है। परमजीत सिंह के अनुसार प्रयुक्त रंग और छाया एवं प्रकाश की बुनावट में उनकी आभा या दीप्ति वर्ण्य-वस्तु और संयोजन—दोनों को स्पन्दित करती है।

इस कार्य में उनके तूलिकाघात की भी महत्त्वपूर्ण भूमिका रही। प्रकृति के प्रशान्त और अशान्त स्वभाव, ऋतुओं में परिवर्तन और कलाकार द्वारा चयनित दृश्य विशेष—किसी कलाकार के मन पर क्या प्रभाव डाल रहा है, यह भी चित्र का अनिवार्य नेपथ्य होता है। प्रभाववादी लहर से जोड़कर इसकी व्याख्या की जा सकती है—जिसमें किसी भी निर्मिति या कला में उसके आवश्यक अवयव या कारक के साथ कर्ता यानी निर्माता या कलाकार का 'स्व' भी सकारात्मक ढंग से उपस्थित होता है। परिवेश (देश) और समय (काल) से जुड़ाव के कारण ये सारे उपादान उसकी चेतना के अंग बन जाते हैं। चूँकि चेतना गतिशील होती है, इसलिए स्वाभाविक ही है कि जब वह कृति में संयोजित होगी, तो उसे भी गति या प्रवाह प्रदान करेगी। परमजीत सिंह इसी गत्यात्मकता को आत्मसात् कर अभिव्यक्ति प्रदान करते रहे। इसमें पेड़, शाखा, तना, पत्ते ही नहीं, ज़मीन पर बिछी घास भी जीवन्त हो उठती है, रंग-स्पन्दित होकर मानो साँस लेने लगती है। परमजीत का मानना था कि घास मात्र कोई तिनका नहीं, बल्कि एक सजीव देह है; एक अहसास—एक प्रतीति। घास अनुभव की अभिव्यक्ति की प्रतिनिधि इकाई है। इसी के द्वारा उन्होंने अपनी रंगभरी तूलिकाओं की छुअन से बुना है। ऐसा परमजीत की कई शीर्षकहीन कृतियों में लक्ष्य किया जा सकता है। इसके अलावा 'मैदान में पेड़' (ट्रीज़ इन द फ़ील्ड) और 'तूफ़ान' (स्टार्म) शृंखला के कई चित्र उनके अलग-अलग देशों के विशिष्ट उदाहरण हैं, जिन्हें सर्जना की निरन्तरता में ही देखा जाना चाहिए।

परमजीत के हर-एक कैनवस के सामने खड़े होकर यह अनुभूति होती है कि विभिन्न रंगों के प्रयोग ने उसको एक नये अहसास से भर दिया है। वे अपने रंगों से आप में कोई मौसमी अहसास भर देते हैं क्योंकि रंगों के मामले में वे बेहद संयत और सतर्क रहे। उनका मानना था कि अगर इनका अतिरेकपूर्ण प्रयोग या बेजा इस्तेमाल किया गया तो ये पेंटिंग को नष्ट भी कर सकते हैं। दूसरे, आये दिन प्रयुक्त होनेवाले आर्किलिक रंगों की अपनी सीमाएँ होती हैं। इसलिए रंगों के क्रम निर्धारण के साथ उनकी कोशिश यह होती थी कि पहली ही बैठक में, पूरे कैनवस के वांछित हिस्से पर रंग, निस्सन्देह तैलरंग, लगा दिया जाये। पेंटिंग जब अपना बुनियादी आकार ग्रहण कर लेता तभी वे रंगों की एक परत लगाते। उसके सूख जाने के बाद, दोबारा, तिबारा या आगे भी तब तक रंग लगाना ज़ारी रखते थे, जब तक वह मनोनुकूल प्रभाव पैदा करने की स्थिति में न हो।

परमजीत के भू-दृश्य के लिए अलग से कोई बाह्य या कृत्रिम प्रकाश व्यवस्था नहीं की जाती थी, जैसा कि अधिकांश चित्रकार अपनी स्टूडियो में करते हैं। उनके रंग अपनी आन्तरिक रंग योजना से ही दीप्त होते हैं। वे रंगों के महीन ताने-बाने से ऐसे जादुई जाल बुनते रहे हैं कि उनकी पेंटिंग दर्शकों को अपने तिलिस्म में जकड़ लेती है। वह यह भी जानते हैं कि कभी-कभी एक ही युक्ति कलाकार को भी जकड़ लेती है।

युक्ति की निरन्तरता को पुनरावृत्ति से कैसे बचाया जाना चाहिए, यह कलाकार के विवेक, अन्तर्दृष्टि और प्रयुक्ति पर निर्भर है। इसके लिए उसे सदैव प्रयत्नशील होना पड़ता है। वरना ऐसे कई कलाकार हैं, जो अचानक बड़ी तेज़ी से उभरते हैं और सुर्ख़ियाँ बटोर लेते हैं। लेकिन जब कोई नामचीन कलाकार भी किसी नवाचारी तकनीक या प्रयुक्ति को बार-बार दोहराता है तो उसे हाशिए पर जाने में देर नहीं लगती। हमारी आधुनिक भारतीय चित्रकला जाने-अनजाने इसका शिकार हुई है। इस तथ्य को स्वीकारते हुए और किसी प्रकार की एकरसता या पुनरावृत्ति से बचते हुए परमजीत ने अपनी 'पत्थर शृंखला' (स्टोन सीरिज़) में सम्भवतः पहली बार पत्थरों को भी अपनी कला-यात्रा में शामिल किया था। शाश्वतता के प्रत्यक्ष प्रतीक ये अनगढ़ पत्थर प्रकृति

के अभिन्न संगी और साक्षी होते हैं; परमजीत के कैनवस पर उतरकर ये मौन पत्थर अचानक जीवन्त और मुखर हो जाते हैं। इस संस्थापन से उन्होंने अपने कई चित्रों (यथा, 'द स्टोन ऑफ़ वाल', 'स्टोन इन द डोर', 'फ़ीलिंग स्टोन्स' आदि) से चित्रकला को एक नया आयाम दिया और सन्देश भी कि चित्रकार की कल्पना में केवल आकाश में उड़ते क्षणभंगुर और रंग बदलते बादल ही नहीं, बल्कि अडिग, अटूट एवं अनगढ़ पत्थर भी सगर्व सम्मिलित हो सकते हैं। कैनवस पर चित्रित प्रकृति और इसका परिसर पत्थर की दमदार उपस्थिति के साथ कितना और कहाँ तक सन्तुलित हो सकता है, यह चित्रकार ही नहीं, दर्शक की दृष्टि पर भी निर्भर है। परमजीत के उन विशिष्ट चित्रों को दूर या निकट से देखते हुए, इसका सहज ही अनुभव किया जा सकता है।

परमजीत सिंह ने नैतिक स्तर पर नये कलाकारों को सहयोग देने, कृतियों को प्रदर्शित करने तथा आपस में विचार-विमर्श करने के लिए 'अननोन ग्रुप' (Unknown Group) का गठन भी किया था। यह किसी दूसरे ग्रुप या समूह के विरुद्ध या उसे कमतर आँकने के लिए नहीं, बल्कि अपने बूते कुछ बेहतर रचने का एक रचनात्मक उपक्रम था। हालाँकि कुछ वर्षों की सक्रियता के बाद यह ग्रुप भी न जाने कहाँ गुम हो गया।

परमजीत सिंह ने 'ख़ामोश आवाज़ें' शीर्षक से 2003 में तैलरंग से जो चित्र बनाया, उसकी पृष्ठभूमि में सुदूर तक हरे रंग की व्याप्ति है। एक दूसरे चित्र के बीचोबीच एक पुरुष बड़े शान्त भाव से बैठा है, जिसके एक पार्श्व में कमल के फूल उकेरे गये हैं तो दूसरे पार्श्व में लाल चोंच वाला एक सफ़ेद पक्षी, जो शरीर त्याग चुके आत्मा का प्रतीक है। परमजीत ने 2011 के आसपास इसी आशय का एक चित्र बनाया था, एक आड़े कैनवस के बीच सफ़ेद कुरता-पायजामा पहने घुटे सिरवाला वह व्यक्ति एक चित्र उकेर रहा है। स्पष्ट है कि यह चित्र मरहूम एम. एफ़. हुसेन के प्रति उनकी आन्तरिक भावांजलि है। उस व्यक्ति के हाथ में लम्बी तूलिका है और पृष्ठभूमि में हुसेन के घोड़े और साथ ही, उन्हीं की शैली में चित्रित स्त्री भी। चित्र की बायीं ओर ऊपर तोते की शक्ल वाला सफ़ेद पक्षी पर खोले उड़ रहा है। यह देखना रोचक जान पड़ता है कि कभी-कभी कलाकार अपने अभिप्रायों को प्रतीक के तौर पर प्रयुक्त करता हुआ सामयिक सन्दर्भ से भी जोड़ देता है। यह सन्दर्भ स्वयं परमजीत की सर्जना की निरन्तरता के साथ भी जुड़ गया है।

आत्म-प्रचार से कोसों दूर परमजीत सिंह ने अपनी युवावस्था से लेकर आजतक अपनी उपलब्धियों का डंका कभी नहीं पीटा। वह चुपचाप अपना कार्य करते रहे। लेकिन दूसरी ओर कला प्रतिष्ठानों और देश-विदेश की कला प्रदर्शनियों ने उन्हें पर्याप्त सम्मान दिया। भारत का प्रतिनिधित्व करने के लिए उन्हें कई बार पुरस्कृत एवं सम्मानित किया गया।

वर्ष 1970 में ही ललित कला अकादेमी ने परमजीत सिंह को पुरस्कृत किया था। भारत की विभिन्न कला दीर्घाओं यथा, वडेरा आर्ट गैलरी, कुनिका कैमोल्ड गैलरी, धूमीमल आर्ट गैलरी (सभी दिल्ली में), साक्षी गैलरी (बेंगलुरु), सीमा (कोलकाता) तथा व्यक्तिगत संग्रहों में उनके चित्र प्रदर्शित एवं संगृहीत हैं। 1970 में टोकियो में प्रथम यंग आर्टिस्ट एक्ज़ीबीशन तथा उसी वर्ष आर्ट एक्सपो '40 के भारतीय कला मण्डप, ओसाका में भाग लेने के बाद परमजीत सिंह ने पिछले पचास वर्षों में कभी मुड़कर पीछे नहीं देखा। वे आज भी दिल्ली में रहकर निरन्तर नयी निर्मितियों में व्यस्त हैं।

जी. आर. सन्तोष

(1929–1997)

जी. आर. सन्तोष (पूरा नाम ग़ुलाम रसूल दर) का जन्म 19 जून, 1929 को हब्बाकदल, श्रीनगर, कश्मीर में हुआ। पिता पुलिस सेवा में थे लेकिन सन्तोष की रुचि चित्रकला में थी और बचपन से ही प्रसिद्ध चित्रकारों के चित्रों की नक़ल उतारकर उन्होंने अपनी कलात्मक रुचि जता दी थी। आर्थिक अभाव से जूझने के बावजूद, उन्होंने अपनी यह तैयारी ज़ारी रखी और मास्टर दीनानाथ रैना से जलरंग विधा में भू-दृश्यांकन की तालीम हासिल की। कश्मीर की ख़ूबसूरत वादियाँ चित्रकारों को वैसे ही ललचाती रही हैं—फिर सन्तोष तो वहीं पले-बढ़े थे। युवा सन्तोष ने 1950 में अपने कलाकार दोस्तों के साथ पीपुल्स आर्टिस्ट्स एसोसिएशन का गठन किया था। 1954 में भारत सरकार की छात्रवृत्ति पाकर सन्तोष कला विभाग, सयाजी राव विश्वविद्यालय, बड़ौदा चले गये, जहाँ उन्हें आर. एस. बेन्द्रे-जैसे विशिष्ट कलाकार का मार्ग निर्देश प्राप्त हुआ। यहाँ उन्हें चित्रकला के विभिन्न क्षेत्रों, विशेषकर आकारगत और प्रतिकृति (शबीह) चित्रण का प्रशिक्षण प्राप्त हुआ। यहाँ उनका पूर्व-कलाभ्यास बहुत कारगर साबित हुआ। चूँकि बम्बई के साथ बड़ौदा भी उन दिनों आधुनिक और प्रगतिशील कलाकारों की कर्मभूमि बना हुआ था, इसलिए रज़ा, सूज़ा, हुसेन आदि चित्रकार युवा कलाकारों के बीच काफ़ी समादृत थे। खुद सन्तोष पश्चिमी कलाकार सेज़ां और घनवादी चित्रकारों से बहुत प्रभावित थे। 1956 में कश्मीर लौटने के बाद, वे घनवादी चित्रकारों की तरह अपने आकृतिमूलक चित्रों में प्रयोग करते रहे।

कई वर्षों तक आकृतिमूलक चित्रों के प्रणयन के बाद, 1964 में सन्तोष की निर्मितियों में आत्मगत तत्त्वों का प्रवेश लक्ष्य किया जा सकता है। इसके फलस्वरूप उनके चित्रों के आकार क्रमशः मूर्त से अमूर्त होने लगे। इसका एक कारण इसी वर्ष की गयी उनकी अमरनाथ यात्रा थी, जिसने उन्हें तन्त्र आम्नाय और तन्त्र कला की ओर प्रेरित किया, विशेष तौर पर कश्मीर के शैव मतवाद ने उनके चित्रांकन को प्रभावित किया।

शैवतन्त्र के साथ, सन्तोष शाक्ततन्त्र की ओर भी उन्मुख हुए। इस तन्त्र की आराध्या काली की ब्रह्माण्डीय सत्ता कला और काल दोनों में है। वह अपनी सृष्टि या रचना की स्वयं संरक्षिका है। कैनवस पर एक्रिलिक से अंकित 'काली' में उन्होंने शाक्त प्रतीकों के साथ काले, लाल, नीले, हरे और पीले रंगों का अनोखा और सम्मिश्रित प्रयोग किया है। इसमें नीली पृष्ठभूमि में काली के मस्तक पर प्रज्वलित त्रिनेत्र का विशिष्ट संयोजन एवं सबसे ऊपर खण्डित अर्द्धवृत्त अत्यन्त प्रभावी ढंग से चित्रित है।

सन्तोष का मानना था, "मैं समझता हूँ कि इसका अंकन उन्हीं मूल्यों की स्थापना से है। इससे समकालीन सन्देह की स्थिति से बचा जा सकता है। जिस घड़ी हम इस कठोर तथ्य का अनुभव करेंगे, उसी समय हम इतिहास में विलुप्त कड़ियों को पुनः प्राप्त कर लेंगे।"[1]

सन्तोष द्वारा प्रणीत 'क्रिस्टल यन्त्र' चित्र उनके तान्त्रिक भावबोध को बड़े प्रभावी ढंग से अभिव्यक्त करता है। यह प्राचीन एवं परम्परागत श्रीयन्त्र का परिष्कृत रूपान्तर है, जो अपने रंग एवं रेखा संयोजन तथा रूपायन में विलक्षण है। काले आयताकार फ्रेम में, बैंगनी पृष्ठभूमि में एक वृत्त के चतुर्दिक् सफ़ेद रेखाओं के जाल से त्रिभुजों को नीले रंग से इस तरह उकेरा गया है कि 'क्रिस्टल' का आभामण्डित उभार सचमुच किसी हीरे का प्रतिरूप जान पड़ता है। साथ ही, प्रकृति और वनस्पति को बीज पत्रों द्वारा इस तरह संकेतित किया गया है कि सृष्टि अहर्निश अपना विस्तार करती रहती है।

सन्तोष के इन चित्रों में ज्यामितिक रूपाकारों को आकर्षक रंगों से संयोजित किया गया है। यहाँ आयत, त्रिभुज, बिन्दु और वृत्त के साथ 'षड्भुज' का प्रयोग लक्ष्य किया जा सकता है, जो 'दिव्य सत्व' और अनन्त के विस्तार का प्रतीक है। इन्हें वे बड़े सन्तुलित ढंग से अलंकृत भी करते रहे ताकि चित्रों में दिव्यता अन्तर्निहित रहे। ऐसी तैयारी हम नेपाली और तिब्बती 'थंका' चित्रों में देख सकते हैं—जिन्हें विविधतापूर्ण रंगों (यहाँ तक कि सुनहले रंग) से भी अलंकृत किया जाता रहा है। इस तान्त्रिक साधना पद्धति, विशेषकर कश्मीर शैव दर्शन के अन्तर्गत मान्य अर्द्धत्र्यम्बक सम्प्रदाय से न केवल सार ग्रहण कर, बल्कि आत्मसात कर सन्तोष ने चित्रों में रूपायित करते हुए, इस नयी कला-प्रविधि को उसके शिखर तक पहुँचा दिया।

सन्तोष के तन्त्र सम्बन्धी चित्रों को समझने और सराहनेवाले दर्शक सम्भवतः कम ही होंगे क्योंकि यहाँ केवल चित्रांकन ही नहीं है, बल्कि प्रबुद्ध भावांकन भी है। रचनात्मक साहित्य और सांस्कृतिक दृष्टि से सम्पन्न इस कलाकार ने बतौर एक साधक के अपने कैनवसों को मन्त्रों एवं यन्त्रों के उपयुक्त बनाया और उन्हें दृश्यता प्रदान की। उनके द्वारा बनाये गये अनगिनत चित्रों में अनेक चित्र शीर्षकहीन भी हैं लेकिन वे सब अपने लक्ष्य को समर्पित हैं।

देश-विदेश के कई संग्रहालयों में संगृहीत और व्यक्तिगत संग्रहों में सुरक्षित चित्रों के इस विशिष्ट निर्माता को ललित कला अकादेमी द्वारा कई पुरस्कार (1957, 1964 और 1973) और राष्ट्रीय पुरस्कार (1958) प्राप्त हुआ। कई साहित्यिक कृतियों के सर्जक और पद्मश्री प्राप्त सन्तोष को *बेसुख रूह* (कश्मीरी कविता संग्रह) के लिए साहित्य अकादेमी पुरस्कार (1979) मिला था। उनके व्यक्तित्व में एक चित्रकार और साहित्यकार का अनोखा संगम था।

उनका निधन 1997 में हुआ।

सन्दर्भ

1. द्रष्टव्य : मार्ग, भाग 38, अंक 3

बीरेन दे
(1926–2011)

बीरेन दे का जन्म 8 अक्तूबर, 1926 को फ़रीदपुर (बंगाल) में हुआ था। एक खाते-पीते और अभिजात परिवार में पले-बढ़े बीरेन ने आरम्भिक शिक्षा प्राप्त करने के बाद, गवर्नमेंट आर्ट एंड क्राफ़्ट कॉलेज, कलकत्ता से 1948 में चित्रकला में उपाधि प्राप्त की।

यायावरी के साथ लम्बे समय तक एक पेशेवर शबीह पेंटर के तौर पर पहचान बनाने के बाद, उन्होंने 1952 से 1964 तक दिल्ली कला महाविद्यालय में अध्यापन किया। 1959 में अमेरिकी सरकार की फ़ैलोशिप पाकर एक वर्ष के लिए न्यूयॉर्क जाकर उन्होंने कला सम्बन्धी जानकारियाँ प्राप्त कीं। यह सब उनके चित्रकार व्यक्तित्व को समृद्ध करने में सहायक हुआ।

बीरेन दे के चित्रों का संसार एक अर्थ में परम्परागत होता हुआ भी, उससे धीरे-धीरे अलग होता चला गया। एक आत्मसजग कलाकार के भावबोध से समृद्ध उनकी यह कला यात्रा उनके दर्शकों को भी आत्म-सन्धान के लिए प्रेरित करती रही। उनका मानना था कि वस्तु, व्यक्ति या प्रकृति को अलग-अलग कर देखना या रखना—उनकी समग्रता या तारतम्यता को खण्डित करना है। एक कलाकार का प्रयास यह होना चाहिए कि वह इनकी परस्परता को प्रतीकित करे। उसके पास जब रेखा है, रंग है, आकाश (स्पेस) है, तब एक साधक की तरह उसे इसकी पृथकता को समाप्त करना चाहिए, जो केवल आध्यात्मिक बोध से ही सम्भव है। इसी लक्ष्य को सामने रखकर उन्होंने उन्हीं रचनात्मक अभिप्रायों और प्रतीकों का चयन एवं रूपायन किया, जो भारतीय वाङ्मय और लोकमानस में विद्यमान थे। उन्होंने इनका पुनराविष्कार किया ताकि अपरिचित और अप्रयुक्त प्रतीकों को पहले प्रभावी ढंग से चित्रित कर चाक्षुष बनाया जाये और फिर अनिवार्य तौर पर उसे अपने अनुभव का अंग बनाया जाये। दूसरे शब्दों में, दृश्यगत से आत्मगत।

इस उपक्रम में बीरेन दे ने उन्हीं सीमित साधनों, उपादानों और प्रविधियों को अपनाया, जो उन्हें अनुभवातीत प्रतीति और दीप्ति प्रदान करने में सक्षम थे। किसी प्रकाश-पुंज से विकरण पद्धति द्वारा जो ऊर्जावान किरणें चतुर्दिक् फूटती और फैलती हैं—उन्हें अपने रूपाकारों में बाँधने का अनोखा कौशल बीरेन दे ने अर्जित किया था। अपने अनुभव को प्रतीकित करने के लिए उन्होंने सृष्टि की अन्यतम रचना कमल पुष्प का सर्वाधिक उपयोग किया। सृष्टि के बीज से लेकर कमल के शतदल और

सहस्रदल के रूप सौन्दर्य एवं गौरव की चर्चा वैदिक, औपनिषदिक और तान्त्रिक मतवाद में प्रतिष्ठित रही है। कहना न होगा कि इसके लिए उन्होंने तन्त्र ग्रन्थों का सम्यक् अध्ययन किया।

जैसा कि स्वाभाविक था और पश्चिमी कला शिक्षा का प्रभाव था, बीरेन ने प्रारम्भ में आकारमूलक चित्रों का ही प्रणयन किया। इन चित्रों में न केवल यथार्थ का बल्कि स्थानीयता का आग्रह भी कहीं अधिक था। 'वैष्णव स्त्रियाँ', 'जैन भिक्षु', 'सन्थाल युवक', 'स्त्री और फूल', 'युवा कवि' आदि चित्र इसी श्रेणी में आते हैं। 'स्त्री-पुरुष' सम्बन्धी चित्रों में दोनों की आंगिक बनावट या संरचनागत वैशिष्ट्य एक अलग अध्ययन का विषय हो सकता है—जो उनके शबीहों में अधिक स्पष्ट हुआ। 'इन्दिरा गाँधी' और 'रिचर्ड बार्थोलोम्यू' इस दृष्टि से विशेष उल्लेख्य हैं। एक ख़ास तरह की भाव-भंगिमा के साथ उनके द्वारा चित्रित पात्र अपनी मुखर उपस्थिति जता देते हैं।

बीरेन दे के चित्रों में 'प्रकृति' और 'पुरुष', और इन दोनों के स्वाभाविक (लैंगिक) मिलन से उत्पन्न सृष्टि के रूप वितान और रंग विस्तार में देखा जा सकता है। जिस परमाशक्ति और ऊर्जा से बिन्दु, वृत्त, वलय, परावलय आदि मूलभूत आकार उत्पन्न होते हैं—उन्होंने अपने रंग संयोजन द्वारा उनमें आध्यात्मिक दीप्ति पैदा की है। प्रकाश का संपुंजन एवं उसके क्रमशः फैलते रंग वैभव की अनन्यता और अनन्तता ही उनके चित्रों की पहचान बन गयी। 'वह क्षण', 'उत्पत्ति' और 'प्रकाश' शीर्षक उनके कई चित्र विभिन्न कलावीथियों में संगृहीत हैं। दर्शकों की सराहना और कला समीक्षकों की प्रशंसा अथवा उदासीनता से सर्वथा तटस्थ अपने विषय के प्रति निष्ठावान बीरेन दे आजीवन सक्रिय रहे।

पद्मश्री से अलंकृत बीरेन दे को कई राष्ट्रीय एवं अन्तर्राष्ट्रीय सम्मान प्राप्त हुए और वे 2005 में ललित कला अकादेमी की रत्न सदस्यता से भी विभूषित हुए।

उनका निधन 12 फ़रवरी, 2011 को हो गया।

अकबर पदमसी

(1928–2020)

अकबर पदमसी भारतीय कला के अन्यतम और यशस्वी हस्ताक्षर रहे। पदमसी का जन्म 12 अप्रैल, 1928 को बम्बई में एक अभिजात पारसी परिवार में हुआ। यहीं अपनी स्कूली पढ़ाई पूरी करके, वह जे.जे. स्कूल ऑफ़ आर्ट में दाख़िल हुए और चित्रकला में उपाधि प्राप्त की। उन्होंने बम्बई में कलाकारों और युवा फ़िल्मकारों के लिए विज़न एक्सचेंज वर्कशॉप की स्थापना की, जिसके अन्तर्गत कुछेक लघु चित्र भी बनाये गये थे। अपने चित्रों में उन्होंने ज्यामितिक रेखाओं के साथ नये रूपरेख (पैटर्न) भी गढ़े। 1951 में वे विश्व के कला के केन्द्र, पेरिस चले गये और लगभग पन्द्रह वर्षों तक वहीं कई विषयों पर विभिन्न माध्यमों में चित्र बनाये। उन्होंने युरोपीय चित्रकला के वैभव के साथ एक युवा और आधुनिक बोध से सम्पन्न भारतीय मन को अपने चित्रों में उकेरा। इस बीच रॉकफ़ेलर फ़ैलोशिप पाकर वे अमेरिका में भी कला-चर्या में डूबे रहे। एक प्रयोगधर्मी कलाकार होने के नाते उन्होंने रंग, रेखा और देहाकृति सम्बन्धी प्रतिमा वैज्ञानिक प्रयुक्तियाँ अपनायीं। 'कपल' और 'लवर्स'-जैसे चित्रों में भी शिव-पार्वती की वह पौराणिकता देखी जा सकती है। बावजूद इन सबके, अकबर पदमसी ने अपनी निजता नहीं छोड़ी और बहिरागत आधुनिकता को अपनी रचना पर कभी हावी नहीं होने दिया। उनकी कृतियों में तकनीकी ख़ूबियों के साथ बारीक़ियाँ मौजूद हैं, लेकिन आलंकारिता नहीं।

अपनी युवावस्था में, स्वभावतः स्त्री-देहांकन में प्रवृत्त अकबर पदमसी ने 1954 में जहाँगीर आर्ट गैलरी में स्त्रियों के कुछ नग्न चित्र प्रदर्शित किये थे। यह उपक्रम आयोजकों को रास नहीं आया और सहमति-असहमतिपूर्ण द्वन्द्व एवं कलाकार की स्वतन्त्रता को लेकर हुई तनातनी के बाद, उन्हें अपने चित्र हटाने पड़े थे। व्यक्ति और समाज के बीच इस टकराव से उस समय पदमसी के साथ अन्य चित्रकार मित्रों—विशेषकर सूज़ा को भी, जूझना पड़ा था। यह पदमसी-जैसे चित्रकारों की जुझारू प्रतिबद्धता और स्वायत्तता का ही परिणाम है कि आधुनिक भारतीय कला अनावश्यक दबावों और परम्परागत सामाजिक ग्रन्थियों से मुक्त हुई। यही नहीं, इसी प्रगतिकामी कलाकार पीढ़ी ने आगामी वर्षों में भारतीय कला को विश्व पटल पर प्रतिष्ठित भी किया।

अकबर पदमसी के चित्र, विशेषकर उनके भारत लौट आने के बाद, गहरे मानवीय सरोकार से जुड़ गये। यह बाद में ईसा मसीह और महात्मा गाँधी पर बनायी गयी उनकी चित्र-शृंखला में लक्ष्य किया जा सकता है। पदमसी का कहना है कि स्कूली जीवन से ही ईसा का उन पर गहरा प्रभाव था क्योंकि उन्होंने मानवीय पीड़ा और यन्त्रणा को ईश्वर प्रेरित करुणा से सींचा और इसके लिए मत्यु को भी गले

लगा लिया। ईसा को सूली पर चढ़ाया जाना इतिहास की क्रूरतम त्रासदी थी। इसी तरह महात्मा गाँधी ने भी सत्य को सर्वोपरि (बल्कि ईश्वर) मानकर मनुष्य मात्र की सेवा को ही अपने जीवन का संकल्प बताया और देश की आज़ादी के साथ, 'राम रहीम' और 'कृष्ण करीम' की एकता के लिए अपने प्राण तक न्योछावर कर दिये। 'मृत्यु मुखौटे' (मास्क ऑफ़ डेथ) के अन्तर्गत निर्मित ऐसे कई चित्र जीवन के अनिवार्य और एकमात्र सत्य 'मृत्यु' की रंगप्रवण व्याख्या हैं, जिसमें उनका दार्शनिक पक्ष भी उजागर हुआ। एक आत्मसजग और मानव-मूल्यों को समर्पित चितेरे होने के नाते पदमसी ने महाप्राण ईसा और महात्मा गाँधी की सादगी को ध्यान में रखकर ही, कैनवस पर चारकोल से कई चित्र उकेरे।

कला के क्षेत्र में अपनी नवोन्मेषी और आधुनिक पद्धतियों, यहाँ तक कि ग्राफ़िक्स में भी प्रयोग करते हुए उन्होंने माध्यम की शुचिता बनाये रखी। साथ ही, अपनी कला प्रकृति और प्रवृत्ति को उन्होंने अनावश्यक मिश्रण के दूषण से बचाये रखा। उन दिनों बलिदानी महाप्राणों को उकेरते हुए, अकबर पदमसी ने अपनी सृजन कर्म को सार्थकता प्रदान की। 1969 में पदमसी को नेहरू फ़ैलोशिप मिली थी। इस राशि का उपयोग उन्होंने विज़न वर्कशॉप की स्थापना कर युवा कलाकारों की सहायता की थी।

प्रयोगशीलता और रचनात्मक कल्पनाशीलता से समृद्ध अकबर पदमसी की सर्वाधिक चर्चित चित्र-शृंखला 'मेटास्केप्स' के अन्तर्गत अनायास कई कृतियाँ और कला प्रविधियाँ शामिल हो गयी हैं। इसी क्रम में उन्होंने संस्कृत के अध्ययन के साथ पेंटिंग में प्रक्रिया सम्बन्धी कुछ नये उद्यम भी किये। 1970 से 1983 के दौरान रचित 'मेटास्केप्स' शृंखला में संस्कृत श्लोकों के साथ उन्होंने सूर्य, चन्द्र और नक्षत्रादि की गतिविधियों को भी समायोजित किया। सूर्य और चन्द्र उनके लिए कालचक्र के दो गतिमान पहिए बने रहे। पदमसी ने अपने इन चित्रों में फ़ैंटेसी का खुलकर प्रयोग किया था, जिनमें व्यक्तिगत स्मृतियों को भी सँजोया गया। रंगों और रचावों में अकबर समय-समय पर प्राविधिक प्रयोग तो करते रहते रहे थे लेकिन उनके विषयों पर सदैव उनकी निजता की छाप बनी रही। क्योंकि वे आसपास के यथार्थ को अपनी संवेदना से संचालित करते रहे। 'मेटास्केप्स' में उन्होंने पंचतत्त्वों (जल, पृथ्वी, वायु, अग्नि और आकाश) से सम्बन्धित रूपकों, मिथकों और बिम्बों का अनोखा संसार सिरजा। इन सभी निर्मितियों में विषयवस्तु की अनन्यता हो या रंग-विन्यास—कलाकार की सौन्दर्य भावना के साथ उनकी निजता भी दबे पाँव महसूस की जा सकती है। रचनात्मक विकलता के बावजूद, बिना किसी अतिरेक और आडम्बर रचे वे कैनवस पर पूरी गम्भीरता से अपनी विषयवस्तु को रूपाकार प्रदान करते रहे। किसी भी तरह की जल्दबाज़ी से बचते हुए, कैनवस पर अनायास उनके मूर्त या अमूर्त आकार पूर्णता प्राप्त करते रहे। यह ठानकर कि निर्धारित समय में ही किसी कृति को पूरा करना है, उन्होंने कभी जल्दबाज़ी नहीं की। इसलिए उनकी कई कृतियों ने आरम्भ से अन्त तक पूरा होने में काफ़ी समय लिया। ऐसा भी हुआ कि पूरा हो जाने पर उसने कोई दूसरा ही रूप-रंग और तेवर ग्रहण कर लिया। पदमसी इसका श्रेय किसी विशिष्ट भावापन्न क्षण को देते रहे क्योंकि वे इसमें कोई हस्तक्षेप करना नहीं चाहते थे।

अकबर पदमसी की कृतियों की एक विरल विशेषता रही—तैलरंग हो, जलरंग हो या एक्रिलिक—उनका तूलिकाघात न केवल विषयवस्तु बल्कि पृष्ठभूमि में भी कोई अस्पष्ट जाल-सा बुनता है। उनकी रंग रेखाएँ सदैव सौम्य और सन्तुलित बनी रही हैं, विशेषकर मुखाकृतियाँ आँकते हुए।

स्वभाव से गम्भीर और दार्शनिक वृत्ति वाले पदमसी की स्त्री-पुरुष केन्द्रित मुखाकृतियाँ करुणा और संवेदना के साथ निश्शब्द एवं गहन संवाद करती लक्ष्य की जा सकती हैं। इनमें प्रयुक्त रंगों को भी विषयवस्तु के साथ आत्मीय संवाद करते हुए सुना जा सकता है।

अकबर के चित्रित पात्र अपनी चुप्पियाँ ओढ़े रहनेवाले—एक तरह से थके-चुके और बुझे प्रतीत होते हैं। वे शायद अपनी दुनिया में डूबे रहते हैं। इसलिए दर्शकों के लिए आवश्यक हो जाता है कि वे न केवल उन्हें देखें बल्कि यह सुनें कि वे क्या कहना चाहते हैं? इस प्रकार वे अपनी निर्मितियों को केवल अपने तक नहीं बल्कि दर्शकों तक पहुँचाना चाहते थे। इसके साथ ही, वे सड़क पर नारे लगाती भीड़, शहरी लोगों के आक्रोश और अन्धाधुन्ध दौड़-भाग करते लोगों से सर्वथा अलग भी थीं। अकबर द्वारा कैनवस पर उकेरे गये पात्र अपनी पीड़ा और प्रसन्नता के बावजूद, जीवन और मृत्यु-जैसे दार्शनिक प्रश्नों से जूझते दिखाई देते हैं, जो आधुनिक भारतीय चित्रकला में अत्यन्त विरल है। लेकिन दूसरी ओर, उनके अमूर्त रूपाकार, विशेषकर नग्न नारी आकृतियों में एक ख़ास तरह की ऐन्द्रिकता देखी जा सकती है।

उनके द्वारा चित्रित भू-दृश्यों का दायरा भी विस्तृत रहा है। ऐसा ही एक चित्र किसी दुर्गम घाटी से जुड़ा हुआ है, जिसमें गहरे लाल, सिन्दूरी, नारंगी, पीले आदि रंग पूरी चमक-दमक के साथ व्यवहृत हैं। इस तरह के प्राकृतिक दृश्यों से वे लोक जीवन में प्रचलित रंगों के माध्यम से जीवन की ऊष्मा और उत्साह को व्यंजित करते रहते रहे। स्पष्ट है, एक साथ वे कई मनःस्थितियों का सामना करते थे और सबको अपना श्रेष्ठ देते हुए रूपायित करते रहे।

हिन्दी के सुपरिचित कवि गजानन माधव 'मुक्तिबोध' की रचनाओं, विशेषकर *चाँद का मुँह टेढ़ा है*, की कविताओं पर आधृत उनकी चित्र-शृंखला को दर्शकों ने बहुत सराहा था। इस योजना के दौरान भारत भवन, भोपाल में उनके प्रवास ने उनके कलानुभव को अत्यन्त समृद्ध किया। 'मुक्तिबोध' की रचनाओं के साथ उनके रचनात्मक नैकट्य और बिम्बधर्मी संवाद ने उनकी चित्र विधा को निश्चित तौर पर अनुप्राणित किया। इसी क्रम में 'मृत्यु मुखौटे' (डेथ मास्क) शृंखला के अन्तर्गत उनके चित्रों में एक अलग ही अकबर पदमसी नज़र आते हैं। भावुक और संवेदनशील कलाकार होने के साथ एक चिन्तक और दार्शनिक भी।

बाद के वर्षों में, विशेषकर 1992-94 के दौरान, अकबर पदमसी ने अपनी आकार मूलक चित्र-प्रवृत्ति को बरक़रार रखते हुए, कई रेखाओं को दानेदार या खुरदुरा बनाकर प्रस्तुत किया। साथ ही रेखाओं के तीव्र, त्वरित और तिर्यक् प्रयोग से उन्होंने कई आत्मचित्र और व्यक्तिचित्र बनाये।

रंगों के प्रति अत्यन्त सजग रहनेवाले और उनका सटीक उपयोग करनेवाले पदमसी ने कहीं भी उनका अतिरेकपूर्ण प्रयोग नहीं किया। उन्होंने इस बात का विशेष ख़याल रखा कि अपनी विषयवस्तु के साथ वे किस प्रविधि और किन रंगों का प्रयोग करेंगे। उन्होंने जलरंगों का प्रयोग भी अत्यन्त कुशलता के साथ किया। परम्परागत विधियों के साथ आधुनिक प्रविधियों के प्रति भी उनकी रचनात्मक जुगलबन्दी देखी जा सकती है। उन्होंने अपनी विषयवस्तु को कम्प्यूटर ग्राफ़िक की सहायता से उसे नयी रूपाकृति प्रदान की। उनकी ये छायाभासी कृतियाँ इतनी मृदु और कोमल प्रतीत होती हैं,

मानो पटल पर हल्की-सी भी धूप या रोशनी पड़ी तो देखते-देखते ओझल हो जायेंगी। इस प्रकार के अनूठे प्रयोगों से अकबर पदमसी की रचना यात्रा अत्यन्त समृद्ध रही। संवेदना और संरचना का अनोखा तालमेल ही उनकी कलात्मक अनन्यता की पहचान है।

अकबर की परवर्ती कृतियों में बेहद हल्के-फीके और जलीय रंगों का रचनात्मक उपयोग किया गया है। ये मुखाकृतियाँ आँकी नहीं गयीं बल्कि पटल पर अनायास उभरी नज़र आती हैं। इन्हें दोबारा तूलिका या रंगों द्वारा स्पष्ट और चटख करने की कोशिश भी नहीं की गयी है। इसलिए ये जस के तस, एकदम सहज ढंग से सहेज कर दर्शकों के लिए रखी गयी हैं। एक बात और कि अकबर ने अपनी पूर्व प्रवृत्ति—स्त्री-पुरुष की ऐन्द्रिकता को—सजग और सतेज बनाये रखा और यौनप्रवण (इरोटिका) भी, जो एक कलाकार को प्राणवान (वायटल) बनाये रखती है।

1984 से आरम्भ कर कुछ समय के लिए पेंटिंग से हटकर, अकबर ने प्लास्टर (माध्यम) में छोटे-बड़े कोई दो सौ सिर गढ़े और इनमें से कुछ काँसे (ब्रोंज) में भी ढाले गये। इसी के साथ चीनी पद्धति से काग़ज़ पर मोटी-पतली तूलिकाओं को तरल रंगों में डुबोकर उन्होंने कई चित्र उकेरे थे। इन रंगों के सूख जाने पर एक अनूठा प्रभाव उत्पन्न हो जाता था। ऐसे प्रयोगों से स्पष्ट है कि अकबर समय-समय पर अपनी विषयवस्तु, माध्यम और साधन (कैनवस, काग़ज़, चित्र पटल) में इच्छित बदलाव करते रहे।

अकबर पदमसी के व्यक्तित्व में एक साथ कई सम-विषम कला प्रवृत्तियों का समाहार देखा जा सकता है। वे कभी पश्चिमी रूपाकारों के समानान्तर रूप-रेख गढ़ते रहे तो कभी दृश्यांकन में डूबे रहे; कभी चटख तो कभी फीके, हलके और उदास तैलरंगों और कभी पेस्टल, चारकोल और कभी ठेठ काली एवं रंगीन स्याहियों का इस्तेमाल करते रहे ताकि वैविध्यपूर्ण कलाकृतियों में वांछित प्रभाव किया जा सके।

1994 में अपने 'दर्पण-बिम्ब' (मिरर इमेजेज़) के अन्तर्गत उकेरी गयी चित्र-शृंखला के लिए भी वे काफ़ी चर्चित रहे। इन चित्रों में दार्शनिक तत्त्वों—विशेषकर द्वन्द्वात्मक चिन्तन पद्धति के प्रति उनकी अभिरुचि को अभिव्यक्ति मिली थी। इस बारे में उनका कहना था—"मैं जब दर्पण बिम्ब आँकता हूँ तो वस्तु और बिम्ब के दो होने पर भी अपने संयोजन (फ़्यूजन) के कारण चाक्षुष अनुभव में, आरम्भिक बिन्दु की तरह वे एक हो जाते हैं।"

अकबर पदमसी ने पिछले साठ वर्षों में कई कला आन्दोलनों का उतार-चढ़ाव देखा और कई कला पद्धतियों को अपनाया। लेकिन प्रयोगधर्मिता को वे कलाकार की ऊर्जा से जोड़कर देखने के आग्रही रहे न कि समसामयिक परिवर्तन एवं प्रतिक्रियाओं से, क्योंकि उनकी आन्तरिक कला चेतना उनके एकान्त प्रिय स्वभाव को सदैव कुछ नया करने को प्रेरित करती रही। उनकी कृतियाँ देश-विदेश के कई संग्रहालयों में संगृहीत हैं। पद्मभूषण से अलंकृत पदमसी जवाहरलाल नेहरू फ़ैलोशिप, ललित कला अकादेमी पुरस्कार एवं रत्न सम्मान, मध्य प्रदेश का कालिदास सम्मान एवं अनेक पुरस्कारों से सुशोभित होने के साथ ही, सम्पूर्ण कला जगत में अत्यन्त समादृत हस्ताक्षर रहे।

इस सक्रिय और समर्पित कला-साधक का निधन वृद्धावस्था से जुड़ी समस्याओं के कारण 6 जनवरी, 2020 को हो गया।

ए. रामचन्द्रन
(1935)

भारतीय चित्रकला के अग्रणी और यशस्वी कलाकार अचुतन रामचन्द्रन नायर का जन्म 29 अगस्त, 1935 को अट्टिंगल (केरल) में हुआ था। घर में संगीत और कला का परिवेश था। रामचन्द्रन के पिता पी. अचुतन छोटे-मोटे ज़मींदार थे और ब्रिटिश सेना में बतौर एक सिविलियन काम कर चुके थे। उनकी मौसी चित्र बनाया करती थीं और नाना उन्हें फूल-फल और पेड़ों के बारे में बताया करते थे। किशोर वय में संगीत की शिक्षा प्राप्त कर चुके रामचन्द्रन बतौर गायक त्रिवेन्द्रम् के आल इंडिया रेडियो में गायन से भी सम्बद्ध रहे। अट्टिंगल के लीलावास पेंटिंग स्कूल से मिली थोड़ी-बहुत जानकारी जुटाने के अलावा स्थानीय कृष्णास्वामी मन्दिर के भित्तिचित्रों का अमिट प्रभाव उनके कला मानस पर बना रहा। इसी दौरान आर्थिक कठिनाइयों की वजह से रामचन्द्रन का परिवार त्रिवेन्द्रम् आ गया, जो उनके लिए सार्थक सिद्ध हुआ। यहाँ उन्होंने मलयाळम साहित्य में एम. ए. की उपाधि प्राप्त की और इसके साथ ही, उनका कुछ मलयाली साहित्यकारों से भी सीधा परिचय हुआ। विशेषकर वैखम मोहम्मद बशीर के लेखन और व्यक्तित्व से वह अत्यन्त प्रभावित हुए। वामपन्थी रुझान और सामाजिक सरोकारों से जुड़े एक दूसरे लेखक केशव देव से भी वह बहुत प्रभावित थे, जिस कारण समाज के वंचित लोगों के प्रति उनका लगाव बना रहा। त्रिवेन्द्रम् स्थित श्री चित्रालयम् नामक गैलरी में संगृहीत चित्रों—विशेषकर माधव मेनन के चित्रों ने उन्हें एक बार फिर चित्र बनाने की ओर प्रेरित किया। गैलरी में रवि वर्मा, अवनीन्द्रनाथ, गगनेन्द्रनाथ और नन्दलाल बसु द्वारा अंकित चित्र से भी उनमें कला-प्रेरणा जाग्रत हुई और इसी पूँजी के सहारे वह शान्तिनिकेतन जा पहुँचे। वहाँ उन्हें गुरु-रूप में एक साथ नन्दलाल बसु, रामकिंकर और विनोद बिहारी मुखर्जी प्राप्त हुए और उनकी कला यात्रा का एक महत्त्वपूर्ण पर्व आरम्भ हुआ। उन्होंने कला भवन में कला शिक्षा के साथ शोध कार्य भी आरम्भ किया।

शान्तिनिकेतन का कला भवन तब बंगाल कलाशैली का केन्द्र था और जलरंग तथा टेम्परा प्रविधि ही यहाँ की पहचान थी। कैनवस पर तैलचित्र से चित्र बनानेवाले आधुनिक चित्रकार (यथा, अमृता शेरगिल और प्रोग्रेसिव आर्टिस्ट ग्रुप के चित्रकार) बंगाल शैली के विरोधी थे और रामचन्द्रन को भी यहाँ चोरी-छिपे ही आयल पेंटिंग करनी पड़ती थी।

रामचन्द्रन के कलाकार व्यक्तित्व को निकट से जाननेवाले और उनके कृतित्व पर प्रकाश डालनेवाले कला समीक्षक एवं लेखक विनोद भारद्वाज ने शान्तिनिकेतन आने के बाद उनके आरम्भिक कार्यों का लेखा-जोखा प्रस्तुत किया है। 'शवयात्रा' से सम्बद्ध उनके आरम्भिक रेखांकन ही यह बताते हैं कि वह ऐसे संवेदनशील विषयों से कैसे विचलित हो जाते होंगे। इसी क्रम में वर्ष 1972 में 'काली पूजा'-जैसी कृति चित्रित हुई थी, जिसे 1973 में ललित कला अकादेमी ने पुरस्कृत भी किया था। हालाँकि इस दौरान वह 'सैल्स', 'मूविंग बॉडीज़', 'एनकाउंटर', 'लास्ट सपर', 'आइकॉनोग्राफ़ी', 'एनाटॉमी लेसन' आदि चित्र बना चुके थे। 'काली पूजा' (1972) उन दिनों के अशान्त बंगाल की प्रतिक्रिया में ही बनाया गया चित्र था। हालाँकि शान्तिनिकेतन में रहते हुए, उनका संकोची और शान्त स्वभाव उन्हें अपने उन्हीं कामों से जोड़े रखता था, जिनमें उनका जी रमता था। वे शान्तिनिकेतन के आसपास स्थित संथाल गाँवों में जाकर उनके दैनन्दिन कार्यकलाप से जुड़े रेखांकन एवं चित्र बनाया करते थे। बाद में, कोई भी कृति निर्मित करने से पहले रेखांकन करना, उनके कलाभ्यास का आवश्यक अंग बना रहा और ये रेखांकन अपने आप में सम्पूर्ण कला-सृजन ही हैं। शान्तिनिकेतन के विभिन्न भवनों की दीवारों पर उकेरे गये भित्तिचित्रों का भी उनके कला जीवन पर विशेष प्रभाव पड़ा क्योंकि कृष्णास्वामी मन्दिर और कोचीन के 'डच पैलेस' में अंकित सत्रहवीं सदी के भित्तिचित्रों से वे पूर्वपरिचित एवं प्रभावित थे, जिसकी सुखद एवं भव्य परिणति हुई उनके द्वारा चित्रित 'ययाति' (1982-86) में। इस योजना को प्रायोजित किया था, सुप्रसिद्ध रंग निर्देशक इब्राहिम अल्काज़ी और उनकी कला दीर्घा 'आर्ट हेरिटेज़' ने।

यहाँ इस तथ्य का उल्लेख आवश्यक है कि रामचन्द्रन की कृतियों में किसी-न-किसी रूप में—व्यक्ति हो, पशु-पक्षी हो, यहाँ तक कि वनस्पति हो, वे उनकी आकारिक उपस्थिति को महत्त्व देते रहे हैं। मनुष्येतर प्राणियों के अंकन में भी, उनकी यह विशिष्टता बनी रही है। अमूर्तन की शरण में चले गये अपने समकालीन और संगी-साथी कलाकारों से सर्वथा अलग रामचन्द्रन में कभी विचलन नहीं आया। उनका कहना है, "मुझे कभी अमूर्त कला ने प्रभावित नहीं किया। ...मैं अमूर्त कला से किसी तरह संवाद ही नहीं स्थापित कर पाता। हमारे यहाँ अमूर्तन की धारणा भी थोड़ी अलग तरह की है, (तो भी) उसमें प्रकृति के कुछ-न-कुछ सन्दर्भ-संकेत ज़रूर होते हैं।"[1] रामचन्द्रन निश्चय ही, यहाँ वस्तु के स्वभाव और संरचनागत वैशिष्ट्य की ओर संकेतित कर रहे हैं। यही कारण था कि उन्होंने 1973 ई. में चार पैनलों में विभाजित एक विशाल पटल पर 'यदुवंश का संहार' शीर्षक चित्र चित्रित किया था, जिसमें विन्यस्त पात्रों एवं प्रसंगों और महाकाव्यात्मक कल्पना-प्रवणता के साथ रंगों का वैभवपूर्ण एवं प्रभावी प्रदर्शन देखा जा सकता है। प्रकृति और पशु-पक्षी तो रामचन्द्रन के कैनवस के अनिवार्य अंग ही रहे हैं।

'ययाति' भारतीय आख्यान का एक महत्त्वपूर्ण और मिथकीय पात्र है, जिस पर कई साहित्यिक कृतियाँ रची गयी हैं। यह उस प्रतापी राजा की गाथा है, जिसकी दो पत्नियाँ थीं। शापग्रस्त ययाति असमय वृद्धावस्था को प्राप्त हो गया था, इसलिए उसकी यौनाकांक्षा समाप्त नहीं हुई थी। उसकी पहली पत्नी देवयानी ने बेटे यदु से कुछ समय के लिए पिता के बुढ़ापे के बदले उसे अपनी जवानी देने के लिए कहा, पर वह राज़ी नहीं हुआ। लेकिन उसकी दूसरी पत्नी शर्मिष्ठा के आग्रह पर उसका

पुत्र पुरु इस बात के लिए तैयार हो गया। यौनलिप्सा और भोग-विलास में लिप्त जीवन बिताने के बाद ययाति ने पुत्र पुरु से अपना बुढ़ापा वापस ले लिया, हालाँकि पुरु ने कहा कि असमय बुढ़ापा झेलकर वह विषय वासना से मुक्त हो चुका है। एक हज़ार साल तक भोग विलास के बाद ययाति ने इतने ही वर्ष जंगल जाकर तप में बिताये, जिससे उनके अन्य भाई शापमुक्त हुए।

'ययाति' के लिए रामचन्द्रन ने मन्दिरनुमा एक संरचना का निर्माण किया, जिसमें तीन खण्ड हैं—'उषा', 'मध्याह्न' और 'सन्ध्या'। हर खण्ड में चार-चार पैनल हैं—जिनमें आख्यान के अंश चित्रित हैं। 60X8 फ़ीट का यह विशाल संयोजन तैलरंगों से आँका गया एक अद्‌भुत आयोजन है। इस लोमहर्षक कृति के बारे में रामचन्द्रन का मानना है कि हम सभी जीवन के नरक में फँसे रहते हैं और इससे बाहर भी आना नहीं चाहते। इस नरक से मुक्ति पाने के लिए उन्होंने इसके चतुर्थ भाग 'रात्रि' की कल्पना की, जिसे उन्होंने तेरह छोटी-छोटी कांस्य मूर्तियों के निर्माण द्वारा संयोजित किया। यह संख्या धार्मिक विधान और तान्त्रिक अनुष्ठानों के अनुरूप रखी गयी, ताकि उनकी निर्मिति परम्परागत विश्वासों की कसौटी पर भी खरी उतरे। इसका पूर्वांश अपने अंकन में जहाँ ऐन्द्रिक, दैहिक और आलंकारिक है—वहाँ इसका उत्तरांश आत्मिक शान्ति एवं मुक्ति संकेतों से समृद्ध है। कायिक सौन्दर्य अन्ततः छीज जाता है। वह जीवन वृक्ष—जो कभी हराभरा था, और मोर, पुष्प एवं यौवन से भरपूर था, वह क्रमशः जर्जर होता चला गया है। कटे हुए तरबूज़ से जहाँ इसे ऐन्द्रिकता और यौनांकाक्षा से प्रतीकित किया गया था—उसे अन्ततः 'निर्वेद' अर्थात् शान्त से प्रशमित किया गया। 'ययाति' स्वयं में एक जीवन-दर्शन है, जिसे रामचन्द्रन ने एक विरल एवं विलक्षण रंगोत्सव में परिणत कर दिया है। जीवन के यथार्थ और सत्य सन्धान से सम्बद्ध यह आख्यानमूलक रचना एक सांस्कृतिक विमर्श का विस्तार ही है—अपने आकार-प्रकार, विस्तार और संरचनागत प्रयुक्तियों में ही नहीं, बल्कि रचनागत सन्देश में भी। 'ययाति' के बारे में रामचन्द्रन ने बार-बार कहा है कि ययाति न तो देवता था और न महानायक। लेकिन उसकी कमज़ोरियों के बावजूद मैंने उसे एक नायक का दर्जा देने की कोशिश की है। 'ययाति' में कहीं-न-कहीं मुझे अपना ही प्रतिरूप नज़र आने लगा है। मैं तो उन्हीं विचारों, विषयों और भावनाओं को चित्रित करता रहा हूँ, जिसे मैं बहुत तीव्रता से अनुभव करता हूँ।

रामचन्द्रन ने शान्तिनिकेतन में कला प्रशिक्षण के दौरान रेखांकन से जो नाता जोड़ा, वह आज भी उनके कला सृजन का अटूट और अनिवार्य अंग है। रेखांकन के दौरान अंकित पात्र, परिदृश्य, स्थानीय वैशिष्ट्य, परिधान और देहभाषा, पशु-पक्षी, प्रकृति-वनस्पति आदि का वे विशेष ध्यान रखते हैं। उदाहरण के लिए, शान्तिनिकेतन में वे एक अस्सी साल के वृद्ध पटुआ कलाकार, जिसका नाम किंकर था, से मिले थे। उनके रेखांकनों में व्यक्त उसका चेहरा, 'ययाति' के ययाति में ढल गया। इसी प्रकार, उदयपुर के एक आदिवासी अंचल में मिले ओपा धौराजी और उसकी दो बेटियों—सविता और सोलकी के रेखांकन भी रामचन्द्रन के चित्रों में जीवन्त हो उठे हैं। सविता उनके 'उर्वशी-पुरुरवा' चित्र में उर्वशी के रूप में प्रकट हुई है और धौराजी भी उनके कई रेखाचित्रों में उपस्थित हैं। साहित्य के प्रति निरन्तर लगाव के कारण ही जामिया मिल्लिया विश्वविद्यालय, जहाँ वे कलाध्यापक रहे, के अपने साथियों के आग्रह पर उन्होंने मंटो की कहानियों के लिए रेखाचित्र भी बनाये थे।

रामचन्द्रन द्वारा सृजित चित्रों की संख्या बहुत अधिक है और उन्हें सूचीबद्ध भी किया गया है। लेकिन काल-क्रमानुसार वर्गीकृत किये जाने से यही बेहतर होता है कि प्रभावानुसार उनकी विशेषता की चर्चा की जाये। रामचन्द्रन मूलतः प्रकृति से ही अपने वर्ण्य-विषय चुनते रहे हैं और फिर उसी को सौंप देते हैं। प्रकृति के साथ उनकी यह आत्यन्तिक और आन्तरिक परस्परता अभेद्य है। इस दृष्टि से 'उर्वशी और पुरुरवा', 'उर्वशी और मिनोतोर' (मिनाण्डर), 'हरा कमल समन्दर', 'हन्ना और उसकी बकरियाँ', 'हन्ना और आँकुड़ा (आक) के फूल', 'तूतीनामा', 'सेमल वृक्ष का गीत' आदि कलाकृतियाँ पात्र या वस्तु के यथार्थ को, प्रकृति के फ़ैंटेसीमूलक सान्निध्य से एक अपूर्व संसार का निर्माण करती हैं, जिसमें सब कुछ प्रामाणिक और स्वीकार्य प्रतीत होता है। यही रामचन्द्रन की रंगीन तूलिकाओं का तिलिस्म है कि जब कृष्ण की बाँसुरी बजती है तो पुष्पकीट उड़ने लगते हैं। उनके 'हरा कमल सरोवर' (1987), 'दोपहर में कमल सरोवर' (1991) और 'कुमुदिनी सरोवर और चिउरे' (2000) में अलग-अलग रंगों—क्रमशः हरे, नीले एवं लाल-गुलाबी तैल रंग की आभा से दीप्त कैनवस पर अत्यन्त सजीव और सतेज हो उठे हैं। फूलों के साथ अप्सरा (भीलनी रूप में), कमल (कली, कमल-पत्र, कमल कंद) और फिर चिउरे (ड्रैगनफ़्लाई) का समावेश उनकी कलादृष्टि, प्रकृति पर्यवेक्षण और श्रम सापेक्ष सृष्टि के अन्यतम उदाहरण हैं। उनकी प्रत्येक संरचना में रंग-रेखा के साथ वानस्पतिक जीव-जन्तुओं—भौंरे, तितली, मेंढक, छिपकली, गिलहरी, तोते, मैना यहाँ तक कि उल्लू की उपस्थिति देखी जा सकती है। सन्थाल आदिवासी और भील जनजाति के पात्रों, अलंकरणों तथा उपकरणों को उन्होंने अपनी कृतियों में संयोजित कर उपेक्षित जन के प्रति अपनी कृतज्ञता जताई है। इन चित्रों में स्वयं रामचन्द्रन कहीं बंसी बजाते (उर्वशी और पुरुरवा, 1990), कहीं पंछी बने (मिरनामा, 1984), कहीं दिलरुबा छेड़ते (ययाति) और कहीं उल्लू की तरह डाल से लटके 'इन ट्रांस' (समाधि) आदि चित्रों में नज़र आते हैं। विभिन्न दुर्गम स्थानों पर की गयी अपनी कला यात्राओं में रामचन्द्रन ने असंख्य रेखाचित्र बनाये हैं—जिनसे स्थानीय जनजीवन से सम्बद्ध परिवेश, रहन-सहन, लोकाचार और विश्वासों की जानकारी भी मिलती है। उन्हें कमल का फूल अत्यन्त प्रिय है और इसके अंग-उपांगों का वीक्षण एवं चित्रण जितने मनोरम, लयपूर्ण एवं रोचक ढंग से रेखांकन एवं रंगांकन उन्होंने किया है, वह अन्यत्र दुर्लभ है।

कई कलाविदों ने ए. रामचन्द्रन की अलंकरणप्रियता को उनके 'ड्राफ़्ट्समैनशिप' से भी जोड़कर देखा है। रिचर्ड बार्थोलोम्यू ने उन्हें प्रथम श्रेणी का 'ड्राफ़्ट्समैन' बताते हुए 'ड्रेमेटिक कलरिस्ट' तक कहा था—रंगों का नाटकीय ढंग से इस्तेमाल करनेवाला कलाकार। इसी वैशिष्ट्य के बारे में कृष्ण चैतन्य (सुप्रसिद्ध कला समीक्षक के. के. नायर) द्वारा रामचन्द्रन पर संयोजित कैटेलग की टिप्पणी विशेष द्रष्टव्य है—"उनके रेखांकनों की रेंज में एक ओर मुग़ल या राजपूत लघु चित्रकारों-सरीखी उत्कृष्ट कोमल रेखाएँ हैं और दूसरी ओर स्पेस, रूपाकारों और शरीर रचना विज्ञान का माइकेल एंजेलो-सरीखा अति विशाल इस्तेमाल है।"[2] स्पष्ट है, रामचन्द्रन अपनी निर्मितियों की संरचना ख़ूब सोच-समझकर और उन्हें पूर्णता प्रदान करने के लिए करते हैं। इसमें कलात्मक प्रयुक्ति के साथ 'क्राफ़्ट' और 'ड्राफ़्ट' की भी आवश्यक भूमिका होती है। 'ययाति', 'उर्वशी', 'अभिसारिका', 'नायिका', 'हन्ना' से लेकर 'एक कीड़े का हस्ताक्षर' (2000) एवं 'लाल रंग में अहल्या' (2001) आदि चित्र उनकी सुचिन्तित योजना की ही सुखद परिणति हैं।

रामचन्द्रन ने शान्तिनिकेतन के कलाकारों की परम्परा का सफल निर्वाह करते हुए देर से ही सही, 1985 के बाद, मूर्तिशिल्प विधा को भी अपनी रचनात्मकता से समृद्ध किया है। बचपन से ही गाँधी के प्रति निष्ठावान रामचन्द्रन ने कीर्तिस्तम्भ-जैसी उनकी एक 74 इंच ऊँची काँसे की मूर्ति निर्मित की है। गाँधी जी की चादर सपाट ढंग से उनके काँधे से नीचे पाँव तक चली गयी है। चश्मा पहने और दोनों हाथ जोड़े बापू के दोनों चरण—अत्यन्त प्रभावी ढंग से प्रदर्शित हैं। 'रामकिंकर के साथ आईकॉनिक आत्मचित्र' (1991), 'धरती : कमल सरोवर और हन्ना' (1998), 'जलनलिनी के साथ लड़की' (2001), 'झाँझ बजाती औरत' और 'समाधि में आत्मचित्र' (दोनों 2003) जैसी ऊँची कांस्य मूर्तियों में लोकशैली मिश्रित कलात्मक निर्मितियों में वैविध्यपूर्ण मुद्राएँ देखी जा सकती हैं।

श्री पेरेम्बदूर नामक स्थान (चेन्नई) में राजीव गाँधी स्मारक के लिए भी रामचन्द्रन ने एक बड़ी कला योजना को कार्य रूप में परिणत किया। कोई 20 फ़ीट ऊँची और 120 फ़ीट लम्बी इस योजना के कई खण्ड हैं। ग्रेनाइट पत्थर पर उत्कीर्ण कई कालखण्डों में विभक्त यह संरचना गंगावतरण से आरम्भ हुई है और अन्त में अन्तरिक्ष में उपग्रहों की उड़ान तक की यात्रा को समेटे हुई है। रामचन्द्रन ने शान्तिनिकेतन में अपनी युवावस्था के लगभग आठ साल बिताये थे और उस दौरान उन्होंने चीनी मूल की एक युवती चमेली (चीनी विभाग के आचार्य प्रो. तान की पुत्री) से प्रेम भी किया, जो कला भवन में उनसे एक वर्ष सीनियर थी। बाद में, वह उनकी जीवन संगिनी भी बनी, जिनकी कला के क्षेत्र में आज भी कमोबेश सक्रियता बनी हुई है।

1965 से 1992 तक, जामिया मिल्लिया विश्वविद्यालय, दिल्ली के कला विभाग में कला शिक्षक के तौर पर कार्यरत और अब स्वतन्त्र रूप से अपनी कला सर्जना में संलग्न रामचन्द्रन ने सबके साथ और सबसे अलग रहकर, कला जगत में अपनी विशिष्ट पहचान बनायी है। कई कला प्रतिष्ठानों द्वारा सम्मानित एवं ललित कला अकादेमी की रत्न सदस्यता प्राप्त ए. रामचन्द्रन के चित्रों की देश-विदेश में कई एकल प्रदर्शनियाँ आयोजित हो चुकी हैं।

सन्दर्भ

1. *रामचन्द्रन का कला संसार :* विनोद भारद्वाज, पृ. 24-25
2. *उपरिवत्,* पृ. 81

जोगेन चौधुरी
(1939)

जोगेन चौधुरी का जन्म 1939 में, फ़रीदपुर (पूर्व बंगाल) अब बांग्लादेश, में हुआ था। चित्रकला के प्रति आग्रह आरम्भ से ही था, जो उनके द्वारा बनाये गये एक चित्र (मेला, 1956) से स्पष्ट है। इसमें एक क़स्बे में मेले का दृश्य उकेरा गया है, जिसमें लोग खिलौने, गुब्बारे, बर्तन वग़ैरह बेच और ख़रीद रहे हैं। बचपन में गीली माटी और कीच से जोगेन खिलौनेनुमा मूर्ति बनाये करते थे। स्कूली शिक्षा समाप्त कर उन्होंने कलकत्ता के गवर्नमेंट कॉलेज ऑफ़ आर्ट्स एंड क्राफ़्ट्स से 1960 में स्नातक की उपाधि प्राप्त की। कुछ दिनों छोटे-मोटे काम भी किये। इसी दौरान उन्होंने 'नरक के प्रतिनिधि' (1965) शीर्षक से एक शृंखला—जिसमें चित्र और रेखांकन शामिल थे—शुरू की थी। यह कोलकाता के उस दौर को चित्रित करनेवाली शृंखला थी, जो विस्थापितों और शरणार्थियों के कष्ट, अभाव और जीवन-संघर्ष से जुड़ी थी। यह एक युवा कलाकार की सामाजिक प्रतिश्रुति तो थी लेकिन यह कहीं-न-कहीं उसकी असहायता से भी सम्बद्ध थी। इस बीच वे पेरिस से दो वर्ष की सरकारी छात्रवृत्ति प्राप्त कर इकोल नाले सुपिरीयूर आर्ट्स में, कला अध्ययन के लिए पेरिस चले गये।

पेरिस में अध्ययन के दौरान उन्होंने वहाँ की आर्ट गैलरियों और कलाकारों की अंकन पद्धति के साथ दो-दो विश्वयुद्धों के बाद कलाकारों की मानसिकता में आये बदलावों का भी निकट से जायज़ा लिया। इन सबका प्रभाव उनकी कला-प्रविधि पर निश्चय ही पड़ा होगा लेकिन इसके बावजूद, वे इन सबसे अलग अपनी निजी शैली को विकसित करने में लगे रहे। उनकी रूपाकृति में उनका समाज था और अपने सरोकार थे। इसलिए विदेश से लौटने के बाद वे पूरी तरह अपने देश और देशज परिवेश में लौट आये। साथ ही, अपनी निजी शैली में। 'सोई स्त्री' (Sleeping Woman, 1966) इसका बेहतर निदर्शन है। बिछावन पर पड़ी उसकी काया—विशेषकर उसकी बाँहें, खुले स्तन, उँगलियाँ और दोनों पदतल लचीली डालियों की तरह उकेरे गये हैं। उसकी साड़ी की सलवटें भी आलंकारिक ढंग से आँकी गयी हैं। यह शैली एक तरह से उस नये जोगेन चौधुरी से जुड़ गयी, जिसे उन्होंने कई तरह से आज़माया और इसमें रचनात्मक प्रयोग किये। इस प्रयुक्ति द्वारा उनके आकारिक चित्रों में अंकित लम्बी आँखें, तीखी नाक, नुकीली टोढ़ी (चिबुक) और लम्बी तराशी, दोरंगी भवों वाले चेहरे किशनगढ़ शैली के लघु चित्रों की याद दिलाते हैं। उनकी इस देशज पहचान ने उनके चित्रों में अंकित नर-नारी विषयक कई चित्रों की ऐन्द्रिक भावनाओं में बार-बार अँगड़ाइयाँ भरी हैं।

1970 में विवाहोपरान्त वापस मद्रास चले गये जोगेन के चित्रों में प्रेम और दाम्पत्य सम्बन्धी उपादानों को स्थान मिलता रहा। इनमें जुड़े हुए हाथ, सेब, पुष्पमाला, चाय की प्याली, मेज़पोश, फल-फूल, वनस्पति और प्रजापति (तितली) आदि को प्राथमिकता मिलती रही। हालाँकि तकियों पर लिखे 'लव', 'भालोबासा' (प्रेम), और रंगीन रेशमी धागों से काढ़े गये फूल-पत्ते तक ही वे सीमित नहीं रहे, उनके रंग तितलियों की तरह कैनवस पर उड़ते हुए तकियों से सुरभि बिखेरते रहे।

'स्वप्न स्मृतियाँ' (Remniscences of a dream, 1956-67) शृंखला के कई चित्र जोगेन की बाल्य स्मृतियों की कल्पनामूलक अभिव्यक्तियाँ हैं। इनमें साँप, मछली, कछुए, तोते, शंख आदि ही नहीं, कई पौधे भी अंकित हैं—जो काली पृष्ठभूमि में तिरते नज़र आते हैं। ये तत्कालीन एवं परम्परागत बंगाली घरों में तैयार किये जाने वाले 'कांथा' में सूई-धागे से उकेरे जानेवाले परिचित अभिप्राय हैं—जिन्हें आज भी लोक शिल्पों में देखा जा सकता है। यही नहीं, एक प्रबुद्ध पाठक और साहित्यिक रुचि सम्पन्न होने के नाते जोगेन ने कविताएँ भी लिखी हैं। इसलिए अपने चित्रों में प्रतीकों और संकेतों को भी उन्होंने पर्याप्त स्थान दिया था। साथ ही, साहित्य और कलाओं में व्यवहृत उन रूपकों, आद्यबिम्बों और कल्पनाप्रसूत रूपकथाओं को सम्मिलित किया, जो किसी कृति को समृद्ध और कृतिकार को आश्वस्त करती हैं। बंगाल के पटुआ कलाकारों और कालीघाट के पट चित्रकारों की कृतियों में सदियों से बंगाल की पहचान से सम्बद्ध ये प्रतीक और प्रतिमान सुरक्षित थे। ये सभी जोगेन की स्मृति और स्वैरकल्पना से निकलकर अनायास किसी वनस्पति की तरह सहज ही उगकर, उनके काग़ज़ और चित्रपटल पर फैल जाते हैं। जोगेन स्वीकारते हैं कि अपनी पेंटिंग या रेखाकृतियाँ वे खुद नहीं बनाते बल्कि वे उनके अन्दर से स्वतः उगती और बढ़ती हैं, जैसे कि पौधे। इसलिए यह देखकर कोई हैरानी नहीं होती कि उनके द्वारा चित्रित स्त्री-पुरुष, प्रकृति के समस्त उपादान और अन्य वस्तुएँ सचमुच वनस्पति-सरीखी प्रतीत होती हैं। उनके पात्र और अन्य उपादान अपने आकार-प्रकार में, वास्तविक या यथार्थ जगत से सम्बद्ध होते हुए भी, कुछ इस तरह चित्रित होते हैं मानो वे किसी पेड़ की डाल और छाल से निर्मित हों। पेड़ के तने, टहनी या फिर जड़ों की गझिन बुनावट-जैसी देह भंगिमा खुद-ब-खुद फैलती जाती है। कहीं थुलथुले, कहीं अजीबोग़रीब ढंग से मुड़े, टेढ़े, अकड़े या लचीले। यही नहीं, अक्सर स्याही (चाइनीज़ इंक) और मोमी रंगों का इस्तेमाल करनेवाले जोगेन अपने चित्रों में विन्यस्त मानवाकृतियों के हाव-भाव ही नहीं, उसकी पूरी संरचना को बारीक़ रेखाओं से गढ़ते हैं ताकि सिर से लेकर हाथ-पैर, यहाँ तक कि उँगलियाँ और नाख़ून भी ख़ास तरह की लयबद्धता में शामिल हो, चिड़ियों के पंजों की तरह प्रतीत होते हैं।

जोगेन ने तैलरंगों का इस्तेमाल सैरा, शबीह बनाने और पेशेवर कामों के लिए ही किया है। अपने चित्रों के लिए वे अक्सर इंक-काग़ज़, ड्राई पेस्टल (मोमी रंग) और ख़ास तरह के गोंद का प्रयोग करते रहे हैं। इन चित्रों को वे आँकते भी देशज विधि से ही रहे हैं—ज़मीन पर बैठकर, चित्र के अगल-बगल घूमकर या घुटनों के बल, बहुत कुछ पटुआ कलाकार की तरह। दरअसल वे रंग और रेखाओं को एक बुनकर की तरह बुनते हैं ताकि धागों के साथ रंगों का सामंजस्य और अन्यान्य उपादान वांछित पैटर्न में स्वाभाविक तौर पर और प्रभावी ढंग से समंजित हो जाये। इसलिए उनके चित्रों को,

विभिन्न रंगों की लहरियों और ऊर्मियों, जो गाढ़ी और फीकी रेखाओं से आँकी जाती हैं, एक नयी दीप्ति और आभा प्रदान करती हैं। आम तौर पर स्याह पृष्ठभूमि में उकेरे गये इनके चित्रों, विशेषकर पुरुष पात्रों में, कौड़ियों की तरह सफ़ेद दीखनेवाली आँखों और खिंची हुई दोरंगी भँवों में एक तरह का चौकन्नापन और साथ ही काइयाँपन भी झलकता है।

ऐसा माना जाता है कि जोगेन की कलाशैली (वस्तु चयन एवं अंकन) पर जर्मन अभिव्यंजनावादी (Expressonist) चित्रकार कोलेविन्स का विशेष प्रभाव था। साथ ही, फ्रांसीसी कलाकार देगा (Degas)-जैसे एक प्रभाववादी (Impressionist) चितेरे का। उनके अनुसार वर्ण्य-वस्तु के भार या आयतन को कमोबेश विभाजित करना एवं चित्र के अंश विशेष पर ध्यान देना या उसे छोड़ देना, इसके निर्माता पर निर्भर है।[1]

जोगेन की अंकन कला में चारु (ललित) के साथ कारु (शिल्प) का अंश भी आरम्भ से विद्यमान रहा है। रंग (पेस्टल) का इस्तेमाल करते हुए वे तूली और पेन इंक से पूरे चित्र पर बारीक़ रेखाओं और हल्के रंगों का प्रयोग करते हैं। यह समय साध्य और श्रम साध्य कार्य उनके चित्रों को वांछित ढंग से हल्का, फीका या अधिक आभायुक्त करने में उनकी सहायता करता है। उनकी यह निजी एवं मौलिक शैली बेहद उपयोगी और सार्थक प्रयुक्ति रही है।

'चाँदनी रात में प्रेम' (1973) से शीर्षक चित्र के हवाले से जोगेन द्वारा उकेरे गये अन्यान्य कई चित्रों की देह भंगिमा ही नहीं, उसके साथ बिछावन, गद्दे, तकिये, मसनद, पर्दे सभी तहाये हुए या सलवटों से भरे दिखायी देते हैं। ऐसा सम्भवतः इसलिए हुआ है क्योंकि जोगेन कुछ वर्षों के लिए चेन्नई स्थित बुनकर सेवा केन्द्र में सहायक रहे। दूसरे, जब वे 1972 में राष्ट्रपति भवन में कला संग्रहाध्यक्ष बनकर दिल्ली आये तो किराये पर मिले घर के एक कमरे के कोने में दुनियाभर के तकिये, मसनद, बगली, गद्दे और चादर वग़ैरह का अम्बार लगा था। इस दृश्य का प्रभाव उनके मानस में अंकित हो गया और यह अक्सर कभी ऐन्द्रिक और कभी अतियथार्थवादी (Sur-realiastic) ढंग से उनके चित्रों में प्रतिरूपित होता रहा। यह अपने समकाल (अस्सी और नब्बे के दशक) को, स्त्री-पुरुष सम्बन्धों के माध्यम से सम्बोधित करना था, जो टूट या बिखर रहे थे। परस्पर यौन सम्बन्धों की आन्तरिकता को युगल (कपल) श्रृंखला और 'कपल इन व्यू' (1989-1994) तक चित्रित करते हुए भी उन्होंने दाम्पत्य सम्बन्ध को अश्लीलता या आरोपित कामुकता या फिर 'तथाकथित लाम्पट्य' से मुक्त रखा।

जोगेन का एक चित्र 'नटी विनोदिनी' (1975) अपनी यौनिकता के लिए अत्यधिक चर्चित हुआ। उन्नीसवीं सदी की इस बंगाली रंगमंच नायिका के चित्र कई चित्रकारों ने बनाये हैं और इस पर फ़िल्म सहित कई कृतियाँ भी लिखी गयी हैं। अपने जीते-जी मिथक बन गयी इस नायिका ने आठ-नौ साल में ही जात्रा गानों में भाग लेना शुरू किया था। रूप और अभिनय में अनिन्द्य इस किशोरी बाला को युवती दिखाने के लिए नक़ली स्तन तक लगाने पड़ते थे—जोगेन ने इसी मर्म को चित्र में दर्शाया है। इस चित्र में पूर्ण युवावस्था प्राप्त रंगनायिका विनोदिनी की विस्मित एवं सकरुण मुखमुद्रा के साथ उसके सुपुष्ट स्तनों का अंकन जोगेन ने बड़े मनोयोग से किया है। किशोरी विनोदिनी अपने दर्शकों और प्रशंसकों को बताना चाहती है कि वह अब पूर्णांग यौवना है—स्वयं सम्पूर्णा।

'चाँदनी रात में बाघ' चित्र जोगेन ने आपात्काल लगाये जाने के विरोध में आँका था। यह फ़ैंटेसीनुमा चित्र एक रूपक है। इसके बारे में जोगेन का कहना था कि आपात्काल की नींव और इमारत झूठ के सहारे खड़ी की गयी थी। नखदंतहीन इस काग़ज़ी बाघ में कोई दम नहीं था। हालाँकि इसमें भारत एक (माता) स्त्री के रूप में चित्रित है—जो ज़मीन पर पड़ी है और ऊपर आकाश में आधा और फीका चाँद उगा है। जोगेन ने इसमें काफ़ी किफ़ायत बरतते हुए फ़ीके, धूसर और काले रंग का इस्तेमाल किया ताकि उनकी प्रतिक्रिया को प्रतीकात्मक रंगों से समझा जा सके।

भारतीय मूल के लोगों की आकृतियाँ आँकते हुए जोगेन ने इनकी आकारिक संरचना, उठने-बैठने-चलने जैसी विभिन्न भंगिमाओं का गहरा अध्ययन किया था। पश्चिमी समाज के लोगों की तुलना में भारतीयों का शारीरिक ढाँचा ही नहीं, इनकी देहभाषा भी अधिक 'ज़मीनी' है। भारतीयों के परिधान भी अलग हैं। जोगेन ने अपनी आकृतियों को इच्छानुसार वक्र, वर्तुल, विकृत, घुमावदार और पेंचदार बनाया है—उन्हें अपने हाथों गढ़ा है। 1980 के आसपास बने उनके कई चित्रों के वेश, केश विन्यास, चेहरे की मुद्रा, तेवर आदि में कहीं कौतुक है तो कहीं कारुण्य, कहीं प्रसन्नता है तो कहीं विषण्णता। 'सेवामुक्त राजनेता', 'किरानी', 'नर्तकी का चेहरा', 'माँ का चेहरा', 'क्षुब्ध बालिका का पोर्ट्रेट', 'गाँव का शिक्षक' ही नहीं, इस दौरान आँके गये 'स्त्री-पुरुष' विषयक उनके कई चित्र सम-विषम मनोभावों के साथ उनके पटल पर उपस्थित हैं। सोफ़ा, कुर्सी, चटाई, चारपाई, पलँग हो या ज़मीन—इन पर बैठे, पड़े, लेटे, अधलेटे, औंधे पड़े या सोए, स्त्री-पुरुष सम्बन्धी तमाम चित्र उनकी गहरी कला-दृष्टि से सम्पन्न हैं। एक चित्र (टेम्परा, 1987) ऐसा भी है, जिसमें एक अधेड़ व्यक्ति अपनी पत्नी से पिटकर ज़ख़्मी हालत में, दोनों हथेलियों के बल ज़मीन पर टिका है। उसके सिर से ख़ून रिस रहा है और खुले बालों के साथ झूलते स्तनों वाली स्त्री की हथेली भी लाल नज़र आ रही है।

जोगेन चौधुरी मध्यवर्गीय समाज को चित्रित करते हुए इसकी विडम्बनाओं को उजागर करते रहे हैं। हमारे समाज में अभी भी, विशेषकर बंगाल में पुरुषवादी सोच विद्यमान है। वे परम्परागत जीवन मूल्यों की अच्छाइयों को बुराई मानकर आधुनिक या पश्चिमी समाज की जीवनशैली अपनाना चाहते हैं और उनकी इसी दोहरी मानसिकता और चरित्र को जोगेन ने अपने चित्रों में उजागर किया है। उनके तथाकथित गृहस्थ जीवन से सम्बन्धित बहुत-से चित्र, स्त्रियों के साथ जिस खुलेपन के साथ उकेरे गये हैं, वे स्त्रियों की सामाजिक दुःस्थिति के साक्ष्य हैं। जोगेन चित्रित की जानेवाली आकृतियों और स्थितियों को लगभग निरंकुश भाव से बरतते हैं। यानी किसी तरह का समझौता नहीं करते। "जोगेन की आकृतियों की मुद्राओं में, उनके उठने-बैठने के ढंग में मूर्तिशिल्पीय आकृतियों की भी 'झलक' मिल जाती है।... उनकी कृतियों को कभी-कभी मन्दिर के मूर्तिशिल्पों की याद के साथ देखें तो उन्हें 'देखने' की और राह भी खुल जाती है। उनका आस्वाद बढ़ जाता है।"[2]

लेकिन दूसरी ओर जोगेन की 'वस्तु' की वास्तु या संरचना किसी सघन या ठोस उपादान से नहीं की जाती। वह सहज नमनीय और लचीली आन्तरिकता के साथ रची जाती है। इसलिए उनके द्वारा आँके गये गणेश की आकृतियाँ काफ़ी कमज़ोर, दुबली-पतली और लोगों को अस्वीकार्य भी लगती हैं। जोगेन ने गोल-मटोल, लम्बोदर और तुंदिल गणेश का मज़ाक़ भले ही उड़ाया हो लेकिन उनका मानना था कि जब जीवन ही सूख रहा हो तो मोदकप्रिय गणेश को पूर्ववत् आँक पाना भला कैसे सम्भव है!

'दो अकेले पुरुष के घर मोर' (1988), 'दो स्त्रियों के साथ पुरुष' (1989) और 'स्त्री और पुरुष' (1992) का उल्लेख यहाँ आवश्यक है—जिनसे उनकी बहुआयामी कला दृष्टि का पता चलता है।

जोगेन की 'नीली साड़ी' (1994) चित्र की अक्सर चर्चा की जाती है। इस लम्बे-चौड़े चित्र में बायीं ओर खड़ी युवती की नीली साड़ी का आँचल ऊपर की ओर उड़ रहा है। उसके खुले बाल भी हवा में लहरा रहे हैं। वह अपने दोनों हाथों को सिर के ऊपर उठाकर किसी अनिष्ट की सम्भावना व्यक्त कर रही है। चित्र के मध्य में पीले रंग का बाघ एक नग्न पुरुष की पीठ पर नाखून गड़ाए, और अपना शिश्न ताने उससे अपनी यौनाकांक्षा पूरी करना चाहता है। संकेतों से स्पष्ट है कि यह चित्र सम्भवतः उदर की क्षुधा से कहीं अधिक शारीरिक क्षुधा की तृप्ति को महत्त्व देना चाहता है।... और इस मामले में दोपाये और चौपाये सब एक समान हैं। हालाँकि इसके पूर्व 'टाइगर एंड द मैन' (पेस्टल इंक, 1992) में भी लगभग यही यौन-पशु-भाव अधिक आक्रामक ढंग से प्रदर्शित था, जिसमें आतंकित पुरुष के भावों को कहीं अधिक स्पष्टता से उकेरा गया था।

जोगेन एक ओर समसामयिक जीवन के तनावों और बदलावों को चित्रित करते हैं तो दूसरी ओर अपने मन-मानस में तैरती स्मृतियों और स्वप्नों को 'मोनालिसा इन माई ड्रीम्स' (पेन इंक), 'इन माई ड्रीम' (1977) जैसी कृतियों में सँजोते रहे हैं। भ्रष्ट राजनीति करनेवाले राजनेताओं का हुलिया भी 'कैरीकैचर' नुमा चित्रों में उन्होंने उकेरा है। वे इसे अपने मनपसन्द विषयों में एक बताते हैं।

1987 में दिल्ली छोड़कर शान्तिनिकेतन, कला भवन में कलाशिक्षण का दायित्व ग्रहण करने पर जोगेन ने पाया कि पिछले कुछ वर्षों में वहाँ की कला-पद्धति में गुणात्मक बदलाव आया है। साथ ही, उन्होंने महसूस किया कि उन्हें भी कुछ नये ढंग से काम करने की ज़रूरत है। हालाँकि उनकी कार्यशैली या वर्ण्य-वस्तु में विशेष बदलाव नहीं आया—लेकिन वैविध्यपूर्ण संयोजन के साथ उनमें निश्चय ही विस्तार आया। यहाँ भी 'स्त्री' और 'युगल' उनके प्रिय विषय रहे। 'वुमन', 'वुमन रिक्लाइनिंग', 'टू वुमन', 'आफ़्टरमाथ वुमन' आदि चित्रों ने उनकी संयोजन क्षमता को गतिशील बनाये रखा।

इक्कीसवीं सदी के आरम्भ से उनके चित्रों में रंगों की प्रतीकात्मकता उनके दर्शकों के लिए नया अनुभव था। 'हर सिल्वर थ्रोन' (2000) एकदम नयी भावभूमि और रजतवर्णी सिंहासन पर हाथ-पैर फैलाये और सिर ऊँचा किये एक महिला का चित्र है। भारी और खुले स्तनों वाली इस स्त्री का उग्र तेवर और उसके सिंहासन के नीचे स्याह पृष्ठभूमि में घात लगाये बैठा शातिर मकर उसकी राजसी सत्ता और आक्रामकता को उजागर कर रहा है। इसी क्रम में चित्रित 'द वुण्ड' (2000), 'द ब्लीडिंग फ्रूट' और 'सिचुएशन' (2003) आदि चित्रों में जोगेन अपने पूर्व प्रयुक्त रंगों के साथ गुलाबी लाल का प्रयोग करते हैं—जैसा कि 'वुमन एंड द फ्रूट' (2003) में भी दिखाया गया है। बहुत सम्भव है यह स्त्रियों की अस्मिता, अधिकार और उन पर हो रहे अत्याचार को संकेतित करने से सम्बन्धित रहा हो। दरअसल कोई भी कलाकार कई भावनाओं और चिन्ताओं के साथ अपने समकाल को ही नहीं, स्वयं अपने आपको भी सम्बोधित करता है। लेकिन कभी-कभी देश और काल भी सर्जक को असमंजस में डाल देता है और वह इनकी गुत्थियों या माहेलियों को सुलझा नहीं पाता।

पिछले साठ वर्षों से कलाक्षेत्र में सक्रिय जोगेन चौधुरी अपने चित्रों में निहित रंगावली, लयात्मकता, छन्दयोजना के साथ सम-विषय स्थितियों को भी सफलतापूर्वक विन्यस्त करते रहे हैं।

आर. शिवकुमार ने जोगेन को एक प्रबुद्ध और विरल ही नहीं, असाधारण 'मास्टर' चित्रकारों में एक माना है। "उनके द्वारा अंकित फल, सिर, देह, आदि शरत्कालीन परिपक्वता के द्योतक हैं। ये क्षरणशील और अनित्य हैं। लेकिन नश्वर होने के बावजूद आकारों का यह अन्तरंग नाटक हमारे बौद्धिक भावबोध को नहीं रोक पाता, जो लम्बे समय से हमसे जुड़े हैं।"[3]

रतनपल्ली, शान्तिनिकेतन स्थित अपने नये आवास में अच्छी तरह जम जाने के बाद जोगेन के काम में एक बार फिर नवीनता आयी है। इनमें प्रवाहपूर्ण रेखाओं की प्रबलता देखी जा सकती है। फूलों और वनस्पति के अंकन के साथ 'स्मृति स्तम्भ' और 'सीढ़ी'-जैसे चित्रों में मोटे और सरलीकृत संयोजन—यथा, 'स्वप्न', 'पहाड़', 'आँखें', 'भारतीय दृश्यपट' आदि चित्रों का यहाँ हवाला दिया जा सकता है। इनमें कहीं-कहीं 'कोलाज शैली' भी अपनायी गयी है।

जोगेन के अद्यतन कार्यों (चित्र एवं रेखांकन) का परिचय बढेरा आर्ट गैलरी द्वारा प्रकाशित एक नये अलबम से मिल सकता है।[4] इसे देखकर उनके दर्शकों और प्रशंसकों को थोड़ी निराशा ही होगी। लेकिन इसमें कुछेक चित्र अवश्य ही उपभोग्य हैं। यथा, चिरे हुए पेट से बाहर निकला 'गर्भस्थ शिशु' (2003) आजकल की आधुनिकता पर गहरा व्यंग्य ही है। अक्षत योनि की प्रत्याशा लिए इसमें स्त्री की योनि भी प्रदर्शित है, जो अस्त्रोपचार द्वारा ही गर्भस्थ शिशु को जन्म देना चाहती है ताकि उसमें संभोग के लिए पुरुष का आकर्षण बना रहे।

जोगेन के एक रेखांकन (पेस्टल काग़ज़, 2006) में एक नग्न स्त्री ज़मीन पर पड़ी है—जिसके पैर, गर्दन, पेट और गले पर लाल गुलाबी रंग फैला है। पास खड़े भेड़िये की लपलपाती (लाल) जीभ से स्पष्ट है कि इस औरत का शिकार किया गया है। उनके परवर्ती रेखांकनों एवं चित्रों में 'आईना देखती नग्न स्त्री' (2007) निस्सन्देह बहुत प्रभावी है, जो तकिए से सिर उठाकर एक छोटे आईने में खुद को निहार रही है। उसके ऊपर एक भयावह व्यक्ति हवा में मँडरा रहा है, जो किसी आसन्न संकट का सूचक है।

इसी तरह के कुछ अन्य चित्र भी जोगेन ने आँके हैं, जो दर्शकों को विचलित करते हैं। जैसे, एक स्त्री का पेट चिरा हुआ है और उसमें पड़ा गर्भस्थ शिशु दीख रहा है। सेरिग्राफ़ पद्धति से बने कई चित्रों में 'नौटंकी' का उल्लेख यहाँ आवश्यक है—जिसमें करतब दिखाते नग्न जोड़े के साथ बिजूका, मुर्ग़ा, सूरज-चाँद, बादल और इन सबके नीचे एक कुत्ता खड़ा है। हालाँकि 2009 में बने एक चित्र में एक स्त्री स्वयं को एक हिंस्र व्यक्ति से बचाने का असफल प्रयास कर रही है। स्त्रियों के प्रति एक वरिष्ठ कलाकार की यह सहानुभूतिपूर्ण सदाशयता निश्चय ही सराहनीय है।

सन्दर्भ

1. समकालीन कला, अंक 34, नवम्बर 84—मई 85, पृ. 28
2. *Jogen Choudhury : Enigmatic Vision,* Glenbarra Art Museum, Japan, 2005, p. 68
3. *Jogen Choudhury : Lyric and Enigmatic Vision,* R. Siva Kumar, 2013
4. *Jogen Chaudhury : Abahoman : Hovering life,* Vadhera Art Gallery, Year of Pub. : not mentioned.

शक्ति बर्मन

(1935)

शक्ति बर्मन का जन्म 1935 में कलकत्ता में हुआ था। उनके पिता एक सफल कारोबारी थे। शक्ति का बचपन उनके ननिहाल में बीता, जो बिद्यकुट गाँव में था—जहाँ उनके नाना की ज़मींदारी थी। उनकी माँ का निधन बचपन में ही हो गया था लेकिन इस अभाव को उनके पिता और अन्य सम्बन्धियों ने स्नेहपूर्वक सँभाला। उनके पिता को सितार बजाने का शौक़ था और बाद में शक्ति की भी संगीत में रुचि जगी और वह भी सितार बजाने में बड़े कुशल हैं।

अपनी प्रारम्भिक पढ़ाई डिब्रुगढ़ (असम) में पूरी कर शक्ति बर्मन सोलह साल की उम्र में गवर्नमेंट आर्ट एंड क्राफ़्ट्स कॉलेज, कलकत्ता में दाख़िल हुए जहाँ उन्होंने ड्रॉइंग और पेंटिंग की बारीक़ियों को सीखा। यह भारत में स्वातन्त्र्य-संग्राम का दौर था और उनमें भी अन्य छात्रों और अध्यापकों की तरह आरम्भिक कलाकृतियों में देशराग का प्रभाव स्पष्टता से व्यक्त भी हुआ। यही नहीं, बंगाली होने के नाते और कलकत्ता में काफ़ी साल बिताने के कारण वे यहाँ के संस्कारों में रचे-बसे हुए हैं। उनकी कृतियों में दुर्गा और अन्य देवी-देवताओं एवं अवतारों का अवतरण होते आज भी देखा जा सकता है। शक्ति बर्मन का बहुरंगी बचपन इस दृष्टि से विशेष कहा जा सकता है कि उनकी बाल्यावस्था बंगाल की उन परम्परागत लोककथाओं, प्रचलित रूपकथाओं के साथ बीती, जो उनके परिवार के बूढ़े-बुज़ुर्ग उन्हें सुनाया करते थे। रहस्य और रोचकता से भरे उन कथाओं ने उनके कला मानस का निर्माण किया, जिससे एक ओर देवी-देवताओं के आख्यान, लोकधर्मी विधि-विधान और कल्पना जगत को ठीक से समझने की दृष्टि प्राप्त होती है, तो दूसरी ओर स्वप्न, फ़ैंटेसी, स्वैर कल्पना, विशिष्ट रंग योजना के साथ संश्लिष्ट और सूक्ष्म रूपांकन के दर्शन होते हैं।

शक्ति बर्मन 1956 में पेरिस पहुँचे और इस कालावधि में उनके द्वारा बनाये गये चित्रों पर हेनरी मातीस और पाब्लो पिकासो की स्पष्ट छाप देखी जा सकती है। इस दौरान उन्होंने युरोप के कई देशों का भ्रमण किया और इसका प्रभाव निस्सन्देह उनकी कृतियों पर भी पड़ा। लेकिन उन प्रभावों से गुज़रते हुए और उन्हें पीछे छोड़ते हुए, उन्होंने जल्द ही अपनी कलाशैली विकसित कर ली। उनके कैनवस पर उकेरे जानेवाले चित्रों की विषयवस्तु और शैली बदल गयी। यहाँ अनावृत स्त्रियाँ थीं, निसर्ग था, मिथकीय पशु-पक्षी और लोकरंजक तत्त्व एक साथ उपस्थित थे। पौराणिक पात्रों को भी मानवीय चेष्टाओं के साथ अंकित किया गया था ताकि वे अधिक विश्वसनीय जान पड़ें। उन्होंने 'इकॉल देस ब्यूक्स-आर्ट्स' पेरिस में विभिन्न कलाशैलियों का पाँच वर्षों तक गहराई से अध्ययन किया। इसके बाद अपनी एक कलाकार प्रेयसी से 1963 में विवाह रचाकर, वे पेरिस में ही बस गये।

शक्ति बर्मन में एक विशेष प्रकार की ग्रहीता क्षमता रही है कि वे अपने चित्रों को प्रभावी और विशिष्ट बनाने के लिए हमेशा प्रयत्नशील रहते हैं। इसलिए जब वे इतालवी भित्ति चित्रण देखने के लिए इटली (पीसा) भ्रमण पर थे तो उन्होंने पेंटिंग पर किये गये संगमर्मरी प्रभाव (Marbled effect) की प्रविधि का विशेष अध्ययन किया और उसे अपने चित्रों पर सफलतापूर्वक आज़माया। इस दिशा में उन्होंने इतालवी चित्रकार बोतेचेली को अपना आदर्श मानते हुए उनके द्वारा अंकित निर्वसनाओं की अंकन प्रविधि को अपने कैनवस पर उतारा। इसके लिए उन्होंने तैल, रंजक (Pigment) और एक्रिलिक रंगों के मिश्रण का उपयोग किया। इस प्रकार किये गये प्रयास और प्रयोग का परिणाम यह हुआ कि वह जल्द ही अपने कैनवस पर मनोनुकूल काम कर सके। अब वे उस पर पर्शियन कालीन की तरह बारीक़ काम और पच्चीकारी-जैसा प्रभाव उत्पन्न कर सकते थे। उनके कैनवस पर अब रंगों की अनोखी बुनावट देखी जा सकती थी। रंगों से दीप्त और चित्तीदार रंग-रचाव से शोभित उनके कैनवस चित्र प्रदर्शनियों में न केवल आकर्षण के केन्द्र बने बल्कि सराहे भी गये। यह शक्ति बर्मन के प्रयोग और पराक्रम की ही परिणति थी कि उन्होंने बृहदाकार चित्र बनाये और उनकी विषयवस्तु में एक ओर *बाइबिल* के कथा-प्रसंग अंकित थे तो दूसरी ओर भारतीय कथात्मक अभिप्रायों का अनुयोग। इसी का परिणाम उनकी एक प्रसिद्ध कलाकृति 'नोहाज़ आर्क' (1967) में हम देख सकते हैं कि किस प्रकार नूह (Noah) की किश्ती के मिथकीय आधार पर भारतीय परीकथा में वर्णित 'मयूरपंखी' जलयान को उसी धरातल (समुद्र तल) पर एक समान व्यंजित किया जा सकता है। इसे शक्ति ने अपने बचपन में सुनी कहानी, जिसमें जल-प्रलय से होनेवाली तबाही का ज़िक्र किया जाता था, उससे भी जोड़ा था।

परवर्ती वर्षों में भी शक्ति ने भारतीय मिथकों के समानान्तर या समकक्ष जान पड़नेवाली *बाइबिल* की कथाओं को चित्रित किया। भारतीय पौराणिक गाथाओं में उनकी अत्यधिक रुचि रही थी और है। विश्व की अन्यान्य सभ्यताओं एवं संस्कृतियों के अध्ययन क्रम में उन्हें भारतीय देवमाला (Indian Pantheon) में भी ऐसे कई चरित्र मिले, जिन्हें अन्य चरित्रों के निकट जानकर उन्होंने चित्रित किया। 'नोहाज़ आर्क' में जहाँ शिव-पार्वती को बाढ़ क्षेत्र से दूर दिखाया गया है, वहाँ हनुमान को किन्नरों के संग चित्रित किया गया है। यही नहीं, बाद में पेस्टल से आँके गये 'हनुमान और मसख़रे' (हनुमान एंड कोमेडियन्स, 2006) चित्र में भी उन्होंने अपनी बाल-सुलभ क्रीड़ा वृत्ति को जुगाए रखा। राधा और कृष्ण—गौर एवं श्यामनीलवर्ण—के साथ झूला झूलते हुए, गणेश को पश्चिमी परिधान पहनाकर शेर पर सवार एक युवती के लिए नाचते दिखाना, शक्ति की (स्वैर) कल्पना और फ़ैंटेसी ने सम्भव कर दिखाया है। इसी तरह देवी काली को मेडुसा की तरह चित्रित किया गया है। तभी तो शक्ति को एक जादूगर चितेरा कहा जाता है। लेकिन उनके द्वारा उकेरी गयी देवी किसी का संहार नहीं करती। वे बहुधा फूल धारण किये होती हैं। शक्ति के लिए कोई भी देवी एक बालिका की तरह प्रतीत होती है—सौम्यता एवं सौन्दर्य की प्रतिमा या प्रतिरूप।

शक्ति बर्मन के चित्रों (विशेषकर बीसवीं सदी के अन्तिम दो दशकों में और इक्कीसवीं सदी के प्रथम दशक में निर्मित) में विषयगत विविधता के दर्शन होते हैं। वैसे उनके चित्र पश्चिमी कला आन्दोलनों से प्रभावित चित्रों से अछूते रहे। द्वितीय विश्व युद्ध के बाद, पश्चिमी जगत के प्रसिद्ध चित्रकारों के कैनवस स्वभावतः एक प्रकार के संत्रास, अवसाद, मोहभंग की स्थिति से पटे हुए थे। ऐसे में, पेरिस के नाबीज़ ग्रुप के बोनार्ड और फ़ाबवाद के प्रवर्तक मातीस ने इस नकारात्मक और निराशा के माहौल को बदलते हुए और पेरिस को प्रसन्न एवं उत्फुल्ल

देखने के प्रयास में फूलों और मेलों से सम्बद्ध चित्र बनाये। जबकि प्रथम विश्व युद्ध छिड़ने के पहले उन दोनों के चित्र हताशा और दिशाहीन मनोदशा के सूचक थे। शक्ति ने उन स्याह और अवसादपूर्ण दौर—जो कि दादावाद, अति-यथार्थवाद और 'टचिस्म' (Tachisme) पचास के दशक की अभिव्यंजनात्मक शैली से ग्रस्त था, स्वयं को मुक्त रखा और उन मनोरम, आनन्दप्रद और नैसर्गिक चित्रों को अपना उपजीव्य या आधार बनाया, जो कभी फ्रांसीसी चित्रकारों ने युद्धजनित त्रासदी और संकट के पूर्व बनाये थे।

शक्ति बर्मन के चित्रों के सामने खड़े रहकर, उनमें अंकित पात्रों या चरित्रों को ध्यान से देखते हुए, उनसे बात की जा सकती है। उनके 'स्काई टु स्काई' (2007) चित्र में उनकी कलाशैली की विशेषताओं को एक साथ देखा जा सकता है—भव्यता, सूक्ष्मता, रंग-योजना के साथ पूर्व-पश्चिम का तालमेल और प्रकृति के साथ पशु-पक्षी का समावेश। उक्त चित्र भी उनके अन्यान्य और अधिकांश चित्रों की विशेष पहचान से जुड़ा हुआ है। इसमें मोर के ऊपर एक सवार बैठा है और मोर ने अपना इन्द्रधनुषी पंख फैला रखा है। इस मनोहारी चित्र में एक सितार वादक भी अपने साज़ के साथ विराजमान है। भला यह कैसे सम्भव है कि स्वयं एक कुशल सितारवादक शक्ति बर्मन यहाँ अपनी कोई छाप न छोड़ें!

यह देखना दिलचस्प होगा कि इसी समय शक्ति ने एक-के-बाद-एक महत्त्वपूर्ण चित्र बनाये। 'डिविनिटी' शीर्षक चित्र में पद्मासन में ध्यानमग्न शिव चित्रित हैं और नीचे एक ठिंगना-सा आदमी सिर पर हैट डाले गधे पर सवार है। नश्वर बनाम अविनश्वर को प्रतीकित करता यह चित्र पर्याप्त रोचक है। एक अन्य चित्र 'नाऊ एंड देन' (अब और तब) में भी अतीत और वर्तमान को परस्पर विरोधी मुद्रा में उकेरा गया है। यहाँ ग्राम्य परिवेश में गाय पर बैठा एक युवक पृष्ठभूमि में दिखाया गया है, जबकि पश्चिमी वेश-भूषा में बैठा अभिजात युगल चित्र के सामने डटा है। यहाँ चित्रकार ने भारतीय अतीत और युरोपीय वर्तमान की विषमता या असमानता को प्रभावात्मक ढंग से अंकित किया है। पूर्व-पश्चिम के अहिंसक और शान्त परिवेश के विरुद्ध हिंस्र और अराजक एवं आक्रामक मुद्रा से भी इसे द्योतित किया गया है। इसी क्रम में अंकित 'लोनली पोयट' में एक सीधी-सादी युवती किसी सम्भावित विषय पर कविता लिख रही है...और उसकी कल्पना में शक्ति बर्मन ने एक मोर पर सवार एक आकर्षक व्यक्ति को रंगीन परिधान में सजाकर बिठाया है। उसके इर्द-गिर्द कुछ एक जानवर सवार आपस में लड़ रहे हैं और शेर एक किन्नर से भिड़ा हुआ है। स्पष्ट है, यह कल्पना और यथार्थ का चिरन्तन द्वन्द्व है...अन्तहीन युद्ध।

चूँकि शक्ति बर्मन ने भारत की नागरिकता भी नहीं छोड़ी है, इसलिए पेरिस से वह भारत आते-जाते रहते हैं। उनका मानना है कि पेरिस में रहते हुए स्वयं को वह और अधिक भारतीय समझने लगे हैं। भारत के दर्शनीय स्थलों के साथ पुरी के कोणार्क के सूर्य मन्दिर ने उन्हें अपने प्रस्तर शिल्प से अभिभूत कर दिया था। प्रस्तरकला की असाधारण और विलक्षण धारावाहिकता से वे चमत्कृत रह गये थे। इसी तरह जैन एवं अपभ्रंश लघु चित्रों या पाण्डुचित्रों ने उनकी कला पद्धति और चित्रण प्रविधि को प्रभावित किया है, जिसे उनकी कलाकृतियों में लक्ष्य किया जा सकता है। उन्होंने भारत के कला संस्थानों का भी एकाधिक बार भ्रमण किया है। उनके चित्रों में जो संगमर्मरी प्रभाव दृष्टिगोचर होता है, वह भी मात्र संयोग से ही सम्भव हो पाया है। वे बताते हैं कि एक बार उनके जलरंगी चित्र पर पानी गिर गया। उसे रंगों से दुरुस्त करते हुए उन्होंने तैलरंग का प्रयोग किया। अन्ततः वे वांछित प्रभाव प्राप्त करने में सफल हुए। बात सिर्फ़ यही नहीं है, इसे उन्होंने इतालवी भित्तिचित्रण की मान्य प्रविधि से भी संपुष्ट किया। यह अत्यन्त श्रमसाध्य विधि है, जो उनकी सृजनशील विशेषता से ही

सम्भव हो पायी है। विषय-वैविध्य और उनके संयोजन की क्षमता ने शक्ति बर्मन की कृतियों को 'लार्जर दैन लाइफ़' बना दिया है। यह उनके 'टेक्स्टाइल डिज़ाइनर' (1960) जैसे चित्र से बहुत पहले स्पष्ट हो गया था, जिसे उन्होंने एक कालीन की तरह रंगों से बुना था।

'माया सिंगिंग' (2006); 'लक्ष्मी डांसिंग इन फ्रंट ऑफ़ इटर्नल लीजेंड्स' (2009) या 'कृष्णा डांसिंग' (2011) जैसे चित्र उसी कथाश्रित कल्पना लोक को चित्र पटल पर उतार लाने के सार्थक उपक्रम हैं, जिन्हें शक्ति बर्मन की स्मृति, सम्मिश्र सांस्कृतिक दृष्टि और रंग-सृष्टि ही सम्पूर्ण वैभव के साथ उकेर सकती है। शक्ति मुख्य पात्र या मूल चरित्र को केन्द्र में रखते हुए जितना श्रम करते हैं, उतना ही पार्श्व में उपस्थित पात्रों पर भी ध्यान देते हैं ताकि कैनवस अपनी पूरी भव्यता और सम्पूर्णता के साथ दर्शकों को चमत्कृत और अभिभूत कर सके। इन समस्त विशेषताओं और व्यस्तताओं के बीच, पूरब और पश्चिम के बीच अनुपम चित्र-सेतु बनानेवाले शक्ति बर्मन ने जहाँ प्राच्य गाथाओं और मिथकों को चित्रित किया, वहाँ बीसवीं सदी के महान स्वातन्त्र्य सेनानी एवं राष्ट्रपिता महात्मा गाँधी को भी याद किया। 'गाँधीजी : अहिंसा के सन्देशवाहक' शीर्षक से उनका चित्र (2011) बहुत सराहा गया। यह उन चित्रों से अलग हटकर ऐसी कलाकृति थी, जो किसी भी कलाकार को देश के बारे में सोचने को बाध्य कर सकती है, विशेषकर भारत से बाहर जाकर बस गये लोगों को। विभिन्न मुद्राओं और प्रसंगों को ध्यान में रखकर शक्ति बर्मन ने देवी दुर्गा के भी कई चित्र उकेरे हैं, जिनमें उन्होंने स्त्री-शक्ति अर्थात् मातृ शक्ति, जो सृष्टि के मूल में है, निरूपित किया है। 'देवी' (2008) शीर्षक चित्र में एक मिथकीय असुर या राक्षस का संहार करती यह मातृशक्ति स्वयं को दर्पण के माध्यम से कई प्रतिरूपों में अभिव्यक्त करती है। इसकी अभिव्यंजना शक्ति के चित्रपटल पर इन्द्रधनुषी रंगयोजना के साथ इस प्रकार की गयी है—जिससे कि देवी की दैवी आभा अपनी मोहक छटा चतुर्दिक् बिखेर सके। 'दुर्गा एंड द वर्ल्ड' (2008) में भी देवी का चंडस्वरूप अंकित है। साथ ही, इसमें एक किन्नर आतंकी मुद्रा में जहाँ अपना हाथ ऊपर उठाए हुए हैं, वहाँ कुछ लोग अरबी और रेनासां-कालीन वेशभूषा में तलवार और बन्दूक़ ताने हुए हैं। योद्धा वेशधारिणी देवी दुर्गा उनका संहार करने को उद्यत है। और यह तो सुनिश्चित ही है कि वह दुश्मनों पर विजय प्राप्त करेगी।

शक्ति बर्मन दो परस्पर विरोधी भावों या संवेगों को आख्यानपरक सूत्रों को सूक्ष्म रेखाओं और रंगों के ताने-बाने से बुनते रहे हैं। वे कभी-कभी उन प्रसंगों या सन्दर्भों के हवाले से चित्र के इर्द-गिर्द, एक सम्बद्ध चित्र भी आँक या टाँक देते हैं, जो नेपथ्य का कार्य करते हैं। ऐसे सूत्र-चित्र (Vignette) इकाई के तौर पर प्रयुक्त होने के बावजूद स्वयं में पूर्ण होते हैं। 'मैसेंजर' (सन्देशवाहक, 2008) नामक चित्र में मनुष्य और पशु का मिश्रित रूप 'मानवर' (मानव+जानवर) अपनी पूँछ लहरा कर एक युवती को सम्मोहित रहा है। जैसा कि बताया गया, एक सूत्र-चित्र में गाँव की दो स्त्रियों और उनके साथ एक किन्नर को उकेरा गया है। 'प्रेम और हिंसा' (2008) चित्र में जहाँ किसी बाग़ में एक राजसी युगल को प्रेम करते दिखाया गया है, वहाँ दो हथियारबन्द हिंसक सैनिकों द्वारा एक संगीतज्ञ को डपटते हुए प्रतीकित किया गया है।

प्रेम बनाम हिंसा को विषयवस्तु बनाकर कई आख्यान और असंख्य कथात्मक रूपक रचनाकारों एवं चित्रकारों द्वारा सृजित किये गये हैं लेकिन शक्ति बर्मन किसी भी ज्ञात या अज्ञात कथा-तन्तु को अपनी विशिष्ट शैली में निजी एवं मौलिक 'पैटर्न' से गूँथकर प्रस्तुत करते हैं। इसी कला क्रम को आगे बढ़ाते हुए 1993 में शक्ति बर्मन ने 'इण्डो-फ्रेंच' सम्बद्धता को एक नये और निजी रूपक को 'आर्टिस्ट एंड मॉडेल' में रूपायित किया था। इसे पश्चिमी परिवेश एवं परिधान में प्रस्तुत किया गया है, चित्र में दाहिनी ओर एक स्टूडियो है

और दूसरी तरफ़ बायीं ओर लगे आईने में पेंटिंग के अन्दर बनी पेंटिंग में एक नग्न मॉडेल का प्रतिरूप दर्शाया गया है, जो चित्रकार के सामने खड़ी है। इसे एक फ्रांसीसी यथार्थवादी चित्रकार गुस्ताव कॉर्बेट (Gustave Courbet) के सुप्रसिद्ध चित्र 'द आर्टिस्ट' स्टूडियो (ए रीयल एलेगरी, 1855) की अगली कड़ी के तौर पर भी देखा और सराहा गया। शक्ति ने अपने चित्र में स्वयं को अपनी प्रेमिकाओं और प्रशंसकों के बीच ही नहीं बल्कि पारिवारिक सदस्यों के बीच रखा है। इसके साथ एक मिथकीय अश्व और देवशिशुओं के साथ अलसाई मुद्रा में एक अत्यन्त सुन्दर युवती लेटी हुई है।

कहना न होगा, शक्ति बर्मन एकाधिक मिथक, संस्कृति और सन्दर्भों को बृहत्तर आयाम में निरन्तर प्रस्तुत करते रहे हैं, जिनसे प्रभावित उनको चाहने और सराहनेवाले न केवल पूर्व में बल्कि पश्चिम में भी, बड़ी संख्या में विद्यमान हैं। इस चित्र के पूर्व 'द आर्टिस्ट पेंटिंग ऐडम एंड ईव' (1996) में शक्ति ने स्वयं को मानव का प्रतिरूप बनाकर 'मानव पतन' की गाथा को चरितार्थ किया था। यद्यपि इस कला प्रविधि और अभिप्राय को पश्चिम में काफ़ी दोहराया गया है। इसमें चित्रकार ईजेल पर बैठकर किसी सुपरिचित आख्यान या मिथक को अपने कालखण्ड और कल्पना के अनुरूप चित्रित करता है। शक्ति ने ताजमहल को भी अपने स्टूडियो की पृष्ठभूमि में रखकर तत्कालीन प्रचलित पहनावे में लोगों की आकृतियों के साथ आजकल के फ़ैशनेबल वस्त्र पहने पर्यटकों को उकेरा है। यह परम्परा और आधुनिकता का सम्मिश्र तो है ही; विगत काल और समकाल के परस्पर चित्र 'ताजमहल—होमेज टु मोने' (2005) शीर्षक से प्रतिरूपित किया गया था। उनके ऐसे अकेले और अनूठे 'शोमैनशिप' से ऐसी (अश्रुत या अल्पश्रुत) कई गाथाएँ पूर्व और पश्चिम से तालमेल रखते हुए परस्पर संवाद करती प्रतीत होती हैं।

शक्ति बर्मन को उनकी पूर्व कला संस्था 'कोल दे नेशनोल सुपीरियर देस वियुक्स आर्ट्स' ने 'प्रि देस एक्सत्रांजर्स' उपाधि से सम्मानित किया है, जो किसी भारतीय मूल के चित्रकार के लिए एक विरल सम्मान है। सेलॉन दे मोंटमोरेंसी से सिल्वर मेडल प्राप्त शक्ति बर्मन कई देशी-विदेशी सम्मानों से विभूषित हैं। उन्होंने छठे अन्तर्राष्ट्रीय त्रिनाले, पेरिस बिनाले, ललित कला अकादेमी आदि विशिष्ट संस्थाओं द्वारा आयोजित कला प्रदर्शनियों में भाग लिया है। उनकी कलाकृतियों पर आधृत एक पुस्तक *शक्ति बर्मन : ड्रीमर्स ऑफ़ आर्क* 2001 में प्रकाशित हो चुकी है। ललित कला अकादेमी ने भी उन पर एक विनिबन्ध (मोनोग्राफ़) और एक 'फ़ोल्डर' (2007) छापा है।

मनु पारेख

(1939)

कैनवस को सृजन-मंच और रंगों को चरित्र माननेवाले मनु पारेख का जन्म 1939 में, अहमदाबाद में हुआ। बचपन से ही वह अपनी स्कूली तख्ती पर खड़िया (चॉक), और दीवारों पर कोयले से आकृतियाँ बनाया करते थे। वह जिस सरकारी स्कूल में पढ़ते थे, वहाँ भी दूसरे स्कूलों की तरह चित्रकला को एक विषय का दर्जा तो मिला हुआ था लेकिन कोई कला शिक्षक बहाल नहीं था। बालक मनु चूँकि चित्र बनाने में थोड़े माहिर थे इसलिए कक्षा में उनकी बड़ी पूछ थी। चौथी कक्षा में एक दिन चित्र बनाते हुए उन पर जब कला शिक्षक की नज़र पड़ी तो वे उससे बहुत प्रभावित हुए और उन्होंने मनु पर अन्य छात्रों को ड्रॉइंग सिखाने का भार सौंप दिया। इससे जहाँ उनका मनोबल बढ़ा वहाँ चित्रकला के प्रति विशेष आग्रह भी पैदा हुआ।

सामान्य परिवारों की तरह मनु पारेख के परिवार में भी चित्रकला के लिए कोई सम्मानित जगह नहीं थी। लेकिन उनके पिताजी को बाघ प्रजाति के चित्रों का संग्रह करने का बड़ा शौक़ था। वे पत्र-पत्रिकाओं और अख़बारों में छपनेवाले बाघों का चित्र काटकर जमा किया करते थे। इसमें मनु भी उनकी सहायता किया करता। इसके साथ ही पिताजी, जो फ़िल्में देखने के बड़े शौक़ीन थे, के साथ फ़िल्में देखते हुए यह बालक फ़िल्मों के भव्य सेट और अभिनेताओं के हाव-भाव देखा करता था। घर के पास ही, कृष्णा थियेटर में लगे पोस्टरों और हॉर्डिंग्स पर मनु की नज़र टिकी रहती, जिन पर हीरो-हिरोइन के रंगीन चित्र उकेरे जाते थे। उन्हें आर. के. गज्जर नामक व्यक्ति की भी स्मृति थी, जो नियमित रूप से फ़िल्मी हॉर्डिंग्स बनाया करता था। उन पोस्टरों को देख-देखकर किशोर मनु के मन में यह ललक जगती थी कि वह कब ऐसे ही चित्र बनाया करेगा। वहीं उनको रंगों की पहचान के साथ उनकी सम्मिश्रण विधि की जानकारी प्राप्त हुई। इन सिनेमाई पोस्टरों के चलते मनु घर पर ही हीरो-हीरोइन के चित्र पेंसिल से उकेरा करते थे। लेकिन उन्हें महात्मा गाँधी का चित्र उनके गोल चश्मे के साथ बनाना बहुत अच्छा लगता था और वह तुरन्त बन भी जाता था।

मनु पारेख के सन्दर्भ में, रंगों का उल्लेख करते हुए यह भी बताना ज़रूरी है कि उन्हें अपने इलाक़े में चकलेश्वर मन्दिर में होनेवाले आयोजनों में की गयी सजावट और रंगारंग परिधान में सजे-धजे लोगों की उपस्थिति से विभिन्न रंगों की छुअन का अहसास होता था। मन्दिर को अपनी रंग-बिरंगी आभा से मण्डित करनेवाले बल्बों की आँख-मिचौली और तरह-तरह की छटा बिखेरनेवाली रोशनी का भी उन पर गहरा प्रभाव पड़ा था। जगमगाती रोशनी से दीप्त आकाश एवं चतुर्दिक् फैले अन्धकार और प्रकाश का चिरन्तन द्वन्द्व, उन्होंने परवर्ती वर्षों में और भी गहराई से महसूस किया।

हाई स्कूल पास करने के बाद मनु अहमदाबाद के के.सी.एन. कला विद्यालय से कला पाठ्यक्रम पूरा करना चाहते थे। प्रतिभा के बल पर उन्हें दूसरे वर्ष में दाख़िला मिल गया। इसी दौरान दशरथ पटेल नामक एक कलाकार, जो इस स्कूल के पूर्व छात्र थे और पेरिस से लौटे थे, उन्होंने मनु की क्षमताओं को परखकर जे.जे. स्कूल ऑफ़ आर्ट्स, बम्बई जाने की सलाह दी। इस कार्य में एक अन्य सज्जन गुणवंत कायस्थ ने उनकी सहायता की। इस तरह उनकी कला का अगला और अनिवार्य सोपान बना—'जे.जे. स्कूल ऑफ़ आर्ट्स'। एक सफल कलाकार बनाने की इच्छा लिए मनु ने अपना अध्ययन ज़ारी रखा था लेकिन पारिवारिक दबाव के चलते उन्हें केवल बारह वर्ष की उम्र में विवाह बन्धन में भी बँधना पड़ा था। अच्छी ख़बर यही रही कि कला डिप्लोमा प्राप्त करने के बाद, उन्हें ऑल इंडिया हैंडलूम बोर्ड में नौकरी मिल गयी। बाद में हैंडीक्राफ़्ट एंड हैंडलूम एक्सपोर्ट कॉरपोरेशन के सलाहकार-जैसे महत्त्वपूर्ण पद पर कार्य करते हुए, उन्हें विभिन्न परिधानों में प्रयुक्त होने वाले रंगों और रंगारंग ताने-बाने से गुज़रना पड़ता था। यह कार्य उनकी दैनन्दिनी और जीविका का जहाँ अनिवार्य अंग बना रहा वहाँ अवकाश मिलते ही, वह अपनी मौलिक कलाचर्या में जुट जाते थे।

लोक प्रचलित कलाओं की ओर उनका आरम्भ से ही झुकाव था। इसलिए जे.जे. स्कूल ऑफ़ आर्ट्स में दी जानेवाली पाश्चात्य कलाशैली की शिक्षा उन्हें रुचिकर प्रतीत नहीं हुई क्योंकि उनमें प्रविधि पर अधिक और मानवीय प्रवृत्तियों एवं भावनाओं पर कम ध्यान दिया जाता था। लेकिन उन्होंने पूरी गम्भीरता के साथ कला का पाठ्यक्रम पूरा किया था।

मुम्बई प्रवास के दौरान उन्हें अपने ननिहाल, जोकि एक गाँव में था, वहाँ रहकर और ग्रामीण लोगों के सुख-दुःख की बातें सुनते हुए, उन्होंने मानवीय सम्बन्धों से ऊर्जा और संवेदना अर्जित की थी। बाद में, वही उनकी पूँजी बनी। उन्हें बम्बई में भी, एस. बी. पलसीकर-जैसे एक सदाशयी शिक्षक मिले थे, जो प्रसिद्ध चरित्र-अभिनेता नाना पलसीकर के भाई थे, और मानवीय मूल्यों को अत्यधिक महत्त्व देते थे। उनकी सलाह पर मनु ने चित्रकला को अपनी अभिव्यक्ति का माध्यम चुना। दरअसल मुम्बई में रहते हुए मनु ने कई गुजराती नाटकों में बतौर पेशेवर अभिनेता अभिनय किया था और मंच-सज्जा के क्षेत्र में भी काफ़ी नाम कमाया था। रंगमंचीय पद्धति और प्रविधि से प्राप्त अनुभव ने उन्हें चित्रों की प्रस्तुति में संरचनात्मक क्षमता एवं विशेषज्ञता प्रदान की। यही नहीं, उन्हें आर्थिक सम्बल भी प्राप्त हुआ।

मनु पारेख अपने आरम्भिक दौर में आकृतिमूलक चित्र ही बनाया करते थे, जिनमें रेखाओं की अपरिहार्य भूमिका होती थी। आकार अन्ततः कोई रूप तो धारण करेगा ही। लेकिन मनु के लिए रंग ही प्राथमिक थे। लेकिन कोई भी कलाकार सचेष्ट भाव से आकार का न्यूनतम प्रयोग करना भी चाहे तो न्यूनांश में ही सही, कोई-न-कोई रूपाकार दृष्टगत हो जायेगा। इसलिए अमूर्त भी पूरी तरह अमूर्त नहीं हो सकता—क्योंकि अमूर्तता भी कहीं-न-कहीं किसी रूपाकृति में सूक्ष्म तौर पर विद्यमान रहती है। मनु की कृतियों में अमूर्तन की भूमिका, भले ही वह तनिक सीमित हो—रचनात्मक तौर पर देखी जा सकती है।

उनके आरम्भिक चित्रों में मानवाकृतियों की प्रधानता रही लेकिन धीरे-धीरे गौण होती हुईं, बाद में लुप्त ही हो गयीं। ऐसा मानवीय भावनाओं और संवेदनाओं को विशेष महत्त्व देने के कारण हुआ। मनुष्य का चेहरा आँकते और विभिन्न परिस्थितियों में उनकी अभिव्यक्तियों को प्रमुखता देते हुए, उन्होंने संवेदनाओं को जहाँ

संवादमुखर बनाया वहाँ उनकी आकारहीनता को भी गतिवान बनाया ताकि वे देहविहीन या आकारहीन न लगें और अपनी दृश्यता बनाये रखें। बावजूद इसके, मनु के लिए रंगप्रवण भाव-संयोजन अधिक प्रिय और महत्त्वपूर्ण बना रहा। इसका सटीक उदाहरण 'भागलपुर चित्र-शृंखला' है, जिसे 'हेड शृंखला' के नाम से जाना जाता है। इन चित्रों में आकार के तौर पर केवल चेहरे ही अंकित हैं। और जैसा कि बताया गया, मनु के इन चित्रों में द्वन्द्वात्मक प्रवृत्ति के दर्शन होते हैं—एक पक्ष अपने प्रतिपक्ष के विरुद्ध प्रस्तुत। यह भागलपुर में हुए दंगों की त्रासदी से उत्पन्न आँख-फोड़वा कांड की चित्रावली है, जिसमें आक्रामकों और आक्रान्ताओं के चेहरे अंकित हैं। एक ओर निरीह, विषण्ण, डरे-दबे और सहमे लोगों के चेहरे पर पीड़ा, यन्त्रणा, याचना के भाव हैं तो दूसरी ओर हिंसक, भयावह, आततायी और दबंग चेहरे। त्रस्त और भयग्रस्त चेहरों पर दया, याचना और अवसाद से उभरी रेखाओं को स्पष्ट तौर पर पढ़ा जा सकता है और इनके विरुद्ध रूपायित विरूप, विद्रूप, विकृत एवं बीभत्स चेहरे। इन्हें चित्रकार मनु ने अपेक्षित नाटकीयता भी प्रदान की है, जो देहविहीन और आधारहीन होने के बावजूद उतने ही प्रभावी ढंग से विन्यस्त किये गये हैं और अलिखित संवाद बाँचते नज़र आते हैं। ऐसा नहीं है कि ऐसे पात्र केवल क़िस्से-कहानियों या आख्यानों में ही आविर्भूत हो सकते हैं, वे कहीं भी उत्पन्न हो सकते हैं, चाहे वह भागलपुर हो या गोधरा।

एक ज़िम्मेदार नागरिक और सामाजिक होने के नाते मनु पारेख का कलाकार मन उन मूक और बधिर लोगों की व्यथा को भी पढ़ और परख लेता था, जो उनकी बनारस चित्र-शृंखला में अभिव्यक्त हुई है। हर संवेदनशील व्यक्ति के लिए बनारस एक ऐसा दानवीर शहर है, जो दाता बनकर उसे बहुत कुछ प्रदान कर सकता है। इसलिए मनु पारेख ने जब उस शहर का परिदर्शन किया तो उन्हें लगा कि वहाँ की जर्जर गलियाँ और दीवारें, मन्दिर, घाट, सीढ़ियाँ, नाव, बजरे, साधु-संन्यासी, पंडे और आदिगन्त फैली गंगा एवं अछोर आकाश...सभी उनसे अपनी व्यथा-कथा सुनाने को आतुर हैं। मनु भी वहाँ अन्यान्य चित्रकारों की तरह दृश्यांकन करने ही गये थे, लेकिन अपनी शैली में। उन्होंने स्वीकार किया कि उनके मानस में तब जिन दो चित्रकारों की निर्मितियाँ बसी हुई थीं, वे थे—रवीन्द्रनाथ ठाकुर और एफ़.एन.सूज़ा। पहले का अपूर्व-अमूर्त संयोजन और दूसरे का अद्वितीय रंगविधान। लेकिन दोनों ही स्वतःस्फूर्त और भावाकुल। मनु ने उसी मानसिकता के साथ बनारस को अपना रंगनायक बनाकर ग्रहण किया और उनके चित्रों में एक भावाविष्ट चित्रकार की धारावाहिकता को क्रमानुसार लक्ष्य किया जा सकता है—साकार अमूर्तन और रंगीन रूपायन में। विशेषकर आकाश की बहुविध रंगिमा में और उसकी सुदीप्ति एवं व्याप्ति में।

इसी क्रम में मनु पारेख की एक और 'पुष्प चित्र-शृंखला' (Flower Series) का उल्लेख आवश्यक जान पड़ता है; जो उनकी बनारस चित्र-शृंखला की लघु लेकिन विशिष्ट कड़ी है। मनु पारेख ने अपनी युवावस्था में, कलकत्ता में भी कुछ दिन बिताये थे और उनके लिए वे दिन बड़े रोचक, उत्तेजक और रचनात्मक थे। अपने घर से बाहर क़दम रखते ही, उन्हें एक विराट रंगमंच पर एक-के-बाद-एक घटित होनेवाले असंख्य नाट्य-दृश्य दिखायी पड़ते। इसके बाद उन्हें सत्तर के दशक में बनारस की यात्राएँ याद थीं, जो अपने रंगारंग सम-विषम और परस्पर विरुद्ध परिवेश और परिभूमि के बावजूद, बेहद रोचक और आकर्षक थीं—प्रभात-प्रार्थना से लेकर सन्ध्या आरती तक। इन दोनों शहरों के मुक़ाबले दिल्ली तब उन्हें ठण्डी और बेजान जान पड़ी थी।

प्राकृतिक दृश्यांकन की भाव प्रवणता पर मनु का ध्यान विशेष रूप से केन्द्रित रहता था क्योंकि निसर्ग के प्रति आरम्भ से ही उनका जुड़ाव रहा था और वे जानते थे कि प्रकृति का सबसे अनुपम उपहार पुष्प है, जो अपने सौन्दर्य एवं औदार्य से किसी को भी आनन्दित एवं प्रमुदित कर सकता है। बनारस की तरह पुष्प या फूल भी एक ऐसा उन्मुक्त विषय है, जिस पर लाखों-करोड़ों कविताएँ लिखी गयी हैं और इसकी विविध क़िस्मों को केन्द्र में रखकर असंख्य चित्रकारों ने उकेरा है। मनु पारेख ने उन फूलों को उनकी तरह ही खिलते, मुस्कराते और फिर मुरझाते हुए देखा होगा। लेकिन जब वे उन्हें अपनी तूलिका से उकेरने लगे तो उन्होंने पाया कि रात्रि के अन्तिम प्रहर से ही बनारस के छोटे-बड़े मन्दिरों में विराजमान देवी-देवताओं को, आसपास और देश के विभिन्न भागों से आनेवाले रंगारंग फूलों से सजाया जाता है। प्रकृति देवी इन्हीं पुष्पों से अपने इष्ट और उपास्य के प्रति नैवेद्य अर्पित करती है। जबकि इसका श्रेय भक्तगण और दर्शनार्थी उन्हें फूल-मालादि चढ़ाकर लेते हैं। लेकिन फूल के जीवन में आनन्द एवं उल्लास की सीमित कालावधि यहीं समाप्त हो जाती है। कुछ देर बाद ही, उन सुरम्य और सुरभित फूलों को कचरा समझकर, झाड़-बुहारकर बाहर फेंक दिया जाता है। देवी-देवताओं की शान और शोभा बढ़ानेवाले फूलों की यह दुर्गति और दुर्दशा एक कविमना चित्रकार को अवश्य ही विचलित कर सकती है। यही नहीं, वैवाहिक बन्धन में बँधनेवाले वर-वधू एक-दूसरे से गले में माला डालकर पाणिग्रहण करते हैं, विश्व के लगभग हर कोने में फूलों को ही प्रसन्नता और आह्लाद का प्रतीक मानकर विवाह की रस्म पूरी की जाती है। ऐसे में, जब बनारस के एक घाट पर वैवाहिक आयोजन की शुभ घड़ी में आनन्द की धूम मची होती है, उसी क्षण बनारस के दूसरे घाट पर फूल-माला से लदी अर्थी 'राम नाम सत्य है' के साथ उतारी जाती है ताकि जितनी जल्दी हो शव को फूँक-तोप दिया जाय। आनन्द और अवसाद, जीवन और मृत्यु, प्रकाश और अन्धकार के इस चिरन्तन वृत्त को ही मनु पारेख ने—पुष्प के उत्कर्ष तथा अवसान के रूपक में ढाला है। स्वाभाविक है, इन चित्रों के समक्ष खड़े होकर दर्शक निश्चय ही जीवन-मरण के दृष्टान्त, बल्कि इसके दर्शन को गहराई से समझ सकते हैं।

मनु पारेख संवेदनशील होने के साथ चिन्तन प्रवण भी हैं। उन्होंने कला, दर्शन, साहित्य, संस्कृति और लोक-तत्त्वों का गहन अध्ययन किया है और उन्हें अपनी कलाकृतियों में सम्मानित स्थान भी दिया है। वे अपने चित्रों में सन्त तुकाराम के अभंगों को साक्ष्य बनाकर प्रस्तुत करते रहे हैं। रामकृष्ण परमहंस के उपदेशों और विचारों से प्रभावित मनु ने अपने चित्रों में उनकी उक्तियों को उद्धृत किया है। ऐसा उन्होंने किसी धार्मिक आस्था से प्रेरित होकर नहीं बल्कि उनके त्याग एवं संघर्षपूर्ण जीवन तथा उनकी मानवीय दृष्टि के नाते किया है। एक प्रतिश्रुत कलाकार समाज को मानवीयता के सन्देश के सिवा और दे भी क्या सकता है?

मनु पारेख लम्बे समय से कलाक्षेत्र में सक्रिय रहे हैं, इसलिए उनकी कला यात्रा में प्रयोग और प्रविधिगत वैविध्य के भी दर्शन होते हैं। लेकिन एक कलाकार के नाते उनकी प्राथमिकता रही है अपनी भावसत्ता में आस्था और इसी आत्मविश्वास के साथ कैनवस या चित्रपटल का सामना। हालाँकि हर चित्रकार के काम करने की अलग-अलग विधि होती है लेकिन अगर वह कैनवस के सामने डिग गया तो वह वांछित चित्र कभी नहीं बना सकता। मनु पारेख के मामले में, पहले से कोई निश्चित या निर्धारित विषयवस्तु अथवा पूर्वनियोजित रूपाकृति नहीं होती, लेकिन हाथ में तूलिका थामते ही कैनवस पर एक... फिर दो... और फिर कई आकृतियाँ क्रमशः उभरती चली जाती हैं और अपना स्थान सुनिश्चित करती जाती हैं। चित्रप्रणेता उसे वांछित आकार और आकाश (स्पेस)

देता हुआ उनके संयोजन पक्ष पर ध्यान रखता है। साथ ही, उपयुक्त रंगों के द्वारा यथासम्भव सन्तुलन बनाये रखता है। कभी-कभी आकृतियों की अपेक्षा के अनुरूप रंग स्वयं प्रयुक्त होते जाते हैं तो कभी रंग स्वयं आकृति में ढल जाते हैं। चित्रकार इन दोनों को सटीक या उपयुक्त स्थान देने का, या यों कहें, मात्र उन्हें व्यवस्थित या संयोजित करने का काम करता है। प्रक्रियाधीन चित्रों की भावप्रवण वस्तु के स्थान या विन्यास में चित्रकार का मानस अत्यन्त सक्रिय होता है। उसका हाथ वस्तुतः उसी से संचालित होता है और तब वह मानस से उठनेवाले भाव तरंगों में हस्तक्षेप नहीं कर सकता। अकारण या अनावश्यक हस्तक्षेप चित्र की आत्मा को क्षति ही पहुँचाता है।

चित्र निर्माण, विशेषकर दृश्यांकन में, जो मनु पारेख की अभिरुचि का क्षेत्र है, उसमें चित्रित विभिन्न रूपाकारों की सघन उपस्थिति के बावजूद, वे 'स्पेस' को विशेष महत्त्व देते रहे हैं। वहाँ 'स्पेस' उन्मुक्त होता हुआ भी, कैनवस पर अंकित वस्तु (आकारबद्ध या आकारहीन) को एक लय में बाँधता है—जैसा कि उनके एक चित्र 'शीर्षकहीन' में देखा जा सकता है। इसमें सुनील आकाश में उदित चाँद, बादल, प्रकृति-चक्र से बँधे फूल-फल-वनस्पति, पक्षी (हंस), कमल और नीचे समुद्र गर्भ से निष्पन्न रत्न भी दिखाए गये हैं। इन्हें संयोजित करते हुए 'स्पेस' का विशेष ध्यान रखा गया है ताकि सबको पर्याप्त स्थान मिले। साथ ही, वे जीवन्त और प्राणवान लगें। प्रत्येक इकाई को स्वायत्त रखते हुए, इस चित्र में नीचे से हरे रंग की प्राणनलिका काफ़ी ऊपर तक चली गयी है और वलय बनाते हुए, नीचे उतर आयी है। वस्तुतः यह सृष्टि की गर्भनलिका है, जो पृथ्वी के समस्त जीव और वनस्पति जगत को प्राण और संजीवनी प्रदान करती है और सृष्टि का चक्र थामे रखती है।

जहाँ तक प्रयोगधर्मिता की बात है, मनु पारेख ने विभिन्न रंग माध्यमों और अन्य साधनों को साधते हुए, उनको कई प्रकार से नियोजित किया है। रबर और काठ से बने छोटे-बड़े कलर-रोलर्स का भी इस्तेमाल किया जिससे कि रंग चटख बने रहें। यहाँ तक कि उन्होंने कैनवस पर राइस पेपर चढ़ाकर उसे चित्रित किया ताकि एक ओर रंगों की मृदुता बनी रहे और दूसरी ओर उनकी शुष्कता को नियन्त्रित रखने की जाँच-परख की जा सके।

जैसा कि आरम्भ में बताया गया, मनु पारेख के चित्रों में रूपायित आकार स्वतः नाटकीय ढंग से संयोजित हो जाते हैं या होते जाते हैं। इसकी वजह है थियेटर से अभिन्न जुड़ाव और मंच-सज्जा का अनुभव। किसी मंच पर कोई पात्र या उपकरण (भले ही वह कुर्सी हो, मेज़ हो या सोफ़ा) कहाँ और किस तरह रखा जायेगा, कोई पात्र कैसे उपस्थित होगा या खड़ा रहेगा—इसे सम्पूर्ण रंग-प्रविधि के सन्दर्भ में देखने की दृष्टि अपेक्षित होती है ताकि किसी भी रचनाकर्म के उद्देश्य की सिद्धि हो। निश्चित तौर पर मनु पारेख के चित्रों में आकारगत संयोजन का पक्ष हो या 'स्पेस' के निर्धारण का—उनकी मंचगत प्रवणता को ध्यान में रखना ही होगा। उनके लिए संस्थापन कला (Installation Art) भी एक मंचीय व्यवस्था ही है, जो वस्तु (पात्र) और 'स्पेस' को ध्यान में रखकर ही संयोजित की जाती है।

अस्सी के दशक से ही मनु पारेख के काम में आये बदलाव को लक्ष्य किया जा सकता है, जो बीस वर्षों तक हैंडीक्राफ़्ट हैंडलूम एक्सपोर्ट कॉरपोरेशन से सम्बद्ध कार्य दायित्व का भी परिणाम है। इस दौरान उन्होंने बुनकरों की ग़रीबी, अभाव और शोषण को देखा था और जिनके दुःख-दर्द उनके अमूर्त चित्रों में उदासी, अवसाद और निराशा व्यक्त करनेवाले स्याह रंगों के साथ अभिव्यक्त हुए।

कई पुरस्कारों और सम्मानों से अलंकृत मनु पारेख अब अस्सी वर्ष के हो चुके हैं। 2017 में राष्ट्रीय आधुनिक कला संग्रहालय, दिल्ली में उनके द्वारा बनाये गये पिछले साठ साल में बने प्रतिनिधि चित्रों के साथ उनके नवीनतम चित्र भी प्रदर्शित थे। इसके साथ ही *(मनु पारेख : 60 ईयर्स ऑफ़ सेलेक्टेड वर्क्स)* कॉफ़ी टेबल बुक का प्रकाशन भी हुआ। इस प्रदर्शनी में उनका दीर्घाकार चित्र 'ईसा : द लास्ट सपर' ने दर्शकों का ध्यान विशेष तौर पर आकृष्ट किया। यहाँ एक महत्त्वपूर्ण तथ्य का उल्लेख आवश्यक है कि उनकी धर्मपत्नी माधवी पारेख भी गृहस्थी सँभालने के साथ, कला के क्षेत्र में सक्रिय हुईं और अपनी अलग पहचान बनायी। और यह कम हैरानी की बात नहीं है कि उन्हें अपने पति मनु पारेख से पहले ही ललित कला अकादेमी का राष्ट्रीय पुरस्कार (1972) प्राप्त हो चुका था।

गणेश पाइन
(1937–2013)

गणेश पाइन ने अपने जीवन और कला के बारे में बताते हुए एक जगह कहा है—"मेरे जीवन में न तो व्याप्ति है और न वैविध्य, यात्राओं में भी मेरी रुचि नहीं। जन्म काल से ही मुझमें एक बोध तिरता रहा है—पुरातन जल में बहते किसी गुल्म की तरह और जिसकी जड़ों का संचार मेरे अन्तर के किसी कोने में निरन्तर होता रहता है। जीवन और कला से जुड़े मेरे जितने भी स्वप्न, स्मरण और अभिज्ञान हैं—वे सब उसी बोध में संश्लिष्ट हैं। उस संश्लेष का अर्थ क्या है—यह मैं ठीक से समझ नहीं पाता, केवल उसकी अनुक्रिया का अनुभव कर पाता हूँ।"

कलाकार ने अत्यन्त सुन्दर और सटीक कथन द्वारा अपनी कला सर्जना के बारे में बता दिया है। इसके साथ ही, यहाँ बहुत पहले बांग्ला के यशस्वी कवि शक्ति चट्टोपाध्याय के इस विचार को उद्धृत किया जा सकता है, जो उन्होंने उनके चित्रों को देखने के बाद व्यक्त किया था—"यह एक सतत अन्तर्लोकवासी के अविच्छिन्न अभिज्ञान का काव्यकूट है।"

गणेश पाइन ने बड़े मनोयोग से और निष्ठापूर्वक कला की साधना की थी। अपनी कला-सर्जना द्वारा उन्होंने अपनी कला-पद्धति और सौन्दर्य-दर्शन को भी विकसित किया। उनका मानना था कि मुख्यतः तीन चीज़ें—सर्जना को प्रभावित करती हैं। इनमें पहला है—कलाकार जिस देश या समाज में रहता है, उसकी सामग्रिक संस्कृति और कला का इतिहास। दूसरा है परिवेश—यानी जिन सामाजिक परिस्थितियों द्वारा कलाकार की मनोदशाएँ परिचालित होती हैं, उनसे उसकी संलग्नता। और तीसरा है—कलाकार का निजी व्यक्तित्व या कला-सर्जक रूप। अपने सृजनशील मनन, व्यक्तित्व, क्षमता एवं कौशल तथा इतिहास और परिवेश के संयोग और घात से ही, वह सृजनक्षम हो पाता है। उसका कला व्यक्तित्व, उसके मनन तथा अध्यवसाय के साथ उसकी कला सर्जना ही नहीं, उसकी परिणति पर भी निर्भर करता है। किसी कलाकार ने इतिहास को कितना और किस रूप में ग्रहण किया है और अपने परिवेश से जुड़ी तमाम जानकारियों में या उसकी आन्तरिक जीवनचर्या में अनुभूति का कितना संस्पर्श है, जिसे उसने अपनी कला में अनुस्यूत किया है—यह देखने-परखने का विषय है।

प्राचीनकालीन कलाओं में भी हम कला-सर्जना के क्षेत्र में, इन तीन विषयों की भूमिका देख सकते हैं और आज भी उनकी उतनी ही आवश्यकता है। साम्प्रतिक समय में, इस अत्याधुनिक कलाचर्या के शोर-शराबे में भी, हम उन सूत्रों की क़तई अनदेखी नहीं कर सकते और विशिष्ट कला-सर्जना

के क्षेत्र में तो उक्त विषयों की भूमिका सर्वथा अपरिहार्य है क्योंकि इन्हीं के चलते सृजन के क्षेत्र में उल्लेखनीय परिवर्तन घटित होते हैं। गणेश पाइन के चित्रकर्म में या उनकी कला-सर्जना के लम्बे दौर में हमें बार-बार इसका स्पष्ट संकेत मिलता है।

सन्त-स्वभाव वाले, बेहद संवेदनशील और आन्तरिक विश्वास के धनी पाइन बचपन से ही कलापूर्ण संसार के साथ जुड़ गये थे। चित्रों के प्रति उनमें स्वाभाविक लगाव था। पारिवारिक सूत्रों के कारण ही यह प्रगाढ़ हुआ। अपनी दादी माँ के मुख से *पुराण, रामायण* और *महाभारत* की कथाओं और आख्यानों को सुनकर वह भारतीय संस्कृति और उससे सम्बन्धित भावबोध से गहरे जुड़े। साहित्य के पन्नों से भी उन्होंने उस इतिहास का सन्धान पाया। अवनीन्द्रनाथ ठाकुर के लेखन, चित्रांकन और उनकी बैठकी वाली मानसिकता ने, उन्हें कॉलेज जीवन से ही प्रभावित किया था। गहरी प्रतीति और आत्मविश्वास के साथ इसमें ठाकुरबाड़ी (रवीन्द्रनाथ ठाकुर का पैतृक आवास) वाली चमक-दमक और रोब-दाब की कोई झलक नहीं थी। बेहद सीधे-सादे और संवेदनशील गणेश पाइन सदैव आत्मस्थ रहा करते थे। अपने ढीले-ढाले गैरिक कुरते और धोती में वह पूरी तरह एक बंगाली भारतीय नज़र आते थे। उनके चित्रों में भी उनकी उसी सादगी की झलक देखी जा सकती है। लेकिन सांस्कृतिक निरन्तरता और आन्तरिकता के साथ देसी रूप सौन्दर्य और वैभव की झलक भी उनमें स्पष्ट है। जिस परिवेश और समाज में वह पले-बढ़े, उनके घात-प्रतिघात के साथ पारिवारिक और व्यक्तिगत जीवन के सुख-दुःख और धूप-छाँह ने भी उन्हें कमोबेश प्रभावित किया।

पिता के असामयिक निधन और फिर अपने बड़े भाई की मृत्यु ने उनके आरम्भिक जीवन को असहाय और निरुद्देश्य कर दिया था। कई वर्षों तक अर्थाभाव और कोई नौकरी जुटा पाने का व्यर्थ प्रयास भी उसमें जुड़ गया। द्वितीय विश्वयुद्ध, बंगाल का अकाल और आँखों के सामने होते दंगे और फ़साद तो थे ही, एक समय उन्हें पारिवारिक आवास छोड़ देने को बाध्य होना पड़ा। इन तमाम बातों ने उन्हें न केवल विचलित किया बल्कि अन्तर्मन को उद्विग्न भी किया। अन्ततः यही तमाम दुःख-दर्द एवं दंश उनकी कला-सर्जना के अचूक और ताक़तवार हथियार बन गये। इस विपुल सृजन के स्रष्टा थे, गणेश पाइन—कल्पनाप्रवण और रूप सौन्दर्य के उपासक। सचेत, संवेदनशील एवं बुद्धिदीप्त स्वभाव के साथ चित्रकला के विभिन्न उपादानों, भावबोध और परीक्षा-निरीक्षा के बीच निरन्तर कला-सर्जना में तल्लीन। अपनी व्यक्तिगत स्मृतियों, स्वप्न, कल्पना, जातीय और जागतिक अनुभव को इतिहासबोध और कलाबोध से सम्बद्ध कर उन्होंने अपनी सृजन क्षमता और कला दक्षता को समृद्ध किया।

अत्यन्त संवेदनशील और आन्तरिक शक्ति से परिपूर्ण गणेश पाइन बचपन से ही स्वप्नजीवी थे और जैसा कि बताया गया, दादी की रोचक कहानियों ने पंख देकर जिसे कल्पनाप्रवण बना दिया था। *रामायण-महाभारत* के आख्यान और बंगाल की रूपकथाएँ (लोकगाथाएँ) उनकी स्मृति का अनिवार्य अंग बन गये थे। पिता की अकाल मृत्यु और बाद में बड़े भाई तथा अन्य आत्मीय जनों के निधन ने पाइन को निःसंग और एकाकी बना दिया था। इस निःसंगता ने उन्हें स्वाध्याय और अध्यवसाय दोनों के लिए प्रेरित किया। हालाँकि बाहरी दुनिया के दबावों ने उन्हें और उनके परिवार को लम्बे समय तक अर्थाभाव झेलने के लिए विवश किया था।

पन्द्रह वर्ष की उम्र में, राष्ट्रीय संग्रहालय कलकत्ता में आयोजित अवनीन्द्रनाथ ठाकुर की चित्र प्रदर्शनी (1952) देखकर पाइन को पहली बार लगा कि एक कलाकार आसपास के जीवन और प्रकृति को इतने सुन्दर ढंग से कैसे अभिव्यक्त कर पाता है। तब से भारतीय चित्रकला के प्रति उनकी जिज्ञासा बढ़ी और इस दिशा में कार्य करने की प्रेरणा भी मिली। इंटरमीडिएट परीक्षा उत्तीर्ण करने के बाद पाइन ने अठारह वर्ष की उम्र में गवर्नमेंट कॉलेज ऑफ़ आर्ट में दाख़िला ले लिया। वहाँ अपनी कला प्रतिभा से उन्होंने सारे कला अध्यापकों—देवकुमार रायचौधुरी, माणिकलाल बन्द्योपाध्याय, सत्येन घोष और गोपाल घोष को प्रभावित किया था। शिक्षा सत्र के दौरान ही, 1957 ई. में, जलरंग में चित्रित उनके दो चित्र—'एक सपने की मौत' (डेथ ऑफ़ ए ड्रीम) और 'अपनी झाँसी नहीं दूँगी' बेहद चर्चित हुए। हालाँकि इसके पूर्व उनके द्वारा बनाया एक चित्र 'पतंग लूटते हुए' (1955, जलरंग) भी काफ़ी सराहा गया था, जिस पर अवनीन्द्रनाथ ठाकुर का स्पष्ट प्रभाव था।

सौ साल पहले 1857 ई. के प्रथम स्वाधीनता संग्राम की स्मृति में आयोजित एक कार्यक्रम के लिए पाइन ने 1957 ई. में दो चित्र बनाये थे। एक 'सपने की मौत' चित्र में दिखाया गया था कि झाँसी की रानी एक पेड़ के नीचे पराजित और निर्जीव पड़ी है। उसके सिरहाने गर्दन झुकाए खड़ा है उसका काला घोड़ा। बगल में रखी है रानी की नंगी तलवार और पृष्ठभूमि में जलता झाँसी का क़िला। इसी विषय पर बना दूसरा चित्र 'अपनी झाँसी नहीं दूँगी' को बाद में फ्रेम कराकर एकेडेमी ऑफ़ फ़ाइन आर्ट्स, कोलकाता की एक विशेष चित्र प्रदर्शनी में लगाया गया था। प्रदर्शनी का उद्घाटन करते हुए तत्कालीन प्रधानमन्त्री जवाहरलाल नेहरू काफ़ी देर तक इस चित्र को देखते रहे। तब इस प्रदर्शनी की आयोजक लेडी रानु मुखर्जी ने बीस साल के शर्मीले युवक पाइन को उनके सामने उपस्थित किया था। निश्चय ही पाइन के लिए यह एक गौरव का क्षण था। इस चित्र को प्रथम पुरस्कार मिलने पर उनके शिक्षकों ने भी प्रसन्नता व्यक्त करते हुए पाइन के उज्ज्वल भविष्य की कामना की थी।[1]

लेकिन इन्हीं दिनों कलकत्ता आर्ट कॉलेज के मूर्तिकला शिक्षक प्रदोष दासगुप्ता के कॉलेज से निकाले जाने पर तत्कालीन प्रिंसिपल सुप्रसिद्ध मूर्तिकार चिन्तामणि कर और शिक्षक संघ के बीच विवाद उठ खड़ा हुआ था और उक्त चित्र प्रदर्शनी को बन्द कराने का निर्णय लिया गया। जबकि पाइन और दूसरे कुछ छात्र एवं अध्यापक चाहते थे कि छात्रों को मिले इस अवसर को गँवाना उचित नहीं होगा।

अभावों को झेलते और आगे बढ़ते पाइन ने 1966 में दो विशिष्ट गोश (Gauaches) तैयार किये—'दो दोस्त' (Two Friends) और 'निद्राचारी' (The Somnambulist)। पहले चित्र में मेज़ के दोनों ओर बैठे दो व्यक्ति कॉफ़ी और सिगरेट पी रहे हैं। सामने रखी कॉफ़ी की प्याली से उड़ता नीला धुआँ वहाँ के माहौल में मानो अटक गया है। चश्मा पहना व्यक्ति जोश या आक्रोश में कुछ बोल रहा है जबकि नारंगी टोपी वाले व्यक्ति का पूरा चेहरा नहीं दीख रहा, सिवा सिगरेट के, जो उसके होठों में दबा है। पूरा परिवेश ठहरा हुआ है। यह चित्र कॉलेज स्ट्रीट, कोलकाता स्थित सुप्रसिद्ध 'कॉफ़ी हाउस' का भी हो सकता है, जहाँ कवि-कलाकारों और पत्रकारों के संग पाइन की अधिकांश शामें बीतती थीं। दूसरे चित्र में एक पेड़ चित्रित है। अँधेरे में लिपटे इस पेड़ का आकार-प्रकार भुतहा और डरावना प्रतीत होता है। गहरे काले और नीले रंग के प्रयोग से चित्रकार की अवसादपूर्ण मनोदशा का संकेत मिलता है—जो इस पूरी संरचना से भी स्पष्ट है।

साठ-सत्तर के दशक में निरन्तर तीव्र होते आन्दोलन, विशेषकर नक्सल आन्दोलन, कम्युनिस्ट पार्टी के बढ़ते प्रभाव से बंगाल के राजनीतिक परिवर्तन और मुक्ति संग्रामियों के विद्रोह से 1971 ई. में बांग्लादेश के उदय ने गणेश पाइन के कैनवस को बेहद अस्थिर कर दिया था। स्वभाव से धीर-प्रशान्त और मितभाषी पाइन के अन्तर्मन को तत्कालीन परिस्थितियाँ झिंझोड़ रही थीं। संक्रमण के काले दौर से गुज़र रहे इस संक्रमण काल को पाइन अपने स्केच बुक और डायरी में भी उतार रहे थे। उस समय ग्राफ़ पेपर एवं छोटे-बड़े कार्ड्स पर बनाये गये उनके 'डूडलिंग' और 'जॉटिंग्स'(टीप) भी उनकी कला यात्रा को समझने में हमारी मदद करते हैं। अगले कुछ वर्षों में भी, विशेषकर अस्सी के दशक से उनके रुझान में ही नहीं, विषय चयन के साथ उनके रचाव में भी गुणात्मक परिवर्तन आया और विचार के स्तर पर भी उनकी निर्मितियाँ अपने दर्शकों से संवाद करने लगी थीं। टेम्परा में ही उनकी दो कृतियाँ, जो *महाभारत* से सम्बद्ध हैं, काफ़ी चर्चित रहीं। इनमें से एक है, एकलव्य द्वारा अँगूठा काट कर गुरु दक्षिणा चुकाना, और दूसरा, कौरव सभा में द्रौपदी का वस्त्रहरण।

'हार्बर' (1971) का निर्माण पाइन ने बांग्ला के सुप्रसिद्ध और 'हंग्री जेनरेशन' के अग्रणी कवि शक्ति चट्टोपाध्याय की कविताएँ सुनकर किया था। यह पाइन की सामाजिक प्रतिबद्धता ही नहीं, मानसिक सजगता का ही निदर्शन था कि वे समय और परिवेश को प्रभावित या सम्बोधित करनेवाले प्रबुद्ध संस्कृतिकर्मियों से निरन्तर संवाद बनाये रखते थे। टेम्परा में जलरंगी आभास पैदा करता 'पानी पीता पशु' पाइन की एक प्रसिद्ध निर्मिति है–जो अपनी सांकेतिकता के कारण भी काफ़ी चर्चित रही है। इसमें पानी पीते हरिण की गर्दन पर चुभा एक तीर दिखाया गया है और लगभग मरणासन्न हरिण की जीभ लटकी हुई है।

चैतन्य देव केन्द्रित चित्रों में 'पदचिह्न' (Footprint) इसलिए भी दर्शकों को भावोद्वेलित कर देता है क्योंकि यह गया के विष्णु मन्दिर में शिलांकित विष्णुचरण की स्मृति जगा देता है। एक भक्त अन्ततः अपने आराध्य के रूपाकार को कैसे पा सकता है! यही स्थिति एक कलाकार की भी होती है–वह भी अपने अनुभव को टिकाने के लिए कोई रूपाश्रय ढूँढ़ता रहता है। 'रथ के सामने' नामक (टेम्परा) चित्र में इसे अधिक स्पष्ट ढंग से अभिव्यक्ति मिली है। यद्यपि दोनों की अन्तर्वस्तु में पार्थक्य है। खिलौनेनुमा आकारवाली प्रयुक्ति अपनाते हुए पाइन के इस चित्र में एक रथ के सामने भक्त चैतन्य हाथ फैलाये हुए हैं। काष्ठनिर्मित घोड़ा भी मानो रथ की सत्ता में एकाकार हो गया है। रथ के तीन पहियों पर तैयार किया गया ढाँचा चरमरा कर गिरने को है और आसपास की उधड़ी दीवारों और अस्पष्ट पृष्ठभूमि का क्या संकेत है, इसे अतीत के सन्दर्भ में चैतन्य भी समझना चाहते थे और सम्भवतः अपने समकाल के लिए पाइन भी। सुप्रसिद्ध कलाकृति 'घातक' की संरचना द्वारा अपने अनुभव से अर्जित इतिहास बोध और समसामयिक भावबोध को उन्होंने बड़ी स्पष्टता से प्रस्तुत किया। उनके ही शब्दों में, इसके निर्माण का आशय निम्न प्रकार है–

> "नाटकीय पद्धति में किसी मौलिक अनुभूति को आदर्शपरक और संश्लिष्ट रूप प्रदान करने की इच्छा और प्रधान रूपकल्प (चरित) की अवतारणा–जिसे चाक्षुष स्तर (आर्ट-लेवल) पर दर्शक मंच पर किसी अभिनयरत चरित्र को देखते हैं। इस चरित्र का वितान प्रशस्त है–

मुंडित मस्तक, पाशविकता जताती देह, आधा मुड़ा खांडा और फिर वक्ष से जाँघ तक स्वर्णालंकारों से जड़ित नारी देह। कसाईबाड़े के हाड़-मांस के ढेर से ढँकी पूरी मूर्ति और इसका झिलमिलाता वस्त्रावरण। इस प्रकार यह समग्र आकार अप्राकृत ढंग से सँजोया गया है। इसमें नीले, पीताभ बादामी (गन्दुमी) और सफ़ेद रंग का विशिष्ट प्रयोग है। ये रंग हिंसा, निःशब्द आक्रमण, लालसा और प्रतिशोध के प्रतीक हैं। साथ ही, यह *महाभारत* में वर्णित अश्वत्थामा-सरीखे चरित्र का आभास देता है।"

गणेश पाइन अपने चित्रों को आँकने के पहले चित्र का एक पूर्व रूप या एकाधिक प्रारूप अपनी डायरी में तैयार कर लेते थे। पहले से सुनिश्चित एवं भाव के अनुरूप, पूर्व प्रारूप से चित्र की संरचना और रूप का सन्धान–अपने वांछित रूपाकार और भाव-सौन्दर्य को रंग और छाया-प्रकाश के संयोजन द्वारा क्रमशः उपलब्ध करता जाता है। इस उपक्रम द्वारा कलाकार की आलंकारिता लक्ष्य की जा सकती है। उक्त चित्र में कलाकार ने मुकुट को बड़े नाटकीय तेवर के साथ व्यंजित किया है। उदाहरण के लिए, 'टु हेडड्रेस'–'मुकुट', (रचनावर्ष 1976-77) चित्र में यह नवीनता और भी स्पष्ट मुखर है।

गणेश पाइन के आरम्भिक चित्रों पर गुरु अवनीन्द्रनाथ ठाकुर अथवा बंगाल स्कूल का स्पष्ट प्रभाव है, जिसमें मनुष्य, प्राणी, प्रकृति–जो विवरण प्रधान और प्रत्यक्ष गोचर होते हैं। ऐसे उदाहरण नन्दलाल बसु के चित्रों में भी देखे जा सकते हैं। अलंकरण की यह परम्परा जापानी चित्रों और उडकट में देखी जा सकती है। 'घातक' में उसकी अस्पष्ट छाया है–जैसी कि जापानी चित्रों में किमोनो पहने व्यक्ति के चेहरे पर होती है। हालाँकि यह चित्र कलाकार की चिन्ता और कल्पना से प्रसूत है।

जोगेन चौधुरी के अनुसार, "परवर्ती काल में, रेम्ब्रां के चित्रों की काल्पनिक त्रिआयामी विधि ने पाइन को प्रभावित किया था। विशेषकर 'डेथ ऑफ़ ए ड्रीम' (एक सपने की मौत) और 'मैं अपनी झाँसी नहीं दूँगी'-जैसे चित्र इसके स्पष्ट उदाहरण हैं। ये दोनों चित्र अपने रचना कौशल और सौन्दर्य के नाते असाधारण हैं। हालाँकि इन चित्रों में वह आंगिक तौर पर अवनीन्द्रनाथ की कार्यपद्धति से अलग हो गये हैं। विशेषकर रंग-व्यवहार के क्षेत्र में।"

चौधुरी आगे कहते हैं कि इसके बाद पाइन में पॉल क्ली की सृजन चेतना और चित्रों के प्रभाव से निश्चय ही परिवर्तन घटित होता है। क्ली की 'थिंकिंग आई' (सोचती आँख) ने उन्हें काफ़ी प्रभावित किया था। वर्ष 1968 से 1969 के दौरान अंकित चित्रों में उनकी स्पष्ट छाप देखी जा सकती है। 'द ब्लूम' (बहार) अथवा 'अंडर द फ़ाउंटेन' (निर्झर तले) चित्रों में आकार और अंकन में, जो संक्षेपन क्ली के चित्रों की विशिष्टता है–वह इनमें भी विद्यमान है।

कलाकार पाइन ने वर्ष 1970 के बाद से ही, अपनी सर्जना भूमि पर गहन आत्म प्रत्यय और विश्वास के साथ पाँव आगे बढ़ाया और इसके बाद यही तैयारी उन्हें निरन्तर प्रौढ़ता की ओर ले गयी। इस दौर के रेखांकनों और कच्चे प्रारूपों में वस्तु (उपादान) और मानव शरीर के रूपाकार के साथ अपने स्वरूप सन्धान यानी पहचान पर विशेष ज़ोर है।

गणेश पाइन के चित्र आत्म-रूपारोप के नाते भी निरन्तर विशिष्ट और अर्थवान होते चले गये हैं। परवर्ती वर्षों में उन्होंने असाधारण चित्रों का निर्माण किया, जिनमें 'हार्बर' (बन्दरगाह, 1971); 'टीथ' (दाँत, 1978); 'द ब्लू बोट' (नीली नाव); 'द रेलिक्स' (खँडहर, 1982); 'द स्माइलिंग ओगार' (हँसता ओगार, 1983); 'नाइट ऑफ़ द मर्चेंट' (सौदागर की रात); 'द पीचर' (घड़ा); 'इविल कन्वर्सेशन' (शैतानी संवाद, 1985); 'द सेंट' (सन्त, 1986); 'हॉर्स एंड द हेड' (घोड़ा और सिर, 1989) और 'द ब्लैक मून' (काला चाँद, 1990) विशेष उल्लेख्य हैं।

'हेड' (सिर, 1981); 'फल पड़ा' (फल का गिरना, 1984); 'द बीस्ट' (शैतान, 1986); 'द हेड' (मस्तक, 1988); 'द टाइग्रेस' (शेरनी, 1988) आदि रेखांकन और वाश शैली में निर्मित चित्रों के अलावा भी असंख्य रेखाचित्र और मिश्र माध्यम वाली निर्मितियों का उल्लेख यहाँ किया जा सकता है। 'द रेलिक्स' (खँडहर) चित्र में अद्भुत रहस्यमयता है क्योंकि पता नहीं चलता वह मुख है या मुखौटा। ढेर सारे प्रागैतिहासिक अस्थिखण्ड और दूसरी चीज़ें, जिनके रूप और रचाव को पाइन ने बड़ी नाटकीयता से सींचकर एक अलौकिक रूप प्रदान किया है। नीलाभ और धूसर बादामी (गन्दुमी) रंग से अंकित यह चित्र दर्शकों को न केवल आकर्षित बल्कि विचलित भी करता है।

'द ब्लैक मून' (काला चाँद) चित्र में एक पीताभ हिरण नज़र आता है। इसे स्वर्ण हिरण ही कहा जायेगा। इसका चेहरा बायीं ओर मुड़ा है। उसकी बड़ी-सी आँख दीख रही है। लेकिन इसे किसी अपार्थिव (मृत) हिरणी ने अपने अस्थिपंजर द्वारा जकड़ रखा है। पीछे अपशकुनी काला चाँद दीख रहा है। इस रूपाकार द्वारा एक सुदृढ़ लेकिन विरहजनित देहभाषा गढ़ी गयी है। अगर कोई भाव तिरता रहता है तो वह है—व्यथाजन्य शून्यता।

टेम्परा विधि से अंकित 'द टीथ' (दाँत) चित्र में अनगिनत दाँत वाले हिंस्र बाघ की मुखाकृति अद्भुत नाटकीयता का उदाहरण है। इस चित्र में रंग एवं रंगत की सूक्ष्म पकड़ और दर्शनीय बुनावट है—जिसे कलाकार ने लम्बे अनुभव और परीक्षा-निरीक्षा द्वारा अर्जित किया है। इसमें हिंस्रता का भी पुट है।

पेस्टल पद्धति से अंकित 'स्माइलिंग ओगार' (1983) चित्र में एक विकृत आकृति वाले पुरुष का मुख अत्यन्त भयावह है। इसके लम्बे और नुकीले हिंस्र दाँत तत्कालीन देशकाल के सूचक हैं। देह और पृष्ठभूमि का अनूठा विभाजन एवं संयोजन इसकी अतिरिक्त विशेषता है। इसी तरह मिश्र माध्यम में अंकित 'इविल कन्वर्सेशन' चित्र में एक सुन्दर युवती की कुर्सी की टेक पर बैठा एक अपशकुनी उल्लू उसके कान में खुसर-पुसर कर रहा है। इसकी संरचना, संश्लिष्टता एवं नाटकीयता में अपूर्व सन्तुलन तो है ही, इसका भाव-सौन्दर्य भी बेहद रोचक और आकर्षक है। पाइन के चित्रों में नारी देह की रूप-सत्ता एवं मुखाकृति विभिन्न मुद्राओं और रूपाकारों में बार-बार प्रकट हुई है। उक्त चित्र इसका अन्यतम उदाहरण है।

इंक और वाश विधि से पाइन द्वारा अंकित एक और चित्र 'हेड' (सिर, 1981) कलाकार की आत्म-प्रतिकृति है। पाइन ने समय-समय पर चित्रों और रेखाचित्रों में अपनी कई आत्म-प्रतिकृतियाँ उकेरी हैं। कभी औपचारिक ढंग से तो कभी यथार्थ के धरातल पर और कभी चित्रों के बीच विशिष्ट

चरित्रों की ओट में। जीवन में मिली हताशा, वेदना और अन्धकार से प्राप्त विचलन उनके चित्रांकन की परिणति ही नहीं, नियति भी रही है। ये तमाम आत्म-प्रतिकृतियाँ, जो स्वभावतः आत्म-समाहित हैं, वे मानो पाइन के लम्बे एवं गहरे जीवनानुभव से सम्बद्ध हैं। ये करुणा, हताशा, वेदना-जैसे भावों को ही अभिव्यक्त करती हैं। ये मुखाकृतियाँ उन्हीं भावनाओं की प्रतिरूप हैं। इस तैयारी में शामिल अनगिनत भूले-भटके पात्रों को अपनी रचना-सृष्टि द्वारा दोबारा प्राप्त करने का यह अवसर या अवकाश वह खोना नहीं चाहते। उनके चित्रों की विशेषता है स्मृतिजन्य रूपारोप, जिसमें कल्पना का अनिवार्य पुट होता है। इस चित्रविशेष 'हेड' के नाटकीय सौन्दर्य का पक्ष दर्शनीय है। इसमें दो निर्निमेष आँखें आश्चर्य से तक रही हैं। सिर के ऊपर मुकुट-सरीखी कोई असामान्य स्तूपाकार वस्तु मस्तक को बड़े भव्य ढंग से अलंकृत कर रही है। ऐसी आत्म-प्रतिकृति दर्शक को अभिभूत करने के साथ उसे कुछ सोचने के लिए भी विवश करती है।

'द पीचर' (1985, घड़ा) में भी ख़ास भंगिमा में साड़ी पहने और घूँघट काढ़े एक स्त्री चित्रित है। इसके चेहरे के दोनों ओर बिखरे और घुटने तक फैले लम्बे बाल उसके पाँव छू रहे हैं। उसकी कमर और हाथ से टिके कलश से जल छलक रहा है। पीछे सूर्यास्त की आभा फैली है तो सामने नदी का नीला जल। चित्र में बायीं ओर एक ख़ूँखार जानवर अपने दाँत भींचे उसे डरा रहा है। इस स्त्री की मुख-मुद्रा और देहयष्टि पर रावीन्द्रिक (रवीन्द्रनाथ की अंकन विधि) छाप है। हालाँकि पाइन की कला-सर्जना के विभिन्न चरणों में जिस तरह अवनीन्द्रनाथ, रेम्ब्रां या फिर पाल क्ली उपस्थित हैं या उनके प्रभाव से अनेक चित्र अंकित हैं; रवीन्द्रनाथ उस रूप में उपस्थित नहीं। जबकि उनके बहुत-से तत्त्व या भाव गणेश पाइन के चित्रों में अधिक नाटकीय एवं अलंकृत ढंग से आये हैं। पाइन पूर्वनिर्धारित ढंग और सुसम्बद्ध तरीक़े से अपने चित्रों से सम्बन्धित संसाधन जुटाकर एवं कल्पना के अनुयोग से चित्र आँकते रहे हैं। रवीन्द्रनाथ सबसे अलग विपरीत पद्धति से अपने चित्र आँकते रहे, जो किसी भावाविष्ट मुहूर्त और आवेग से संचालित होकर कालि, क़लम, लय या रंग के माध्यम से अभिव्यक्त या व्यंजित होते रहे। रवीन्द्रनाथ मुहूर्त के स्पन्दन में अलौकिकता का स्पर्श पाते थे—सामान्य आकृति और रूप के बीच किसी भी प्रकार की कारीगरी के बग़ैर। स्पष्ट है, दो विभिन्न स्वभाव के और दो समय के कलाकार एक-दूसरे के निकट आ भी कैसे सकते हैं!

यहाँ एक उल्लेख्य तथ्य यह भी है कि पाइन ने मन्दार मल्लिक द्वारा एनिमेशन फ़िल्म के निर्माण के दौरान जो अनुभव अर्जित किया था, उसने उनके चित्रों की आधारभूत संरचना और आकार पर विशेष प्रभाव डाला था। उनके कुछेक चित्रों पर कोटपूतली (राजस्थानी कठपुतली)-जैसी संरचना का स्पष्ट प्रभाव है। मुग़ल या राजस्थानी चित्रों के प्रति इस कलाकार का आकर्षण तो पहले से ही था। अपने पूर्ववर्ती और समकालीन कलाकारों की निर्मितियों से भी हर कलाकार निश्चय ही कुछ-न-कुछ अर्जित करता है। इन सबका प्रभाव पाइन के तमाम चित्रों और अनगिनत रेखाचित्रों पर पड़ा है। उनके चित्रों में विभिन्न पशु-पक्षी, फूल आदि मूलतः उनके एनिमेशन फ़िल्म के सम्पर्क से आये हैं। लेकिन इनमें निहित मूल भावना और कल्पना तो ख़ुद इनके चितेरे पाइन की ही है।

गणेश पाइन की कृतियाँ अपने रूप-रंग-रचाव, स्वभाव और प्रभाव में—कई वादों और आन्दोलनों के बावजूद—अलग खड़ी दिखायी देती हैं। उनके आरम्भिक दौर के चित्रों पर पॉल क्ली का भी प्रभाव देखा गया। चित्रों में अंकित मानवीय आकृतियों और भंगिमाओं पर जापानी लोककला शैली की छाप के साथ अवनीन्द्रनाथ ही नहीं, रवीन्द्रनाथ की अभिव्यंजनात्मक चित्रांकन पद्धति का भी प्रभाव बताया गया। जामिनी राय की तरह बंगाल की कठपुतली कला से भी पाइन ने कुछ सूत्र ग्रहण किये। रवीन्द्रनाथ के नाटक *रक्तकरबी* (लाल कनेर) से सम्बन्धित प्रसंगों को भी उन्होंने बहुत ही कलात्मक ढंग से चित्रित किया था। यही नहीं, बिभूतिभूषण बन्द्योपाध्याय की प्रसिद्ध रचना 'अपु' *(पथेर पांचाली* का बालनायक, जिस पर बाद में 'अपुर संसार' फ़िल्म बनी) के लिए एनिमेशन फ़िल्म के लिए पाइन द्वारा उकेरे गये बहुसंख्य रेखाचित्रों में उपस्थित पशु-पक्षी और वनस्पति का जो मोहक संसार दिखायी पड़ता है—वह किसी को भी आश्चर्य में डाल सकता है।

गणेश पाइन की मृत्यु के दो वर्ष बाद 2015 में कोलकाता में उनके चित्रों की प्रदर्शनी हुई थी। *महाभारत,* केन्द्रित इस प्रदर्शनी में उनके द्वारा चित्रित आठ चित्र प्रदर्शित थे। ये सब 2009-10 में बने थे—कैनवस पर टेम्परा रंगों से और कुछ काग़ज़ पर चारकोल, क्रेयॉन और पेस्टल से। इनमें उन्हीं जलरंगों का प्रयोग किया गया था, जो वे लगातार करते रहे थे—यानी काला, लाल, धूसर, पीला या मिश्रित—जिनसे *महाभारत* के परिचित्र पात्र चित्रित हैं। इनमें युधिष्ठिर, द्रौपदी, धृतराष्ट्र, गान्धारी, दुःशला, अम्बा, उत्तरा, एकलव्य, अश्वत्थामा, युयुत्सु, शकुनि कहीं प्रतिकृति के तौर पर तो कहीं प्रतीकात्मकता के साथ उपस्थित हैं। *महाभारत* में वर्णित विभिन्न आख्यानों से तो वे बचपन से परिचित थे लेकिन यहाँ उनके पात्र एवं प्रसंग केन्द्रित चित्रों में विवरण से कहीं अधिक पात्रगत भाव दशाओं का अंकन किया गया है—जो इस महाख्यान की त्रासदी में अन्तर्निहित है। पाइन का मानना था *महाभारत* हर्ष या गर्व का नहीं, बल्कि विषाद और अवसाद की गाथा है। इसे विभिन्न समय में विविध माध्यमों द्वारा चित्रित भी किया गया है। पाइन ने इसकी गतिशीलता को चित्रों में स्थिरीकृत करते हुए, सम्बद्ध आख्यान को नये ढंग से प्रतीकित किया। उदाहरण के लिए, शकुनि के हाथ किसी जादूगर के हाथ प्रतीत होते हैं, जो सफ़ेद दस्ताने पहने हुए है। इसी तरह द्रौपदी के चीरहरण वाले प्रसंग में उसके और दुःशासन के दोनों हाथ ऊपर उठे हुए हैं। यहाँ कृष्ण को जगन्नाथपुरी वाली प्रतिमा के अनुरूप और सारथी के नाते पूरे कैनवस पर छाया की तरह विद्यमान दिखाया गया है। एक दूसरे कैनवस में भी कृष्ण की केवल पीठ दिखायी पड़ती है, जब सारे कौरवों के संहार के लिए गान्धारी उन्हें ज़िम्मेदार ठहराती है। एक दूसरे चित्र में घटोत्कच की मृत्यु के बाद, शोकविह्वल पिता भीम उसका सिर (मुखौटे के रूप में) गोद में लिए बैठे हैं। उनकी शोकदग्ध मुद्रा उनकी निर्निमेष आँखों में ठहर गयी है, जो चित्र को अत्यन्त प्रभावी बनाती है।

गणेश पाइन के चित्रों के बारे में काफ़ी कुछ लिखा जा चुका है, लेकिन *महाभारत* से जुड़े उनके मझोले और लघु आकार वाले ये चित्र एक अलग भावभूमि पर रचे गये हैं। ये अपने रचाव में संश्लिष्ट और अत्यन्त सटीक हैं। उनके चित्रों में विन्यस्त जिस रहस्यमयी और मायावी गुंजलक से उनके दर्शक परिचित रहे हैं, उससे अलग यहाँ एक नयी यथार्थपरक चित्रभाषा गढ़ी गयी है, जो दर्शकों, कलाविदों और उनके प्रशंसकों (एम. एफ़. हुसेन समेत) को अधिक प्रिय और आत्मीय प्रतीत होती रही है।

गणेश पाइन ने आजीवन अपनी कला-साधना एवं सर्जना और अनुभव द्वारा अर्जित एक निजी एवं सर्वथा विरल रचना-परिवेश का निर्माण किया था। समकालीन भारतीय चित्रकारों में होड़ और बाहरी जीवन के शोरोगुल तथा चित्रकला की बाज़ारू सच्चाई को उन्होंने जीवनपर्यन्त अपने से सायास दूर रखा। समसामायिक चित्रकला की दुनिया से बाख़बर होने के बावजूद, एक आत्ममग्न किन्तु आत्मसजग सृजनशील कलाकार के नाते वह अपनी कला-सृष्टि में डूबे रहे। कला समीक्षक खगेन चौधुरी के अनुसार, "आरम्भिक समय के चित्रों के अलावा, परवर्ती काल के लगभग सभी चित्रों में हम पाइन के जीवन की विषादपूर्ण एवं अन्धकारमय स्वप्निलता के साथ कभी मृत्यु-छाया तो कभी घोर व्यक्तिगत निस्संगता में देख सकते हैं। उनके चित्रों की आधार-संरचना अथवा विरचना में हम क्षरणशील समाज का चेहरा और उसी में से फूटती प्रकाश की कौंध देख सकते हैं।"

वस्तुतः इस आत्ममग्न कलाकार ने देशकाल एवं अपने गहन जीवनानुभव के बल पर जो कुछ अर्जित किया—उसमें उनका आत्म चिन्तन और विशिष्ट सौन्दर्य-बोध भी सम्मिलित है। विषम एवं विकृत सामाजिक संस्थितियाँ भी उनकी रंग या रेखानुकृतियों में तीव्र मुखर हुईं। दरअसल समाज-प्रदत्त अनुभव एवं आत्मार्जित अनुभव ही उनके चित्रों में अभिव्यक्त और कलाकर्म में व्यंजित हुए। कला आन्दोलनों के घटाटोप से एक सीमा तक असम्बद्ध एवं अविचलित पाइन ने अपनी शर्तों पर अपना रचना-संसार सुविस्तृत किया था। प्राचीन एवं प्राच्य चित्रकला के साथ पश्चिम के आधुनिक चित्रकला सम्बन्धी विवाद और विरोध ने उन्हें व्यक्तिगत तौर पर कहीं अधिक सकारात्मक और सक्रिय सृजनधर्मी बना दिया था। उन्होंने आधुनिक भारतीय कला को इसके ऐतिह्य के साथ ही, समकाल से सम्बद्ध अपने अनुभव को, सार्थकता प्रदान करते हुए, एक नये प्रस्थान तक पहुँचा दिया।

प्रसिद्ध कला समीक्षक अरुण घोष ने गणेश पाइन के चित्रों के वैशिष्ट्य एवं श्रेष्ठत्व के बारे में जितना कुछ कहा है, उसे संक्षेप में इस प्रकार व्यक्त किया जा सकता है—पाइन ने बंगाल शैली का उत्तराधिकारी बनकर पूर्ववर्ती कलाकारों के शिल्पबोध के साथ वर्तमान से जोड़कर उसे विश्व मंच पर प्रतिष्ठित किया। उन्होंने कल्पना का आश्रय लेकर चित्र प्रतीकों को भावग्राह्य रूप प्रदान किया। साथ ही, क्रूर एवं निष्ठुर यथार्थ का रूपांकन करते हुए रोमांटिक सौन्दर्य को तीक्ष्ण ढंग से अभिव्यक्त किया।

इस अन्तर्मुखी चित्रकार ने विभिन्न कला प्रविधियों को अपनाते हुए, अपने आत्मसंघर्ष के साथ हमारे समय के संकट एवं संत्रास को तूलिका-मुखर करते हुए ही, 12 मार्च, 2013 को जीवन से पूर्ण विराम लिया।

लक्ष्मा गौड़
(1940)

लक्ष्मा गौड़ का जन्म निज़ामपुर (आन्ध्र प्रदेश) में हुआ था। वहीं आरम्भिक पढ़ाई करने के बाद उन्होंने 1963 में गवर्नमेंट कॉलेज ऑफ़ फ़ाइन आर्ट्स एंड आर्किटेक्चर, हैदराबाद से ड्रॉइंग और पेंटिंग में उपाधि प्राप्त की। साथ ही, एक नॉन-कालिजएट छात्र के नाते प्रिंट मेकिंग के साथ भित्ति-चित्रण की पोस्ट-डिप्लोमा उपाधि प्राप्त की, जहाँ सुप्रसिद्ध चित्रकार के.जी. सुब्रमण्यन उनके शिक्षक थे। तब एक संघर्षरत कलाकार के नाते लक्ष्मा गौड़ के लिए एक ओर जहाँ जीविका की समस्या थी, वहाँ दूसरी ओर अपने माध्यम और विषयवस्तु को अपनाये रखने की ज़िद भी थी। उन दिनों उन्हें सस्ते भोजन की तलाश में काफ़ी दूर तक चल कर जाना पड़ता था।

कई वर्षों तक सरोजिनी नायडू स्कूल ऑफ़ परफ़ोर्मिंग आर्ट्स के फ़ाइन आर्ट एंड कम्युनिकेशन, हैदराबाद विश्वविद्यालय में अध्यापन के बाद, वह दूरदर्शन में बतौर ग्राफ़िक डिज़ाइनर पन्द्रह वर्ष कार्य करते रहे। लेकिन कार्य क्षेत्र को प्राथमिकता देते हुए भी उन्होंने अपनी निजी कला यात्रा को कभी शिथिल नहीं होने दिया। इसलिए अपनी कला प्रवृत्तियों और कलाशैली को वह निरन्तर विकसित और परिष्कृत करते रहे। यही कारण था कि उनकी विशिष्ट कलाशैली की अलग से एक पहचान बनी रही।

अपनी युवावस्था में लक्ष्मा गौड़ ने अपने ग्राम्य परिवेश में इस तथ्य बल्कि सत्य को स्वीकार कर लिया था कि ऐन्द्रिकता (यौनिकता) जीवन का प्राण तत्त्व है। प्रकृति और चतुर्दिक् प्राणी संसार में व्यक्त यौन चेष्टाओं को भले ही मध्यवर्गीय मानसिकता खुले मन से स्वीकार नहीं करती लेकिन इस तथ्य को झुठलाना असम्भव है कि यौन क्रिया (sex) से प्राप्त आनन्द या सुख जीवन के लिए अनिवार्य और अपरिहार्य है। इसलिए एक कलाकार के नाते बिना किसी दुःख और द्विधा के लक्ष्मा गौड़ ने अपने कई चित्रों में, मानव मन के अवचेतन में सुषुप्त इस वृत्ति का, सुस्पष्ट चित्रण किया। एक प्रारूपकार (Draftsman) होने के साथ गौड़ में एक विलक्षणता यह भी थी कि व्यक्ति हो या प्रकृति—उन्हें रेखाओं में रचना उनकी प्रवृत्ति रही। इसलिए पेड़-पौधे, प्राणी जगत—निकट हों या दूर—अपने सम्पूर्ण स्थान और स्वभाव के साथ दृष्टिगत होते हैं। गौड़ के आरम्भिक चित्रों में रंगों के मुक़ाबले रेखाओं की विशेष भूमिका रही है। उनके द्वारा चित्रित संसार की हर एक इकाई की उपस्थिति एक-दूसरे को पूर्णता प्रदान करती हुई, चित्र को अनोखी दृश्यता प्रदान करती है।

लक्ष्मा गौड़ ने काग़ज़ पर पेस्टल, जलरंग और तैलरंग और फिर एचिंग विधि के अलावा विभिन्न प्रविधियों को अपनाया। साठ और सत्तर के दशकों में अपने समय के कई वादों (क्यूबिस्ट, प्रोग्रेसिव आदि) और चर्चित कलाकारों (सूज़ा, हुसेन वग़ैरह) से प्रभावित होने के बावजूद उन्होंने कलाशैली और विषयवस्तु के क्षेत्र में अपनी निजता स्थापित की। यह देखना दिलचस्प होगा कि वह अपने चित्रों को कथात्मक या वर्णनात्मक कैसे बनाते हैं।

उनके पात्र न केवल आपस में बल्कि परिवेश या प्रकृति से संवाद करते नज़र आते हैं। इसके लिए उन्होंने लोककथाओं और प्रागैतिहासिक काल के प्राणियों की न केवल कल्पना बल्कि रचना की है। वे इन चित्रों में मानवाकृतियों के सहचर प्रतीत होते हैं और इनके आकार भी काफ़ी बड़े होते हैं। वे आपस में अपने गुणधर्म भी बदल लेते हैं। ऐसा करते हुए लक्ष्मा गौड़ ने स्वैरकल्पना (फ़ैंटेसी) के साथ अभिव्यंजनावादी शैली का तो सहारा लिया ही, जहाँ आवश्यक जान पड़ा वहाँ अति-यथार्थवादी (स्वप्न-वृत्ति) रुख़ भी अख़्तियार किया। एक बात और, विषयवस्तु (पात्रगत एवं परिवेशगत) शुष्क या रूखा प्रतीत न हो इसलिए ऐन्द्रिक चेष्टाओं से भी चित्रों को उपभोग्य बनाया गया। दैहिक-मिलन या मैथुन भी सहज स्वाभाविक प्रतीत हो—और वह वर्जित (अथवा अन्यथा अश्लील) न जान पड़े, गौड़ ने इसका विशेष ख़याल रखा है। लेकिन परवर्ती वर्षों में, जब गौड़ 'दैहिक श्रृंखला' चित्रित कर रहे थे तो परिष्कार के बावजूद उन्होंने स्त्री-पुरुष की मैथुनजन्य वृत्ति को प्रकृति के माध्यम से उजागर किया। यहाँ सघन वन और वनस्पति—लिंग एवं योनि के प्रतिरूप बनकर—परिदृश्य को अधिक उन्मुक्त बनाते हैं। यहाँ स्त्रियाँ स्पष्ट तौर पर मनुष्य कोटि की हैं, लेकिन पुरुष चौड़ी छाती वाले सिंह की तरह उकेरे गये हैं, जो नर (सिंह)-जैसी वन्य काम-वृत्ति को भी प्रतीकित करता है।[1]

लक्ष्मा गौड़ की कृतियाँ इस दृष्टि से हमारा ध्यान विशेष आकर्षित करती हैं कि उन्होंने अन्यान्य आधुनिक चित्रकारों की तरह आधुनिक एवं अद्यतन प्रविधियों को तो यथासम्भव अपनाया लेकिन विषयवस्तु के मामले में अपनी क्षेत्रीयता बनाये रखी, जिसमें लोककथाओं के साथ स्थानीय लोगों की आम जीवन चर्या भी सम्मिलित है। यही नहीं, उन्होंने आन्ध्र प्रदेश की सदियों पुरानी 'कलमकारी' कला के रंग और उसकी रेखा, विशेषकर रेखाओं की लयात्मकता और सूक्ष्मता को अपनी कलाशैली में प्रमुखता से अपनाया। यह शैली भारतीय कलाशैली की अवधारणा के निकट भी है, जिसमें शिल्प (craft) और कला (art) को परस्पर पूरक माना जाता रहा है। हालाँकि आधुनिकता के प्रभाव से एवं विभिन्न शिल्प माध्यम को अभिजात एवं निम्न जाति व्यवस्था से जोड़े रखने के कारण दोनों में स्पष्ट पार्थक्य बना रहा। लक्ष्मा गौड़ ने इस तथ्य और प्रश्न—दोनों की परवाह किये बिना—अपने लक्ष्य को सदैव ध्यान में रखा तथा रेखा और रंग दोनों में सामंजस्य बनाये रखते हुए आधुनिकतम प्रविधियों एवं साधनों का प्रयोग विभिन्न माध्यमों द्वारा साधे रखा। इन्हीं विशेषताओं के कारण उनके चित्रों ने दर्शक वर्ग ही नहीं, कलाविदों की भी सराहना प्राप्त की है। श्यामवर्ण के पुरुष, उनका तपा-तपाया रंग, पुष्ट क़द-काठी, द्विवर्णी होठ (ऊपर लाल, नीचे फीका गुलाबी) और सबसे अलग उनकी कौड़ी-जैसी आँखें। स्त्री हो या पुरुष, उन्हें आँकते हुए लक्ष्मा गौड़ कैनवस के प्रत्येक हिस्से में समुचित सन्तुलन बनाये रखने में सिद्धहस्त हैं।

लक्ष्मा गौड़ ने ग्राफ़िक के क्षेत्र में विधिवत् प्रशिक्षण प्राप्त किया था लेकिन इस विधा को उन्होंने निजी अध्यवसाय और प्रयोगों से समृद्ध कर नयी ऊँचाई प्रदान की। इसमें रेखाओं की प्राथमिक भूमिका तो थी ही; रंग की प्रभावी उपस्थिति भी बनी रहे, इसके लिए उन्होंने इसमें एचिंग विधि को भी सम्मिलित किया। उन्होंने धारदार और नुकीले औज़ारों द्वारा धातु पटल को अम्ल के साथ कुशलतापूर्वक व्यवहृत किया ताकि रेखाएँ और अधिक तीक्ष्ण, तीव्र और गतिपूर्ण जान पड़ें। इसलिए उनकी रेखाएँ चित्रों में कहीं अस्वाभाविक प्रतीत नहीं होतीं। वे अविराम बहती चलती हैं और वहीं विराम लेती हैं, जहाँ चित्रित किये जानेवाले विषय (पात्र या चरित्र) अथवा परिवेश अपनी पूर्णता प्राप्त कर लेते हैं। इसीलिए उनके चित्र स्वाभाविक तौर पर रेखाओं द्वारा सहज ही अलंकृत प्रतीत होते हैं। इनमें रंगों के विनियोग द्वारा ही छाया-प्रकाश की योजना के साथ गौड़ अगर कोई पेड़

भी आँकते हैं तो उसकी ख़ास बुनावट के साथ तना, डालियाँ, शाखाएँ, टहनियाँ, पत्ते, फूल, फल—सबको उनके अलग-अलग रंगों के अनुरूप उकरेते जाते हैं, कहीं फीके, कहीं हल्के और कहीं गाढ़े (स्याह) रंगों के विनियोग से।

लक्ष्मा गौड़ के पात्र दूर से पहचाने जा सकते हैं। अगर वे आन्ध्र अंचल के किसी किसान को चित्रित करते हैं तो उसकी देहाकृति के साथ उसके पहरावे—धोती, फतुही (बनियान), अंगोछा, साफ़ा, गुरियों से गुँथी गले की ताबीज़, उँगली में पहनी गयी गिलट की अँगूठी, छिदे हुए कानों में बुन्दे—का ख़याल रखते हुए। उनकी स्त्रियाँ भी ग्रामीण हो या क़स्बाई—सिर से पाँव तक स्थानीय पहनावे, यानी छापेवाली साड़ी और चोली (दस्तकारी से कढ़ी) और उन्हीं अलंकारों से सजी-धजी दिखाई पड़ती है, जो हाट-बाट में सस्ते दर पर उपलब्ध होते हैं। प्लास्टिक की चूड़ी-बाली, पीतल-ताँबे की अँगूठियाँ, गिलट या चाँदी के पायल और बहुत हुआ तो कान और नाक में सोने के कनफूल-नकफूल। उनके चेहरे के नाक-नक़्श से स्थानीय विशिष्टता के साथ उनकी ख़ास तरह की भंगिमा लक्ष्य की जा सकती है। इस प्रकार सामान्य विन्यास में भी गौड़ उन्हें असामान्य बना देते हैं।

वर्ष 2006-07 के आसपास गौड़ ने टेराकोटा में कार्य करना आरम्भ किया। मिट्टी से मूर्ति गढ़ना और सैंड-कास्टिंग-जैसा कार्य करना उन्हें बड़ा रोचक और प्राणवान जान पड़ा। माटी से सहज और स्वाभाविक तौर पर जुड़ी इन कृतियों को दर्शकों की भरपूर सराहना मिली क्योंकि इनमें स्थानीयता के पुट के साथ किसी तरह की कृत्रिमता नहीं थी।

लक्ष्मा गौड़ ने हैंडमेड राइस पेपर को परम्परागत ढंग से पटल पर चिपकाकर उस पर चित्र उकेरा था। वे इस मामले में बंगाल के पुनर्जागरण कालीन कलाशैली के प्रशंसक भी रहे, जिसके कलाकारों ने परम्परागत ढंग से, यानी इजेल और तैलरंग को न अपनाकर, चित्रों पर झुककर काम किया था। इस प्रकार वे कलाकार अपनी कृतियों को अधिक अन्तरंगता के चित्रित या निर्मित करते रहे। यही कारण था कि गौड़ ने भी आरम्भ से ही रेखांकन को अपने निकट पाया और बाद में जो भी विधाएँ एवं प्रविधियाँ उन्होंने अपनाईं, उनमें रेखाओं की महत्ता स्पष्ट लक्षित की जा सकती है।

लक्ष्मा गौड़ राज्य ललित कला अकादेमी (आन्ध्र प्रदेश), हैदराबाद आर्ट सोसाइटी-जैसी कई संस्थाओं से सम्मानित हैं। उन्होंने भारत सहित विभिन्न देशों की कला प्रदर्शनियों में हिस्सा लिया है। टोकियो प्रिंट बिनाले (1976), साओ-पाउले बिनाले (ब्राज़ील, 1977), रायॅल अकादेमी ऑफ़ आर्ट (1982, लन्दन) आदि कई महत्त्वपूर्ण अन्तर्राष्ट्रीय कला प्रदर्शनियों में उन्होंने सहभागिता की है और भारत का मान बढ़ाया है।

सन्दर्भ

1. “In a series of slightly later prints Goud returns to the carnel theme, but handles it in a more friendly manner. Copulating couple give way to lush landscape where all forms of organic growth are imbueb with a latent sexuality; trees terminate into huge phalluses and veginal shapes are mixed in with vagetation”, *Manifestations, Indian Art in* 20th. Century. From the DAG Collection, Delhi Art Gallery, 2013, p. 33

मनजीत बावा

(1941–2008)

धुरी, पंजाब के एक क़स्बे में जन्मे मनजीत बावा का परिवार एक सीधा-सादा धार्मिक परिवार था। गुरुमत में आस्था रखनेवाले अपने परिवार से मनजीत बावा ने सारे संस्कार ग्रहण किये और आरम्भ से ही, उन्हें अपनी आधार-सम्पदा बनाकर कला-साधना की। एक कलाकार बनने की धुन में वह किशोरावस्था से लगातार रेखांकन करते रहे और फिर अपनी युवावस्था में, इसके लिए साइकिल पर दूर-दूर तक की यात्राएँ कीं। छात्र जीवन में वैसे भी जानकारी जुटाने की ललक होती है, कला का छात्र होने के नाते तो और भी ज़्यादा। यात्रा के दौरान वे गुरुद्वारों में ठहर जाते थे, जहाँ आवास के साथ लंगर में भोजन की व्यवस्था हो जाती थी। इन यात्राओं से उन्हें लोगों के बीच रहने-रुकने का अवसर मिला, उनके जीवन मूल्यों के साथ उनकी कला और शिल्प की समझ से भी युवा मनजीत का अनुभव समृद्ध हुआ। बाद में भी, जब कभी अवसर मिलता रहा, वे सुदूर एवं अपरिचित स्थानों की यात्रा पर निकल जाया करते थे। अपरिचित को परिचित बनाने का गुण उनके स्वभाव में रचा-बसा था।

छात्र जीवन में ही उन्होंने जलरंग से काफ़ी तस्वीरें बनायी थीं। टेम्परा रंगों से भी उन्होंने कई चित्र बनाये लेकिन उनका मानना था कि तैलरंगों से वांछित प्रभाव उत्पन्न किया जा सकता है। अपने निर्माण के वर्षों में मनजीत ने अपने मित्र राजेश मेहरा के कृतित्व का और कलागुरु अवनी सेन के मार्गदर्शन का कृतज्ञतापूर्वक स्मरण किया है। पिकासो, ब्राक, मातिस आदि पश्चिमी मास्टर्स का भी प्रभाव उनके आरम्भिक कार्यों पर देखा जा सकता है, रूप निर्माण पर, रंग योजना पर और प्रविधि पर भी। लेकिन मनजीत ने जल्द ही यह समझ लिया कि भारतीय या पश्चिमी कला की परम्पराएँ हज़ारों साल पुरानी हैं और इनमें विहित एवं निहित अकूत प्रविधियों का कोई अन्त नहीं है, इसलिए अपनी राह बनानी होगी। अपनी कोई रूप-विधि एवं शैली विकसित करनी होगी।

मनजीत की सोच एवं मनोवृत्ति में वे मिथकीय आख्यान और पात्र भी काफ़ी गहरे जमे थे, जो उन्हें बचपन में ही, घर के धार्मिक परिवेश और संस्कार से मिले थे। उनके घर पर साधु-सन्तों और सूफ़ियों का आगमन होता रहता था। लेकिन दूसरी ओर वे धार्मिक रूढ़िवादिता या कट्टरता से काफ़ी दूर रहे क्योंकि आरम्भ से ही गुरुमत के साथ सूफ़ीमत का उन पर ख़ासा असर रहा। इसलिए मिथकीय हो या पौराणिक, ऐसे पात्रों या चरितों का अंकन करते हुए उन्होंने रचनात्मक स्वतन्त्रता भी ली। अपने आधार पटल या कैनवस पर बनाये जानेवाले चित्रों के आकार-प्रकार, व्यवहृत होनेवाले रंग, पृष्ठभूमि एवं सन्देश—सब पर उनकी गहरी पकड़ होती थी, जो उनके दर्शकों को किसी एक बिन्दु पर ठहरने नहीं देती थी। क्योंकि उनकी छवियों में गतिमान संयोजन और वर्तुल गत्यात्मकता का अद्‌भुत समावेश होता है।

सपाट या समतल पृष्ठभूमि और बहुधा एक रंगवाले पटल या कैनवस पर चित्र उकेरते हुए मनजीत ने अपने रेखांकनों की कभी अनदेखी नहीं की। रेखाओं से अपनी वर्ण्य-वस्तु को उकेरते हुए, वे इसके कई प्रारूपों को सँभाल कर रख लेते थे। आवश्यक नहीं कि वे जिसे कल तक या चित्र बनाये जाने तक, जिन पात्रों या प्रसंगों को महत्त्व देते रहे थे—वे आगामी समय में भी उनकी कृतियों के केन्द्र में रहे। कृष्ण (शृंखला) चित्रित करते हुए उन्होंने एक समय कृष्ण को नहीं, बल्कि उनकी गायों को भी अपेक्षित महत्त्व दिया। कृष्ण को जामुनी रंग से उकेरते हुए, पृष्ठभूमि में एक समान फैले उज्ज्वल पीत रंग या हल्दिया पीले की पृष्ठभूमि उनके विषय की केन्द्रीयता को बड़ी सहजता से एवं अनायास ही प्रभावी बनाती रही। इसके पीछे कृष्ण प्रसंग से सम्बन्धित पहले से उकेरे गये रेखांकनों का विशिष्ट योगदान था, क्योंकि कृष्ण के कई रूपांकन उन्हीं पूर्वकृत रेखांकनों के परिणाम हैं। मनजीत ने कहा भी था, "पहले मैं रेखांकन नहीं करता था—किसी ख़ास मूड में कैनवस पर ही (विषय के बारे में) सोचता था। अब रेखांकन की और पेंटिंग की तैयारी की बहुत ज़रूरत महसूस होती है।"[1]

उनके रेखांकनों के बारे में सुप्रसिद्ध चित्रकार प्रभाकर कोल्टे ने लिखा है, "मनजीत बावा अपने रेखांकनों के ज़रिये किसी भी वस्तु, पशु या व्यक्ति की आन्तरिक और बाह्य अवस्था को जानने का प्रयास करते हैं। उसकी संवेदना और उसके भाव—उसके रेखांकनों के ज़रिये रूपाकार ग्रहण करते हैं। इन रूपाकारों में मात्र कृष्ण नहीं हैं बल्कि आम लोग भी हैं। इनके रूपाकार आधुनिक होते हुए भी लोक के देशज भाव में विन्यस्त हैं।"[2]

अपने पात्रों एवं परिवेश को चित्रित करते हुए मनजीत चटकीले और कभी-कभी भड़कीले रंगों का प्रयोग करते रहे हैं। कृष्ण के अंकन में मनजीत ने उनकी लीलाओं से कहीं अधिक उनकी उदात्त भाव-मुद्रा को महत्त्व दिया है। सिर पर मयूर पंख धारे कृष्ण के हाथ पर एक तोता भी बैठा है। कृष्ण के होंठ और तोते की चोंच एक-जैसे लाल हैं। चतुर्दिक् फैले पीले रंग की पृष्ठभूमि बैंगनी रंग से उकेरी गयी कृष्ण की काया को विपुल विस्तार देती है।

मनजीत की कृतियों की विशेषता है—उनके वर्ण्य-विषय की सादगी और उनमें विन्यस्त पात्रों की सहज उपस्थिति। इन पात्रों में कृष्ण हों या राधा, हीर हो या राँझा, पौराणिक या मिथकीय आख्यानों के नायक हों, गुरु हों या सूफ़ी सन्त; यही नहीं, पशु-पक्षी, प्रकृति, वनस्पति—ये सभी सहज स्वाभाविक और अनलंकृत ढंग से उकेरे गये हैं। लोक में प्रचलित गाथाओं से भी उन्होंने उन मानवीय एवं मार्मिक प्रसंगों को चित्रित किया—जो हमारी संवेदना के अधिक निकट हैं। मनजीत लोक-स्वीकृत अवधारणाओं एवं आस्थाओं के प्रति अधिक संवेदनशील रहे हैं। गुरुमत—जिसमें सिख सम्प्रदाय के गुरुओं की सीख सर्वोपरि होती है और सूफ़ीमत—जिसका पंजाब में व्यापक प्रभाव है—दोनों के सन्देश उनके चित्रों में मुखरित हुए हैं। इसी प्रकार दो विपरीत या विरोधी प्रकृति या प्रवृत्ति के पात्र हों या पशु—वे न तो हिंसातुर दिखाए गये हैं और न युद्ध के बावजूद उनके कैनवस पर कहीं रक्त के छींटे दिखाए गये हैं। यहाँ तक कि नरसिंह द्वारा हिरण्यकशिपु के वध के रूपांकन में भी रक्तपात के दर्शन नहीं होते। प्रयाग शुक्ल ने इस तथ्य को अपने एक संक्षिप्त आलेख में व्यक्त किया है, "मुझे यह बात दिलचस्प लगती है कि 'लड़ाई' के जो दृश्य मनजीत रचते हैं, उनमें स्वयं हिंसा, युद्ध आदि का खोखलापन भी दिखाई पड़ता है क्योंकि इस बहाने वे युद्ध/हिंसा की निरर्थकता को चित्रित कर रहे होते हैं।"[3]

अपने निर्माण में मनजीत ने जहाँ 'दिल्ली पॉलिटेक्नीक' संस्था (सम्प्रति, दिल्ली कला महाविद्यालय) की कला शिक्षा को महत्त्वपूर्ण बताया, वहाँ वे अपने कला शिक्षक अवनी सेन की प्रेरणा के प्रति कृतज्ञता भी जताते रहे। सेन का रेखांकन पर पर्याप्त ज़ोर रहता था और वे छात्रों को प्रतिदिन पचास रेखांकन करने का निर्देश देते थे।

मनजीत ने अपने एक मित्र राजेश मेहरा का ऋण भी स्वीकारा था, जिनसे वे प्रभावित थे। हालाँकि वे जल्द ही इन दबावों से मुक्त हो गये, यहाँ तक कि लन्दन स्थित स्कूल ऑफ़ प्रिंटिंग की कला-पद्धति से भी, जहाँ से उन्होंने सिल्क स्क्रीन में डिप्लोमा प्राप्त किया था। वस्तुतः उन्होंने संस्था प्रदत्त कलाशिक्षण और अपने अध्यवसाय से अर्जित अनुभवों से सार ग्रहण कर उसी से अपना कलादर्श निर्मित किया। लेकिन सहज और सन्त स्वभाव होने के बावजूद, वे सामाजिक प्रश्नों या सामयिक समस्याओं पर सांकेतिक ढंग से प्रतिक्रिया भी व्यक्त करते थे। 1984 में दिल्ली में सिखों की अमानवीय हत्या पर उन्होंने अपने कैनवस पर वैसी ही तीखी प्रतिक्रिया व्यक्त की थी, जैसी कि गुरुनानक ने अपने पदों में तुर्कों द्वारा नृशंस नरहत्या पर।[4]

'आफ़्टर 84' भी ऐसी ही एक कृति है, जिसमें पशु(वत्) मनुष्य ही दूसरे का संहार कर उसे खा रहे हैं। ऐसी पाशविक प्रवृत्ति अपने विरोधी या कमज़ोर को जीने का हक़ नहीं देती। इसी प्रकार 'कौन मरा?' में रक्त रंजित शीर्षक नामक चित्र में भूखे भेड़िये से सिर पर बैठा कौवा, कटा नरमुंड, एक व्यक्ति का नाख़ूनी पंजे से दूसरे व्यक्ति का पेट फाड़ना और पास ही किसी के बाँसुरी बजाने और जबड़ा फाड़े भूखे शेर के आगे कुछ बताने की ज़रूरत नहीं पड़ती कि मनजीत का तात्पर्य क्या है? 'अयोध्या' शीर्षक एक संस्मरण में अपनी टिप्पणी के अन्त में उन्होंने आहत भाव से लिखा था—"गड्ढा (पेट) तो भूखा है लेकिन अयोध्या तृप्त है। यहाँ आने-जानेवाले ऐसे लोगों का ताँता लगा हुआ है—जिनके पास कोई दृष्टि नहीं है या जो भयावह और विकृत दृष्टिवाले हैं। यही नहीं, अयोध्या कइयों का राजनीतिक भविष्य गढ़ रहा है, वे चाहते हैं कि मन्दिर-मस्जिद मामला ज़िन्दा रहे जब कि देश अपनी धीमी मौत मर रहा है।"[5]

मनजीत की स्मृति को 1984 के दंगे और उनमें सिखों की निर्मम हत्या काफ़ी वर्षों तक मथती रही। उन दिनों वे शरणार्थी शिविरों में भी जाया करते थे और वहाँ लोगों पर जघन्य हुए हमलों की घटनाएँ सुनकर उन-जैसे संवेदनशील व्यक्ति और कलाकार का विचलित होना स्वाभाविक था। ऐसे में मनजीत सूफ़ी गीत-संगीत की शरण में चले जाते। तब उन्हें कौडुई, बुल्लेशाह और शेख़ फ़रीद की रचनाएँ आश्वस्त करतीं। कैनवस के सामने ऐसी कई हृदय-विदारक एवं अमानवीय घटनाएँ कलाकार मनजीत के आशय को चित्रित और प्रतीकित करती रहीं।

घनवाद या नव-घनवाद के 'आकारों का विरोध' के प्रश्न पर मनजीत का यह मानना रहा कि उनकी आकृतियाँ भौतिक तौर पर उद्घाटित नहीं होतीं। वे ऐसे रूपाकारों का प्रयोग करते रहे हैं, जो बेलनाकार होते हैं और घुमावदार भी। इनका कोई ओर-छोर नहीं होता और न इनमें कोई नुकीलापन है। आकार सम्बन्धी यह रूपायन निश्चय ही उनका मुहावरा बना रहा और इनमें वे कल्पनात्मक सन्तोष भी पाते रहे। इनमें न आकारों का विरोध है और न उनका निषेध। आकारों और अवयवों की यह लीला तब और भी रोचक एवं आकर्षक प्रतीत होती है जब वे इसमें बेहद चटकीले और शोख़ रंग भरते रहते थे।

यह देखना सचमुच विस्मयकर है कि मनजीत ने सम्भवतः पहली बार बड़े-बड़े कैनवसों पर चटख पीले, भड़कीले लाल या बैंगनी, तोतापंखी हरे रंगों को चौरस पृष्ठभूमि या 'स्पेस' के नाते प्रयुक्त किया है। हालाँकि जैन लघुचित्रों, पहाड़ी लघु-चित्रों और अन्यत्र भी इस पद्धति का उपयोग किया जाता रहा है लेकिन आधुनिक समय में मनजीत लगातार एक प्रयुक्ति के तौर पर इसे बरतते रहे।

कलाकार मनजीत ने मनीष पुष्कले से हुई बातचीत में यह स्वीकार भी किया था कि भारतीय परम्परा में सपाट रंग लगाने की प्रथा पहले से ही मौजूद थी। वे कहते हैं—"हमारे ही कई साथी चित्रकारों ने व्यक्तिचित्र के चारों तरफ़ सपाट रंग लगाया। मेरा रंग लगाना इस अन्दाज़ से नहीं है। चित्र में स्वयं के आकार को पाने

के लिए जो संघर्ष कलाकार करता है, वही संघर्ष मैंने भी किया है। न्यूमेन की संघर्ष की कल्पना मैं कर सकता हूँ। मार्क रोथको के चित्र ख़ुद-ब-ख़ुद हमारी संस्कृति से आकर जुड़ते नज़र आते हैं।"

अपने चित्र के विषय निर्धारण के बारे में वे बताते हैं—"मैं विषय को केन्द्रित कर चित्र नहीं बना सकता हालाँकि विषय मेरे चित्र में काफ़ी महत्त्वपूर्ण है। लेकिन फिर भी चित्र अगर विषय के अर्थों से मुक्त न हो सके तो वह चित्र अच्छा नहीं हो सकता। मैं गाँधी का सम्मान करता हूँ लेकिन गाँधी का व्यक्तिचित्र बनाकर इस सम्मान को व्यक्त नहीं करना चाहता।"[6]

भाषा को सर्वथा अपर्याप्त माननेवाले मनजीत स्वभावतः वाक्य के आशय को पकड़ने के आग्रही थे। इसलिए वे व्यवहृत रंग को भी एक सीमा तक नाकाफ़ी मानते थे। कैनवस पर सपाट रंग लगाने के पीछे शायद उनका आशय उस मौन को व्यक्त करना रहा हो, जो सर्वथा निर्दोष हो, बेदाग़ हो।

अशोक वाजपेयी ने बहुत पहले मनजीत की निर्मितियों के बारे में संक्षिप्त लेकिन संश्लिष्ट टिप्पणी करते हुए उनके काल्पनिक एवं कलात्मक बिम्बों को स्वप्न-सदृश बताया था, "उनकी छवियाँ एक ऐसी ऊर्जा से स्पन्दित होती हैं, जो सामान्य एवं काल्पनिक सरहदों का अतिक्रमण कर जाती है।"[7] इसी तरह कला समीक्षक कमला कपूर ने मनजीत की संरचनाओं के समग्रतः मानव आकृति की तरह उनके पशु हों, काल्पनिक हों या यथार्थ और यहाँ तक कि मायाजाल रचनेवाले—एकदम स्वायत्त होते हैं। इस चित्रकार ने अपने बिम्बों में—मनुष्य हो या जानवर—दोनों के लिए चित्रभाषा गढ़ ली है, जो उन्हें उनके आख्यान और रूपकों के निर्वाह के योग्य बनाती हैं।[8]

मनजीत की रेखाओं में एक गेयात्मक तन्मय देखी जा सकती है और वहाँ कोई हड़बड़ी नहीं है। उनकी आत्म-लयात्मकता उनके रूपाकारों को बाँधने के बदले उन्हें उन्मुक्त करती है। उनकी रेखाएँ भी अपनी निरन्तरता में आकारों को सिरजती हुई एक-दूसरे में विन्यस्त एवं विसर्जित हो जाती हैं।

सन्दर्भ

1. *मनजीत बावा,* (सम्पा.) इना पुरी, ललित कला अकादेमी, 2010, पृ. 189
2. उपरिवत्, पृ. 180
3. *मनजीत बावा,* (सम्पा.) इना पुरी, पृ. 184
4. खुरासान खसमाना किआ हिन्दुस्तानु डराइआ।
आपै दोसु न देई करता जसु करि मुगलु चड़ाइआ।
एती बार पई करलाणै तैं की दरदु न आइआ।
करता तू सभना का सोई। रागु आसा, शबद : 39
5. "The pit is hungry but Ayodhya is sated. It is overflowing with people without a vision or with a monstrously distorted vision. Right now, Ayodhya is making the political careers of many. And they need the mandir-masjid issue alive while the country dies a slow death." p. 73, *मनजीत बावा,* (सम्पा.) इना पुरी।
6. *'सहित'* पत्रिका, अंक 2, पृ. 36
7. *मनजीत बावा* (सम्पा.) इना पुरी, ललित कला अकादेमी, पृ. 184
8. "Like his human figure's his animals, hybrid, fantastical and sometimes, realistic and even fantastic, function as autonomous entities with regard to overall composition. The artist has developed a vocabulary for his images, both the man and animal, that enables him to carry the narration and metaphors on their own." Ibid, p. 128

गणेश हालुई
(1936)

गणेश हालुई भारतीय कला जगत के ऐसे मनस्वी कलाकार हैं, जिन्होंने चित्रकला के साथ कलाशिक्षण, कलाचिन्तन और साहित्य सृजन के क्षेत्र में सक्रिय और सार्थक भूमिका निबाही है। इसलिए उनकी कला निर्मितियों को उनके प्रेक्षक और प्रशंसक जहाँ गम्भीरता से लेते हैं, वहीं गणेश हालुई इन्हें अपनी लम्बी संघर्ष यात्रा की परिणति मानते हैं। उनकी कलात्मक संकल्पना में उनकी बचपन की स्मृतियाँ, विस्थापन, सामाजिक परिवेश एवं बौद्धिक परिसर का स्पष्ट आभास मिलता है—जो उनके अनुभव से समृद्ध है।

गणेश हालुई का जन्म 1936 में पूर्व बंग (अब बांग्लादेश) के जमालपुर में हुआ था, जहाँ उनका बचपन और कैशोर्य बीता। वे युवावस्था में कोलकाता आ गये। उनके साथ या पास कुछ नहीं था। अगर कोई चीज़ थी तो वह थी, ब्रह्मपुत्र के किनारे बिताये गये दिनों की स्मृति, वहाँ की प्रकृति और उन सबको आँकने की दुर्दम्य लालसा। इन्हें ही अपनी पूँजी मानकर उन्होंने गवर्नमेंट कॉलेज ऑफ़ आर्ट, कलकत्ता में दाख़िला लेकर अपनी कला शिक्षा पूरी की। इसके तुरन्त बाद वे अजन्ता के भित्तिचित्रों के संरक्षण आदि के कार्य दायित्व से जुड़ गये। उन्होंने इन भित्तिचित्रों के बारे में अपने नोट्स भी प्रकाशित किये। यह एक तरह से उनके कला जीवन का व्यावहारिक पक्ष था। बाद में वे इसी आर्ट कॉलेज, कलकत्ता में कुछ वर्षों तक कलाशिक्षक के रूप में कार्य करते रहे।

साठ के दशक में किये गये उनके रेखांकन और चित्र जो प्रकृतिपरक हैं—उनमें 'शिलांग का मुर्ग़ी बाज़ार', 'रेल वैगन' आदि प्रमुख हैं। बाद में अजन्ता (औरंगाबाद) के पास गाँव में प्रवास के दौरान काम करते हुए, उन्होंने कैनवस पर नेपाली काग़ज़ चिपकाकर वाश शैली में कुछ चित्र बनाये—जिनमें 'भाई बहन' (1984) बहुत ही प्रभावी बन पड़ा है।

अजन्ता के भित्तिचित्रों की अंकन प्रविधि और उनमें प्रयुक्त होनेवाले तमाम रंगों एवं उपकरणों तथा वहाँ प्राप्त अनुभवों के बारे में गणेश हालुई ने विस्तार से लिखा है। उनके कला सम्बन्धी लेखन में एक तरह की अनुभवदीप्त अन्तरंगता का बोध होता है, जो उसे रमणीय ही नहीं, रोचक भी बनाता है। अपनी डायरी के लिए भी वे गम्भीर पाठकों द्वारा काफ़ी पढ़े और सराहे जाते हैं। इसमें अपने चित्रों के बारे में वे लिखते हैं—"मेरा चित्र बन्दी है अन्धकार की कारा में, प्रकाश की तरह मैं उसमें प्रकाश का अँधेरा देखता हूँ/ अगर तुम यहाँ दीप जलाओगे/तो मेरा प्रकाश खो जायेगा।" भले ही यह उक्ति हमें एक पहेली की तरह लगे। लेकिन किसी भी कलाकार को अगर उसकी कृति में निहित अनुरोध के बारे में कुछ पूछा जायेगा तो उसका उत्तर कुछ ऐसा ही व्यंजक होगा।

गणेश हालुई की परवर्ती कई कृतियों में प्रकृति अपने वैभव और वैशिष्ट्य के बावजूद विषाद का आँचल ओढ़े रहती है। यह उनके चित्रों में उकेरे गये हाट-बाट, पथ-प्रान्तर, प्रकृति यहाँ तक कि आकाश तक फैली होती है। उनकी विषयवस्तु में व्याप्त निर्जनता, उदासी और अवसाद के भाव उनके रंगों के चयन और अंकन विधि से और भी सघन हो जाते हैं।

अपनी कला-सर्जना और कला-साधना के बारे में गणेश हालुई ने कई साक्षात्कार दिये हैं, जो उनके गहरे कलाबोध से समन्वित होते हैं। चित्र अपना हो या दूसरों का, हालुई का कहना है कि वे उसी चित्र के प्रति आकर्षित होते हैं जिसमें, 'सत्य' और 'सत्व' (सतता का गुण) होता है। उन्होंने अपने चित्रों के बारे में स्वीकार किया है–

"जो देखता हूँ उसे चित्रों में नहीं रचता बल्कि मैं वह देखता हूँ जो मैं चित्रित करता हूँ।"

यह कुछ-कुछ पाब्लो पिकासो की प्रसिद्ध उक्ति की तरह ही है कि "मैं उसे चित्रित नहीं करता जो मैं देखता हूँ, बल्कि वह चित्रित करता हूँ जो मैं सोचता हूँ।"

गणेश हालुई ने अपने संघर्षपूर्ण रचनाकाल और स्वाधीनता के बाद जन्म लेनेवाले कलाकारों के बारे में अपनी अत्यन्त महत्त्वपूर्ण टिप्पणी की है–"ऐसे चित्रकार अपनी कला भाषा तैयार नहीं कर पाये... उनमें मौलिकता की दीनता दिखायी पड़ती है। चारों ओर से अतिरिक्त ज़ोर लगाकर अपने को कुछ अलग साबित करने की चेष्टा चल रही है और इसका परिणाम यह हुआ है कि उनकी कृतियाँ प्रविधि-कौशल का नमूना मात्र बनकर रह गयी हैं।" ('बाङ्लार शिल्प-चर्चा : स्वाधीनतार परे' निबन्ध से अनूदित अंश)

विभिन्न डायरियों में किये गये रेखांकनों एवं कला सम्बन्धी स्फुट चिन्तन-बिन्दुओं के लिए भी उन्हें जाना जाता है। गणेश हालुई द्वारा बनारस के घाटों का चित्रण, जो नेपाली काग़ज़ पर वाश विधि से किया गया है, वे अत्यन्त प्रभावी हैं।

साठ के दशक में जिन कलाकारों ने भारतीय कला मंच पर अपनी साख पैदा की, उनमें गणेश हालुई का विशेष स्थान है। उनकी कला प्रतिभा को उनके कई चित्र चिह्नित करते हैं। इसका एक कारण उनकी बहुमुखी प्रतिभा भी है। वे एक साथ कला शिक्षक, कला अन्वेषक, दार्शनिक और वैज्ञानिक दृष्टि सम्पन्न लेखक कवि भी हैं। उन्होंने कई कला विषयक लेख भी लिखे हैं। पिछले दिनों उनके चित्रों और कला यात्रा को केन्द्र में रखकर एक पुस्तक *गणेश हालुई : नैःशब्देर चित्रकर* (2016), निःशब्द चित्रकार प्रकाशित हुई है, जो कवि-पंक्ति को सहज ही कला-निर्मिति से जोड़ती है।

ग़ुलाम मोहम्मद शेख़

(1937)

ग़ुलाम मोहम्मद शेख़ का जन्म सुरेन्द्र नगर में हुआ और उनका बचपन काठियावाड़ (गुजरात) में बीता। उसी समय से परिवार में परम्परागत धार्मिक विश्वासों और आसपास फैले सामाजिक परिवेश में उपस्थित सांस्कृतिक गतिविधियों ने उनके मानस का निर्माण किया। इसमें अपने घर के पुरखों और बाद में बाहरी दुनिया में प्रचलित अद्‌भुत क़िस्से-कहानियों एवं सार्वजनिक उत्सवों और समारोहों ने उनकी समझ को और भी विकसित किया। मन्दिरों, मस्जिदों और दरगाहों की अपनी-अपनी धार्मिक आस्थाओं और सदियों से उनके पालन के साथ हिन्दू-मुसलमानों के बीच परस्पर भेदभाव के बावजूद, दोनों में आमतौर पर सद्‌भाव के माहौल का भी प्रभाव ग़ुलाम शेख़ पर पड़ा।

आरम्भिक पढ़ाई के बाद शेख़ ने स्नातकीय शिक्षा पूरी की और फिर एम. एस. विश्वविद्यालय, वडोदरा के ललित कला विभाग से 1961 में स्नातकोत्तर उपाधि प्राप्त की। वर्ष 1963 में उन्हें कॉमनवेल्थ छात्रवृत्ति प्राप्त हुई, जिसके अन्तर्गत उन्हें लन्दन के रॉयल कॉलेज ऑफ़ आर्ट में दाख़िला मिला। यहाँ पाश्चात्य कला-सृष्टि के साथ बृहत्तर और व्यापक कला-दृष्टि भी प्राप्त हुई, जिसे उन्होंने अपने अनुभवों से निरन्तर समृद्ध किया।

शेख़ ने अपनी कला यात्रा में उन संवेदनशील स्मृतियों एवं क्षणों को विशेष तौर पर उकेरा है, जो उनके कलाकार मन को उद्वेलित करते रहे। उनमें से एक हैं, 'लम्बी अनुपस्थिति के बाद घर वापसी'। यह तस्वीर अपने पैतृक घर में दीवार पर टँगे माँ का फ़ोटो देखकर बनायी गयी थी। इसमें माँ के चित्र के साथ बचपन से जुड़ी उन यादों को भी संयोजित किया गया था, जो भूले नहीं भूलतीं। इसी तरह 1975-77 के दौरान बना उनका अत्यन्त चर्चित चित्र 'निःशब्द शहर' (स्पीचलेस सिटी) देश में लगे आपात्‌काल की शनि छाया को प्रतीकित करता है। साथ ही, एक नागरिक की हैसियत से और राजनीतिक समझ के नाते भी यह चित्र अपना विरोध दर्ज़ कराता है।

किसी प्रदत्त समय में, एक कलाकार की मानसिकता में बसा शहर किस प्रकार करवट लेता है, इसका सटीक उदाहरण है उनका चित्र 'सिटी फ़ॉर सेल' (1981-84), जो बड़ौदा (वडोदरा) शहर में हुए साम्प्रदायिक दंगों के दौरान चित्रित किया गया था। देखते-ही-देखते जो शहर अपने रचाव और फैलाव में अनूठा था, वह धार्मिक उन्मादग्रस्त हो जाता है और फिर विश्व के मानचित्र पर संकुचित हो, एक क्षेत्रीय परिभूमि में तब्दील होकर रह जाता है। इसे पहले शेख़ गूगल द्वारा प्रेषित विहंगम

मानचित्र के आधार पर वैश्विक रूपाकार दिया, जहाँ हम रहते हैं लेकिन बदलते समय में जहाँ व्यक्ति की निजता और सार्वदेशिकता का कोई महत्त्व नहीं रह जाता।

स्कूली शिक्षा के दौरान गाँधी जी की सीख तथा नेहरू युग के प्रभाव और पचास के दशक में धर्म-निरपेक्षता के आलोक में एक कलाकार का सामाजिक बोध जिस प्रकार निर्मित होता है, ग़ुलाम मो. शेख़ उसी के साथ कला-सृजन में प्रवृत्त हुए थे। लेकिन 1969 में गुजरात में हुए साम्प्रदायिक दंगों ने उन मूल्यों की चूलें हिलाकर रख दीं और जिन धारणाओं पर उनका रचना संसार टिका था, उन्हीं से जा टकराया था। उन्होंने देखा कि आज़ादी प्राप्त होने के बाद जिन विषम स्थितियों और समस्याओं पर क़ाबू पाया जाना था—वे जहाँ की तहाँ हैं। इसी समय विदेश से भारत लौटे उनके कलाकार मित्र विवान सुन्दरम् ने उन्हें वस्तुस्थिति से ही नहीं बल्कि वामपन्थी विचारधारा से भी परिचित कराया। उसी दौरान शेख़ ने 'मैन-II' (1972) और सामाजिक संचेतना से अनुप्रेरित कई चित्र बनाये थे।

अपनी सुप्रसिद्ध चित्र-शृंखला 'कावड़' के लिए बहुचर्चित और प्रशंसित शेख़ ने इसका श्रेय भारतीय आख्यान परम्परा को दिया, जहाँ सदियों से भारतीय रचनाकार इसके समृद्ध भण्डार से कथा तत्त्व और अभिप्राय ग्रहण कर विभिन्न कला माध्यमों द्वारा अपनी रचना क्षमता को अभिव्यक्त करते रहे हैं। 'कावड़' ऐसा ही कलात्मक संयोजन और आयोजन कहा जा सकता है, जो न केवल भारतीय आख्यानों का बल्कि विश्वभर की सभ्यताओं और सांस्कृतिक विरासत को कलात्मक धरातल पर प्रतिष्ठित करने का रचनात्मक उपक्रम बना। इसकी त्रिआयामी संरचना भी बहुत कल्पनाशील है—क्योंकि यह संस्थागत कलाबोध से अलग हटकर वैश्विक स्तर पर सामाजिक और सांस्कृतिक अवधारणाओं के साथ कलाकार की आन्तरिक अनुप्रेरणाओं से भी जोड़ती है। ग़ुलाम मो. शेख़ की जिज्ञासा वृत्ति ने इस दिशा में स्वयं एक मित्र-निर्देशक की भूमिका निबाही। इसलिए जब उन्होंने पहाड़ी चित्रकला या पाण्डु-चित्रकला या लघुचित्रों (miniature paintings) को देखा तो न केवल शैली की दृष्टि से बल्कि ऐतिहासिकता के नाते भी, इनमें आये बदलावों को जानने की चाह पैदा हुई। अजन्ता के चित्र तो वह बराबर देखते रहे थे। लेकिन उन चित्रों के निहितार्थ को समझने के लिए उन्होंने जातक ग्रन्थों का भी अध्ययन किया। यह उस आधुनिक दौर के कलाकारों से कुछ अलग सोचने और कुछ हटकर करने की आकांक्षा थी, जिसमें चाक्षुष बिम्ब या अमूर्तन को विशेष या अतिरिक्त महत्त्व दिया जा रहा था। यही नहीं, चित्रों में विन्यस्त अन्तर्वस्तु को समझने-समझाने के प्रयास को एक प्रकार का अनावश्यक बोझ माना जाता था।

सत्तर के दशक में ग़ुलाम मो. शेख़ 1967 में इंगलैंड से भारत लौटने पर, वडोदरा के एम.एस. विश्वविद्यालय में ललित कला संकाय में पश्चिमी कला के साथ भारतीय सौन्दर्यशास्त्र के अध्ययन से जुड़े। इस कार्यकाल में उन्होंने भारतीय और युनानी (ग्रीक) मिथकों और आख्यानों का अध्ययन किया। इससे उन्हें दोनों ही महान संस्कृतियों की तुलनामूलक विशेषताओं का पता चला और उनके विभिन्न कला-रूप एवं प्रतिदर्श अधिक रोचक और जीवन्त हो उठे। पश्चिमी देशों के विभिन्न कला-रूपों में, विशेषकर मध्यकाल के लम्बे दौर में, ईसाइयत के विविध पक्षों और मतवादों के अलग-अलग संकेतकों से उनका परिचय हुआ। अपनी इंगलैंड यात्रा के दौरान, ब्रिटिश म्यूज़ियम का परिदर्शन करते हुए उन्हें

साइलॉस एपोकैलिप्स, स्पैनिश पाण्डुलिपियों में चित्रित मूल युरोपीयन चित्र एवं दस्तावेज़ वग़ैरह देखने को मिले, जिनसे उन्हें कई प्रश्नों के उत्तर प्राप्त हुए।

भारतीय कलाकारों को, चाहे वे ईसाई हों न हों, ईसा मसीह के मानवीय जीवनादर्श और ईश्वर के आदेश पालन में किये गये आमरण संघर्ष, अत्यन्त संवेदनशील जान पड़ते हैं; इसलिए उन्होंने अपनी भावभूमि पर उन्हें उकेरा भी है। ग़ुलाम मो. शेख़ ने उनके संघर्षपूर्ण जीवन और अल्पायु में सूली पर चढ़ाये जाने की मार्मिक गाथा के कई रूपान्तर—बाइजेंटाइन, रोमानेस्क और गोथिक आदि कई कलाशैलियों में देखे। कई शताब्दियों तक चलनेवाली इस कला यात्रा के विभिन्न प्रतिरूपों (प्रारूपों) को सैकड़ों ज्ञात-अज्ञात चित्रकारों ने उकेरा है और आनेवाले समय में भी उकेरते रहेंगे। शेख़ ने ईसाई युग के आरम्भ से लेकर, बाद की कालावधि में पियेरा डेला फ्रांसेस्का, लियोनार्दो दा विंची एवं अन्य रेनेसां काल के चित्रकारों द्वारा उकेरे गये ईसा से सम्बद्ध न केवल विभिन्न माध्यमों में चित्रित चित्रों का, बल्कि ईसाई आस्थामूलक आख्यानों का अनुशीलन भी किया।

इन तमाम सन्दर्भों और गाथा-स्मृतियों को चित्रों में कैसे सँजोया जाये, इस समस्या से ग़ुलाम मो. शेख़ काफ़ी दिनों तक जूझते रहे। उन्हें इस दिशा में रॉन किट्ज द्वारा 'इफ़ नॉट, नॉट' शीर्षक से बना चित्र याद आया, जिसमें कई विषम संस्थितियाँ एक-दूसरे के सम्मुख रखी गयी थीं। किट्ज के चित्रों में आत्शवित्ज़ के बरअक्स सिएना के सैरा (landscape) और कानों में हियरिंग-एड लगाये टी.एस. एलियट दिखाये गये हैं। दरअसल इन चर्चित चित्रों के सन्दर्भ पश्चिमी कला जगत के थे, और इनके दर्शक भी पश्चिमी थे। ग़ुलाम मो. शेख़ की चिन्ता समस्त देशकाल—पूर्वी हो या पश्चिमी—को एक केन्द्रीकृत स्वरूप देने की थी। उनके लिए एक ऐसा 'सप्तक' तैयार करने की चुनौती थी, जिसमें उन समस्त कला वस्तु और कला बिम्बों को स्थान मिल सके। एक ऐसी किताब वाली शैली—जो इन्हें एक ही धरातल पर नियोजित कर सके और पृष्ठ-दर-पृष्ठ खुल सके। इसके लिए शेख़ ने 'अकॉर्डियन' पद्धति का सहारा लिया—जिसमें पन्ने या दरवाज़े वांछित ढंग से खोले या बन्द किये जा सकते हैं। इसके लिए शुरू की गयी 'बुक ऑफ़ जर्नीज़' पर उन्होंने कोई दस वर्षों (1996 से 2006) तक कार्य किया। विदेशों की यात्रा के दौरान भी वे इस बुक (पुस्तिका) पर चित्र आँकते रहे थे। इटली और कैलिफ़ोर्निया के सफ़र में, जहाँ कहीं भी उन्हें रोचक प्रसंग या सन्दर्भ मिले, उन्हें भी उक्त योजना में शामिल कर लिया गया। इटली, असीसी में पिएत्रे लारेंजेत्ती के 'डिपोज़िशन' पर आधृत एक 'स्ट्रीट स्केप' (सड़क का दृश्य) आँकते हुए, उन्होंने इसे कबीर द्वारा फैलाये गये चोले (कफ़न) से जोड़ दिया। इसी तरह इसमें पोखरण में भारत द्वारा परमाणु परीक्षण भी जुड़ गया। यह सब अकारण नहीं था—यह अपने देशकाल को निजी स्तर पर जीने-जैसा था—अतीत की स्मृतियों के साथ वर्तमान का संवाद स्थापित करने-जैसा।

इस कला यात्रा में, अलग से 'डिज़िटल' किताबों की शृंखला भी तैयार होती चली गयी। 'कश्मीर किसका' (हूज़ कश्मीर?) में 'धरती का स्वर्ग' नाम से मशहूर यह भूभाग हमेशा से ही सवालों में घिरा रहा है—जो किसी भी भारतीय की चिन्ता का विषय हो सकता है। 'चर्निंग' शीर्षक के अन्तर्गत समुद्र मन्थन की पुरागाथा में शेख़ ने कुछ संशोधन करते हुए, नये संयोजन भी किये। मसलन, इस मन्थन के फलस्वरूप हिरोशिमा (और नागासाकी) में परमाणु बादल आविर्भूत हुए तथा हिटलर-जैसे 'डिक्टेटर' और महात्मा गाँधी-जैसे 'रत्न' भी उत्पन्न हुए। प्रकारान्तर से ग़ुलाम मो. शेख़ ने इसे अपनी अवधारणा

से पुष्ट किया। लेकिन सवाल अब भी जस-का-तस था कि अपनी अवधारणाओं को बृहत्तर दर्शक वर्ग के सम्मुख प्रभावी तौर पर कैसे रखा जाये!

एक दिन अनायास ही, दिल्ली स्थित क्राफ़्ट्स म्यूज़ियम में उन्हें एक राजस्थानी कावड़ दिखी, जो एक तरह की घुमन्तू वेदिका जैसी थी। इस माध्यम द्वारा भोपा के धार्मिक आख्यानों एवं सम्बन्धित उपचारों से सम्बन्धित चित्र उकेरे जाते रहे हैं। हल्की लकड़ी से बनी छोटे आकार की, इन वेदिकाओं को अपने कन्धे पर उठाये उनका यशोगान करते घुमन्तू गायक घूमते-फिरते हैं और लोगों के समक्ष कावड़ के पट खोलकर, उन पर उकेरे गये सम्बन्धित चित्र गाने के संग दिखाते रहते हैं। शेख़ ने जो कावड़ देखी थी, वह लगभग छह फ़ीट ऊँची थी और इस कला-प्रारूप ने उन्हें एक आधार दृष्टि प्रदान की। इसी तरह तेरहवीं सदी में युरोप में बने विश्व के मानचित्र एब्स्टाफ़ं माप्पामण्डी (दूसरे विश्वयुद्ध के दौरान नष्ट) में बने वृत्ताकार चित्रित पिक्चर पोस्टकार्ड देखने के बाद, शेख़ ने भी विश्व का मानचित्र बनाना तय किया था। उन्होंने एब्स्टाफ़ं खाके को ध्यान में रखते हुए अपना आधार प्रारूप तैयार किया। हालाँकि इसके धरातल, पट, पटल, स्थान, पात्र और विवरण पूरी तरह बदल दिये गये। कुछ ऐसे विषय और सन्दर्भ भी, जो पहले से उनके 'बुक ऑफ़ जर्नीज़' में संयोजित थे। शेख़ ने इसे आरम्भ से ही विश्वजनीन होने के साथ भारतीय इतिहास, आख्यान एवं मिथक में स्वीकृत पात्रों (बल्कि कालजयी चरित्रों) तथा प्रस्थान-बिन्दु बनी घटनाओं को चित्रित एवं 'डिज़िटल डिवाइस' द्वारा प्राप्त समग्र परिपार्श्व को सुसंयोजित किया।

ग़ुलाम मो. शेख़ की दुनिया, चाहे वह स्मृतियों में जीवित हो या प्रत्यक्ष अनुभवों में, बहुत बड़ी है। वे किसी भी कलाकृति—अपनी हो या दूसरों की, से कुछ पाने की अपेक्षा रखते हैं। आख़िर रचयिता का कोई उद्देश्य, आशय या रचनादर्श होना ही चाहिए। अपनी इस दृष्टि को वे अपनी कृतियों और निर्मितियों पर भी लागू करते रहे हैं। इसलिए ग़ुलाम मो. शेख़ की ऐसी तमाम कलाकृतियों से, जिसमें बहुआयामी और सम्मिश्रित सन्दर्भ और प्रसंग होते हैं, उनसे गुज़रना बड़ी रोचक प्रक्रिया होती है। उनके चित्र कहीं पूर्व स्मृति से तो कहीं किसी आख्यान या मिथक के ताने-बाने से या फिर सामाजिक स्थितियों के दबाव या तनाव से सम्बद्ध होते हैं। इन्हें दर्शक अपनी क्षमता या दक्षता के अनुरूप ही ग्रहण या स्वीकार कर सकता है। दरअसल उनके चित्र उनके किसी विचार या विमर्श को केन्द्र में रखकर गढ़े जाते हैं, इसलिए वे महज़ चित्र नहीं होते। ऐसा ग़ुलाम शेख़ की सोच और समझ के कारण होता है, जो कला के अनुभवी अध्यापक के नाते और वर्षों के अध्यवसाय से अर्जित की गयी कला मनीषा से सम्भव हो पाया है। इसलिए उनके द्वारा रचे गये या आँके गये चित्रों को एक विचार की तरह पढ़ना होता है। यह उनके दर्शकों को विचलित भी करता रहा है और प्रकारान्तर से शिक्षित या दीक्षित भी।

'डिज़िटल डिवाइस' में स्वयं किवाड़ खोलकर अगर दर्शक अपने चतुर्दिक् चित्रों का वैभव, न केवल देख सके बल्कि उनका हिस्सा बन जाये, इससे बढ़कर भला और क्या बात हो सकती है? इसे दर्शक मनचाहे ढंग से खोलकर अन्दर प्रवेश कर सकते हैं। किवाड़ों की संख्या के मुताबिक़ छोटी-बड़ी-लम्बी चित्रावली से उनका सामना होता है। वे किवाड़ के पल्ले मोड़कर, दो संरचनाओं को मनचाहे ढंग से जोड़कर, एक नया बिम्ब रच सकते हैं। ऐसी अनेक सम्भावनाओं से संरचित उनकी 'कावड़' का आकार-प्रकार (structure) भी कई विशिष्टताएँ लिए हुए था, जो चित्रकार के साथ इसकी यात्रा

करनेवाले दर्शकों के लिए यह अत्यन्त आकर्षक, रोचक एवं उत्तेजक बन गया। यह कावड़ उनके लिए केवल दर्शनीय ही नहीं, स्पर्श्य भी थी, जिसे वे छूकर महसूस कर सकते थे। ग़ुलाम मो. शेख़ ने इसे एक स्मृतिजन्य पिटारा भी कहा है, जिसमें ऐसे कई क्षतिपूर्ति के स्थल संरक्षित हैं और जिनमें मानवीय/अमानवीय इतिहास की आहें और आहटें दीख और सुन पड़ सकती हैं। शेख़ के शब्दों में, "हम इन 'डिब्बों' को बार-बार खोलकर मनुष्य जाति के भयावह कृत्यों को देख और याद कर सकते हैं। और शायद कबीर पर लौट सकते हैं, दीवाने मजनुओं पर लौट सकते हैं। मेरी अपेक्षा है कि यह चिन्तन, यहाँ तक कि ध्यान के लिए, अवकाश रच पाये।"[1]

कावड़ की विशिष्ट संरचना वैश्विक सीमाओं के आर-पार जाने की सुविधा मुहैया करवाती है। यहाँ वन में स्वर्णमृग का शिकार करते राम और पक्षियों को सन्देश देते सेंट फ्रांसिस देखे जा सकते हैं। इसमें चार प्रमुख दिशाओं के निर्धारण के साथ शेख़ ने चार परिचित बिम्बों के रूप में करघे पर कपड़ा बुनते कबीर, अपनी लैला की तलाश में खोए मजनूँ (जिसके गले में बँधे पट्टे का एक छोर थामे एक वृद्धा), पुनर्जीवन के बाद ईसा को छूने को तत्पर मेरी माग्दालीन और एक वयोवृद्ध नर्तक का चयन किया गया है। इनमें से कुछ बिम्ब अभिप्राय (motif) के तौर पर बार-बार, विभिन्न रूपान्तर के साथ कावड़ चित्रावली में प्रकट होते हैं।

इस रोचक यात्रा ('जर्नीज़') के साथ ग़ुलाम मो. शेख़ के पर्यावास (habitation) एवं विस्थापन (deportation)-जैसे अभिप्राय भी इन ऐतिहासिक स्मृतियों से जुड़ गये हैं। यहाँ मजनूँ द्वारिका के मन्दिरों के इर्द-गिर्द वीराने में लैला की तलाश में भटक रहा है। 'अयोध्या : मिराज' (एक ऐसी मृगतृष्णा है, जिसमें निरर्थक तलाशों से घिरा यह नगर मरसिया दोहरा रहा है और लगभग क़ब्रगाह में तब्दील हो चुका है), यहाँ ध्वंस बाबरी मस्जिद मलबे तले दफ़न है। शेख़ ने बड़े प्रतीकात्मक ढंग से इसकी सतह में दबी ताँबे की चादर पर छपे मस्जिद का बिम्ब उकेरा हैं। इसके बरअक्स केरल स्थित मट्टनचेरि मन्दिर के गर्भगृह में बने रामजन्म द्वारा मातृत्व की महिमा उजागर की गयी है। यह निश्चय ही एक कविहृदय और भावक चित्रकार की चिन्ता से उपजी परिकल्पना है। साथ ही, एक धर्मनिरपेक्ष भारतीय नागरिक की हैसियत से अन्यान्य धर्मावलम्बियों की आस्था का सम्मान करते हुए, वडोदरा स्थित सूर सागर झील के बीच स्थापित शिव की विशाल मूर्ति की उपस्थिति यही जताती है कि यहाँ सभी सम्मिलित हैं, कोई बाह्य या बहिरंग नहीं। यह शान्तिनिकेतन के हिन्दी भवन में बिनोद बिहारी मुखर्जी द्वारा अंकित भित्तिचित्र 'मध्ययुगीन सन्त' सरीखा एक विराट लेकिन आत्मीय एवं अन्तरंग आयोजन प्रतीत होता है, जिसमें बिनोद दा के कबीर, नानक, चैतन्य, तुलसी आदि सभी शामिल हैं।

किन्तु शेख़ यहीं नहीं रुकते, और जैसा कि बताया गया, इतिहास के आततायी और विध्वंसक कृत्यों के विरुद्ध कई शान्तिप्रिय एवं मानवीय प्रसंगों को इसमें भी उचित स्थान दिया गया है। इनमें 'एगॉनी इन द गार्डेन' (मैंटेना), 'एननसिएशन' (फ्रा एंजलिको), नृत्यरत दरवेशों की प्रस्तुति 'म्यूज़िक्स एंड मिसलेनीज़'-जैसे प्रायश्चित्त स्थल भी देखे जा सकते हैं। कबीर और उनके पद भी यथाप्रसंग उद्धृत हैं।

लेकिन शेख़ ने इस सौमनस्य में प्रतिकूल स्थितियाँ पैदा करने वालों के ख़िलाफ़ हस्तक्षेप भी किया है—जिसमें पाठ्य-पुस्तकों को साम्प्रदायिक रंग देते हुए मासूम पाठकों की मानसिकता को विकृत किया जा रहा है। 'अल्फ़ाबेट स्टोरीज़' (वर्णमाला कथा) से जुड़ी यह कोलाज कथा बच्चों की किताबों पर आधारित है और यह एक जागरूक अभिभावक की दुश्चिन्ता से हमें रू-ब-रू करवाती है।

यह 'कावड़' जहाँ ग़ुलाम मो. शेख़ का बृहत्तर रचना संसार है, वह उनका निजी घर (संसार) भी है, जिसे रवीन्द्रनाथ अपना 'खेला घर' बताते रहे। विश्वकवि ने शब्द संसार से अलग हटकर अपने अस्त-व्यस्त स्टूडियो को ही अपना भाव संसार बनाया और बताया था। शेख़ के लिए भी कावड़ उनके घर-जैसा ही रहा—जिसके अन्दर बेधड़क और बेखटके आया-जाया जा सके। यहाँ निजी इतिहास ही नहीं, जीवन-जगत और कला से सम्बद्ध चयनित स्मृतियाँ, अनुभव और अपना देशकाल भी है, जिन्हें पुनराविष्कृत किया गया है। यह कावड़ उनके लिए इतिहास में दोबारा दाख़िल होने और एक तरह से उसका पुनर्लेखन करते हुए एक कलाकार की रचना दृष्टि और सृष्टि को सार्थकता भी प्रदान करता है।

शेख़ ने अपनी 'कावड़' में कई महत्त्वपूर्ण उद्धरणों को चित्रों के साथ समायोजित किया है और कई स्थलों पर उनकी स्वतन्त्र सत्ता भी बनी रहती है। यह उनकी कलात्मक प्रक्रिया का हिस्सा है, जिसे वे अभिलेख की तरह प्रयुक्त करते हैं ताकि वे दर्शकों को सम्बोधित कर सकें। वर्षों से शोध में जुटे शेख़ ने समर्पित भाव से इस अध्यवसाय के दौरान भारत के साथ चीन, जापान, ईरान और विश्वभर की कलाशैलियों का अध्ययन किया। विभिन्न सभ्यताओं एवं संस्कृतियों से जुड़ी समझ को सम्बन्धित विशेषज्ञों से मिलकर पुख़्ता किया। बहज़ाद, लारेंजेत्ती गियातो, डच्चिओ के साथ गोवर्धन, साहिबदीन, नैनसुख-जैसे चित्रकारों की कृतियों को ग़ौर से देखा। भारतीय लघुचित्रों और भित्तिचित्रों की वैविध्यपूर्ण शैलियों की अलग-अलग प्रकृति और प्रविधि भी कम चौंकानेवाली नहीं हैं। इसी तरह डच्चिओ के मेस्ता पटलों की आकृतियाँ काफ़ी छोटी हैं—कुल मिलाकर एक-डेढ़ इंच, जिन्हें हाशिए पर चित्रित किया गया है। उन्हें मानवाकृति प्रदान करने के साथ तैलरंग से मांसल रूप प्रदान किया गया ताकि उनकी भी उपस्थिति दर्ज़ की जा सके।[2]

कावड़ के सामने खड़े होकर और इसके एक-एक पल्ले को खोलकर देखने से एक अप्रत्याशित जगत से हमारा साक्षात्कार होता है। इसमें संशययुक्त भावक और अनासक्त सन्त (और सेंट) हैं तो शंकाकुल और प्रश्नाकुल संसारी भी। सेंट फ्रांसिस के साथ एक फ़रीसी (पाखण्डी) भी दीख रहा है। समुद्र पर सवार तिप्ता शोरिकेन योद्धा भिक्षु हैं तो भक्तकवि और सेनापति अब्दुर्रहीम ख़ानख़ाना भी मौजूद हैं। ऐसे कई अनाम और अज्ञात लोग हाशिए पर उपस्थित हैं—जो अपने-अपने समाज और समुदाय का प्रतिनिधित्व कर रहे हैं। अवनीन्द्रनाथ ठाकुर के एक चित्र से टोपी पहने महात्मा गाँधी को भी इसमें स्थान मिला है, जो तब दक्षिण अफ़्रीका से लौटे ही थे और भारतीयों के लिए अपरिचित थे। जहाँगीरी तस्वीरी का जमादार, कबीर की संगातिन, साधु-सन्त-सूफ़ी, जैन संन्यासी, ईसाई मिशनरी...सभी इसमें अपनी जगह घेरे बैठे हैं।

ग़ुलाम मो. शेख़ ने 'गूगल अर्थ' की सहायता से और सेटेलाइट इमेज़ के आधार पर अपने घर के उस कमरे का कोना भी ढूँढ़ निकाला है, जहाँ उनका जन्म हुआ था। ठीक इसी तरह (हज़रत नूह के) आर्क के ऊपर तैर रहा एक और बन्द कमरा भी, और इसके सामने अंकित 'स्पीकिंग ट्री' भी है, जिसके नीचे मेरी माग्दालीन शोकाकुल बैठी है।

सुप्रसिद्ध कलाविद एस. शिवकुमार का मानना है कि अपनी पीढ़ी के कलाकारों में ग़ुलाम मो. शेख़ अपने कलाचार और कला-विमर्श को विचारों से समृद्ध करते रहे हैं। उनकी पेंटिंग किसी एक समय में तनिक शिक्षापरक प्रतीत हो सकती है लेकिन उनकी कला सदैव बुद्धिमत्तापूर्ण रही है और जिस प्रकार कुछ लेखक 'लेखकों के लेखक' होते हैं, उसी प्रकार वे भी 'पेंटरों के पेंटर'-जैसे हैं। रोलां बार्थ भी कई वर्षों तक एक शिक्षक रहे; शेख़ में भी हमारे मानस को विचारों से सम्प्रेषित और प्रभावित करने का अदम्य आग्रह रहा है।[3]

सन्दर्भ

1. *कला भारती* : खण्ड एक, पृ. 301
2. उपरिवत् (पृ. 295-303) में उल्लेखित विवरणों के आधार पर।
3. "His paintings may be at times a little didactic but his art is always wisely intellectualised and he is 'painterly' as some writers are 'writerly' for Barths. And a teachar for many years, he has an irrepressible urge to communicate and populate our mind with ideas." *Faces of Indian Art,* Editor : Ina Puri, Art Active Gallery, Panchsheel Park, New Delhi, 2007, p. 217

अर्पिता सिंह
(1937)

अर्पिता सिंह का जन्म पूर्व बंगाल (अब बांग्लादेश) 1937 में हुआ था। उनका बचपन कोलकाता में बीता और दस वर्ष की उम्र में वे दिल्ली आ गयीं। उनकी कला शिक्षा स्कूल ऑफ़ आर्ट (1954-1959) दिल्ली में हुई। चित्रकार शैलोज मुखर्जी के निर्देशन में अपना कलाभ्यास ज़ारी रखते हुए उन्होंने अपनी कलादृष्टि विकसित की। कई युवा कलाकारों (एवं छात्रों) ने उनका प्रशिक्षण पाकर बाद के वर्षों में अपनी पहचान बनायी थी, जिनमें अर्पिता सिंह विशिष्ट स्थान रखती हैं। यह शैलोज दा की कला शिक्षा की विशिष्टता का प्रभाव है कि अर्पिता की निर्मितियों में एक ख़ास तरह की रंग योजना और गत्यात्मकता देखी जा सकती है।

एक प्रयोगधर्मी चित्रकार होने के साथ, रचना के कथ्य (विषय) और मर्म के प्रति अर्पिता सिंह ने सदैव न्याय किया। अपने समकालीन सन्दर्भों को महत्त्व देते हुए दैनन्दिन जीवन में घटित होनेवाली घटनाओं के प्रति भी वे संवेदनशील रहीं। दरअसल उनके चित्रों में वे सारे उपादान या साधारण चीज़ें शामिल हो जाती हैं, जो उनके या हम सबके इर्द-गिर्द मौजूद रहती हैं। इनमें मेज़-कुर्सी, फूलदान, आईना, खिड़की, पर्दे, जूते-चप्पल, रसोईघर के बर्तन, सोफ़ा, गमले वग़ैरह सब शामिल हो जाते हैं। इसलिए उनके कैनवसों में विभिन्न उपकरणों से अटे और अटपटे घरेलू सामानों की घुस-पैठ देखी जा सकती है।

अपनी अनोखी चित्र निर्माण शैली के कारण अर्पिता की निर्मितियाँ दूर से ही पहचानी जा सकती हैं। उन्हें अलग से चित्र वीथियों में ढूँढ़ना नहीं पड़ता। इसमें उनकी गहरी आन्तरिकता देखी जा सकती है—चाहे विषयवस्तु हो, रंगों का अनुयोग हो और अतिरिक्त ढंग से प्रयुक्त अन्यान्य अनुषंग हो। वैसे कभी-कभी यह समझना कठिन हो जाता है कि वे कैनवस पर चीज़ों को समेटना चाहती हैं या उन्हें बिखेर देना चाहती हैं। प्रस्तावित विषयवस्तु के साथ उनका मन और मानस ही नहीं, रंग और तूलिकाओं का संचालन भी तदनुरूप आकार लेता जाता है।

दरअसल अर्पिता के चित्र हमारे आधुनिक जीवन के ही प्रतिरूप हैं। हमारा सामाजिक जीवन कितना विषम, विद्रूप और विडम्बनापूर्ण हो चला है, एक सर्जक के नाते वह इसे कहीं अधिक तीव्रता से महसूस करती हैं। इस जटिल होते जाते समय में उनका संवेदनशील अन्तर्मन निश्चय ही आकुल हो उठता है—लेकिन वे इसे उसी जटिलता और संश्लिष्टता के साथ नहीं, बल्कि सहजता और सरलता

से अभिव्यक्त करती हैं। कभी-कभी बालसुलभ चपलता के साथ उनका यह खिलन्दड़ापन उनके द्वारा चयनित उपादानों से स्पष्ट हो जाता है। इसलिए जब वह कैनवस के सामने रंग और तूलिकाएँ लेकर बैठ जाती हैं तो रूपाकार अपने आप चित्र में बदलते जाते हैं। नारी मन की अन्तर्भेदी दृष्टि और उनके कला मानस में अवस्थित अनुभव—ये दोनों मिलकर चित्र रचते जाते हैं। उनका समय और समाज-सजग मस्तिष्क उनमें से निरन्तर चयन एवं उन्हें संयोजित करते चले जाते हैं। अर्पिता अपने चित्र-कथ्य को बड़ी सहजता से उकेरती हैं। वस्तुतः उनके चित्रों में वर्तमान समय की विसंगतियाँ, विडम्बनाएँ और जटिलताएँ बेहद मुखर होती हैं और उनके द्वारा प्रयुक्त प्रखर रंग इन्हें और भी उद्दीप्त करते हैं।

अर्पिता ने पिछले पचास-साठ वर्षों में, कला जगत में आये बदलावों को बहुत निकट से देखा है। स्वयं अपने सृजन कर्म में भी, अपनी ग़रीबी और संघर्षभरे उन वर्षों में, जब कोई नया स्केच बुक और कैनवस ख़रीद पाना सम्भव नहीं था; तब वे सामान्य ढंग से, हलके और सपाट रंगों को बाहरी और गहरी रेखाओं से आँककर चित्र बनाया करती थीं। उनकी पहली एकल प्रदर्शनी इसी तरह के चित्रों से हुई थी। इसी तरह वह दिल्ली में आयोजित व्यापार मेलों से प्राप्त कैटलगों को स्केच पेपर की तरह इस्तेमाल करती रहीं। यही नहीं, एक ही कैनवस पर पूर्व अंकित चित्र पर दोबारा रंगों की मोटी और गाढ़ी परत चढ़कर कोई दूसरा चित्र गढ़ लिया जाता था। विषयों की उनके पास वैसे भी कभी कोई कमी नहीं रही। रोज़मर्रा का जीवन, पास-पड़ोस की हलचल और अख़बारों की ख़बरें—क़त्ल, आगज़नी, दंगे, आतंकी हमले, बलात्कार, गुम हुए लोग और अपहृत बच्चे, मौसम का हाल और नेता-अभिनेता से जुड़े अनगिनत क़िस्से। इनसे खुद को जोड़ती हुईं, किसी ख़ास टुकड़े को अर्पिता अपने कैनवस में टाँकती चली गयी हैं। इसके बाद, एक-के-बाद-एक हिस्से उसमें अपने आप जुड़ते चले जाते हैं। कब कोई आकार स्त्री का रूप धारेगा या पुरुष का, यह भी अनायास ही तय होता रहा। उनके चित्रों में ऐसे कई अजूबे और अपरिचित पात्र होते हैं, सामयिक प्रसंग और सामाजिक स्थितियाँ गुँथी होती हैं और सबसे बढ़कर कृतिकार की दृष्टि होती है—जो उन्हें नियन्त्रित और व्यवस्थित करती जाती है।

अर्पिता का मानना है कि वे कैनवस पर ख़ाली या जान-बूझकर छोड़े गये स्थान (स्पेस) से विचलित हो जाती हैं। जबकि किसी चयनित या वांछित चीज़ों से वहाँ उपस्थित या गति दर्शायी जा सकती है। मसलन, साइकिल, कार या प्लेन जो दर्शकों के मन में गतिशीलता पैदा कर सकती हैं। ये संयोजित कार या प्लेन हमेशा वही नहीं होती जो दीखती हैं। वे कभी तारे, क्रॉस या संकेतक मानचित्र भी हो सकते हैं। उनके कैनवस यही जताना चाहते हैं कि दर्शकों की आँखों को इस बात का अभ्यास होना चाहिए कि उनके दृष्टिपथ में ऐसी असंख्य चीज़ें आ सकती हैं, जिनकी रोज़मर्रा की ज़िन्दगी में सम्भवतः अनदेखी नहीं की जा सकती।

अर्पिता सिंह, जैसा कि बताया गया, अपने कला-सृजन के आरम्भिक वर्षों में पहले रेखांकन ही किया करती थीं लेकिन बाद में चित्रांकन करने लगीं। स्याह-सफ़ेद से आगे बढ़कर उन्होंने रेखांकनों को रंगों से पुष्ट किया, साथ ही, अपने जलरंगी पटल को आकृतिमूलक बनाया—जिनमें मेज़-कुर्सी, फूल, पेड़, ताश के पत्तों के साथ स्वप्नधर्मा आकृतियाँ भी पैर पसारने लगीं। बाद के दौर में, वे छोटी-छोटी

पत्तियों की तरह कुछ मिलते-जुलते रूपाकार सँजोने लगीं। तैलरंगों से दमकते और कैनवस के चयनित स्थलों पर बिछे ये बूटेनुमा आकार कभी किसी गोलाकार या अर्धगोलाकार ढूहों के आसपास संयोजित किये जाते रहे। कभी एक-दूसरे का पीछा करते उकेरे गये। और कभी एक-दूसरे के विरुद्ध खड़े दिखाये गये। इन्हें मोटे तौर पर प्रकृति, वनस्पति, नन्हे जीव-जगत (चींटियों, मधुमक्खियों और जुगनुओं या तारों) की अनोखी दुनिया से भी जोड़ा गया है। इन्हें स्पष्ट तौर पर जागतिक या वास्तविक नहीं कहा जा सकता। दरअसल इन निर्मितियों के मूल में उनकी बदलती मनःस्थितियों का हाथ रहा है। यह अनोखा संसार उनके रचनात्मक खिलन्दड़ेपन से भी जुड़ा रहा—कभी जलरंगों से अंकित पारदर्शी बनकर, और कभी तैलरंगी कृतियों में नयी दीप्ति भरता, कैनवस पर उभरता।

'कॉर्नफ़्लावर बेड' शीर्षक चित्र अर्पिता सिंह के संवेदन-प्रवण स्वभाव का विलक्षण उदाहरण है। एक स्त्री-मन की पीड़ा ही इसमें व्यक्त है। चित्र में बायीं ओर एक नग्न स्त्री तकिये पर सिर रखकर लेटी है। बादामी रंग से उकेरी गयी यह स्त्री-देह तथाकथित नारी देह के स्वाभाविक सौन्दर्य और सुषमा से कोसों दूर है। एक अनावृत नारी देह की असहायता इसी से स्पष्ट है कि पूरा एक शहरी उद्यान ही उसकी सेज बन गया है। उद्यान की क्यारियों में, दूर-दूर तक क़तारों में रोपे गये पौधे चित्र को सघनता प्रदान करते हैं। काले रंग से उकेरे गये इन पौधों के दोनों ओर दो व्यक्ति चित्रित हैं—बायीं ओर गेंद से खेलता एक फ़ुटबॉल खिलाड़ी है तो दायीं ओर एक स्कूटर चालक। खिलाड़ी हाथों में दस्ताने पहने है जब कि स्कूटर सवार अपनी दिनचर्या पूरी कर घर लौट रहा है। खेल समाप्त कर खिलाड़ी भी घर लौटेगा। इस संयोजन द्वारा चित्रकार ने यह संकेत दिया है कि वह उस अनावृता गृहिणी की देह से खेलेगा। एक पुरुष-सत्तात्मक समाज में स्त्री-देह सम्भवतः एक क्रीड़ास्थली के अलावा और कुछ नहीं। दस्ताने पहने फ़ुटबॉल खिलाड़ी और अनावृता नारी के बीच की नज़दीकी या दूरी के मर्म को इस चित्र के दर्शक बख़ूबी समझ सकते हैं। इसलिए विसंगति के बावजूद वे इस चित्र के साथ उनके 'स्ट्रीट वाल' या 'वीमेन सिटिंग'-जैसे चित्रों को बार-बार देखना चाहते हैं।

अर्पिता के अन्य कई चित्रों में भी नग्न स्त्री-देह की उपस्थिति देखी जा सकती है—लेकिन नयी व्यंजना के साथ। यहाँ लाल रंग की सार्थकता पर विशेष ज़ोर है। ऐसे ही एक चित्र में ख़ाली कुर्सियों से सजे एक ड्रॉइंग रूम में ऊपर की एक नग्न युवती सो रही है। उसकी देह एक तरफ़ झुकी हुई है—मानो वह हवा में झूल रही हो। उसकी भारहीनता इस बात का संकेत देती है कि वह न केवल असहाय एवं निरर्थक है बल्कि अपनी आत्मरक्षा में भी असमर्थ है। इसमें भी स्त्री-सत्ता की असहायता को संकेतित किया गया है। इसी क्रम में 'ब्लू बेरिस' चित्र का उल्लेख आवश्यक है। यहाँ कैनवस के बड़े हिस्से पर जिस नग्न एवं चिन्तामग्न युवती का ऊर्ध्वांश उकेरा गया है, उसका एक हाथ मेज़ पर है और दूसरा उसकी टोढ़ी पर। उसकी आँखों में एक गहरा कौतूहल है। विवस्त्र होने के बावजूद उसमें किसी तरह का संकोच नहीं। चित्र के पीछे की दीवार नीले रंग से रँगी हुई है और एक बल्ब द्वारा यह जताया गया है कि कमरे.में अँधेरा है। एक तरफ़ पोशाक पहना पुरुष, अपने हाथों में बन्दूक़ उठाये और घुटना मोड़े उस पर हमला करना चाहता है। दूसरी तरफ़ अपने हमलावर से बेख़बर वह स्त्री सहज भाव से खड़ी है। इस प्रकार अर्पिता सिंह दो विरोधी भावों का चित्र-रूपक कुछ इस तरह गढ़ती हैं कि सब कुछ

स्वाभाविक प्रतीत होता है–आरोपित नहीं लगता। लेकिन इसके साथ ही, उन्होंने परम्परागत भारतीय चित्रकला के अनुरूप उन विषयों से सम्बद्ध चित्र भी बनाये हैं, जिन्हें सृष्टि का केन्द्र बिन्दु बताया गया है। उस आद्याशक्ति और आदिजननी के दोनों ओर खड़ी आवक्ष नग्न सखी-सहचरी को आँकते हुए वह हमें प्राचीन पटचित्रों, विशेषकर कालीघाट के पटचित्रों की याद करा देती हैं। इसे अर्पिता ने जलरंग और तैलचित्र से नहीं बल्कि एक्रिलिक से चित्रित किया है ताकि विषय सुस्पष्ट हो सके। माँ और बेटी के स्नेह और ममत्व को दर्शानेवाले भी कई चित्र उन्होंने उकेरे हैं। इसी विषय को एक अन्य चित्र 'कमल पत्र और स्त्री' में अर्पिता ने दोहराया है लेकिन वे वहाँ उड़ते हवाई जहाज़ आदि अतिरिक्त प्रतीकों या अतिरेकपूर्ण संकेतों का प्रयोग नहीं करतीं।

उनका एक चित्र 'फ़्यूनरल अर्थ' काफ़ी चर्चित रहा है, जिसमें एक नंग-धड़ंग और विक्षत शरीर आँका गया है। राख के रंग से पुती इस देह को ब्लेड से खुरचकर अनोखा प्रभाव उत्पन्न किया गया है। साथ ही, नीले पड़ गये शरीर को भेदते हुए कई अस्थिकलश क़तारबद्ध रखे दीखते हैं–जो विसर्जन की प्रतीक्षा कर रहे हैं। इसे देखकर स्वभावतः मन में सांसारिक जीवन की निस्सारता के साथ अवसाद का भाव जगता है। यह चित्र इस बात का भी द्योतक है कि कोई कलाकार व्यक्तिगत तौर पर कितना सफल है और सामाजिक तौर पर कितनी सार्थक सृष्टि करता है। साथ ही, दर्शक के मन पर उसका कितना प्रभाव पड़ता है।

इसके पहले भी 1993 में बंगाल के सुप्रसिद्ध प्रकाशक आनन्द बाज़ार समूह ने अपनी शारदीया आनन्द बाज़ार पत्रिका (पूजा विशेषांक) के लिए अर्पिता जी को दुर्गा की छवि आँकने का प्रस्ताव दिया था। उन्होंने प्रकाशक को बता दिया कि आजतक उसने किसी देवी-देवता की छवि नहीं बनायी है लेकिन तो भी वह जो कुछ बनायेगी, उसे छापना पड़ेगा। प्रकाशक मान गये। अर्पिता ने माँ दुर्गा की फ़िल्मी तारिकाओं वाली छवि से अलग हटकर उन्हें श्वेत परिधान में, एक हाथ में बन्दूक़ और दूसरे में फूल लिए चित्रित किया था। कहना न होगा, बंगाल के सम-सामयिक परिदृश्य में उनके इस चित्र की भरपूर सराहना हुई थी और साथ ही, आलोचना भी। लेकिन उस चित्र ने देवी के परम्परागत स्वरूप के समानान्तर उसे समकाल से भी जोड़कर देखे जाने की एक नयी आतुरता पैदा की और बाद में तो ऐसे चित्रों की बाढ़-सी आ गयी।

दरअसल कोई भी प्रतिबद्ध रचनाकार अपने समय से, यानी देशकाल से, बचकर नहीं रह सकता। उसे अपने सृजन से स्वयं को भी सम्बोधित या आश्वस्त करना होता है। वह परिस्थितियों से पलायन नहीं कर सकता। अर्पिता का मानना है कि उन्होंने अपनी निर्मितियों में अश्वमेध-जैसे प्राक्कालीन अनुष्ठानों को आज के हिंसक दौर में रूपायित किया है–जहाँ धार्मिक उद्देश्यों के लिए पूर्ववत् हिंसा प्रायोजित की जा रही है। उनका 'अश्वमेध' शीर्षक चित्र (2008), जो तीन कैनवसों में फैला (60'X108' लम्बा-चौड़ा) है, जिसमें वाराणसी का एक प्रसिद्ध घाट चित्रित है। कैनवस के बीच बहती गंगा को नीले रंग से दिखाया गया है, जिस पर हरे और काले अश्व दौड़ते दिखाये गये हैं। इन अश्वों पर युद्धपिपासु योद्धा सवार हैं। नीले रंग के ऊपर लाल रंग से उकेरी गयी रेखाएँ रक्तरंजित घास को द्योतित करती हैं। नीले रंग के ऊपर लाल रंग से उकेरे गये हैं–अक्षर और संख्या।

दायीं ओर के कैनवस पर हरा रंग फैलाया गया है, जिस पर हरी वर्दी में कई मोटरसाइकिल सवार गोलियाँ बरसा रहे हैं। यहाँ भी लाल रेखाओं और लाल अक्षरों का संजाल है। बायीं ओर के कैनवस पर सफ़ेद और गुलाबी रंग की पृष्ठभूमि में कई मानवाकृतियों में से कुछ सैनिक की वर्दी पहने और अपने हाथों में बन्दूक़ थामे हुए हैं। अर्पिता सिंह ने यहाँ एक नीली देह कृति आँकी है, जिस पर गुलाबी कपड़ा ओढ़े एक मस्तकहीन घोड़ा चल रहा है। युद्ध की भयावहता और इसकी व्यर्थता इस संकेतपरक चित्र का सन्देश है। जैसी कि अर्पिता की हस्ताक्षर शैली है—उन्होंने मोटे-मोटे अंग्रेज़ी अक्षरों में चित्र पर 'ब्लड', 'किल', 'हॉर्स', 'मैन', 'डेथ' आदि शब्द लिखे हैं। इन तीनों परस्पर जुड़े कैनवसों पर खींची गयी पट्टी पर अंग्रेज़ी और हिन्दी में लिखे 'अश्वमेध' के साथ दो अक्षरों के बीच जो चेहरे उकेरे गये हैं—उनमें से कुछ तो आम आदमी के हैं और कुछ सैनिकों के।

लेकिन केवल संत्रास या हिंसा को चित्रित करना अर्पिता का उद्देश्य नहीं है, वे शहरों और महानगरों के बदलते चरित्र और चेहरे को भी अपने कैनवस पर उकेरती रही हैं। वे महसूस करती हैं कि ख़ुद उनके कलाकार जीवन में बदलाव और कलाकारों की बिरादरी में दूरी बढ़ गयी है। विशेषकर दिल्ली के पचास-साठ-सत्तर के दशकों में कलाकारों के बीच जो अपनत्व था, वह बुरी तरह कट-बँट और सिमट गया है। उनके पति परमजीत सिंह हमारे समय के एक अत्यन्त प्रतिष्ठित और सक्रिय चित्रकार हैं, इसलिए इस कलाकार दम्पति की रचनात्मक उपस्थिति को भारतीय कलाजगत का एक महत्त्वपूर्ण अध्याय कहा जा सकता है।

अर्पिता सिंह अपने कैनवसों पर बालसुलभ कौतुकता से उन तमाम चीज़ों को समेट लेती हैं, जो वह समेट सकती हैं—इनमें मोटरकार, हवाई जहाज़, पेड़, फूलों की क्यारियाँ सभी शामिल हैं। ये सारे उपादान कभी-कभी बेल-बूटे की तरह एक-के-बाद-एक उकेरे जाते हैं। पुनः पुनः कथन अर्थात् पुनरुक्ति को साहित्य में जहाँ दोष भी माना जाता है, वहाँ अलंकार भी। लेकिन अर्पिता सिंह की निर्मितियों में इसे अलंकार की तरह फैलाया जाता रहा है। सम्भवतः यह बताने या जताने के लिए भी कि हम बाहर भी तो बार-बार यही सब देख रहे हैं। उनका 'काउवेब'—यानी मकड़ी का जाल शीर्षक चित्र भी तो इसी बात को दोहराता है। सूक्ष्म तन्तु से बुना यह जाल इतना झीना या लचीला है कि ख़ुद इसका प्रणेता प्राणी (व्यक्ति या कला सर्जक) इससे मुक्त नहीं हो पाता।

यह देखना अवश्य ही प्रीतिकर लगता है कि अलगाव और बदलाव के इस दौर में भी अर्पिता ने अपने चित्रों को वैश्विक परिदृश्य से जोड़े रखा है। वैज्ञानिक और औद्योगिक प्रगति के साथ इस उत्तर-आधुनिक समय में भी वे अपने विषय चयन में अत्यन्त चौकस रहती हैं। वे अपनी संरचना को आकारों एवं रंगों से एक दीवारदरी (टेपेस्ट्री) की तरह बुनती हैं। आकारों और रंगों का दोहराव उनके सृजन कर्म का विशिष्ट स्वभाव है। 'बैठी हुई स्त्री और खड़ा पुरुष' नामक चित्र दोनों प्राणियों की अलग-अलग पहचान को नियोजित करते हैं। अर्पिता 'थकी औरत और दीवारों के विरुद्ध लोग'-जैसे चित्र रचकर स्त्री और पुरुष की अलग-अलग सत्ता को नये बिम्ब और सन्दर्भ के साथ उजागर करना चाहती हैं। विषय-वैविध्य के साथ उनकी निर्वसन स्त्रियाँ कई स्थितियों में उकेरी गयी हैं। 'बेटी के साथ नग्न माँ', 'एक पुरुष' एवं 'स्त्री और परिणति' (ए वुमन एंड आफ़्टरमाथ) आदि चित्रों के

अलावा उनके ऐसे कई चित्र हैं, जिनमें परिन्दों, बत्तख़ों, टोकरियाँ, खिलौनों के साथ कारों, बन्दूक़ों और हवाई जहाज़ों की भी बेरोक-टोक दख़ल देखी जा सकती है। निस्सन्देह, ये अन्यथा या अनावश्यक प्रायोजित नहीं हैं—हमारी दृष्टि और दुनिया में इनका पर्याप्त हस्तक्षेप है—क्यों है, शायद अर्पिता हमें यही बताना चाहती हों।

अर्पिता की कृतियों में उपन्यस्त उपकरणों की मानो बाढ़-सी दिखाई देती है—'माई लिली पौंड' (2009) तीन हिस्सों में अंकित होता हुआ भी एक ही विषय से सम्बद्ध है। यह हिंसा के कई रूपों को निर्देशित करता है। इसमें फ़ौजी वर्दी पहने और बन्दूक़ ताने आतंकी या सैनिक निहत्थे लोगों को गोलियों से भून रहे हैं। ये हमलावर फ़ौजी एक ही मुद्रा में, हर ओर (कैनवस पर) और तमाम चीज़ों को तहस-नहस करने पर तुले हैं। कैनवस के ऊपर दाहिने सिरे पर अंग्रेज़ी में लिखा है—'Whatever I tell you three time is true'—(व्हाटेवर आई टेल यू थ्री टाइम इज़ ट्रू)। इस कैनवस पर लाल, गुलाबी, नीले, हल्के भूरे और फ़ौजी हरे के गड्ड-मड्ड फैलाव के साथ मौत और तबाही का मंज़र देखा जा सकता है। उनके कैनवस में रंगों और आकारों का वैभव (बल्कि ताण्डव) अपने चरम पर होता है।

अर्पिता अपने मुख्य विषय के साथ ऐसे कई अन्य उपादान भी संयोजित करती जाती हैं, जो उसके समर्थक ही नहीं बल्कि विरोधी भी प्रतीत हो सकते हैं। इनमें अख़बारी कतरनों, कार्टूनों, थिगलियों और 'कट आउट'-जैसे टुकड़े शामिल किये जाते हैं, जो मूल विषय के आशय को व्याप्ति प्रदान करते हैं। यही नहीं, वे आकाश में ज़ेब्रा क्रॉसिंग भी उकेर सकती हैं और वहाँ बादलों की तरह कारें भी तैरा सकती हैं। इमारतें टाँग सकती हैं और अक्षरों या शब्दों के बन्दनवार सजा सकती हैं।

अर्पिता सिंह अपनी वैविध्यपूर्ण विषयवस्तु के साथ माध्यम भी बदलती रही हैं। काग़ज़ पर जलरंगों से बना उनका एक चित्र है—'काग़ज़ी शेर पर सवार आदमी' (2008), जिसकी पृष्ठभूमि पीले रंग से तैयार की गयी है। काले शेर पर बैठे आदमी की देह ही नहीं, उसका चेहरा भी टुकड़ों में कटा-फटा-बँटा है। इस प्रमुख शेर के अगल-बगल भी कई शेर चित्रित हैं—भूरे और कत्थई रंग के। पटल के नीचे उकेरी गयी हैं कई बहुमंज़िली इमारतें और उनके बीच साँप की तरह सरसराती सड़कें। शेर-इमारतें-सड़कें मिलकर महानगर के अस्त-व्यस्त जीवन और इसमें रहनेवाले मानव दरअसल शेरों के जंगल में ही रहने को अभिशप्त हैं। अर्पिता अक्सर अपने कुछ चुने हुए शब्द अंग्रेज़ी और हिन्दी में उकेरना नहीं भूलतीं और ऐसा कर वह कोई नया चित्र-सूत्र गढ़ना चाहती हैं।

पिछले साठ वर्षों से भी अधिक समय से अपने सृजन कर्म में निमग्न अर्पिता ने न केवल भारत में बल्कि अन्तर्राष्ट्रीय कला परिदृश्य में भी अपनी जगह बनायी है। साथ ही, उन्होंने कई पुरस्कार और सम्मान अर्जित किया है। वे दिल्ली में रहती हैं और यदा-कदा चित्र बनाया करती हैं।

बिकास भट्टाचार्जी
(1940–2006)

वर्ष 1940 में कोलकाता में जन्मे बिकास भट्टाचार्जी के बचपन को उनके चित्रों में बख़ूबी देखा जा सकता है। पिता कम उम्र में ही चल बसे थे। तब बिकास सातवीं कक्षा के छात्र थे। निम्न मध्यवित्त परिवार में ग़रीबी और अभावग्रस्त जीवन जीनेवाला यह बालक हर तरह के अभाव को झेलता रहा—हँसता, गाता, मुस्कुराता। उत्तर कोलकाता के श्याम बाज़ार स्थित मामा के घर रहकर उसने पढ़ाई पूरी की। माध्यमिक शिक्षा के बाद, जैसी कि रुचि थी, बिकास ने इंडियन कॉलेज ऑफ़ आर्ट्स, कोलकाता में कला शिक्षा प्राप्त की। बाद में वे वहीं अध्यापन कार्य से जुड़ गये और लगातार 1982 तक यहाँ अध्यापनरत रहे। कोलकाता में उनके चित्र की पहली प्रदर्शनी 1965 में लगी और इसके बाद उन्होंने अपनी रचनात्मक सक्रियता से स्वयं को प्रतिष्ठित करने की जैसे ठान ली।

इस दौरान, यानी आज़ादी के पहले और बाद के महानगरीय कोलकाता का सारा परिदृश्य बिकास की स्मृति में संचित होता चला गया, जो बाद में उनके चित्रों का प्रमुख आधार और अभिगम बना। बिकास और कोलकाता सम्भवतः एक-दूसरे के जितने निकट और आत्मीय बने रहे, उतना शायद कोई और नहीं। बिकास ने बिड़ला अकादेमी ऑफ़ फ़ाइन आर्ट्स की सोसाइटी ऑफ़ कन्टेम्परेरी आर्टिस्ट (वेस्ट बंगाल) में वर्ष 1965 में एक सदस्य के नाते योगदान किया। बिकास तब इंडियन कॉलेज ऑफ़ आर्ट्स, कोलकाता से उपाधि प्राप्त कर आये ही थे। इसी वर्ष उन्होंने अपनी कोलकाता विषयक चित्रों की प्रदर्शनी का आयोजन आर्टिस्टी में किया। कभी बेतहाशा और बदहवास भागता यह महानगर तब सचमुच ठहरा हुआ (The dead city) बास मार रहा था, और यह तब बहुत-से रचनाकारों के बीच बहस का ख़ासा मुद्दा था। ऐसे में बिकास सामयिक और शैक्षणिक (एकेडेमिक) दोनों ही कलाशैलियों से बने अपने चित्रों को लेकर सामने आये थे। दर्शकों को उनका काम बहुत पसन्द आया हो, ऐसा नहीं कहा जा सकता। भले ही कला आलोचकों को उनकी कृतियाँ सम्भावनापूर्ण लगीं। लेकिन तब उनकी कोई ख़ास नोटिस नहीं ली गयी।

तब का कोलकाता अभिजात और बुद्धिजीवियों का शहर होने के बावजूद, इस रूप में अब भी भिन्न था कि गैलरियों में आयोजित होनेवाली प्रदर्शनियों में दर्शक वर्ग की उपस्थिति विरल ही रहा करती थी। एक ख़ास समुदाय ही इनमें बार-बार दिखायी पड़ता था—वही अपनी जानी-पहचानी भंगिमा और पसन्द के साथ। हालाँकि साठ के दशक में पुराने चित्रकारों के साथ नये चित्रकारों की एक सरणि

तैयार हो चली थी, जो नये-नये प्रयोगों और प्रस्थानों के साथ अपनी पहचान बनाने में लगे थे। उन्हें देश-विदेश में सराहना भी मिल रही थी। ऐसे कुछेक मित्रों के सहयोग से जहाँ साहित्यिक रचनाकार, रंगकर्मी और संस्कृतिकर्मी पत्र-पत्रिकाएँ निकालने, गोष्ठियाँ करने और नुक्कड़ नाटक या स्ट्रीट प्ले करने में जुटे थे, बिकास भी अपने चित्र संसार में सक्रिय थे। कोलकाता के ऐसे चित्रकारों और कलाकारों का हर छोटा-मोटा गुट अपने-अपने ढंग से और समर्पित भाव से एक नये दिगन्त के सन्धान में जुटा था। ऐसे ही कुछ सजग, समर्पित एवं सक्रिय युवा चित्रकारों के साथ बिकास भी तब संघर्षरत थे।

बिकास ने कोलकाता स्कूल ऑफ़ आर्ट शैली की यथार्थवादी और मिश्रित शैलियों में चित्रांकन की शिक्षा पायी थी। वहाँ उनकी पसन्द के चित्रकार थे—बंगाल स्कूल के अधिकांश पुरोधा चित्रकार—यानी अवनीन्द्रनाथ ठाकुर, नन्दलाल बसु, असित कुमार हालदार और हेमेन्द्रनाथ मजुमदार। कभी-कभी अनाम तथा अख्यात चित्रकारों के प्रति भी उनका आग्रह दीख पड़ता था। इसी तरह विदेशी चित्रकारों में देगा, रेनुआ और एण्ड्रूवाइथ के चित्रों की आकारधर्मिता एवं संरचनागत वैविध्य भी उन्हें चौंकाता था। इसी अन्तर्भाव को बिकास ने धीरे-धीरे ऐन्द्रिक और गोचर बनाकर प्रस्तुत किया। इसमें कभी-कभी और अचानक चस्पां कर दिये गये सामयिक प्रश्न या प्रसंग भी देखे जाने लगे। कभी कहीं से कोई विषय कौंध गया तो उसे अधिकाधिक प्रभावी और सांकेतिक ढंग से प्रस्तुत करने के लिए उन्होंने कोई नयी प्रयुक्ति या रंग-न्यास का विधान भी किया।

अपने इन्हीं कार्यों के रचाव के दौरान बिकास के मन में यह भाव प्रबल हुआ कि किसी कृति को प्रभावी ही नहीं, प्रासंगिक और सार्थक कैसे बनाया जा सकता है। प्रश्न यह भी था कि क्या किसी निर्मिति का अन्तरंग गुण उसका भाव पक्ष होता है या बहिरंग प्रभाव के आलोक में भी उसका स्वाभाविक रूपायन सम्भव है? आख़िर वह क्या रहस्य है कि कोई दर्शक किसी कृति के सामने खड़ा होकर उसे देर तक निहारता रहता है? वह कौन-सा जादू है कि सिनेमा का साधारण पोस्टर भी लोगों के आकर्षण का केन्द्र बन जाता है। एम. एफ़. हुसेन का उदाहरण सबके सामने है, जिन्होंने फ़िल्मों के लिए कभी बेहतरीन पोस्टर्स और होर्डिंग्स बनाये थे। सत्यजित राय स्वयं अपनी फ़िल्मों के पोस्टर और टाइटिल्स बनाते थे। अपनी असंख्य रचनाओं के लिए उन्होंने रेखांकन तो किये ही थे। अगर बाहरी कोई प्रेरणा न भी हो तो एक समर्पित चित्रकार हमेशा कुछ-न-कुछ ऐसा अवश्य करना चाहता है जिससे कि उसकी निर्मिति दोहराव से बचे। उसके चाहनेवाले दर्शक या प्रेक्षक एकरसता के शिकार न हों। इस दिशा में प्रयत्नशील होने के बावजूद, यानी विषयवस्तु की तलाश के साथ मिश्रित रंगों के प्रयोग से और कभी-कभी यथार्थ एवं फ़ैंटेसी के माध्यम से बिकास की अगली चित्र यात्रा शुरू हुई। उनकी ही तरह उनके समकालीन दूसरे चित्रकार भी ऐसे ही प्रयास एवं प्रयोग कर रहे थे, जिनमें गणेश पाइन, शुभाप्रसन्न, लालू प्रसाद शॉ, जोगेन चौधुरी, अमिताभ बन्द्योपाध्याय और सुनील पाल आदि उल्लेख्य हैं। इसलिए एक सीमा तक यथार्थवादी होने का ख़तरा उठाकर भी जितनी दूर तक सम्भव था, यह युवा कलाकार खुद को माँजता और अपने कैनवसों को लगातार रँगता चला गया। उस पर 'हाइपर रियलिज्म' और 'फ़ोटो रियलिज़्म' को अपनाने का दोष भी मढ़ा गया और उसे 'आबसेस्ड पेंटर' की संज्ञा भी दी गयी। दरअसल इनसे न तो बचते हुए और न पूरी तरह जुड़ते हुए,

बिकास विभिन्न कला प्रयोगों की कलात्मक अभिव्यक्ति को ही अनिवार्य माध्यम या साधन ही मानते रहे। उनके कैनवस में विषयवस्तु की केन्द्रीयता अनिवार्य तौर पर बनी रही—भले ही वह सादृश्यपरक हो, सांकेतिक हो या प्रतीकात्मक हो। चित्रांकन द्वारा अर्जित कुशलता का भरपूर विनियोग करते हुए कार्य की विपुलता ने भी बिकास को और अधिक अभिज्ञता एवं प्रौढ़ता प्रदान की।

साठ और सत्तर के दशक बिकास के लिए कोलकाता में वैसे ही काफ़ी हलचलभरे, रोमांचकारी और चुनौतीपूर्ण रहे हैं। जिस कलाकार ने अपने बचपन से ही सियालदह स्टेशन और मुख्य सड़कों पर शरणार्थियों और निराश्रितों की भीड़ को कई वर्षों तक लगातार भीख माँगते और धक्के खाते देखा हो, उसे तो हर रोज़ एक नये अनुभव के लिए तैयार रहना ही था। इसलिए जब पश्चिम बंगाल में नक्सल आन्दोलन चरम पर था तब एक बार फिर आतंक की वही अराजक स्मृतियाँ बिकास के कैनवस को चीख़ में बदल रही थीं। उनका टूटा-फूटा बचपन उनकी 'डॉल सीरीज़' (गुड़िया शृंखला) के चित्रों में हू-ब-हू ढल गया था, जिसे अँधेरे में तिरता यह महानगर बार-बार लील रहा था और उगल देता था। बिकास के ऐसे कई चित्र उसी आशंका और अन्धकार को गहरे स्याह रंगों से व्यक्त एवं विन्यस्त करते रहे हैं। एक संस्कृतिकर्मी के नाते इस हस्तक्षेप या उनकी सहभागिता को जहाँ लोगों ने सराहा वहाँ कला समीक्षकों ने सत्तागत व्यवस्था एवं नागरिकों की सामाजिक आशंका को अतिरेकपूर्ण ढंग से चित्रित करनेवाला कलाकार भी बताया। लेकिन बिकास अपनी भूमिका से सन्तुष्ट थे और बाहर से शान्त और सदाशयी दीखते हुए भी उनके अन्दर का कलाकार अपनी भावनाओं को 'मेरा शहर' शीर्षक से कई चित्रों में रूपायित कर रहा था। तब उनकी चीख़ कई बिम्बों और प्रतीतियों में प्रतिध्वनित हुई थी। ऐसे ही एक श्वेतश्याम चित्र में एक लहूलुहान युवा चेहरा कई चेहरों के बीच अपनी गूँगी हकलाहट के साथ कुछ देखना और पाना चाहता है। लेकिन उसकी उम्मीद अँधेरे में डूब गयी है और उसके सारे साथी पार्श्व में चले गये हैं। इस चित्र के साथ तब बांग्ला के शीर्षस्थ एवं अग्रणी कवि सुभाष मुखोपाध्याय की कविताएँ भी छापकर वितरित की गयी थीं।

सत्ता और व्यवस्था के विरुद्ध आन्दोलन और युवाओं के असन्तोष तथा आक्रोश और इन सबके मूल में छिपी हताशा के उस दौर को सकारात्मक प्रस्थान बिन्दु बताते हुए कला-साहित्य-संस्कृति से जुड़े रचनाकारों तथा मंचीय एवं अभिनेय अनुशासनों से सम्बद्ध कलाकारों ने अपने-अपने ढंग से स्वर दिया। इस संकटापन्न समय को एक विराट प्रतीकात्मक रूपक के साथ बिकास के 'गेम' (खेल) शीर्षक चित्र में देखा जा सकता है। इसमें रॉयल बंगाल टाइगर अपने एक शिकार को पंजे में दबोचे हुए है और एक नये दण्ड-द्वीप का सम्राट बना बैठा है। उसके पीछे व्यस्त महानगर की जहाँ तमाम विडम्बनाएँ संकेतित हैं, वहाँ पूनम की चाँदनी भी फीकी पड़ गयी है। अपनी पूरी तैयारी के साथ एक व्यक्ति द्वारा इस बाघ पर किया जानेवाला आक्रामक प्रहार असफल, बेकार और बेमानी हो गया है। इस संकेतार्थ को रूपायित करता है चित्र के बायीं ओर उकेरा गया एक मूक लेटर-बॉक्स। यह चित्र न केवल कोलकाता या बंगाल के सन्दर्भ में बल्कि सत्ता बनाम जन संघर्ष में जूझते विश्व की सभी प्रभावी शक्तियों के सन्दर्भ में देखा जा सकता है। चित्र का एक तल-पाठ यह भी हो सकता है कि किसी निरंकुश सत्ता का सामना अलग-अलग नहीं, एकजुट होकर ही किया जा सकता है।

बिकास अब धीरे-धीरे कोलकाता में अपनी सक्रियता के चलते कला जगत में अनिवार्य उपस्थिति बन चुके थे। यहाँ यह बताना आवश्यक है कि वह सत्तर के दशक में दिल्ली में आयोजित प्रदर्शनी से काफ़ी चर्चित हो चले थे। न केवल कला समीक्षकों ने उनके कार्यों में दिलचस्पी दिखायी बल्कि उनके कुछ चित्र भी अच्छी क़ीमत पर बिके। बम्बई की चित्र प्रदर्शनियों में भी उन्हें काफ़ी सराहना मिली। इससे बिकास में जहाँ एक नया आत्मविश्वास जगा, वहाँ उन्हें सर्वभारतीय स्वीकृति भी मिलती नज़र आयी। कहना न होगा, कोलकाता भी उन्हें अब पहले की अपेक्षा कहीं अधिक सम्मान देने को आगे बढ़ आया था।

बिकास ने अपनी कला-यात्रा अतियथार्थवादी (सर्रियलिस्टिक) शैली के चित्रांकन से शुरू की थी। यह साठ-सत्तर के दशक तक की बहुप्रचलित कला-प्रयुक्ति थी क्योंकि यह शैली विषयों, आकारों को निर्बन्ध और रचनाकारों को स्वच्छन्द हो जाने की संस्तुति के साथ कभी-कभी अराजक या उच्छृंखल हो जाने की भी अनुमति प्रदान करती थी। इसलिए एक चित्रकार अपने मनोस्वप्न में या अपनी कल्पनाओं में डूबकर, कुछ-न-कुछ टोह-टटोलकर ले ही आता था। इसमें प्रयोगों की छूट तो थी ही, मिश्रित माध्यमों और अनुप्रयोगों की भी इजाज़त थी। इसलिए 'डॉल' (गुड़िया या पुतुल) शृंखला के अन्तर्गत बने चित्रों में कल्पनाशील बिकास के लिए पर्याप्त अवकाश था कि वे कुछ अकल्पनीय एवं अविश्वसनीय दृश्यों का भी अन्य चित्रकारों की तरह सृजन करते। लेकिन पटल (कैनवस) और प्रयोगों में आवश्यक सन्तुलन और सामंजस्य रखते हुए उन्होंने अपने समय, समाज एवं सन्दर्भों को जिस तरह चित्रमुखर किया, वह उन-जैसा प्रतिश्रुत कलाकार ही कर सकता था। एक बहुत बड़े संसार और महानगरीय विस्तार में एक मासूम गुड़िया की ख़ामोशी जिस हाहाकार को प्रतीकित कर रही होती है, वह अप्रत्याशित है। किसी परिचित दृश्य, पात्र या प्रसंग को सर्वथा एक नया आयाम देना और अपनी अनुपस्थिति को भी चाक्षुष बनाये रखना, बिकास की तिलिस्मी तूलिका का ही नहीं, उनके प्रशान्त व्यक्तित्व का भी निराला अन्दाज़ रहा। इस युक्ति ने ही नहीं बल्कि रूपात्मक प्रस्तुति कौशल ने बिकास को ज़बरदस्त लोकप्रियता दिलाई। उनके चित्रों की प्रदर्शनी देखनेवालों या पत्र-पत्रिकाओं में अथवा अलबम और कैटेलॉग आदि में मुद्रित होनेवाले चित्रों के प्रति विशेष आग्रह रखनेवाले प्रशंसकों की कभी कमी नहीं रही। बिकास ने भी शायद यह भाँप लिया था कि गैलरियाँ या कलादीर्घाएँ कभी-कभी चित्रकार की आम पहुँच को सीमित कर देती हैं। वस्तुतः व्यापक और बृहत्तर लोकचित्त ही कलाकार का अभय आश्रय होता है। रवि वर्मा, नन्दलाल बसु, रामकिंकर और जामिनी राय-जैसे उदाहरण तो उनके सामने थे ही। इसलिए अन्तर से प्रेरणा और लोकाश्रित विषय लेकर उन्होंने चित्रकला के अनुशासन को 'क्लास' और 'मास'—दोनों के लिए एक समान ग्राह्य बनाने का महत्त्वपूर्ण उपक्रम किया। उनके चित्रों में विषय-चयन, रंगन्यास (पैटर्न) और शैलियों का वैविध्यपूर्ण विस्तार किसी भी दर्शक को या उनके प्रशंसक को चमत्कृत कर सकता है। उदाहरण के लिए, 'ट्यूबवेल का उद्‌घाटन' वाला चित्र हमारी सामाजिक विडम्बना को उकेरता है, जिसमें आम लोगों की भीड़ के सामने उद्‌घाटनकर्ता गले में हार डाले फ़ोटो खिंचवाने को उतावला है। यह उत्सुकता उस सघन क्षण या उस सामाजिक यथार्थ को ही निरूपित करती है। उस पूरे परिदृश्य में स्थानीय नेता और बेताब खड़े लोगों के हाव-भाव के साथ हैंडपम्प की सनसनाहट भी जैसे शामिल हो गयी है।

प्रतिकृति या शबीह के अंकन में बिकास ने प्रचलित रंगों या प्रविधियों का निषेध तो नहीं किया लेकिन उन्होंने कैनवस की सीमाओं को भी नहीं स्वीकारा। पटल (या आधार) कभी-कभी अपनी औपचारिक सीमाबद्धता के चलते भी अकारण अवरोधक बन जाते हैं और रंगों की सघनता (विशेषकर ऑयल और एक्रिलिक रंगों के प्रयोग) के कारण वांछित ढंग से प्रतिबिम्बित (रिफ़्लेक्ट) नहीं होते। इसलिए बिकास-जैसे चित्रकारों के लिए व्यक्ति विशेष की प्रतिकृति में पाये जानेवाले आन्तरिक भाव या उसकी अन्तर्वृत्ति को उद्‌घाटित करने में कठिनाई पेश आती रही। इसमें चित्रकार की ओर से होनेवाली तनिक भी उतावली या त्वरित आग्रह का अतिरेक सम्बद्ध व्यक्ति की प्रतिकृति की आन्तरिक पहचान को नष्ट कर सकता है। इसलिए अनावश्यक अतिरेक से बचते हुए एक कलाकार को प्रस्तुत व्यक्ति ही नहीं, उसके व्यक्तित्व की प्रामाणिकता और विश्वसनीयता भी अर्जित करनी पड़ती है। मुझे ऐसा लगता है कि शबीहों के अंकन में यथार्थपरक (फ़ोटोग्राफ़िक) और अभिव्यंजनापरक (इम्प्रेशनिस्टिक) दोनों के तरल और विरल संयोजन-सामर्थ्य से ही बिकास 'पोर्ट्रेचर' विधा में एक नया आयाम जोड़ने में सक्षम हुए हैं। इसलिए उनके बहुत-से व्यक्तिचित्र और औपचारिक प्रतिकृतियाँ (नन्दलाल बसु, रवीन्द्रनाथ ठाकुर, रामकिंकर बैज, सत्यजित राय, बिनोद बिहारी मुखर्जी आदि) चाहे जिस विधा में उकेरी गयी हों, बेहद प्रभावी बन पड़ी हैं। ऐसे कई महत्त्वपूर्ण लोगों एवं हस्ताक्षरों यथा—इन्दिरा गाँधी, समरेश बसु, सुनील गंगोपाध्याय, उस्ताद अमजद अली ख़ाँ आदि उनकी विशिष्ट शैली ही नहीं, आत्मीय संस्पर्श से दीप्त हैं। इन्दिरा गाँधी की प्रतिकृति उनकी अमानवीय हत्या के बाद बनायी गयी थी, जिसमें रंगों के साथ छाया-प्रकाश का अद्‌भुत रचाव है। इन्दिरा जी के चेहरे का निचला हिस्सा अस्पष्ट और धुँधला रखा गया है। उनके गले से झूलती अड़हुल (जवाकुसुम) फूलों की माला—अनिर्वचनीय ढंग से एक अप्रत्याशित बलिदान या शहादत को व्यंजित कर रही है। इस़ शबीह में लक्षित मुख अभिप्रेत होता हुआ भी अस्पष्ट है लेकिन वह कहीं अधिक मुखर एवं भावाभिव्यंजक बन गया है। इसी तरह समरेश बसु की प्रतिकृति में निहित स्निग्ध दृष्टि एक रचनाकार की वेदना और मानवता के प्रति उसकी गहरी संवेदना को व्यंजित करती प्रतीत होती है।

समरेश बसु लिखित रामकिंकर बैज की जीवनगाथा *देखि नाई फिरे* (मुड़कर नहीं देखा) कृति को रेखित एवं अंकित करते हुए रामकिंकर के साथ कई आदिवासियों, सन्थाली औरतों के हाव-भाव, रूप-विन्यास के साथ बिकास उनकी आँखों की गहरी और भावपूर्ण दृष्टि को ज़ितनी अन्तरंगता और हार्दिकता से चित्रित करते हैं, वह सचमुच प्रेक्षकों को विस्मित करनेवाला है।

एक ओर चटख और मृदु रंगों के संवादी और विवादी प्रयोग एवं दूसरी ओर छाया और प्रकाश का यथोचित संयोजन तथा तीसरी ओर अमूर्त की सादृश्यता का अनोखा तालमेल बिकास के कैनवस को अत्यन्त आकर्षक बना देता है। लोकचित्त और निर्मिति का परस्पर संवाद और साथ ही, रुचिसम्पन्न कला प्रवणता ही नहीं, चतुर्दिक् प्रभावी कला-बाज़ार की माँग—इन सबमें अपूर्व सन्तुलन बनाये रखना—बिकास के व्यक्तित्व की विशेषता रही है। अपने अभिनव, अमूर्त और कभी-कभी विमूर्त संयोजन, जैसा कि 'बंगकन्या दुर्गा' चित्र में लक्ष्य किया जा सकता है, उसने प्रेक्षकों को चकित भी किया है। इसमें एक परामानवी शक्ति को पारिवारिक सन्दर्भ में और फिर शोषण का शिकार युवती

के रूप में अंकित कर–स्त्री के अविर्भाव से विसर्जन तक–उसकी यात्रा को उन्होंने विभिन्न चित्रों में जिस तरह उकेरा है, वह लोकवृत्त की दृष्टि से एक अलग विमर्श का विषय हो सकता है। यह स्त्री शक्ति के आगमन एवं तिरोधान को एक नयी चित्रभाषा प्रदान करता है। बंगाल का मानस इस रूपायन को किस सीमा तक स्वीकारेगा और सराहेगा, यह भी वह जानते थे। इसलिए बाद के वर्षों में उन्होंने यथार्थ की भी टेक और टोह ली। वे यह देख रहे थे कि जो चित्रकार अधिकाधिक प्रयोगों या अमूर्त के सन्धान में लगे होते हैं, उनके चित्र प्रयोगों के चक्के तले कुचले जाकर दम तोड़ देते हैं। कोई भी प्रयोग या प्रयुक्ति मात्र साधन है, साध्य नहीं। इसलिए समाज या समकाल की वास्तविकताएँ भले ही कठोर हों, स्थितियाँ प्रतिकूल हों–इन्हें लोगों की समझ के साथ और हो सके तो उसे विकसित करते हुए, रूपायित करते रहना होगा। इनसे पलायन प्रकारान्तर से उन्हीं अमूर्त प्रयोगों या शैलियों के निरर्थक वर्चस्व को सिद्ध करने का प्रयास भर होगा, जिनका शिकार अधिकांश चित्रकार होते रहे हैं।

बिकास की सफल कला-यात्रा बांग्ला की सुप्रतिष्ठित एवं सचित्र साप्ताहिक पत्रिका 'देश' से अलग कर नहीं देखी या रखी जा सकती। 'देश' के सामान्य एवं विशेषांकों में प्रतिष्ठित एवं समकालीन कलाकारों के कृतित्व और उनकी उपलब्धियों की चर्चा के साथ चित्र प्रदर्शनियों पर कला समीक्षकों की टिप्पणी भी नियमित स्तम्भ के अन्तर्गत प्रकाशित होती है। इस पत्रिका के मुखपृष्ठ अपनी कल्पनाशीलता और प्रस्तुति के लिए भी इसे संग्रहणीय बना देते हैं। ऐसे चित्रों को केन्द्र में रखकर समकालीन एवं अग्रणी चित्रकारों की निर्मितियों का मूल्यांकन किया जा सकता है। और जब बात 'देश' की होगी तो बंगाल के कई प्रतिष्ठित और पेशेवर चित्रकारों तथा उन कला समीक्षकों की भी होगी, जो आनन्द बाज़ार प्रकाशन गृह से सम्बद्ध रहे हैं और जिनके साथ बिकास का नाम अनिवार्यतः जुड़ा रहा।

अभिव्यंजनावादी कलाकारों की तरह बिकास भट्टाचार्जी के चित्रों में व्यक्ति की अनावश्यक निराशा, हताशा, हीनग्रन्थि या असहायता की अभिव्यक्ति क्रमशः आत्मविश्वास में परिणत होती चली गयी है। आरम्भिक चित्रों को छोड़ दिया जाये तो बिकास ने अपनी चित्रभाषा को अपने बूते गढ़ा है। किसी एक वाद, दायरे और घराने अथवा गिरोह में बँधे न रहकर उन्होंने अपने देशकाल को जितनी दूर तक समझा, उसमें व्यक्तिगत अनुभव का पुट देकर अंकित करते रहे। इसलिए विधागत या रूढ़ कला-पद्धति का उन्होंने अनुगमन नहीं किया। उदाहरण के लिए, कि जलरंग के नीचे कोई लकीर या रेखा नहीं खींची जानी चाहिए या वह नज़र नहीं आनी चाहिए; कि कोई भी प्रतिकृति या शबीह यथासम्भव सदृश कोटि की होनी चाहिए। यानी जैसा देखो वैसा रचो इत्यादि फ़तवों या फ़रमानों की बिकास अनसुनी करते रहे। विभिन्न प्रयोगों और विधागत अनुयोगों के अपनाने में उन्होंने कभी संकोच नहीं किया। अपनी आलोचना की परवाह तक नहीं की क्योंकि प्रेक्षकों की रुचि को ही वे सर्वोपरि मानते रहे। इसलिए एक बार जब बंगाल के नवजागरण से सम्बन्धित विषय पर बनाये गये चित्रों के बारे में उन्हें दर्शकों की सराहना नहीं मिली तो उन्होंने इसे लोगों की समझ को दोष न देते हुए, दोबारा बनाया। अपने मित्रों और दर्शकों तथा कला समीक्षकों को दोबारा आमन्त्रित किया और इसमें सफल भी हुए।

विषयगत एवं विधागत उपादानों की पारस्परिकता को अपने केन्द्रीय आशय या अनुरोध से जोड़े रखना और उतनी ही प्रमुखता से सामने खड़े दर्शकों से संवाद करना, बिकास की विशिष्टता रही है। वस्तु या आकार के विरूप और विमूर्त हो जाने की विवशता के बावजूद, वे अपने समकालीन परिदृश्य की अनदेखी नहीं करते थे, इसलिए उनका संयमित कथ्य कभी-कभी जटिल भी हुआ। बावजूद इसके, उनके प्रदर्शित चित्रों में कुछ-न-कुछ ऐसा सम्मोहन होता कि वह दर्शकों और प्रशंसकों को सामने से हटने नहीं देता। यही कारण रहा कि पिछले तीस-पैंतीस वर्षों तक लगातार उन्हें आम प्रेक्षकों, दर्शकों के साथ सुधी कला समीक्षकों और कला संग्राहकों का स्नेह, सम्मान एवं संरक्षण प्राप्त होता रहा। 'क्लास' और 'मास' अर्थात् अभिजात और सर्वहारा—दोनों ही उनके चित्रों से आश्वस्ति एवं तृप्ति पाते रहे। बिकास की तूलिका ने पूर्ववर्ती और समकालीन पीढ़ी की रिक्तता, तिक्तता, प्रसन्नता और प्रश्नाकुलता को अभिव्यक्ति दी। उनकी सर्जना में अनुभव की प्रामाणिकता तो थी ही, शिल्प और शैली का सांकेतिक संयोजन एवं नाटकीय विनियोजन भी था। इन चित्रों में एक ओर कोलकाता महानगर का दर्द छिपा था तो दूसरी ओर उसका सांस्कृतिक दर्प भी मुखर हुआ। उनका चित्र-जगत मात्र उनका ही नहीं; आनेवाले समय, समाज और कला-इतिहास के लिए भी एक विश्वसनीय और प्रामाणिक दस्तावेज़ बना रहेगा।

पद्मश्री से अलंकृत और राष्ट्रीय कला सम्मान से विभूषित बिकास भट्टाचार्जी का निधन 18 दिसम्बर, 2006 को हो गया। उन जैसे विलक्षण कलाकार ही आनेवाली कई पीढ़ियों को प्रेरित करते रहते हैं और उनकी स्मृति में सदैव बसे रहते हैं।

अंजली इला मेनन
(1940)

अंजली इला मेनन का जन्म बर्नपुर, वर्धमान (पश्चिम बंगाल) में, एक अभिजात बंगाली परिवार में, 1940 में हुआ था। उसकी परदादी बॉस्टन (अमेरिका) वासी थी, जिसके पिताजी बंगाली थे और जिसने ख़ुद एक बंगाली सज्जन से शादी की थी। कला के प्रति अंजली का झुकाव बचपन से ही रहा और परिवार की ओर से भी उसे प्रोत्साहन मिलता गया। स्कूली पढ़ाई के साथ उसने कला का अभ्यास ज़ारी रखा और इस दिशा में उसकी मेहनत धीरे-धीरे रंग लाती गयी। 1960 में युवा अंजली पेरिस स्थित अतेलियर फ्रैस्क्यू में कला शिक्षा प्राप्त करने पहुँच गयी। लेकिन इसके पहले की क़वायद भी कम रोचक नहीं है। वह बचपन में घर पर ही रेखांकन वग़ैरह किया करती थी, जिसे देखकर सुशील मुखर्जी बहुत प्रभावित हुए थे। अंजली के परिवार से गहरे जुड़े रहने के कारण उसकी प्रतिभा को उन्होंने बहुत पहले पहचान लिया था। उनके कहने पर ही मद्रास के लवडेल में लारेंस को-एजुकेशनल बोर्डिंग स्कूल में अंजली भर्ती हुई थी। सैनिक अनुशासन में कार्यरत इस स्कूल का कला विभाग सुशील मुखर्जी के ज़िम्मे था, जो स्वयं एक कलाकार और मद्रास आर्ट्स कालेज के प्राचार्य देवीप्रसाद रायचौधुरी के शिष्य थे। वे कला की कक्षा में सुचित्रित पुस्तकों के साथ विशिष्ट कलाकारों के चित्र भी दिखाते थे। स्वभावतः सभी छात्र इनसे प्रसन्न और प्रभावित थे। वानगॉग-जैसे चित्रकार से तभी अंजली का परिचय हुआ था। उनकी आपबीती और कान काट डालने की घटना के बारे में सुनकर कक्षा के सारे छात्र रोने लगे थे।

अंजली ने 1950 में जे.जे. स्कूल ऑफ़ आर्ट में अगली तैयारी के लिए कला शिक्षा का पाठ्यक्रम पूरा करना चाहा था, लेकिन दो साल के बाद ही उसे यह प्रतीत हुआ कि इतना सब कुछ तो उसने पहले से ही सीख रखा है। इसलिए 1958 में वापस दिल्ली आकर उसने अंग्रेज़ी में स्नातक की उपाधि प्राप्त की। लेकिन बम्बई में रहते हुए छात्रों एवं अध्यापकों के अलावा उन्होंने उन महत्त्वपूर्ण चित्रकारों, विशेषकर एम. एफ़. हुसेन और मोहन सामन्त आदि के चित्रों से, बहुत कुछ सीखा। हुसेन साहब ने न केवल अंजली का हौसला बढ़ाया बल्कि बम्बई की चित्र प्रदर्शनी में उनका चित्र भी प्रदर्शित करवाया। उस दौरान अंजली ने चालीस के आसपास चित्र बनाये थे, जिनमें से कुछ बिक भी गये।

1962 में अपने पूर्व परिचित मित्र से विवाह बन्धन में बँधने के बाद, अंजली ने परिवार के साथ चित्रकला को ही अपने जीवन का अभिन्न अंग बना लिया। देश-विदेश के कलाकारों एवं उनकी

निर्मितियों से प्रेरित एवं प्रभावित होने के बावजूद, अंजली ने कभी अपनी भारतीय जड़ों को नहीं छोड़ा। उन्होंने अपने वैविध्यपूर्ण विषयवस्तु के साथ आकारगत प्रयोग भी किये, अपनी रंग-पट्टी (कलर-पैलेट) के रंगों में कई बार परिवर्तन भी किया लेकिन अपनी परिचित कलाशैली की पहचान बनाये रखी। यद्यपि उनका माध्यम तैलचित्र ही रहा लेकिन उन्होंने जलरंगों में भी चित्र बनाये। अपने एक मित्र के साथ फ्रांस से भारत आते हुए ऐसे कुछेक चित्र आँके थे। वे बताती हैं—"उन कृतियों का निश्चय ही बड़ा महत्त्व है क्योंकि वह तुर्की, युनान, सीरिया आदि की रोचक और स्मृतिजन्य यात्राओं की आह्लादकारी डायरी की तरह हैं, जिनमें हमने पेत्रने की रेतीली गुफ़ाओं में न जाने कितनी रातें बितायीं और ईरान के दृश्य-अनुभवों में गुज़ारे दो माह भी उनमें दर्ज़ हैं।"[1] ऐसे अनुभवों से कलाकारों को कभी-कभी विभिन्न माध्यमों की सार्थक उपयोगिता समझ में आती है; जहाँ त्वरित और सीमित कालावधि में किसी दृश्यांकन की आवश्यकता होती है, वहाँ जलरंग, पेस्टल, चारकोल या पेंसिल का उपयोग आवश्यक हो जाता है।

अंजली ने अपने प्रारम्भिक कार्यों में परम्परागत पद्धति का ही सहारा लिया था। उनमें वे अपने रूपाकारों को तोड़े-मरोड़े बिना कैनवस पर रेखांकित करती थीं और फिर तीव्र तूलिकाघातों से उन्हें इच्छित दिशा देती थीं। कुल मिलाकर, तब भी उनका ज़ोर चित्रित वस्तु या पात्र की स्थिति के अनुरूप अपनी भावदशा को अनुकूलित करने पर होता था, जो आगे चलकर और भी संश्लिष्ट होता गया।

अमूर्त रूपांकन से आरम्भ कर अंजली ने आकारिक यथार्थ तक की यात्रा तय की है। इसमें आये कई पड़ावों पर ठहरकर उन्होंने अपना ही अतिक्रमण किया है। इसलिए उनकी निर्मितियाँ क्रमशः अधिक परिपक्व, परिष्कृत और सुसंयोजित होती चली गयी हैं। लेकिन इससे उनके पूर्वचित्रित कार्यों का महत्त्व कुछ कम नहीं हो जाता बल्कि वे ऊपर जाते सोपान की अनिवार्य सरणि बने रहते हैं।

आम जीवन की छवियाँ हों या शबीहें—अंजली ने उन्हें सदैव बड़े मनोयोग से आँका है, इसलिए जो कुछ भी दृश्यगत या चाक्षुष है और उसके अन्दर और बाहर का भावजगत विद्यमान है, उसे वे मन की आँखों से भी देखती हैं। इसलिए उनके चित्रों में दर्शक कुछ अतिरिक्त एवं सार्थक 'चित्रत्व' (नन्दलाल बसु का पद) का दर्शन कर पाते हैं। "उनकी पेंटिंग्स सरल तथा भावपूर्ण निश्चलता को अभिव्यक्त करती हैं। अंजली के भीतर का कलाकार अपने चित्र-विषयों का अंग बन जाता है और बड़ी प्रगाढ़ता से एक भावी नाटक की रचना कर डालता है, जिससे वह बड़ा सम्मोहक बन जाता है।"[2]

स्पष्ट है, अंजली अपने वर्ण्य-विषय की केन्द्रीयता बनाये रखने के साथ, उसके परिवेश और नाटकीय भावानुरोध की भी रचना करती हैं। किसी रचना में निहित भाव का प्रस्फुटन कैसे किया जाता है, इससे कहीं अधिक महत्त्वपूर्ण है—अनायास वह कैसे सम्भव है, यही उसकी अन्यतम विशेषता है। इस दक्षता को अर्जित करने के लिए उन्हें गहन कलाभ्यास से गुज़रना पड़ा था। पेरिस में, अतेलियर फ्रैस्क्यू में भित्ति-चित्रण के साथ युरोपीय ही नहीं, बल्कि रोमन, यहाँ तक कि रूसी कला के बारे में प्राप्त जानकारियों ने, बाद में उनकी राह आसान कर दी थी। वे अब बड़ी सुविधा से अपने माध्यमों का चुनाव कर सकती थीं। उन्होंने बहुत कम ही मौक़ों पर कैनवस (कैम्बिस) का इस्तेमाल किया। बनिस्वत इसके, वे काठ और मेसोनाइट बोर्ड को भी उपयोग में लाती रहीं। वे इसके पटल को समतल

एवं चिकना करने के लिए सबसे पहले रंजक (Pigment) का लेप लगातीं और उसे कभी-कभी पत्थर आदि से घिसकर जहाँ तक सम्भव हो, चिकना बनाया जाता। उनके रंग बहुधा आनुष्ठानिक आयोजनों में प्रयुक्त उपस्करों-जैसे होते हैं। यथा, धूसर, भूरा, हरा, नीला, पीला (हल्दिया) आदि। बाद के वर्षों में जब उन्होंने कैनवस या बोर्ड के अलावा अन्य माध्यमों—चौखट, खिड़की, त्रिफलक सन्दूक़, कपबोर्ड या फ़र्नीचरों को कलावस्तु के तौर पर आँकना शुरू किया तो उनके तैलरंग और भी चटख और चमकीले हो गये। अस्सी के दशक में उनके इस प्रयोग ने कई कलाकारों को इस दिशा में कार्य करने की प्रेरणा दी।

युवा अंजली के आरम्भिक कार्यों का प्रभाव कुछ ऐसा था कि उसे प्रशंसकों की सराहना मिलती चली गयी। उनके एक चित्र 'अर्चिन' (नटखट लड़की, 1958) में एक किशोरी की बड़ी-बड़ी आँखों, सिकुड़े होठों और बेतरतीब बालों से उसकी सारी मनःस्थिति स्पष्ट हो जाती है। रंगों का सधा प्रयोग इस चित्र को अत्यन्त प्रभावी बना देता है। अगले ही वर्ष 1959 से उन्होंने कला प्रदर्शनियों में भाग लेना शुरू कर दिया। साथ ही, जब कभी अवसर मिला, विदेश यात्रा के दौरान भी जमकर काम किया। अपने पेरिस प्रवास में नयी-से-नयी रंग-पद्धति और तकनीकी जानकारियाँ हासिल करने के साथ ढेर सारे रेखांकन किये। इसी तरह उनकी न्यूयॉर्क यात्रा बेहद सफल रही, जहाँ उन्होंने 'हर्लेम पिक्चर्स' के लिए एक चित्र-शृंखला तैयार की। इसके कुछ चित्र बाद में पेरिस में बिक भी गये।

अंजली की निर्मितियों की कई विशेषताओं में एक है, उनका अपने आप में स्वतन्त्र और स्वायत्त होना। उनमें किसी तरह की आख्यानपरकता नहीं होती। वे सर्वथा अलग होती हैं और अपरूप भी। वस्तुतः समकालीन सन्दर्भ में वे अपनी यानी स्त्रियों की और सामाजिक स्थितियों को चरितार्थ करती रही हैं, कभी साक्ष्य बनकर, कभी साक्षी बनकर। उनके चित्रों में रूपाकारों के साथ सन्तुलित रंग प्रयोग और प्रभाववादी विन्यास ने उन्हें अपने समकालीनों से अलग पहचान दी। उनकी आरम्भिक निर्मितियों में विषयों का बौद्धिक रूपायन संयोजित है। इसमें पात्रगत रूपांकन ('रिफ्यूज़ी', 'मुराद', 'मछुआरन', 'मार्था', 'आयशा' आदि), भू-दृश्य (मस्जिद) एवं रेखांकन आदि सभी शामिल हैं, जिनमें विषयगत विविधता लक्ष्य की जा सकती है।

अपने चित्रों और चित्रपरक संयोजनों में अंजली ने स्त्री-आकृतियों के साथ अधिक आत्मविश्वास और उन्मुक्तता का परिचय दिया है। अंजली की एक पेंटिंग (1976) में एक नग्न युवती पेड़, कबूतर और अमूर्त बिम्बों के साथ एक सहमी हुई काली बकरी थामे हुई है। उसकी सतेज आँखें पूरे परिवेश को भाँप रही हैं और उसकी दसों खुली उँगलियाँ किसी भी आशंका का सामना कर सकती हैं। अस्सी के दशक के अन्त में चित्रित 'ड्रीम' (1977) और इसके बाद 'ड्रीम गर्ल', 'न्यूड विद पियर्स', 'न्यूड विद ए डॉग', 'गर्ल विद कैट्स' आदि चित्र यह जताने के लिए काफ़ी हैं कि भारतीय स्त्रियाँ अब अपने अस्तित्व और अधिकार के प्रति कितनी जागरूक हैं और एक सीमा तक स्वतन्त्र भी। 'म्यूटेशन्स' (परिवर्तनशील) चित्र-शृंखला इसी दृष्टिकोण की अगली कड़ी है। अंजली द्वारा यहाँ चित्रित स्त्रियाँ सौम्य और मासूम प्रतीत होती हैं। प्रौढ़त्व के बावजूद उनमें स्त्रियोचित गरिमा के दर्शन होते हैं। लेकिन इसी दौर के ठीक बाद अंजली ने ऐसी स्त्रियों की सर्जना की, जो निर्वसन एवं नग्न होती हुई भी, अश्लील प्रतीत नहीं होतीं और वहाँ न तो पुरुष का प्रवेश है और न उनका निवेश।

हालाँकि यहाँ कई जीव-जन्तु—कौवे, बकरी, छिपकली, बिल्ली, चील (यहाँ तक कि बाघ भी) उपस्थित हैं। स्त्री-अस्मिता को सुदृढ़ करती एक कृति 'ग्रैंडमा एथेल कम्स टु कैलकटा' में चित्रित एथेल के क़दमों में बैठा बाघ इसका एक उल्लेख्य उदाहरण है। इसमें इस हिंस्र पशु को पालतू बनाकर चित्रित किया गया है। (इसे स्त्री-सत्ता के समक्ष पुरुष की दयनीय नियति का संकेत समझा जाना चाहिए।)

स्त्री की जानी-पहचानी छवि को तोड़ने का कार्य, पूरे विश्व में स्त्री-मुक्ति सम्बन्धी आन्दोलन से अवश्य ही जुड़ा हुआ माना जा सकता है। अंजली के 'म्यूटेशन्स' के बाद के कई चित्र स्त्री के पर्दे और अँधेरे से बाहर आने के सूचक हैं। लेकिन वे किसी पोस्टर-चित्र जैसे नहीं, बल्कि कलात्मक एवं स्वाभाविक प्रतीत होते हैं। उनके द्वारा चित्रित स्त्रियों की प्रतिकृतियों (पोर्ट्रेट) में भी अपने भविष्य से आँखें मिलाने की तैयारी देखी जा सकती है। अपनी रंग योजना और पात्रों की भाव मुद्रा से सर्जक का वक्तव्य स्पष्टतर हो जाता है। वैसे भी अंजली की अमूर्त चित्रण में कभी दिलचस्पी नहीं रही।[3]

अंजली ने अपने कई चित्रों को चौकोर या आयताकार ख़ानों में विभाजित कर उनके प्रभाव को द्विगुणित कर दिया है। इस प्रयुक्ति से चित्रों के उन अंशों को अधिक आकर्षक ढंग से प्रस्तुत किया गया है, जो ऐन्द्रिक और संवेदक होते हैं। एक बात, जिसकी ओर स्त्री-चित्रकारों का बहुधा ध्यान नहीं जाता, वह है विषय की विविधता। लेकिन अंजली उन सबसे अलग अपने रचना संसार में सब कुछ शामिल कर लेती हैं। इनमें 'फ़तेहपुर', 'खादी बाज़ार', 'गंगा', 'चेट्टिनाड', 'उत्सव', 'फ़ैमिली वेडिंग', 'मुखौटे वाली लड़की', 'दर्पण'-जैसी अनगिनत कृतियाँ उनके रचना सामर्थ्य की परिचायक हैं। इनमें यथार्थ के साथ फ़ैंटेसी का पुट भी है और सांकेतिकता भी। उदाहरण के लिए, कौवे अंजली की कई कृतियों में एक संकेतक के तौर पर व्यवहृत हैं। हालाँकि कबूतर, तोते, चील, बाज आदि भी उनके चित्रों में उपस्थित हैं लेकिन 'क्रॉज़ एट डस्क', 'मालाबार', 'चारपाई' आदि चित्रों में ये कौवे स्पेस को गति देते हैं। दरअसल वे स्वभावतः एक ठौर कहीं ठहरते नहीं इसलिए अन्य चित्रित जीवों और वस्तुओं (जो कि अपेक्षाकृत स्थिर होते हैं) के बरअक्स उनकी शारीरिक हरकत और चंचलता (स्थिर अंकन के बावजूद) चित्र को जीवन्त बनाये रखती है।

अंजली इला मेनन की चित्र रचना के कई चरण हैं लेकिन विषयवस्तु, माध्यम, रंग संयोजन और विन्यास बदले जाने के बावजूद, उनमें अवश्य ही शैली और संयोजनगत विविधता और प्रयोग प्रवणता देखी जा सकती है। इस दौर का वैशिष्ट्य है मोटे ब्रशों और गाढ़े रंग का प्रयोग—जो पश्चिमी चित्रकारों के प्रभाव का अनुकरण है। भारत में प्रगतिवादी कला समूह (PAG) के कई चित्रकार (सूज़ा, रज़ा, हुसेन, कृशन आदि) इस पद्धति का अनुसरण कर चुके थे। अंजली द्वारा मछुवारे और मछुवारिनों (फ़िशरवुमेन) के कई चित्र इसके उदाहरण हैं।

अंजली मेनन के कई रूपाकार, विशेषकर अस्सी के दशक में आँके गये विभिन्न आयु वर्ग के सैकड़ों रंगों के विशिष्ट प्रयोग के कारण झीने लेकिन पारदर्शी आवरण में दीख पड़ते हैं। इसके बावजूद उनके भाव या मुद्रा में कहीं कोई अस्पष्टता नहीं। ऐसे पात्रों की आँखों को चित्रित करती हुई अंजली विशेषकर, गहरे, भूरे या नीले-कत्थई रंगों से इन पर एक लेप-सा चढ़ा देती हैं, सिवा आँखों की पुतलियों के—ताकि सम्बन्धित पात्र या व्यक्ति के मनोभाव में आसानी से उतरा जा सके।

वे आँखों को कभी पूरी तरह नहीं आँकतीं—केवल झीनी रंगपट्टी से संकेतभर कर देती हैं और यह जता देती हैं कि आँखें क्या कह रही हैं। उनकी यह युक्ति अत्यन्त सफल और सार्थक रही है। ऐसा प्रयोग बिकास भट्टाचार्जी के चित्रों में भी किया गया था।

1972 में अंकित चित्र 'गर्ल विद ए मंकी' में वनस्पति (फूलों, पौधों) और बन्दर के बीच खड़ी एक युवती में रंगों का बहुत ही प्रभावी अनुयोग किया गया है। हल्के नीले और रंगों के मिश्रण ने युवती की कमनीयता को एक नया आयाम दे दिया है। तब तक अंजली ने रंगों के साथ मोटे ब्रशों के त्वरित संचालन का कौशल सीख लिया था। इसलिए साठ के दशक में 'फ़िशर मैन' शीर्षक से अंजली ने कई चित्र बनाये थे, जिन पर पश्चिम का प्रभाव देखा जा सकता है। ये उनके बहुत पहले चित्रित 'बाथर' (स्त्री, 1956) या 'आत्मचित्र'(1957) से सर्वथा अलग प्रतीत होते हैं। क्योंकि इसी समय उनके द्वारा आँका गया एक चित्र है 'रिफ़्यूजी' (1957), जिसमें एक साथ चित्रित चार चेहरों से विस्थापन की वेदना स्पष्ट झलकती है। ये सारे चित्र इस बात के सूचक हैं कि उनकी कला यात्रा के आरम्भिक 20-25 वर्षों में कई तरह के परिवर्तन आये—विशेषकर विषयवस्तु के चयन और रंग योजना के निर्वहन के स्तर पर।

विदेशों में आयोजित चित्र प्रदर्शनियों में विशेष तौर पर अस्सी के दशक में, अंजली ने 'प्योत्र' (1972), 'मेडोना' (1974), 'गर्ल फ्रॉम अल जदीदा' (1978) आदि चित्रों द्वारा अपनी अन्तर्राष्ट्रीय उपस्थिति को ससम्मान प्रमाणित किया। परवर्ती वर्षों में अंजली ने अपने कैनवस को सामयिक हलचलों से भी जोड़े रखा। 'इन्दिरा' (1984) में इन्दिरा गाँधी का अत्यन्त प्रभावी चित्रण किया गया है। पुरानी खिड़की के टूटे हुए शीशे के बीच मेसोनाइट पर अंकित यह चित्र उनकी शहादत को बख़ूबी बयान करता है। विषय सम्बन्धी यह विविधता उन्होंने बड़े सहज ढंग से अपने अन्दर विकसित की थी।

भूलेश्वर-II (1980) में एक ऐसी खिड़की प्रयुक्त है, जिसके तीन फ्रेमों में अंजली ने विभिन्न परिदृश्य के साथ अलग-अलग कोण से कौवे चित्रित किये हैं। नीचे दायीं ओर काली टोपी और बंडी पहने, एक रोबदार व्यक्ति का चित्र (पोर्ट्रेट) अंकित है—खिचड़ी मूँछों और गोल रिमवाले चश्मे से झाँकती उसकी आँखें—कुल मिलाकर इस चित्र को अत्यन्त प्रभावी बनाती हैं।

'नवम्बर' (1979-80) में एक पुराने लेकिन विस्तृत दालान का भीतरी भाग हल्के पीले-भूरे रंग से चित्रित है। इसी रंग के परिधान में एक अकेली स्त्री हरे रंग की कुर्सी पर बैठी है। उसका बायाँ वक्ष खुला है। धूसर रंग से ही चित्रित दो बन्दर ऊपर मुँडेर पर जबकि तीसरा मेहराबदार स्तम्भ की ओट में बैठा है। अंजली ने इस चित्र में स्त्री के अकेलेपन को बड़ी आत्मीयता और संवेदना से उकेरा है। लाल सिन्दूर और बिन्दी के साथ कलाई पर हरे रंग की दो-दो पतली चूड़ियाँ पहने यह स्त्री अपने पति की प्रतीक्षा कर रही है।

अंजली ने स्त्री-पात्रों को 'चरित्र' में बदलने का रचनात्मक उद्यम किया है। इसलिए उनके चित्रों को एक-एक कर अलग से उनके शीर्षकों के साथ पहचाना जा सकता है। 'मारिया' (1980), 'मरियम' (1983) और 'पारोमा' (1988)-जैसे चित्र यहाँ विशेष उल्लेख्य हैं। खुले हुए स्त्री-वक्ष, आँखों के इर्द-गिर्द रंगों में रचा गया एक ख़ास तरह का झीनापन, खुली हथेली, लम्बी उँगलियाँ, सीधे या फिर उलझे बाल और अस्फुट (रहस्यमय) मुद्रा—ये सब अंजली के चित्रों की विशेषताएँ हैं। इसी तरह कुर्सी, कौवे,

खाट, दुपट्टा, पर्दा, पतंग के अलावा कोई जानवर (विशेषकर बिल्ली) उनके लिए अभिप्राय (मोटिफ़) की भूमिका निबाहते हैं। 'हाउस ऑफ़ बाथागॉर' (1986) में भी एक निर्जन क्षेत्र पर रखी कुर्सी पर एक दुपट्टा पड़ा है और इसके नीचे ज़मीन पर तीन कौवे अपना आहार ढूँढ़ रहे हैं। दायीं और झीने सफ़ेद पर्दे के दूसरी ओर आकाश में एक कटी पतंग दीख रही है। दूर दीखती पहाड़ी और दो खम्भे पर खिंचे हुए तार पूरे परिदृश्य को विस्तार दे रहे हैं।

'मुखौटा लगाये लड़की' (गर्ल विद द मास्क) उनका अत्यन्त प्रयोगधर्मी चित्र (1988) है, जिसमें गहरे नीले रंग के सोफ़े पर बैठी लड़की ने सफ़ेद जैकेट पहन रखी है। लेकिन जहाँ उसका दायाँ स्तन खुला है, वहाँ बायाँ स्तन जैकेट के जालीदार हिस्से से झाँक रहा है। लेकिन जो तथ्य यहाँ उल्लेख्य है, वह है एक ओर चेहरा घुमाए इस लड़की की एक आँख अंकित है, वह एक हाथ में छड़ीनुमा लकड़ी थामे हुई है, जिसके सिरे पर दूसरा पट्टा (placard) सोफ़े के सहारे टिका हुआ है, जिस पर नाक और होंठ अंकित हैं। पट्टे के सहारे वह अपनी छिन गयी आज़ादी को आवाज़ देना चाहती है। उसकी गोद में लाल रंग की बिल्ली है और पूरा चित्र सफ़ेद और दूसरे प्रगाढ़ रंगों से उकेरे जाने के कारण बेहद प्रभावी बन पड़ा है। किसी चित्र को विभिन्न क्रमों में विभाजित कर, उन्हें फिर से एकत्रित (संयोजित) कर दोबारा विन्यस्त किये जाने के कारण इस चित्र को अतियथार्थवादी भी बताया गया है।

जैसा कि उल्लेख किया गया, विभिन्न उपादानों एवं उपकरणों के उपयोग द्वारा अंजली अपनी पेंटिंग को निजी वातावरण या माहौल प्रदान करती रही हैं। उनका एक भू-दृश्य (Inquiet Landscape, 1989) उस अवसाद को आँकने में सफल रहा है, जो थोड़ी देर चहल-पहल में डूबा था और जहाँ कुछ देर पहले किसी बच्चे का जन्मदिन मनाया गया था, इसलिए पृष्ठभूमि में दो गुब्बारे और पतंग के साथ आइसक्रीम कोन और नीचे लाल साइकिल का एक हिस्सा दीख रहा है। सामने बेंत से बुनी कुर्सी के हत्थे पर बैठा एक कौवा और कुर्सी के ऊपर से नीचे तक लटका एक झीना दुपट्टा—इस चित्र की प्रतीकात्मकता को एक नया आयाम देता है। वहाँ कोई नहीं, सिवा कौवे के, जो ऐसे आयोजनों की समाप्ति पर ही मँडराते नजर आते हैं।

अंजली के चित्रों की दुनिया में 'मनोरी' (1989) एक बेजोड़ व्यक्ति चित्र है, जो अपने अनूठे निरूपण (ट्रीटमेंट) के नाते भी विशेष स्थान रखता है। इसमें रंगों के संघात से अंकित स्त्री की आँखें, होंठ, बाल सभी सजीव हो उठे हैं। विशेषकर आँखों और पलकों पर फैली बरौनियों तथा होठों के बीच थोड़ी-सी खुली जगह पर मानो कोई बात आकर अटक गयी है। लाल और नारंगी रंग से निर्मित पृष्ठभूमि और स्त्री के अनसुलझे बालों पर सफ़ेद रंग से किये गये आघात के साथ उन्हें किसी तेज़ नुकीले औज़ार से खुरच भी दिया गया है—जिससे चित्र में एक अनोखा प्रभाव उत्पन्न हो गया है।

यहाँ अंजली 'दर्पण' (मिरर, 1989) चित्र का उल्लेख आवश्यक है, जो अपने दोहरे संयोजन—दो विषमाकार फ्रेमों में विभक्त एक नग्न युवती के चित्रण के कारण चर्चित रहा है। युवती के पृथुल स्तनों तक इसकी देह पहले फ्रेम में और दूसरे फ्रेम में जंघाओं तक के हिस्से को फैलाया गया है। सघन रंगों के प्रयोग द्वारा इस युवती की दैहिक ऐन्द्रियता को उभारते हुए दूसरे फ्रेम पर उदे रंग के बादल या झीने कपड़े के टुकड़ों से इसे त्रिआयामी ढंग से विन्यस्त किया गया है। सम्भवतः यह उसके स्त्रीत्व और मातृत्व दोनों को सांकेतिक ढंग से बताने का कलात्मक उद्यम है।

अंजली ने आधुनिक सन्दर्भों और समकालीन प्रसंगों को अपनी कला प्रवृत्तियों पर हावी नहीं होने दिया। इसलिए कि उन्हें अपनी कलात्मक स्वायत्तता चाहिए। इस सदी के आरम्भ में उन्होंने तन्त्र सम्बन्धी अभिप्रायों के साथ पॉपुलर कल्चर (पोस्टर, कोलाज़, ग्राफ़िक्स, ग्रैफ़िटी आदि) को ध्यान में रखकर कुंडलिनी जागरण (2000), जिसमें भैरवी चक्र से लेकर हृदय एवं कण्ठ स्थित विभिन्न देवताओं के माध्यम से साधक की अन्तर्यात्रा दर्शायी गयी है। इसी क्रम में अंकित 'देवी' (2000) में नीले रंग की एक नग्न युवती के ऊपर देवी दुर्गा का चित्र संयोजित है। इस युवती ने बायें हाथ में चन्दन दस्यु वीरप्पन का कटा मुण्ड थामा हुआ है। यह सब किसी धार्मिक भावना से नहीं, बल्कि 'पॉपुलर कल्चर' की ज़रूरत को समझते हुए और समाज को जागरूक बनाने के उद्देश्य को ध्यान में रखकर ही किया गया है। ऐसे अभिनव प्रयोगों द्वारा अंजली अपने कला संसार को न केवल वैविध्यपूर्ण बल्कि समसामयिक बनाये रखने में भी सक्षम हुई हैं। अंजली के कलावैशिष्ट्य को उन्हीं के शब्दों में सुनिए—

> "मैं शायद ही कभी रेखांकन करती हूँ। मैं रंगों में ही सोचती हूँ—अपनी समस्त रचनात्मक क्षमता के रूपायन में, वह चाहे इनकी गहनता हो, तीव्रता या पारभासिता हो या अपारभासिता। यह रंग ही है कि कोई गाता है, कोई इसके साथ गहरे उतरता है; मैं स्वप्न भी देखती हूँ तो रंग में... यह रंजक का एकाधिक आवर्तन ही है, जो संगति, विसंगति या मूर्च्छा उत्पन्न करता है।"[4]

साठ से अधिक वर्षों से निरन्तर सृजनरत अंजली जी की कृतियों का विभिन्न कालखण्डों में विभाजन एवं वर्गीकरण भी किया गया है लेकिन ये सब किताबी सुविधा के लिए किये जाते हैं। अंजली-जैसी कलाकार की कलादृष्टि और कलासृष्टि के कई पर्व हैं। इनमें भविष्योन्मुखी तैयारी है तो अतीत में कहीं गहरी डूबी स्मृतियाँ भी। उन स्मृतियों को टोहनेवाली उनकी तूलिकाओं ने 'कुर्सियाँ', 'दूरियाँ', 'गुब्बारे', 'पतंग' आदि चित्रों में सहेजा भी है। ऐसे आत्मगत चित्र उन धूसर, फीके और मटमैले रंगों से उकेरे गये हैं, जहाँ पलस्तर उखड़ी दीवारें, खँडहरनुमा मकान और टूटे हुए खिलौने नज़र आते हैं, जिन्हें दोबारा सहेजा नहीं जा सकता। हाँ, अंजली की सधी हुई तूलिकाओं द्वारा प्रभावी ढंग से उकेरा ज़रूर जा सकता है।

सन्दर्भ

1. *द्रष्टव्य : अंजली इला मेनन* (सं.) इन्दिरा दयाल
2. समकालीन कला, अंक 34, ज्योतिष जोशी का आलेख, पृ. 35
3. *Anjolie Ela Menon, Painting and Private Collection,* Ed. Isana Murthi, Ravi Dayal Publisher, Delhi, 1995, p.14
4. "I hardly draw. I think in colour. Its depth or intensity, trasnsluscence or opacity from nuance of my whole creative output. It is with colour that one sings, with colour harmony, discord, syneopation." –*Anjolie Ela Menon,* Text : Isana Murthi, Vadhera Art Gallery, New Delhi, 2010, p. 188

लालू प्रसाद शॉ
(1937)

लालू प्रसाद शॉ का जन्म 1937 में सिउड़ी, वीरभूम (प.बं.) में हुआ। यह एक क़स्बा है, जो शान्तिनिकेतन (बोलपुर) हाउड़ा लाइन पर है। लालू प्रसाद का बचपन बंगाल के उन कलाकारों के बीच बीता, जो परम्परागत पटचित्र बनानेवाली कारीगर जाति के होते हैं। ये चित्रित पट देवी-देवताओं के पीठस्थान के पीछे लेकिन ऊपर की ओर लगाये जाते हैं, जिन पर पौराणिक आख्यान वर्णित होते हैं। इनमें स्वतन्त्र रूप से भी किसी देवता विशेष या पौराणिक प्रसंग का चित्रण भी होता है। ऐसे कलात्मक परिवेश में लालू प्रसाद के साथ किसी के लिए स्वभावतः इनमें अंकित रूपाकारों और प्रयुक्त देसी रंगों से खेलना आसान हो गया।

इसी कला के अनुकरण और अभ्यास के दौरान ही किशोर लालू प्रसाद ने अपने ढंग से अर्जित रूपाकृतियों को विन्यस्त करना आरम्भ किया। ऐसे में उन्हें पिनाकीनाथ भट्टाचार्य नामक-जैसे उदार कला शिक्षक प्राप्त हो गये, जो अपने स्कूली छात्रों को रूपांकन के लिए प्रेरित करते रहते थे। वे ऐसे उत्साही छात्रों को साथ लेकर लाल माटी वाले अंचल के लोगों के साथ पेड़-पौधे और पशु-पक्षी आँकने निकल जाया करते थे। इस अभ्यास से लालू प्रसाद में प्रकृति और परिवेश को निकट से देखने और पहचानने की ललक जगी। लेकिन यह कला-चर्या कभी उनके जीवन की जीविका बन जायेगी, ऐसा उन्होंने कभी नहीं सोचा था। वे अपने स्कूली दिनों में बांग्ला की मासिक पत्रिकाओं यथा, 'बसुमती', 'प्रवासी', 'मॉडर्न रिव्यू', 'देश' आदि में प्रकाशित बंगाल की चित्रशैली, विशेषकर अवनीन्द्रनाथ, गगनेन्द्रनाथ, नन्दलाल बसु, जामिनी राय आदि के मुद्रित चित्र देखा करते थे। कभी-कभी उनकी अनुकृतियाँ भी बनाया करते थे। यह एक तरह से उनके लिए अनौपचारिक कला प्रशिक्षण ही था, जो 1953 में उन्हें कोलकाता के इंडियन कॉलेज ऑफ़ आर्ट एंड क्राफ्ट्स में ड्राफ़्ट्समैनशिप में दाख़िले के लिए मददगार साबित हुआ। जल्द ही, 1954 में वे गवर्नमेंट कॉलेज ऑफ़ आर्ट एंड क्राफ़्ट, कोलकाता में भर्ती हो गये और वहीं से उनके जीवन का एक नया अध्याय आरम्भ हुआ।

कोलकाता-जैसे व्यस्त महानगर में घटनेवाले काण्ड, कई मधु-तिक्त अनुभवों एवं भले-बुरे प्रसंगों और घटनाओं को लालू प्रसाद ने बड़ी तटस्थता से अपने मानस में सँजोए रखा। उन संक्रमणकालीन वर्षों में कला क्षेत्र में भी कई नवाचार सम्बन्धी प्रयोग हो रहे थे। ऐसे कई सहपाठी छात्र तब कला शिक्षण में अनुप्रयुक्त (Applied) कला की तकनीकी जानकारी या अपेक्षित दक्षता प्राप्त कर, कहीं-न-कहीं

नौकरी पा जाना चाहते थे। कला में इस यान्त्रिकता के प्रवेश से ग्राफ़िक एवं प्रिंटिंग के क्षेत्र में नौकरी आदि पाने की नयी सम्भावना युवा कलाकारों में जगी थी। आवरण चित्र, अलंकरण, कॉमिक स्ट्रिप, एनिमेशन वग़ैरह के निर्माण में मशीनों का दख़ल बढ़ता चला जा रहा था और यह प्रिंट मीडिया की ज़रूरत भी थी। इस कार्य में अपेक्षित संख्या में यन्त्रकुशल कलाकारों की काफ़ी गुंजाइश थी। यहाँ तक कि कई कम्पनियाँ युवा और योग्य कलाकर्मियों को अपने ख़र्च पर विदेशों में नयी तकनीक सीखने के लिए भेजा करती थीं। कला विद्यालयों से डिग्री प्राप्त करने के बाद कई कलाकार इन क्षेत्रों में जा भी रहे थे ताकि शुद्ध या पेशेवर कलाकारों के अनिश्चित एवं असुविधापूर्ण जीवन के मुक़ाबले सुविधापूर्ण जीवन सुनिश्चित हो सके।

लालू प्रसाद ने आर्थिक अनिश्चयताओं के बीच भी अपना अध्ययन ज़ारी रखा, क्योंकि तब आर्ट कॉलेज में चिन्तामणि कर (प्राचार्य) और गोपाल घोष, रथीन मैत्र, अनिल भट्टाचार्य, माणिकलाल बन्द्योपाध्याय एवं अजीत गुप्त-जैसे विशिष्ट कलाकार उनके शिक्षक थे, जिनसे वहाँ लगातार कुछ-न-कुछ सीख पाने का अवसर उपलब्ध था। गोपाल घोष से जहाँ उन्हें टेम्परा शैली की बारीक़ियों को सीखने का मौक़ा मिला, वहाँ अजीत गुप्त से किसी विषयवस्तु को कला निर्मिति में परिणत करने की प्रेरक सीख मिली।

युवा लालू प्रसाद ने जब आर्ट स्कूल से बाहर अपने लिए कला-सृजन का क्षेत्र चुनना चाहा तो उनके मन में कई तरह के द्वन्द्व उठ रहे थे। ये एक ओर विषय या विचार से सम्बन्धित थे तो दूसरी ओर साधन या माध्यम से सम्बद्ध थे। उनके समक्ष उनका निकट अतीत था, जिसमें द्वितीय विश्वयुद्ध, भारत का स्वातन्त्र्य संघर्ष, देश विभाजन, जिसमें बंगाल के पूर्वी हिस्से का अचानक पूर्व पाकिस्तान (अब बांग्लादेश) में तब्दील हो जाना-जैसी त्रासद घटनाएँ शामिल थीं। दंगे, अकाल और लाखों लोगों के पलायन एवं विस्थापन से उत्पन्न शरणार्थी समस्या वग़ैरह के वे स्वयं साक्षी थे। एक नागरिक के नाते वे इनकी अनदेखी नहीं कर सकते थे। लेकिन दूसरी ओर एक स्वतन्त्र कलाकार के तौर पर अपने लिए एक संसार का निर्माण करना भी आवश्यक था, जिसमें विषय, विचार और माध्यम के चयन का अधिकार उसके पास हो। कोई शैली या अंकन भंगिमा हो, जो उनकी पहचान को रेखांकित कर सके। हालाँकि संस्थागत शिक्षण पद्धति का दबाव कुछ ऐसा होता है कि किसी स्वतन्त्रचेता कलाकार को उससे उबरने में समय लगता है।

शॉ को जल्द ही यह अहसास हो गया कि उनके कई संगी-साथी युवा कलाकार, जो प्रभाववादी और उत्तर-प्रभाववादी कार्यों में संलग्न थे, वे सब अब भी उससे मुक्त नहीं हो पाये हैं और वह उनका रास्ता नहीं। यह तो उसी उपक्रम को दोहराना या उसका पागुर करना है। उन सबसे अलग अपने दृष्टिपथ को विकसित करते हुए और निजी शैली पाने के सन्धान में लालू प्रसाद को यह जान पड़ा कि उन्हें प्रतिष्ठान पोषित मूल्यों एवं मर्यादा से अलग होना ही पड़ेगा। इस उद्देश्य में उनकी स्थानिकता ने उन्हें सम्बल प्रदान किया और वे उन रूपाकारों की तरफ़ लौटे, जो पहले से ही उनके अभ्यास और अध्यवसाय के अंग रहे थे। लेकिन उन्होंने अमूर्तन का सहारा लेते हुए उन रूढ़ रूपाकारों को भी मुक्त कर दिया ताकि वे निर्बन्ध और अनौपचारिक ढंग से उनकी कृति का हिस्सा बन सके।

लालू प्रसाद के आरम्भिक कार्यों में उनके 'शान्त बालक' (पेसिफ़ायर) चित्र की अक्सर चर्चा होती है, जो 1954 में वाश प्रविधि से उकेरा गया था। यह बंगाल की उस रोमानी चित्रशैली को भी दर्शाता है, जिसके चतुर्दिक् रहस्यपूर्ण धुँधलका होता है। इसी प्रभाव को आगे बढ़ाते हुए उन्होंने 'अजान' और 'पुतले की शादी'-जैसे चित्र बनाये, जो वाश विधि से गुज़ारते हुए टेम्परा विधि में निरन्तर परिष्कृत होते चले गये। 1955 में ही 'भोर' शीर्षक चित्र इस विधि से अंकित एक उल्लेख्य कृति है, जिसमें मुर्ग़े की बाँग तक को पर्याप्त 'स्पेस' दिया गया है। इन युक्तियों से लालू प्रसाद ने विषय और 'स्पेस' के विनियोजन में पर्याप्त दक्षता हासिल कर ली, जो उनके आगामी कार्यों में और भी प्रभावी ढंग से व्यक्त हुई।

इस दौरान आँकी गयी 'फ़सल कटाई', 'घाट पर' और 'कोपाई नदी'-जैसी कृतियों में उनके प्रभाववादी मिज़ाज को भी देखा जा सकता है। टेम्परा के अलावा हैंडमेड पेपर पर पेस्टल से बनायी गयी उनकी कृतियों में ज्यामितिक आकारों वाले कई प्रारूप मिलते हैं। 'रिफ़्लेक्शन-1' (1956) और 'पंखा लिए महिला-1' से आगे बढ़ते हुए कुछ नया करने की कोशिश में उन्होंने वीरभूम, शिलांग, कृष्णनगर आदि स्थानों का दौरा किया और ढेरों रेखाचित्र बनाये। यह सब उन्होंने एक स्थानीय स्कूल में नौकरी करते हुए किया। 1967 में उन्होंने 'सोसाइटी ऑफ़ कंटेम्परररी आर्टिस्ट्स' की सदस्यता प्राप्त की और सनत कर ने उन्हें ग्राफ़िक मुद्रण में प्रशिक्षित किया। इसी समय पेरिस से लौटे सुहास राय ने शॉ को एचिंग प्रविधि से परिचित कराया। इन तमाम उपक्रमों के बीच शॉ निरन्तर अपनी निजी शैली पाने के लिए प्रयत्नशील रहे। कुल मिलाकर प्रविधि कोई भी हो, वे अपने पटल पर द्विआयामी रूपाकारों को सुनियोजित ढंग से प्रस्तुत करना चाहते थे। श्वेत-श्याम रंग प्रविधि से जुड़े नाटकीय संघात एवं संयोजन उनकी इन निर्मितियों में विशेष द्रष्टव्य हैं।

लालू प्रसाद की कार्य-प्रणाली में निरन्तर परिष्कार और निखार आता गया और उन्हें अपने कला शिक्षक सत्येन घोषाल के साथ गवर्नमेंट कॉलेज ऑफ़ आर्ट, कोलकाता में एक शिक्षक के नाते कार्य करने का अवसर मिला, जहाँ वे प्राचार्य थे। यहाँ उन्होंने एचिंग प्रविधि के साथ उन रूपाकारों के साथ काम करना आरम्भ किया, जो आमतौर पर कला क्षेत्र में व्यवहृत नहीं होते। उन्हें केवल स्थितियों और संयोजन के तौर पर रचा जाता है। इसके बाद उन्हें कला भवन, शान्तिनिकेतन में कला शिक्षण के लिए आमन्त्रित किया गया, जहाँ वे लगातार सोलह वर्षों तक छात्रों को लिथोग्राफ़ी और टेम्परा पेंटिंग की शिक्षा देते रहे। यहाँ रहकर उन्होंने टेम्परा और वाश विधि की स्वीकार्य सीमाओं में रहकर, माध्यम और साधन सम्बन्धी कुछ नये प्रयोग भी किये। हालाँकि प्रिंट मेकिंग से जुड़े दायित्व और इसमें निरन्तर प्रयुक्त नवाचारों से भी वे छात्रों को अवगत कराते रहते थे। उस समय कला भवन के ग्राफ़िक विभाग में सोमनाथ होर और उनके शिष्य सनत कुमार-जैसे प्रतिष्ठित और वरिष्ठ कलाकारों का प्रेरक सान्निध्य प्राप्त हुआ। यहाँ यह तथ्य विशेष उल्लेख्य है कि विभिन्न कलाकारों एवं संस्थाओं में कार्य करने के बावजूद, लालू प्रसाद शॉ किसी से बहुत अधिक प्रभावित नहीं हुए और उनका यही गुण उन्हें जल्द ही राष्ट्रीय कला मंच पर ले आया।

सत्तर के दशक बीतने तक शॉ ने अपनी पहचान स्थापित कर ली थी। 1971 में उन्हें ललित कला अकादेमी ने राष्ट्रीय पुरस्कार और बंगाल राज्य ललित कला अकादेमी ने राज्य पुरस्कार द्वारा सम्मानित किया। लालू प्रसाद शॉ ने अपने कला प्रशिक्षण क्रम में जिन विधाओं—चाहे वह 'नेचर स्टडी' हो या 'स्टिल लाइफ़' या फिर 'पोर्ट्रेचर'—उनका रचनात्मक विनियोग अपनी निर्मितियों के माध्यम से किया। इनमें शॉ के अनुभवों को भी अनायास अभिव्यक्ति मिल जाती थी। अवनीन्द्रनाथ की मुखौटा शृंखला से प्रेरित होकर उन्होंने 'लोमड़ी', 'सियार', 'गंजी चील', 'एकटक देखना' (Stare)-जैसे चित्र 1987 के दौरान बनाये थे—उनकी दक्षता के प्रमाण हैं। इसी तरह 'पण्डित मोशाय' चित्रित करते हुए उन्होंने उसकी छद्म पाण्डित्यपूर्ण मुख-मुद्रा को, जो दम्भ और अहंमन्यता से भरी है, विखण्डित और विरूपित ढंग से प्रस्तुत किया।

आगे चलकर पुरी एवं कोणार्क भ्रमण के दौरान सूर्य मन्दिर में रथ दर्शन और रथ यात्रा उत्सव में भाग लेते हुए उनके मानस में रथ की जो छवि अंकित थी, उसे उन्होंने समय-समय पर न केवल परिवर्तित बल्कि संशोधित किया। 1970 में उन्होंने 'रजत रथ' और 1971 में 'स्वर्ण रथ' नामक चित्रों का भी निर्माण किया था लेकिन 2005 में उनके द्वारा पूर्वनिर्मित 1971 के रथ से इस रथ में तत्कालीन राजनीतिक संकट और सामाजिक संस्थिति का स्पष्ट आभास मिल जाता है। एक सचेतन कलाकार अपनी प्रतिक्रिया को इन्हीं रूपकों के माध्यम से व्यक्त करता है। उनके द्वारा 'कलकत्ता '71' (1989) एवं 'रखवाला कुत्ता' (1990) में भी राजनीतिक अस्थिरता का यथायोग्य अंकन हुआ है।

कला भवन (शान्तिनिकेतन) में, ग्राफ़िक विधा में ज्यामितिक रूपाकारों को टेम्परा विधि में परिणत करने की चुनौती का सामना उन्होंने सफलतापूर्वक किया। 'चिउरा' (ड्रैगनफ़्लाई, 1979), 'अन्तिम घड़ी' (1980), 'शाश्वत नींद' और 'कैमरे के सामने' (1981)-जैसे चित्रों का निर्माण करते हुए उन्हें जल्दी ही यह बोध हो गया कि वे प्रकारान्तर से आकृतिमूलक या आकारिक रचाव की ओर बढ़ चले हैं। प्रयोगशील होते भी अपने बिम्ब विन्यास, स्पेस एवं सन्तुलन के सम्बन्ध में न केवल उनके प्रिंट बल्कि पेंटिंग भी देशज जड़ों की ओर उन्मुख हो चले थे। परवर्ती वर्षों में आकारों की सहजता के साथ उनके चित्रों की आधार भूमि भी सपाट या समतल होती चली गयी। अपने संयोजन में उनके चित्र अभी भी समकालीन आग्रहों और अमूर्तन से मुक्त नहीं हुए थे लेकिन न केवल शॉ के रचाव में, बल्कि उनके स्वभाव में भी आया परिवर्तन अब चित्र-मुखर हो चला था। 1985 के बाद उनके द्वारा उकेरे गये चित्रों की भंगिमाएँ इसका उदाहरण हैं। बालपन में, अपने आसपास उकेरे जानेवाले पटचित्र और चालचित्र में जिस प्रकार चटख रंगों के इस्तेमाल के साथ, मोटी-पतली रेखाओं से अंकित हृष्ट-पुष्ट आकार और सुलिखित प्रसंग-पंक्तियाँ विन्यस्त की जाती थीं—उन सबकी एकात्मता को, शॉ ने अपने चित्रों में भी उकेरना चाहा। उनका यह प्रयास अत्यन्त सफल रहा।

यहाँ एक बात विशेष उल्लेख्य है कि लालू प्रसाद को उन विशिष्ट कृतियों या निर्मितियों से अनुप्रेरणा ग्रहण करने में कोई कोताही नहीं होती थी, जो उनके मन को भा जाती थीं। मसलन, जब उन्होंने यह पाया कि कला भवन में छात्रों को 'लखनऊ बर्ड्स' शृंखला की नक़ल करने को कहा जाता है

तो उन्होंने मुग़ल शैली के इन लघुचित्रों का स्वयं बड़ी गहराई से अध्ययन किया। फिर उनका अनुसरण करते हुए, अपनी शैली में अबाबीलों और उनकी अलग-अलग गतिविधियों का मोहक रेखांकन किया। इन्हें कई प्रकार से और विभिन्न कोणों से प्रस्तुत किया। इसी क्रम में उन्होंने 'शालिक' (गौरैया) शृंखला के अन्तर्गत उसके बहुविध कार्यकलापों की अत्यन्त रोचक छवियाँ प्रस्तुत कीं।

एक बार भारत कला भवन, वाराणसी की यात्रा (1986-87) के दौरान भी लालू प्रसाद ने मुग़ल चित्रकारों द्वारा उकेरे गये लघु चित्रों और रेखांकनों को देखा। वे उन कलाकारों के बारीक़ और अलंकृत रेखांकनों, विशेषकर मुग़लिया घराने के ओहदेदार लोगों के व्यक्ति-चित्रों से बहुत प्रभावित हुए। यही कारण है कि उनके परवर्ती अंकन में क्रमशः रूपाश्रित विषयों यथा, मुखाकृतियों का भावभंगिमा के साथ अंकन होने लगा। साथ ही, उन्होंने हैंडमेड पेपर पर टेम्परा विधि से विभिन्न फूलों—विशेषकर सूरजमुखी के चित्र बनाये, जिनमें चटख और यथासम्भव अमिश्रित रंगों का उपयोग किया गया था। इनमें उन्होंने विषयगत रेखाओं के साथ उनके आकार-प्रकार, रचाव तथा रंगों का विशेष ख़याल रखा, जो प्रगाढ़ रंगों से सपाट पृष्ठभूमि के विरुद्ध उकेरे जाते थे। यह निश्चय ही बंगाल के परम्परागत पटचित्रों और चालचित्रों का प्रभाव था, जो ऐसी संरचनाओं में भी लक्ष्य किया जा सकता है।

लालू प्रसाद शॉ के चित्रों की एक महत्त्वपूर्ण विशेषता है—बंगाल की 'बाबू संस्कृति' का बहुविध चित्रण। कम्पनी शासन के दौरान साहित्य में इस संस्कृति का बखान अंग्रेज़ साहबों की छद्म नक़ल और 'तथाकथित आधुनिक' कहे जाने का मोह अठारहवीं सदी के उत्तरार्द्ध से आरम्भ से आज़ादी मिलने तक बंगाल का 'भद्रलोक' छोड़ नहीं पाया। अभी भी अपनी विशिष्टता को बचाये रखने की चेष्टा विभिन्न अवसरों और मंचों पर दिखाई देती है। शॉ के इस 'शॉमैनशिप' शृंखला को बहुत सराहना मिली क्योंकि अपनी सादगी में भी विन्यस्त बंगाली बाबुओं और बीवियों की एक नयी छवि ने सबका ध्यान आकर्षित किया। बिना किसी तामझाम और साज-सरंजाम के, समय-समय पर हैंडमेड पेपर पर टेम्परा विधि से अंकित इन चित्रों में किसी एक पात्र या स्थिति को इतने मनोयोग से प्रस्तुत किया गया कि वे जीवन्त हो उठे। 1991 में 'फूल के साथ महिला' शीर्षक चित्र में उन्होंने अपने स्टूडियो का बतौर पृष्ठभूमि इस्तेमाल किया और ऐसे एकाधिक चित्रों को अपनी कलाचर्या का विशिष्ट अंग बना लिया।

लालू प्रसाद ने विषय चयन और उसके निरूपण में अपनी पेशेवराना वृत्ति की कभी अनदेखी नहीं की। इक्कीसवीं सदी में उन्होंने अपनी ख्याति और विशिष्टता के अनुरूप 'प्रिंट मेकिंग', 'एचिंग', 'रेखांकन' के साथ 'बाबू संस्कृति' से सम्बन्धित कई चित्र बनाये। 2010 में पेन इंक से रेखांकित 'आराम फ़रमाता सूअर' और 'सूरजमुखी थामे स्त्री' में उनकी रेखाओं का जादू हमें चमत्कृत कर देता है। देश-विदेश में प्रदर्शित उनके कई चित्र, जो पिछले कुछ वर्षों में आँके गये हैं—बेहद सराहे गये हैं। इनमें से अधिकांश हैंडमेड पेपर पर टेम्परा विधि से अंकित हैं। यहाँ उन कुछेक चित्रों का उल्लेख अवश्य करना होगा, जो शॉ को भी विशेष प्रिय हैं। 'सूरजमुखी' (2006), 'सूरजमुखी थामे महिला' (बोर्ड पर क्रेयॅन से, 2011), 'अनुराधा' (2012), 'प्रसाधन' (2015), 'बर्णाली' (2015)। वर्ष 2015 में

उनके द्वारा अंकित कई चित्रों ने उनके कला संसार को अत्यन्त समृद्ध बनाया है। 'आराम फ़रमाता बाबू', 'सिगार पीता आदमी', 'बाबू', 'अपने कुत्ते के साथ बाबू', 'सुबह की सैर'-जैसे चित्र उनके दर्शकों और प्रशंसकों को लालू प्रसाद शॉ की विशेषताओं की ओर आकृष्ट करने में पर्याप्त सक्षम हैं। इन चित्रों में रंगों की सादगी और सटीकता देखते ही बनती है।

लालू प्रसाद शॉ, स्वभाव से बड़े संकोची हैं और बड़बोलेपन से सदैव दूर रहते हैं। आज भी अपनी कृति के माध्यम से विभिन्न कला प्रदर्शनियों और कला दीर्घाओं के अनिवार्य हस्ताक्षर बने हुए हैं। उन्होंने ब्रिटिश बाइनले, लन्दन और सातवें पेरिस बाइनले में क्रमशः 1970 और 1971 में भाग लिया था। नार्वेजिएन प्रिंट बाइनले, नार्वे में 1974 और 1975 में उनके प्रिंट प्रदर्शित हुए थे। ह्वाइटले, लन्दन की कला प्रदर्शनी 1996 में भी उनकी कृतियाँ प्रदर्शित हुई थीं। आये दिन देश-विदेश में आयोजित होने वाली कला प्रदर्शनियों में लालू प्रसाद शॉ के चित्र आवश्यक तौर पर प्रदर्शित होते हैं और दर्शक भी उनमें पर्याप्त रुचि लेते हैं।

भूपेन खख्खर
(1934–2003)

वर्ष 1934 में, भूपेन खख्खर का जन्म हुआ। उन्होंने स्कूली पढ़ाई पूरी कर अर्थशास्त्र विषय में स्नातक उपाधि प्राप्त की। कला के प्रति विशेष रुझान था, इसलिए 1961 में चार्टर्ड एकाउंटेंट की नौकरी छोड़कर बड़ौदा के एम. एस. कला महाविद्यालय में भर्ती हो गये। यहीं से डिप्लोमा और पोस्ट-डिप्लोमा (कला समीक्षा का पाठ्यक्रम) की उपाधि प्राप्त कर अपनी कलाचर्या पर ध्यान केन्द्रित किया। हालाँकि जीविका के लिए उन्होंने दोबारा चार्टर्ड एकाउंटेंट की नौकरी भी की।

भूपेन खख्खर के प्रारम्भिक कार्यों में 'ययाति' (आख्यान) की गिनती होती है। इसे पोस्टर की तरह, चित्रित किया गया है। ग़ुलाम शेख़ के अनुसार शारीरिक सौन्दर्य के साथ इसमें ऊष्मा, करुणा, सहानुभूति और सामर्थ्य आदि भी समाहित है। स्थानीय संस्कृति का भी भरपूर दोहन इन चित्रों में देखा जा सकता है।

1969 में खख्खर अपने कलाकार मित्र की लघु पत्रिका 'वृश्चिक' में संयुक्त सम्पादक भी बने। यह कलाकारों और लेखक बन्धुओं का मिला-जुला उपक्रम था। इसके पहले अंक में ही खख्खर ने बतौर 'चाक्षुष टीप' (Visual) के अन्तर्गत उन कुछेक चलती-फिरती छवियों को एक काफ़ी बड़े गोल घेरे में नाथ दिया, जिन-जिन से उन्हें इसकी प्रेरणा मिली थी। इनमें एक ऐसे साबुन का भी विज्ञापन है, जो त्वचा गोरी करने का दावा करता है। पारसी परिवार का एक पुराना फ़ोटो है। एक फ़ोटो आज के समय का है, किसी नामकराय के साथ; जैन मन्दिर का एक प्लास्टर रीलिफ़ भी है, जिसमें पालिताना पहाड़ी स्थित प्रत्येक तीर्थंकर दर्शकों को भावशून्य नेत्रों से घूर रहे हैं... और इसी तरह आगे भी एक शरारतभरी खिसियाहट या किसी राजनीतिक क़िले वाली ऊँचाई पर खड़े गाँधी और उनके साथियों की फीकी हँसी को दर्शाती है... यहीं नहीं, एक नंगी औरत जुहू बीच पर लेटी रेडियो सीलोन सुन रही है।[1]

भूपेन की अगली टिप्पणी इस प्रकार है–

> ...मीराबाई के चेहरे वाले कैलेंडर्स। वह सफ़ेद साड़ी पहने मीनाकुमारी-जैसी दिखाई देती है, हाथों में इकतारा लिए–भरपूर छातियाँ और ख़ाली मुस्कान।
>
> तिकड़ी (गाँधी जी, जवाहरलाल, लालबहादुर) के चेहरे पर सतत मुस्कान, नीले आसमान की पृष्ठभूमि में हल्के सलेटी रंग के उनके बस्ट। ट्रैक्टर से जुताई कर रहे किसान के चेहरे पर उससे भी चौड़ी मुस्कान, जैसे वह कह रहा हो कि पंचवर्षीय योजनाएँ सफल रही हैं और अपनी ख़ुशहाली के लिए वह उनका अहसानमन्द है।[2]

इन टिप्पणियों से स्पष्ट है कि भूपेन की दृष्टि अपने समय और समाज के किन-किन हिस्सों पर पड़ती रही और वे इनकी विडम्बनाओं को पूरी प्रामाणिकता से अभिलेखित भी करते रहे। कभी व्यंग्य के साथ, कभी तंज़ कसते हुए।

लेकिन एक सर्जक व्यक्तित्व के नाते भूपेन खख्खर की सर्जना में समझ और सनक दोनों ही शामिल थे और इनका उन्होंने भरपूर इस्तेमाल किया—बिन्दास प्रकृति के बावजूद। यही कारण था कि अपनी पहली ही चित्र प्रदर्शनी (1965) के चलते वे विवादों में घिर गये। बाद में 1972 ई. और फिर बीस-बाईस वर्षों तक उनके द्वारा बनाये गये चित्रों ने उन्हें 'भारत में पॉप कला का गुरु' बना दिया। उनकी आरम्भिक निर्मितियों में 'जनता वाच रिपेयरिंग' (1972), 'असिस्टेंट' (1972), 'मैन ईटिंग जलेबी' (1974) और 'मैन वियरिंग रेड स्कार्फ़' (1974) उनके दर्शकों के साथ कलाविदों के बीच भी चर्चित हो गये।

भूपेन इन सबसे बेख़बर और बिन्दास जन सामान्य की नाउम्मीदी को बड़ी आत्मीयता से उकेरते रहे। सामाजिक और बेज़ुबान पात्रों के दैनन्दिन और एकरस जीवन के बहिरंग यथार्थ के चित्रण से सम्भवतः ऊबकर भूपेन में बड़ी तेज़ी से एक बदलाव आया और वे अपने अन्तरंग की ओर उन्मुख हुए। अपनी असहायता का प्रदर्शन उन्होंने 'यू कैन नॉट प्लीज़ ऑल' (1982) बनाकर किया। इसमें उस आन्तरिक उल्लास के क्षणों को पकड़ने की कोशिश थी, जो देह को मुक्त करती है और यहाँ तक कि व्यक्ति को अनावृत (निर्वस्त्र) होने की स्वतन्त्रता भी प्रदान करती है।

एक कलाकार का चित्र कितना उद्विग्न और कभी-कभी (अ)स्वाभाविक तौर पर उच्छृंखल हो सकता है, इसके उदाहरण उनके परवर्ती कई चित्र हैं—जो सम्भवतः अश्लीलता की सीमा भी लाँघ जाते हैं। 'टू मैन इन बनारस' (1982), 'माई डियर फ्रेंड' (1983), 'इन ए बोट' (1984), 'सेवा' (1985), 'ययाति' (1986), 'शेषशायी' (1987), 'टेलर' (1987) आदि चित्र पहले ही विवाद के घेरे में आ चुके थे। इसे और भी तीव्र बनाया 'हाऊ मैनी हैंड्स डू आई नीड टु डिक्लेयर माई लव टु यू' (1994) और 'एन ओल्ड मैन फ्रॉम वसाउ हू हैड फ़ाइव पेनिसेज़ सफ़र्ड फ्रॉम रनी नॉज़' (1995)।

अपने निरावृत चित्रों की विषयवस्तु का तर्कपूर्ण भाष्य भी भूपेन खख्खर ने खुलकर किया और उनकी मनोवैज्ञानिकता को चुनौती भी नहीं दी जा सकती। व्यक्ति जीवन में बल्कि समाज के कोने-अँतरे में विद्यमान समलैंगिकता को न केवल विषय बनाकर, बल्कि अपनी संलग्नता से जोड़ते हुए, उसे एक सीमा तक तनाव से मुक्ति का साधन बताते हुए गौरवान्वित करना, और सार्वजनिक ढंग से प्रदर्शित करना, भारतीय समाज में स्वीकार्य नहीं, इसलिए कलाविदों द्वारा दबी .ज़ुबान इसकी अवज्ञापूर्ण आलोचना भी की गयी।

लेकिन इस तथ्य की भी अनदेखी नहीं की जा सकती कि यह एक सामाजिक सच्चाई है। इसे प्रकृति में व्याप्त मैथुनरत जोड़ों से भी जोड़े जाने और अन्यान्य चित्रों के साथ 'शेषशायी' और समलैंगिकता को अनैतिक न माने जाने की वकालत की गयी। साथ ही, 'सेवा', 'इन द बोट' और 'ययाति'-जैसे चित्रों का विशेष उल्लेख कलाकार की निजी सत्ता और अभिव्यक्ति की स्वतन्त्रता से भी जोड़कर किया गया। सम्भवतः उनके इन चित्रों पर आनेवाले वर्षों में भी सभ्यता विमर्श होता रहेगा।

खखर की अभिरुचि महानगर के इर्द-गिर्द बसे उपनगरीय और क़स्बाई लोगों की मानसिकता को चित्रित करने में भी रही। उन्होंने छोटे-मोटे व्यापारियों और कारोबारियों के चित्र बनाये तथा उनकी समलैंगिक आदतों की पुष्टि करते हुए नंगे चित्र भी बनाये। हालाँकि उनके इस (दुस्साहसी) प्रयास की तीव्र आलोचना भी हुई।

भूपेन खखर के व्यक्तित्व के कई आयाम थे। वह आधुनिक कला प्रवृत्तियों के सफल प्रयोक्ता होने के साथ ही, नव-तान्त्रिक रहस्यवाद की ओर भी आकृष्ट हुए थे। इस कारण वह धार्मिक गुरुओं से मिला करते थे। करजन में भी एक ऐसे बाबा से वह अक्सर मिलने जाया करते थे। वह गिरनार में आयोजित होने वाले शिवरात्रि मेले में भी गये थे और वहाँ व्याघ्रचर्म पर बैठे एक नागाबाबा का अनूठा चित्र बनाया था। इसी प्रवृत्ति के नाते उन्होंने 'गुरु जयन्ती'-जैसा चित्र उकेरा था और सन्त नरसिंह मेहता को केन्द्र में रखकर जूनागढ़ की तीर्थयात्रा का मानचित्र तैयार किया था।

उनके बारे में बताया जाता है कि राधास्वामी सम्प्रदाय के किसी अनुयायी के प्रेम में पड़कर खखर उनके सत्संग में शामिल होने आगरा भी चले जाया करते थे। इसमें आस्था की बात कितनी थी और कितना जिज्ञासा का भाव था, यह कहना मुश्किल था। क्योंकि धार्मिक जमावड़ों की वह खिल्ली भी उड़ाया करते थे। उन्होंने अपनी एक पेंटिंग में अपने मित्रों (अमित अम्बालाल, सुनील कोठारी और ग़ुलाम मोहम्मद शेख़) को नाथद्वारा के दर्शनार्थियों में शामिल कर भगवान के साथ भी बड़ी रोचक दिल्लगी की थी।

'सेवा' उनके विशिष्ट चित्रों में से एक माना जाता है। इसमें एक पुरुष दूसरे के पैर दबाता दिखाया गया है। वस्तुतः यहाँ सत्संग के उस मूल पक्ष या सार तत्त्व को दर्शाया गया है, जिसमें दो होने के बावजूद एक ही सत्ता में संलयन का भाव उपस्थित है। इसे प्रकारान्तर से समलैंगिक सम्बन्ध से भी जोड़कर देखा गया, जो खखर की विशेषता रही।

सन्दर्भ

1. *Bhupen Khakhar :* Timothy Hyman, Chemould Publication and Arts, Bombay, 1998, p. 16
2. *कला भारती* : खण्ड एक, पृ. 250

यूसुफ़ अरक्कल
(1945–2016)

यूसुफ़ अरक्कल का जन्म 1945 में, एक समृद्ध मुस्लिम परिवार में हुआ था, जो केरल के त्रिश्शूर (त्रिचुर) स्थित चवक्कड राजघराने से सम्बन्धित था। यह केरल में एकमात्र मुस्लिम शासकों का घराना था। अपनी शान-बान और पारिवारिक ठाठ-बाट के बावजूद यूसुफ़ ने आरम्भिक स्कूली शिक्षा प्राप्त करते समय ही यह ठान लिया था कि उसे कलाकार बनना है। उसके पिता कुन्हीं मोइनुद्दीन ब्रिटिश आर्मी से भी जुड़े थे और उन्होंने दूसरे विश्वयुद्ध में भाग लिया था। बाद में वह अपने पुश्तैनी गाँव में ही, उसी जागीर के मैनेजर बने, जो कभी उन्हीं की जागीर हुआ करती थी।

यूसुफ़ का बचपन सुख और वैभव के बावजूद, एक यतीम की तरह ही बीता, क्योंकि दो-दो शादियाँ करनेवाले पिता और माँ की मौत तभी हो गयी थी, जब वह केवल सात साल का था। हालाँकि उसकी अस्सी पार दादी ने न केवल यूसुफ़ की प्यार भरी देखभाल की बल्कि उसे *कुरान-हदीसों* के दास्तानों के साथ *महाभारत* और *रामायण* की कहानियाँ भी सुनाया करती थीं। घर के दूसरे लोग भी यूसुफ़ का पूरा ख़याल रखते थे। स्कूली पढ़ाई में पिछड़ने के बावजूद हाई स्कूल पहुँचकर यूसुफ़ ने चित्रकला, लेखन और फुटबॉल के मैदान में काफ़ी अच्छा प्रदर्शन किया। उसे यह भी याद था कि उसके बड़े भाई (पिता की पहली पत्नी का बेटा) बेंगलुरु में रहता है और वह चित्रकला सीखने के बारे में सहायता कर सकता है। इसी भरोसे घर से थोड़े-बहुत पैसे लेकर यूसुफ़ बेंगलुरु आ गया। यहाँ कई दिनों की भागदौड़, भूख-प्यास और बदहाली झेलने के बाद भी कुछ हासिल नहीं हुआ। यहाँ तक कि सड़क छाप ढाबे के जूठे बर्तन धोने पड़े और कलाकार बनने का सपना बिखरता नज़र आया।

तभी उनके एक नज़दीकी चाचा मुहम्मद, जो हिन्दुस्तान एयरोनॉटिक्स लिमिटेड (HAL) के कर्मचारी थे, उन्होंने यूसुफ़ को ढूँढ़ निकाला और अपने घर ले आये। बाद में इसी उपक्रम में नौकरी भी दिलवा दी। यह यूसुफ़ के जीवन का पहला सुखद पड़ाव था, और इसके बाद उन्होंने कला के विभिन्न माध्यमों के साथ आकाश में जो उड़ान भरी, वह उनके अन्तिम समय तक ज़ारी रही।

अरक्कल अपनी व्यस्त, सफल और सक्रिय कला यात्रा में बचपन से जुड़ी स्मृतियों और सम्बन्धित लोगों को नहीं भूल पाये और वे उनके चित्रों और लेखन (अप्रकाशित आत्मकथा 'ओरफ़न' एवं 'माई बुक ऑफ़ रेफ़रेंस') में चित्रित और अभिव्यक्त हुए हैं। इनमें सबसे पहली जगह रही,

उनकी दादी बीयाथुम्मा की, जिन्होंने अरक्कल की प्यारभरी देखभाल के साथ उसे धार्मिक और उदार सामाजिक संस्कार दिये। यही कारण था कि एक कलाकार के नाते अरक्कल में मानवता के साथ संवेदनशीलता भी कूट-कूटकर भरी हुई थी। इसी विशेषता ने उन्हें समय-समय पर और अलग-अलग विषयों और प्रसंगों पर केन्द्रित चित्र-शृंखला (मोटे तौर पर) बनाने को प्रेरित किया। अपने आरम्भिक चरण में अरक्कल ने 'चक्र' (चक्का), 'सड़क' (स्ट्रीट) और अकेलेपन-जैसे विषयों को चित्रों में उकेरा, जो उनकी पसन्द के साथ उनकी पहचान से भी जुड़ गये। इसी क्रम में चित्रित 'पतंग' शृंखला में, अमूर्तता के प्रवेश के बावजूद, अरक्कल के चित्र कभी आकारहीन नहीं हुए। इसका एक बड़ा कारण था, उनका गहरा सामाजिक सरोकार, जिसे अमूर्तता या प्रतीकात्मता द्वारा व्यक्त नहीं किया जा सकता था।

हाल (HAL) में काम करते हुए, यूसुफ़ ने चित्रकला परिषद, कॉलेज ऑफ़ आर्ट, बेंगलुरु में पेंटिंग का डिप्लोमा पाठ्यक्रम 1973 में पूरा किया। इसके बाद, उन्होंने 1980 में ललित कला अकादेमी द्वारा संचालित दिल्ली स्थित गढ़ी में ग्राफ़िक प्रिंट मेकिंग में विशिष्टता भी प्राप्त की। इस माध्यम का उपयोग उन्होंने अपने कई परवर्ती चित्रों में किया। अरक्कल को इसी वर्ष बनारस जाने का अवसर प्राप्त हुआ, जहाँ वे पिछले कई वर्षों से जाना चाह रहे थे। लेकिन गंगा के विस्तृत फैलाव और विशाल तथा वैविध्यपूर्ण दृश्यों एवं आकर्षक घाटों को आँकने के बजाय उन्होंने उसके प्रति अगाध आस्था रखनेवालों के माध्यम से मनुष्य की नश्वरता (मृत्यु) और अमरता के संवाद को अपनी ख़ास रंगशैली में चित्रित किया। अन्धकार और प्रकाश की विरुद्धता या परस्परता को व्यक्ति (पात्र) और जल (वस्तु) प्रतीकित करनेवाले उनके चित्र उन चित्रों से बहुत अलग हैं, जो कई अन्य कलाकारों ने बनाये हैं। उन्हें वहाँ एक ऐसे वयोवृद्ध पुजारी भी मिले, जिनका जीवन गंगातट पर ही बीता था। उन्हें चित्रित करते हुए अरक्कल को अपनी जिज्ञासा का उत्तर मिला—"मृत्यु तो अवश्यंभावी है, इसके बारे में क्या सोचना... सोचना है तो अपने वर्तमान जीवन के बारे में सोचो!" अरक्कल ने वहाँ ऐसे भी कई चित्र बनाये, जो बनारस के विहंगम दृश्य या घाटों से अलग, व्यक्ति (स्त्री या पुरुष) और गंगा के बीच सीधे सम्बन्ध और संवाद से जुड़े हैं और उनके परस्पर जुड़ाव को उनकी सघन दृश्य योजना तथा रंगों के विशिष्ट अनुयोग में देखा और महसूस किया जा सकता है।

यूसुफ़ ने अपनी कार्य जीविका के साथ, 1983 में एक महत्त्वपूर्ण चित्र '35 वर्ष बाद भी फ़ुटपाथ पर' बनाया। इसका आकार 6X6 फ़ीट था। हल्के भूरे, गंदुमी, कंजे रंगों की दाग़दार पट्टियों से अंकित इस चित्र में फ़ुटपाथ पर सोये एक आदमी को दिखाया गया है। पलस्तर उखड़े एक दीवार से लगे इस आदमी का सिर, उसकी दायीं बाँह का एक हिस्सा और दोनों पैर के तलुए दीख रहे हैं। सड़क के साथ बतौर पृष्ठभूमि दीवार की इकाइयाँ यहाँ जिस तरह तिर्यक् ढंग से विभाजित की गयी हैं, वह अपने प्रभाव में विलक्षण है। इस आदमी के पैरों को जिन रंगों से उकेरा गया है, वे इस आदमी की स्थिति और नियति दोनों बता रहे हैं। यह सच है कि आज़ादी के इतने सालों के बाद भी, देश के करोड़ों लोग ऐसी ही ज़िन्दगी जीने को अभिशप्त हैं। चित्र की विषयवस्तु, गठन और संयोजन तथा प्रभाव एवं कलाकार की संवेदना के कारण, 1983 में इसे राष्ट्रीय पुरस्कार प्राप्त हुआ।

दरअसल यह नेहरू युग के बाद, देश की आज़ादी से हुए मोहभंग का परिणाम था, जो साहित्य, संस्कृति और यहाँ तक कि राजनीति को नकारात्मक ढंग से प्रभावित कर रहा था। इसी विषम वस्तुस्थिति की गवाही देने के लिए अगली कड़ी के तौर पर अरक्कल ने एक और चित्र बनाया, जिसका शीर्षक था—'सड़क पर मृत एक भारतीय को श्रद्धांजलि' ('होमेज टु एन इंडियन डायड ऑन द स्ट्रीट्स')। इसमें एक भिखारी के शव को तिरंगे में लिपटा चित्रित किया गया था। एक संवेदनशील कलाकार की भावना का सम्मान करने के बावजूद, इसके राजनीतिक निहितार्थ को भाँपकर ललित कला अकादेमी के तत्कालीन अधिकारी और चयनकर्ता इसे प्रदर्शित करने की अनुमति नहीं दे पाये। इस निर्णय से अरक्कल दुःखी और निराश तो हुए लेकिन आहत और असहाय मानवता के प्रति, एक ज़िम्मेदार नागरिक और प्रतिबद्ध कलाकार के नाते उन्होंने अपना मिशन ज़ारी रखा। ग़रीबी, अभाव, भुखमरी, कुपोषण और तिरस्कार झेलती 'तीसरी दुनिया' की पीड़ा और दरिद्रता को उन्होंने 1986 में 'भूखे चेहरे—तीसरी दुनिया' शीर्षक से एक चित्र (कैनवस पर तैलरंग) बनाया, जिसे एशिया आर्ट बिनाले, ढाका (बांग्लादेश) में उसी वर्ष पुरस्कृत किया गया। काले हाशियों से घिरे भूरे, पीले और गंदुमी रंग की पृष्ठभूमि में एक मृत व्यक्ति पड़ा है, उसका एक हाथ और सिर कपड़े से बाहर निकला हुआ है। इसकी रंग योजना और इसके रचाव पर अरक्कल की कार्यशैली की छाप है, जिसे देखते ही पहचाना जा सकता है।

सामाजिक सरोकारों के प्रति अत्यन्त सजग और संवेदनशील अरक्कल ने 2002 में गुजरात में भड़के अमानवीय दंगे के विरुद्ध अपना बेहद चर्चित त्रिफलक (triptych) 'गुजर्निका' (Gujarnika) बनाया था। अपने कला बोध से प्रेरित और हिंसक समुदाय (किसी भी धर्म के) को मानवीय सन्देश देने के कारण यह चित्र जहाँ अत्यन्त चर्चित हुआ था, वहाँ विवादास्पद भी। दरअसल इसका निर्माण गुजरात के दंगे की पृष्ठभूमि में हुआ था और जिसे चित्रित करते हुए, उन्होंने उन प्रतिकूल राजनीतिक परिस्थितियों का भी सामना किया था, जो इस दंगे के बाद घटित हुई थीं। इसी की परिणति थी उक्त कृति, जिसे देखने के बाद उनके एक कलाविद मित्र, जो वडोदरा में रहते थे, अरक्कल को गुजरात से बाहर चले जाने की सलाह दी थी, क्योंकि स्थितियाँ तब लगातार भयावह होती जा रही थीं।

उक्त चित्र की अगली कड़ी के तौर पर अरक्कल ने अपना एक और बेहद प्रभावी, चर्चित और समादृत चित्र 'वार-गुएर्निका-रिअकर्स' बनाया था, जिसे 2003 में इटली के फ़्लोरेंस में आयोजित 'चतुर्थ बिनाले इंटरनेशनल देल आर्टे कंटेमपोरानिया' में सिल्वर मेडल प्राप्त हुआ था। इस चित्र की विषयवस्तु को उपयुक्त ढंग से चित्रित करने के पहले उन्होंने हिंसा, आक्रोश, प्रतिहिंसा और युद्ध की विभीषिका को दोबारा समझने के लिए 'गुएर्निका' का अध्ययन मेड्रिड (स्पेन) जाकर किया तथा उन प्रतीकों और उन प्रतिरूपों का भी उपयोग किया, जिन्हें देखकर कोई भी शान्तिप्रिय व्यक्ति विचलित हो सकता है। बहुत पहले न्यूयॉर्क के 'म्यूज़ियम ऑफ़ मॉडर्न आर्ट' में पाब्लो पिकासो की अनन्य कृति 'गुएर्निका' को देखकर अरक्कल ने युद्धजनित हिंसा की विभीषिका और मानवीय त्रासदी को बड़ी गहराई से महसूस किया था। साथ ही, उन्होंने ईरान-इराक़ के बीच लड़ी गयी लम्बी लड़ाई और अमेरिका-वियतनाम के युद्ध 'माई लाई' का भी अपने चित्र में बतौर सन्दर्भ इस्तेमाल किया था।

चूँकि प्रदर्शनी के आयोजक के अनुसार इस चित्र को 10X12 फ़ीट तक ही सीमित रखना था, इसलिए अरक्कल ने अभिप्रेत विषयवस्तु को तीन बराबर हिस्सों में विभाजित कर इसकी रंग योजना (तैल, एक्रिलिक और सेरिग्राफ़) को इस तरह संयोजित किया कि इसकी हर एक इकाई सघनता के बावजूद, अपनी स्वायत्तता बनाये रख सके तथा अपनी समग्रता में प्रखर और प्रभावी जान पड़े।

यह देखना निश्चय ही रोचक और आकर्षक होगा कि अरक्कल जहाँ एक निश्चित कालावधि में अपनी विषयवस्तु में बदलाव करते रहे, वहाँ उसके अनुरूप यथासम्भव तैयारी भी करते रहे। वर्ष 2001 में सहस्राब्दि संक्रमण परिवर्तन को ध्यान में रखते हुए उन्होंने 'मिलेनियम क्राइस्ट : द क्रूसिफ़िकेशन एंड रिसरेक्शन' (सूली दण्ड एवं पुनर्जीवन) के अन्तर्गत चित्र-शृंखला तैयार करने की योजना बनायी थी। लेकिन उन्हें इसे कार्यान्वित करने में कई साल लग गये क्योंकि वे यह मानते थे कि ईसा मसीह अफ़्रो-एशियन मूल के थे, इसलिए उनकी शारीरिक संरचना और वेशभूषा वैसी नहीं हो सकती, जैसी कि पश्चिमी चित्रकारों द्वारा सदियों पूर्व से आँकी जा रही है और वह आज भी, थोड़े-बहुत रूपान्तरों के साथ आमतौर पर सर्वस्वीकृत भी है। अरक्कल ने प्रस्तावित विषय को रूपायित करने के पहले कई देशों की यात्रा के दौरान ईसा मसीह के चित्रों का अध्ययन तो किया ही, साथ ही उन बदलावों का आकलन भी किया, जो विभिन्न कलाकृतियों में प्रतिरूपित हुए हैं। उदाहरण के लिए, सल्वाडोर डाली (Salvadore Dali) ने सूली पर चढ़े ईसा की नीचे झुकी मुखाकृति को कुछ अलग ढंग से चित्रित किया था। अरक्कल ने भी कुछ अलग लेकिन रचनात्मक स्तर पर उन्हें उकेरने का प्रयास किया, जो उनकी करुणा, त्याग और उनके मानवतावादी सन्देश को प्रतिकृत करे। उनका 'मिलेनियम क्राइस्ट' इस योजना का पहला चित्र था, जिसे बनाने में उन्हें पन्द्रह दिन लगे। इस चौकोर चित्र (305X305 से.मी.) में स्याह पृष्ठभूमि में सलीब पर चढ़ाये गये ईसा का मुख ऊपर आकाश की ओर उठा हुआ है। इसी क्रम में उन्होंने 2010-2012 के बीच ईसा मसीह के कई चित्र बनाये—'प्रार्थनारत ईसा' ('गेडसेमेन प्रेयर', कैनवस पर तैलरंग, 2010), 'सूली पर', 'पीएटा', 'बैप्टिज़्म' (सभी 2010, कैनवस पर तैलरंग) और उनका बहुप्रशंसित 'लास्ट सपर'—जिसमें खाने की मेज़ पर खड़े ईसा मसीह के दोनों ओर उनके बारह अनुयायी बैठे हैं और इन सबकी मुखाकृति ईसा-जैसी ही आँकी गयी है। ईसा के साथ इन सबके चेहरे पर एक-सी दीप्ति का प्रभाव अलौकिक जान पड़ता है।

एक मुस्लिम परिवार में पले-बढ़े यूसुफ़ के व्यक्तित्व निर्माण में सभी धर्मों के प्रति सम्मान और सहिष्णुता का भाव था। घर से भाग कर बेंगलुरु-जैसे शहर में भूख और फ़ाकाकशी के दौरान उन्हें कई छोटे-मोटे काम करने पड़े थे और उन दिनों उन्होंने ईसा के पोर्ट्रेट बनाकर अपना गुज़ारा किया था। भटकाव और असहायता भरे उन दिनों में ईसा ने, जैसे भी हो, उनकी सहायता की थी और अरक्कल ने अपने मन में उनकी निरन्तर बढ़ती उपस्थिति को महसूस किया था।[1] यही नहीं, कृष्ण के प्रति भी वे असीम श्रद्धा का भाव रखते थे, क्योंकि गुरुवायेर का मन्दिर उनकी पुश्तैनी जागीर वाले गाँव के काफ़ी निकट था। कृष्ण को अपना पड़ोसी माननेवाले अरक्कल उनकी चित्र-शृंखला बनाना चाहते थे, लेकिन मृत्यु के कारण उनकी यह चाह पूरी नहीं हो पायी।

यूसुफ़ ने ऐसे कई विदेशी कलाकारों से अनुप्रेरणा प्राप्त की, जिनका कला के विविध क्षेत्रों में उल्लेखनीय योगदान रहा। इसकी छाप उनकी कई कलाकृतियों पर पड़ी। इसे उन्होंने सगर्व स्वीकार भी किया। इसे उन्होंने *माई बुक ऑफ़ रेफ़रेंसेज़* (2001) नाम दिया। अरक्कल जब कभी विदेश जाते और विभिन्न कला संग्रहालयों या कलाकारों के स्टूडियो का परिदर्शन कर रहे होते तो उनका प्रमुख उद्देश्य होता था, उन विशिष्ट कलाकारों की शैली का अध्ययन। इन कलाकारों में मार्क शागाल (Marc Chagall) द्वारा चित्रित 'इदा एट द विंडो' (1994) को भावांजलि देते हुए अरक्कल ने 'शागाल'स इदा एट माई विंडो' शीर्षक से एक चित्र उकेरा था—एक नयी रूपानुकृति में। इसी तरह गियाकोमेत्ती (Giacometti) के चर्चित चित्र 'मैन आउट ऑफ़ ए पिक्चर' को याद करते हुए, उनकी शैली में ही एक बहुत प्रभावी चित्र बनाया, जिसमें पूरे कैनवस की बायीं ओर एक नंगधड़ंग और काफ़ी लम्बा व्यक्ति खड़ा है। इसका दायाँ हाथ एक सफ़ेद रंग की सीधी पट्टी के बाहर दिखाया गया है। लाल रंग की पट्टियों से विभाजित और अमूर्त 'टेक्स्चर' वाली पृष्ठभूमि में खड़ा यह व्यक्ति धातुनिर्मित बना प्रतीत होता है। अपनी पृष्ठभूमि को सदैव रचनात्मक ढंग से विन्यस्त करनेवाले अरक्कल की विशिष्टता यहाँ भी दृष्टिगत होती है, जो विषयवस्तु को बाँधती नहीं, उसे निर्बन्ध छोड़ देती है।

सुप्रसिद्ध चित्रकार ए. मोदिग्लियानी (Amedeo Modigliani) की 'निर्वसना' (Nude) की तर्ज़ पर अरक्कल ने भी 'न्यूड' (कैनवस पर तैलरंग) बनाते हुए, न केवल रैखिक विभाजन बल्कि फ्रेम से बाहर निकली चारपाई और ऊपर टँगी दीवार घड़ी उकेरी है, जो उसकी स्वाभाविक यौनेच्छा को संकेतित करती हुई, उसकी भयग्रस्तता को भी संकेतित करती है। दैहिक सौन्दर्य के अलावा उसकी प्रतीक्षारत आँखें भी कम आकर्षक नहीं और जो कहीं से भी अश्लील नहीं जान पड़तीं।

अरक्कल ने एडवर्ड मुंक, बोनार्ड, विन्सेंट वानगॉग, पिकासो, क्लाउड मोने, सल्वाडोर डाली, पाल गोगां, पाल क्ली आदि कलाकारों की कृतियों को अपने संघर्ष और कला सन्दर्भ से जोड़ते हुए, अनुसृजित किया, जिन पर उनकी निजी और गहरी छाप थी। मानवीय संवेदना और कलात्मक संरचना को एक कविहृदय कलाकार की भावना से जोड़नेवाले यूसुफ़ ने दीवारों की ख़ामोशी को भी, अपने कैनवस में मुखर बनाया। यही नहीं, जब उन्होंने 'ब्रोकन पॉट' (टूटे पात्र) शीर्षक के अन्तर्गत कई चित्र बनाये तो सम्बन्धित अभिप्रायों (फूल, पत्ते, गमले, दीवार, पृष्ठभूमि) को सर्वथा नया सन्दर्भ प्रदान किया। यहाँ चित्रित टूटे पात्र या गमले उन विषम और विपरीत परिस्थितियों के सूचक हैं, जिन्होंने अरक्कल को अपने हाथों पाला और ढाला था। गंदुमी, भूरे और स्याह रंगों का अधिकता से प्रयोग करनेवाले अरक्कल के इन कैनवसों पर हमारा ध्यान विशेष तौर पर उन रंग-संकेतों की ओर जाता है, जो चटख हैं, यानी गहरा लाल, हरा और नीला। यहाँ पात्र या गमले चाहे जैसे हों, या जितने भी टूटे-फूटे हों—उनमें खिले फूल मुस्कराते हुए नज़र आ रहे हैं। दूसरे, यहाँ अरक्कल का आशय स्पष्ट है कि फूलों का खिलना व्यक्ति (कलाकार) की जिजीविषा से ही सम्भव हो पाता है।

विदेशी कलाकारों को सराहनेवाले अरक्कल देशी कलाकारों और रचनाकारों (साहित्यिकों) के प्रति विशेष सम्मान का भाव रखते थे। इसलिए उन्होंने अपने से वरिष्ठ और समकालीन कलाकारों

के रेखांकन या पेन स्केच तैयार किये। यह ड्राइंग विधा के प्रति उनकी विशेष और अनिवार्य तैयारी सूचित करती है। सल्वाडोर डाली ने रेखांकन के बारे में एक बार कहा भी था—"ड्रॉइंग है कला की ईमानदारी, इसमें बेईमानी की कोई गुंजाइश नहीं। यह या तो अच्छी होती है या बुरी।"

अरक्कल ने रेखांकन का यह उपक्रम अपनी मृत्यु के पूर्व भी कुछ महीनों तक ज़ारी रखा। इस कालावधि में उन्होंने अपने स्केच बुक में डूडलिंग तो बनाये ही, कैनवसों पर भी कोई 135 रेखांकन बनाये। वे चाहते थे कि बंगाल स्कूल के पुरोधा से लेकर समकालीन कलाकारों तक को इसमें शामिल किया जाये। इन रेखांकनों को देखकर ऐसा लगता है कि ये सम्बन्धित कलाकारों यथा, अमृता शेरगिल, बिनोद बिहारी मुखर्जी, गगनेन्द्रनाथ ठाकुर, ए. रामचन्द्रन, जे. स्वामीनाथन आदि की न केवल बाह्य रूपानुकृति भर हैं बल्कि उन सबके आन्तरिक स्वभाव को भी उद्घाटित करते हैं। काला चश्मा पहने बिनोद बाबू के रेखांकन में सफ़ेद रंग के हल्के-से संस्पर्श ने उन्हें प्राणवान बना दिया है, जो दीवार पर बनी अपनी संरचना को टोहकर महसूस कर रहे हैं।

अपने पैतृक गाँव चवक्कड, केरल तथा आसपास फैले मनोरम सागर तट और नैसर्गिक स्थानों पर जाने के साथ कुछ महत्त्वपूर्ण लेखकों से मिलने तथा उनके चित्र बनाने की आकांक्षा भी बहुत पहले से अरक्कल के मन में थी। बाल्यकाल से उनके चहेते मलयाली लेखक वैकम मोहम्मद बशीर ही नहीं, उनकी कृतियों में वर्णित कुछ चरित्रों को भी उन्होंने आँका था। उनकी कृति 'पातुम्मा की बकरी' की पातुम्मा (बशीर की बहन) को आँकते हुए, उन्होंने केरल के प्राकृतिक सौन्दर्य को भी कैनवस पर उतारा था। बहुत पहले केरल सरकार के पर्यटन विभाग ने उन्हें केरल के दर्शनीय स्थानों को चित्रित करने का अनुबन्ध दिया था, जिसके अन्तर्गत उन्होंने कुछ चित्र और रेखांकन बनाये भी थे। बाद में, अपनी प्रेरणा से उन्होंने बशीर का एक पोर्ट्रेट (1995) बनाया था, और कुछ रेखांकन भी किये थे। लेकिन अपनी घोर व्यस्तता एवं अन्यान्य योजनाओं को पूरा करने के चक्कर में वह इस ओर विशेष ध्यान नहीं दे पाये। बाद में, उन्हें बहुत अफ़सोस हुआ, जब उन्हें बशीर के निधन का समाचार मिला। उन्होंने अपने रेखांकन के अनुरूप प्रकृति की गोद में बैठे उनके दो-तीन पोर्ट्रेट और बनाये। साथ ही, पेड़ों की छाँव में पड़ी उनकी वह ख़ाली इज़ी चेयर भी उकेरी, जो एक लेखक के प्रति एक कलाकार की विनम्र भावांजलि है।

अरक्कल ने मलयाळम् (केरल) के लेखकों यथा, एम. टी. वासुदेवन नायर और कमलादास (के. टी. माधवी कुट्टी उर्फ़ सुरैया) के पोर्ट्रेट भी बनाये। केरल के चित्रात्मक वैभव को कैनवस पर उतारने में अरक्कल ने बहुत देर कर दी, लेकिन जितना भी उकेर पाये, वह कलात्मक और गुणात्मक दृष्टि से उत्कृष्ट है।

इतना ही नहीं, रंग, तूली और काग़ज़-कैनवस से आजीवन खेलनेवाले यूसुफ़ अरक्कल के एक और कला-रूप का परिचय उनके द्वारा धातु से बनायी गयी मशीनी कला-निर्मितियों से मिलता है, जिनमें वे विभिन्न प्रकार के धातुओं के सम्मिश्रण और संयोजन का प्रयोग करते रहे। हाल (HAL) में काम करते हुए, अस्सी के दशक में ही, उनमें भीमाकार प्रारूपों को सृजित और संयोजित करने की प्रेरणा जगी थी। स्थापत्य और यन्त्र कला के साथ उन्होंने अपनी कल्पना को ज़मीन पर उतारना चाहा

और कई प्रकार के छोटे-बड़े संयोजन (मसलन, कुर्सी, कार, वाद्ययन्त्र, मानवाकृति) के साथ त्रिआयामी विमान का एक विराट ढाँचा अपने एक भित्तिचित्र (Mural, 40 फ़ीट लम्बे) में विन्यस्त किया था। इसमें लगे स्वर-यन्त्र से यही जान पड़ता कि यह अभी-अभी उड़ान भरेगा। इसी तरह 'होप' (Hope) शीर्षक से बनी पतंगनुमा एक रूपाकृति मज़ुमदार शॉ कैंसर रिसर्च सेंटर, बेंगलुरु में स्थापित है। लेकिन उनकी सबसे बड़ी यान्त्रिक कलाकृति है 'डी एन ए' (DNA), जो स्टेनलेस स्टील के स्तम्भ के ऊपर दो-दो भारी चक्रों (20 फ़ीट व्यास वाले) को थामे दर्शकों को चमत्कृत करती है। इस स्तम्भ पर विभिन्न प्रकार के ज्यामितिक प्रारूप संयोजित हैं। ऐसी और भी 'आर्टो-मोबाइल' (Arto-mobile) कला-निर्मितियाँ अरक्कल की प्रतिभा और क्षमता को दर्शाती हैं, जिनसे उनके विलक्षण कला-कौशल का पता चलता है।

4 अक्तूबर, 2016 को, उनके असामयिक निधन के बाद, 'उड़ान' (Flight) शीर्षक से बना उनका विराट भित्तिचित्र बेंगलुरु अन्तर्राष्ट्रीय हवाई अड्डे के सामने स्थापित किया गया है। ज़मीन से निरन्तर जुड़े इस विशिष्ट कलाकार की असाधारण कला निर्माण क्षमता को आकाश की ओर 'उड़ान' भरते उक्त स्मृति चिह्न द्वारा हमेशा याद रखा जायेगा।

अरक्कल को उनके जीवन काल में ही कई पुरस्कारों एवं सम्मानों से विभूषित किया गया था। इसमें से प्रमुख हैं—1983 में ललित कला अकादेमी, गढ़ी का पुरस्कार, तृतीय एशियन आर्ट त्रिनाले, ढाका (1986) का विशिष्ट पुरस्कार, कर्नाटक राज्योत्सव पुरस्कार, (1999), चतुर्थ फ़्लोरेंस इंटरनेशनल बिनाले ऑफ़ कंटेम्परारी आर्ट, इटली का लोरेंसो दि-मेडिकी का रजत पदक (2003) और दोबारा पाँचवें बिनाले में स्वर्ण पदक (2005)। साथ ही, उन्होंने कई अन्तर्राष्ट्रीय कला प्रदर्शनियों में भारत का प्रतिनिधित्व किया था, जिनमें छठा बिनाले द बियुक्स आर्ट, ब्योमोंट, फ्रांस और नौवाँ इंटरनेशनल बिनाले, साओ पाओलो, ब्राज़ील उल्लेखनीय हैं।

'सफलता को बीमारी' माननेवाले यूसुफ़ अरक्कल (1945-2016) को 1983 में जब राष्ट्रीय पुरस्कार प्राप्त हुआ तो उन्होंने अपने प्रमाण -पत्र के पीछे लिखा था—"इसे अपने दिमाग़ में कभी घुसने न दो!"[1]

सन्दर्भ

1. *Yusuf Arakkal : The Man and the Artist :* P. Sudhakaran, Lalit Kala Akademi, New Delhi, 2018, p. 63

जतिन दास
(1941)

2 दिसम्बर, 1941 में, ओड़िशा के बारीपदा (मयूरभंज) में जन्मे जतिन दास अपनी उद्दाम सक्रियता और निरन्तरता के नाते समकालीन भारतीय कला में एक प्रमुख हस्ताक्षर माने जाते हैं। अगर उनकी चित्र प्रदर्शनियों की लम्बी सूची पर ध्यान दें तो यह बात हमें चौंका सकती है कि मात्र 21 वर्ष की वय में सर जे.जे. स्कूल ऑफ़ आर्ट्स, मुम्बई में उनकी एकल चित्र प्रदर्शनी हो चुकी थी। यही नहीं, इसी वर्ष उनकी एकल चित्र प्रदर्शनी स्टेरनकार्तो, हेलसिंकी में हुई थी और फिर लगातार मुम्बई, भुवनेश्वर, कोलकाता, नयी दिल्ली ही नहीं, विदेशों में भी आयोजित होती रही। उनकी इस अविश्वसनीय सक्रियता से स्पष्ट है कि वह अपनी निर्मितियों के मामले में कितने दक्ष हैं और साथ ही, पर्याप्त व्यस्त भी।

जतिन दास का कला संसार—भले ही अपनी विपुलता में अत्यन्त समृद्ध हो, वह मौलिक होने के साथ इतना निजी जान पड़ता है कि केवल उनके प्रिंट ही निकाले जा सकते हैं, अनुकृत नहीं किये जा सकते—स्वयं जतिन दास द्वारा भी। इसका कारण है—उनके आविष्ट रेखांकन, उनकी तूलिकाओं की त्वरा, उनकी ऊर्जस्वी मुद्रा और उनका अपरूप संयोजन। उनके द्वारा चित्रित देहयष्टि की मुद्राओं और भावाविष्ट भंगिमाओं को नियन्त्रित एवं सुनियोजित करना और वह भी चित्र पटल एवं कैनवस के सीमित दायरे में, जो प्रायः असम्भव जान पड़ता है—लेकिन यह कार्य केवल जतिन दास द्वारा ही सम्भव हो पाया है। उनके द्वारा चित्रित देहाकार पात्र (या पात्रों, विशेषकर उद्दाम युगल) मानो अपनी सीमाओं ही रंग-रेखा और पृष्ठभूमि ही नहीं, फ्रेम तक को तोड़कर निर्बन्ध और उन्मुक्त हो जाना चाहते हैं।

जतिन दास ने विभिन्न माध्यमों—तैलचित्र, जलरंग, रंगीन स्याही, 'कोन्टे' रेखांकन एवं ग्लास पर ग्लेज़्ड पेंटिंग के साथ वास्तुकला पर भी सफलतापूर्वक हाथ आज़माया है। लेकिन इन सबमें उनका बल रेखांकन के साथ, इसे और भी उद्दीप्त करनेवाले प्रबल तूलिकाघात पर होता है। वह रंगों का सीमित अनुयोग ही करते हैं—लेकिन कैनवस को ख़ाली नहीं छोड़ते। उनके पात्रों (वस्तु या रूपाकार) की उपस्थिति लगभग पूरे कैनवस पर दृष्टिगत होती है और पृष्ठभूमि में प्रयुक्त रंगों के साथ उनका उपयुक्त तालमेल बेहद सटीक होता है।

जतिन दास ओडिशा के जिस अंचल से सम्बद्ध थे, वह बिहार एवं बंगाल से भी जुड़ा था, इसलिए भाषाओं और संस्कृतियों के मिले-जुले प्रभाव से उनका सीधा परिचय हुआ। जतिन के बड़े भाई ने उनकी चित्र बनाने की इच्छा को हवा दी और विरंची नारायण नामक एक कलाकार ने इस बालक

को चित्रकला सीखने को प्रेरित किया। पिता एक वास्तुविद् थे और मध्यवर्गीय परिवार में होने के नाते जतिन की पढ़ाई-लिखाई पर भी ध्यान रखा गया। लेकिन किशोर जतिन का जी उन आदिवासियों के बीच अधिक रमता था, जो अपनी बस्तियों या आसपास के जंगलों में रहते थे। उनकी बंसी, मादल या ढोल की धुन जतिन को बहुत आकर्षित करती थी। बड़े होने पर उनकी कारीगरी और कलाकारी से भी वह प्रभावित हुए।

लेकिन जतिन के पिता चाहते थे कि वह उनकी तरह ही वास्तुविद् बने। इसलिए स्कूली पढ़ाई पूरी होने पर वह जे.जे. स्कूल ऑफ़ आर्किटेक्चर में दाख़िल हुए। लेकिन बचपन से ही चित्रकारी और कुछ नया रचने की चाह ने इसी शिक्षा परिसर के बग़ल में स्थित जे.जे. स्कूल ऑफ़ आर्ट में उन्होंने दाख़िला ले लिया। यहाँ उन्हें एस. वी. पलसीकर-जैसे गुरु के अधीन कला शिक्षा प्राप्त करनी पड़ी, जो अपने कठोर स्वभाव और अनुशासन के लिए जाने जाते थे। लेकिन आरम्भिक कठिनाइयों के बाद जतिन की राह आसान हो गयी।

जे.जे. स्कूल ऑफ़ आर्ट और कुल मिलाकर मुम्बई में स्थापित और संघर्षरत कलाकारों, साहित्यकारों, अभिनेताओं, संगीतकारों आदि की गतिविधियों के बीच रहकर जतिन के मन में भी हमेशा कुछ नया करने का उत्साह जगता रहता। उन्होंने ठान लिया कि वह प्रतिदिन तीन सौ स्केच (रेखांकन) किया करेंगे और यह असम्भव कार्य वह लगातार करते रहे। इसके लिए वह बाज़ार, स्टेशन, बस स्टैंड, चिड़ियाघर, चौपाटी वग़ैरह स्थानों के चक्कर लगाते रहे। इस कठोर अभ्यास के कारण ही उनके चित्रों में इतनी सबल और ऊर्जावान रेखाएँ दृष्टिगत होती हैं। अपनी साहित्यिक और सांस्कृतिक रुचि के कारण वह कई रचनाकारों के सम्पर्क में आये जिनमें मोहन राकेश, धर्मवीर भारती, सदानन्द रेगे, गीव पटेल, ए. के. मेहरोत्रा, दिलीप चित्रे, सुखदेव, श्याम बेनेगल आदि उल्लेख्य हैं। इनमें राजेश खन्ना और संजीव कुमार-जैसे अभिनेता भी रहे लेकिन इनमें से अब अधिकांश दिवंगत हो चुके हैं।

जतिन जब मुम्बई छोड़कर दिल्ली आये तो बतौर युवा चित्रकार उनकी पहचान बन चुकी थी। उनके लिए यह भी सुखद आश्चर्य ही था कि ललित कला अकादेमी द्वारा आयोजित द्वितीय अन्तर्राष्ट्रीय त्रिनाले प्रदर्शनी 1971 में उनके कलागुरु एस. वी. पलसीकर के चित्र के ठीक बग़ल में उनका भी चित्र प्रदर्शित था। यह अपने आप में एक स्पृहणीय सम्मान था। जतिन की कलाकृतियाँ बाद में भी, लगभग हर त्रिनाले में सम्मिलित होती रहीं।

अवकाश के दिनों में जतिन अपनी बहन से मिलने शान्तिनिकेतन जाया करते थे, जहाँ उनकी मुलाक़ात कई विशिष्ट चित्रकारों के साथ हुआ करती थी। जे.जे. स्कूल ऑफ़ आर्ट में कला शिक्षा प्राप्त करनेवाले युवा जतिन पर तब माइकेल एंजोलो और लियोनार्दो दा विंची का गहरा प्रभाव था। लेकिन बाद में वह रामकिंकर बैज की कलाकृतियों एवं कला व्यक्तित्व से अत्यन्त प्रभावित हुए। रामकिंकर के आविष्ट रेखांकन और उनमें रंगों के अनुयोग की छाप जतिन पर देखी जा सकती है। हालाँकि जतिन यह भी स्वीकारने में नहीं हिचकिचाते कि कभी पाब्लो पिकासो का उन पर गहरा असर था और अधिक-से-अधिक और तेज़ी से काम करने (या निबटाने) की ऊर्जा उन्हें उन्हीं से मिली थी।

जतिन दास ने अपनी विदेशी यात्राओं के दौरान विभिन्न चित्रकारों के निजी स्टूडियो और कला दीर्घाओं का परिदर्शन किया था। लेकिन उनकी कला दृष्टि और कला सृष्टि में कोई विशेष बदलाव नहीं आया। यहाँ तक कि उनकी निजी शैली, विधा या माध्यम भी वही और वैसे ही रहे। उनके चित्रों में परम्परा, भारतीयता, आधुनिकता और निजता का अपूर्व सम्मिश्रण देखा जा सकता है। यही नहीं, आदिवासियों तथा जनजातियों की सहज अंकन शैली का प्रभाव भी उन पर पड़ा, जिसके वे मुखर प्रशंसक भी रहे हैं। अपने कैनवस को रेखांकन केन्द्रित रखने के आग्रही जतिन ने चित्रांकन की विभिन्न प्रविधियों को सीखने और उन्हें साधने में भी पर्याप्त कुशलता अर्जित की थी। भित्ति चित्रण (Fresco painting) की प्रविधियों—यथा अण्डे या मोजाइक से हो या सीमेंट अथवा प्लास्टर से—के प्रयोगशील कलाकार हैं। इनके उदाहरण मुम्बई में उनके द्वारा चित्रित 'म्यूरल' बिड़ला कला केन्द्र (1964 एवं 1965)[1], देना बैंक (1965), बम्बई जिमख़ाना (1965) आदि में देखे जा सकते हैं। यही नहीं, उन्होंने मेटल म्यूरल (होडल टूरिस्ट कॉप्लेक्स, 1974) और 'कोलाज़ म्यूरल' (एशिया 1972) आदि निर्मित कर अपनी प्रतिभा प्रदर्शित की। वर्ष 1996 में उन्होंने भिलाई स्टील प्लांट में 'फ़्लाइट्स ऑफ़ स्टील' नामक बृहदाकार संरचनाओं को रूपायित किया।

जतिन की पहचान एवं प्रसिद्धि उनकी मानवाकृतियों की विविध मुद्राओं और भंगिमाओं तथा उनके सन्तुलित संयोजन को लेकर है। अलग-अलग स्त्री और पुरुष देह तथा दोनों का युग्म—उनके हज़ारों बल्कि लाखों रेखांकनों में विन्यस्त हैं। सम्भवतः यह देह सम्पदा ही उनकी पूँजी है, जिनका वह विनियोग करते रहे हैं। कहीं रंगों के साथ, जैसे 'वुमेन इन ब्लू, रेड या ग्रीन' में या फिर 'सदर्न हेड' शीर्षक से 'वुमेन इन प्रेयर', 'साउथ वुमेन विद फ़्लावर', 'श्रुति', 'विदुषी' आदि शीर्षक से उकेरे गये चित्र, ये सब-के-सब उसी मूल पूँजी (स्त्री देह) की शक्ति, ऊर्जा, ऊष्मा, यौनिकता, भोगेच्छा आदि की अभिव्यक्तियाँ हैं—जो जतिन की उद्दाम एवं भावाविष्ट रेखाओं और रंगों में प्रकट हुई हैं। उनके इन चित्रों ने, जिनमें प्रबल यौन प्रवणता है, एक विशेष दर्शक वर्ग भी तैयार किया है।

जतिन पर बहुधा यह आरोप मढ़ा जाता है कि वह नग्न या निर्वसन मानवाकृतियों के अंकन से बाहर निकलना नहीं चाहते और दैहिक संरचना और संयोजन के बहाने ऐन्द्रिकता को उजागर करते रहे हैं। यह एक सीमा तक उनके चित्रों का सच भी है क्योंकि उन्होंने काग़ज़ हो या कैनवस—उन पर एक ख़ास तरह की देह-रचना (Anatomy) विन्यस्त की... और टूटने की हद तक जतिन उन्हें खींचते और तानते रहे हैं। देह की मांसपेशियों और उनके स्नायविक खिंचाव के बारे में उनका कहना है—"प्रायः लोग सोचते हैं कि मेरे चित्र नग्न हैं। किन्तु ऐसा नहीं है। ये अपनी ही धुन में हैं, अपनी ही खोज में हैं, द्वन्द्व में हैं, शोध में हैं। किसी आध्यात्मिक, प्राकृतिक, आत्मिक अथवा संवेदनात्मक चिन्तन में हैं। शुरू से ही इन पर किसी प्रकार का आवरण नहीं है—न प्रकृति का, न समय का, न वस्त्रादि का।"[2]

उनके कथन में निस्सन्देह आंशिक सच्चाई अवश्य है, लेकिन सन्देह तब होता है, जब हम उनके द्वारा चित्रित स्त्री-देह हो या पुरुष-देह में स्वच्छन्द सत्ता के दर्शन करते हैं। उन्हें उनकी आवयविक या आंगिक उपस्थिति के साथ और इससे परे जाकर देखने की आवश्यकता है।

निस्संगता या निर्बन्धता ही उनकी प्रकृति है, उनकी भाव चेष्टाएँ या मुद्राएँ सम्भवतः सीमित रेखाओं और रंगों में नहीं बँधतीं। 'टू वुमेन अराउंड', 'इंटेंसनली टुगदेर', 'इंटर एक्शन', 'ज्योमेट्री ऑल टच पॉइंट', 'अभिमानिनी', 'मैन-वुमेन', 'मैन-वुमेन डायलॉग', 'मैन-वुमेन टू-टुगेदर' आदि ऐसे ही अनेकानेक चित्र हमें स्त्री-पुरुष के उस अन्तरंग संसार में ले जाते हैं—जहाँ वे एक-दूसरे को प्रकृत रूप से जानना चाहते हैं—अपनी नैसर्गिक और जैविक पहचान के साथ। यह देखकर आश्चर्य होता है कि जहाँ उनकी पीढ़ी के कई चित्रकारों ने स्त्री-पुरुष के मैथुनरत चित्र बनाये हैं, वहाँ जतिन के ऐसे चित्रों में पूरी सम्भावना के बावजूद, ऐसे चित्र विरल ही हैं। बल्कि उनका 'सूर्य नमस्कार'-जैसा चित्र (कैनवस पर तैलरंग, 72"X48", 1982) मौजूद है, जो अपने रंग संयोजन और नमस्कार मुद्रा (उँगलियों को विशिष्ट ढंग से जोड़कर उगते सूर्य को देखना) के कारण अत्यन्त चर्चित रहा है।

जतिन ने कभी भू-दृश्यों (सैरा, Landscape) को, कभी मानवीय चेहरों को और कभी व्यक्ति चित्रों (portrait) को भी वरीयता दी थी।[3] उन्होंने कभी किसी कला-प्रकार की अनदेखी नहीं की और समान भाव और पूरी संवेदना के साथ अपनी विषयवस्तु या पात्रों को उकेरते रहे। वर्ष 1989 और 1998 में उन्होंने कश्मीर यात्रा के दौरान कश्मीरी महिलाओं और पुरुषों के चित्र बनाये थे। इन चित्रों में स्थानीयता की छाप के साथ उनकी अपनी अंकन शैली भी रंग-मुखर है। चित्रों को प्रभावी बनाये रखने का उद्यम कुल मिलाकर उनकी रेखांकन क्षमता से सुदृढ़ हुआ है, जिसे वह आज भी काफ़ी तरजीह देते हैं। उनके अनुसार, "ड्रॉइंग करना बहुत ज़रूरी है, यह एक तरह का रियाज़ है। यह बेहद अफ़सोस की बात है कि लगभग सौ फ़ीसदी कलार्थी इसकी अवहेलना करते हैं।"

भवेश सान्याल के चित्रों में रेखा और रंग को सन्तुलन पर लिखते हुए जो बात सुप्रसिद्ध कला समीक्षक केशव मलिक ने लिखी थी, वही बात जतिन दास पर भी लागू होती है। उनके शब्दों में, "चित्र की रेखाएँ अच्छी होनी चाहिए। ये पेंसिल से खींची रेखाएँ नहीं होतीं बल्कि ये रेखाएँ वे होती हैं, जिनकी कोई दिशा और गति होती है; जो चित्र के भीतर विकसित होती हैं और दृष्टिक्रम निर्धारित करती हैं; जो आकृति के ओर-छोर से उभरती हैं... उन्हें अभिकल्प की मुख्य लय के साथ सामरस्य बनाना ज़रूरी होता है। जो बात रेखाओं के लिए सच है, वही रंगों के लिए भी।"[4]

वैसे कभी विवाद के केन्द्र में रहे जतिन जो भी सफ़ाई दें, युवा स्त्री एवं पुरुष देहांकन को अत्यधिक वरीयता और कभी-कभी दोहराव के कारण कलाविदों द्वारा उनकी आलोचना भी की गयी है। स्त्री-देहासक्ति के प्रति जुनून की हद तक जानेवाले कलाकारों, कवियों और साहित्यकारों के लिए सुप्रसिद्ध शायर साहिर लुधियानवी ने ठीक ही कहा था—

हिन्द के शायरों सूरतगरों अफ़सानानवीस
हाय, इनके आसाब पर औरत है सवार।

जतिन दास साहित्य, संस्कृति के प्रेमी और सामाजिक कार्यकर्त्ता रहे हैं। उनके कविता संग्रह (अंग्रेज़ी में) प्रकाशित हैं। वे अच्छे निबन्धकार भी हैं। सामाजिक कल्याण के कार्यों में बढ़-चढ़कर भाग लेते रहे हैं और अपनी कलाकृतियों को बेचकर उन्होंने कई संस्थानों के लिए धनराशि जुटाने में सहभागिता की है।

शिल्पकला से जुड़े कलाकारों और कारीगरों की सहायता के लिए न केवल ओडिशा में, बल्कि भारत भर में प्रयत्नशील रहे। उन्होंने ऐसे ही कारीगरों की सहायता के लिए हस्तनिर्मित पंखों का संग्रह करना शुरू किया था। और आज उनके पास लगभग चार हज़ार पंखों का विशाल संग्रह है, जिनका वे समय-समय पर प्रदर्शन भी प्रायोजित करते हैं। दिल्ली महानगर में सम्पन्न होने वाले विभिन्न कलात्मक एवं सांस्कृतिक आयोजन में उनकी प्रत्यक्ष या परोक्ष उपस्थिति देखी जा सकती है।

अस्सी वर्षीय जतिन दास की सक्रियता आज भी बनी हुई है। वे दिल्ली में रहते हैं और अपनी निर्मितियों में व्यस्त रहते हैं।

सन्दर्भ

1. यह खेद की बात है कि ये दोनों म्यूरल अब बारिश में धुलकर नष्ट हो चुके हैं।
2. समकालीन कला, अंक 18, नवम्बर 2000, पृ. 50
3. नवम्बर 2017 में जतिन दास ने ललित कला अकादेमी की दीर्घा में पाँच सौ से अधिक व्यक्ति चित्रों को प्रदर्शित किया था। इनमें से कई उनके कलाकार मित्रों के चित्र थे।
4. समकालीन कला, अंक 5, पृ. 11

रामेश्वर ब्रूटा
(1941)

रामेश्वर ब्रूटा का जन्म 1941 में दिल्ली में हुआ। आरम्भिक शिक्षा के बाद उन्होंने 1964 में दिल्ली कला महाविद्यालय से डिप्लोमा प्राप्त किया।

कैनवस पर विषम प्रयोग करते हुए तब युवा चित्रकार रामेश्वर ब्रूटा ने वही किया, जो समय-समय पर उनके मनोभावों ने करने के लिए कहा। हालाँकि अब उम्र के प्रौढ़ पड़ाव पर आकर वे अपने आरम्भिक कार्यों—जिनमें प्रतिकृति (पोर्ट्रेट) चित्रण, रूप चित्रण, कैरीकेचर आदि सभी कुछ सम्मिलित हैं, से सन्तुष्ट नहीं दीखते। लेकिन उन कामों को करते हुए तब वे निश्चय ही आश्वस्त थे क्योंकि युवावस्था में हर कलाकार अपने माध्यम के साथ हमेशा नया प्रयोग करना चाहता है। हालाँकि साधन के अभाव में वह नये उपकरण भी ढूँढ़ना चाहता है और इसमें सफलता और असफलता, बल्कि ज़्यादातर असफलता ही हाथ लगती है। लम्बे समय तक कला शिक्षण व्यवसाय से जुड़े ब्रूटा लगातार योग्य एवं सटीक माध्यम एवं प्रयुक्ति के सन्धान में लगे रहे। एक साधारण कलाकार और पेंटर कैनवस, रंग एवं तूलिकाओं का विधिवत् प्रयोग तो करता ही है, लेकिन जब तक विषयवस्तु में नवीनता, प्रयुक्ति में नवाचार और कुल मिलाकर कृति में प्रभावात्मकता न हो तो कृतिकार दर्शकों के लिए अपरिचित ही बना रहता है।

इसीलिए कोई भी कृति आरम्भ करने के पूर्व ब्रूटा काफ़ी सोच-विचार करते हैं। वे न तो पेंसिल या चारकोल द्वारा कैनवस पर कोई चित्रांकन करते हैं या कोई रूपाकार गढ़ते हैं। अपनी पूर्वनिर्धारित विषयवस्तु या रूप योजना को वे सीधे कैनवस पर उतारते रहे हैं। ऐसे में निश्चय ही, एक सर्जक के नाते कई प्रासंगिक या तात्कालिक ख़याल भी आते हैं, जिन्हें कभी शामिल किया जाता है, तो कभी छोड़ भी दिया जाता है। पहले ब्रूटा गाढ़े-गहरे और तेज़ रंगों का प्रयोग किया करते थे लेकिन यह प्रयोग कालान्तर में कम और संयत होता चला गया। उनके रंगों और रंगत में सादगीभरी विविधता भी आयी और कृति में छाया-प्रकाश की भूमिका भी स्पष्टतर हुई। एक बात और, ब्रूटा अपने कैनवस ख़ुद तैयार करते हैं। कैनवस पर एनामेल की कई परतें चढ़ाकर, उन्हें छाया में सुखाकर फिर वांछित रंगों की तहें चढ़ाई जाती हैं। इस विधि से चित्र निर्माण के उपरान्त उन्होंने यथास्थान सघन एवं सूखे हुए रंगों को ब्लेड से खुरचने की एक नयी प्रविधि भी विकसित की और जिसका प्रयोग उन्होंने अपनी कई कृतियों में बख़ूबी किया। इस बारे में वह बताते हैं कि कैसे एक बार एक वनमानुष को चित्रित करते हुए वे उसकी देह पर उगे बालों को रँगते हुए वांछित प्रभाव उत्पन्न नहीं कर पा रहे थे। ऐसे में ब्लेड की तेज़

नुकीली धार से कैनवस पर सूख गये रंगों को खुरच-खुरच कर अपेक्षित प्रभाव पैदा किया गया। इस विधि के उपयोग से उन रंगों में एक स्वाभाविक चमक भी पैदा हो गयी। यह कार्य कुछ वैसा ही था, जैसा कि एचिंग विधि में धातु की चादर को तेज़ नुकीली सूई से खुरचा जाता है। बाद में, तूलिकाघात के साथ इस खुरचन विधि को और भी उन्नत बनाया गया ताकि रंगों की बुनावट के साथ उनमें कोई नया रचाव (Texture) एवं प्रभाव पैदा किया जा सके। वांछित सफलता न मिलने के बावजूद, ब्रूटा के आरम्भिक कार्यों ने—जिनमें आकृतिमूलक कृतियाँ 'द ट्रायल', 'हवलदार' और 'शाबाश बेटा' आदि शामिल थीं—दर्शकों का ध्यान उनकी ओर आकृष्ट किया। इसकी एक वजह यह भी थी इन कृतियों में कृतिकार का सामाजिक सरोकार भी कहीं-न-कहीं स्पष्ट मुखर था। इस बात का अहसास ब्रूटा को बहुत बाद में हुआ कि प्रत्यक्ष सन्देश से प्रच्छन्न संकेत या व्यंजनात्मक अंकन कहीं अधिक प्रभावी और मारक होता है।

ब्रूटा की 'वानर शृंखला' ('एपीश' मुखमुद्राओं) वाली कृतियाँ जान-बूझकर नहीं, बल्कि संयोगवश बन गयीं। इन चित्रों में सामाजिक विषमता, लोगों का दोहरा चरित्र, आर्थिक शोषण झेलते लोग, मोटे-ताज़े अघाये बनाम भूखे-नंगे कमज़ोर लोग उनके कैनवस पर अनायास उतरते चले गये। इन चित्रों की नाटकीयता या सांकेतिकता इस अर्थ में अत्यन्त विशिष्ट है कि मेज़ के इर्द-गिर्द बैठे सामान्य लोगों की परछाइयाँ जब मेज़ पर पड़ती हैं तो वे विभिन्न जानवरों की आकृतियों में तब्दील हो जाती हैं—जो उनकी सही और वहशी पहचान है। कलाकार के अनुसार यह उनकी पशुता और दानवी वृत्ति का क्रूर प्रदर्शन है, लेकिन वह एक सभ्य मानवी आवरण में छिपा रहता है। 'अनटोल्ड स्टोरी' इसका श्रेष्ठ निदर्शन है। रामेश्वर ब्रूटा का मानना है कि मनुष्य को वानर रूप में प्रस्तुत करना उनकी विवशता नहीं, आवश्यकता थी क्योंकि उसके लिए घोड़े का प्रयोग नहीं किया जा सकता। इसकी वजह यह है कि वह सहजता से उठ-बैठ-उछल-कूद नहीं सकता, जैसा कि एक बग़ैर पूँछ वाला बन्दर। ऐसा करने के पीछे निश्चय ही सामाजिक विरोधाभास को व्यंग्य और कटाक्ष के माध्यम से सामने लाना था न कि व्यक्तिगत कटुता, क्रोध या आक्रोश की वजह से।

इस 'वानर शृंखला' के समाप्त होने तक, रामेश्वर ब्रूटा के मानस में 'नर शृंखला' (?) अवतरित हो चुकी थी और वह भी मात्र पुरुषाकार चित्रण में। इसमें 'स्त्री' अनुपस्थित है। हालाँकि 'वानर शृंखला' में नर ही मादा रूप में चित्रित है। 'नर' या 'मानव शृंखला' में स्त्री आकृति इसलिए नहीं बनायी गयी क्योंकि पुरुष के मुक़ाबले उसकी उपस्थिति एक पौरुषपूर्ण विषय के निरूपण में बाधक बन सकती थी। स्त्री देह की उपस्थिति कलाकृति को ऐन्द्रिक और उत्तेजक बना देती और सम्भवतः यह यौन भाव से भी जुड़ जाती। इसलिए जान-बूझकर उसे अलग रखा गया।

1980 के आसपास इस 'दी मैन' (या 'ही मैन') शृंखला के अन्तर्गत बने चित्रों ने दर्शकों ही नहीं, कला समीक्षकों का भी ध्यान आकृष्ट किया। पूरे कैनवस पर एकल या एकाधिक नग्न और निरावृत पुरुष देह का प्रदर्शन एक अनोखा आयोजन ही था—जिसमें एक बलिष्ठ, ऊर्जावान और सीधे तने युवक की आकृति सघन पृष्ठभूमि में खड़ी दिखाई देती है। 'दी मैन-IV' शीर्षक तैलचित्र (1980) में, जिस व्यक्ति का चेहरा धुँधला है, गर्दन, कन्धे, बाँहें और वक्ष की मांसपेशियाँ और शिराएँ उभरी हुई हैं। बायीं ओर मुड़े सिर वाले इस आदमी की नाभि तक दीख रही उसकी गंजी पर 03 संख्या अंकित है। मुश्क बँधी बाँहें किसी स्थिति विशेष का सामना करने का संकेत दे रही हैं।

कैनवस के निचले हिस्से में दो सुपुष्ट जंघाओं के बीच पुरुष होने का सर्वोपरि चिह्न उसका नग्न शिश्न दिखाया गया है, जो गहरी स्याह कत्थई रंग से पाटी गयी सपाट पृष्ठभूमि वाले रंग से ही उकेरा गया है। इस युवा और ऊर्जावान पुरुष की सन्तुलित क़द-काठी और घुटने तक ब्रूटा द्वारा किया गया इसका विन्यास दर्शकों के लिए सचमुच एक अपूर्व एवं उपभोग्य संयोजन है।

इसी क्रम को आगे भी बरतते हुए ब्रूटा ने कई चित्र बनाये—जिनमें 'विनर्स'—'एवार्ड पॉस्ट-थ्यूमस', (मरणोपरान्त पुरस्कार), 'मेटामार्फ़सिस', (कायान्तर), 'अनफ़ोर्चुनेट फ़ेट' (बदनसीबी) आदि विशेष उल्लेख्य हैं। यहाँ 'पॉस्ट-थ्यूमस-II' (1980 ई.) में अंकित चित्र विशेष दर्शनीय है—जिसमें तीन नग्न देहों पर ज़ख़्म के निशान हैं और तीनों के बायें सीने पर दो-दो पट्टियाँ लगी हैं, जो मरणोपरान्त मिलनेवाले पुरस्कार या पदक की द्योतक हैं। 'दी मैन-IV' की तुलना में तीनों के घायल लेकिन गर्वोन्नत सिर ऊँचे उठे हैं। बायीं ओर के पुरुष के मुक़ाबले बीच वाले और फिर दाहिने पुरुष की रंगत क्रमशः गाढ़ी होती चली गयी है, इसलिए उनकी देहाकृति के साथ बालों से भरे उनके शिश्न भी क्रमशः अस्पष्ट और धुँधले आँके गये हैं। इन कृतियों के माध्यम से कलाकार ब्रूटा का सन्देश स्पष्ट है कि अपने प्राणों का बलिदान कर देनेवाले किसी सेनानी या सिपाही की पहचान मरणोपरान्त सम्मान, अगर वह भी मिल जाये तो वहीं तक सिमट कर रह जाती है।

'प्रिज़न' (क़ैद) शीर्षक से बने एक चित्र में भी युद्ध की पृष्ठभूमि है—जिसमें पराजित पक्ष को विजेता पक्ष क़ैद कर तरह-तरह की यातनाएँ देता है। सम्भव है, पराजित पक्ष फिर कभी विजेता बने और पूर्ववर्ती विजेता के साथ वही सलूक करे जैसा कि उसके साथ किया गया था। ऐसी अमानुषिकता इतिहास में कई बार दोहराई गयी है और इस तरह हम अपने जीवन को रणक्षेत्र में तब्दील कर, कारागार की काल यातनाओं के सुपुर्द कर देते हैं।

आरम्भ से ही अपने स्वतन्त्र विचार रखनेवाले और नयी-नयी प्रयुक्तियों को आज़मानेवाले रामेश्वर ब्रूटा दिल्ली के सुप्रसिद्ध कला संस्थान त्रिवेणी कला संगम से निरन्तर सम्बद्ध रहे हैं और अपने कलाकार छात्रों के बीच एक प्रेरक अध्यापक के नाते सम्मानित भी। उन्हें गर्व है कि इस संस्था में कभी सुप्रसिद्ध चित्रकार के. एस. कुलकर्णी ने कला निर्देशक के नाते अपनी सेवाएँ दी थीं और उनके कहने पर ही ब्रूटा ने इस संस्थान से ख़ुद को जोड़ा था और आज भी सक्रिय बने हुए हैं। उनका मानना है कि एक सक्षम कलाकार की साधना और उसकी कृति तभी सफल और सार्थक होती है जब वह एक ओर अगर दर्शकों को उत्साहित करे तो दूसरी ओर समाज को सम्भावनाशील बनाये रखे।

ललित कला अकादेमी के राष्ट्रीय पुरस्कार समेत अन्य कई पुरस्कारों से सम्मानित रामेश्वर ब्रूटा बड़े-बड़े कैनवस पर कार्य करना पसन्द करते हैं—इससे एक तो विषय विस्तार के साथ स्पेस भी निर्बन्ध हो जाता है, दूसरे पृष्ठभूमि में कहीं कोई संकेत देना आवश्यक हो तो वह सम्भव हो पाता है। पृष्ठभूमि का रचनात्मक उपयोग करते हुए कहीं कभी दीवार, आड़, कहीं प्रकाश, कहीं कोई स्तम्भ आदि द्वारा उन्होंने वस्तु या विषय (पात्र) के सामीप्य एवं दूरत्व को निर्धारित किया। ब्रूटा ने अपने चित्रों को सायास और अनिवार्य तौर पर तथाकथित 'सौन्दर्य' या 'अभिजात' संज्ञा से बचाया है और निस्सन्देह इसमें काफ़ी दूर तक सफल भी रहे हैं। सम्भवतः वह 'अच्छी' पेंटिंग बनाने के पक्षधर रहे हैं—'ख़ूबसूरत' वह भले न हो।

चरनजीत सिंह
(1949)

चरनजीत सिंह को बचपन से ही कलात्मक परिवेश मिला। उनके पिता जहाँ एक कलाकार थे, वहाँ उनके बड़े भाई आर्ट कॉलेज, चण्डीगढ़ में अध्यापक थे। आरम्भिक कठिनाइयों के बावजूद वे इस दिशा में क़दम बढ़ाते रहे। रेखांकन से आरम्भ किये गये ऐसे कई कार्यों में, जिनमें महीन तूलिकाओं और क्रॉकल पेन से सूक्ष्म कला कार्य किये जाते हैं, उन्होंने महारत हासिल की। उन्होंने चण्डीगढ़ आर्ट कॉलेज से फ़ाइन आर्ट्स (1973 ई.) का डिप्लोमा भी प्राप्त किया और कलात्मक निर्मितियों के क्षेत्र में सक्रिय हुए।

अलंकृत प्रारूपों के कौशल से अपने कैनवस को संयोजित कर दर्शकों को चमत्कृत कर देनेवाले चरनजीत को जल्द ही इस बात का बोध हो गया कि इसमें कहीं-न-कहीं पुनरावृत्ति हो रही है। हालाँकि उन्होंने अपने रेखात्मक संयोजनों में अत्यन्त घुमावदार, वलयित और सर्पिल प्रारूपों का प्रभावी प्रयोग किया था। ये गोलाकार संयोजन वृत्त से परिधि तक फैलते हुए सूक्ष्मतम रेखाओं के संजाल का अद्भुत निदर्शन प्रस्तुत करते हैं। कभी-कभी ये वृत्ताकार अलंकरण भूगर्भ से उखड़े हुए विराट वृक्ष के जड़-मूल, शाखाओं—उसके तने से लेकर सूक्ष्म जड़ों और बारीक़-से-बारीक़ शिराओं एवं तन्तुओं तक नज़र आते हैं—मानों बृहत्तर ही नहीं, सूक्ष्मतर जटाजाल फैला हो।

लेकिन चरनजीत ने जल्द ही अपने में बदलाव महसूस किया और जैविक आकारों (Organic Forms) से पिंड छुड़ाकर आकारबद्ध (Figurative Forms) कृतियों के निर्माण की ओर उन्मुख हुए। इसका एक कारण उन्होंने वरिष्ठ कलाकार कृशन खन्ना के साथ कार्य करने को बताया। यह सब कहीं अधिक चुनौतीपूर्ण कार्य था क्योंकि यहाँ निर्माता अपने देशकाल (समाज और समय) से संवाद कर रहा होता है—जबकि उसके माध्यम एवं उपकरण रंगों की ज़ुबान से ही कुछ कह सकते हैं। चरनजीत को अपने इस उपक्रम में जल्द ही सफलता मिल गयी क्योंकि तन्मयता के साथ कलात्मक संयोजन की क्षमता तो उनमें पहले से ही विद्यमान थी। इसी तरह अपने आसपास फैले समाज और जीवन के संवेदनशील प्रसंगों के चित्रण के साथ ही चरनजीत ने सृजन के नये पर्व में प्रवेश किया। तभी उनके चित्रों के पात्र इतने जाने-पहचाने से लगते हैं कि वे ऊपर से थोपे हुए नहीं लगते। अपने आकार-प्रकार में ये पात्र कभी-कभी बड़े आत्मीय और परिचित लगते हुए भी आधे-अधूरे जान पड़ते हैं जो कि हमारे सामाजिक जीवन की विडम्बना है। चरनजीत मानते हैं कि अधूरा होता हुआ भी मनुष्य

अपने जीवनकाल में अनुभवों एवं संवेदनाओं का पुंज होता है। दुःख और अवसाद हमारे जीवन के अभिन्न अंग हैं और इन्हें अभिव्यक्त करने के लिए विभिन्न माध्यमों का सदियों से उपयोग होता रहा है। लेकिन जब उन्हें चित्रकला द्वारा उजागर किया जाता है तो अपरिवर्तनीय आशय के बावजूद साधन और उपकरण बदल जाते हैं। कोई भी कलाकार सीधे या स्पष्ट तौर पर अपनी भावना को अभिव्यक्त या प्रकट करना भी नहीं चाहता और न किसी विवरण या पूर्व निर्धारित प्रकरण की पृष्ठभूमि में इसे आँकना चाहता है। आधुनिक सन्दर्भ में तो यह क़तई सम्भव नहीं।

इसलिए गुरचरन सिंह या इन-जैसे कलाकार पृष्ठभूमि के नाते पहले परिवेश रचते हैं और फिर अपनी भावनाओं को रचना-सम्भव बनाते हैं। कलाकार के लिए उसका अपना देश और काल ही सर्वाधिक महत्त्वपूर्ण होता है लेकिन उसकी 'स्वानुभूति' भी कम महत्त्वपूर्ण नहीं होती। कैनवस पर इन्हें चित्रित एवं संयोजित करते हुए, चरनजीत का यह भी मानना रहा है कि समग्रतः कोई भी कृति सम्पूर्ण नहीं होती, इसलिए उनके संयोजन एवं अंकन में कहीं कोई कमी या अपूर्णता अवश्य रह जायेगी। और यह भी हो सकता है कि कोई पात्र चाक्षुष तौर पर या कोई वस्तु यथार्थतः वहाँ मौजूद नहीं भी हो तो भी आधार पटल को सन्तुलित करने या कोई संकेत या सन्देश देने के लिए अपनी कल्पना से गढ़ना होता है—चाहे वह कुत्ता हो, कबूतर हो, व्यक्ति हो या कोई मेज़।

चरनजीत के चित्रों में इस 'स्पेस' (स्थान) को काफ़ी महत्त्व मिला है। सड़क पर उपस्थित लोग ('स्ट्रीट') हों या मेज़ के दोनों ओर बैठे बातें करते लोग ('कन्वर्सेशन') या भविष्यवक्ता ('पामिस्ट')—इनमें सड़क, दीवार, स्तम्भ के साथ अन्य प्राणियों, जैसे—कुत्ता, कबूतर तथा पेड़, मकान और आकाश आदि को भी पर्याप्त अवकाश ('स्पेस') दिया गया है। ऐसा करने का अर्थ सबको पूरी तरह बटोरना या सब कुछ समेटना नहीं है बल्कि जहाँ तक सम्भव हो, उन्हें अपने दृष्टि-पथ पर रखना ही कलाकार की क्षमता की कसौटी होती है। चरनजीत ने इस अप्रत्यक्ष लेकिन विवेकपूर्ण कसौटी पर लगातार अपने चित्रों को कसे जाने के लिए रचा और इसमें सफल रहे।

जय झरोटिया
(1945–2021)

जय झरोटिया लम्बे समय तक दिल्ली के आनन्द पर्वत इलाक़े के बाशिन्दे थे और तब यह स्थान बेहद खुला, हरित और शान्त हुआ करता था। और इस नाते जय का प्रकृति से स्वाभाविक जुड़ाव रहा। तमाम दूसरी चीज़ों की समझ भी धीरे-धीरे लेकिन बड़ी गहराई से उनकी कला प्रवृत्ति में जुड़ गयी। बढ़ती वय के साथ दृष्टिपथ पर आनेवाला यथार्थ उनके लिए कुछ 'अतिरिक्त' भाव और प्रभाव उत्पन्न करनेवाला हुआ करता था। संवेदनशील होने के नाते परिवार की अभावग्रस्तता, निजी अनिश्चितता और अवसाद ने उन्हें स्वभावतः आत्मलीन बना दिया था, लेकिन बाहरी दुनिया के साथ उनके सम्बन्ध सामान्य बने रहे। उनका यही अन्तर्मुखी स्वभाव बाद में, उनकी छोटी-बड़ी (आकारगत) निर्मितियों—रेखांकन एवं चित्र—में अत्यन्त मुखर भाव से प्रकट हुआ। कहीं अपने विन्यास एवं रचाव में तो कहीं रूपक और प्रतीक में—कभी स्वैरकल्पना में और कभी फ़ैंटेसी में।

जय झरोटिया ने स्वीकारा है कि कैलेंडर आर्ट ने उन्हें रेखांकन और फिर चित्रांकन के लिए प्रेरित किया। वे जब भी कैलेंडर पर बने देवी-देवताओं के चित्र देखते तो वैसा ही कुछ आँकने की इच्छा उनके मन में जगती थी। यही नहीं, अपनी किशोरावस्था तक वे इसी तरह के चित्रों को आँकते भी रहे जो उन्हें आनन्दित भी करते थे। वे कॉलेज जाने के पहले तक साइनबोर्ड पेंटिंग और सिनेमा के पोस्टर्स को ही कला का आदर्श मानते थे। पचास-साठ के दशक में उन-जैसे युवाओं के लिए सिनेमा के पोस्टरों और होर्डिंग्स पर अंकित हीरो-हिरोइनों के सामने खड़े होकर मूँगफली टूँगना युवाओं का रोचक 'पास्ट-टाइम' हुआ करता था। लेकिन जय झरोटिया ने जल्द ही अपना रूपकल्प गढ़ लिया और भावप्रवण कल्पना को सर्जनात्मक आधार प्रदान किया।

जय झरोटिया मुख्यतः जलरंगी चित्र ही बनाते रहे लेकिन उन्होंने हर माध्यम—चारकोल, पेंसिल, लेड पेंसिल, पेस्टल और रंगीन पेन—का खुलकर इस्तेमाल किया ताकि उनमें वांछित प्रभाव पैदा किया जा सके। उनके द्वारा प्रयुक्त रंगों की एक ख़ास बात यह भी रही कि वे अपने चित्रों की पृष्ठभूमि—जो अधिकतर फीके रंगोंवाली होती, उसे भी चित्र का हिस्सा बना लिया करते। कभी-कभी तो चित्रित रूपाकारों के साथ उनके पटल या कैनवस का वह सफ़ेद हिस्सा भी नज़र आता है, जो रँगे जाने से छूट जाया करता था—लेकिन वह एक अलग ही प्रभाव उत्पन्न करता है।

उनका एक चर्चित चित्र है—'फ्रीडम पॉवर पॉवर्टी', जिसमें एक बड़ा-सा फ़ौजी बूट अंकित है, जो अंग्रेज़ों की दमनकारी प्रवृत्ति का प्रतीक है। उसी 'बूट' ने जलियाँवाला बाग़ में भीषण नरमेध किया और उसी ने भारतीय स्वातन्त्र्य आन्दोलन से जुड़े कई युवकों को बूट तले लगी कीलों से कुचल डाला।

वस्तुतः इतिहास सत्ताधीशों की इच्छा के अनुरूप ही स्वयं को गढ़ता है; जबकि जय का स्पष्ट मानना है कि अगर किसी सभ्यता का भौतिक इतिहास जानना है और सैद्धान्तिक विकास से परिचित होना है यह कला एवं संस्कृति के माध्यम से ही सम्भव है।

संवेदनशील होने के साथ ही जय झरोटिया एक अध्ययनशील रचनाकार रहे। उन्होंने भारतीय साहित्य और सांस्कृतिक चिन्तनधारा को आत्मसात् किया था। कबीर और विवेकानन्द का उन पर विशेष प्रभाव रहा है। समकालीन होने के साथ वे चिरकालीन मूल्य-मर्यादा को जीवन एवं सृजन में सम्माननीय स्थान देते रहे। इसलिए उनके चित्रों में विरूपता के बावजूद विकृति नहीं आयी। आधुनिक जीवन की विषमता, विडम्बना और विरूपता को चित्रित करने के लिए उन्होंने जिस पात्र को कई प्रकार और अनेकों बार प्रतिरूपित किया वह है, सर्कस का जोकर। वह अपने छोटे-से दायरे में रहकर भी, कभी अपनी हरक़तों और करतबों से, कभी हँसी और रुदन से, अपना ही मज़ाक़ उड़ाता सबका जी बहलाता रहता है। वह अपने रंगीन झिंगोले और अनोखी वेशभूषा में क्रूर यथार्थ, व्यक्तिगत एवं सामाजिक सम्बन्धों की कटुता और समय की कुटिलता को, सबके साथ हँसते-हँसाते पी जाना चाहता है। जय झरोटिया ने इस परिचित पात्र को अपना प्रतिनिधि बनाकर अपने कैनवस में प्रमुखता से चित्रित किया।

जय झरोटिया अत्यन्त कल्पनाप्रवण कलाकार थे। स्वप्न एवं स्मृति की जुगलबन्दी से उनके रूप और रंग का ताना-बाना बुना जाता है। इसलिए रेखाओं का सन्तुलन और समंजन उनके रेखाचित्रों की विशेषता है। वे गतिपूर्ण हों या स्थिर, अपने लक्ष्य से नहीं भटकतीं। वस्तुगत हो या आत्मगत, चाक्षुष (यथार्थ) हो या अमूर्त—झरोटिया अपनी विषयवस्तु पर गहरी पकड़ बनाये रखने के बावजूद, किसी अव्यक्त कथन या अदृश्य की ओर संकेतित करते हैं। इसलिए उनका कैनवस स्थिर होता हुआ भी, चित्रित पात्रों और स्थितियों के कारण गतिशील बना रहता है। यह सब उनके मनोभाव और उनके कौतुकपरक कैनवस के बीच हुए अबूझ संवाद से सम्पन्न होता है। कहना न होगा, हमारे समय के एक वरिष्ठ कलाकार जय झरोटिया ने एक निजी लेकिन व्यंजक कला भाषा आविष्कृत की है।

इसलिए जय झरोटिया के पटलों पर रंगों का अनुयोग उनकी संवेदना और भावावेगों से तय होता है। रंगों को सहादर मानने वाले और उनके चित्रों में एक प्रकार की रहस्यमयता उत्पन्न करने वाले रंग प्रयोग, अपने निर्दिष्ट व्यवहार से परे जाकर विन्यस्त होते हैं। इसे उदाहृत करते हुए, जय कहते हैं—"लाल रंग का प्रतीक है प्यार पैशन (Passion), उग्रता आदि। यथा, गुलाब लाल होता है, जो पूर्व-निर्दिष्ट, व्यावहारिक दृष्टिकोण से प्रेम का प्रतीक माना जाता है, परन्तु गुलाब मेरी छवियों में हरा भी हो सकता है और आदमी नीला भी हो सकता है। यह सब मैं अपनी संवेदना से तय करता हूँ। उनकी भौतिक छवि मुझे अधिक प्रभावित नहीं करती, जितना कि उनके चारों ओर बुना गया रहस्य का ताना-बाना।... और जब मुझे आवश्यकता जान पड़ती है तो मैं कई बार रंगों के समन्वय को भी तोड़ता हूँ।"

चित्रों में रहस्यवादी प्रयोग करते हुए जय ने अपने रूपाकारों के ताने-बाने को भी नया प्रारूप दिया। हालाँकि उनके लिए रूप यानी आकार की अहमियत बहुत अधिक रही है। आकार ही उनकी दृष्टि में कल्पना का सीधा रूपान्तरण है। अन्य अंग या अनुषंग इसके सहचर हैं। ये सब उनकी कल्पना को उर्वर बनाते हैं। उन्हें पंख देते हैं।

यही कारण है कि एक सर्जक के नाते वे किसी व्यक्ति के सिर पर पेड़ उगा सकते हैं। उनकी आकृतियों में उल्लू या मछली के सिर आदमी की तरह या आदमी का सिर बैल के सिर की जगह ले सकता है।

जय झरोटिया ने यथार्थमूलक चित्रों से अपनी कला यात्रा शुरू की थी। यह इसलिए भी आवश्यक था कि इनकी सीमाओं को समझा जा सके। उनकी समझ में जल्दी ही आ गया था कि व्यक्ति और प्रकृति के स्वभाव और रचाव को यथावत् अनुकृत करना सम्भव नहीं। प्रकृति की अनुकृति या प्रतिकृति कलाभ्यास अथवा फ़ोटोग्राफ़ी का विषय हो सकता है। एक संवेदनशील चित्रकार के लिए यह न तो सम्भव है और न आवश्यक। उनके लिए सृजन का अर्थ है—कृति का पुनर्जन्म, क्योंकि वह सबसे पहले रचनाकार के मानस में बीजावस्था में उपस्थित होता है। बाद में अपने आप, यानी कोई आकार रचते हुए, चित्राकाश तक छा जाता है। जय झरोटिया के असंख्य चित्रांकन एवं रेखांकन उनकी इसी सोच और प्रौढ़ चिन्तन से सृजित निर्मितियाँ हैं, जो उनके पटल या कैनवस की सीमाओं को अस्वीकार करती रहीं।

जय झरोटिया ने जीवन की तमाम विरूपताओं में भी, इसकी सुन्दर सम्भावनाओं को देखा-परखा और रचा है। दरअसल वे इसके यथार्थ का सन्धान कर उसे अपनी निर्मितियों में साकार करने का प्रयास करते रहे। इस कार्य में उन्होंने विषयानुरूप कई चित्र-शृंखला को सृजित किया। उनकी चर्चित चित्र-शृंखला में 'बैल', 'चिड़िया', 'स्वप्न', 'रहस्य', 'संवाद', 'जिमनास्ट' के अलावा कवि सौमित्र मोहन की लम्बी कविता 'लुकमान अली' भी शामिल हैं।

उन्होंने समय-समय पर कई चित्र-शृंखलाओं पर कार्य किया। इसके पूर्व वे किसी विशेष विषय के लिए पर्याप्त रेखांकन आदि किया करते थे। 'माँ और शिशु', 'क़ैदी', 'नायिका', 'डांसिंग हॉर्स', 'पेपर बोट्स' आदि चित्र-शृंखला में यथार्थ के साथ एक स्वप्नजीवी चित्रकार के 'विज़न' को देखा जा सकता है। उनके बिम्ब आसानी से पकड़ में नहीं आते। हालाँकि वे हमारी आँखों के सामने कभी स्थिर तो कभी तिरते नज़र आते हैं। वस्तुतः (?) वे उनकी सुचिन्तित अवधारणाओं से प्रसूत हैं।

उनकी 'चिड़िया' शृंखला के चित्रों में प्रयोगशीलता के साथ गतिशीलता का अद्भुत समन्वय देखा जा सकता है। 'बैल' शृंखला के चित्रों में त्वरित एवं सुदृढ़ रेखाओं के द्वारा झरोटिया ने अपने उद्देश्य को सार्थकता प्रदान की है। उनकी रेखाओं और रंगों की यात्रा अमूर्तन से शुरू होती है। अपनी आकारिकता को सँजोए रखने के बावजूद उन्होंने उन रेखाओं को एक ओर भले ही निर्बन्ध छोड़ दिया हो, लेकिन दूसरी ओर उन्हें निरंकुश नहीं होने देते। इसलिए उनकी निर्मितियाँ अपनी गत्यात्मकता के साथ कैनवस पर अपनी केन्द्रीयता भी बनाये रखती हैं। इस बात के लिए भी झरोटिया की प्रशंसा की जाती है कि वे रेखाओं एवं रंगों के अनावश्यक या अतिरेकपूर्ण व्यवहार से बचते हैं। उनकी यह मितव्ययता 'मिनिमल आर्ट' का ही एक प्रारूप है।

साहित्य के प्रति अपनी विशेष रुचि के कारण झरोटिया ने कविताएँ भी रची हैं। अपने कवि मित्र सौमित्र मोहन की चर्चित (एवं विवादास्पद) कविता 'लुकमान अली' को केन्द्र में रखकर उन्होंने जो चित्र-शृंखला तैयार की थी, उसने काफ़ी प्रशंसा अर्जित की। कविता में निहित विवरण और वक्तव्य की रक्षा करने के साथ इस चितेरे ने उसके मर्म की एक समानान्तर उपव्याख्या भी की थी। 'लुकमान अली' के निहितार्थ और बिम्बों की उन्होंने कुछ समय पहले सृजनात्मक पुनर्व्याख्या की।

एक अवसर पर सौमित्र मोहन और जय झरोटिया के साथ हुई अनौपचारिक बातचीत के दौरान मुझे यह जान पड़ा कि कोई भी सार्थक सर्जना समसामयिक प्रश्नों एवं सन्दर्भों से बार-बार टकराती हुई, संवाद कर सकती है। कृति के साथ तभी कृतिकार की भूमिका सार्थक होती है।

झरोटिया ने अपनी लम्बी सृजन कार्यावधि में पेन और स्याही से सामाजिक जीवन से जुड़े चित्र उकेरे हैं। साथ ही, जलरंगों के प्रयोग के साथ मिश्रित रंगों से 'कोलाज़' भी तैयार किये। उनकी बहुविध कृतियों में, अलग-अलग कालखण्डों में, उनके द्वारा विशिष्ट कला-पद्धतियों के प्रवर्तन और प्रयुक्ति को अपनाने की प्रवृत्ति देखी जा सकती है लेकिन प्राच्य या पाश्चात्य का दबाव हो या फिर 'मिनिएचर' पेंटिंग के प्रति आग्रह—वे कभी एक जगह नहीं ठहरे।

अपनी कार्य पद्धति में आरम्भ से ही ड्राइंग करने के नियमित अभ्यासी जय झरोटिया ने स्केचबुक में रेखांकन के अलावा विभिन्न माध्यमों—यहाँ तक कि पत्रों, आमन्त्रण कार्ड और लिफ़ाफ़ों पर भी ड्राइंग किया था। वे आजीवन दिल्ली में रहकर कला-साधना में सक्रिय रहे। कई साहित्यिक पत्र-पत्रिकाओं के लिए रेखांकन के साथ वे पुस्तकों के आवरण चित्र भी बनाते रहे। इसका तत्काल लाभ उन्हें यह भी मिलता रहा कि किसी वस्तु विशेष को वे बाद में चित्र का रूप देते रहे।

उनका मानना था "मैं अपनी अब तक की यात्रा में सबसे ज़्यादा 'रूप' को अहमियत देता हूँ। 'रूप' यानी आकार (फ़ॉर्म) मेरे लिए बहुत महत्त्वपूर्ण है। कलाकृति में कई चीज़ों का समावेश होता है, जिसमें रूपाकार सर्वाधिक महत्त्वपूर्ण हो जाता है, क्योंकि वह आपकी कल्पना का सीधा रूपान्तरण है। बाकी सभी अंग इसके सहोदर की भाँति कार्य करते हैं।"

जय चूँकि लम्बे समय तक कला शिक्षण से जुड़े रहे, इसलिए कला संस्थानों में विचार पक्ष के साथ, आधुनिक कला बोध एवं व्यवहार पक्ष के तालमेल पर ज़ोर देते रहे। वे कला प्रणयन के साथ-साथ कला प्रशिक्षण में परिवर्तन के पक्षधर रहे। उन्होंने अपने जीवन में आये बदलावों के कारण अपने प्रिय और प्रेरक चित्रकारों एवं कलाकारों से प्रभावित होने की बात भी स्वीकारी है। इनमें पॉल क्ली, शागाल, पिकासो, मोदिग्लियानी, रेम्ब्रां, मातीस, ब्रांकुसी और हेनरी तो हैं ही, रवीन्द्रनाथ ठाकुर, अमृता शेरगिल आदि भी उनकी पसन्द वाली सूची में रहे। बशोली कलाशैली में बने चित्रों के वे अनन्य प्रशंसक थे।

27 मार्च, 2021 को उनका निधन कला जगत और उनके मित्रों को गहरे अवसाद से भर गया।

सुधीर पटवर्धन
(1949)

13 जनवरी, 1949 में पुणे में जन्मे सुधीर पटवर्धन की आरम्भ से ही जन सामान्य के जीवन के अंकन में रुचि थी। वे यह देखकर हैरान होते थे कि निरन्तर फैलते जा रहे महानगरों में मामूली लोगों की ज़िन्दगी लगातार कठिन हो रही है। और इसलिए उनकी नज़र बम्बई के आसपास के उपनगरों, विशेषकर औद्योगिक बंजर भूमि की ओर गयी, जहाँ वे उनके लिए कहीं कोई ठौर ढूँढ़ते हैं। बम्बई के ईरानी रेस्त्राँ, रेलवे प्लेटफ़ॉर्म, ट्रेन, पोखरन (इलाक़ा) तथा भीड़भरे नुक्कड़ों में अपने लिए कोई गुंजाइश ढूँढ़ते नज़र आते हैं। लोअर परेल, उल्हासनगर आदि स्थानों में दूर दिगन्त तक उनके चित्र विभिन्न दिशाओं में फैले नज़र आते हैं। विशेषकर, 'उल्हासनगर' शीर्षक चित्र, जो दूर तक फैले दृश्य की दमघोंट निस्तब्धता को दर्शाता है और एक नये उपनगरीय निर्माण के साथ मनुष्य को विस्थापित करता जाता है। यह वैश्विक (Global) दानव का साम्राज्य है, जो लगातार फैलता जा रहा है।

सुधीर पटवर्धन पेशे से एक सुप्रसिद्ध डॉक्टर हैं, एक्स-रे विशेषज्ञ। डॉक्टरी पेशे के बावजूद वे अपने समकालीन परिदृश्य से सम्बद्ध रहे हैं। विवान सुन्दरम्, नलिनी मालिनी आदि के साथ उन्होंने 1979 में भोपाल में आयोजित चित्र प्रदर्शनी में भाग लिया था। यहाँ उन्होंने अपनी निर्मितियों से सबका ध्यान आकृष्ट किया और बाद में, 1981 में दिल्ली में लगी चित्र प्रदर्शनी में भी उनकी भागीदारी को सराहा गया।

पटवर्धन के चित्र मानवाकार होते हैं—रूपाधारित, लेकिन उनकी संरचना उनकी निजी शैली से जुड़ी है। इसमें शारीरिक बनावट—अस्थि, मज्जा, मांसपेशियाँ और शिरा-उपशिरा की उपस्थिति भी देखी जा सकती है। इन रूपाकारों को वे बड़ी कुशलता से संयोजित करते हैं। इन्हीं विशेषताओं के चलते उन्हें बड़ौदा स्कूल से जोड़ा जाता रहा है, जिसमें रूप की सत्ता बनी रहती है। लेकिन उनकी आकृतिमूलक संरचनाओं में भी, शरीरगत सीमाओं से परे, चित्रकार के मनोगत भाव या मर्म तक अवश्य ही पहुँचा जा सकता है। हालाँकि उनकी इस भाव संलग्नता में निजी स्वेच्छाचारिता भी शामिल हो गयी है। यह तैयारी उनके एक और समकालीन चित्रकार भूपेन खख्खर में देखी जा सकती है, जिन्होंने पॉप ऑर्ट को भारतीय जामा पहनाने की पहल की थी। यह कामप्रवणता एक सीमा तक पटवर्धन में भी देखी जा सकती है। साथ ही, उनके चित्रों में मूल या अमिश्रित रंग का विनियोग, जो बड़ौदा घराने की ख़ूबी रही है, लक्ष्य किया जा सकता है।

'नीला ट्रक' शीर्षक उनका चित्र बेहद चर्चित रहा है। एक्रिलिक और तैलरंग से निर्मित इस चित्र में पीछे गाढ़े लाल रंग के फाटक वाला एक गोदाम है। सामने मंच-सरीखी एक ऊँची जगह पर एक मेज़ है और बगल में छोटा-सा रेस्त्राँ। ट्रक और मेज़ के बीच एक मज़दूर खड़ा है, असमंजस में। उसकी स्थिति, गतिविधि और नियति उसे कहीं किसी नामालूम ज़ंजीर से बाँधे हुई है—लेकिन बावजूद इसके, आत्मविश्वास से भरी उसकी भंगिमा स्पष्ट बता रही है कि उसे अपनी राह मालूम है। लेकिन वह ट्रक की तरह अपनी मंज़िल नहीं तय कर सकता।

सुधीर पटवर्धन के बारे में सुप्रसिद्ध चित्रकार प्रभाकर कोलते की एक टिप्पणी उन्हें समझने में हमारी सहायता कर सकती है। वे कहते हैं—"पटवर्धन एक स्वतन्त्र व्यक्ति के रूप में महान हैं—पर जब वे किसी स्कूल ऑफ़ थॉट के प्रभाव में रचना करने लगते हैं, तब उनकी सृजनशीलता सीमित हो जाती है। बीच के दिनों में मुझे उनके चित्र बहुत अच्छे लगते थे। ठाणे में आयी बाढ़ के बाद वाला चित्र, जिसमें एक आदमी टी.वी. हाथ में पकड़े पानी से गुज़र रहा है... उल्हासनगर के प्रदूषणयुक्त पानी का वह चित्र... बच्चे को गोद में लिए बैठी उस माँ का चित्र... उसे मैं भूल ही नहीं सकता। पर उसके बाद के जो चित्र हैं, वे गीव पटेल, बड़ौदा स्कूल वालो... या नेरेटिविज़्म के लिए, जो लेफ़्टिस्ट नहीं हैं, ऐसे लोगों के लिए बने प्रतीत होते हैं। पटवर्धन के लिए बने नहीं प्रतीत होते।"[1] हालाँकि पटवर्धन ने यह स्वीकार किया है कि मुझे के. एच. आरा से प्रेरणा मिलती रही है, जर्मनी में जन्मे और फले-फूले अभिव्यंजनावाद से नहीं।

पिछले कई वर्षों में आँके गये सुधीर पटवर्धन के चित्र विभिन्न विषयों से समृद्ध और चारों दिशाओं में फैले हुए हैं। उनके रचना सरोकार भी बीतते समय के साथ, क्रमशः विस्तृत और परिपक्व होते चले गये हैं। उनके कार्यों को कलाविदों द्वारा तीन चरणों में बाँटा गया है—1975 से 85; 1986-96 और 1997 से आगे।

आरम्भिक चरण के दौरान पटवर्धन ने श्रमिक लोगों के बलिष्ठ एवं पुष्ट शरीर को चित्रित किया था। चौड़े मज़बूत कन्धे, नाटा क़द, कसी मांसपेशियों वाले आयताकार लोग, जो बोझ ढोते हैं, पसीना बहाते हैं और ज़िन्दगी का बोझ भी उठाते हैं और किसी भी मुसीबत का सामना करने को तैयार रहते हैं। 'उत्सव' (Ceremony, 1984) में ऐसी आकृतियों का सघन संयोजन देखा जा सकता है। यहाँ शामियाना लगाने के लिए कुछ लोग व्यस्त हैं और ऊपर आकाश में उड़ता कौवा इसे बेहद रोचक बनाता है। यहाँ कई मुद्रा में लोग खड़े हैं—झुके, सीधे, खड़े, खम्भे से टिके और ऊपर ताकते।

इसी तरह 'नुक्कड़' शीर्षक चित्र में अलग-अलग चार-पाँच फ्रेम आपस में जुड़े हैं, जिसमें घर के अन्दर-बाहर का दृश्य, बस के पिछले हिस्से में बैठे ऊँघते-सोते मुसाफ़िर, एक स्कूटर पर सवार पति-पत्नी, रसोई घर का एक हिस्सा और हवाई चप्पल पहने एक युवक का सड़क पार करना और बीच में खड़ा लैम्प पोस्ट हमारे आम जीवन का हिस्सा ही प्रतीत होता है। रंगों का बेहद कुशल प्रयोग इस चित्र को विशिष्ट बना देता है। इस दौर का बना 'नल्लाह' (Nullah) चित्र भी अपने विहंगम संयोजन के चलते इस रचनावधि का विशिष्ट आकर्षण बन गया था।

उक्त चित्र के दो हिस्से हैं। ऊपर अर्धांश में बंजर पहाड़ियाँ फैली हैं, जिन पर आधा चाँद उगा हुआ है। नीचे घर और कारख़ाने (वर्कशेड) की चिमनी से धुआँ निकल रहा है। नीचे ऑटो रिक्शे दीख रहे हैं। नाले या नहर के पानी में कुछ आकृतियाँ नहाने की तैयारी में हैं और सामने हैं, बादामी स्तम्भों पर खड़े चौकोर निर्माण। किरमिची ईंटों के उस पार केले के पेड़ के नीचे दो लोग क्यारी बना रहे हैं ताकि किसी भी सूरत में प्रकृति और हरियाली बची रहे। ऐसे संश्लिष्ट दृश्यों में सन्तुलन बनाये रखना चित्रकार से अतिरिक्त सावधानी के साथ धैर्य की भी माँग करता है। साथ ही, उसके चित्राशय की।

पटवर्धन ने परवर्ती दौर में अपने आपको उन भू-दृश्यों के अंकन में खपा दिया था, जो अब धीरे-धीरे अपरिचित होते जा रहे हैं। प्राकृतिक क्षेत्र—किसी भी बहाने औद्योगिक क्षेत्र में तब्दील किये जा रहे हैं। पटवर्धन ने उन तमाम बदलावों को अपने चित्रों में उकेरा है—कहीं कारोबारी गतिविधि चल रही है तो कहीं निर्माण कार्य, कहीं दीवारें उठाई जा रही हैं तो कहीं आनुष्ठानिक पूजा-पाठ भी हो रहे हैं—जीवन भले ही कितना असुरक्षित और असहाय हो। 'स्मृति' इसका बेहतर उदाहरण है। गंदुमी और धूसर क्षेत्र में सुदूर फैले ऊँचे-नीचे स्थान में पानी टंकी, पत्र-पेटी, नये निर्माण, बाड़, सड़कें, पेड़ सभी अपनी स्वाभाविक स्थिति के साथ उपस्थित हैं। चितेरे ने सबको उसमें स्थान दिया है। 'पोखरन' (1991) में अवश्य ही काले एवं मिश्रित रंगों के कारण चित्र बेहद सघन हो उठा है, हालाँकि सड़क और खुली जगह या हल्के और फीके रंग आँखों को राहत देते हैं। नये निर्माण पुराने निर्माण को ढहाकर किस क़दर आक्रामक हो जाते हैं—यह रंगों के प्रयोग से भी स्पष्ट है।

इस दौर में उन्होंने कुछ प्रतिकृतियाँ भी बनायीं और कुछ आत्मीय चित्र भी। 'क्लिनिक' (1989) में हाथ पर प्लास्टर चढ़े एक बालक को गोद लिए और फिर गाल सहलाती माँ (महिला) के दो चित्रांकन इसके उदाहरण हैं। 'बाढ़' तथा 'परिवार' (1991) विषय पर पानी में फँसे माँ-बाप-बालक और टीवी उठाये व्यक्ति और कहीं से पीने का पानी लाते व्यक्ति के ये चित्र बेहद प्रभावी हैं। रोज़मर्रे वाले ये चित्र, आपाधापी या दंगा (1996) में लोगों की मुद्रा को अतिरिक्त प्रभावी बनाते रंग—पोस्टरनुमा जान पड़ते हैं, ताकि उनकी मुद्राओं को अधिक मुखर बनाया जा सके।

अपने तीसरे चरण में, जो कि निश्चय ही अन्तिम नहीं है, पटवर्धन ने मानवाकारों की उपस्थिति को लगभग गौण बना दिया है। इस दौर में बने उनके चित्र इस तथ्य के सूचक हैं कि कैसे हम लोग आसपास की दुनिया में अन्धाधुन्ध निर्माण के नाम पर अपनी 'भूमि' ही नहीं, भूमिका को भी समाप्त कर रहे हैं। लेकिन पटवर्धन अपने भू-दृश्यों द्वारा सम्भवतः उसकी उर्वरता का आह्वान करना चाहते हैं। उनके कई चित्रों में इसके संकेत स्पष्ट हैं। इसी क्रम में उनके कुछ चित्रों का उल्लेख आवश्यक है, जिनके शीर्षक हैं—'साधु और लोग', और 'नैतिक सलाह' (1998)। दूसरे चित्र में एक आदमी अपनी स्त्री को नंगा कर उसके बाल खींच रहा है, एक जज हाथ उठाये खड़ा है तो एक आदमी साइकिल पर सवार हो, सम्भवतः कोर्ट जा रहा है।

पटवर्धन के कुछ मोज़ेकनुमा अलंकरण भी द्रष्टव्य हैं–'स्टडी' (Study), 'चेहरा'(Face), 'नींद' (Sleep), 'अनूठा विषय', 'शक' (1998), 'पतझड़' आदि। इनमें से कुछेक चित्र प्रतीकात्मक हैं। जैसे कि एक चिड़िया विहंगम परिदृश्य में उड़ रही है। कुछ व्यक्तिगत चित्र–जैसे 'लोअर परेल' (का दृश्य) और 'स्नानकर्ता' (2001) आदि के साथ 'उल्हास नगर' (2011) शीर्षक वाला चित्र चार फ्रेमों तक फैला है और एक नालेनुमा नदी के साथ, मकानों, सीवर लाइन, कारख़ानों और श्रमिक बस्तियों तक बहता चला गया है। चित्र के बीच एक निरीह मानव आकृति खड़ी है–और एक तरफ़ अन्त में बची-खुची ज़मीन पर खेती करता किसान दीख रहा है। साथ ही, नहर में नये निर्माण की ठहरी हुई परछाइयाँ भी चित्र की दृश्यात्मकता को और प्रभावी बना देती हैं। पिता-पुत्र (2003) वाला एक चित्र अत्यन्त मार्मिक दृश्य उपस्थित करता है। इसमें सिर्फ़ पिता की पीठ ही दिखाई दे रही है। उसके हाथों में एक बच्चा (सम्भवतः मृत) पड़ा है–बिना किसी मुद्रा के यह चित्र अपनी अभिव्यंजक संरचना में बेजोड़ है। ऐसे चित्र किसी विवरण या व्याख्या की अपेक्षा नहीं रखते।

पटवर्धन ने 'टेराकोटा' विधा में भी हाथ आज़माया है और उन्होंने ढेरों मुखाकृतियाँ तैयार की हैं। यह उनका एक दूसरी विधा में स्वागतयोग्य क़दम ही है।

सन्दर्भ

1. *कला भारती,* खण्ड एक, पृ. 216-217

अर्पणा कौर
(1954)

अर्पणा कौर के रचना कर्म को उसकी निजता से अलग कर नहीं देखा जा सकता। यह निजता उसकी वैचारिक प्रतिबद्धता से भी सम्बद्ध रही है। इसे कलाकार के व्यक्तिगत राग-द्वेष से नहीं जोड़ा जा सकता बल्कि विषय चयन से सम्बद्ध उसकी प्राथमिकता से तय होता है। इसके बाद ही चित्रांकन से सम्बन्धित दूसरी औपचारिकताओं के बारे में सर्जक स्वयं इसकी दिशा तय करता है। यह सब (अर्पणा कौर के विशेष सन्दर्भ में) उसके चित्र का माध्यम हो, रंग संयोजन हो, अंकन प्रविधि और 'मिशन' हो, कभी-कभी वक्तव्य प्रतीत होता है।

अर्पणा ही नहीं, आधुनिक दौर में, विशेषकर 1970-71 के बाद से ही कैनवस के 'कन्टेंट' और 'कमेंट' को लेकर बहस शुरू हो गयी थी कि कलाकार की सोच और समझ पर किसी तरह की पाबन्दी और अंकुश की ज़रूरत है या नहीं? दूसरे, क्या वह एक फ़ोटोग्राफ़र या पत्रकार की तरह ही अपने चित्रों को किसी 'नैरेटिव', 'स्टेटमेंट' यहाँ तक कि नारे में, या 'पेंटिंग' को 'पिक्चर' में और फिर पोस्टर में बदल दे। किसी भी कलाकार का उद्देश्य होता है अपने माध्यम का सार्थक और सर्वश्रेष्ठ उपयोग। अगर कोई चित्र किसी घटना की 'रिपोर्टिंग' जान पड़े तो यह निश्चय ही कलाकार की असफलता मानी जायेगी। लेकिन दूसरी तरफ़ कोई भी कलाकार अपने देशकाल और सामाजिक दायित्व से बच नहीं सकता और उसे अपना सरोकार अपने माध्यम द्वारा जताना पड़ता है। चित्रण में सामयिक या तात्कालिक रेखांकन या चित्रांकन से वह निश्चय ही सुर्ख़ियाँ बटोरता है लेकिन जब तक कोई घटना या वस्तुस्थिति उसकी संवेदना या अनुभव का हिस्सा नहीं बनती तो, वह 'ओपिनियन' की सीमा से आगे नहीं बढ़ पाती। बल्कि ऐसे प्रसंग जब किसी सर्जक की स्मृति या कलाकृति का हिस्सा बनकर या उसमें रच-बसकर; दूसरे शब्दों में, पुनर्जीवित होते हैं तो वे कहीं अधिक मारक और प्रभावी होते हैं।

अर्पणा के एक चित्र का हवाला अक्सर दिया जाता है, जिसमें एक वृक्ष का आभास देता आकार, आकाश के सघन बादलों में खो गया है। चित्र में बायीं ओर ऊपर एक स्त्री शास्त्रीय गायन की मुद्रा में बैठी है। उसके हाथ-पैर बेडौल ढंग से चित्रित हैं और उसकी साड़ी का एक सिरा कन्धे के ऊपर से होता हुआ झरने की शक्ल में नीचे बह रहा है। इस राग-निर्झर को, चित्र में दायीं ओर बैठी एक बेहद काली स्त्री बहुत बड़ी कैंची से काट रही है। शायद वह संगीत, जीवन राग, वनस्पति या मेघ

से बरसती जलधारा को काट देना चाहती है। सम्भव है, चित्रकार यहाँ उन अपशक्तियों या प्रतिकूल स्थितियों का संकेत देना चाहती हो, जो जीवन-प्रवाह में बाधक होती हैं।

अर्पणा के चित्रों के रूपाकार अक्सर विभाजित और विषमकोणीय ढंग से उकेरे जाते हैं। बहुत सम्भव है वह लगातार विषम और विद्रूप होती जाती स्थितियों को संकेतित करना चाहती हो। महानगरों में स्त्रियों पर बढ़ती हिंसा और स्वयं उनका आत्मसंघर्ष उनके कैनवस में मुखर हुआ है। 'आतंकित नगर' (Threatened City) में यह संत्रास और भी सघन हो गया है। स्त्री के अस्तित्व को चिन्दी-चिन्दी करने वाली ताक़तों को ऐसे कई चित्रों में देखा जा सकता है। कहीं इसे रूईनुमा झीने आकार या आवरण द्वारा या फिर उसके आद्य प्रारूप (Prototype) में बदलाव कर। खुद को काट-बाँटकर भी स्त्री सुरक्षित नहीं क्योंकि कई अदृश्य कैंचियाँ उसके तन-मन और पहचान के टुकड़े करती रहती हैं। 'सीमाएँ' (बाउंडरीज़) और ऐसी ही कृतियाँ, चाहे उनके शीर्षक हों या न हों—दोहराव (उकताहट की हद तक) के बावजूद, विभिन्न प्रतीकों द्वारा इस संकट को चित्रित करती रही हैं।

हमें यहाँ यह नहीं भूलना चाहिए कि अर्पणा कौर की माँ अजीत कौर पंजाबी की सुप्रसिद्ध लेखिका हैं और स्वाभाविक है कि अर्पणा के कैनवस में स्त्री-अस्मिता और मानवीय संवेदनशीलता का गहरा पुट हो। इसलिए 1984 में, दिल्ली और आसपास फैले दंगे पर आधारित अर्पणा की चित्र-शृंखला 'वर्ल्ड गोज़ ऑन' में बदहवास हिंसक भीड़ और अभिशप्त तथा दंगाग्रस्त लोगों का चित्रण पूरी संवेदना और आत्मीयता से किया गया है। इसी प्रकार हिरोशिमा और नागासाकी पर अमानवीय एवं जघन्य आणविक हमले में हुए नरसंहार की 50वीं वर्षगाँठ की दुःखद घड़ी की स्मृति में 1995 में, अर्पणा द्वारा चित्रित 'कहाँ गये वे सारे फूल' में एक संवेदनशील कलाकार की स्वाभाविक प्रतिबद्धता देखी जा सकती है। "यहाँ नारेबाज़ी नहीं है, बल्कि सहज रूप से मानवीय जीवन मूल्यों का रचनात्मक प्रतीक बनी, एक नीली नदी धारा और उसमें खिले हुए गुलाबी सफ़ेद फूलों और हरे पत्तों से। इस नदी की धारा को छूती हुई एक फूल की पंखुड़ी बन्दूक़धारियों से भरे-पूरे कैनवस के बीच के सम्पूर्ण हिस्से को तोड़ती हुई नज़र आती है।"[1]

अर्पणा द्वारा अंकित ऐसे चित्रों की व्याख्या अलग ढंग से भी की जा सकती है और यहाँ यह ज़रूरी नहीं कि किसी कला समीक्षक की दृष्टि कलाकार के आशय के अनुकूल या अनुरूप ही हो। मसलन, 'सैनिक की माँ' (सोल्ज़र्स मदर) की बेबस माँ की आँखों से बहती अश्रुधारा गहरे लाल और काले और धूसर धब्बों की पृष्ठभूमि में बह रही है। यहाँ उसे एक 'नीलकर्ण चेतना के रूप में जीवन प्रवाह' से जोड़कर देखा गया है। इस नग्नप्राय स्त्री देह से मानो सैनिक की आत्मा जगह-जगह चिपकी हुई है। जबकि कला समीक्षक गायत्री सिन्हा के अनुसार, "इस संवेदना को (*ऋग्वेद* के सन्दर्भ में) कलाकार किसी इरोटिक आग्रह से स्त्री को नग्न रूप में नहीं देख रही बल्कि यहाँ अदिति के आठ पुत्र उसके शरीर से जन्म ले रहे हैं और यह 'शक्तिरूपेण संस्थिता स्त्री' पूरी तरह युद्ध से आक्रान्त लगती है।"[2]

वृन्दावन की विधवाओं का चित्रण करनेवाली अर्पणा की चित्र-शृंखला 'द विडोज़ ऑफ़ वृन्दावन' उस अकथ, अमानवीय, अदृष्ट और अन्तर्मुखी पीड़ा को अभिव्यक्त करती है, जिसे वहाँ की विधवाएँ नियति मानकर स्वीकार कर लेती हैं। आहार और आश्रय के सिवा उनको जीवन में जो कुछ हासिल है—

वह केवल छलावा है, इसे चाहे कीर्तन-भजन या पूजा-पाठ, जो भी नाम दें। इसलिए अर्पणा के कई चित्र दुःस्वप्न के पर्याय लगते हैं और एक सहृदय दर्शक को विचलित करते हैं।

अर्पणा की 'वृन्दावन की विधवा' शृंखला के कई चित्र अत्यन्त मर्मस्पर्शी हैं और इनमें विधवाओं की देहाकृतियों का संयोजन भी तिर्यक् की अपेक्षा क्षैतिज या रैखिक है। ऐसे ही, एक चित्र में बायीं ओर मुँह उठाये तीन विधवाएँ आकाश तक रही हैं—जहाँ बेडौल पेड़ों की फुनगियों के ऊपर पीठ किये कृष्ण वंशी बजाते दीख रहे हैं। नीचे जमुना के नीले जल में लहरें उठ-गिर रही हैं और पेड़ों की बेतरतीब डालों पर उगे पत्ते इन विधवाओं की अन्तर्ज्वाला को प्रतीकित कर रहे हैं। चित्र का ऊपरी हिस्सा हरे, भूरे और गंदुमी रंगों से पटा है—सफ़ेद वस्त्र पहनी विधवाएँ कठपुतली-जैसी दीख रही हैं। इनमें से पहली विधवा का एक हाथ ऊपर उठा हुआ है। इनकी याचना से यही प्रतीत होता है कि कृष्ण और जमुना के सिवा उनका कोई अस्तित्व नहीं है।

अस्सी के दशक में ही अर्पणा ने एक चित्र-शृंखला निर्मित की थी, 'मेड सर्वेंट्स' (घरेलू नौकरानियाँ)। इसके कुछ चित्र फ़ैज़ अहमद फ़ैज़ (महान उर्दू शायर और प्रगतिशील समाजकर्मी) ने अपने सम्पादन में निकलने वाली पत्रिका में प्रकाशित किये थे। इनमें से एक चित्र बहुत ही मार्मिक बन पड़ा था, जिसमें एक कमसिन 'मेड सर्वेंट' एक बच्ची को सँभाले हुए है जबकि वह ख़ुद ही एक बच्ची है। लेकिन उसकी मजबूरी और बदक़िस्मती है कि वह किसी और के घर की नौकरानी बनी दूसरे की बच्ची सँभाल रही है और उसकी माँ आराम फ़रमा रही है।

अर्पणा निःसन्देह एक प्रयोगशील चित्रकार रही हैं और पिछले चालीस वर्षों से निरन्तर अपने कला-कर्म के कारण चर्चित और समादृत रही हैं। सामयिक जीवन के सन्दर्भों के साथ अपने रूपाकार निर्माण और बिम्ब योजना के नाते उनके कई चित्र दर्शकों को न केवल दर्शनीय बल्कि कभी-कभी 'पठनीय' भी बना देते हैं। ऐसा इसलिए कि उनके कई चित्र कभी-कभी अपने अतिरेकपूर्ण और आवर्तक विन्यास में मूल कथ्य या मर्म की व्याख्या में फँसकर रह जाते हैं। यह 'अतिकथन' उनके प्रबुद्ध दर्शकों और कला समीक्षकों को कभी-कभी आश्वस्त नहीं कर पाता। जैसे कि यह सवाल—'क्या यह ज़रूरी है कि एक चित्रकृति को एक कहानी की ही तरह बातूनी या वाचाल होना चाहिए?' अर्पणा कौर-जैसे कुछ एक युवा चित्रकार हमें एक ख़ास ढंग के चित्र-गद्य में ले जाते हुए हर बार किसी-न-किसी वैचारिक सन्देश से ही जोड़ना चाहते हैं? प्रश्न है, क्या कोई तैलचित्र निबन्ध हो सकता है?

अर्पणा ने अपनी चित्रांकन शैली में बहुत अधिक परिवर्तन तो नहीं किया लेकिन विषय वैविध्य के साथ उनके प्रयोग-वैविध्य में लगातार परिवर्तन आता गया।

'नरसंहार के बाद' (आफ़्टर द मैसेकर, 1986) में 1984 के दंगों की भयावह पृष्ठभूमि में निर्मित चित्र का उल्लेख यहाँ आवश्यक है, जिसमें एक आहत और सन्तप्त लड़की चित्र के बीचोबीच खड़ी है। उसके एक ओर एक लम्बी मनुष्याकृति पड़ी है और आगे-पीछे मौत का ताण्डव रचा जा रहा है। इसी तरह अर्पणा की 'थ्रेट' शृंखला में भी अमानवीय कृत्यों और पाशविक प्रसंगों के विरुद्ध उनकी प्रतिबद्धता स्पष्ट तौर पर देखी जा सकती है। ऐसी निर्मितियों में वे सम्पूर्ण दृश्य संयोजन को कई ख़ानों में विभाजित करती हैं—कहीं छाया प्रकाश को ध्यान में रखकर तो कहीं विषय की केन्द्रीयता

को ध्यान में रखकर। 'मदारी' (1983), 'ऐसे ही चलता है संसार' (1980) और 'प्रबोधन वृक्ष' (Tree of Enlightenment) में अलग-अलग तौर पर कभी ऊपर-नीचे, कभी तिरछे और कभी मिले-जुले ढंग से कैनवस को विषयानुसार संयोजित एवं विभाजित किया गया है। 'मदारी' में बायीं तरफ़ स्त्री-पुरुष को सफ़ेद और बीच में खिंची मोटी दीवार के उस पार स्याह पृष्ठभूमि में चार स्त्रियों के सिर दिखायी पड़ते हैं, जिन्हें एक पुरुष अत्यन्त विस्मित भाव से देख रहा है और उसकी बाँहों पर एक निर्वसना स्त्री मुँह ढापे खड़ी है। अपने अंकन में अस्पष्ट होता हुआ भी यह चित्र अर्पणा के स्त्री-विषयक आशय को एक नये ढंग से रूपायित करता है। दूसरे चित्र में एक दीवार के बदले एक प्रवाहित नदी चित्र को बीचोबीच काटती चली गयी है। चित्र के सामने, आगे की ओर एक आदमी सड़क पर गिरा है—मूर्च्छित और आहत। नदी के उस पार अतिप्राकृतिक ढंग से कई पर्वताकार और भुतहे ढूह खड़े हैं, उनमें से शाखाएँ भी फूट रही हैं और उनकी पृष्ठभूमि में धुन्ध भरे बादल हैं। यह चित्र दो विषम प्रवृत्तियों का सूचक है और नदी का चौड़ा पाट उनके बीच के अन्तराल को और अधिक विस्तार दे रहा है।

'प्रबोधन वृक्ष' भगवान बुद्ध के परिनिर्वाण के साथ सफ़ेद रंग से अंकित उस बोधिवृक्ष को एक अलग इकाई के रूप में दर्शा रहा है जो पीले, काले और नीले रंग से अंकित बुद्ध के ऊपर छाया है। कैनवस पर तैलरंग से बने इस चित्र में बायीं ओर आग की लपटें, पीले और नारंगी रंग से उकेरी गयी हैं। लाल और काले रंग की पृष्ठभूमि में बुद्ध, वृक्ष और आग की लपटें इकाई के तौर पर अलग-अलग चित्रित हैं एवं ये तीनों ही सृष्टि, ज्ञान और बोधि के प्रतीक हैं। साथ ही, एक सफ़ेद सूत्र के माध्यम से जहाँ तीनों को अलग-अलग दिखाया गया है वहाँ उन्हें परस्पर सम्बद्ध भी बताया गया है।

अपनी सामाजिक प्रतिबद्धता जताते हुए, स्त्री-त्रासदी के चरम रूप को अर्पणा ने अपने अत्यन्त चर्चित चित्र 'निर्भया' में प्रस्तुत किया है। वर्ष 2012 में घटित इस पैशाचिक कुकृत्य में एक युवती के साथ, उसके मित्र के सम्मुख कई युवकों, यहाँ तक कि नाबालिगों ने भी, बलात्कार किया और उसके गुप्तांग को छलनी कर सड़क पर मरने के लिए छोड़ दिया। उक्त चित्र में इसी अमानवीय घटना को उकेरा गया है। किरमिजी लाल पृष्ठभूमि में एक युवती की लाल देहाकृति विभिन्न हथियारों से पटी दिखाई दे रही है। नीचे लघुचित्र शैली में चित्रित एक गाय को बाघ अपना शिकार बना रहा है। गाय के पेट से ख़ून का फ़व्वारा छूट रहा है। पृष्ठभूमि में चित्रित त्रिशूल, गदा, तलवार, कटार, चाक़ू, तोप-तमंचे, धनुष, बन्दूक़, रिवॉल्वर वग़ैरह के सम्मुख 'निर्भया' का क़द इतना बड़ा दिखाया गया है कि तमाम हथियार बौने और बेकार दिखाई दे रहे हैं। 'निर्भया' की देह का ऊपरी भाग पीताभ रंग से चित्रित है और उसके चेहरे का एक पार्श्व और कसा हुआ जूड़ा अर्पणा कौर की एक और चित्र-शृंखला 'योगी और योगिनी' से सम्बद्ध जान पड़ता है।

सन्दर्भ

1. 'कला प्रयोजन-5' (पत्रिका), अशोक आत्रेय का अग्रलेख, जुलाई-सितम्बर, 1996, पृ. 59
2. उपरिवत्, पृ. 61

❐❐

सन्दर्भ ग्रन्थ

हिन्दी

आज की कला—प्रयाग शुक्ल, राजकमल प्रकाशन, नयी दिल्ली, 2007

आधुनिक भारतीय चित्रकला के आधार स्तम्भ—प्रेमचन्द गोस्वामी, राजस्थान हिन्दी ग्रन्थ अकादमी, जयपुर, 1995

आधुनिक भारतीय कला—ज्योतिष जोशी, यश पब्लिकेशन, दिल्ली, 2010

एम.एफ़ हुसेन की कहानी : अपनी ज़ुबानी—वाणी प्रकाशन, नयी दिल्ली, 2002

कलाएँ आसपास—सम्पा. विनोद भारद्वाज, ललित कला अकादेमी, नयी दिल्ली

कला पद्धति—ज्योतिष जोशी, यश पब्लिकेशन, दिल्ली, 2010

कला भारती (दो खण्डों में)—सम्पा. पीयूष दहिया, ललित कला अकादेमी, नयी दिल्ली, 2010

कलाकार और कृति—जगतार जीत, अरावली बुक्स इंटरनेशनल प्रा.लि., दिल्ली, 2005

चार चित्रकार—अशोक मित्र, राजकमल प्रकाशन, नयी दिल्ली, 1975

बृहद् आधुनिक कला कोश—सम्पा. विनोद भारद्वाज, वाणी प्रकाशन, नयी दिल्ली, 2006

बंगाल शैली की चित्रकला—नैन भटनागर/जगदीश चन्द्रिकेश, अनन्य प्रकाशन, दिल्ली, 2001

भारतीय कला के हस्ताक्षर—ज्योतिष जोशी, प्रकाशन विभाग, भारत सरकार, नयी दिल्ली, 2006

भारतीय कला के प्रणेता—शची रानी गुर्टू, इंडिया पब्लिकेशन हाउस, दिल्ली, 1969

भारत की समकालीन कला : एक परिप्रेक्ष्य—प्राणनाथ मागो, नेशनल बुक ट्रस्ट, नयी दिल्ली, 1989

रवीन्द्रनाथ की कला-सृष्टि—रणजीत साहा, प्रकाशन विभाग, भारत सरकार, नयी दिल्ली, 2018

साहचर्य—अजित कुमार दत्त, ललित कला अकादेमी, नयी दिल्ली, 2007

[ललित कला अकादेमी द्वारा हिन्दी में विभिन्न चित्रकारों पर प्रकाशित पुस्तकों (मोनोग्राफ़्स) का उपयोग भी इस पुस्तक में किया गया है। साथ ही, समकालीन कला (हिन्दी) तथा ललित कला कंटेम्परेरी (अंग्रेज़ी) जर्नल से भी सहायता ली गयी है।]

अंग्रेज़ी

Amrita Sher-Gil : A Self Portrait In Letters and Writings–Vivan Sundaram, Tulika Books, New Delhi, 2010

Colours and Canvas–Vinod Bhardwaj, Manshi Publication, Daryaganj, New Delhi

Contemporary Indian Art and Other Realities–R. Shivkumar, Marg Publication, Mumbai, 2012

Historical Development of Contemporary Indian Art (1880-1947)–Ed. Ratan Parimoo and Sandip Sarkar, Lalit Kala Akademi, New Delhi

Indian Horizons (R.N. Tagore Special), Vol. 58, No.-1, Jan-March, 2011, ICCR, New Delhi

Jamini Roy (Seminar Papers), Lalit Kala Akademi, New Dehli, 2010

M.F. Hussain : A Pictorial Tribute–Pradeep Chandra, Niyogi Books, New Delhi, 2012

Manjit Bawa–Ed. Ina Puri, Lalit Kala Akademi, New Delhi, 2010

Moving Focus–K.G. Subramanian, Lalit Kala Akademi, New Delhi, 1978

Nandlal Bose–Centenary Vol., Lalit Kala Akademi, New Delhi, 1983

The Magic of Making–K.G. Subramanian, Seagull Publication, Kolkata, 2007

Yusuf Arakkal : The Man and The Artist–P. Sudhakaran, Lalit Kala Akademi, New Delhi, 2018

Voices of Change : 20 Indian Artist–Gayatri Sinha, The Marg Foundation, Mumbai, 2001

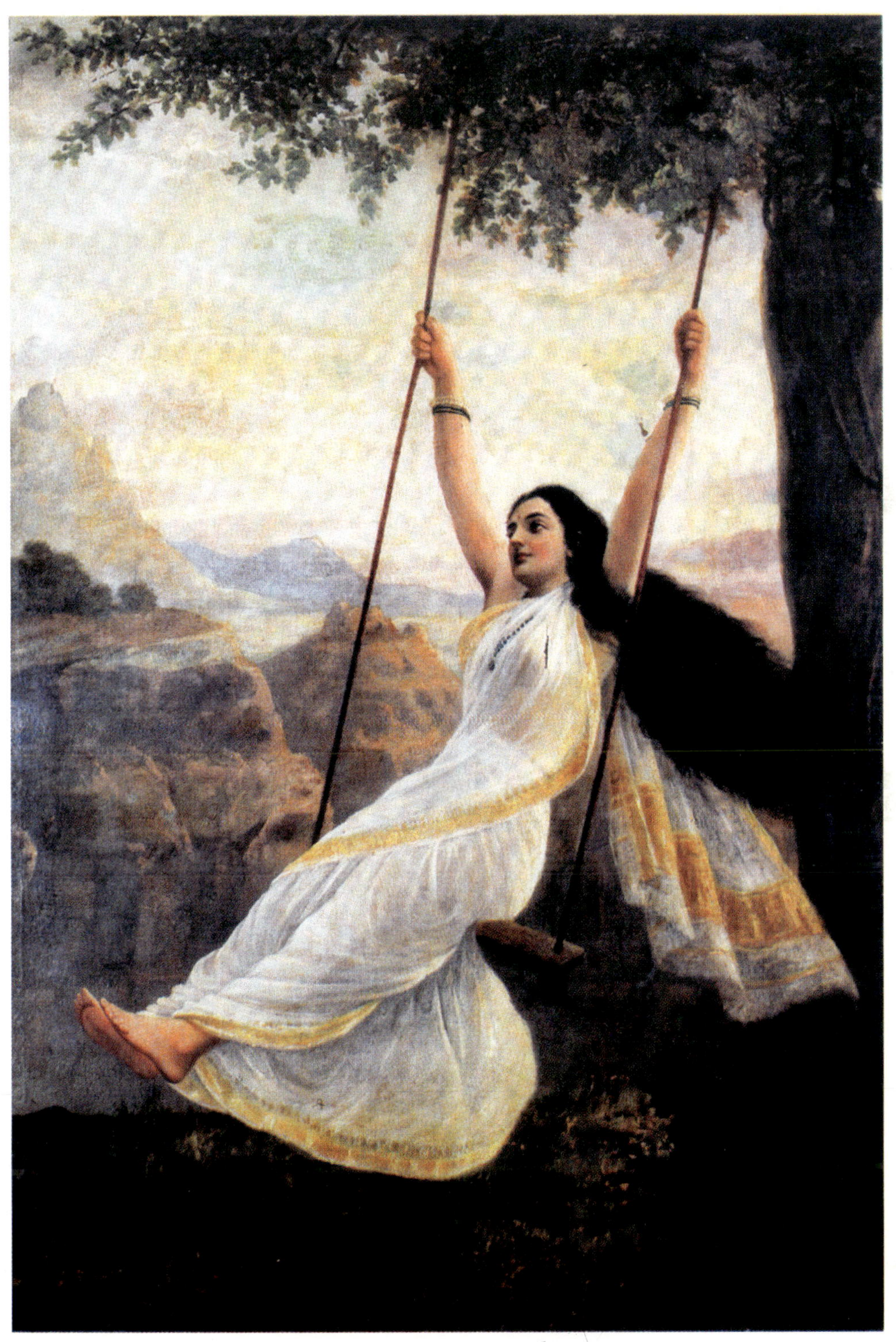

राजा रवि वर्मा : *झूले पर मोहिनी* (तैलचित्र)

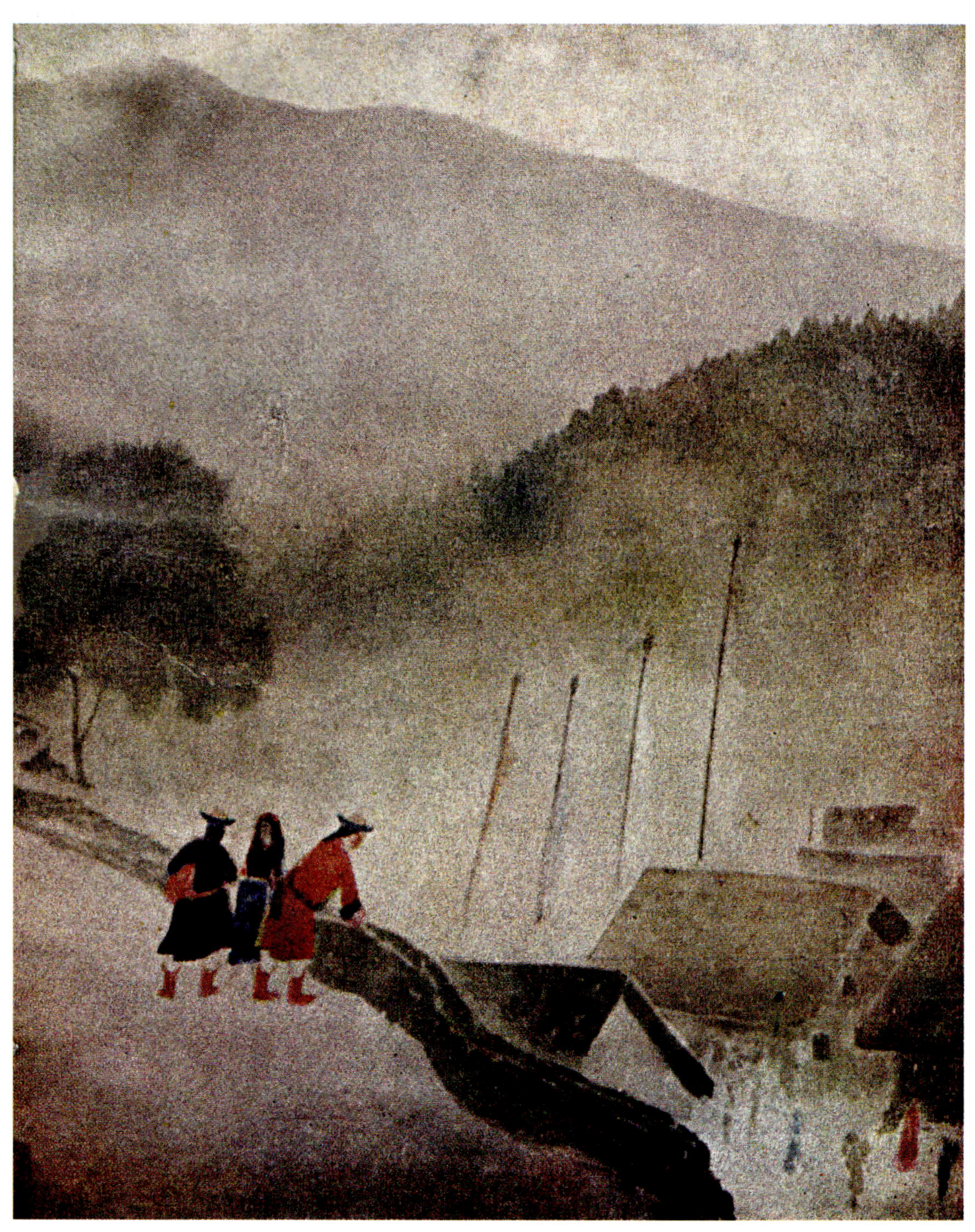

गगनेन्द्रनाथ ठाकुर : *भोटिया बस्ती, दार्जिलिंग* (जलचित्र, वाश)

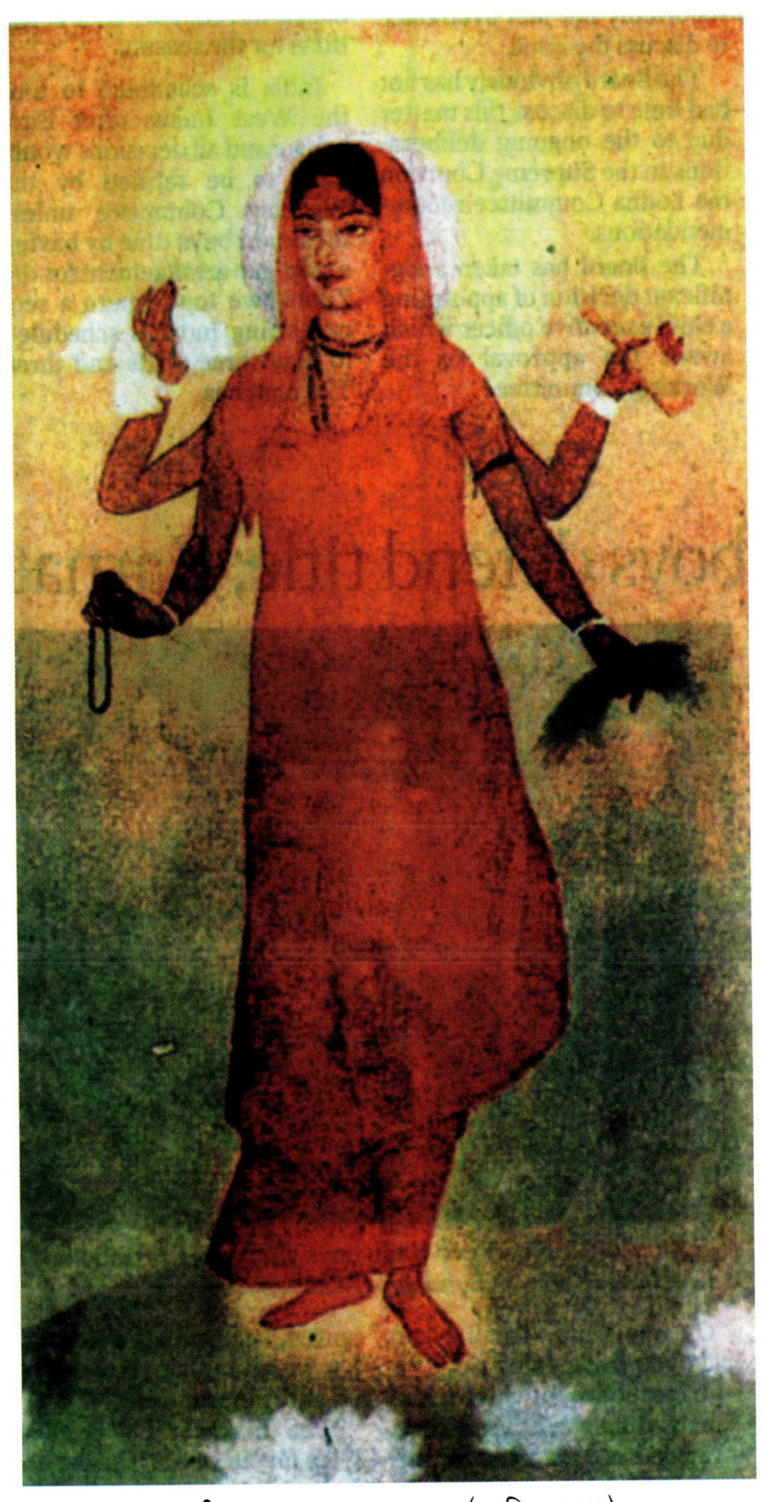

अवनीन्द्रनाथ ठाकुर : *भारत माता* (जलचित्र, 1905)

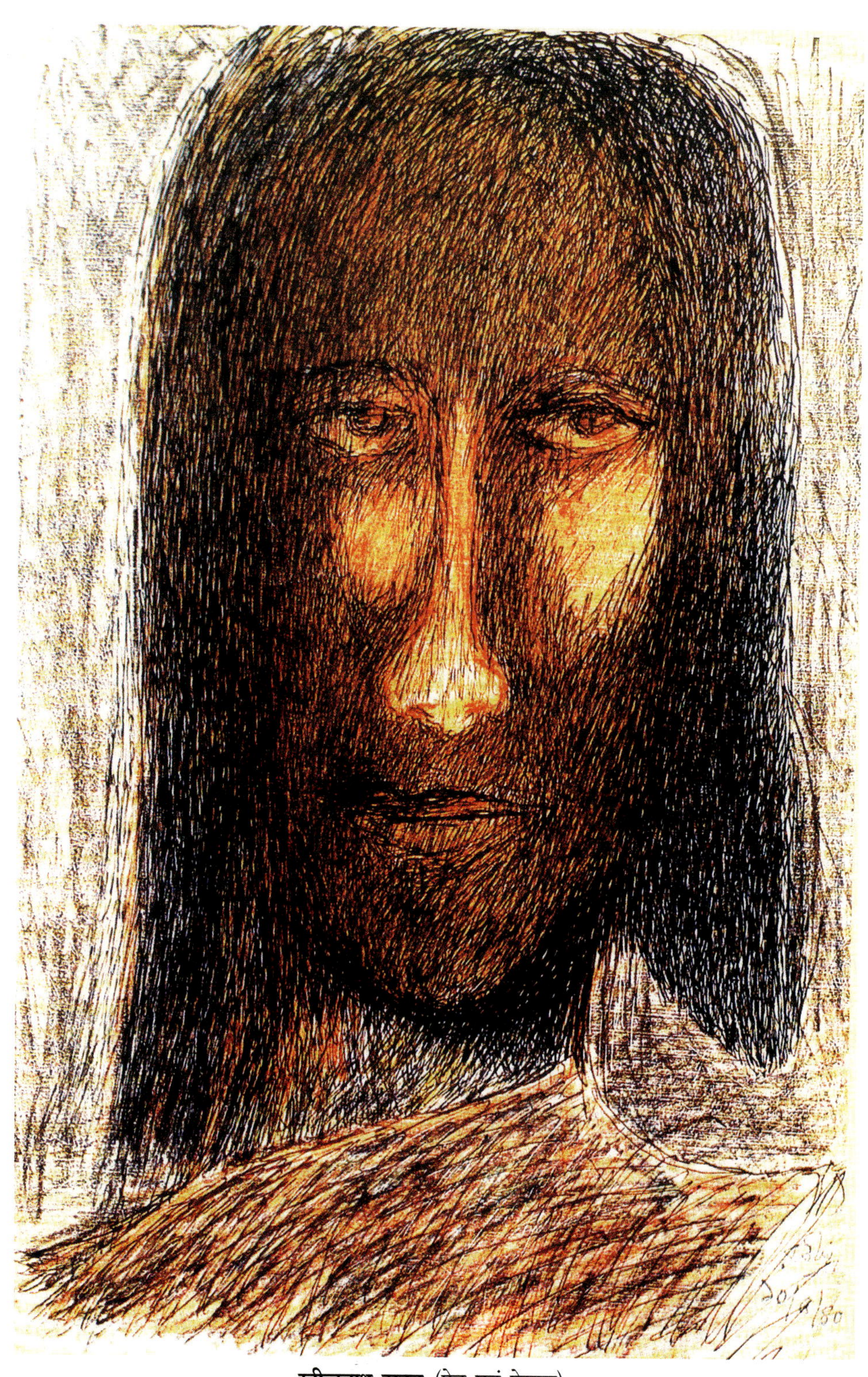

रवीन्द्रनाथ ठाकुर (पेन एवं पेस्टल)

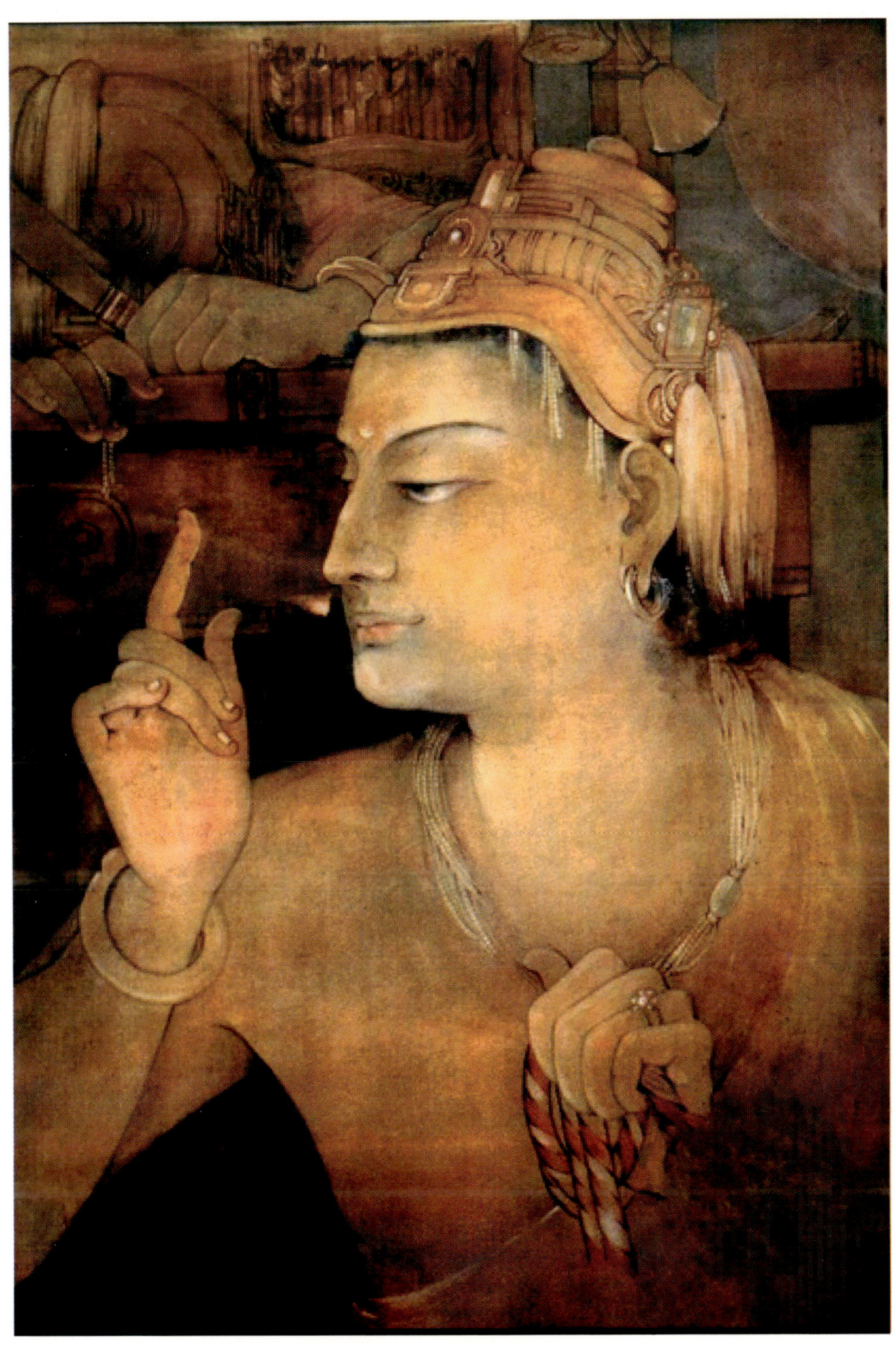

नन्दलाल बसु : *पार्थसारथी* (जलचित्र)

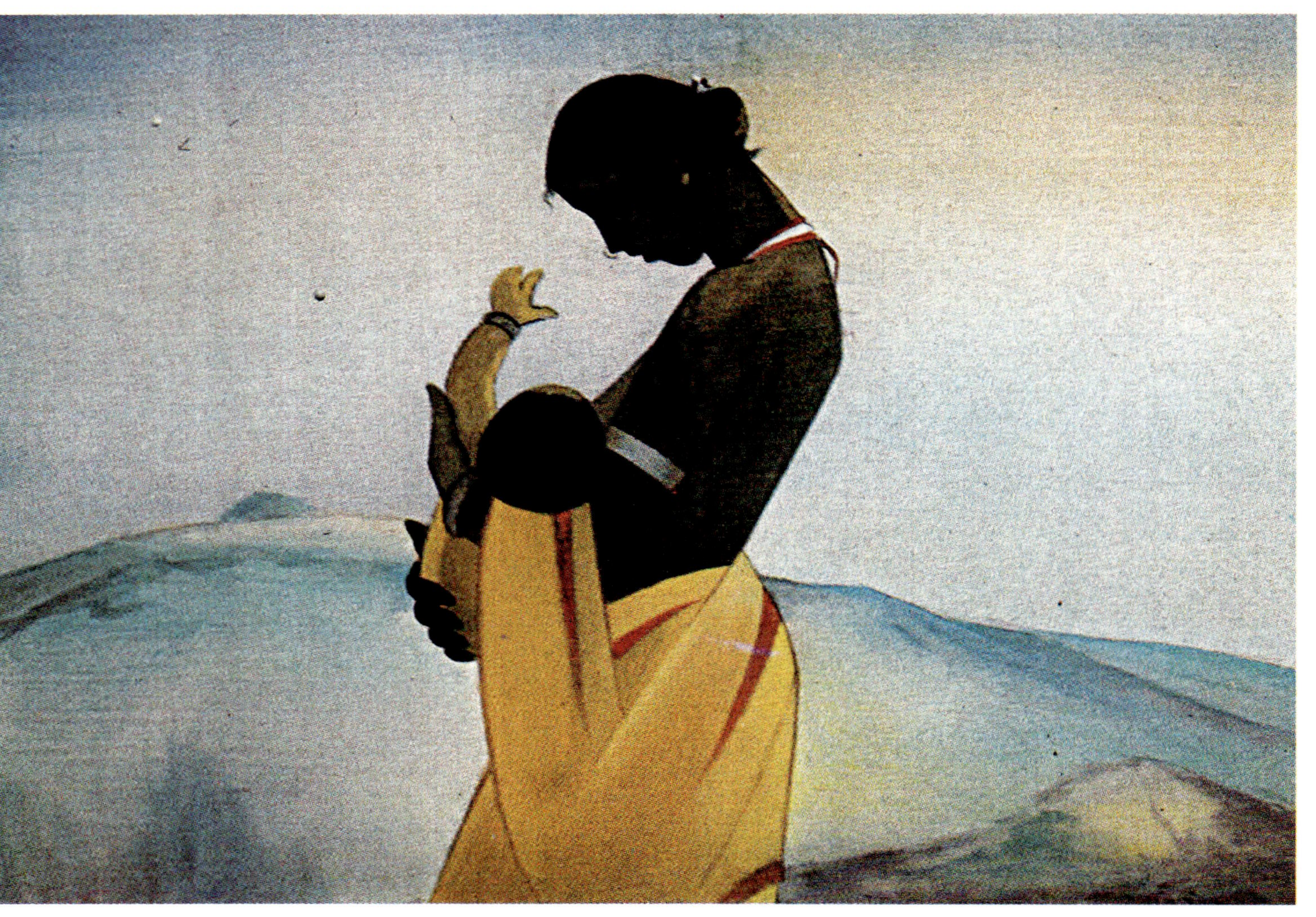

जामिनी राय : *माँ और शिशु* (टेम्परा)

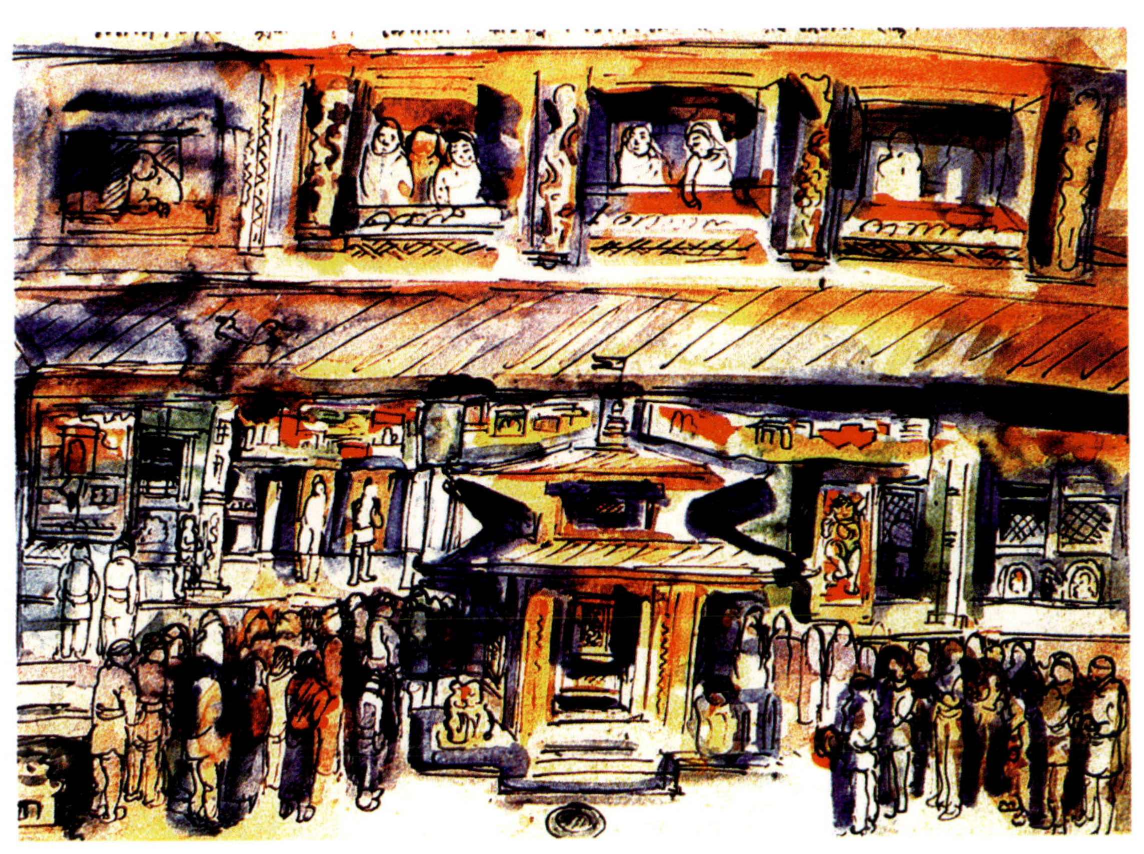

बिनोद बिहारी मुखर्जी (जलचित्र)

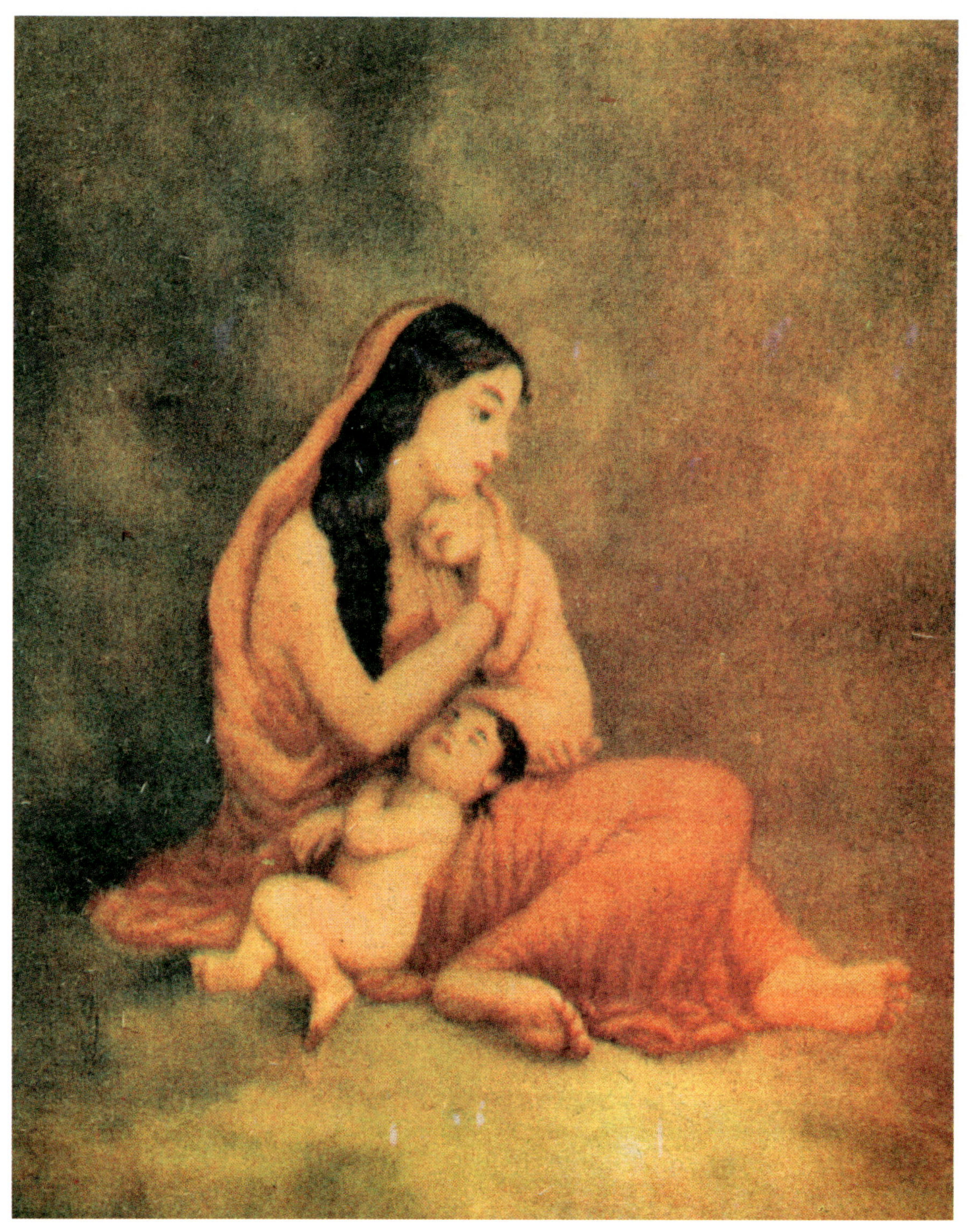

रामकिंकर बैज : *सीता की गोद में लव-कुश* (जलचित्र)

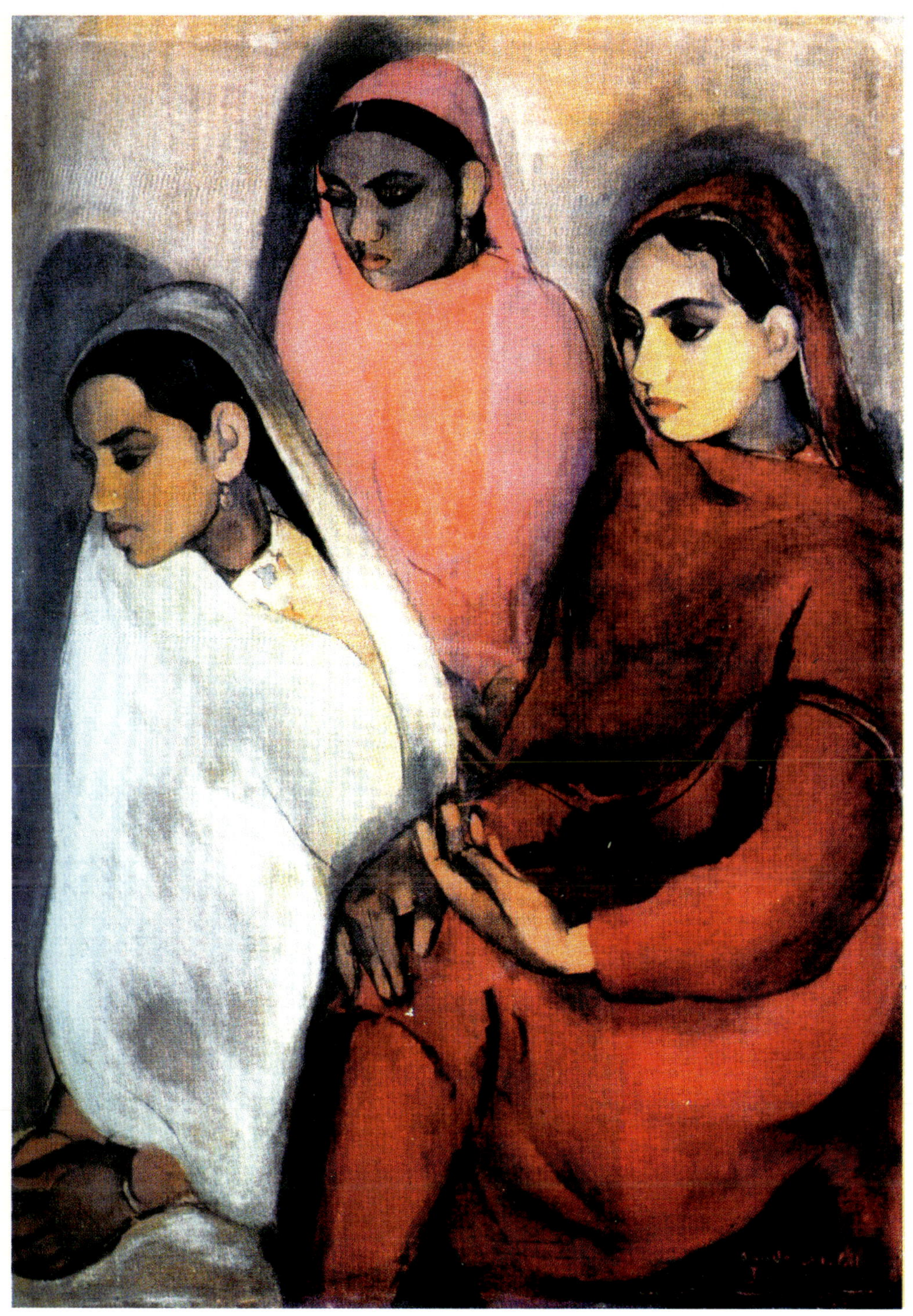

अमृता शेरगिल : *तीन युवतियाँ* (तैलचित्र, 1935)

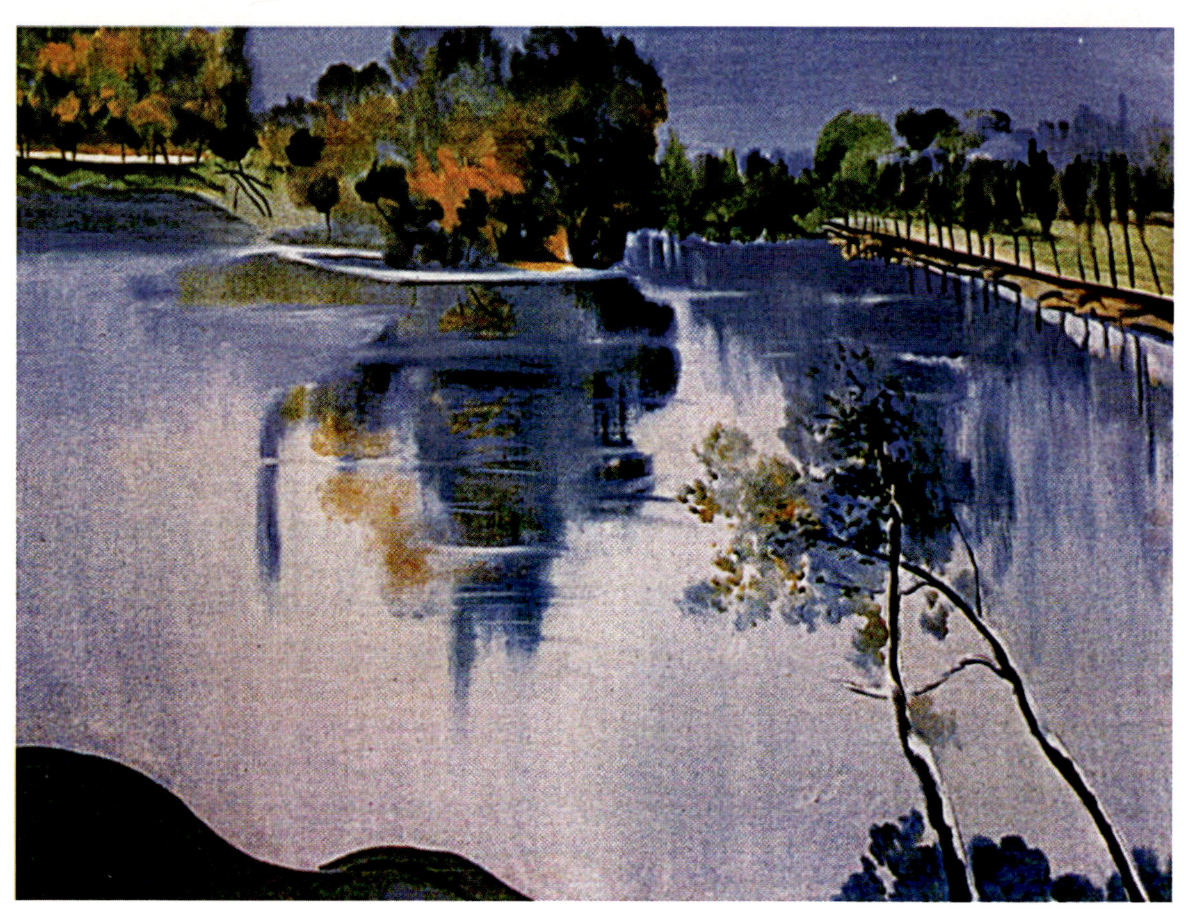

भवेशचन्द्र सान्यास : *कर्ण झील* (जल चित्र)

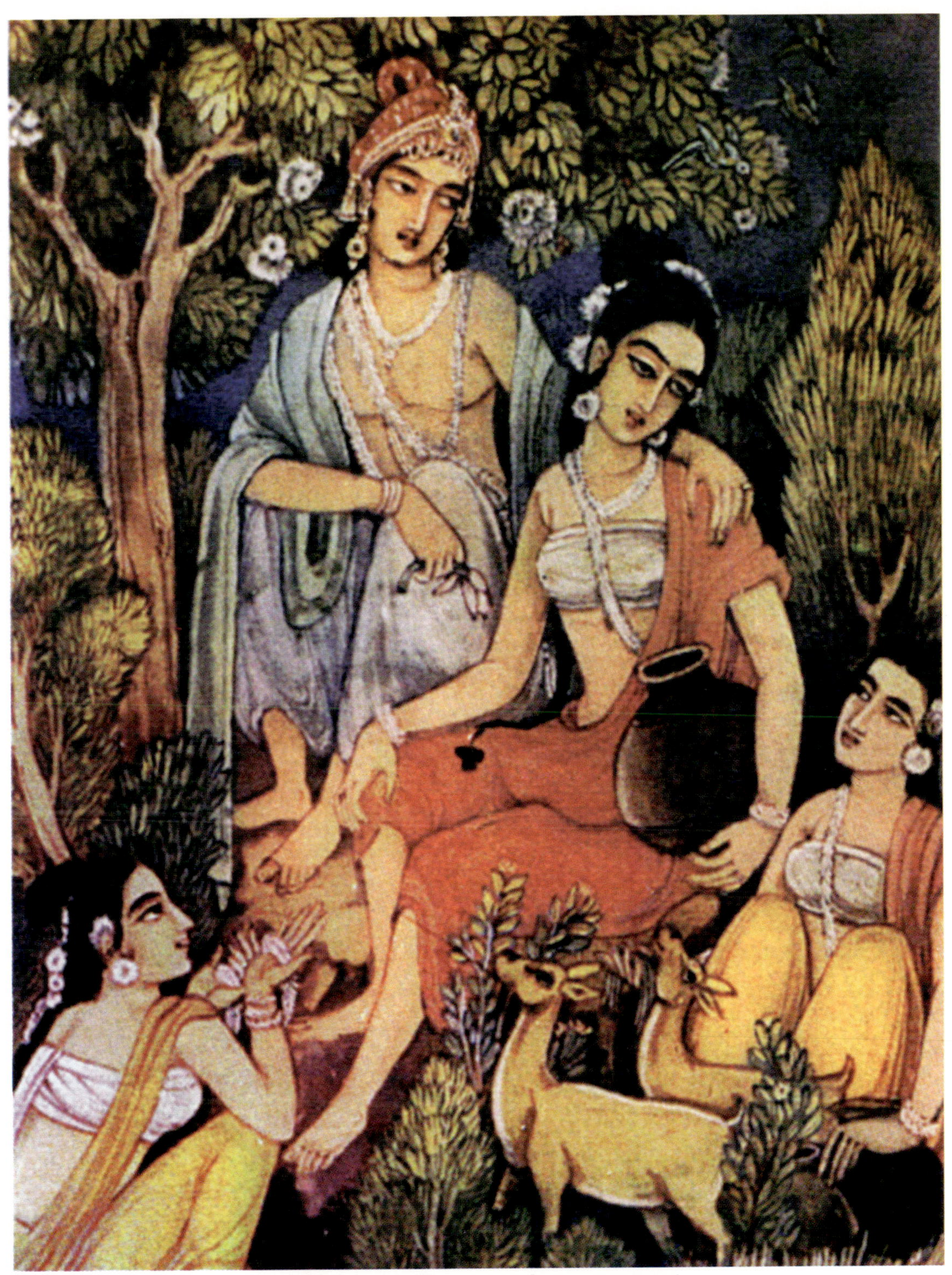

रामगोपाल विजयवर्गीय : *दुष्यन्त और शकुन्तला* (टेम्परा)

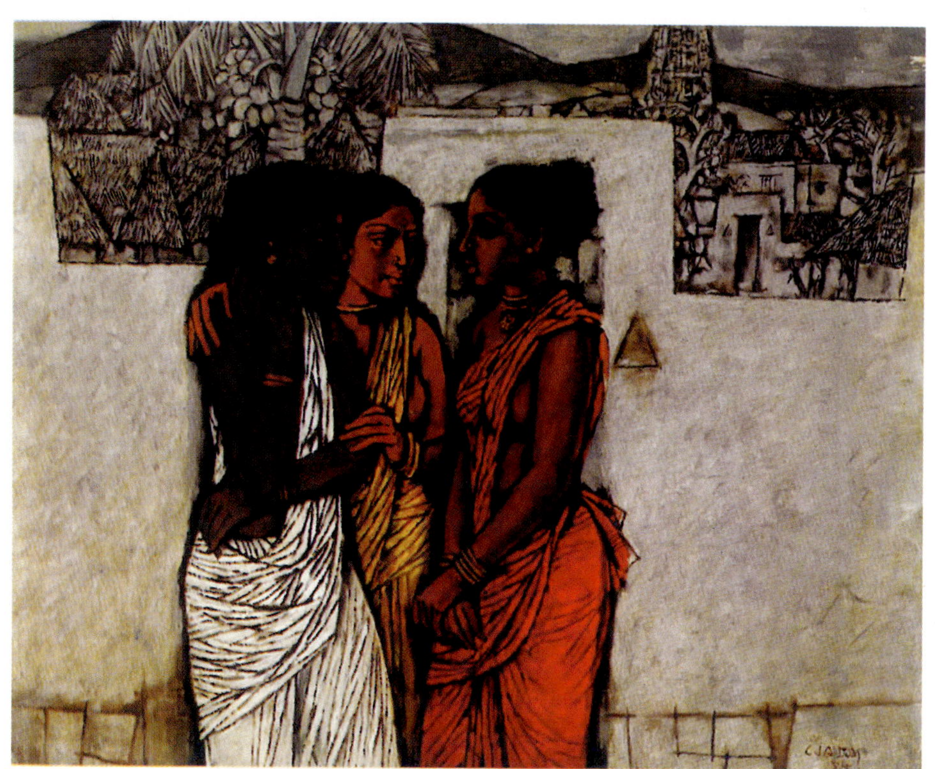

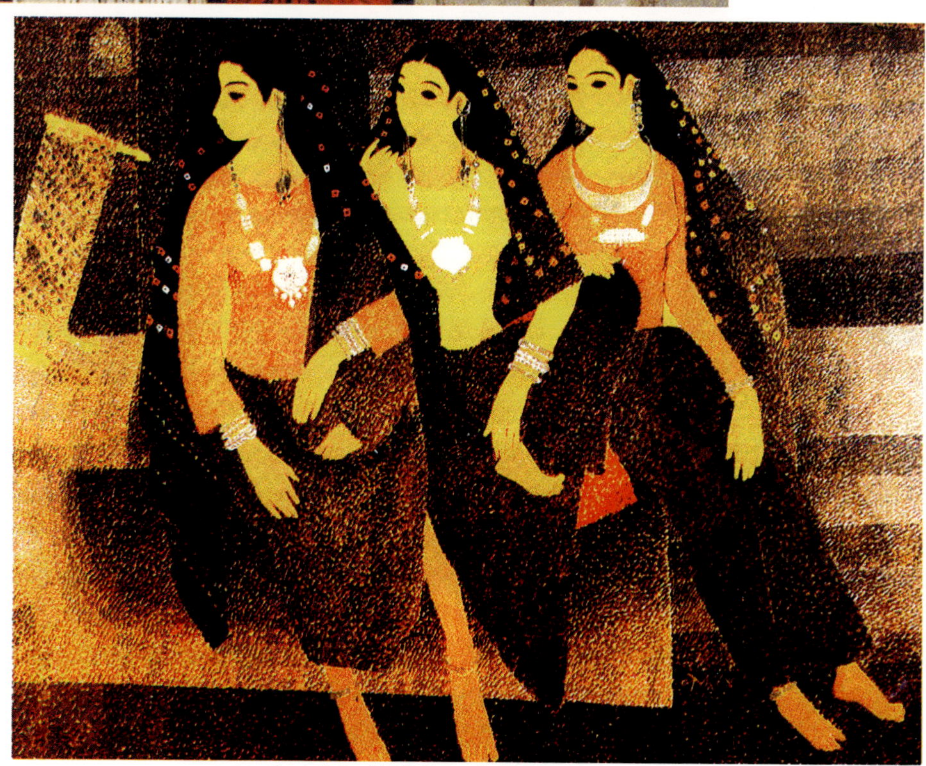

नारायण श्रीधर बेन्द्रे (दोनों चित्र, तैलचित्र)

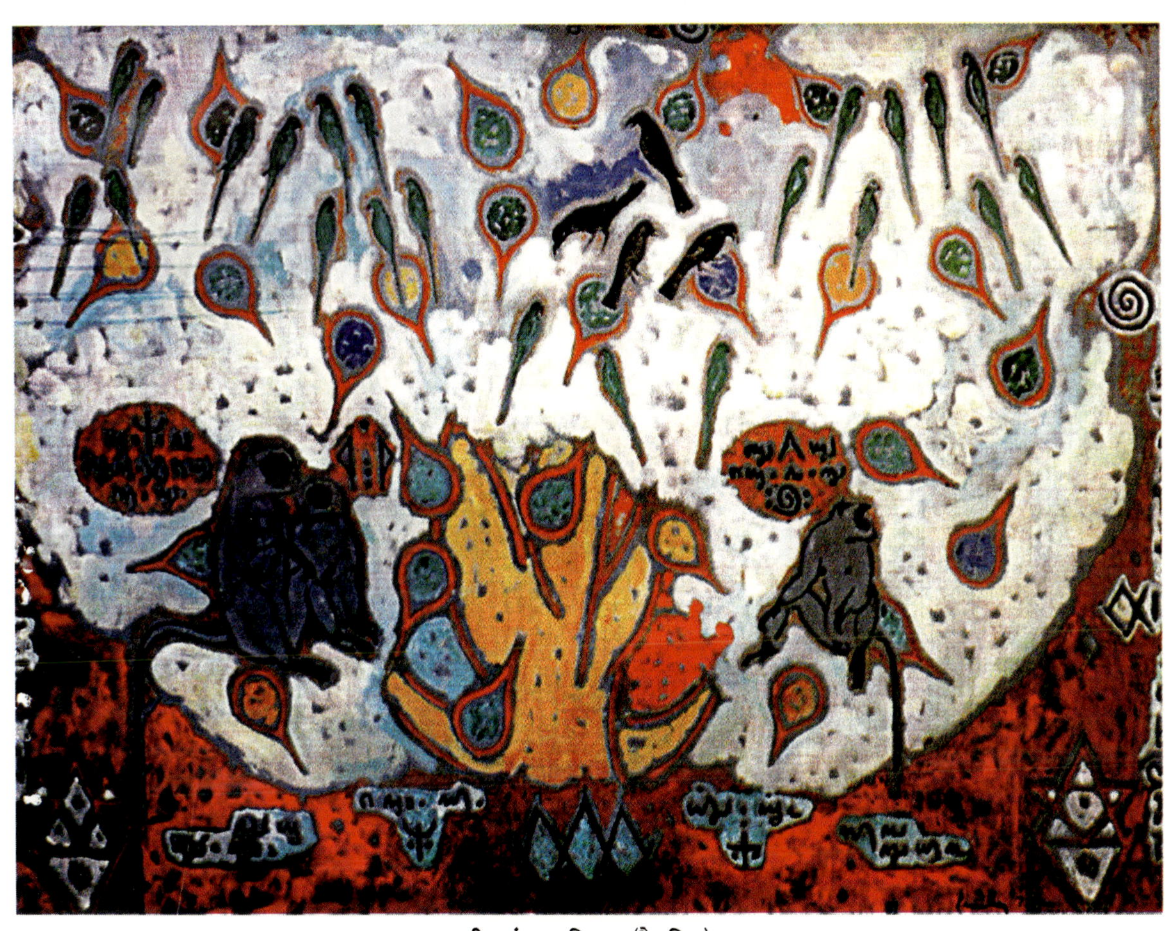

सी. शंकर पणिकर (तैलचित्र)

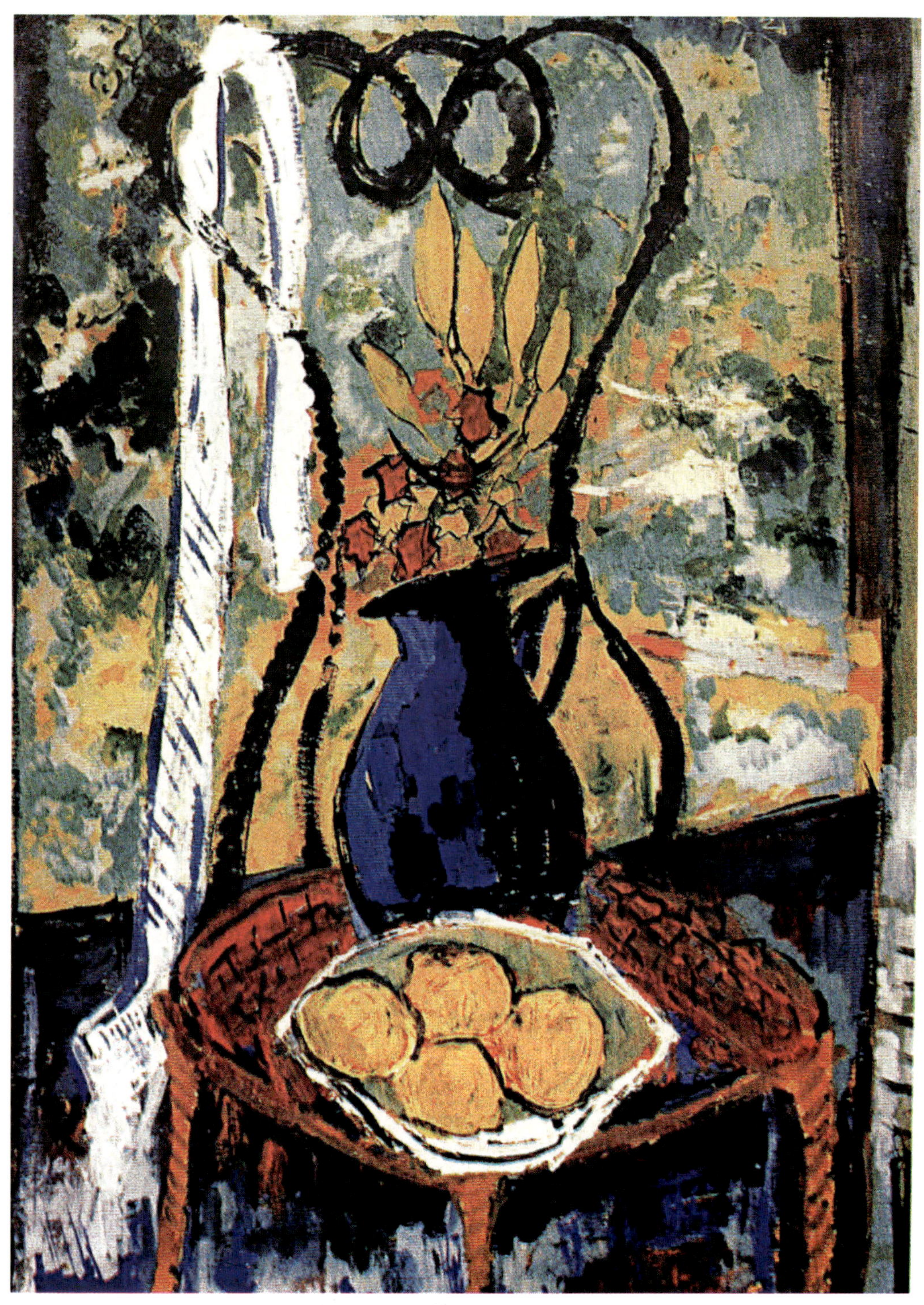

के.एच. आरा (तैलचित्र, स्टिल लाइफ)

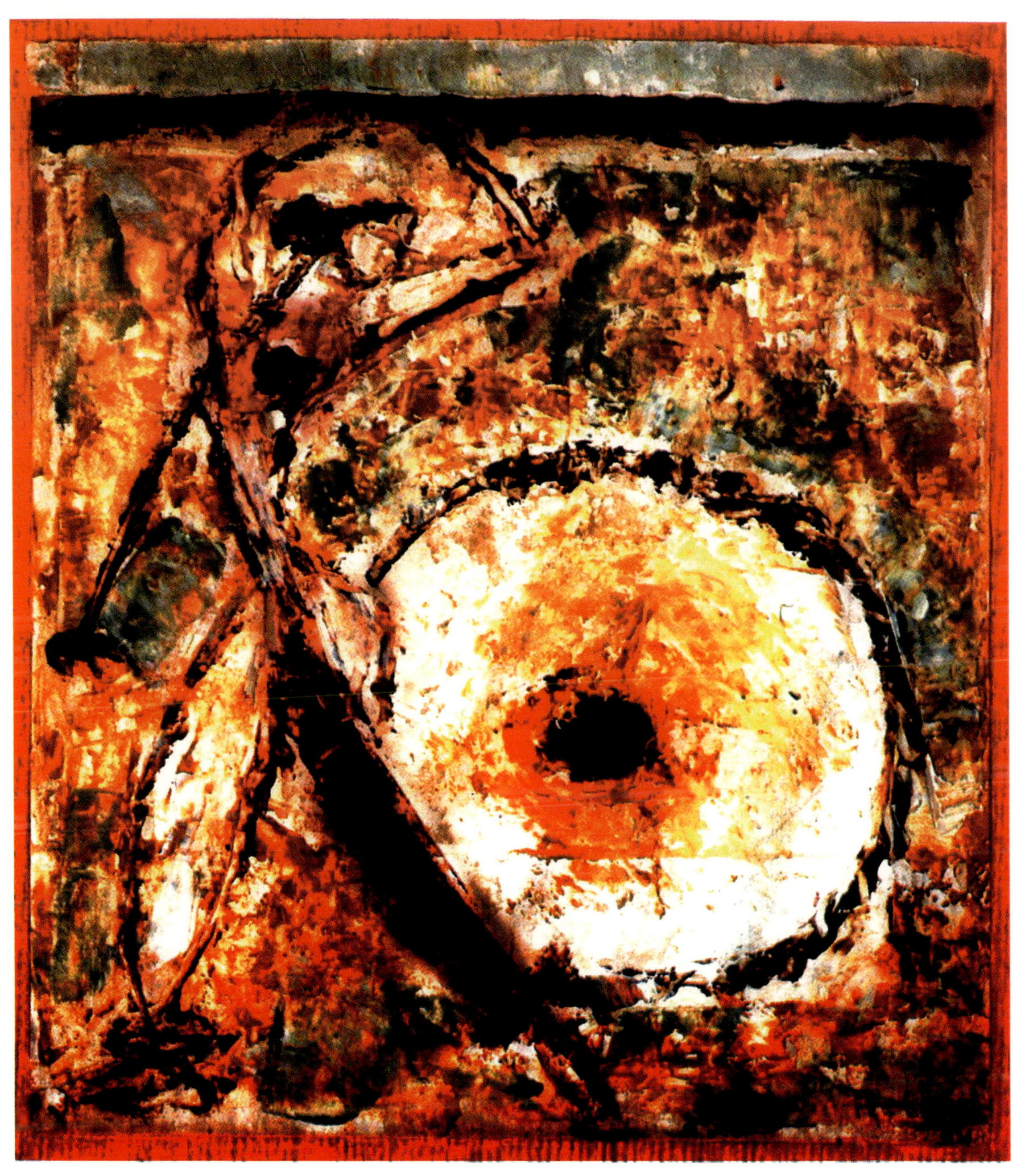

के.के. हेब्बार : ड्रमर (तैलचित्र)

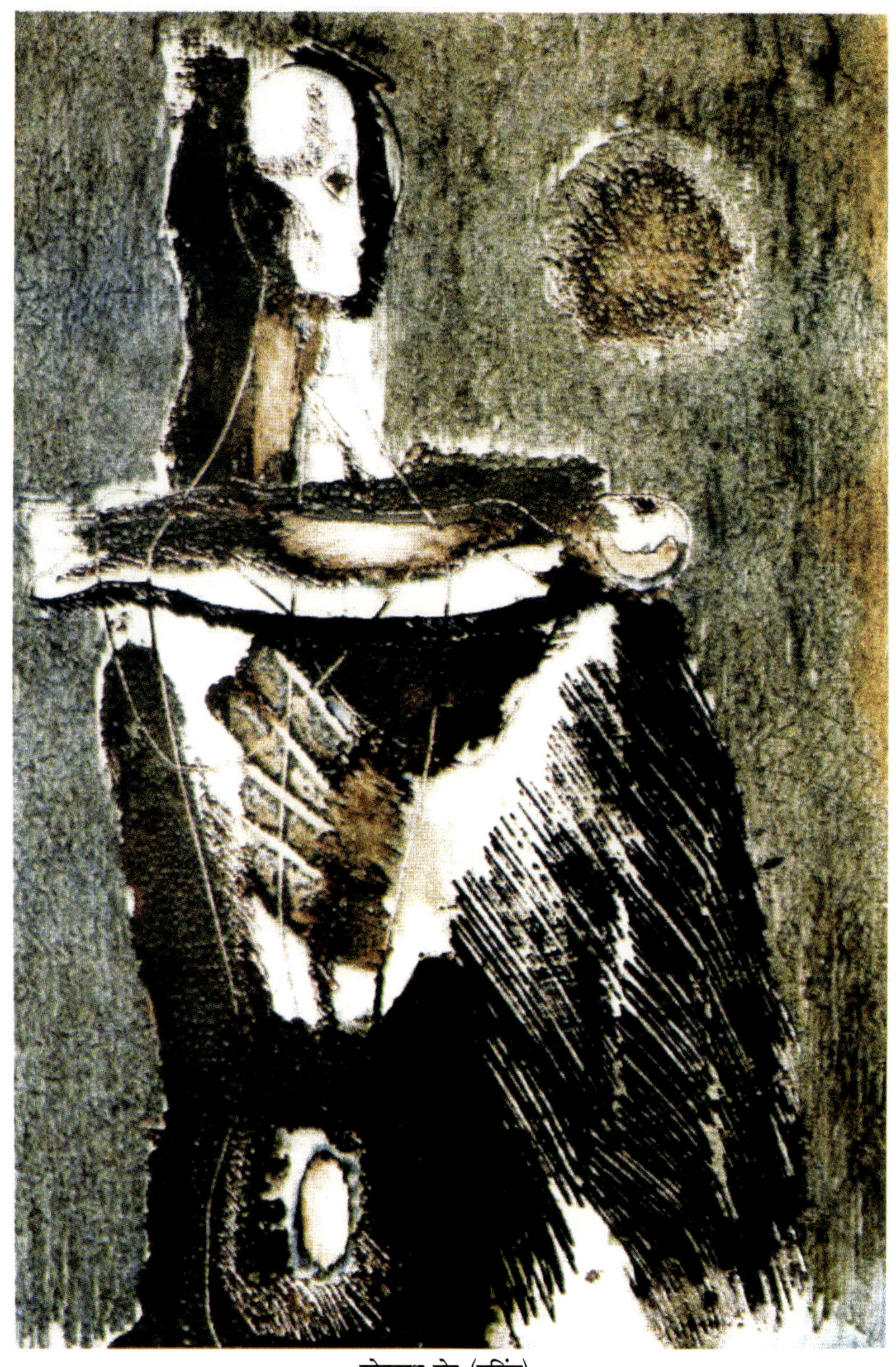

सोमनाथ होर (एचिंग)

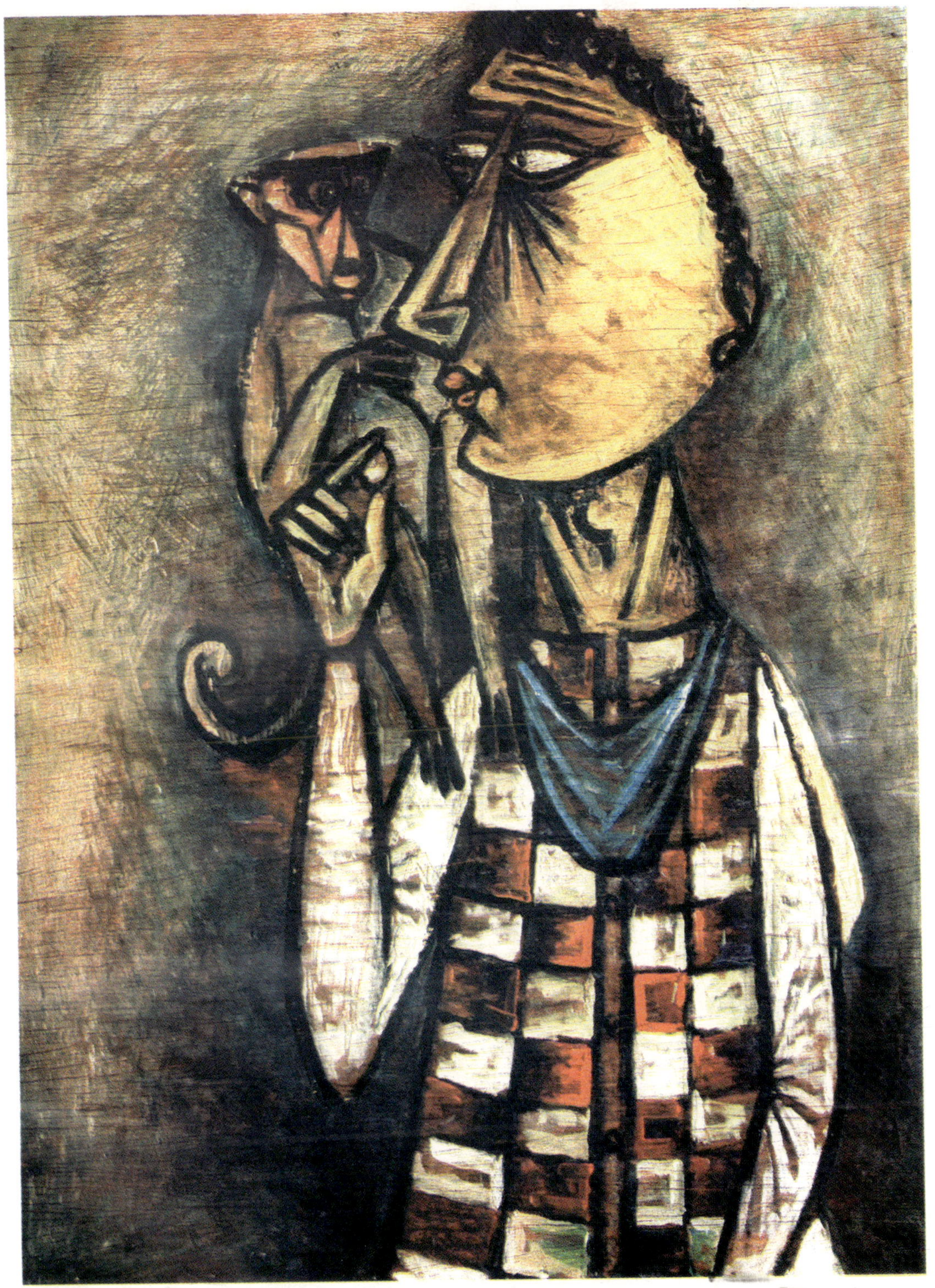

परितोष सेन : *आदमी और बन्दर* (तैलचित्र)

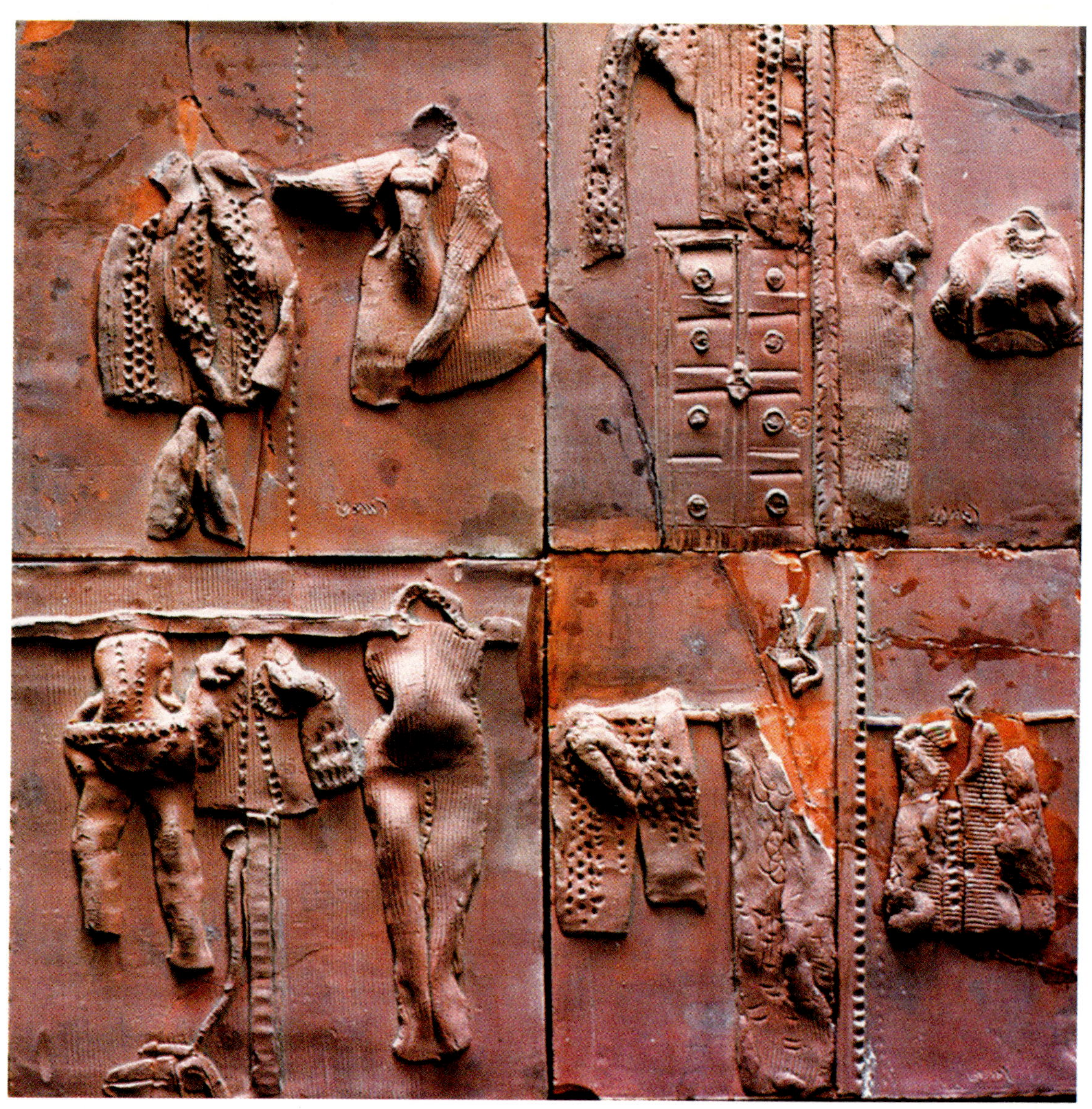

के.जी. सुब्रमण्यन : *टेराकोटा ब्लॉक*

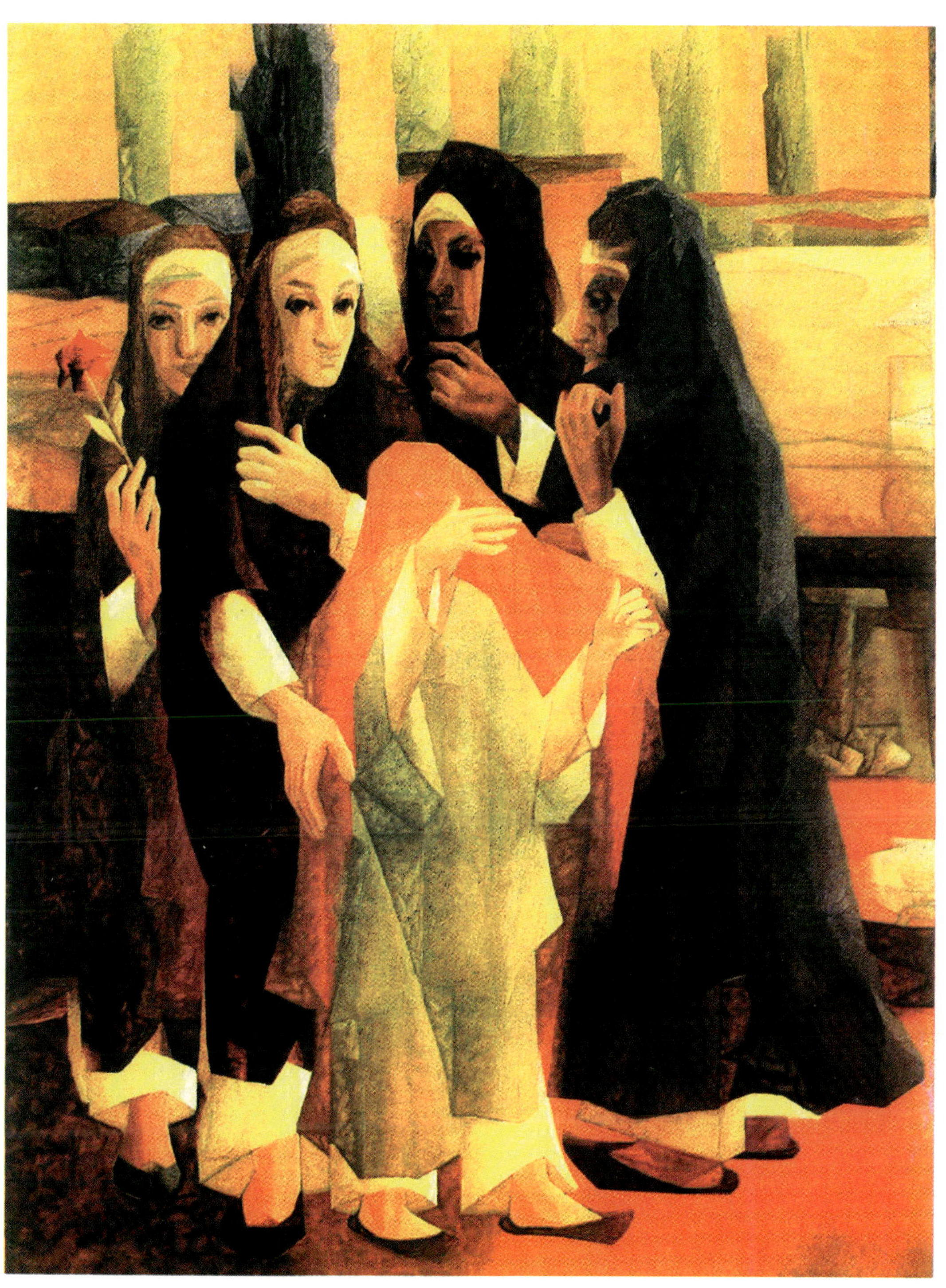

जहाँगीर सबावाला (तैलचित्र)

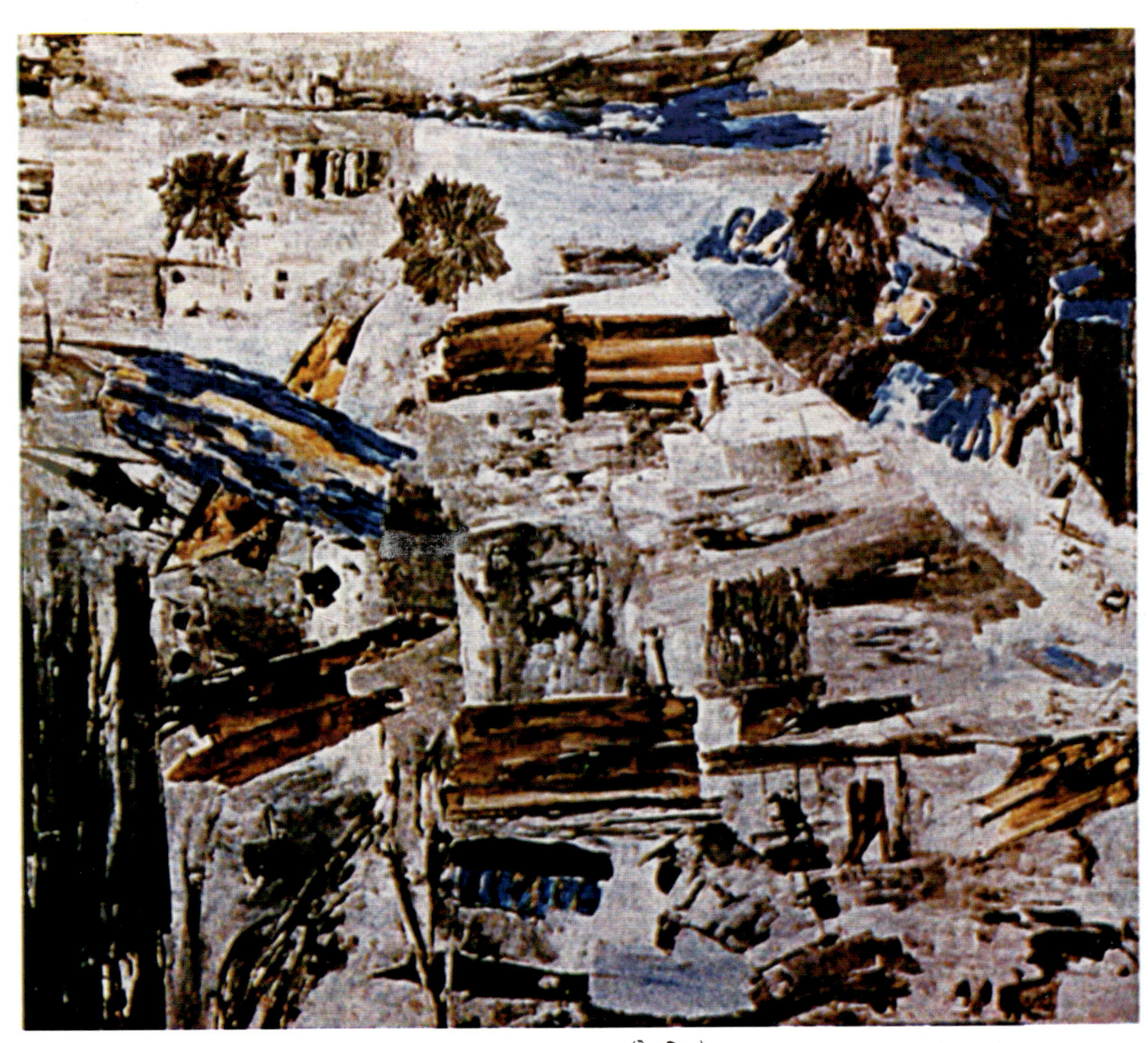

रामकुमार : *भू दृश्य* (तैलचित्र)

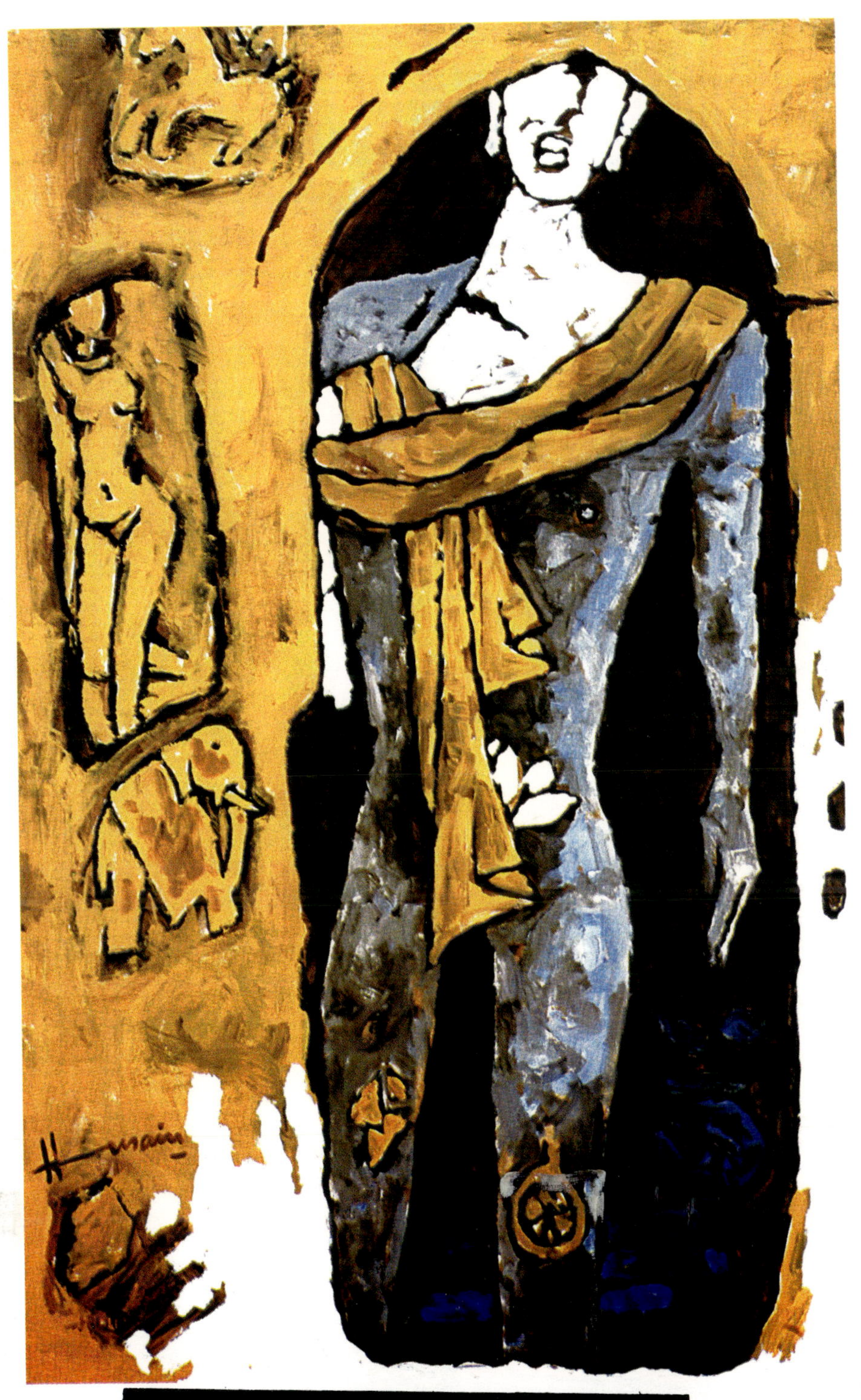

एम. एफ़ हुसेन : *सिद्धार्थ का बहिर्गमन* (तैलचित्र, 1935)

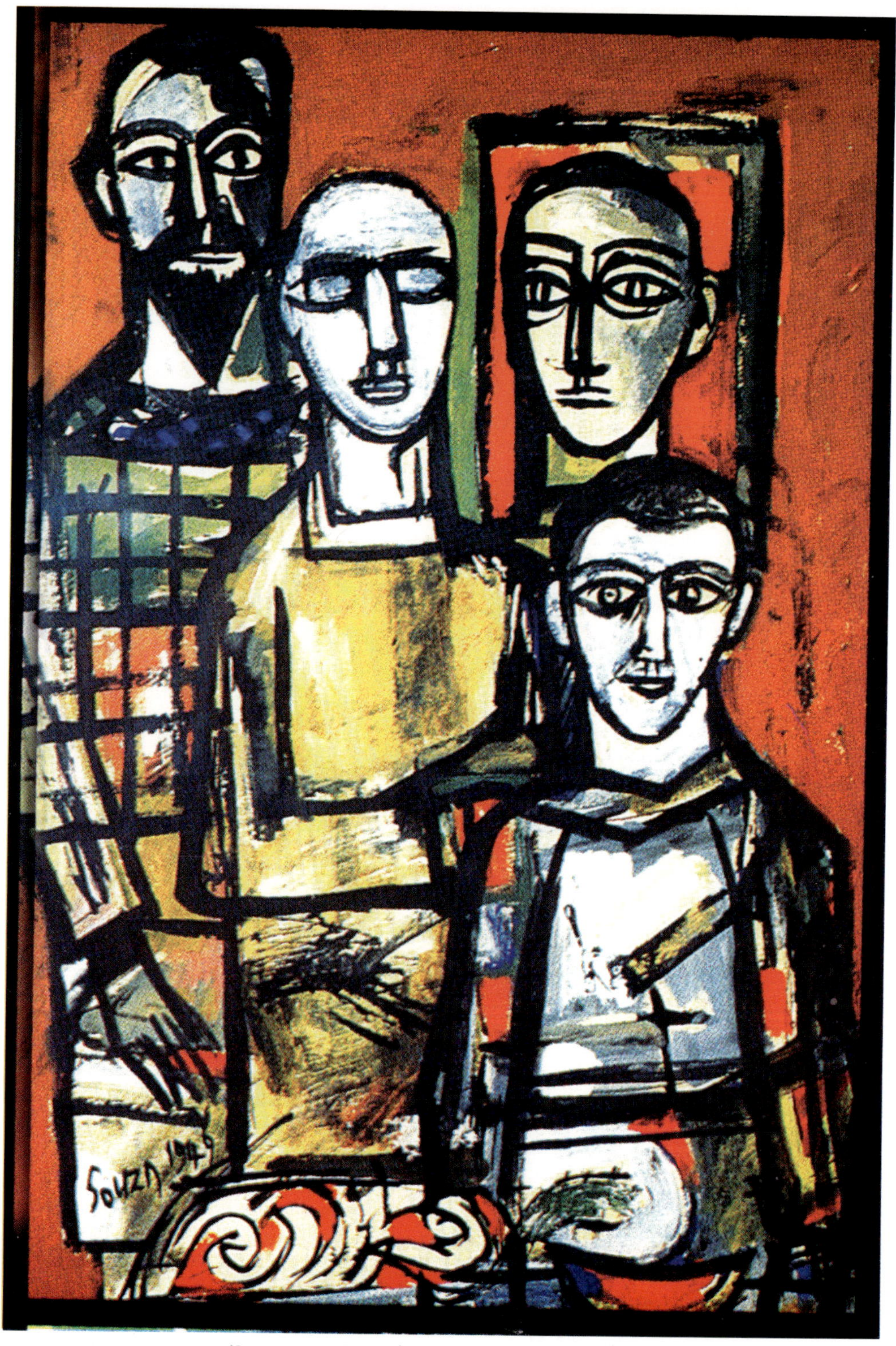

फ्रांसिस न्यूटन सूज़ा : *प्रोग्रेसिव ग्रुप के चित्रकार* (तैलचित्र)

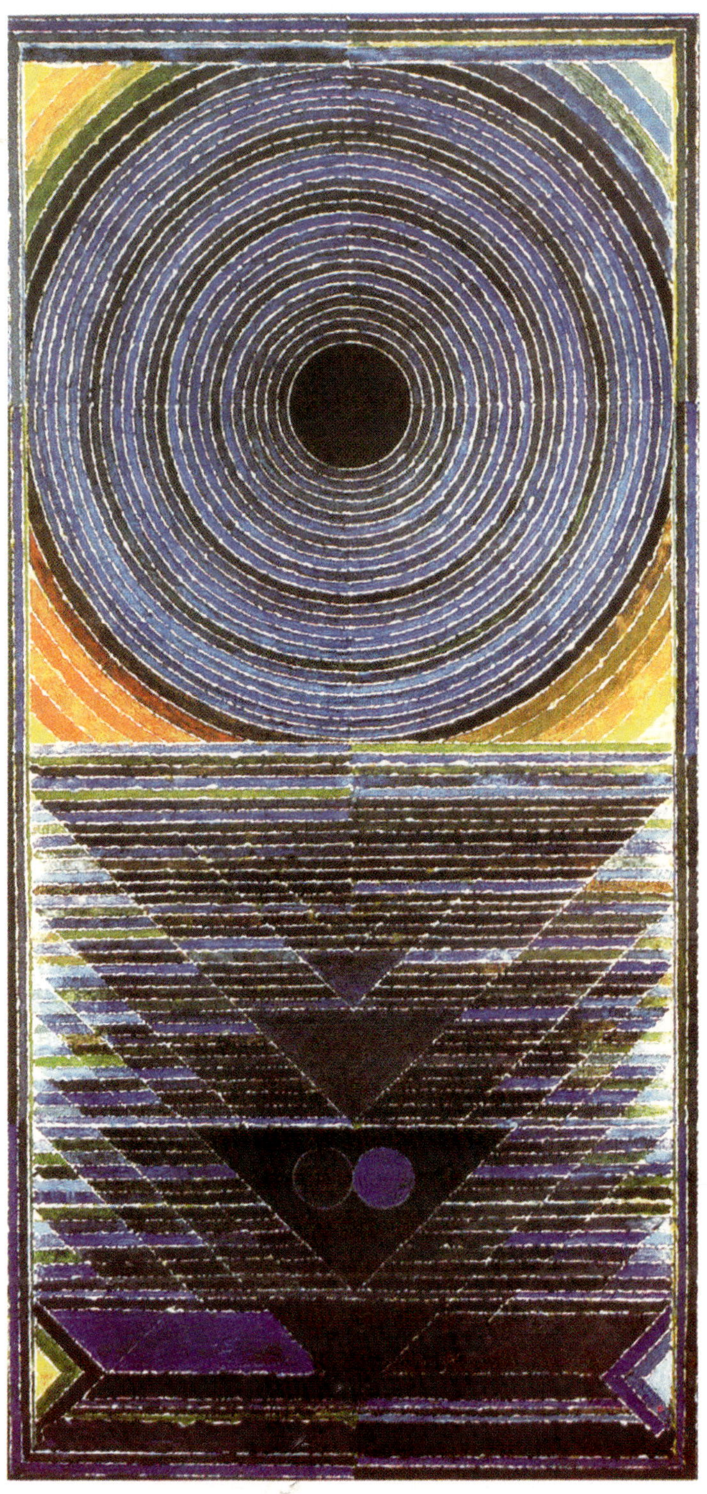

सैयद हैदर रज़ा : *नाद एवं बिन्दु* (तैलचित्र)

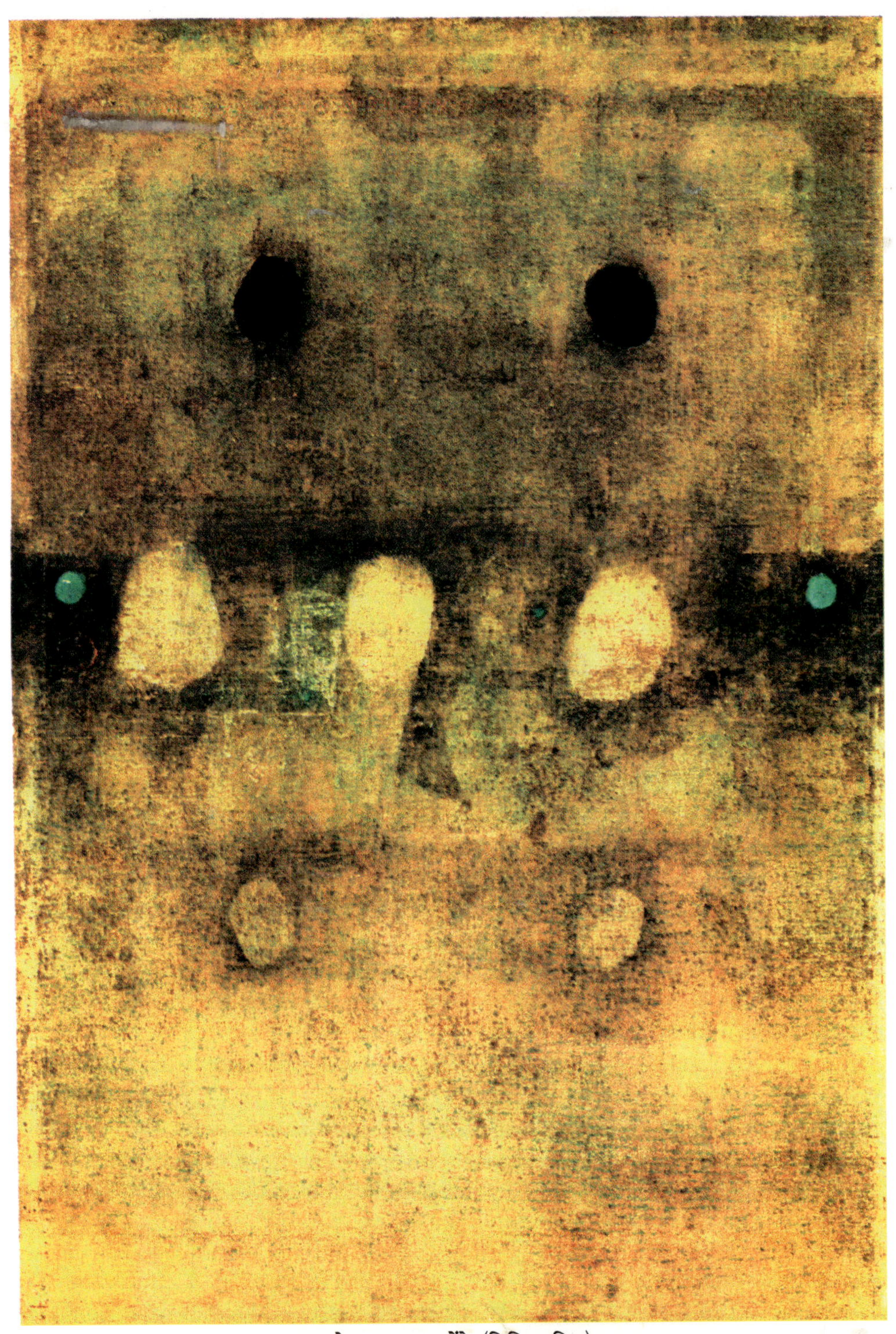

वासुदेव एस. गायतोंडे (मिश्रित चित्र)

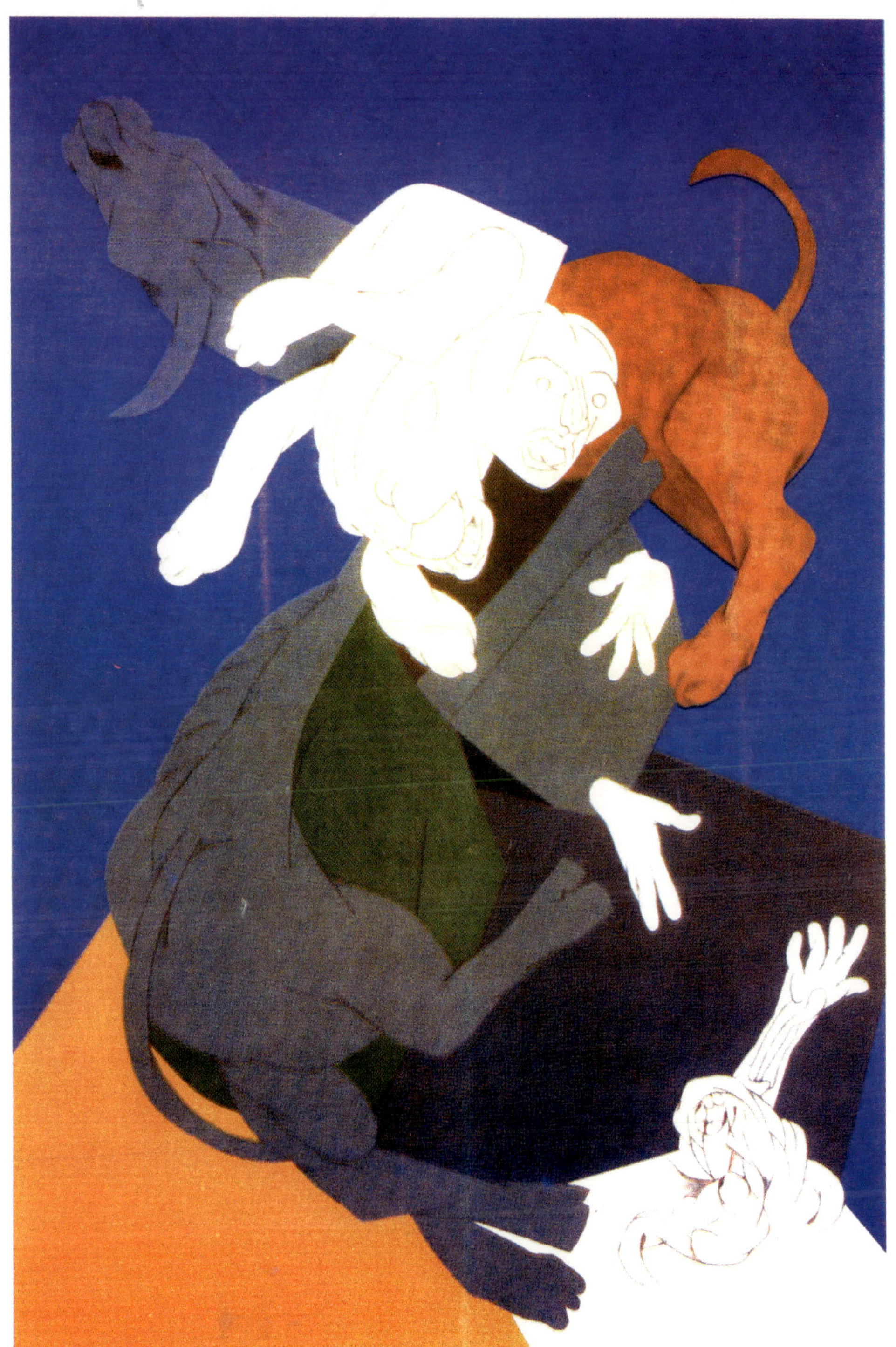

तैयब मेहता (तैलचित्र)

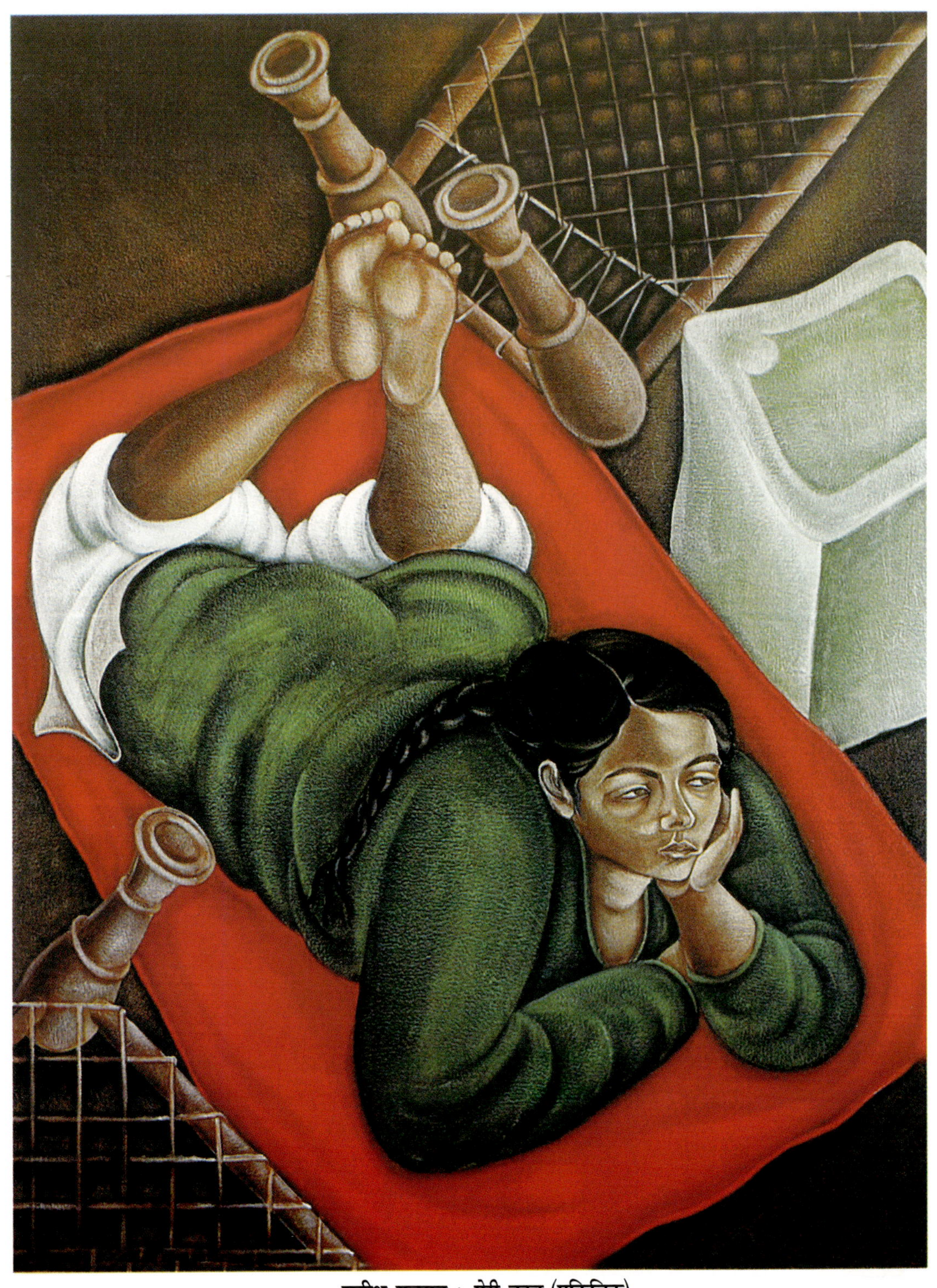

सतीश गुजरात : *मेरी बहन* (एक्रिलिक)

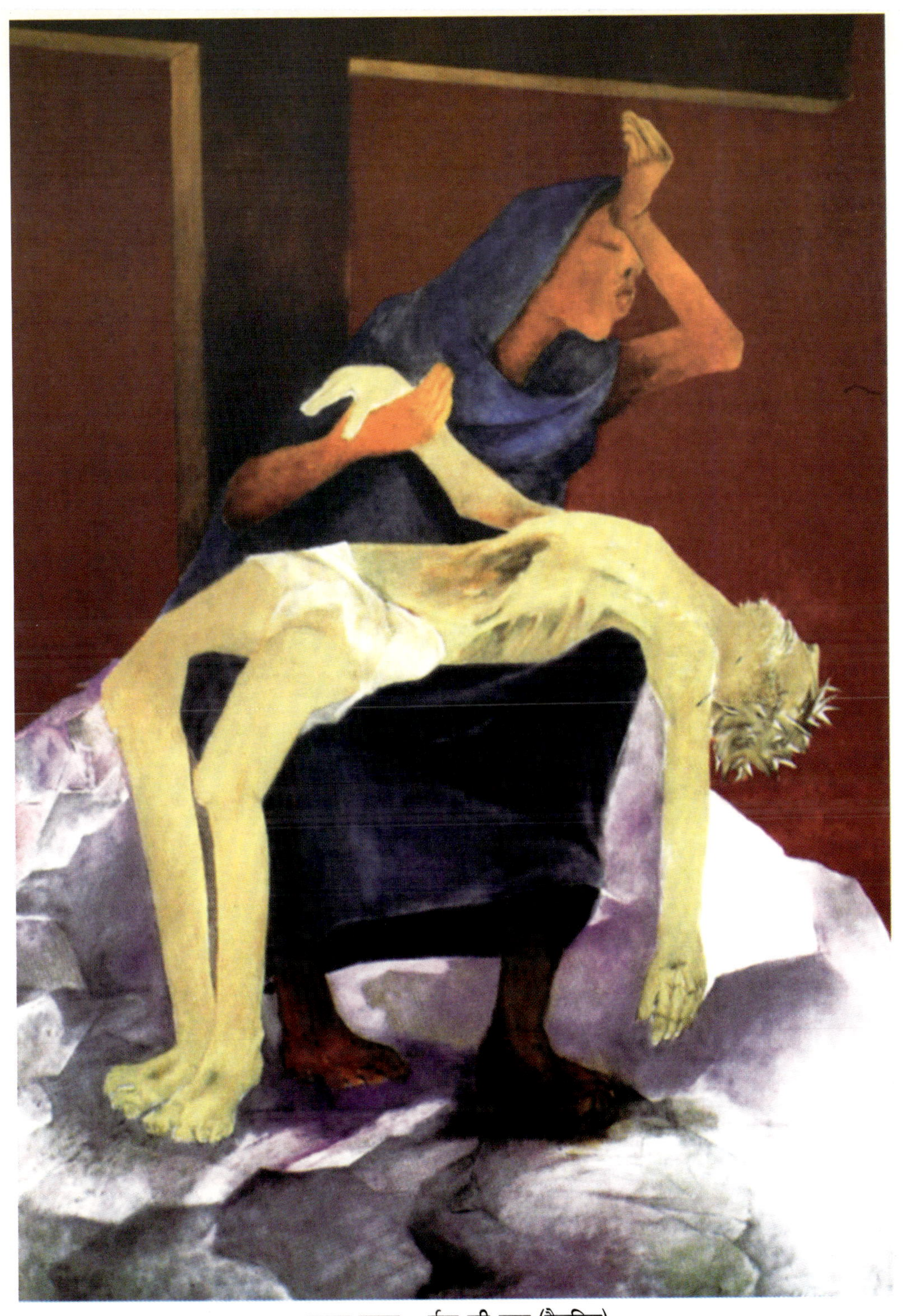

कृशन खन्ना : *ईसा की मृत्यु* (तैलचित्र)

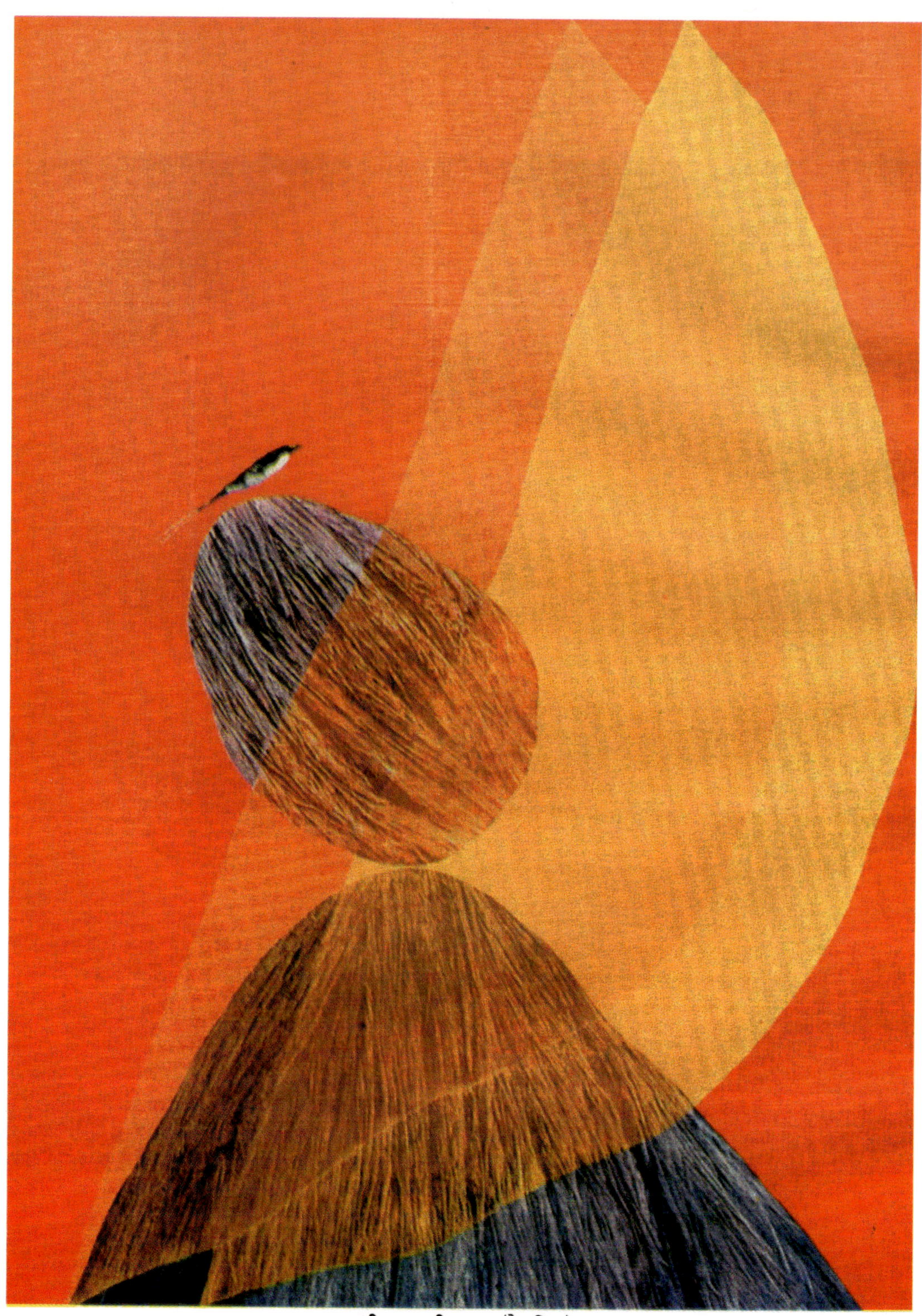

जगदीश स्वामीनाथन (तैलचित्र)

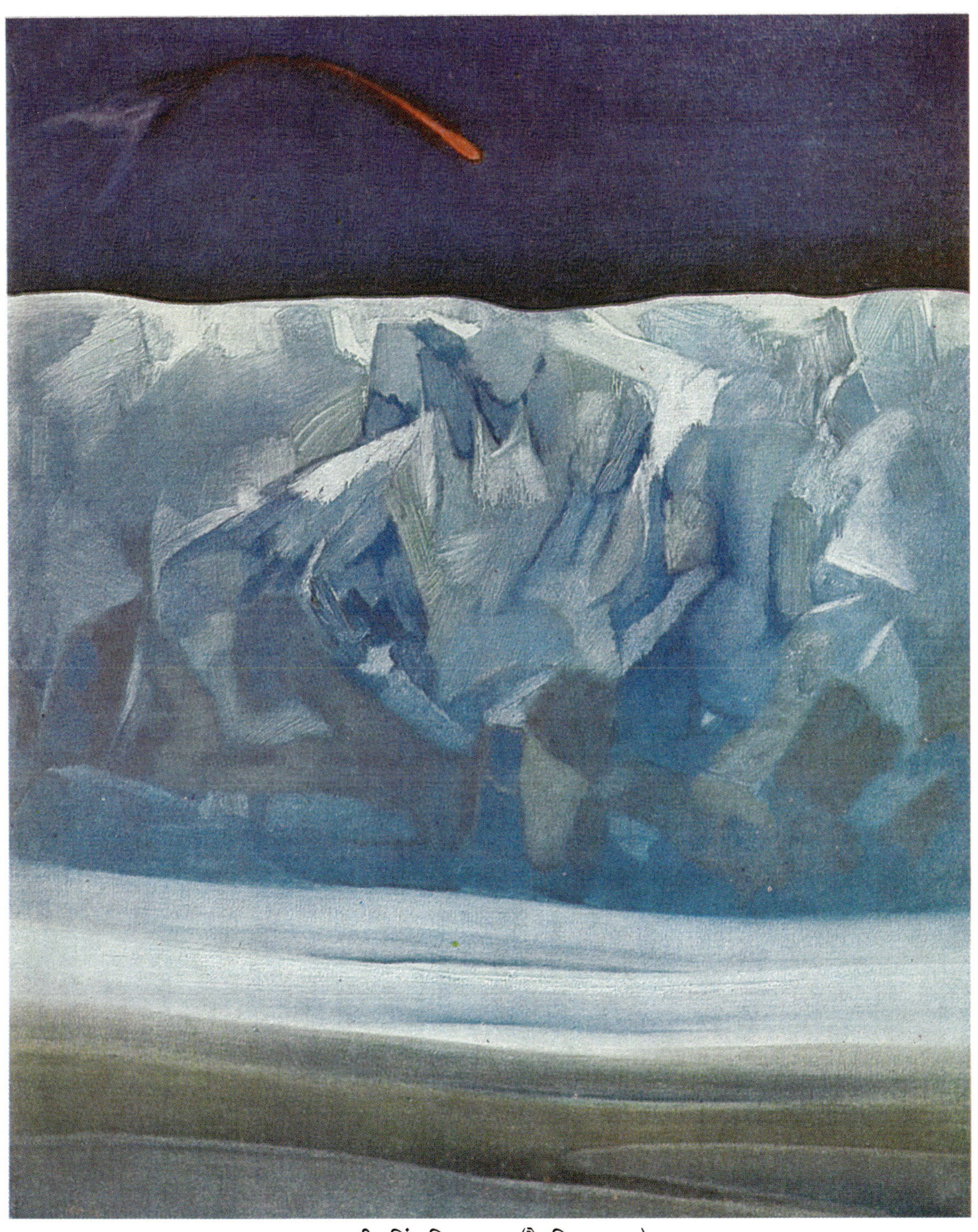

रणवीर सिंह बिष्ट : ब्लू (तैलचित्र, 1978)

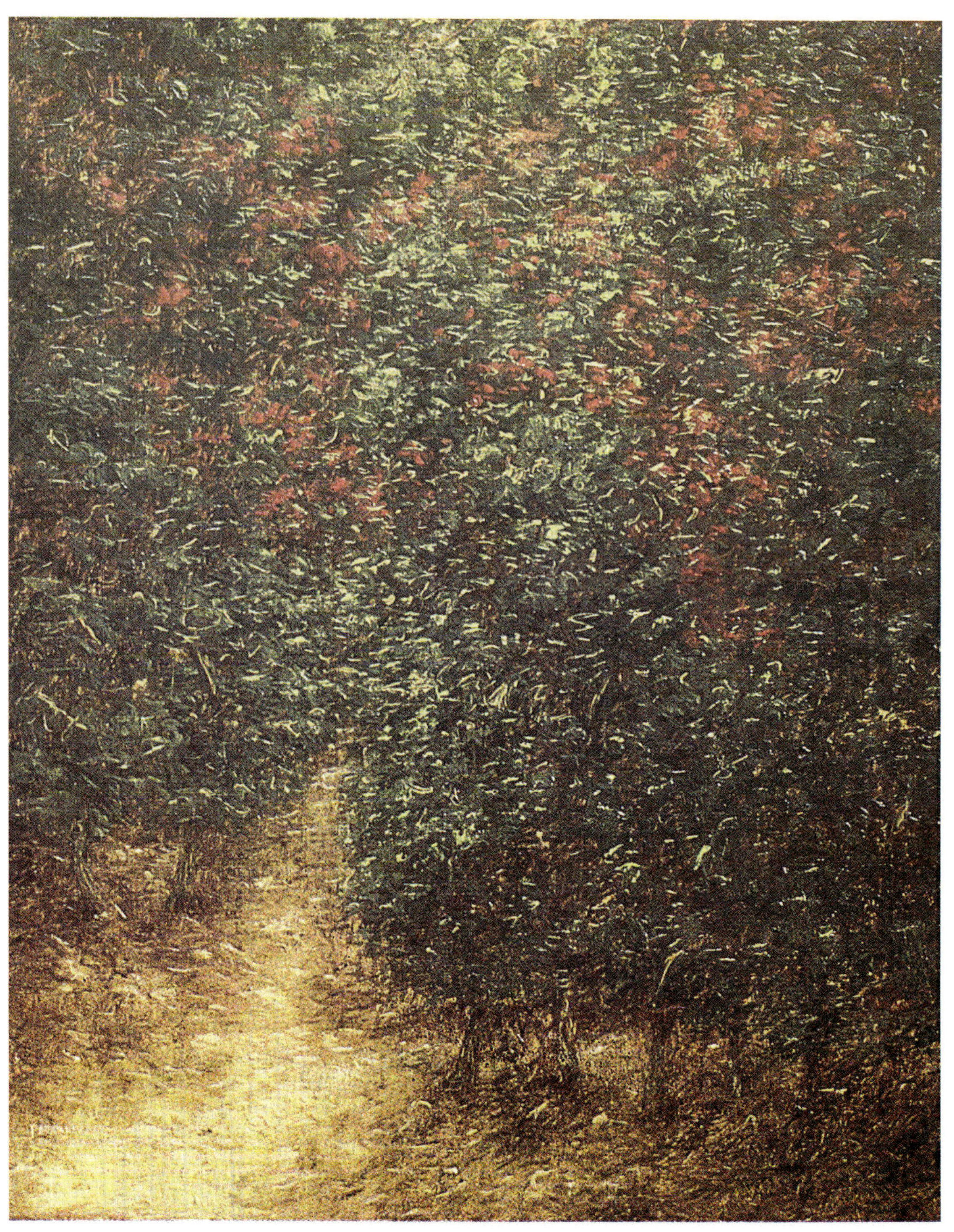

परमजीत सिंह : *इनटु दि वूडस* (तैलचित्र, 1994)

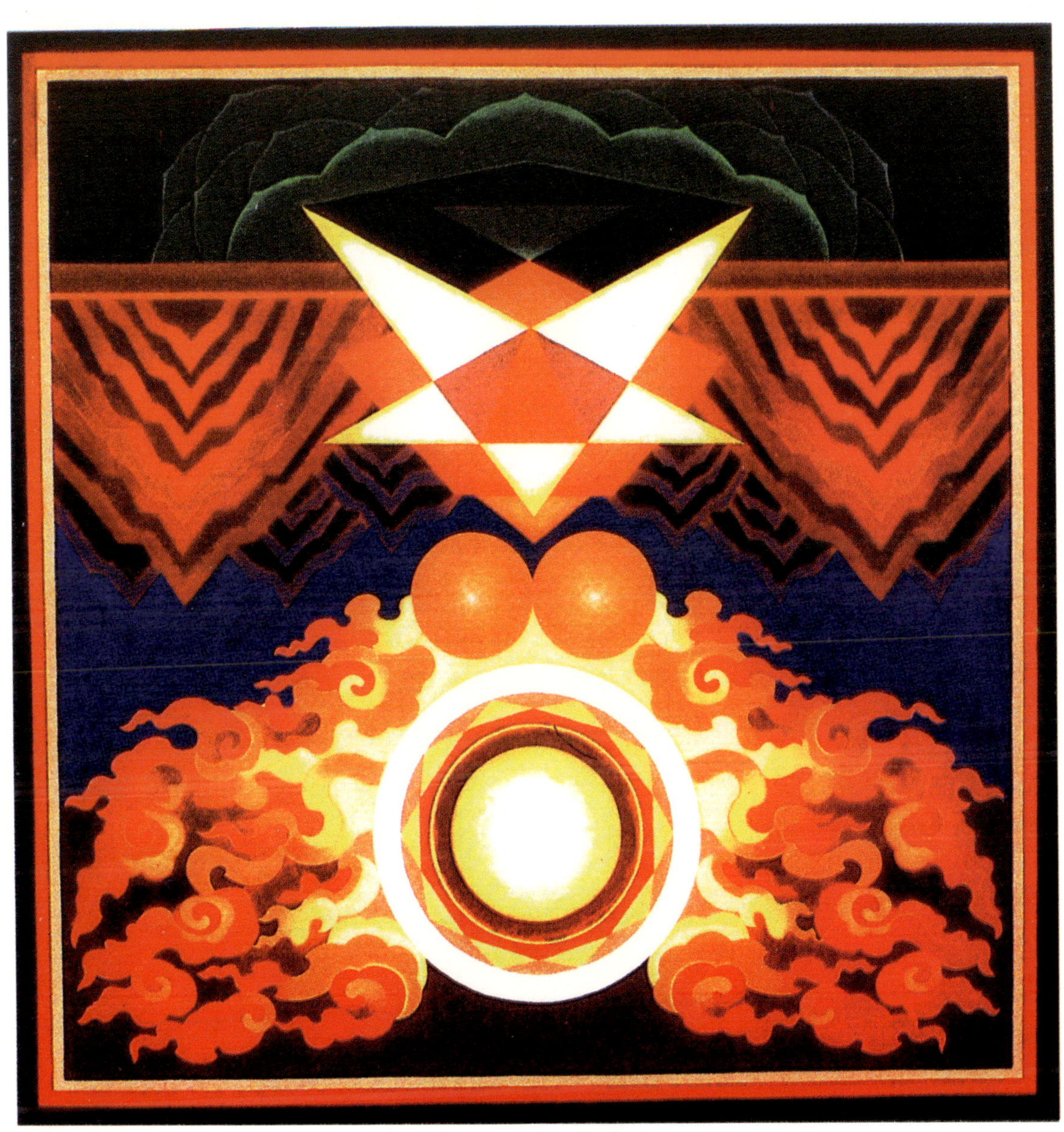

जी.आर. सन्तोष (तैलचित्र)

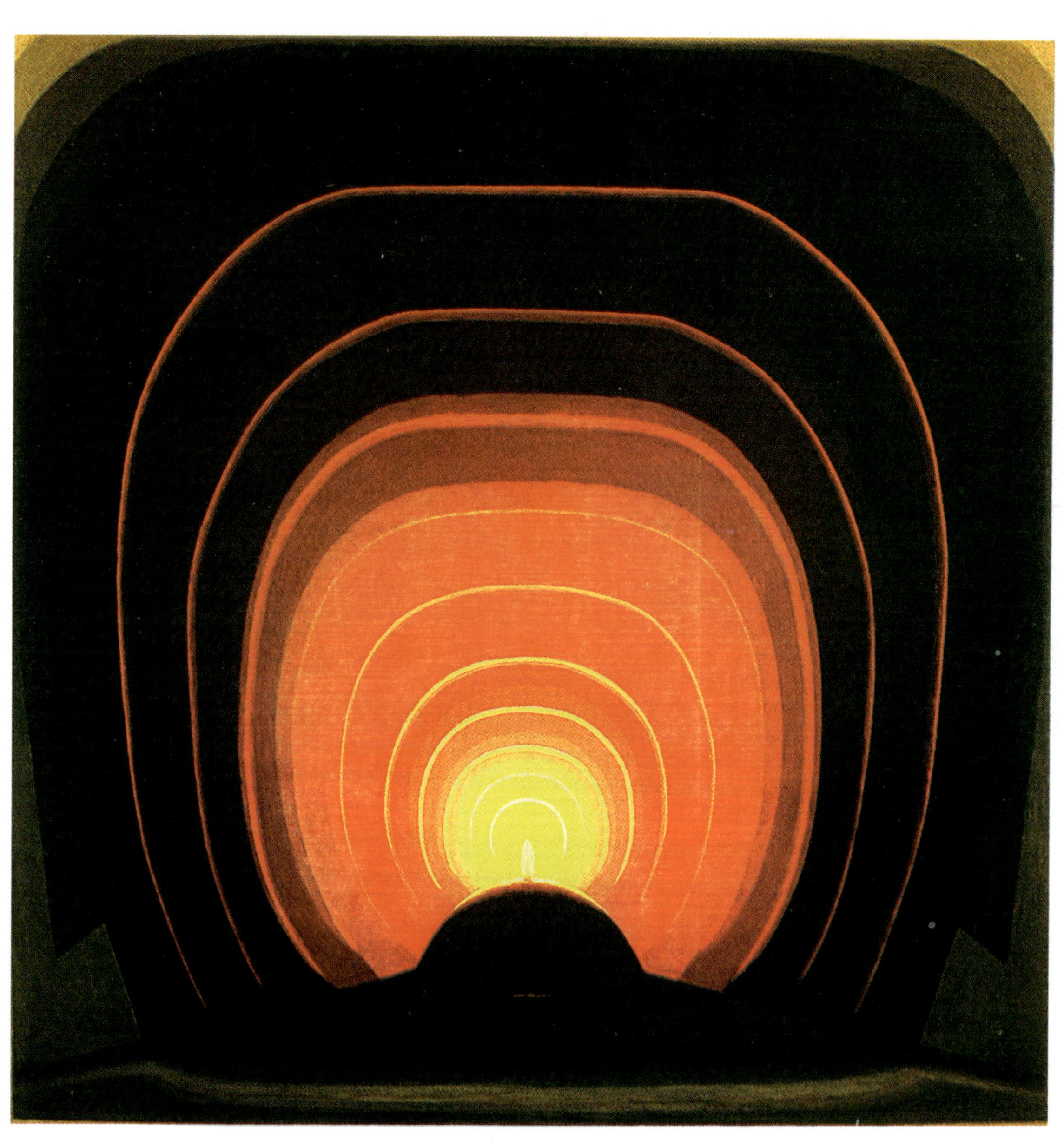

बीरेन दे (तैलचित्र)

अकबर पदमसी (तैलचित्र)

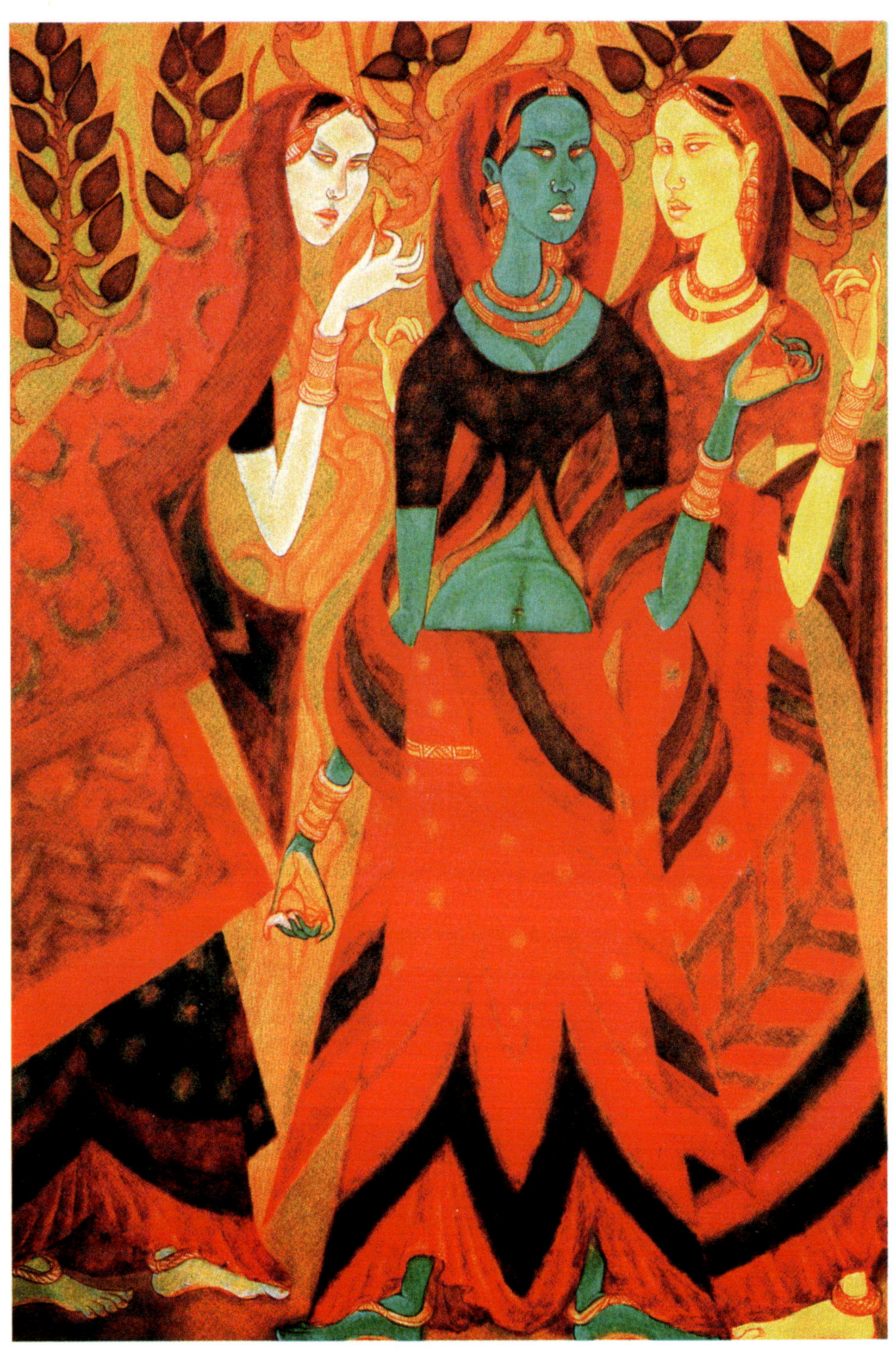

ए. रामचन्द्रन (तैलचित्र)

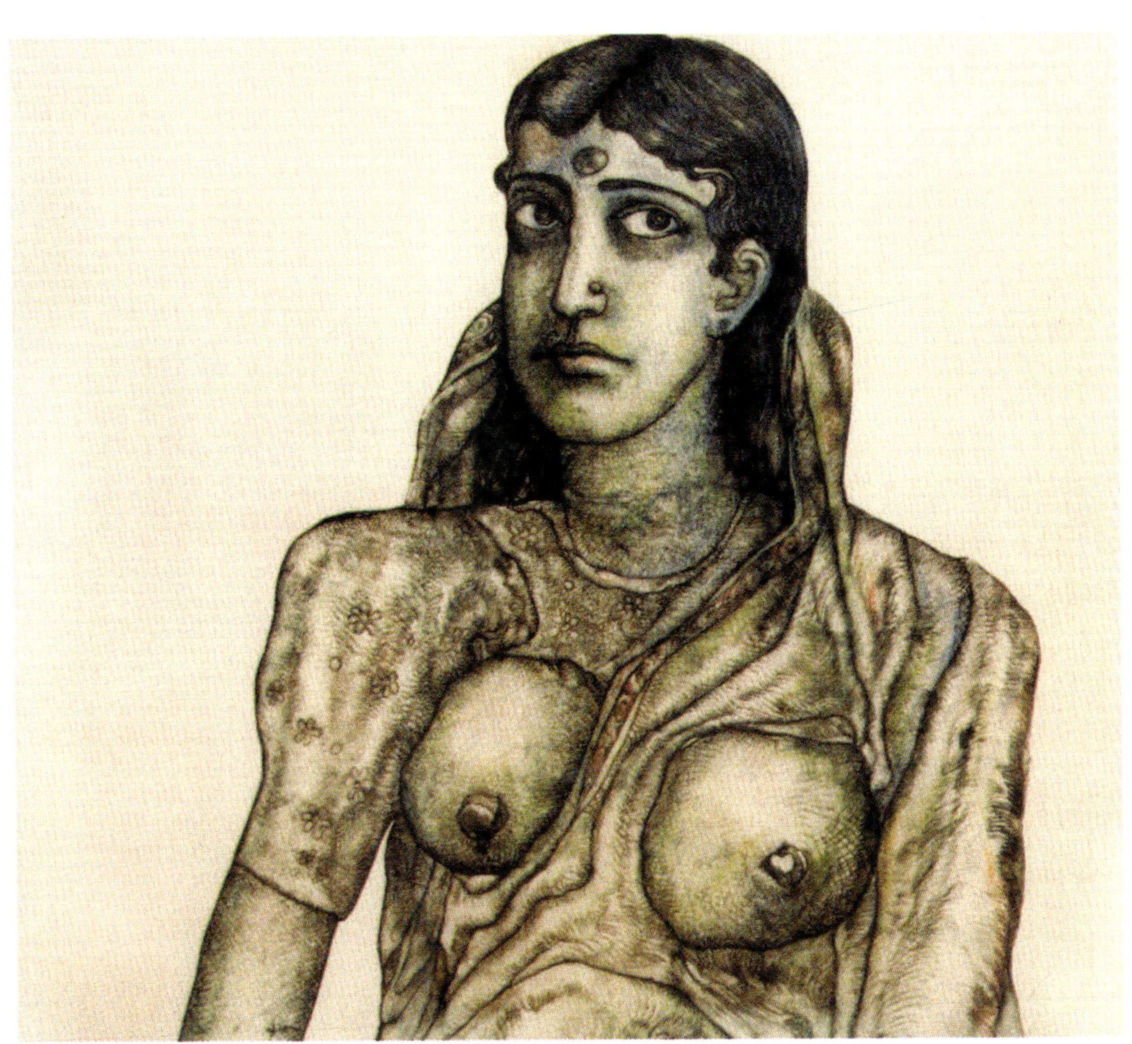

जोगेन चौधुरी : *नटी विनोदिनी* (पेन और पेस्टल)

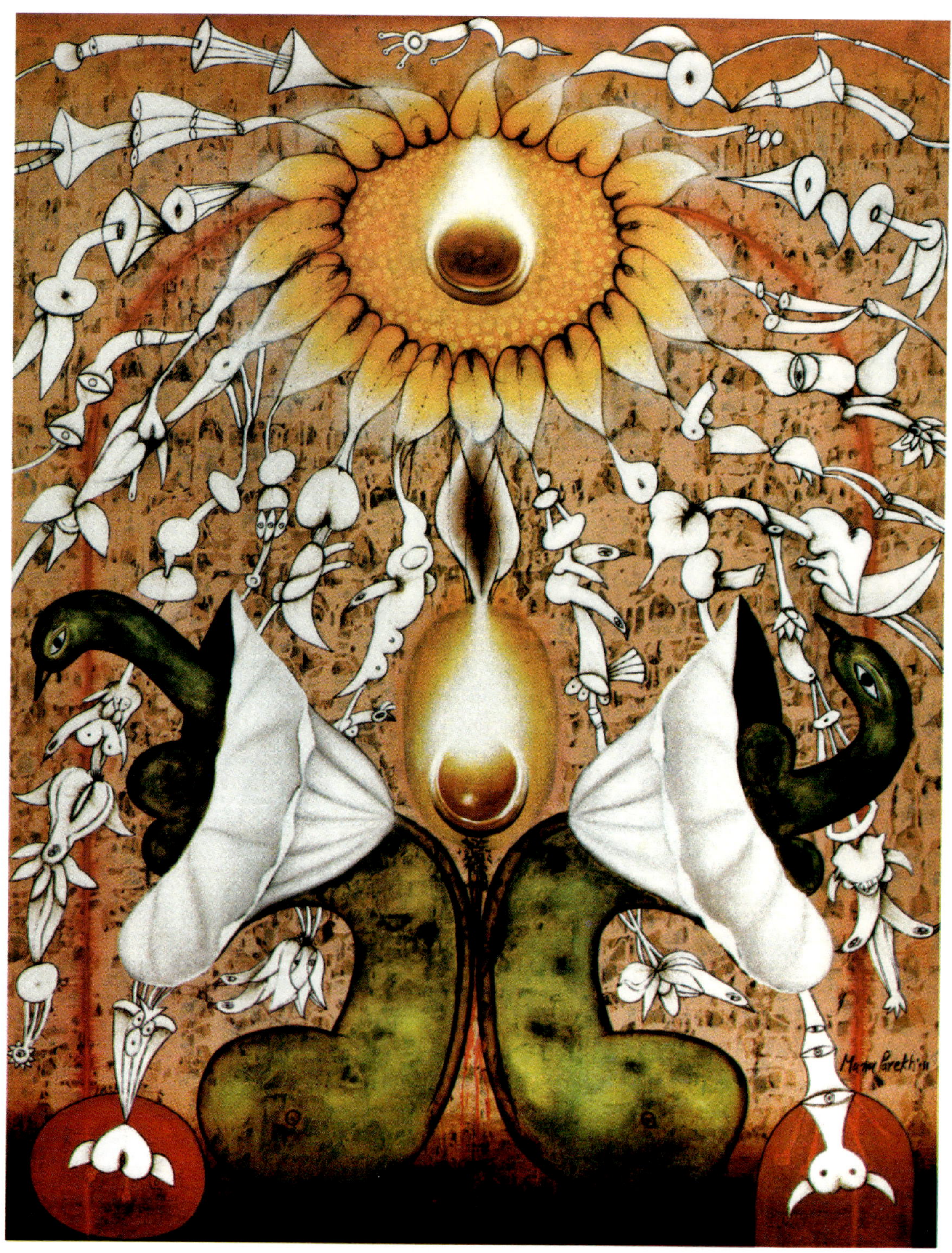

मनु पारेख (तैलचित्र)

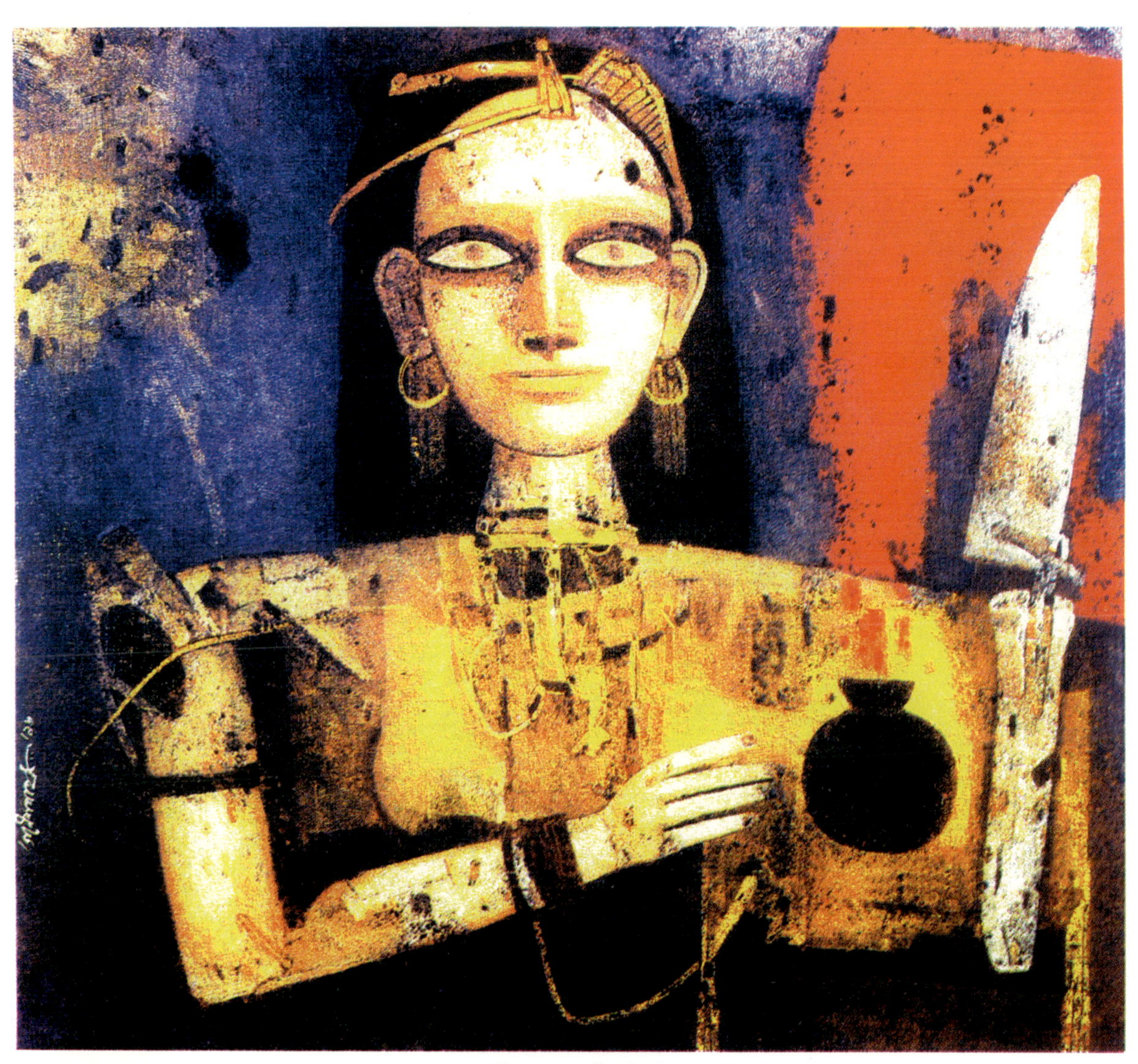

गणेश पाइन (तैलचित्र)

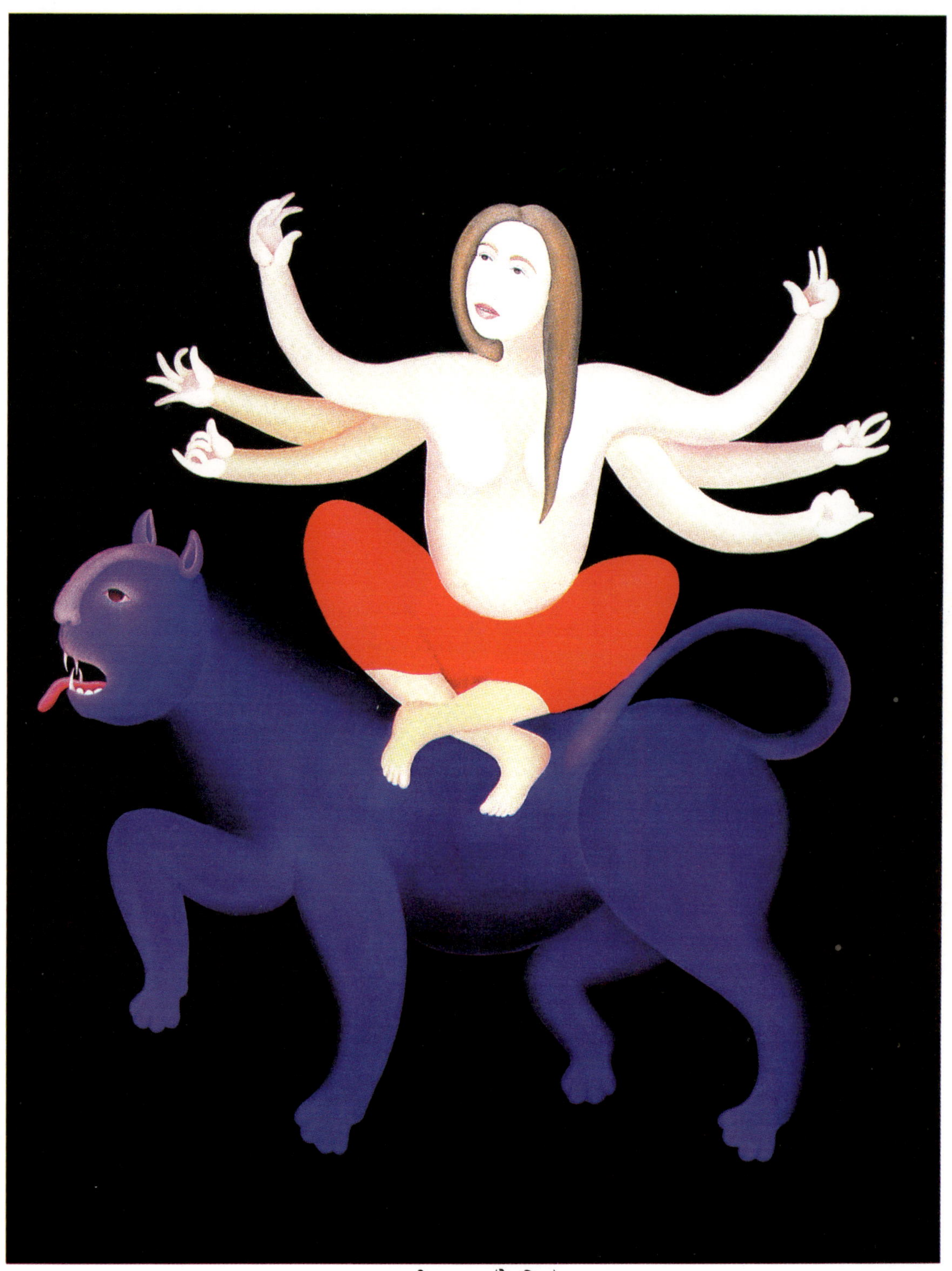

मनजीत बावा (तैलचित्र)

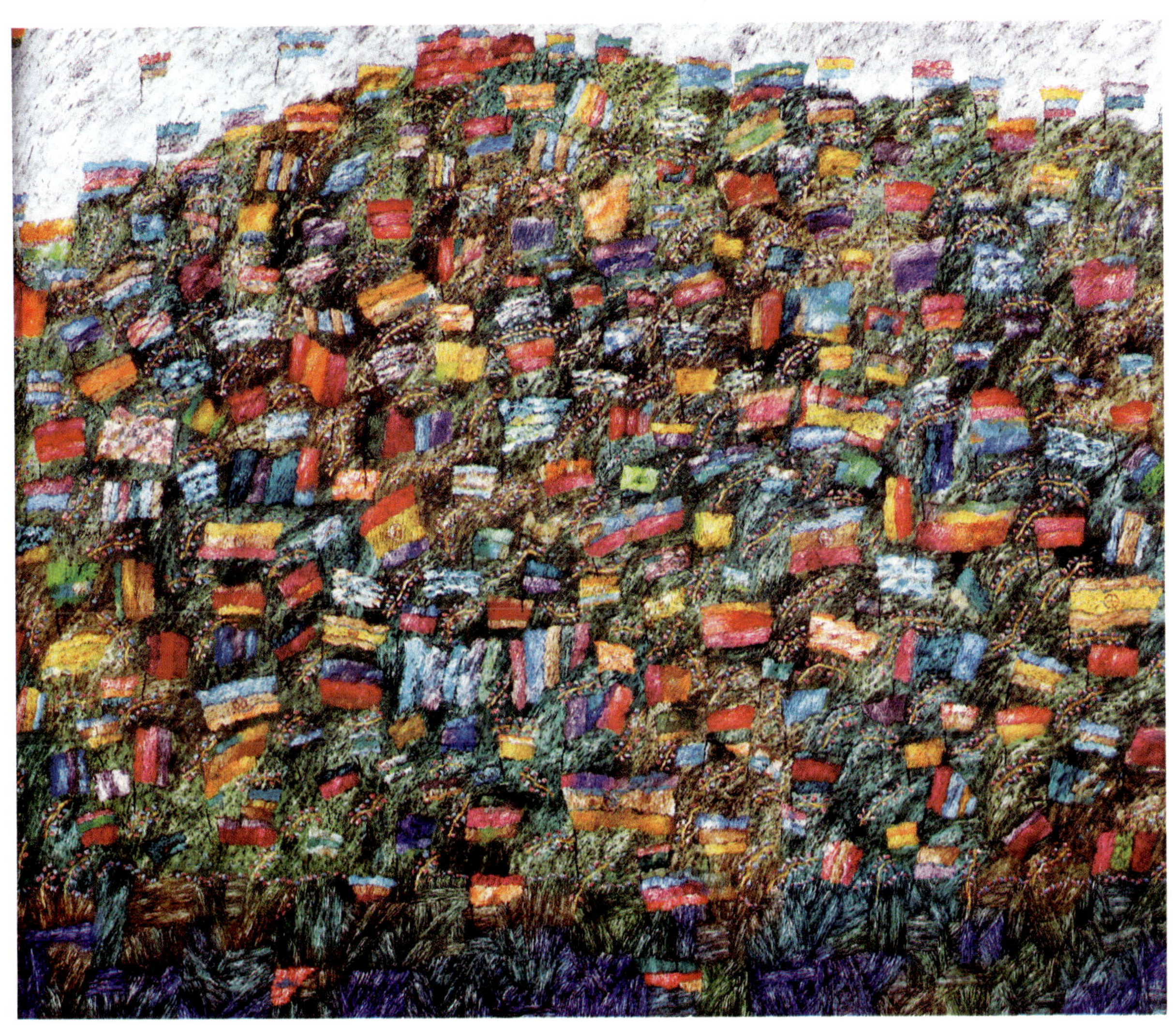

अर्पिता सिंह (तैलचित्र)

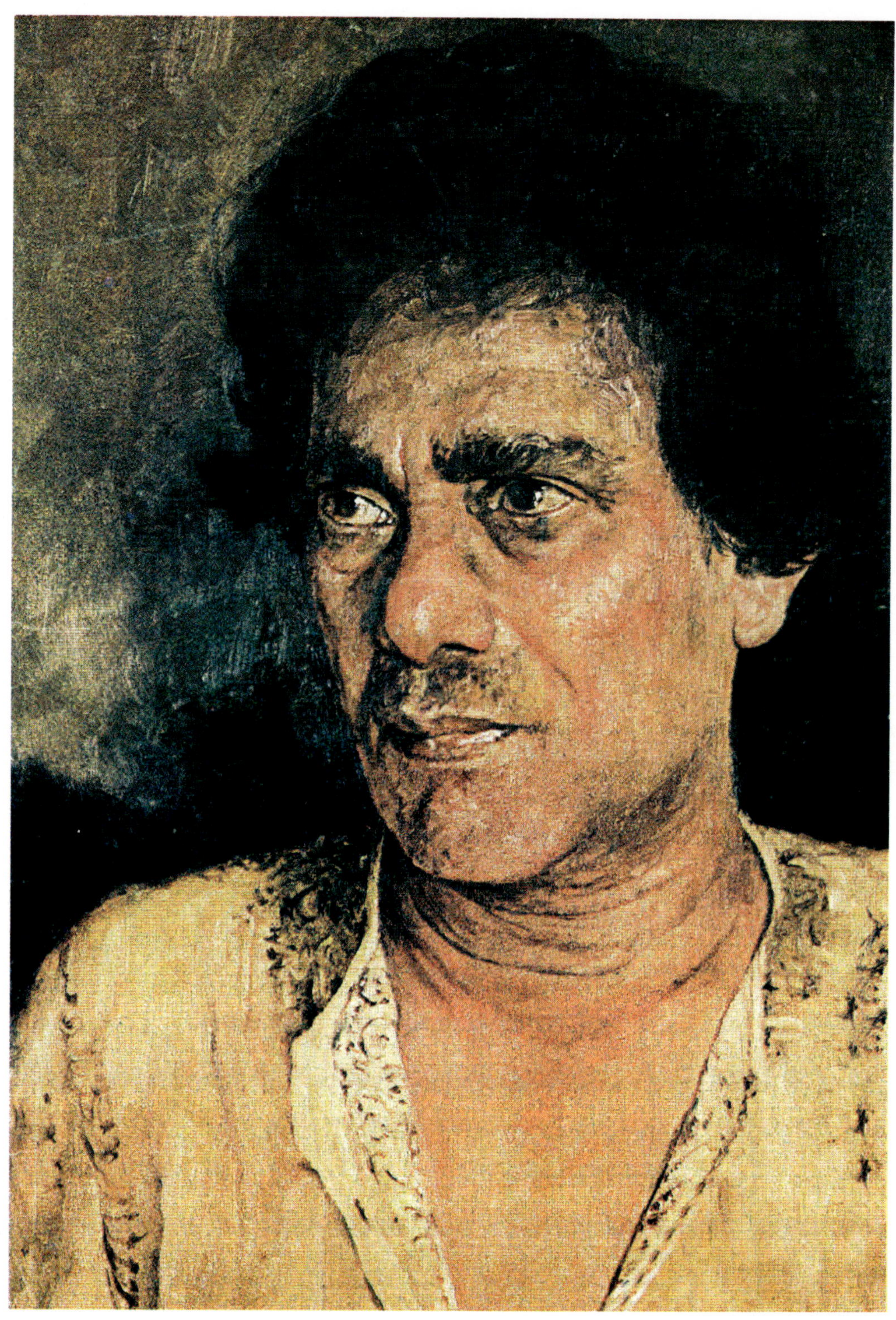

बिकास भट्टाचार्जी : *समरेश बसु की प्रतिकृति* (तैलचित्र)

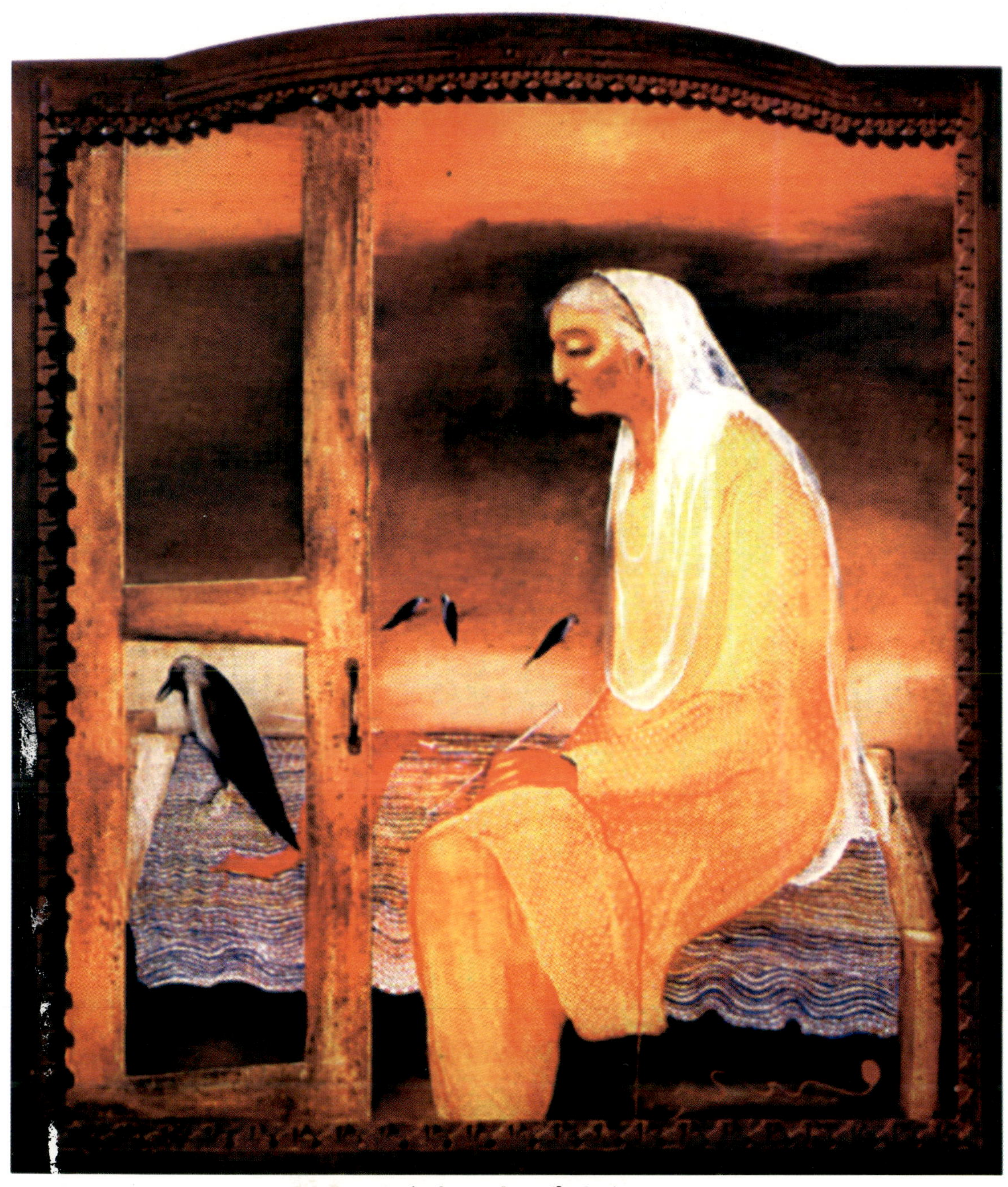

अंजली इला मेनन (तैलचित्र)

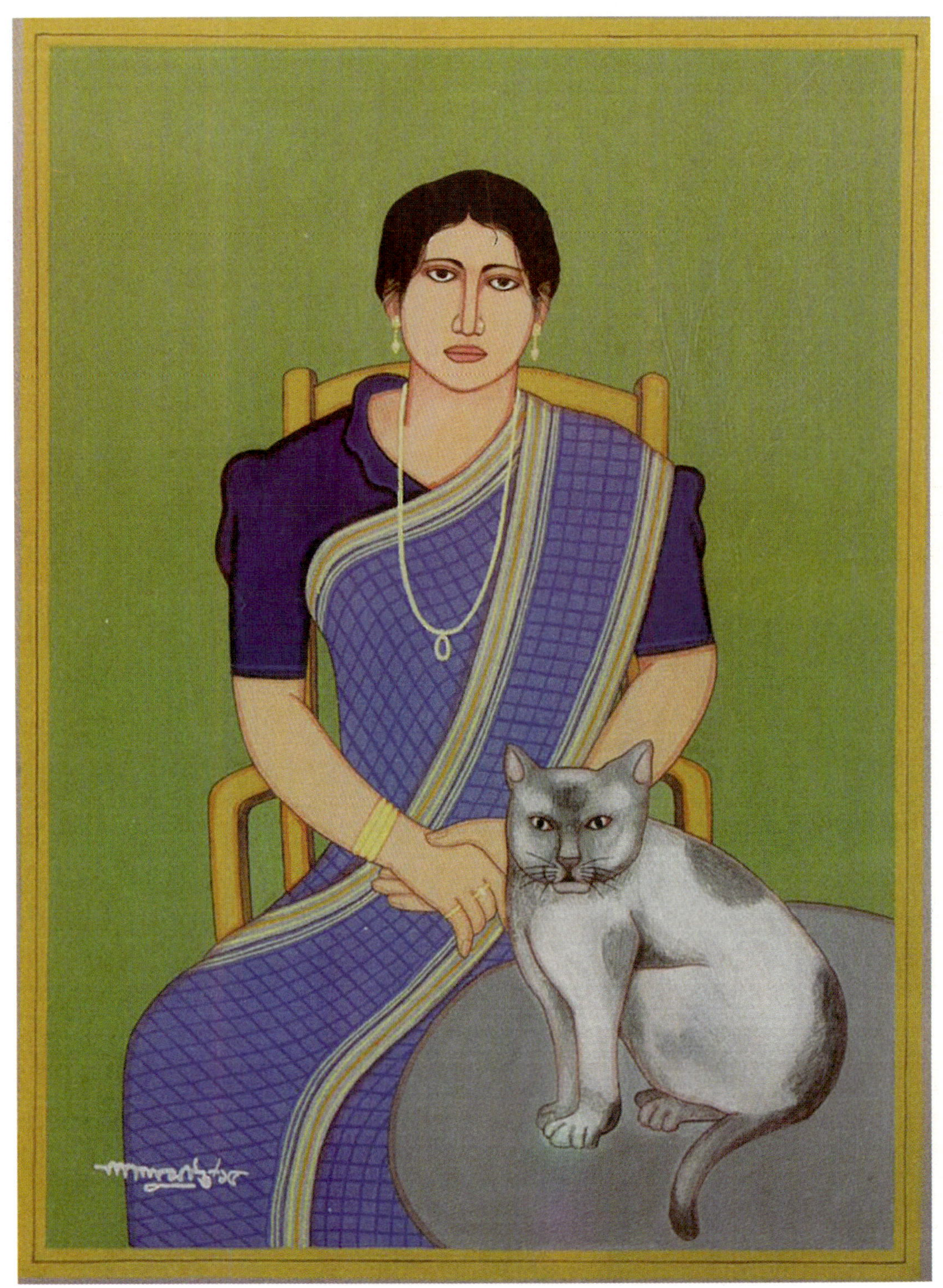

लालू प्रसाद शॉ : *स्त्री और बिल्ली* (टेम्परा)

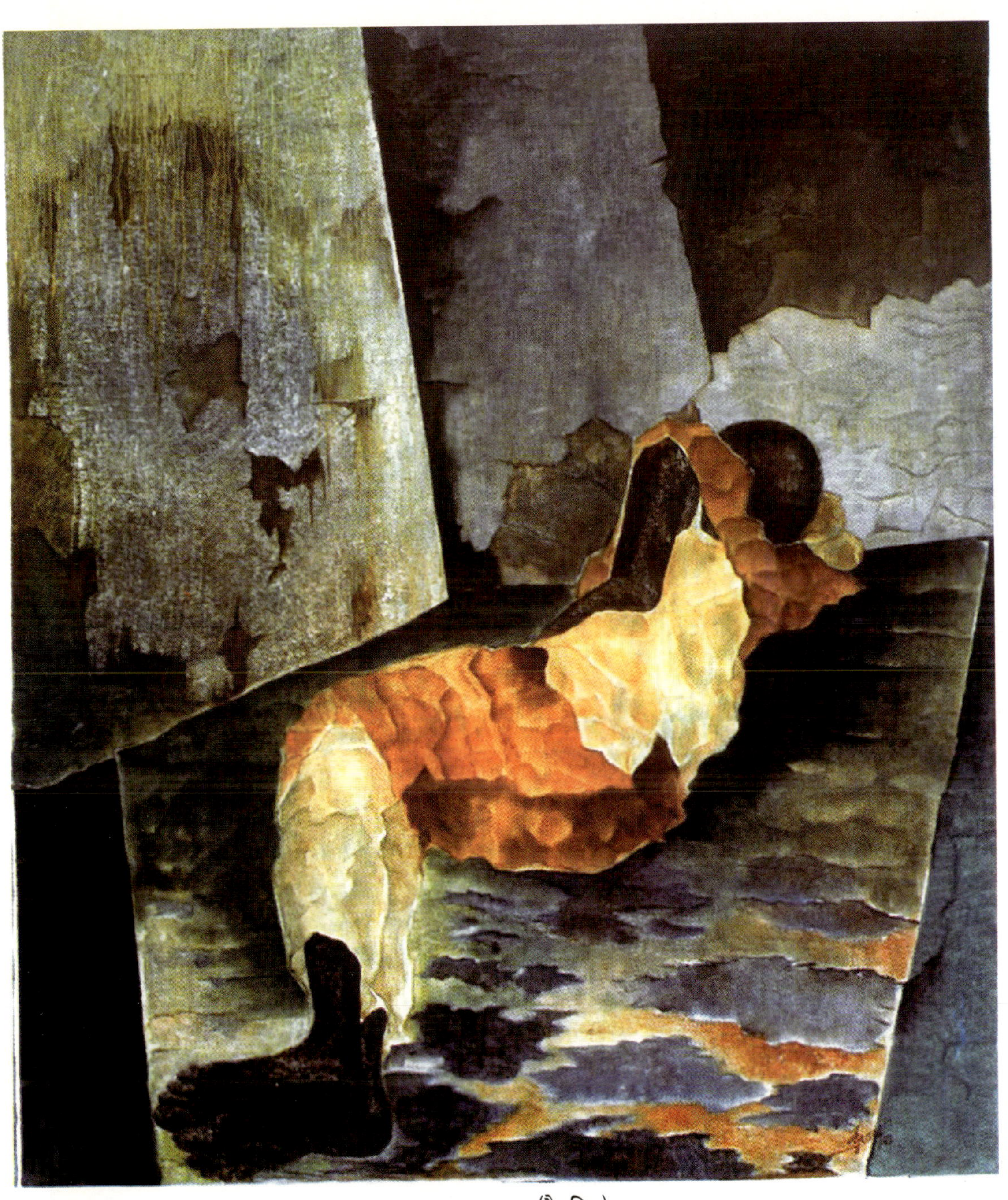

यूसुफ़ अरक्कल (तैलचित्र)

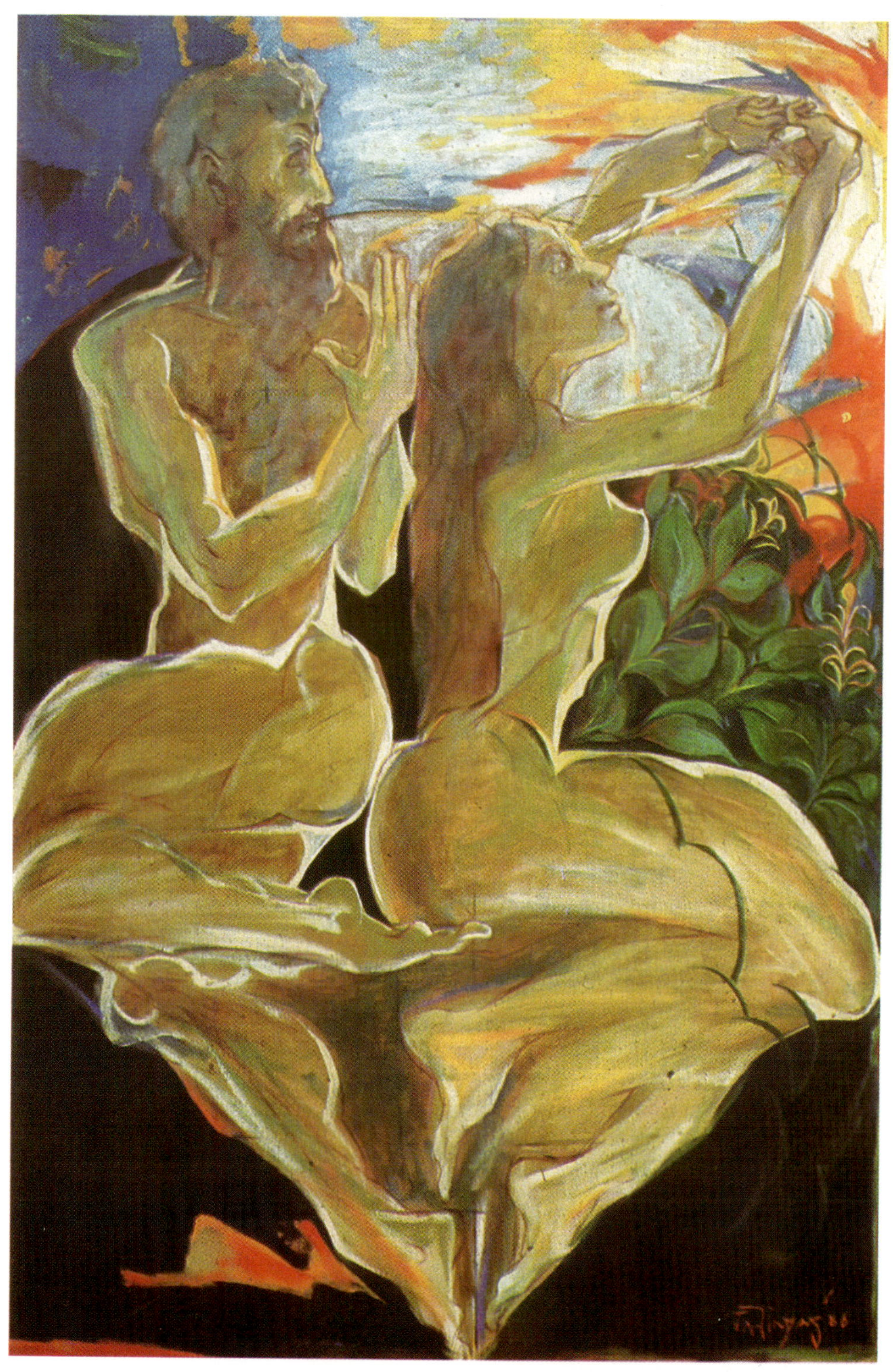

जतिन दास : *सूर्य नमस्कार* (तैलचित्र)

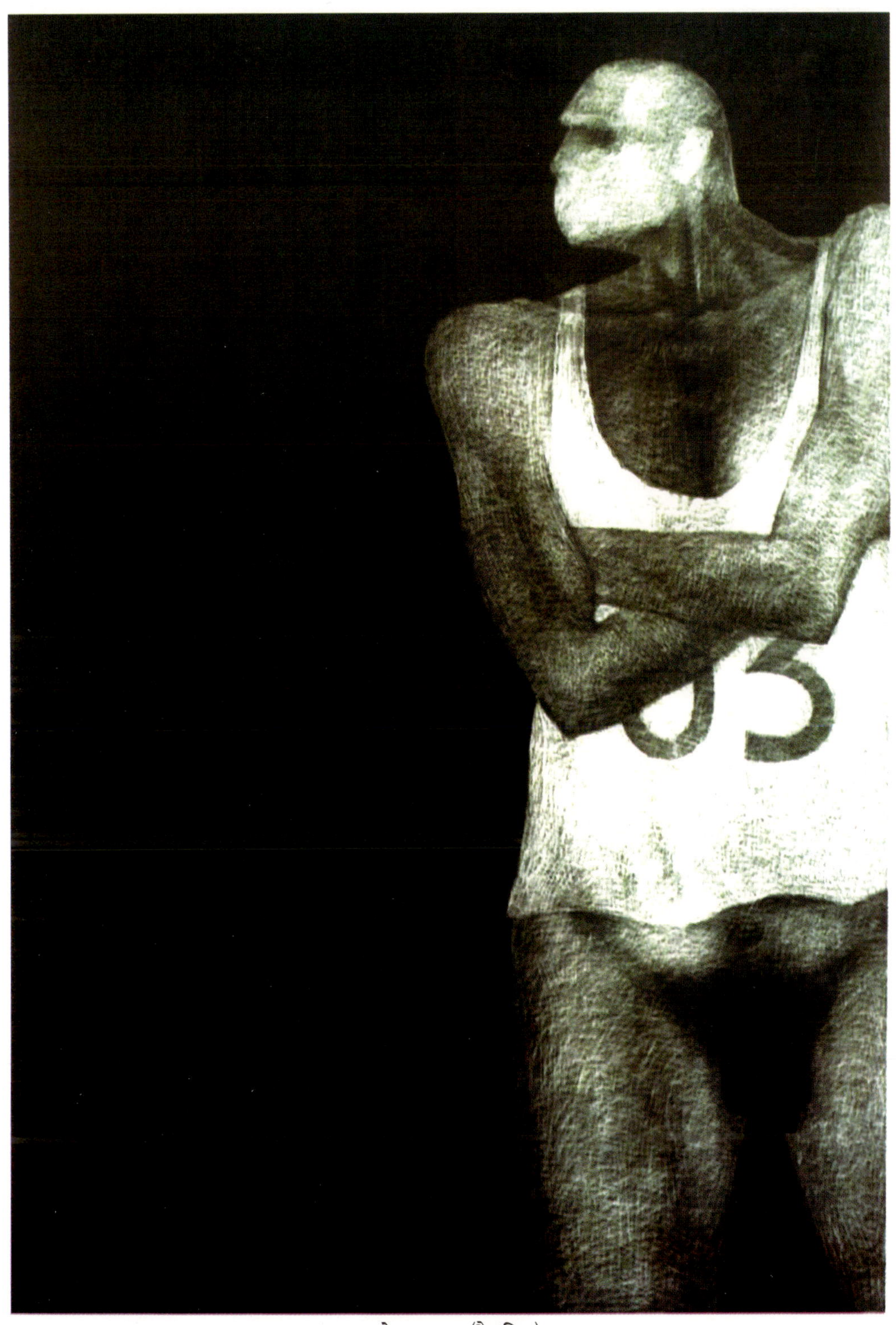

रामेश्वर ब्रूटा (तैलचित्र)

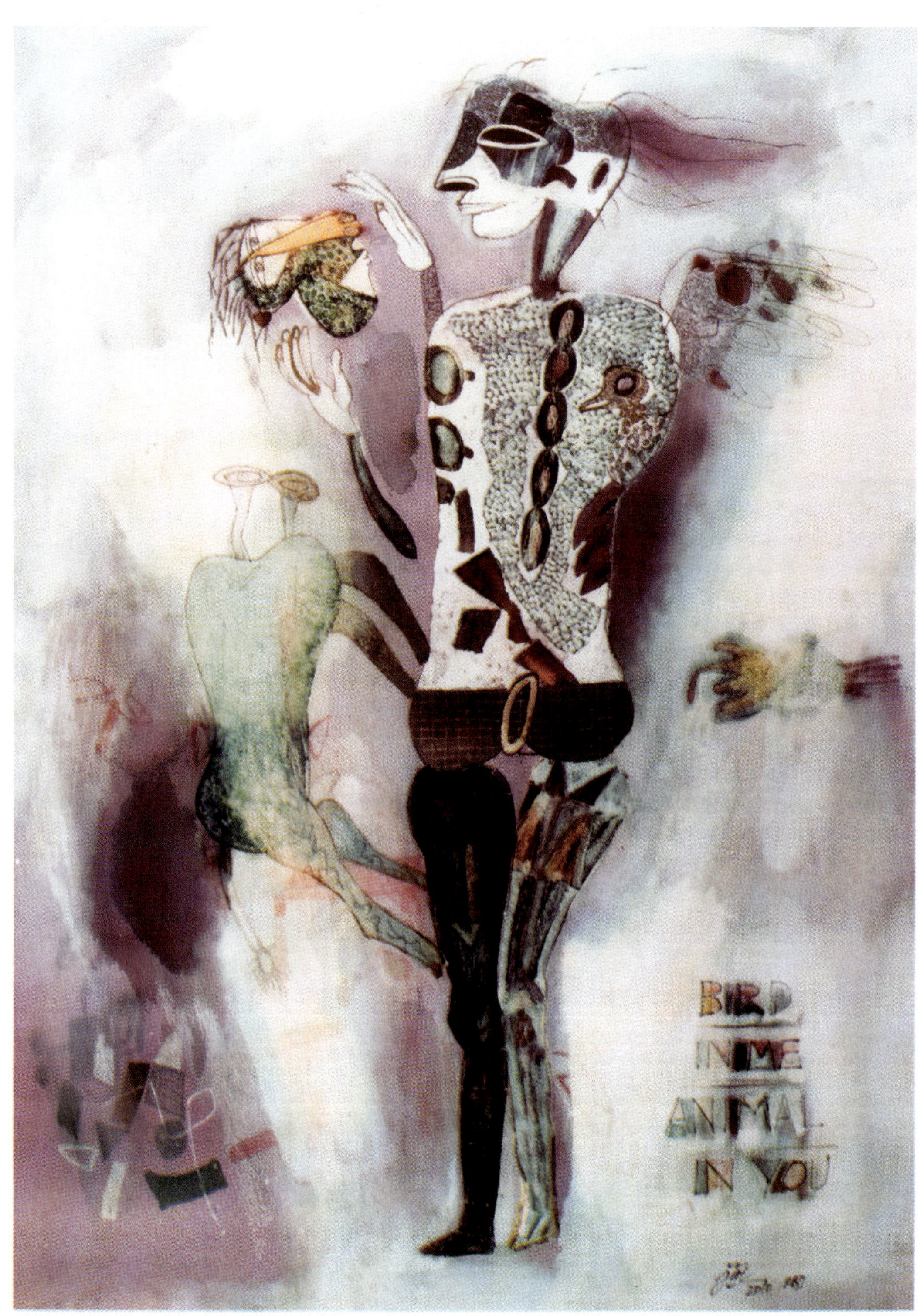

जय झरोटिया (मिश्रित माध्यम)

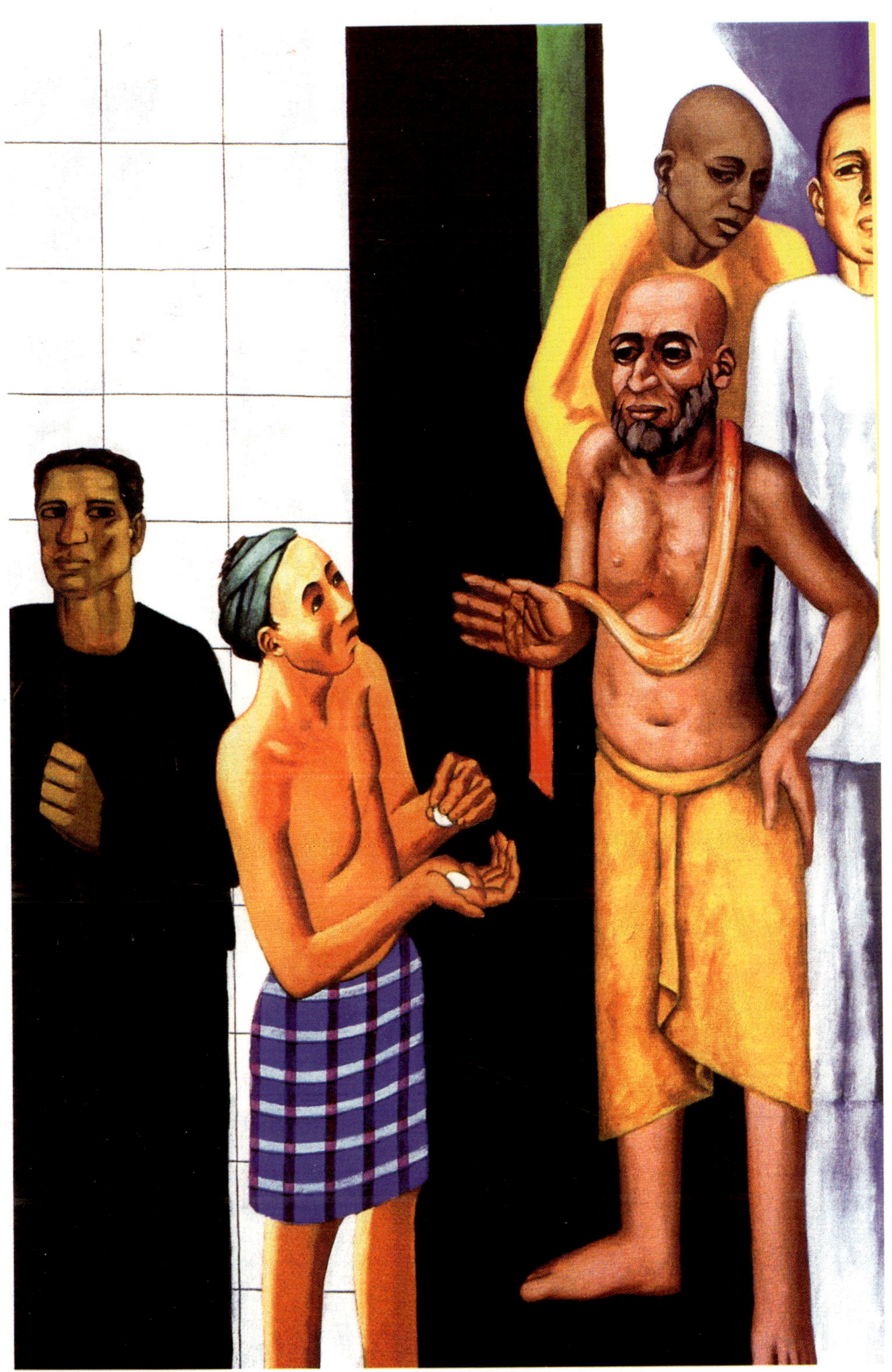

सुधीर पटवर्धन (तैलचित्र)

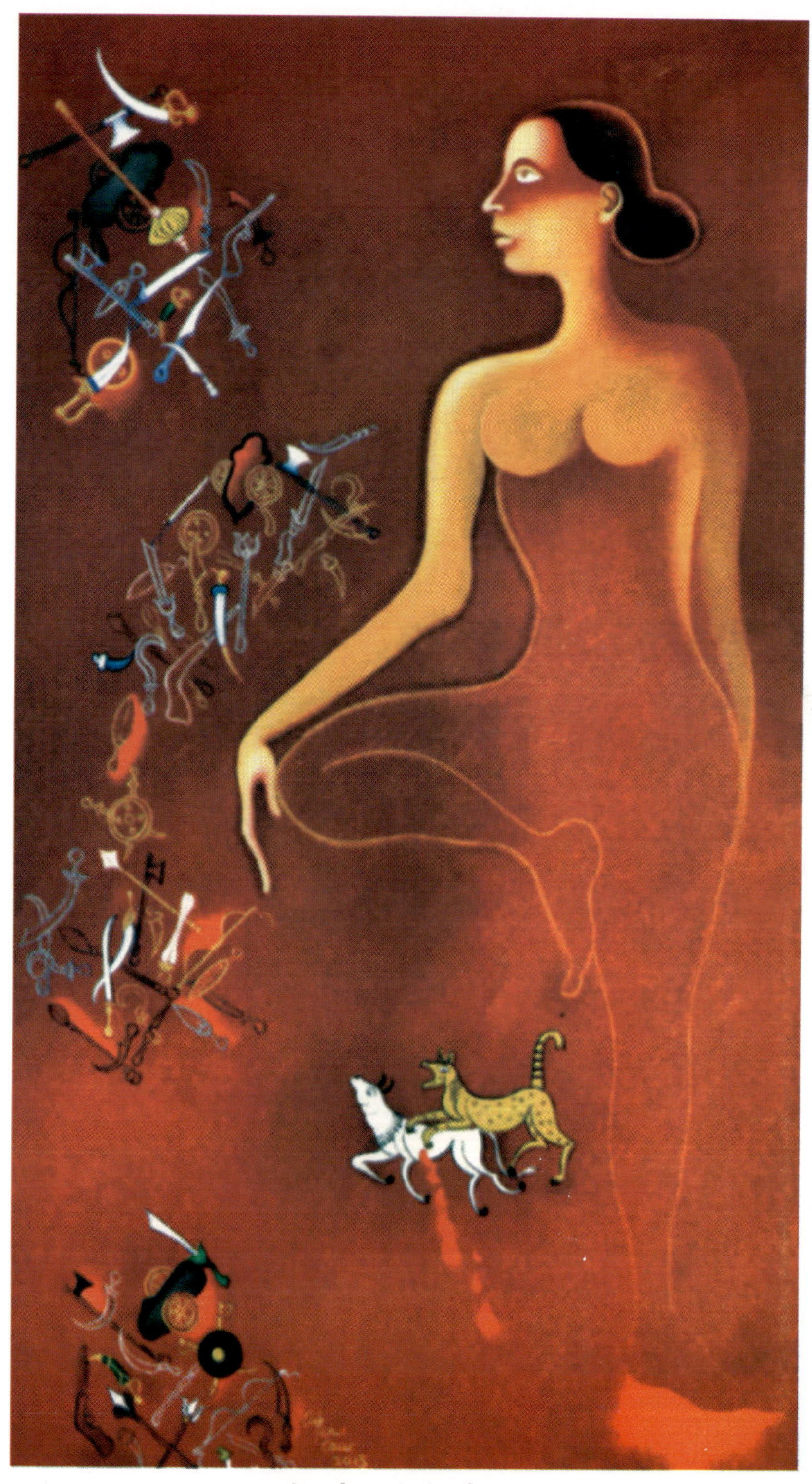

अर्पणा कौर : *निर्भया* (तैलचित्र)